라다크리슈난

인도철학사 Ⅳ

이거룡 옮김

한길사

인류의위대한지적유산

Sarvepalli Radhakrishnan

—

Indian Philosophy IV

—

Translated by
Lee Geo-lyong

붓다 이후 최고의 인도사상가 샹카라.
그는 남인도 서부의 칼라디 출신으로, 불이론(不二論) 베단타 철학을 확립했다.

베단타를 유신론적인 입장에서 해석하여, 인도 고유의 박티종교에 대한
철학적인 체계(한정불이론)를 확립한 라마누자.

남인도 중부에 있는 비슈누교 최대의 성지 슈리랑감 사원.
이곳은 라마누자가 오랫동안 머물며 활동했던 곳이라 더욱더 유명한 명소가 되었다.

갠지스 강가에서 명상에 잠긴 쉬바교 수행자.
쉬바는 고행을 통하여 절대적인 힘을 얻은 위대한 고행자이며, 수행자를 도와주는
신으로 전해진다. 쉬바교의 믿음에 의하면, 그는 삼지창을 세워 들고 히말라야의
카일라샤 산에 사는, 수행자들의 도반이기도 하다.

명상에 든 쉬바.
두 눈 사이의 이마에 전지자의 직관력을 나타내는 수직의 제3의 눈과 회백색의 재로 그은
수평의 세 줄 상징을 지닌 쉬바가 호피 위에 앉아 명상에 들어 있다. 목과 팔에는 코브라 뱀과
염주를 감고 있다. 헝클어진 머리 위에 초생달이 걸려 있으며, 그곳으로부터 성스러운
갠지스 강이 솟구쳐 흐른다. 그는 삼지창을 들고 성우(聖牛) 난디를 타고 다닌다.
쉬바교의 믿음에 의하면, 세계는 쉬바의 명상을 통하여 유지된다.

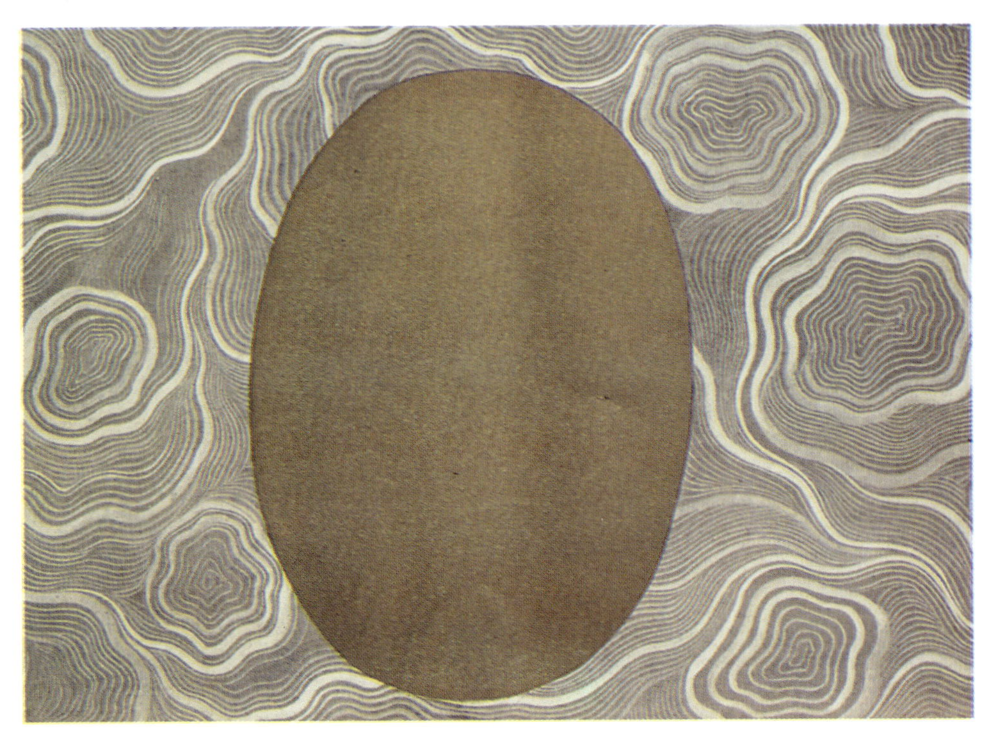

히란야가르바.
『**리**그 베다』에서 빛나는 태양으로 묘사되는 브라흐마의 황금알이다.

세 걸음으로 우주를 뛰어넘는 비슈누.
힌두교의 주요 삼신 가운데 한 신이며, 세계를 유지하는 신이다.

크리슈나에게 드리는 제의식.
크리슈나는 힌두교의 여러 신 가운데 가장 대중적인 신이며, 비슈누신의 8번째 화신이다.

자이나교의 수행자들.
불교와 함께 대표적인 외도사상의 하나로 일컬어지는 자이나교는 특히
불살생 계율을 중요시했다. 1〜2세기경 무소유에 대한 견해 차이로
백의파(위)와 공의파(아래)로 갈라졌다.
지금도 공의파 수행자들은 옷을 입지 않는다.

우주적 인간으로 현신한 라마.
두 눈을 해와 달로 표현하고 있는 18세기경의 세밀화로, 인도에서 우주적 인간에 대한 사고는
이미 『리그 베다』의 푸루샤 찬가에서 그 시원을 볼 수 있다.

쉬바교의 링가(男根) 숭배.
아리아인들이 인도로 들어오기 이전부터 있었던 남근 숭배는 나중에 쉬바교와 관련되면서
인도 전역에서 널리 성행하는 숭배형태로 발전했다. 쉬바를 나타내는 링가는 창조력과
풍요의 상징이다.

옮긴이 **이거룡**(李巨龍)은 동국대학교 대학원에서 인도철학을 공부한 뒤 인도 마드라스 대학 라다크리슈난 연구소에서 「제한 불이론 베단따학파의 세계전개설 비판으로」로 석사학위를, 델리 대학 대학원 철학과에서 「라마누자와 화이트헤드의 비교연구」로 박사학위를 받았다. 동국대학교 연구교수, 서울불교대학원대학교 교수를 거쳐 지금은 선문대학 통합의학대학원 교수로 있으며, 요가학교 리아슈람 교장을 맡고 있다.

지은 책으로는 한길사에서 펴낸 『아름다운 파괴』 『이거룡의 인도사원순례』 『몸 또는 욕망의 사다리』(공저)를 비롯하여 『구도자의 나라』(공저), 『두려워하면 갇혀버린다』 등이 있다.

옮긴 책으로는 한길사에서 펴낸 라다크리슈난의 명저 『인도철학사』(전4권)가 있다.

GB
한길그레이트북스

인류의 위대한 지적유산

라다크리슈난

인도철학사 Ⅳ

이거룡 옮김

한길사

인도철학사 IV

차례

제11장 결론 ——————————————————————— 583

● 미망사와 베단타의 종교철학

이거룡 선문대학 통합의학대학원 교수·인도철학

1. 정통사상의 두 갈래

육파철학 가운데 니야야 바이셰쉬카와 상키야 요가는 단지 명목적인 의미에서 정통사상일 뿐이다. 다시 말하여 이 네 학파는 적극적인 의미에서 정통사상이 아니라, 단지 베다에 반(反)하지 않는다는 소극적인 의미에서 정통사상의 범주에 들 뿐이다. 이들은 베다에 의거하여 세계관을 정립하지 않을 뿐만 아니라, 스스로 베다를 해석한다고 주장하지도 않는다. 또한 이들은 베다가 자신들의 교의를 정당화하는 근거라고 여기지도 않는다.

엄격히 말하여 육파철학 가운데 베다에 직접 의거하는 정통사상은 오직 미망사와 베단타뿐이다. 이 두 학파는 처음부터 베다에 직접 근거를 두는 정통사상으로 출발했으며, 따라서 처음부터 지극히 종교적인 특성을 보인다. 이에 비하여 니야야 바이셰쉬카와 상키야 요가는 하나의 철학체계로 형성되는 과정에서 정통사상으로 받아들여졌을 뿐, 종교와 관련을 지니게 되는 것은 상대적으로 나중의 일이다.

2. 두 미망사

넓은 의미의 베다는 만트라(Mantra, 讚歌), 브라흐마나(Brāhmaṇa, 祭儀書), 아란야카(Āraṇyaka, 森林書), 그리고 우파니샤드(Upaniṣad, 奧義書)를 포함한다. 이 중에서 앞의 둘은 제사편(karmakāṇḍa)이라 불리며, 뒤의 둘은 지식편(jñānakāṇḍa)이라 불린다. 제사편과 지식편은 논리적인 순서에서 전(pūrva)·후(uttara)의 관계를 지니기 때문에, 제 사편에 근간을 둔 철학을 푸르바 미망사(Pūrva-Mīmāṁsā)라 하고 지 식편에 의거한 철학을 웃타라 미망사(Uttara-Mīmāṁsā)라 한다. 나중 에 웃타라 미망사가 베단타(Vedānta)라는 이름으로 더욱 널리 알려지 면서, 미망사는 간단히 푸르바 미망사만을 가리키는 명칭이 되었다. 이 와 같이 육파철학 가운데 베단타와 미망사는 짝을 이루는 두 학파로 인 정되지만, 상키야와 요가 혹은 니야야와 바이셰쉬카의 관계와는 달리 이 둘의 관계는 보완의 관계라기보다는 선후의 관계라고 해야 한다.

3. 미망사와 베단타

이미 말한 것처럼, 미망사 철학은 베다의 제의서에 대한 직접적인 계승자로 출발했으며, 베다에 대한 정확한 해석을 보장하는 것이 이 학 파의 주된 관심사였다. 이를 위하여 미망사는 해석의 일반적인 규범 (nyāya, 이 말은 나중에 논리학만을 가리키는 말로 정착된다)들을 확 립했으며, 이러한 규범들은 다르마샤스트라(Dharmaśāstra, 법전)를 연 구의 주요 대상으로 하는 학파들에서 채택되어 확장된다.

베다를 해석하는 미망사의 기본적인 입장은 베다의 명령들이 인간의 완전한 의무(dharma)를 구성한다는 것이며, 이러한 명령들을 체계적으로 해석하고 외견상 비체계적으로 보이는 베다의 텍스트들에 대한 일관된 적용을 위하여 논리적인 원리들을 연역해내는 것이 미망사(원래 미망사라는 말은 반성과 비판적 검토에 의한 문제 해결이라는 의미를 지닌다)의 역할이다. 미망사에 의하면, 만일 베다의 어떤 구절들이 일관성이 없고 무의미한 것처럼 보인다면, 그것은 다만 이 구절들이 콘텍스트에서 분리되어 다루어지기 때문이라는 것이다.

미망사 최초의 문헌은 기원전 2세기경의 『미망사 수트라』이며, 이것은 다른 학파들의 근본 경전들보다 앞선 연대다. 그럼에도 불구하고 그것은 결코 베다 해석의 오랜 역사를 전제로 하지 않는다. 왜냐하면 미망사는 사실상 브라흐마나 전통들의 연속이기 때문이다. 사실 베다 해석의 역사는 베다 자체만큼이나 오래된 것이다. 제의식 행위의 합리성을 논구하는 시도는 이미 브라흐마나 문헌 자체에서 볼 수 있으며, 이러한 노력은 베다의 희생제의와 의례를 다루고 있는 슈라우타 수트라(Śrauta-sūtra)들에서 보다 체계화된 형태로 나타난다.

모두 12장 60구절로 이루어진 자이미니(Jaimini)의 『미망사 수트라』는 여러 희생제의들과 그것의 목적을 기술하고 있으며, 아푸르바(apūrva, 新得力) 이론을 체계화하고 있다. 또한 제1장에서는 지식의 원천들과 베다의 타당성에 대한 철학적인 몇몇 문제들을 논의하고 있다. 미망사는 육파철학 가운데 베단타와 짝을 이루고 있지만, 자이미니의 사상은 베단타보다 오히려 니야야 바이셰쉬카의 다원적 실재론에 가깝다.

아푸르바는 정확하게 수행된 제사에 의하여 생성되는 초월적 힘을 가리키는데, 이 힘이 나타나는 시기는 일정하지 않다. 가끔 그것은 제사를 드린 자가 죽은 후에 나타난다고 말해지기도 한다. 본질적으로 아푸르바는 행위와 그것의 연장된 결과를 함께 견고하게 묶기 위한 장치이다. 이것은 마치 카르마(karma, 業)의 개념이 죽은 자와 환생하는 자 사이의 존재론적 연속성을 담보하는 것과 같다. 아푸르바의 개념은 이미 브라흐마나에서 볼 수 있는, 제사에 본래부터 내재해 있는 힘이라는 뜻에서 그 시원을 볼 수 있다.

자이미니는 신을 자신의 주된 관심인 다르마에 대한 논의에 불필요한, 여분의 범주로 간주한다. 베다의 영원성에 대한 믿음은 베다 문헌이 신들의 저작이라는 것을 배제하며, 자이미니는 또한 단어와 그 의미의 관계를 창조하는 자로서의 신을 부정한다. 그 둘의 관계는 신에 의하여 창조되는 것이 아니라 본유적인 것이다. 『미망사 수트라』에 대한 현존하는 최초의 주석서를 쓴 샤바라(Śabara, 5세기 혹은 6세기)는 이 논의들을 더욱 진전시키고 있을 뿐만 아니라, 다르마를 제사, 제주(祭酒), 제물로 나누어서 더욱 정교한 형태로 정의하고 있다. 이 세 가지의 공통 요소는 하나로부터 다른 하나로 소유의 이전이다. 여기서 신의 역할은 제사의 명목적인 수령인으로 제한된다. 이처럼 사실상 미망사는 경전 자체에 집착하는 근본주의적 자세를 통하여 무신론적인 철학이 되었다.

미망사에 의하면, 베다는 오류가 없으며, 우주의 변화나 생멸을 초월하여 그 자체로 영원하다. 왜냐하면 베다는 말로 이루어진 것이며, 그 말이 상주 불변이기 때문이다. 이와 같은 미망사의 어상주론(語常住論)은 니야야 바이세쉬카의 어무상론(語無常論)과 첨예하게 대립되며, 미망사는 말과 그 의미 그리고 그 둘의 관계가 영원하다는 것을 입증하기 위하여 고심했다. 이러한 과정에서 미망사는 단어들을 해석하는 두 가지 방법, 즉 어원에 의한 방법과 실제적인 용법에 의한 방법을 구분했다. 이 중에서 항상 후자가 선호되어야 한다는 것이 미망사의 입장이다. 이것은 언어의 연구에서 미망사의 괄목할 만한 공헌 가운데 하나이다. 만일 그렇지 않았다면 이것은 문법학파들의 독점적인 영역이 되었을 것이다. 그러나 무엇보다도 미망사는 규범이나 명령을 설명구와 구별하는 것에 큰 관심을 보였다. 왜냐하면 규범들은 본질적으로 타당하지만, 그 외의 부차적 요소들인 묘사 구절들이나 비유 및 결과들에 대한 서술들은 명령에 아무런 영향도 미치지 못하기 때문이다.

베다는 이론적으로 권위의 유일한 원천이며, 성전서와 여타의 전통적인 자료들이 지니는 권위는 모두 베다로부터 나온다. 또한 베다의 제사를 정규적으로 수행하는 자들의 관례적인 실천 행위도 만일 그것이 이기심에 기인하는 것이 아니라면 권위있는 것으로 받아들여져야 한다고 주장한다. 미망사가 아트만의 존재를 인정하는 것은, 만일 그것이 인정되지 않는다면 천계 등으로 가기 위하여 제사를 수행하는 자들에 대한 베다의 언급들이 무의미해질 수 있다고 보기 때문이다. 육체는 사후에 화장되므로, 천계를 향수할 어떤 독립적인 실체가 있음에 틀림없다는 것이다.

육파철학에서 공통적으로 나타나는 해탈의 문제가 『미망사 수트라』나 샤바라의 주석에서는 논의되지 않으며, 다만 바른 제사를 통하여 천계에 태어나는 것이 주된 관심사였다. 천계는 최상의 행복이며 모든 사람들이 추구하는 것이다. 사실 사후의 세계에 대한 견해에서, 미망사는 다른 학파들에서는 이미 버려진 지 오래된 견해들을 상당 기간 동안 견지했던 것으로 보이며, 해탈의 개념이 받아들여지는 것도 미망사가 둘로 나누어지는 7세기경에 이르러서이다.

이 두 분파의 창시자들인 쿠마릴라와 프라바카라는 각기 샤바라의 주석에 대한 복주를 썼다. 프라바카라와는 달리, 쿠마릴라와 그의 추종자들은 경전의 증언을 베다의 명령에 국한시키지 않고, 그것을 인간적인 것(믿을 만한 사람들의 발언)과 비인간적인 것(베다)으로 나누었다. 그는 샤바라가 오직 베다만이 탐구의 주제인 다르마에 적합하다는 다소 한정적인 정의를 내렸다고 보았다. 비록 그 둘 모두가 미망사의 매우 실재론적인 입장에서 벗어나지 않으며, 따라서 인식은 외부 대상들에 대하여 직접 작용한다는 점을 강조하는 동시에, 모든 인식의 본유적인 타당성을 지지함에도 불구하고 이 두 전통은 오류에 대한 분석에서는 서로 다른 입장을 보인다.

쿠마릴라는 또한 자신의 『슐로카바룻티카』에서 창조자 신의 존재에 대한 부정적인 입장을 강하고 심도있게 전개한다. 당시의 대중적인 민음에서 베다의 여러 신들이 차츰 힘을 잃어가는 것은 미망사에 환영할 만한 일이었으나, 쿠마릴라가 의식하고 있었던 것처럼, 지고한 유일신에 대한 믿음의 흥기와 더불어 희생제의에 대한 믿음과 관심이 사라지는 것은 이 학파에 심각한 문제로 대두되었다. 그러나 후기의 미망사 학자들은 궁극적인 신의 실재를 인정한다.

지금까지 살펴본 것처럼, 미망사는 주로 제사 행위를 다루며 근본적으로 브라흐마나 문헌에 의거하고 있음에 비하여, 베단타는 인간의 내적인 통찰에 관심을 지니며, 그 교의들은 우파니샤드에 의거한다. 그러나 베단타 역시 베다의 권위에 의존하므로 미망사의 연구가 그 자체의 철학에 대한 예비 지식이 된다고 본다. 베단타는 미망사에서 확립된 인식방법을 인정하며, 베다와 말에 대한 견해에서도 미망사와 공통된다.

베단타의 근본 경전은 바다라야나의 『베단타 수트라』(일명 『브라흐마 수트라』)이다. 그것은 우파니샤드의 견해들을 아주 간결한 경구 형태로 종합하고 있다. 가끔 의미가 명쾌하지 못한 구절들도 있으며, 주석의 도움 없이는 이해하기 어려운 부분도 있다. 베단타가 처음부터 끝까지 단 한번도 하나의 체계로 통일된 적이 없었던 것은 궁극적으로는 『베단타 수트라』 자체의 다의성 때문이라고 볼 수 있다. 『베단타 수트라』는 다른 학파들에서와 동일한 의미에서 근본 경전이 아니다. 왜냐하면 베단타 철학은 『베단타 수트라』뿐만 아니라, 그것의 모체가 되는 우파니샤드와 『바가바드기타』에 그 토대를 두고 있기 때문이다.

『베단타 수트라』 제1장에서는 베단타가 우파니샤드의 중심 논제인 브라흐만에 대한 고찰을 주요 임무로 한다는 것을 말하고 있다. 브라흐만은 탐구의 목표이며, 브라흐만을 알 수 있는 유일한 원천은 베다뿐이라고 주장함으로써 베단타의 학설이 베다를 근본으로 함을 선언한다. 제2장에서는 우파니샤드로부터 도출되는 브라흐만과 아트만의 관계에 대한 개념들의 일관성을 다루면서, 다른 학파들의 교의를 비판하고 있다. 제3장은 지식, 숭배, 실천 수행 같은 브라흐만의 실현을 위한 수단들을 상세하게 설명한다. 제4장은 브라흐만과 개아의 마지막 혼융이 일어나기까지 영적인 상승의 연속적인 단계들에 대하여 설명을 하고 있다. 이러한 해석을 확립하기 위하여 인용한 우파니샤드의 구절들 가운데『찬도기야 우파니샤드』가 가장 빈번하며, 그 다음으로는『브리하드아란야카 우파니샤드』와『타잇티리야 우파니샤드』이다. 이 우파니샤드들은 비교적 고대에 속하는 것들이지만, 바다라야나는『카타 우파니샤드』와『슈웨타슈와타라 우파니샤드』, 그리고 성전서(聖傳書, smṛti)도 인용하고 있다.

『베단타 수트라』에 대한 현존하는 최초의 주석은 샹카라(Śaṁkara, 8세기)의 것이다. 그러나 베단타 철학을 체계적으로 해석한 최초의 인물은『만두키야카리카』의 저자인 가우다파다(Gauḍapāda)이다. 전통적으로 그는 샹카라의 스승인 고빈다(Govinda)의 스승으로 전해지지만, 샹카라보다 약 3세기 이전의 인물이라는 주장도 있다. 가우다파다의 중심 교의는 불생설(不生說)이다. 이 이론에 따르면 전체 세계는 단지 가현에 불과하며, 어떤 것도 실로 생겨나는 것은 없다. 왜냐하면 브라흐만 이외의 어떤 것도 실로 존재하지 않으며, 전체 세계는 꿈 같은 환영이기 때문이다. 가우다파다가 여러 우파니샤드들 중에서『만두키야 우파니샤드』를 택한 것은 특별한 의미를 지닌다. 그는 이 우파니샤드에서 논의되는 아트만에 대한 네 가지 상태들을 주석하면서 본질적으로 각성상태와 몽면상태가 서로 다르지 않다는 입장을 자연스럽게 이끌어내고 있다.

『만두키야카리카』의 마지막 장은 가우다파다와 불교의 친화성을 단적으로 보여주고 있다. 이 부분은 앞의 세 장을 합한 것과 거의 같은 분량으로 되어 있으며, 때로는 그것이 가우다파다 자신의 주석이 아니라 어떤 불교도의 기술이 가필된 것으로 간주되기도 한다. 하지만 이것이 나중에 샹카라에 의하여 발전되는 여러 견해들의 단초를 담고 있다는 것만은 분명하다. 또한 가우다파다는 인과의 개념에 대한 비판과 마야(māyā)의 교의를 통하여 경험의 환영적 본질을 확립한다. 마야라는 말은 원래 베다 시대에는 창조 행위를 의미했으며, 심지어『베단타 수트라』에도 단지 한 번밖에 언급되지 않았다. 게다가 이 책에서 '마야'가 뜻하는 바는 가우다파다가 부여하는 의미인 세계와 브라흐만의 관계에 대한 설명 불가능성, 그리고 세계의 환영적 비실체성이라는 의미와도 거리가 멀다.

4. 샹카라의 불이일원론

남인도 케랄라(Kerala) 출신의 브라흐민이었던 것으로 전해지는 샹카라는 어떤 이원성도 부정하고 오직 브라흐만만을 유일한 실재로 간주하는 절대적 불이론(不二論, Advaita) 베단타의 창시자로 알려진다. 짧은 생애(전통적으로 788~820)에도 불구하고 그는 믿기 어려울 정도로 많은 철학적 저술들을 남겼을 뿐만 아니라, 자신의 견해들을 직접 널리 펼치는 괄목할 만한 업적을 이루었다. 그의 주저는 『베단타 수트라』에 대한 주석서라 할 수 있지만, 그는 또한 『바가바드기타』와 주요 우파니샤드에 대한 주석서를 썼으며, 독자적 저술로는 『우파데샤사하스리』(*Upadeśasāhasrī*)가 있다.

정통 브라흐민으로서 샹카라는 베다의 권위를 받아들이며, 베다의 구절들 사이에 외견상 나타나는 모순을 조화시키기 위하여 해석상의 장치로 진리의 두 차원에 대한 개념을 도입한다. 세계는 경험적 실재의 낮은 차원에서 존재하며, 인격신 이슈와라의 창조적인 주관 하에 상키야의 양식에 따라서 전개된다. 그러나 절대적 실재의 높은 차원에서 전체 세계는 비실재이며, 무지와 관련된 환영이며, 오직 브라흐만만이 실로 존재한다.

따라서 현상 세계의 다양하고 유한한 실체들은 본질적으로 절대자 브라흐만과 동일하다. 세계의 다수성과 개별성은 무지(avidyā)가 절대자 브라흐만에 가탁(假託)된 결과이다. 그러나 마치 우리가 어두컴컴한 헛간에서 새끼줄을 보고 그것을 뱀으로 착각하여 깜짝 놀랄 때, 우리가 새끼줄에 환영적인 뱀을 가탁하는 것과 마찬가지로, 모든 지각과 경험은 '어떤 것'에 대한 것이며, 무(無)를 가리키는 것은 아니다. 우리가 어떤 것을 지각할 때마다, 그것은 무엇인가 있기 때문이다. 우리가 주변의 세계를 지각할 때, 우리는 어떤 것을 지각하지만, 우리의 잘못은 그것을 브라흐만과 다른 어떤 것으로 착각하는 데 있다.

여기서 샹카라는 일체가 공(空)이라고 선언하는 중관불교의 부정주의를 피하고자 고심한다. 또한 샹카라는 그의 몇몇 추종자들과는 달리 아비디야의 본질이나 그것의 장소(locus)에 대한 구체적인 논의를 피하고 있다. 아마 그는 여기에 내재된 논리적인 문제를 알고 있었을 것이다. 그러나 나중에 이 문제는 다른 학파, 특히 라마누자(Rāmānuja)에 의하여 신랄하게 비판되며, 아드와이타 내부에서도 견해가 대립되기에 이른다. 샹카라에게서 아비디야의 본질은 설명할 수 없는 것이다. 왜냐하면 만일 그것이 비실재라면 우리는 그것에 속박되지 말아야 하고, 만일 그것이 실재라면 브라흐만만이 유일한 실재라는 사실과 부합하지 않기 때문이다. 샹카라는 또한 설명 불가능의 개념을 인과의 문제에 적용시킨다. 왜냐하면 우리가 원인들이 전환되어 나타나는 것으로 생각하는 결과들은 사실상 가탁된 것이며, 따라서 실재도 아니고 비실재도 아니기 때문이다.

마야(māyā) 혹은 아비디야를 통하여 나타나는 세계의 현상들은 브라흐만에 대하여 단지 환영적으로 독립적일 뿐이며, 브라흐만의 본질적인 동일은 개별적인 현상들의 다양함에 의하여 아무런 영향도 받지 않는다. 이것은 마치 파도가 일어났다 스러진다 해도 바다의 자기 동일성에는 아무런 영향도 미치지 않는 것과 같다. 이 비유는 또한 샹카라의 사상이 단지 세계를 헛것으로 보는 것은 아니라는 것을 단적으로 보여주고 있다.

샹카라는 브라흐만의 유일한 실재를 주장하기 위하여 세계의 궁극적인 실재성을 부정한다. 그러나 개아(個我, jīva)는 실재와 현상의 결합이다. 그것이 아트만 혹은 브라흐만인 한에서 실재이지만, 한정되고 유한하다는 점에서 그것은 현상이다. 이 상황에서 샹카라는 "당신이 바로 그것이다"(tat tvam asi)라는 우파니샤드의 유명한 구절을 언급한다. 이를 통하여 그는 브라흐만으로서 아트만인 순수 의식을 드러내기 위하여 개별과 초월의 양립 불가능한 요소들을 제거함으로써 도달되는 그 둘의 동일을 논증하고자 한다.

샹카라는 브라흐만에 대한 어떤 적극적인 언급을 주저한다. 오히려 이러한 언급이 브라흐만의 절대성에 대한 한정으로 간주될 수 있다고 보았기 때문이다. 심지어 그의 주요 저술들에서는 후기 아드와이타의 유명한 공식인 브라흐만은 삿트(sat, 존재), 치트(cit, 의식), 아난다(ānanda, 환희)라는 도식적인 기술도 회피하고 있다. 실로 그는 브라흐만은 '이것도 아니고 저것도 아니다'(『브리하드아란야카 우파니샤드』, ii.3.6)라는 선언에 명백히 동조적이다. 아무런 규정성도 띠지 않는, 무속성 브라흐만은 정확히 말하여 아무것도 긍정될 수 없는 존재의 초월상태이다. 그러나 브라흐만은 추상적인 개념이 아니라, 정신적인 추구의 목표인 해탈이다. 해탈은 참된 지식, 다시 말해 자신과 브라흐만이 사실상 동일하다는 직관에 도달할 때 성취된다. 이 구원의 지식은 지난 업을 소멸시키며, 생해탈의 상태를 가능하게 한다.

5. 라마누자의 한정불이론

역설적이게도 샹카라의 절대적 불이론에 대한 가장 강력한 비판은 베단타 내부에서 이루어졌으며, 그것은 라마누자(1017~1137)의 한정불이론(Viśiṣṭādvaita, 限定不二論)으로 구체화된다. 베단타를 유신론적인 입장에서 해석하고 있는 라마누자는 샹카라의 절대자가 우파니샤드나 『베단타 수트라』에서 가르치는 브라흐만과 다를 뿐만 아니라, 인간의 종교적 열망에도 부합하지 않는 메마르고 차가운 추상관념에 불과하다고 비판한다. 이러한 비판은 주로 『베단타 수트라』에 대한 주석

(*Śrībhāṣya*)과 『바가바드기타』에 대한 주석(*Gītābhāṣya*)에서 이루어
지고 있다. 그의 『베다르타상그라하』(*Vedārthasaṁgraha*) 또한 중요
한 의미를 지닌다.

라마누자 베단타의 중심 주제는 샹카라의 가현설(假現說, māyā-
vāda)에 의하여 격하된 인격신 이슈와라의 절대성을 회복하고 세계의
실재성을 확립하는 것이다. 이것은 또한 정통 바라문 철학과 대중적 차
원의 박티(bhakti, 信愛) 종교를 종합한다는 의미를 지닌다. 박티를 해
탈의 궁극 수단으로 간주하는 라마누자의 입장에서 볼 때, 인격신 이슈
와라를 하범(下梵)이라 하고, 그것을 무속성 브라흐만(上梵)의 하위에
두는 샹카라의 입장은 받아들일 수 없다. 그것은 박티의 근본을 부정하
는 것과 다르지 않기 때문이다. 즉 이슈와라를 궁극적 실재로 보지 않
는 한, 박티가 해탈의 궁극적 수단이 될 수 없는 것은 당연하다.

라마누자에게 이슈와라는 곧 유속성 브라흐만이며, 무속성 브라흐만
은 추상적인 관념에 불과하다. 브라흐만은 무한하며 완전한 속성을 갖
추고 있으며, 세계의 동력인이면서 동시에 질료인이다. 브라흐만이 유
일한 실재라는 점에 대하여 라마누자도 샹카라와 동일한 입장이다. 그
러나 샹카라에게 브라흐만은 어떠한 규정성도 띠지 않는 순수한 동일
이지만, 라마누자에게 브라흐만은 우리의 경험 세계를 구성하는 다양
한 존재들의 유기적인 통일이다. 이른바 브라흐만뿐 아니라 세계와 개
아 또한 궁극적으로 실재하며, 이 셋은 순수 무차별적 동일이라는 의미
에서가 아니라 유기적인 통일이라는 의미에서 일원(一元)이다. 이런
의미에서 라마누자의 일원론을 한정불이론이라고 부른다.

라마누자는 개아 및 세계와 브라흐만의 유기적인 관계를 몸과 영혼
(śarīra-śarīri)의 관계로 설명한다. 다시 말하여 인간과 세계는 브라흐
만의 몸이다. 브라흐만과 세계의 관계는 또한 기체(基體)와 속성, 통제
자와 통제받는 자, 주인과 종, 양태를 지니는 자와 양태, 전체와 부분
등의 관계로 설명된다. 이와 같이 여러 범주들의 짝으로 설명되는 브라
흐만과 세계의 관계에서 라마누자의 강조는 무엇보다도 브라흐만과 세

계의 존재론적 연속성이며, 이것은 결국 개아와 세계가 브라흐만과 마찬가지로 실재라는 것을 보여주기 위한 것이다.

샹카라와 라마누자의 차이는 인식의 문제에서도 현저하게 나타난다. 샹카라는 인식을 고차적인 것과 저차적인 것으로 나누고, 고차적 인식에서는 인식자와 인식대상과 인식작용 사이의 구분이 사라진다고 본다. 이에 비하여 라마누자는 인식이란 항상 인식주체와 인식대상을 내포하므로 인식주체나 인식대상과 동일시할 수 없으며, 인식주체가 없는 경우에는 인식대상도 있을 수 없다고 주장한다. 따라서 라마누자는 궁극적으로 해탈의 상태에서도 개아의 개별성이 사라지지 않는다고 주장하는 반면에 샹카라는 개별성이 완전히 사라진다고 본다. 라마누자의 입장에서 보면 해탈의 상태에서 개아는 브라흐만 자체가 되는 것이 아니라 다만 브라흐만적인 존재가 될 뿐이다.

라마누자가 해탈의 수단으로 강조하는 박티는 우파사나(upāsana, 念想)와 동일한 의미로 사용되며, 지적인 색채가 농후한 것으로 평가된다. 그는 『베단타 수트라』에 대한 주석에서 박티 외에도 신에 대한 절대적인 복종인 프라팟티(prapatti)에 대해서 언급하고 있는데, 이는 박티에 이르는 준비단계 혹은 박티와 동일한 것에 지나지 않은 것으로 보인다.

그러나 이 문제는 후대에 이르러 매우 중요한 이슈로 부각되며, 13세기에는 이에 대한 해석을 둘러싸고 라마누자의 추종자들이 남북의 두 종파로 분열되는 국면으로 접어든다. 다소 보수적인 성향을 보이는 북인도의 바다갈라이(Vadagalai) 종파는 프라팟티를 해탈에 이르는 여러 방법 중 하나에 불과한 것으로 간주하며, 따라서 그것을 선택의 문제로 취급한다. 또한 이들은 마치 새끼 원숭이가 어미 원숭이에 착달라붙듯이 인간의 노력이 구원의 본질적인 요인이라 하여 '원숭이 교의'를 주장하였다. 이에 비하여 남인도의 텐갈라이(Tengalai) 종파는 다분히 대중적인 특징을 보이며, 오직 프라팟티만이 구원에 이르는 유일한 길이라고 주장한다. 마치 새끼 고양이는 아무런 노력을 하지 않아도 어미 고양이가 새끼 고양이를 입으로 물어 옮기듯이, 인간의 노력 없이도 신은 절대귀의하는 사람을 구원한다는 '고양이 교의'를 주장한다.

라마누자를 분기점으로 베단타는 실재론적인 경향이 주도하며, 다분히 종파적인 색채를 띠면서 전개된다. 라마누자 이후의 베단타를 대표하는 사상가로는 우선 마드와(Madhva)를 들 수 있다. 그는 라마누자의 베단타 전통을 계승하면서도 이원론적(혹은 다원론적) 실재론의 입장에서 독자적인 베단타 철학을 수립했다. 본질적 불일불이론(不一不二論)을 주장했던 님바르카(Nimbārka)는 후기 베단타 학자들 가운데 라마누자의 사상과 가장 가까운 철학체계를 구축한 것으로 평가된다. 그 밖에도 발라바(Vallabha)의 순수불이일원론이나 차이탄야(Caitan-ya)의 불가사의한 불일불이론 등을 통하여 라마누자의 유신론적 베단타 사상이 계승된다. 동인도를 중심으로 활동했던 차이탄야는 라다-크리슈나 숭배의 열광적인 종교운동을 주도하며 박티 종교의 부흥에 큰 공헌을 했다.

6. 『인도철학사 IV』에 대하여

『인도철학사 IV』는 S. 라다크리슈난의 *Indian Philosophy* 제2권(제3부)의 후반부에 대한 우리말 번역을 담고 있다. 내용으로 보면 육파철학 가운데 미망사와 베단타에 해당하며, 이 두 학파는 베다에 직접적인 근거를 두고 있는 학파들이다. 사상의 경중을 논한다는 것은 언제나 위험천만이지만, 그럼에도 불구하고 이 두 학파는 지금도 인도인들의 종교적인 삶을 지배하는, 정통사상 중의 정통사상이라 해도 무방하다. 베다 시대 이래로 인도 종교의 중심에는 언제나 제사가 있었다는 사실을 고려할 때, 제의식의 의미와 본질에 천착했던 미망사가 인도인들의 종교생활에 차지하는 비중이 얼마나 컸던가를 알 수 있다. 베단타는 말 그대로 '베다의 끝'이요, '베다의 정수'를 담고 있는 사상이다. 특히 그것은 인도사상이 윤리의 차원에 머무르는 것이 아니라, 궁극적으로 인간 실존의 문제에 대한 해결을 모색하는 구제의 도(道)라는 것을 확연히 보여주고 있다는 점에서 주목할 만하다.

제3부
바라문교의 육파철학

푸르바 미망사 철학

1. 서론

푸르바 미망사(Pūrva Mīmāṁsā, 전 미망사)는 그것이 연대기적인 의미가 아니라 논리적인 의미에서 웃타라 미망사(Uttara Mīmāṁsā, 후 미망사)보다 앞서기 때문에 그렇게 불린다. 웃타라 미망사의 중심 주제가 사물의 진실에 대한 지식이라면, 푸르바 미망사의 중심 주제는 제사이다. 우파니샤드를 포함한 전체 베다 문헌은 다르마, 즉 의무의 행위들을 다루고 있으며, 그 중심은 여러 가지 희생제의라고 주장된다. 거룩한 제의식의 수행은 일반적으로 지혜를 추구하는 데 있어 서막이다. 심지어 행위(karma)와 지식(jñāna)의 근본적인 대립을 주장하는 샹카라조차도 현생 혹은 전생에서의 선행은 진리 추구에 대한 열망의 원인이 된다는 것을 인정한다.

미망사의 단초는 베다 자체에서 추적될 수 있다. 베다에서 그것은 제사의 규정들과 교의에 관한 의문과 논의를 가리키기 위하여 사용된다. 희생제의의 합당한 수행은 베다 문헌에 대한 정확한 해석에 달려 있다. 의심스런 경우들에 대해서는 정교한 규정들을 확립하였으며, 이 것은 희생제의가 수행되어야 하는 방식에 대한 지식에 기여했다. 해석에 대한 다수의 문제들이 논의되고 결정되었으며, 이러한 결정들은 브라흐마나 문헌들에서 산발적으로 발견된다. 브라흐마나에서의 설명들은 매우 산만하고 모호하며 불완전하기 때문에, 우리는 당시에 구전되고 있었던 다른 형태의 도움 없이는 이해하기 어려웠을 것이다.

베다 경전과 구전은 오랫동안 종교적 의무의 수행에서 양대 권위로 지속되었다. 다양한 베다 학파(śākha)들이 형성되기 시작했을 때, 계속 되는 전통에 의하여 전승된 거룩한 경전들의 권위에 큰 중요성이 부여 되었다. 불교 흥기 이후, 베다의 다르마를 추종하던 사람들은 자신들이 지니고 있던 모든 지식에 대하여 검토하고, 재확립하고, 그것의 타당성을 입증하며, 나아가서는 그것을 경전의 형태로 구체화할 필요를 느꼈다. 자이미니(Jaimini)는 자신의 저술에서 미망사의 규정들을 체계화하고 그 타당성을 확립하는 작업을 시도했다.

푸르바 미망사가 표방한 목표는 다르마의 본질을 논구하는 것이다. 이 학파의 관심은 사색적이라기보다는 실천적이다. 그 속에서 발견되는 철학적인 사색들은 제의식을 위한 목적에 종속된다. 다르마의 완전을 위하여, 영원한 존재로서 영혼의 실재를 인정하고, 행위의 결과들은 단지 영혼이 지니는 육체에 축적될 뿐이며 영혼 자체와는 무관하다고 주장한다. 베다는 의무적인 행위들을 규정하고, 이와 함께 그 행위들의 수행에 따르는 유익한 결과들에 대해서도 상세하게 언급한다. 다르마로서 이 행위들의 성격과 유익한 결과들을 생산하는 힘에 대한 권위의 원천은 베다에 있으며, 베다 자체는 영원하며 따라서 다른 어떤 것에도 의존하지 않는다.

그러나 이와 같은 도그마적인 자세는 다른 사상가들이 베다 문헌의 중요성을 부정하고 비난할 경우에는 이에 대항하기 어려운 한계를 지닌다. 따라서 신학적이고 철학적인 정교한 논의의 필요성이 제기된다.

어떤 철학적 견해들이 미망사의 핵심 주제, 즉 제의적인 의미로 해석된 다르마의 초월적인 중요성을 손상하지 않는 한, 미망사는 모든 철학적인 견해들을 환영한다. 이와 같은 철학적인 구조의 느슨함은 다양한 사상가들로 하여금 미망사의 철학적인 견해를 다양한 방식으로 해석할 수 있게 했다. 베다는 권위있는 것으로 받아들여지고, 그 타당성은 당시에 베다에 대하여 부정적이던 불교도들에 대하여, 그리고 행위를 지식의 하위에 두던 지식추구자들에 대하여 확립된다. 미망사는 비록 무신론을 함의하고 있다 할지라도, 외견상으로는 다신교를 표방한다. 미망사는 불교의 입장에 반하는 실재론적인 세계관을 수용한다.

힌두 종교에 대한 미망사의 중요성은 지대하다. 힌두교인의 일상생활을 지배하는 경전들은 미망사의 규칙에 따라서 해석될 것이 요청된다. 현대 힌두의 법률은 미망사 철학에 상당한 영향을 받아서 성립되었다.

2. 시대 및 문헌

자이미니의 『미망사 수트라』는 베다 해석의 긴 역사를 전제로 하고 있다. 왜냐하면 그것은 사용되고 있던 일반 원칙들을 요약하고 있기 때문이다. 그것은 온갖 유형의 희생제의와 그것의 목적, 그리고 아푸르바(apūrva, 新得力)의 이론과 더불어 몇몇 철학적인 명제들에 대하여 기술한다. 그것은 총 12장으로 이루어져 있으며, 그 중에서 제1장은 지식의 원천과 베다의 타당성에 대한 논의를 담고 있다는 점에서 철학적인 가치를 지니는 것으로 평가된다. 자이미니는 베다의 모든 부분을 정당화하기 위하여 고심한다. 『데바타칸다』(Devatākāṇḍa)로 알려진 그의 『상카르샤나칸다』(Saṃkarṣaṇakāṇḍa)는 푸르바 미망사에 속한다. 왜냐하면 그것은 숭배(upāsana)와 관련된 내용을 담고 있기 때문이다. 알다시피 숭배는 또한 베다 문헌에서 명령된다.

자이미니의 저작은 『니야야 수트라』 및 『요가 수트라』를 잘 알고 있다는 것을 시사하고 있으며, 따라서 그 연대는 기원전 4세기 이전으로 보기 어렵다.[원주1] 샤바라(Śabara)는 자이미니의 저작에 대한 가장 중요한 주석서를 남겼다. 그는 기원전 약 1세기경에 살았던 인물이다.[원주2] 샤바라 이전에도 자이미니의 저작에 대한 주석가들, 가령 바르트리미트라(Bhartṛmitra),[원주3] 바바다사(Bhavadāsa),[원주4] 하리(Hari),[원주5] 우파바르샤(Upavarṣa)[원주6] 등이 있었다는 것은 분명하다. 그러나 이들의

[원주1] 만일 우리가 『미망사 수트라』는 불교의 여러 견해들을 비판하고 있다는 쿠마릴라(Kumārila)의 견해를 받아들인다면(『슐로카바룻티카』(*Ślokavārttika*), i.1.3, 5 및 6을 보라), 『미망사 수트라』의 연대는 불교 발생 직후가 될 것이다. 『마하바라타』에서 자이미니의 저작에 대한 아무런 언급도 없다는 사실로 본다면, 명백하게 추정할 수 있는 것은 아무것도 없다. 5곳(i.1.5 ; v.2.19 ; vi.1.8 ; x.8.44 ; xi.1.64)에서 바다라야나(Bādarāyaṇa)의 이름을 언급하고 있는 자이미니의 저작은 『브라흐마 수트라』와 동일한 시대에 속한다고 보아야 할 것이다. 『브라흐마 수트라』는 각기 다른 10구절(i.2.28 ; i.2.31 ; i.3.31 ; i.4.18 ; iii.2.40 ; iii.4.2 ; iii.4.18 ; iii.4.40 ; iv.3.12 ; iv.4.5)에서 자이미니를 베단타에 대한 권위자로 언급하고 있다. 그러나 이 가운데 9구절은 『미망사 수트라』에서 확인되지 않기 때문에, 때로는 『브라흐마 수트라』에 언급된 자이미니와 『미망사 수트라』의 저자는 동일인이 아니라는 주장이 제기되기도 한다. 이에 비하여 자이미니의 저작 일부가 소실되었기 때문에 『브라흐마 수트라』에 언급된 구절들이 『미망사 수트라』에서 확인되지 않을 뿐이라고 주장하는 사람들도 있다. 자이미니는 여러 곳에서 『브라흐마 수트라』의 지식을 당연한 것으로 받아들인다. 예를 들어, 그는 아트만이 비물질적이라는 바다라야나의 견해를 수용하지만, 이를 방어하기 위한 어떤 논증도 시도하지 않는다. 주석자들은 그가 바다라야나의 논증(xi.1.64 및 『브라흐마 수트라』, iii.3.53 ; 또한 『미망사 수트라』, ix.1 그리고 『브라흐마 수트라』, iii.2.40을 보라)을 그대로 받아들였으며, 따라서 그것을 다시 언급하지 않는다고 말한다.

[원주2] Jhā, *Prabhākara School*, pp.6~7. 불교의 유식설과 공설(空說)에 대한 샤바라의 비판은 우리가 그의 연대를 보다 후기로 잡는 것을 불허한다. 야코비(Jacobi)는 샤바라에 의하여 인용된 주석(Vṛtti)이 200년에서 500년 사이에 속하는 것으로 보며, 샤바라 또한 이 시기의 인물로 생각한다. 키스(Keith)는 샤바라의 연대를 400년 이전으로 보는 것은 불가능하다고 생각한다.

[원주3] 『니야야라트나카라』(*Nyāyaratnākara*), 10. 또한 『카쉬카』(*Kāśikā*), p.10을 보라.

[원주4] 『슐로카바룻티카』, i.63.

[원주5] 『샤스트라디피카』(*Śāstradīpikā*), x.2.59~60.

[원주6] 샤바라는 『미망사 수트라』, i.1.5에 대한 자신의 주석에서 어떤 브릿티(Vṛtti)로부터 긴 구절을 전사(轉寫)하고 있다(또한 ii.3.16 및 iii.1.6에 대한 샤바라의 주

저작은 현존하지 않는다. 샤바라의 저술은 그 이후에 나온 미망사 저술들의 주요 근거가 된다.

베다의 권위와 제관(祭官)의 지고함을 상정하는 정통 바라문 전통의 강력한 옹호자인 쿠마릴라[원주7]는 『수트라』와 『바쉬야』에 대해 주석했으며, 그의 저술은 세 부분에 담겨 있다. 첫번째 『슐로카바룻티카』는 제1장의 첫번째 부분을 다루고 있다. 두번째 『탄트라바룻티카』는 우리를 제3장의 끝부분으로 안내하며, 『투프티카』(Ṭupṭikā)는 나머지 부분을 주석한다. 쿠마릴라는 샹카라 이전의 인물이며, 7세기경의 인물로 볼 수 있을 것이다.[원주8] 『비디비베카』(Vidhiviveka)와 『미망사누크라마니』(Mīmāṃsānukramaṇī)의 저자인 만다나 미슈라(Maṇḍana Miśra)는 그의 추종자 가운데 한 사람이다. 그는 바차스파티(A.D. 850)——자신의 『니야야카니카』(Nyāyakaṇikā)에서 『비디비베카』의 견해들을 설명하고 있는——이전에 활동했던 인물이다. 쿠마릴라의 저술에 대한 다수의 주석자들이 있다. 대표적인 주석자로는 『슐로카바룻티카』에 대한 주석

석을 보라). 쿠마릴라는 브릿티카라(Vṛttikāra)라는 이름으로 이 브릿티의 저자를 언급한다. 자(Jhā) 박사는 바바다사와 이 브릿티의 저자를 동일시한다. 파르타사라티(Pārthasārathi)는 이와 관련하여 그의 이름을 언급하지 않는다. 야코비는 보다야나(Bodhāyana)가 그의 선배인 우파바르샤가 했던 것과 마찬가지로 두 미망사에 대한 브릿티들을 저술했다고 본다(*Journal of the American Oriental Society*, 1911).

[원주7] 힌두교의 위대한 투사로 널리 알려진 쿠마릴라는 불교에서 힌두교로 개종한 베하르(Behar)의 브라흐민으로 알려진다. Eliot, *Hinduism and Buddhism*, vol. ii, p.110, p.207을 보라. 타라나타(Tāranatha)는 그를 남인도 출신으로 본다. 전통에 따르면, 쿠마릴라는 베다의 영원성을 입증하고 베다의 제의식이 해탈에 이르는 유일한 길이라는 것을 보여주고자 하는 열망에서, 자신의 불교 스승을 파멸시키고 사실상 신을 부정하는 등의 죄악도 마다하지 않았다고 한다. 마다바(Mādhava)의 『샹카라디그비자야』(Śaṁkaradigvijaya)를 보라.

[원주8] 판디트(Paṇḍit) 씨에 의하면, 쿠마릴라는 바바부티(Bhavabhūti, A.D. 620~680)의 구루(guru, 스승)이며, A.D. 590~650년에 속하는 인물이다. 이것은 쿠마릴라의 명성이 하르샤(Harṣa)의 말년에 널리 확립되어 있었다는 분명한 사실과 부합한다.

서인 『카쉬카』(Kāśikā)의 저자 수차리타 미슈라(Sucarita Miśra), 『탄트라바룻티카』에 대한 주석서이며 『라나카』(Rāṇaka)라고도 알려진 『니야야숫다』(Nyāyasuddhā)의 저자 소메슈와라 밧타(Someśvara Bhaṭṭa), 그리고 『슐로카바룻티카』에 대한 주석서인 『니야야라트나카라』(Nyāyaratnākara)와 『샤스트라디피카』(Śāstradīpika)의 저자 파르타사라티 미슈라(Pārthasārathi Miśra, A.D. 1300) 등을 들 수 있다. 『샤스트라디피카』는 쿠마릴라 계통의 미망사 철학에 대한 독자적인 입문서이다. 벵카타 디크쉬타(Veṅkaṭa Dīkṣita)의 『바룻티카바라나』(Vārttikābharaṇa)는 『투프티카』에 대한 주석서이다.[원주9]

　　프라바카라(Prabhākara)[원주10] 자신이 추종했던 샤바라의 『바쉬야』에 대하여 『브리하티』(Bṛhatī)라는 주석서를 남겼다. 쿠마릴라는 가끔 샤바라의 견해들에 대하여 부정적인 입장을 보인다. 프라바카라는 쿠마릴라의 견해에 대하여 침묵하고 있는 반면에 쿠마릴라는 『브리하티』[원주11]에서 진술된 견해와 유사한 견해들을 언급하고 있다는 사실로부터, 프라바카라가 쿠마릴라보다 이전 인물이라는 주장이 제기되기도 한다. 『브리하티』의 양식은 쿠마릴라의 저술보다 이전의 시대를 반영한다고 말해진다.[원주12] 샬리카나타(Śālikanātha)의 『리주비말라』(Ṛju-

---

[원주9] 『유크티스네하프라푸라니』(Yuktisnehaprapūraṇī)의 저자 라마크리슈나 밧타(Rāmakṛṣṇa Bhaṭṭa), 『마유크하말리카』(Mayūkhamālikā)의 저자 소마나타(Somanātha), 밧타 샹카라(Bhaṭṭa Śaṃkara), 밧타 디나카라(Bhaṭṭa Dinakara), 카말라카라(Kamalākara) 등은 이 학파의 추종자들이다.

[원주10] 전통에 따르면, 프라바카라와 만다나(Maṇḍana)는 쿠마릴라의 제자였다. 쿠마릴라는 프라바카라의 탁월한 능력을 인정하여 그에게 '구루'의 칭호를 주었다.

[원주11] i.2.31 ; i.3.2. ; i.4.1.

[원주12] Jhā, *Prabhākara School* ; Keith, *Karma Mīmāṃsā*. 쿱푸스와미 샤스트리(Kuppuswāmi Śāstri) 교수는 전통적인 견해를 지지하며, 자(Jhā)와 키스의 입장에 대하여 상당히 상세하게 논박한다. 그의 논문 "The Prabhākara School of Pūrva Mīmāṃsā"(Proceedings of the Second Oriental Conference, Calcutta)를 보라. 고대 남인도의 어떤 전통에 따르면, 움베카(Umveka)는 쿠마릴라의 제자였다.

　　Umvekaḥ kārikāṃ vetti, campūṃ vetti prabhākaraḥ

vimalā)는 『브리하티』에 대한 주석서이다. 그의 『프라카라나판치카』(*Prakaraṇapañcikā*)는 프라바카라 학파의 대중적인 입문서이다. 그의 『파리쉬슈타』(*Pariśiṣṭa*)는 샤바라의 저술에 대한 간략한 주석이다. 바바나타(Bhavanātha)의 『나야비베카』(*Nayaviveka*)는 프라바카라의 견해를 상세하게 다루고 있다. 프라바카라의 제자인 샬리카나타는 다르마키르티(Dharmakīrti, 法稱)에 대하여 언급한다.[원주13]

바차스파티는 자신의 『니야야카니카』(*Nyāyakaṇikā*)에서 두 계통의 프라바카라 추종자들[원주14]을 구분하고 있다. 무라리(Murāri)라는 이름과 관련된 제3의 미망사 학파[원주15]가 힌두교의 철학적 문헌에 언급된다. 그러나 이 학파에 속하는 문헌은 전해지지 않는다. 마다바(Mādhava)의 『자이미니야 니야야말라비스타라』(*Jaiminīya Nyāyamālāvistara*)는 미망사 철학에 대한 운문체의 해설서이며 산문으로 된 주석이 달려 있다. 압파야 디크쉬타(Appaya Dīkṣita, 1552~1624)는 자신의 『비디라사야나』(*Vidhirasāyana*)에서 쿠마릴라를 논박한다. 아파데바(Āpadeva, 17세기)는 기초입문서인 『미망사니야야프라카샤』(*Mīmāṁsānyāyapra-kāśa*)─『아파데비』(*Āpadevī*)라고도 불린다─를 저술했으며, 이 입문서는 매우 대중적인 문헌이다. 라우가크쉬 바스카라(Laugākṣi Bhās-kara)의 『아르타상그라하』(*Arthasaṁgraha*) 또한 매우 널리 읽히는

 Maṇḍanas tūbhayaṁ vetti nobhayaṁ vetti revaṇaḥ.
 판디트 씨는 자신의 『가우다바호』(*Gauḍavaho*, Bombay Skt. Series) 서문에서 위의 구절을 인용하면서 참푸(Campū)와 만다나(Maṇḍana) 대신에 탄트라(Tantra)와 바마나(Vāmana)라는 말을 사용하고 있다. 또한 구나라트나(Guṇa-ratna)의 『샤드다르샤나사뭇차야 브릿티』(*Ṣaḍdarśanasamuccaya Vṛtti*, 1409)를 보라. 움베카는 바바부티(Bhavabhūti)와 동일시되며, 쿠마릴라의 제자 가운데 하나로 간주된다. 또한 칫트수크하(Citsukha)의 『아드와이타 프라디피카』(*Advaita Pradīpikā*), p.265를 보라.
[원주13] 『프라카라나판치카』, i을 보라.
[원주14] 자라트프라바카라라하(Jaratprābhākarāḥ)와 나비야프라바카라라하(Navyaprābhā-
  karāḥ).
[원주15] Murāres tṛtīyaḥ panthāḥ.

문헌이며 아파데바의 『미망사니야야프라카샤』에 의거한다. 칸다데바
(Khandadeva, 17세기)는 논리학적인 내용으로 유명한 『밧타디피카』
(*Bhāṭṭadīpikā*)를 저술했다. 그의 『미망사카우스투바』(*Mīmāṁsākaus-tubha*)는 『수트라』를 다루고 있다.[원주16]

3. 바른 지식의 수단

자이미니는 바른 지식의 수단으로 세 가지, 즉 지각과 추론 및 경전
의 증언을 받아들인다. 프라바카라는 비교(upamāna)와 가정(arthā-patti)을 바른 지식의 수단으로 인정한다. 쿠마릴라는 비(非)인식
(anupalabdhi)을 부가한다. 소문(aitihya)은 바른 지식의 수단에서 배
제된다. 소문이 믿을 만한 것인지 아닌지에 대한 명확한 정보가 없으
며, 따라서 이에 의거한 인식의 타당성을 확신할 수 없기 때문이다. 기
억(smṛti)은 바른 지식의 수단에서 제외된다. 왜냐하면 그것은 우리에
게 단지 이전에 지각된 것들에 대하여 말할 뿐이기 때문이다.

프라바카라는 어떻게 우리가 마나스와 감각들의 존재를 추론할 수 있
는가에 대하여 설명한다. 우리의 인식은 무상하며, 물질적인 원인(sama-vāyikāraṇa)과 비물질적인 원인(asamavāyikāraṇa)을 지닌다.[원주17] 인식

[원주16] 라가바난다(Rāghavānanda)의 『미망사수트라디디티』(*Mīmāṁsāsūtradīdhiti*),
『미망사 수트라』에 대한 라메슈와라(Rāmeśvara)의 주석서 『수보디니』(*Subo-dhinī*), 그리고 비슈웨슈와라(Viśveśvara 혹은 Gāgā Bhaṭṭa)의 『밧타친타마니』
(*Bhāṭṭacintāmaṇi*) 등은 다소의 가치를 지니는 문헌들이다. 베단타 데쉬카
(Vedānta Deśika)의 『세슈와라 미망사』(*Seśvara Mīmāṁsā*)는 미망사와 베단
타의 견해들을 결합하려는 시도이다. 저자인 베단타 데쉬카는 라마누자의 추종자
이며, 그는 두 미망사가 한 전체의 부분들이라는 주장을 펴고 있다.
[원주17] 『프라카라나판치카』를 참조하라. "대상들에 대한 인식은 일시적이다. 아트만
은 구성요소적인(constituent) 원인이며, 마나스와 아트만의 접촉은 보조적인 원
인이다"(pp.52 ff).

의 물질적인 원인은 자아이며, 그것의 비물질적인 원인은 자아의 원인 속에 있을 수 없다. 왜냐하면 자아는 다른 무엇에 기인되지 않기 때문이다. 그러므로 그것은 자아 자체에 있음에 틀림없다. 어떤 실체 속에 본래부터 포함되어 있는 것이 속성이며, 따라서 인식의 비물질적인 원인은 속성이다. 만일 일시적인 속성들이 영원한 실체 속에 일어난다면, 그것은 다른 실체들과의 접촉에 기인하는 것임에 틀림없다. 다른 실체들이 또한 다른 실체들 속에 본래부터 포함되어 있다는 아무런 증거도 없으므로, 그 실체들은 영원한 것으로 간주되어야 한다.

적극적인 유형의 인식인 지각은 자아의 특수한 속성이다. 영원한 실체들에 속해 있는 그와 같은 속성에서 비물질적인 원인은 어떤 다른 실체들과 접촉의 형태임에 틀림없다. 그와 같은 실체들은 공간이나 시간처럼 편재적이거나 원자적이다. 편재적인 실체들과의 접촉은 우리 인식의 다양한 성질을 설명할 수 없다. 그러므로 인식의 비물질적인 원인은 원자적 실체들과의 접촉이며, 이러한 접촉은 원자 자체들의 운동에 의하여 일어난다. 인식하는 자아에 의하여 생명을 지니게 된 육체 속에 머무는 원자적 실체가 바로 마나스이며, 다른 어떤 것도 자아가 물질적 원인인 인식에서 비물질적 원인의 토대를 포함할 수 없을 것이다. 접촉이 일어나도록 돕는, 육체 속에 있는 원자적 실체의 작용은 자아와 그것의 접촉에 기인한다.

그러나 마나스는 즐거움이나 고통과 같은 결과들을 야기할 수 있다 할지라도, 그것은 색깔이나 냄새 등과 같은 속성들을 발생시킬 수 없다. 이러한 속성들에 대한 파악을 위하여, 그것은 다른 기관들을 필요로 한다.[원주18] 마나스에 의하여 매개되는 감각기관과 외부 대상들의 접촉을 통하여, 영혼은 외부 세계를 알게 된다. 영혼과 마나스의 관계는 공덕과 죄과에 의하여 야기되지만, 그럼에도 불구하고 영혼은 마나스에 대한 입장에서 단순히 수동적인 것만으로 간주되지는 않는다. 마나

[원주18] 『샤스트라디피카』, p.100.

스는 감각기관들 중에 포함된다. 왜냐하면 그것은 즐거움, 고통, 욕망, 혐오와 같은 정신적 상태들을 지각하기 때문이다.[원주19] 만일 우리가 마나스와 감각기관들에 의존적이 아니라면, 우리는 모든 것들에 대한 동시적인 인식을 지녀야 한다고 주장된다.

영혼은 그 자체가 마나스와 접촉하고 있을 때, 인식을 일으킨다. 이와 같은 접촉은 영혼의 노력 혹은 영혼의 지난 카르마가 행위에 부여하는 보이지 않는 운명에 의하여 결정되는 마나스의 작용에 기인한다. 영혼은 경험하는 자 혹은 향수하는 자요, 육체는 경험들이 일어나는 장소이며, 감각기관은 경험의 도구이다. 경험의 대상은 두 유형, 즉 즐거움이나 고통과 같은 내적인 것과 항아리 등과 같은 외적인 것들로 나누어진다. 프라바카라의 견해에 의하면, 우리의 의식은 한 번에 둘이 아니라 오직 하나의 대상과 그 자체를 연결한다.

4. 지각

지각(pratyakṣa)은 직접적인 파악이다(sākṣāt pratītiḥ).[원주20] 그것은 감각적 접촉에서 직접 일어난다. 지각에서 우리는 대상과 감각기관, 대상의 차별적인 속성들과 감각기관, 마나스와 감각기관, 그리고 자아와 마나스의 접촉을 지닌다. 쿠마릴라는 대상과 감관의 접촉을 단순한 관련(relevancy) 혹은 대상을 드러내 보이는 수용력으로 설명하며, 이러한 관련 혹은 수용력은 그 결과로부터 추론된다고 본다.[원주21] 지각은 존재하는, 즉 감관들에 의하여 감지될 수 있는 대상들과 관련된다. 그것은 초감각적 대상들을 파악할 수 없다. 프라바카라에 의하면, 파악되는 대상들은 실체들, 부류 혹은 속성들일 것이다.

[원주19] 같은 책, p.98.
[원주20] 『프라카라나판치카』의 지각(Pratyakṣa)을 참조하라.
[원주21] 『슐로카바룻티카』, *Pratyakṣasūtra*, 42~43.

미망사 학자들은 대체로 청각을 제외한 다른 감관들에 대하여 니야야의 이론을 그대로 수용한다.[원주22] 공간적인 원근(遠近)은 시각과 촉각뿐만 아니라 청각을 통해서도 직접적으로 지각된다. 공간은 장소(deśa)와 방향(dik)으로 구분되며, 이 둘은 모두 소리(聲)의 한정적 부가물(viśeṣaṇa)로서 우리에게 직접 지각된다. 청각은 대상, 즉 소리와 접촉하게 된다. 귀가 대상, 즉 떨어져 있는 소리로 나아가는 것이 아니라, 소리가 공기의 파동을 통하여 고막에 전달된다. 이러한 견해는 가까이 있는 사람은 소리를 듣는 반면에 멀리 떨어져 있는 사람은 그렇지 못한 사실을 설명한다. 그것은 또한 소리가 지니는 다양한 정도의 강약을 설명한다.[원주23]

불교에서 생각하는 것처럼, 만일 귀가 소리와의 직접적인 접촉 없이도 그것을 파악할 수 있다면, 가깝고 먼 모든 소리가 귀를 통하여 동시적으로 지각된다고 해야 하겠지만, 이것은 우리의 경험과 부합되지 않는다. 귀는 말하는 사람으로부터 나오는 공기의 흐름이 부딪치는 공기의 층을 담고 있으며, 이것은 소리가 들리는 상태를 조성한다. 귀는 소리의 장소(locus)가 아니라, 단지 고막에 그 장소를 지니는 소리와 접촉할 뿐이다. 그러나 소리들은 언제나 고막이 아니라 공간의 다양한 곳에 그 장소를 지니는 것으로 지각된다. 소리들은 단지 아무런 차별상도 띠지 않는 소리로 귀에 도달하는 것이 아니라, 그것이 발생한 여러 방향으로 차별화된 소리로 귀에 들어온다. 그러므로 소리 자체뿐만 아니라 그 방향까지도 직접 지각된다. 심지어 거리조차도 귀를 통하여 지각된다. 왜냐하면 가까운 곳에서 오는 소리는 먼 곳에서 오는 소리보다 강하기 때문이다. 따라서 소리의 강약에 대한 지각은 우리가 그 소리가 일어난 곳과의 거리를 알 수 있게 한다.

프라바카라와 쿠마릴라는 모두 결정적 지각과 비결정적 지각의 구분을 수용하며, 이 두 지각 모두가 타당한 것으로 인정한다. 쿠마릴라에

[원주22] 『샤스트라디피카』, pp.400 ff. ;『슐로카바룻티카』, 760 ff.
[원주23] Tīvramandādivyavasthā.

의하면, 비결정적 지각은 비록 특수한 측면 혹은 일반적인 측면을 지니는 것으로서의 대상에 대한 파악은 아니라 할지라도, 그것의 특수성 혹은 일반성의 토대인 개체를 파악한다.[원주24] 비결정적 지각은 대상 그 자체[원주25]에 기인한다고 말해진다. 결정적 지각에서 일반적 성질들과 특수한 성질들이 분명하게 인식된다.[원주26]

파르타사라티는 이 견해를 지지하여 보다 상세한 설명을 하고 있다. 감관과 대상이 접촉하는 순간에 우리는 모든 관계들이 결여된 대상에 대한 파악을 지닌다. 이 단계에서 우리는 아직 피한정자와 한정자의 구분이나 일반적 성질과 특수한 성질간의 구분을 지니지 않는다. 만일 비결정적 지각이 없다면, 결정적 지각은 있을 수 없을 것이다.[원주27] 왜냐하면 결정적 지각은 제한된 대상과 그 속성간의 관계에 대한 파악이기 때문이다. 그와 같은 관계에 대한 파악은 관계되는 요소들에 대한 선행적인 파악에 의존한다. 만일 이러한 것들이 비결정적 파악에서 은연중에 알려지지 않는다면, 그들은 결정적 파악에서 분명하게 알려질 수 없을 것이다. 어떤 대상에 대한 결정적 파악에서 우리는 그것이 속하는 부류와 그것이 지니는 이름을 기억하고, 그 종류와 이름을 지각된 대상에 관련시킨다. 만일 부류와 이름이 전혀 지각되지 않는다면, 그들은 기억될 수 없을 것이다. 그러므로 부류와 이름 및 한정하는 속성들이 은연중에 파악되는 비결정적 지각의 존재는 반드시 받아들여져야 한다.

쿠마릴라는 대상에 대한 인식은 언어적 표현에 의존하지 않는다고 주장한다.[원주28] 비록 우리가 인지된 어떤 대상을 가리키기 위하여 '소'라는 말을 사용한다 할지라도, '소'라는 부류가 언제나 '소'라는 말의 형

[원주24] 『슐로카바룻티카』, *Pratyakṣasūtra*, v.113.
[원주25] 무분별적 대상(śuddhavastuja).
[원주26] 『슐로카바룻티카』, *Pratyakṣasūtra*, v.120.
[원주27] 『샤스트라디피카』, pp.109~110. 이 견해에 대한 비판은 자얀타(Jayanta)의 『니야야만자리』, p.98에서 볼 수 있다.
[원주28] 『슐로카바룻티카』, *Pratyakṣasūtra*, 176.

태로 인식되는 것은 아니다.[원주29] 쿠마릴라는 비결정적 지각이란 아직 결정되지 않은 지각, 비유하건대 갓난아기의 인식처럼 어떤 대상이 단지 개체로 우리에게 주어질 뿐이며, 유적(類的) 측면 혹은 특수한 측면을 지니는 대상으로 파악되지는 않는다고 주장한다. 이에 비하여 프라바카라는 비결정적 지각이 유적(類的) 성질들과 특수한 측면들 모두를 인식하지만, 다른 대상들이 아직 그 인식 속에 들어오지 않기 때문에 그 대상은 분명한 어떤 부류에 실제로 속하는 것으로 파악되지 않을 뿐이라고 믿는다. 하나의 대상은 단지 그것이 구별되는 다른 대상들과 비교하여 하나의 개체로 파악되며, 그것이 어떤 특정한 부류의 다른 구성요소들과 공통된 어떤 측면들을 지니는 것으로 알려질 때, 비로소 그 부류에 속하는 것으로 파악된다. 설사 파악된 대상이 실제로 어떤 부류에 속하는 개체라 할지라도, 그것의 진정한 성질은 그것이 동일한 부류의 다른 대상들과 비교될 때까지는 인지될 수 없다.[원주30]

유적 성질들과 특수한 측면들은 비결정적 지각에 존재하지만, 그럼에도 불구하고 여기서 이러한 성질들과 측면들은 여실하게 인식되지 않는다. 결정적 지각에서 자아는 동일한 부류의 다른 대상들을 기억하며, 그 대상들간의 유사점과 차이를 인식한다. 프라바카라는 결정적 지각이 복합적 성격을 지니며, 그 속에 기억의 요소를 지닌다고 믿는다. 왜냐하면 그 부류의 다른 구성요소들은 자아가 그 구성요소들을 지녔던 인상들에 의하여 자아에 그 자체들을 나타내기 때문이다. 그러나 기억의 요소는 지각되는 대상과 관계되는 것이 아니라, 그것이 비교되는 다른 대상들과 관계되며, 따라서 대상 자체에 대한 인식의 타당성에는 아무런 영향도 미치지 않는다.

프라바카라와 쿠마릴라는 둘 다 보편의 실재를 인정하며, 그것을 지각의 대상으로 간주한다. 이에 비하여 불교도들은 단지 특수한 개별만

[원주29] 같은 책, 180, 182.
[원주30] Vastvantarānusaṁdhānasūnyatayā sāmānyaviśeṣarūpatā na pratīyate. 『프라카라나판치카』, pp.54~55를 보라.

실재적이며, 보편은 상상의 산물이라고 주장한다.[원주31] 불교의 견해는 쿠마릴라와 파르타사라티에 의하여 비판된다. 이들의 견해에 의하면, 보편은 지각의 대상이다. 왜냐하면 우리가 어떤 대상을 지각할 때는 언제나 그것이 어떤 특정한 부류에 속한 것으로 지각하기 때문이다. 지각의 행위는 동화와 차별화 모두를 포함한다. 지각은 포섭(anuvṛtta)과 배제(vyāvṛtta)의 측면을 동시에 지닌다. 포섭은 보편의 실재에 의존한다. 추론의 행위 또한 보편의 실재에 의존한다. 또한 보편은 개체와 별개로 지각되지 않으므로, 불교도들은 보편이 실재하지 않는다고 주장할 수 없다. 왜냐하면 존재하는 어떤 것이 다르다거나 다르지 않다는 주장은[원주32] 보편적 존재(vastutva)를 전제로 하기 때문이다. 또한 보편이 전적으로 각각의 개체에 있느냐 아니면 모두에 집합적으로 있느냐는 질문은 부적절하다. 왜냐하면 그와 같은 구별은 보편이 아니라 개체들과 관련된 것이기 때문이다. 보편은 부분이 없다.

　　보편에 대한 자이나교의 견해 또한 논박된다.[원주33] 만일 보편이 유사성과 동일하다면, 우리는 "이것은 암소이다"라고 말하는 것이 아니라, "이것은 암소와 유사하다"고 말해야 할 것이다. 더욱이 유사성은 보편과 별개로 있을 수 없다. 만일 어떤 사물들이 공통된 속성들을 지닌다면, 그 사물들은 유사하다. 쿠마릴라에 의하면, 보편은 개체와 다르지 않다.[원주34] 그 둘의 관계는 차이 가운데 동일의 일종이다. 우리가 보편 혹은 개별을 인식하는 것은 우리의 관심에 달려 있다. 형상(ākṛti)이라

[원주31] Vikalpākāramātraṁ sāmānyam(『샤스트라디피카』, p.381).

[원주32] Yad vastu tad bhinnam abhinnaṁ vā bhavati(같은 책, p.382).

[원주33] Na ca sādṛśyam eva sāmānyam(같은 책, p.394).

[원주34] 『슐로카바룻티카』, *Pratyakṣasūtra*, 141. 이에 대한 『니야야라트나카라』의 주석은 다음과 같다. "유개념 등은 개체와 전혀 다르지 않다. 개별적인 소는 오직 그것이 유개념 '소'와 동일한 것으로 알려질 때만 그와 같은 것으로 인식된다. 이것은 만일 개체가 유개념과 전적으로 다르다면 있을 수 없을 것이다. 이와 같은 개체와 유개념의 동일에 대한 인식은 유개념을 알 수 있는 유일한 방법이다. 따라서 개체와 유개념의 동일이 있음에 틀림없다." 또한 *Ākṛtivāda*, 8, 10, 18, 25를 보라.

제6장 푸르바 미망사 철학 55

고 불리기도 하는 보편은 모양(shape)이 아니라 성질의 동일을 의미한다. 왜냐하면 형상은 자아와 같이 비물질적 대상들에 속하는 것으로 말해지기 때문이다. 대상들의 모양은 파괴될 수 있지만, 유성(類性)은 그렇지 않다.[원주35] "유개념 그 자체는 형상이라고 불리며, 형상은 개체가 특징지어지는 것을 의미한다. 그것은 개별적인 모든 대상들에 공통된 것이며, 그 모든 개체들이 하나의 복합적인 전체를 형성한다는 집합 개념을 가능하게 한다."[원주36]

파르타사라티는 보편이 개별과 완전히 다른 것은 아니라고 주장한다. 만일 그 둘이 전적으로 다르다면, 우리는 개체에서 보편을 지각할 수 없을 것이다. "이것은 암소이다"라는 지각에서 우리는 암소에 대한 인식(gobuddhi)뿐 아니라 이것에 대한 인식(iyambuddhi) 또한 지닌다. 후자는 그 대상으로 개체를 지니며, 전자는 그 대상으로 보편을 지닌다. '이것'에 대한 인식과 '암소'에 대한 인식은 서로 다르지만, 그럼에도 불구하고 그 둘은 하나의 동일한 대상에 본래부터 내재해 있다. 이와 같은 지각의 이중성은 보편과 개별로서 대상의 본질을 가리킨다. 그 둘은 물론 서로 모순되지 않는다. 왜냐하면 동일과 차이 둘 다 하나의 지각 행위에서 지각되기 때문이다. "이것은 은이다"라는 인식과 "이것은 은이 아니다"라는 인식이 서로 모순되지 않는 것과 마찬가지로, 동일과 차이는 서로 모순되지 않는다. 동일과 차이는 한 대상의 다른 측면들과 관련된다.[원주37]

프라바카라의 추종자들은 위의 견해에 동의하지 않는다. 하나의 인식 행위가 보편과 개별 사이의 차이와 동일 두 가지 모두를 파악하는 것은 불가능하다. 우리가 보편과 개별의 차이를 지각할 때, 우리는 구별되는 것으로서 보편과 개별을 지각하게 마련이며, 우리가 그 둘의 동

[원주35] 『탄트라바룻티카』, i.3.30.
[원주36] Jātim evākṛtim prāhur vyaktir ākriyate yayā, Sāmānyaṃ tac ca piṇ-
　　dānām ekabuddhinibandhanam(『슐로카바룻티카』, *Ākṛtivāda*, v.3).
[원주37] 『샤스트라디피카』, p.284.

일을 지각할 때, 우리는 단지 그 둘 중의 하나, 즉 보편 아니면 개별을 지각할 수밖에 없다. 이 경우에 하나의 대상, 즉 보편 혹은 개별은 보편과 개별 및 그 둘의 동일에 대한 두 가지 인식을 생성할 것이다. 그러나 개별이 보편과 그 자체의 동일에 대한 인식을 생성할 수 없는 것과 마찬가지로, 보편이 개별과 그 자체의 동일에 대한 인식을 생성하는 것은 불가능하다. 그러므로 차이와 동일이 하나의 동일한 인식 행위에 의하여 파악된다고 말할 수 없다.

파르타사라티는 이 논증이 타당하지 않다고 논박한다. 두 대상들에 대한 인식은 반드시 그 둘의 차이에 대한 인식을 포함할 필요는 없다. 어떤 부류의 개별적인 구성요소가 처음으로 지각될 때, 개별과 보편 둘 다 지각되지만, 그 둘의 차이가 지각되는 것은 아니다. 동일한 부류에 속하는 다른 하나의 개체가 지각될 때, 그것은 첫번째 개체와 동일한 부류에 속하는 것으로 동일시되는 동시에, 그것은 또한 첫번째 개체와 다른 개체로서 차별화된다. 그러므로 두 대상들에 대한 인식은 그 둘의 차이에 대한 인식을 내포하지 않는다. 마치 우리가 멀리 떨어져 있는 한 대상을 지각하고 그것이 전봇대인지 사람인지 의심이 드는 경우처럼, 하나의 대상에 대한 인식이 반드시 그것의 동일에 대한 인식을 포함할 필요는 없다.[원주38]

프라바카라의 추종자들은 보편과 개별이 동일할 수 없다고 항변한다. 왜냐하면 보편은 영원하며 다수의 개체에 공통되는 반면에 개별은 영원하지 않으며 특수하기 때문이다. 만일 보편과 개별이 동일하다면, 보편은 일시적이고 여러 개체들에서 각기 다를 것이며, 개별은 영원하고 다수의 개체에 공통적일 것이다. 이에 대하여 파르타사라티는 복합적인 대상 혹은 다양한 형상의 대상은 어떤 측면에서는 영원하고 다른 측면에서는 일시적이며, 어떤 측면에서는 다른 대상들과 동일하지만 다른 측면에서는 그 대상들과 다르다고 주장한다.[원주39]

[원주38] Na vastudvayapratītir eva bhedapratītiḥ ; nāpy ekavastupratītir eva-
　　bhedapratītiḥ(『샤스트라디피카』, p.287).

　전체(avayavi)와 부분(avayava)의 문제에서, 프라바카라는 전체가 지각의 대상이라고 생각한다. 전체들로서 대상들이 존재한다. 전체가 지각되기 전에 우리가 모든 부분들을 지각할 필요는 없다. 가령 우리가 어떤 물질적 대상을 예로 든다면, 원자들은 그것의 질료인이며, 원자들의 결합은 전체에게 그 자체의 고유함을 부여하는 비물질적 원인이다. 쿠마릴라는 전체와 부분이 동일하다고 생각하며, 우리가 하나의 대상을 하나의 전체로 간주하거나 아니면 다수의 부분들로 생각하는 것은 우리의 관점에 달려 있다고 본다.[원주40]

　쿠마릴라는 인지(recognition)를 직각적인 인식(presentative cognition)으로 간주한다는 점에서 니야야 학자들과 일치한다. 인식은 감각작용이 있는 곳에 있으며, 그것이 없는 곳에는 없기 때문이다. 다만 인지는 회상 작용에 후속한다는 이유만으로 우리가 그것을 비(非)지각적인 것으로 취급하는 것은 있을 수 없다. 우리가 존재하는 대상과 감관의 접촉을 지닐 때면 언제나 우리는 지각의 경우를 지닌다.[원주41]

　흔히 요가 수행자들은 이러한 직관으로 과거와 미래의 대상들 혹은 감관으로 지각할 수 없거나 멀리 떨어져 있는 대상들을 파악할 수 있는 것으로 말해지지만, 미망사 학자들은 요가를 통한 직관의 이론을 지지하지 않는다. 이러한 직관은 감각적이거나 비감각적일 것이다. 만일 전자의 경우라면 감각은 과거와 미래 그리고 먼 곳의 대상들과 접촉할 수 없으므로 그 대상들에 대한 인식은 있을 수 없을 것이다. 내적 감관인 마나스조차도 단지 즐거움과 고통의 정신상태들에 대한 인식을 생성할 수 있을 뿐이다. 감관이 고도로 발달하면 대상들과 접촉하지 않고도 그 대상들을 이해할 수 있다고 주장하는 것은 무의미하다. 왜냐하면 감관이 아무리 고도로 발달한다 해도 그 자체의 본질을 변화시킬 수는 없기 때문이다. 만일 요가적 직관이 과거에 지각된 것들을 파악한다면,

---

[원주39] 『샤스트라디피카』, p.288.
[원주40] 『슐로카바룻티카』, *Vanavāda*.
[원주41] 『슐로카바룻티카』, *Pratyakṣasūtra*, 234~237.

그것은 단지 기억의 경우라 해야 할 것이다. 만일 그것이 이전에 파악된 적이 없는 것들을 파악한다면, 그것의 타당성이 의심스럽다 해야 할 것이다. 과거나 미래의 대상 혹은 멀리 떨어져 있는 대상에 대한 지식은 오직 베다를 통하여 얻어질 수 있다.[원주42]

우리가 즐거움이나 고통 등에 대하여 인식하게 되는 정신적 지각은 미망사에 의하여 받아들여진다. 그러나 인식은 내성(內省)의 대상일 수 없다. 정신적 지각은 비(非)인식적 행위들에 국한된다. 심지어 꿈에서조차도 인식이 인식할 수 있게 만드는 것은 외부 세계의 어떤 대상이다.[원주43] 비록 꿈을 꾸고 있는 순간에는 그 대상이 실재하지는 않는다 할지라도, 그것은 과거에 지각되어 지금 인상들을 통하여 재생되는 어떤 것이다. 우리가 꿈에서 지니는 인식은 어떤 인상들에 의하여 일깨워지는 기억의 성격을 띤다. 비록 마나스는 감관들과 접촉하지 않는다 할지라도, 꿈은 자아가 마나스와 접촉할 때 오직 잠의 형태로 가능하게 된다. 꿈 없는 숙면상태에서는 마나스와 자아의 접촉이 멈춘다. 이것은 프라바카라의 견해이며, 이에 비하여 쿠마릴라의 견해에 의하면 숙면상태에서 자아는 어떤 꿈도 불가능한 순수 의식의 형태를 되찾게 된다.[원주44]

5. 추론

샤바라에 의하면, 어떤 불변의 관계가 두 사물 사이에 있는 것이 알려지고, 이로써 만일 우리가 그 둘 중 하나를 지각할 때, 다른 하나에

[원주42] 『샤스트라디피카』, p.52. 야무나차리야(Yāmunācārya)의 『싯디트라야』(Siddhi-traya), p.71을 보라.
[원주43] 『슐로카바룻티카』, Nirālambanavāda, 107~108 ; 『샤스트라디피카』, pp.162~163 및 165.
[원주44] Jhā, Prabhākara School, ii.

대한 개념을 지닐 수 있다면, 이 후자의 인식은 추론적인 것이라고 불린다.[원주45] 샤바라는 추론을 두 유형으로 구분한다. 하나는 불변적 관계가 연기와 불처럼 지각 가능한 대상들 사이에 유지되는 감각적 대상들에 대한 추론(pratyakṣatodṛṣṭa)이며, 다른 하나는 마치 태양의 움직임과 하늘에서 그것의 변화하는 위치의 관계처럼, 그 관계가 감관에 의해서가 아니라 단지 추상에 의하여 파악되는 초감각적 대상들에 대한 추론(sāmānyatodṛṣṭa)이다.[원주46]

프라바카라에 의하면, 추론의 근거가 되는 관계는 마치 원인과 결과, 전체와 부분, 본질과 속성, 유개념과 개체 사이에 존재하는 관계처럼 영원 불변하고 끊임이 없어야 한다. 보편적 원리는 지각으로부터 도출되지 않는다. 왜냐하면 지각은 단지 현재 감관과 접촉하고 있는 사물들과 관련하여 작용할 뿐이기 때문이다. 또한 보편적 원리는 추론 혹은 암시에 기인할 수도 없다. 왜냐하면 추론이나 암시는 보편적 원리를 전제로 하기 때문이다. 보편적 원리는 경험에 의거하여 확립된다. 우리는 불과 연기가 함께 있지 않은 경우들뿐만 아니라 그 둘이 함께 있는 경우들을 관찰하며, 그런 다음에 이 모든 경우들을 포섭할 수 있는 보편적 원리를 추론한다. 공존, 동일, 인과적 연쇄의 영원한 관계가 마음속에 확립될 때, 관계되는 둘 중 하나는 우리에게 다른 하나를 상기시킨다.

프라바카라와 쿠마릴라에 의하면, 추론적 논증은 단지 3지(三支), 즉 증명되어야 할 주장(pratijñā), 대전제, 그리고 소전제를 지닐 뿐이다. 이 3지는 어떤 순서로도 언급될 수 있을 것이다. 미망사 학자들은 자신을 위한 추론과 타자를 위한 추론의 구분을 인정한다. 추론적 인식의 대상

[원주45] Jñātasaṁbandhasyaikadeśadarśanād ekadeśāntare 'sannikṛṣṭe 'rthe buddhiḥ. 또한『프라카라나판치카』, p.64를 보라.
[원주46] 샤바라의 초감각적 대상들에 대한 추론은 바트시야야나(Vātsyāyana)의 추론에 대한 첫번째 설명과 동일하며, 이에 비하여 바트시야야나의 유전비량(有前比量, pūrvavat)과 유여비량(有餘比量, śeṣavat)은 샤바라의 감각적 대상들에 대한 추론과 일치한다.

은 두 종류, 즉 연기로부터 불의 존재를 추론하는 경우처럼, 지각되는 특수한 성질을 지니는 것(dṛṣṭasvalakṣaṇa)과 불의 연소력에 대한 추론처럼, 지각되지 않는 특수한 성질을 지니는 것(adṛṣṭasvalakṣaṇa)으로 구분된다. 프라바카라의 주장에 의하면, 추론은 보편적 관계에 대한 사전 지식을 포함하며, 이미 알려진 것들과 관련된다. 쿠마릴라는 새로움(novelty)을 추론의 본질적 측면으로 간주한다. 비록 연기가 관찰되고 연기에 대한 지각은 그 연기와 관련된 것으로서 불에 대한 유개념을 동반한다 할지라도, 추론적 인식의 대상은 이미 알려진 것, 즉 빈사에 의하여 한정된 주사——일상적인 실례에서 불을 지닌 산——가 아니다.[원주47]

6. 베다의 증언

미망사의 목적은 다르마(dharma)의 본질을 분명하게 확립하는 것이다. 다르마는 물질적으로 존재하지 않으며, 따라서 그것은 감관을 통하여 파악될 수 없다. 감관을 통한 지각 이외의 다른 인식방법들도 쓸모없다. 왜냐하면 그러한 인식방법들은 모두 지각을 전제로 하기 때문이다. 지각이나 추론, 혹은 이와 같은 다른 인식방법들은 아그니슈토마(Agniṣṭoma) 희생제의를 행하는 자가 천계로 갈 것이라는 점에 대하여 아무것도 말할 수 없다. 이 지식은 오직 베다로부터 도출된다. 비록 베다의 증언이 다르마에 대한 지식의 유일한 원천이라 할지라도, 다른

[원주47] 『슐로카바룻티카』, *Anumānapariccheda*, 50. 프라바카라는 4종의 오류, 즉 중명사의 외연이 지나치게 좁은 것(asādhāraṇa), 직접적인 경험에 모순되는 것(bādhita), 중명사의 외연이 지나치게 넓은 것(sādhāraṇa), 그리고 확립되지 않은 것(asiddha)을 인정한다. 이에 비해 쿠마릴라는 중명사(hetu)와 대명사(sadhya)의 수반관계가 절대적이 아닌 것(anaikāntika)과 확립되지 않은 것(asiddha)을 인정하며, 이 점에서 니야야의 체계와 유사하다.

인식방법들도 고려된다. 왜냐하면 그러한 방법들이 다르마에 대한 지식을 생성하는 것은 불가능하다는 것을 보여줄 필요가 있기 때문이다. 베다의 증언 이외의 인식방법들은 또한 그릇된 견해들을 논박하는 데 유용한 것으로 간주된다.

베다의 핵심은 어떤 행위가 유익한 결과를 가져온다는 것을 선언함으로써 사람들이 그와 같은 행위의 양태를 지향하도록 하는, 명령 형태의 언명들에 놓여 있다. 제의식이야말로 베다에서 가장 귀중하다는 것을 받아들이면서, 자이미니는 제의식과 명백히 무관한 부분들은 쓸모없으며,[원주48] 따라서 그러한 부분들은 제의적인 명령들과 관련되는 것으로 해석되어야 한다고 주장한다. 베다에서 제의적 명령 이외의 다른 부분들은 단지 그것이 개인으로 하여금 행위하도록 돕는 한에서 권위를 지닌다.[원주49] 미망사는 베다의 모든 부분이 의무의 행위들과 관련된다는 것을 입증하고자 한다. 베다에 대한 넓은 구분은 만트라(찬가)와 브라흐마나(제의식)이다. 베다의 내용 또한 1) 권계(勸戒, vidhi), 2) 찬가(mantra), 3) 명칭(nāmadheya), 4) 금계(禁戒, niṣedha), 그리고 5) 설명하는 구절(arthavāda)로 구분된다.[원주50]

[원주48] 이 견해는 우주의 궁극적인 문제를 다루고 있는 베다의 부분들에 대해서는 타당하다고 보기 어렵다.

[원주49] i.2.1. 베단타는 비(非)명령적인 베다의 구절 또한 권위를 지니는 것으로 인정한다.

[원주50] "천계를 원하는 자는 산 제물을 바쳐야 한다"(svargakāmo yajeta)와 같이, 어떤 결과들을 기대하여 행위하도록 강제하는 권계들이 가장 중요하다. 희생제의의 세부사항이나 그 순서에 대하여 설명하거나 그 제사를 드릴 수 있는 적격자에 대하여 기술하는 보조적인 권계들이 있다. 찬가들은 제관이 희생제의와 관련된 문제들을 상기하는 데 대체로 유용하다. 예를 들어 제관이 만트라를 외면서 공물이 제공되어야 하는 신들을 상기하는 경우다. 어떤 찬가들은 신비적인 혹은 초감각적인 영향력을 지니며 초월적인 결과(apūrva)의 생성에 직접 기여하는 것으로 말해진다. 명칭들은 희생제의에 의하여 얻어지는 결과들을 가리킨다. 금계는 단지 변장된 금계일 뿐이다. 설명하는 구절들은 명해진 것들에 대한 찬사(praśaṁsa) 혹은 금해진 것들에 대한 비난(nindā)을 담고 있는 문장들뿐만 아니라, 타자를 위한 행위(parakṛti)와 역사적인 예(purākalpa)들에 대한 묘사를 포함한다(『아르타상

언어적인 인식은 감관에 나타나지 않는 어떤 것에 대한 인식으로 정의되며, 말에 대한 지식에 의하여 생성되는 인식이다. 여기서 말은 사람들에 의하여 발설된 것이거나 베다에 속해 있는 것이다.[원주51] 전자는 우리가 그것을 발설한 사람이 신뢰할 수 있다고 확신하는 경우에만 타당하다. 후자는 그 자체로 타당하다. 후속하는 인식에 의하여 부정되는 인식은 타당한 인식이 아니다. 그러나 베다의 명령들에 의하여 일어나는 인식은 어떤 시간이나 장소 혹은 어떤 조건 하에서도 전복되지 않는다.[원주52] 베다의 명령이 진실이 아닌 어떤 것을 나타낸다고 주장하는 것은 자기 모순이다. 베다는 그 자체의 타당성을 현시한다. 우리가 사용하는 말들은 다른 인식수단에 의하여 인식될 수 있는 것을 가리키며, 만일 우리가 다른 수단을 통하여 그것을 알 수 없다면, 그것을 말한 자들은 의심할 나위 없는 권위를 지닌다고 보아야 한다. 그러므로 베다 이외의 발언들은 그 자체에 고유한 어떤 타당성도 지니지 않는다.[원주53]

프라바카라는 베다 이외의 언어적 인식은 본질적으로 추론의 성격을 띤다고 주장한다. 오직 베다에 의하여 도출되는 언어적 인식만이 엄격한 의미에서 언어적이다.[원주54] 그러나 이 입장은 모든 인식이 자기 타당성(self-validity)을 지닌다는 이론과 모순되지 않는다. 결코 베다의 저자(author)는 없으므로, 결함의 가능성은 있을 수 없으며, 따라서 베다의 권위없음은 생각할 수도 없다.[원주55] 사람의 말이 타당한 것처럼, 만일 말을 한 사람이 신뢰할 만하다면, 쿠마릴라는 그 언급 또한 바른 지식의 원천이 되는 증언으로 간주한다.

베다는 영원하다. 왜냐하면 베다를 구성하고 있는 말들이 영원하기

그라하』(*Arthasaṁgraha*)).
[원주51] Apauruṣeyaṁ vākyaṁ vedaḥ(『아르타상그라하』, p.3).
[원주52] i.1.2에 대한 샤바라의 주석을 보라.
[원주53] 『샤스트라디피카』, p.53.
[원주54] 『프라카라나판치카』, pp.88 ff. 『쿠수만잘리』, iii.16을 참조하라.
[원주55] 『슐로카바룻티카』, ii. 또한 ii.62~69를 보라.

때문이다. 말과 그 의미의 관계는 본래적이며, 관습에 의하여 만들어지지 않는다. 말과 그 의미 사이에 그와 같은 관계가 있다는 것은 직접 인식될 수 있다. 우리가 어떤 말을 처음으로 들을 때, 만일 우리가 그것을 인식하지 않는다면, 그것은 단지 부수적인 조건의 부재를 의미하는 것일 뿐이다. 그러나 그것은 그 둘의 관계를 존재하지 않는 것으로 만들지는 않는다. 만일 눈이 빛 없이 볼 수 없다면, 그것은 눈 자체가 전혀 아무것도 볼 수 없다는 것을 의미하지 않는다. 부수적인 조건은 이러이러한 단어가 이러이러한 대상을 가리킨다는 지식이며, 그것은 경험을 통하여 획득된다. 말의 표현성은 본질적으로 말 자체에 내포되어 있다. 이것은 항아리 등과 같은 보통 명사들에 대하여 전적으로 참이며, 여기서 말과 그 의미의 관계는 어떤 관습에 대해서도 독립적이다.[원주56] 말과 그것에 의하여 지시되는 대상은 둘 다 영원하며, 사람들은 태초부터 동일한 대상에 동일한 이름을 적용했다.

프라바카라에 의하면, 순수 드와니(dhvani), 즉 아무런 분별도 없는 소리 같은 것은 결코 없다. 모든 소리는 이런 저런 철자의 형태로 들린다. 말은 그것을 구성하는 철자들과 다르지 않다. 철자들은 귀를 통하여 지각되며, 철자들이 지각되는 순서는 말들이 인식되는 것을 결정한다. 하나의 말 속에 있는 철자의 수와 동일한 수의 인식들이 있으며, 이러한 인식들 사이의 아주 긴밀한 근접 때문에 우리는 그 말에 대한 지각이 단지 하나인 것처럼 생각한다. 각 철자에 대한 인식은 그것이 나타나자마자 사라지며, 각 철자는 뒤에 잠재 인상을 남긴다. 여러 철자들에 의하여 남겨지는 잠재 인상들은 마지막 철자의 잠재 인상과 결합되어 전체 단어의 개념을 생성하며, 그것은 의미를 나타내는 힘을 지닌다.[원주57] 말의 잠재력은 철자들의 개별적인 잠재력으로부터 생성되므

[원주56] 어떤 사물이나 사람이 존재하게 된 이후에 그 사물이나 사람에게 적용되는 고유명사의 경우, 프라바카라는 말과 그 의미의 관계가 관습에 기인한다는 것을 인정한다.

[원주57] 『샤스트라디피카』, pp.266 ff를 참조하라.

64

로, 후자는 언어적 인식의 직접적인 원인으로 말해진다. 말의 의미에 대한 인식은 감각적인 지각을 통하여 획득되지 않는다. 감관들은 철자들로 구성된 말에 의하여 표시되는 것에 대한 파악을 일으키는 힘을 지니는 철자들을 드러낸다. 그러므로 프라바카라는 철자들이 언어적 인식의 수단이라고 주장한다. 말은 본래부터 지시하는 힘을 지니며, 이를 통하여 대상을 가리킨다.[원주58]

프라바카라뿐만 아니라 쿠마릴라도 의미는 어떤 특수한 스포타[역주1]가 아니라 철자들 자체에 속한다고 주장한다. 따라서 단어를 구성하는 철자들의 순간적인 소리와 별개로, 지나가는 소리들에 의하여 생성되는 것이 아니라 현시되는 완전한 단어 형태(word-form)가 있다는 이론을 부정한다.

말의 영원한 성질, 특히 베다의 영원성에 대한 여러 반대 견해가 검토된다. 1) 모든 언어적 발언은 인간의 노력에 의하여 야기된다는 것은 상식적인 경험의 사실이며, 따라서 그것은 시작을 지니며 영원한 것으로 간주될 수 없다. 이에 대하여 자이미니는 인간의 언어적 발언이란

[원주58] 말은 그 자체의 의미뿐만 아니라 문장의 해석된 의미를 실어 전달한다는 이론(anvitābhidhānavāda)을 받아들이는 프라바카라에 의하면, 말의 의미는 단지 그것이 어떤 의무를 명하는 문장 속에서 발생할 때 알려질 수 있으며, 따라서 말은 단지 그와 같은 문장의 다른 요소들과 관련된 것으로서의 대상을 가리킬 뿐이다. 만일 말이 어떤 명령과 관련되는 것이 아니라 단순히 우리에게 의미를 일깨워 줄 뿐이라면, 그것은 기억의 경우이며, 따라서 타당한 인식이 아니다. 쿠마릴라의 추종자들에 의하여 수용된 이론, 즉 말은 독립적으로 그 자체의 개별적인 의미를 나타내며 이어서 이 분리된 의미들이 다시 결합되어 문장의 의미를 생성한다는 이론(abhihitānvayavāda)에 의하면, 의미에 대한 지식은 말 자체에 기인한다. 그러나 이러한 지식은 회상(recollection) 혹은 이해(apprehension)가 아니라 표시(denotation)에 기인한다. 말은—결합될 때—문장에 대한 지식을 생성하는 의미를 나타낸다.

[역주1] 스포타(sphoṭa)란 단어를 구성하는 개별 철자들의 배후에 있는 숨은 힘 혹은 근저에 놓인 힘을 의미하며, 이 힘은 그 단어를 읽거나 듣는 사람에게 그 의미를 나타낸다. 이 이론을 주창한 문법학자들에 의하면, 스포타는 단어의 영원한 본질이다. 그것은 철자들에 의하여 현시되며, 그 자체는 단어의 의미를 현시한다.

단지 이미 존재하는 말을 지각 가능한 것으로 만드는 데 기여할 뿐이며, 말 그 자체를 처음으로 창조하는 것은 아니라고 대답한다.

2) 말은 사람의 입에서 나오자마자 소멸하므로, 아주 일시적으로 존재한다고 말해진다. 이에 대하여 자이미니는 말이 결코 소멸되는 것이 아니라 단지 그 본래의 미현현상태로 전환하는 것일 뿐이라고 말한다. 세상에는 지각되지 않으면서 존재하는 여러 가지 것들이 있다.

3) 하나의 동일한 말이 여러 곳에서 동시에 여러 사람들에 의하여 말해진다. 그런데 이것은 만일 그 말이 영원 편재하는 실체라면 불가능할 것이다. 이에 대하여 자이미니는 대답한다. 마치 수많은 사람들이 각기 다른 장소에서 동시에 동일한 태양을 지각하는 것과 마찬가지로, 그들은 동일한 말을 각기 다른 장소에서 동시에 한다.

4) 말은 변형을 겪는데, 만일 말이 영원하다면 이것은 있을 수 없는 일이다. 자이미니는 말 자체가 변형되는 것이 아니라 다른 말이 그 자리를 대체한다고 주장한다.

5) 말은 한 사람 혹은 여러 사람에 의하여 말해지는가에 따라서 그 음량이 증감하는데, 증감하는 것은 영원할 수 없다. 자이미니는 말의 음량은 결코 증감하지 않으며, 다만 사람들로부터 나오는 소리가 증감을 겪을 뿐이라고 주장한다.[원주59]

이와 같이 자이미니는 자신의 견해에 반대되는 견해를 검토할 뿐만 아니라, 또한 자신의 견해를 뒷받침하는 적극적인 설명을 시도한다. 말을 입 밖에 내는 것은 단지 그것을 다른 사람들에게 현시하고자 하는 것일 뿐이므로, 말은 영원히 존재한다. 존재하지 않는 어떤 것을 현시하기 위한 어떤 노력도 있을 수 없다. 또한 '암소'라는 단어가 말해질 때, 그것은 언제나 동일한 단어로 인지된다. 사람들은 '암소'라는 단어를 서너 번 말한다고 하지만, 그와 같은 단어 서너 개를 말한다고 하지는 않는다. 이것은 말의 단일성 혹은 영원성을 가리킨다. 영원하지 않

[원주59] 『미망사 수트라』, i.1.6~17.

은 것들에 대해서는 소멸의 원인이 발견되지만, 우리는 말의 소멸에 대한 그와 같은 원인들을 발견할 수 없다. 공기로부터 생성되는 소리는 그것이 나타내는 말과 다른 것이다. 더욱이 우리는 말의 영원한 본질을 주장하는 베다의 여러 구절들이 있다는 것을 안다.[원주60]

말은 개물(個物)이 아니라 유(類)를 나타낸다. "소를 몰고 오너라"라고 말할 때, 우리는 특정한 소가 아니라, 소의 양상들을 지닌 어떤 동물을 의미한다. 말은 부류 혹은 형상을 나타낸다. 왜냐하면 그것은 그 대상에 대한 작용을 지니기 때문이다.[원주61] 만일 개물이 말에 의하여 지시된다면, '소'와 같은 유개념은 불가능할 것이다. 또한 말은 모든 개물들을 가리킬 수 없다. 왜냐하면 그러면 그것은 개물들이 있는 것과 동일한 수의 잠재력을 지닐 것이기 때문이다. 말은 개물들의 집합을 가리킬 수 없다. 왜냐하면 그러면 그것은 어떤 개물들이 소멸되거나 다른 개물들이 들어올 경우에 변화를 겪을 것이기 때문이다.

또한 만일 말이 오직 하나의 개물만을 가리킨다면 말과 의미의 영원한 관련은 있을 수 없을 것이며, 행위는 불가능할 것이다. 왜냐하면 어떤 개물을 가리키는지 판단하기 어려울 것이기 때문이다. 만일 개물들이 의미되는 대상들이라면, 그 개물들은 편재하지 않으므로 말과 그 의미의 관계는 있을 수 없을 것이다. 형상(ākṛti)은 영원하며, 따라서 영원한 말과의 관계가 가능할 수 있다. 말과 그 의미는 영원하지만, 그럼에도 불구하고 우리가 그 둘에 대한 그릇된 개념들을 지닐 수 있는 가능성이 있으며, 사람의 발어(發語)는 그릇된 것으로 나타날 수도 있을 것이다. 그러나 베다의 언급에 관해서는 그와 같은 가능성은 전혀 없다.

미망사 학자들은 베다가 신의 저작이라는 견해를 부정한다. 그들은 베다가 그 자체로 영원하다고 주장한다.[역주2] 신은 형태가 없는 존재로

[원주60] 『미망사 수트라』, i.18~23.
[원주61] Ākṛtis tu kriyārthatvāt(『미망사 수트라』, i.3.33)
[역주2] 미망사에서 베다의 영원성은 성상주론(聲常住論)에 입각하여 주장된다. 미망사에 의하면, 베다의 말(śabda)은 영원 상주하는 초월적 실재이다. 『미망사 수트라』, i.1.6~23을 보라. 이러한 입장은 이미 브라흐마나 문헌들이 기도에 어떤 초월적인

서 발성기관을 지니지 않으며, 따라서 베다의 구절들을 말할 수 없다. 만일 신이 계시의 목적으로 인간의 모습을 띤다고 말한다면, 그는 물질적 존재의 모든 제한에 지배된다고 해야 할 것이며, 그의 말은 어떤 권위도 지니지 못할 것이다. 더욱이 신의 저작 혹은 인간의 저작이라는 어떤 전통도 없다. 심지어 세계 창조의 이론과 관련해서 본다 해도, 창조자가 세계 신기원의 한 처음에 이전 종말의 베다를 다시 기억해내고 그것을 가르친다는 의미에서 베다는 영원한 것으로 간주될 수 있을 것이다.[원주62]

때로는 베다 찬가의 저자들, 즉 리쉬들의 이름이 베다 자체에 언급되기 때문에, 베다는 인간의 저작이라고 주장되기도 한다. 이런 주장에 대하여, 리쉬들은 베다에 대한 특수한 공부를 하고 그것을 다른 사람들에게 가르친 사람들이라고 대답된다. 베다가 창작되지 않는다는 것은, 그것이 신 혹은 영감을 받은 리쉬들에 의하여 통제되지 않는다는 것을 의미한다. 신이나 리쉬들은 고작해야 베다의 진리를 이해하고 그것을 다른 사람들에게 전하는 역할을 할 뿐이다.[원주63] 베다의 권위는 그것이

힘이 들어 있다고 주장하는 점에서 그 단초를 찾아볼 수 있으며, 진언불교와도 관련을 지닌다. T. M. P. Mahadevan, *Invitation to Indian Philosophy*, pp.250~255를 보라.

[원주62] Evaṁ sraṣṭur vedapūrvatvaṁ sādhayatāṁ na kiṁcid uttaram bhavati, tena saty api sarge, suptaprabuddhanyāyena anādir eva vedavyavahāraḥ (『니야야라트나카라』). 니야야 학자들은 미맘사의 견해를 반박한다. 1) 인간의 저작에 관한 어떤 전통도 우주의 마지막 파괴와 더불어 단절될 것이다. 2) 어느 누구도 일찍이 그와 같은 저자를 기억해내지 못했다는 것을 입증하는 것은 불가능할 것이다. 3) 베다의 문장들은 다른 문장들과 동일한 성격을 지닌다. 4) 오늘날 스승에서 제자로 이어지는 베다의 전승 양식으로 추측해볼 때, 동일한 전승 양식이 태초부터 지속되어왔음에 틀림없다. 왜냐하면 그것은 다른 어떤 저술의 경우에도 똑같이 적용할 수 있기 때문이다. 5) 사실 베다는 사람의 저술에 속하는 것으로 보아야 한다. 6) 소리는 영원하지 않으며, 우리가 전에 들었던 것과 동일한 철자들을 인식할 때, 사실 그것은 동일성 혹은 영원성이 아니라, 단지 그 철자들이 우리가 전에 들었던 것과 동종(同種)에 속한다는 것을 입증할 뿐이다. 『사르바다르샤나상그라하』, xii를 보라.

역사적인 이름들에 대한 언급을 담고 있다는 근거에서 비판된다. 이런 비판에 대하여, 찬가들은 영원한 자연 현상을 다루고 있다고 대답한다. 베다에 나타나는 이름들은 보편적인 적용이 가능한 것들이며, 어떤 역사적인 관련을 지니는 것은 아니다. 비슈와미트라(Viśvāmitra)[역주3]는 어떤 역사적인 인물이 아니라, 매우 친절한 사람을 의미한다.

7. 비교[역주4]

유사성에 대한 판단은 비교에 기인한다. 어떤 대상을 보고 다른 하나의 대상을 기억할 때, 우리가 기억된 대상과 보인 대상이 유사하다는 것을 알게 되는 인식은 비교에 기인한다고 말해진다. 내가 도시에서 본 적이 있는 암소와 지금 내가 보는 야생 황소가 유사하다.[원주64] 비교를 통한 지식은 지각에 의한 지식과 다르다. 전자는 우리가 감관과 접촉하지 않은 어떤 것을 기억에 의하여 인식하기 때문이다. 또한 야생 황소가 보일 때, 암소는 보이지 않으므로 추론과도 다르다. 추론에 필수적

[원주63] 『미망사 수트라』, i.1.24~31을 보라. 베다가 인간의 저작이 아니라는 견해는 푸르바 미망사와 베단타에서 사실상 동일하다. 『바마티』(*Bhāmatī*)를 참조하라. Puruṣāsvātantryamātram apauruṣeyatvam rocayante jaiminīyā api tac cā' smākam api samānam……(i.1.3).

[역주3] 『리그 베다』의 세번째 만달라(maṇḍala, 卷)의 찬가들을 지은 리쉬(ṛṣi, 賢者)로 전해진다.

[역주4] 니야야 또한 바른 지식의 수단으로 비교를 인정하지만, 미망사와는 약간 다른 설명을 한다. 전자에 의하면, 우리가 산에 가서 어떤 야생 동물을 보고 그것이 들소라는 것을 알게 되는 것은, 아직 보지는 못했지만 이미 알고 있는 '들소'라는 단어를 통해서이다. 다시 말하여 우리가 산에서 암소와 닮은 어떤 야생 동물을 볼 때, 우선 들소는 암소를 닮았다는 정보—다른 사람으로부터 들은—를 마음속에 떠올리고, 그런 다음에 '들소'라는 단어가 바로 그 야생 동물을 가리킨다는 것을 알게 된다. 이에 비하여 미망사는 비교를 통한 지식이 기억된 대상과 지각된 대상 사이의 유사성에 의거하는 것으로 간주한다.

[원주64] 『샤스트라디피카』, p.208.

인 요소들 중에 어떤 것도 없기 때문이다.

8. 가정[역주5]

어떤 것에 대한 지각이 다른 어떤 것에 대한 가정 없이 설명될 수 없는 경우에, 이 가정은 바른 인식수단의 하나가 되는 가정(arthāpatti)의 경우이다. 그것은 추론과 다르다. 왜냐하면 의심되는 요소가 관찰되는 사실들과 관련되며, 그것은 다른 어떤 것에 대한 가정을 통하여 제거될 수 있기 때문이다. 관찰되는 사실들은 가정이 세워질 때까지 의심스러운 상태로 남는다. 추론에서는 어떤 의심의 요소에 대한 여지도 없다. 이것은 프라바카라의 견해이다. 이에 비하여 쿠마릴라는 가정이 우리로 하여금 외견상 모순되는 두 사실들의 조화를 가능하게 하는 데 기여한다고 믿는다. 추론에서는 잘 확인된 사실들 사이에 그와 같은 어떤 모순이나 불일치도 없다. 쿠마릴라의 견해가 보다 타당성을 지닌다. 왜냐하면 관찰한 사실에 대한 어떤 의심은 가정에 의한 주장의 타당성을 손상시킬 것이기 때문이다. 만일 우리가 어떤 사람이 살아 있으며 그가 집에 없다는 것을 확신하지 않는다면, 우리는 그가 다른 어떤 곳에 있다는 것을 추정할 수 없을 것이다.

9. 비인식

쿠마릴라는 비인식(anupalabdhi)을 독자적인 지식의 원천으로 인정한다.[원주65] 비슷하지 않음은 단지 비슷함의 결여에 불과하며, 그것은 비

[역주5] 가정은 미망사 외에도 아드와이타(不二論) 베단타에서 바른 지식의 수단으로 인정된다.
[원주65] 『미망사 수트라』, i.1.5에 대한 샤바라의 주석을 보라.

인식의 원리에 의하여 설명된다. 우리가 "여기에 항아리가 없다"고 말할 때, 우리는 항아리의 부재를 인식한다. 부재(abhāva)는 지각에 의하여 파악되지 않는다. 지각은 현재하는 대상과 감관의 접촉을 필요로 하며, 비존재에 대한 인식의 경우에는 이러한 접촉이 있을 수 없기 때문이다.[원주66] 비존재는 다른 인식수단에 의하여 파악되지도 않는다. 비인식은 부정되는 대상과 관련된 지식의 수단이다. 우리는 빈 공간을 보고 항아리의 부재를 생각한다. 항아리의 비존재는 빈 공간과 마찬가지로 지각된다고 말할 수도 있을 것이다. 그러나 지각은 감관과 실제적인 대상과의 접촉을 수반하기 때문에, 우리는 비인식을 지각과 동일시할 수 없다. 우리는 빈 공간을 지각하고 부재하는 항아리를 기억하며, 항아리의 부재에 대한 지식을 지닌다. 이러한 과정은 지각 작용과 아무런 관련도 지니지 않는다. 비존재에 대한 파악은 비인식을 통하여 이루어진다.[원주67] 비존재는 지식의 적극적인 대상으로 말해진다.[원주68] 이른바 빈 공간은 어떤 대상에 의하여 점유되지 않은 장소(locus)이다.[원주69]

프라바카라는 비인식을 독립된 인식수단으로 받아들이지 않는다. 비존재에 대한 인식은 만일 존재한다면 지각되었어야 할 어떤 것에 대한 비(非)지각으로부터 추론된다. 우리가 텅 빈 공간과 그 안에 어떤 항아리도 없다는 것을 지각할 때, 우리는 항아리가 없다고 말한다. 토대에 대한 인식은 그것만으로 비인식에 부합한다.[원주70] 쿠마릴라는 이 견해를 논박한다. 우리는 단지 빈 공간뿐만 아니라 책이나 종이로 채워진 공간을 지각할 수도 있을 것이다. 그러나 그것 역시 우리에게 항아리의 비존재에 대한 지식을 준다. 만일 우리가 항아리에 의하여 한정되지 않은 공간을 파악한다고 말한다면, 우리는 부정적인 지식을 받아들이고

[원주66] 『슐로카바룻티카』, *Abhāvapariccheda.*
[원주67] 『샤스트라디피카』, pp.234 ff.
[원주68] 『슐로카바룻티카』, *Nirālambanavāda,* 40.
[원주69] Vastvantaraikasaṁsṛṣṭaḥ padārthaḥ śūnyatādhiyaḥ(112).
[원주70] 프라바카라의 이 견해는 『칸다나칸다카디야』(*Khaṇḍanakhaṇḍakhādya*), iv. 21에서 비판된다.

있는 것이라고 보아야 할 것이다. 왜냐하면 항아리가 있는 곳에서조차도 토대가 지각되므로, 단지 토대에 대한 지각은 항아리의 비존재에 대한 지식을 생성할 수 없기 때문이다. 그러므로 토대는 반드시 부정적으로 한정된 것으로서 지각되어야 하며, 이것은 우리가 이미 부정의 개념을 지닌다는 것을 의미한다.

10. 프라바카라의 지식론

프라바카라는 모든 인식에서 아는 자와 알려지는 것과 앎이 동시에 주어진다는 이론을 옹호한다. 지식은 아는 자와 알려지는 것뿐만 아니라 그 자체를 드러낸다. "나는 이것을 안다"(Aham idaṁ jānāmi)는 의식상태에서 우리는 세 가지 표상인 '나' 혹은 인식주관(ahaṁvitti), 이것 혹은 인식대상(viṣayavitti), 그리고 의식적인 앎(svasaṁvitti)을 지닌다.[원주71] 모든 의식은 어떤 대상에 대한 의식(object-consciousness)인 동시에 자의식(self-consciousness)이다.[원주72] 추론적 인식이든 언어적인 인식이든, 모든 인식에서 자아는 작인(作因)과 마나스의 접촉을

[원주71] 몇몇 서양 사상가들 또한 이 견해를 지향하는 입장을 보인다. 해밀턴(Hamilton)에 의하면, "인식 행위(act of knowledge)는 '나는 안다'는 문구로 표현될 수 있으며, 의식의 작용(act of consciousness)은 '나는 내가 안다는 것을 안다'는 문구로 표현될 수 있을 것이다. 그러나 우리가 안다는 것을 동시에 알지 않으면 아는 것이 불가능한 것과 마찬가지로, 우리가 실제로 알지 않고 우리가 아는 것을 안다는 것은 불가능하다." 또한 바리스코(Varisco)는 말한다. "내가 안다고 할 수 있으려면, 나는 나의 의식을 의식해야 하며, 나는 내가 안다는 것을 알지 않으면 안된다." "그것은 의식의 작용이 그 자체의 실재와 생각하는 주체의 실재를 입증한다는 결론이 된다"(*Know Thyself*, p.5).
[원주72] 비록 자아는 숙면상태에서도 존재한다 할지라도, 이 상태에서 우리는 대상에 대한 아무런 인식도 지니지 않으므로, 자아에 대한 어떤 인식도 지니지 않는다. 만일 숙면상태에서 자아가 존재하지 않는다면, 우리는 잠에서 깨어나는 순간에 인격적 자기 동일에 대한 인식을 지닐 수 없을 것이다(『프라카라나판치카』, p.59).

통하여 직접적으로 알려진다. 모든 인식 작용에서 언제나 자아에 대한 직접적이고 즉각적인 지식이 있지만, 이에 비하여 항상 비아(not-self) 혹은 대상에 대한 직접적이고 즉각적인 지식이 있는 것은 아니다.

회상이나 추론에서 대상은 의식에 직접적으로 제시되지 않는다. 비록 간접적 지식에서 대상이 의식에 직접 제시되는 것은 아니라 할지라도, 그럼에도 불구하고 간접적 지식 자체는 의식에 직접적으로 제시된다.[원주73] 인식은 또한 직접적 파악에 의하여 스스로 인식된다. 빛 혹은 조명의 성질을 지니는 인식은 그 자체를 현시하기 위하여 다른 어떤 것을 필요로 하는 입장에 서지 않는다. 그러므로 인식은 그 자체에 의하여 파악된다고 말해진다. 인식하는 주체와 인식되는 대상은 빛과 같은 본질을 지니지 않는다. 따라서 이 둘은 자체의 현시를 위하여 빛의 본질을 지니는, 그 자체와는 다른 어떤 것의 도움을 필요로 한다.

인식은 자기 조명되며(self-illumined), 대상으로 지각되지 않는다.[원주74] 인식은 다른 인식에 의하여 인식되지 않는다. 그것은 결코 대상일 수 없으며, 따라서 즐거움이나 고통이 인식되는 것처럼 인식될 수 없다. 인식은 대상이 아니라 인식으로서 인식된다.[원주75] 만일 인식이 대상으로 인식된다면, 각각의 인식은 그 자체를 인식하기 위하여 다른 하나의 인식을 필요로 할 것이며, 이러한 소급은 무한히 지속될 수밖에 없을 것이다. 프라바카라는 그의 이론이 샤바라의 견해, 즉 우리는 파악에서 인식이 아니라 대상을 인식한다는 입장과 일치하지 않는다는 것을 알게 되며, 따라서 그는 비록 인식은 자기 인식적이라 할지라도 그것의 존재는 추론을 통하여 알려진다고 주장한다. 추론은 우리가 대상에 대한 파악을 지닌다는 사실로부터 인식이 있다는 것을 우리에게 말해준다. 이 인식은 바른 지식의 대상(prameya)이다. 그러나 그것은 완전히

[원주73] 같은 책, p.56.
[원주74] 즐김(enjoyment)과 묵상에 대한 알렉산더(Alexander)의 구분(*Space, Time and Deity*, vol.i, pp.12~13)과 이 견해를 비교하라.
[원주75] Saṁvittayaiva hi saṁvit saṁvedyā na saṁvedyatayā.

파악되지는 않는다.

프라바카라에 의하면, 우리는 오직 대상의 형태가 현시될 때 완전하게 파악되는(saṁvedya) 경우를 지니며, 이것은 감관에 의하여 지각되는 대상과 더불어 가능할 수 있다. 인식은 형태를 지니지 않으므로, 그것은 지각될 수 없다. 그것의 존재는 단지 추론될 뿐이다. 추론은 대상의 형태나 내용을 파악하는 것이 아니라, 단지 그것의 존재를 파악할 뿐이다.[원주76] 프라바카라와 쿠마릴라는 모두 아트만의 산물(pariṇāma)인 인식이 추론의 대상이라는 것을 받아들인다.

지식의 타당성은 지식 외부의 어떤 것에 의하여 결정되지 않는다. 외부 대상들을 재현함에는 의심의 여지가 없다. 인식의 타당성은 모든 직접적인 파악이 우리로 하여금 외부 세계에서 행위하도록 자극하는 힘에 의하여 나타난다. 모든 지식은 우리의 내면에 이와 같은 특별한 자세를 불러일으키며, 그 이후의 어떤 경험의 매개를 기다리지 않는다. 어떤 대상을 파악하는 인식은 타당하지 않을 수 없다. 만일 인식이 그 자체로 타당하지 않다면, 우리는 자신의 인식에 어떤 확신도 지닐 수 없을 것이다. 타당성에 대한 관념은 본래적이며 파생한 것이 아니다. 지식은 자명한 것이지만, 그럼에도 불구하고 이 타당성은 지식의 도구들로부터 도출된다. 지식의 조건들 또한 그것이 타당하다는 의식을 만들어낸다.[원주77]

프라바카라는 지식을 타당한 것과 그렇지 않은 것으로 구분한다. 직접적인 파악(anubhūti)은 타당한 지식이지만, 기억은 그렇지 않다. "타당한 인식 혹은 파악은 기억과 다르다. 왜냐하면 후자는 이전의 인식을 필요로 하고 있기 때문이다."[원주78] 이전의 파악에 대한 의존은 기억이

[원주76] Nāpy anumānā rūpagrahaṇaṁ sanmātragrāhy anumānam bhavati.

[원주77] 강게샤(Gaṅgeśa)는 자신의 『탓트와친타마니』(Tattvacintāmaṇi)에서 이 견해를 비판한다. 그의 주장에 의하면, 만일 지식의 타당성이 지식의 보편적 조건들로부터 도출된다면, 타당하지 않은 지식도 타당한 지식과 마찬가지일 것이다. 왜냐하면 양자 모두는 동일한 조건들을 지니기 때문이다. 또한 만일 지식이 자명하다면, 의심스런 인식을 설명하는 것이 어렵게 될 것이다.

타당한 지식이 아니라고 할 수 있는 원인이 된다. 대상과 간접적으로 관련되는 인식은 유효한 인식이 아니다. 대상에 대한 이전의 비인식은 프라바카라와 쿠마릴라 모두에 의하여 타당한 지식에 대한 판단의 척도로 사용된다. 물론 쿠마릴라는 대상에 대한 이전의 비인식 외에 불일치의 부재를 들고 있다는 점에서 프라바카라와 다르다. 모든 지식은 타당하며, 우리가 행위하도록 자극한다.

이른바 환영(幻影, viparyaya)은 거짓 지식이 아니다. 만일 모든 인식은 자명하며(svaprakāśa), 따라서 참이라면(yathārtha), "이것은 은이다"라는 판단에 나타나는 의식은 그릇될 수 없을 것이다. 우리가 한 조각의 조가비를 은으로 오해할 때, 오류는 조가비 속에 있는 두 가지 다른 요소, 즉 은에 대한 관념과 '이것'에 대한 인상을 분별하지 못한 데서 기인한다. 하나의 의식상태에서 우리는 지각된 요소와 기억된 요소를 뒤섞는다. 인식의 대상은 의식에 주어지는 사물이다. "이것은 은이다"라는 판단에서, 의식에 주어지는 것은 '은'이며 '조가비'가 아니다. 우리는 조가비를 은으로 인식하지 않는다. 왜냐하면 조가비는 결코 의식과 관련되지 않기 때문이다. 인식자가 조가비를 집어들 때 "이것은 은이다"라는 판단이 "이것은 단지 한 조각의 조가비일 뿐이다"라는 판단에 의하여 대체되므로, 기억된 관념은 사실과 일치하지 않는다.

오류는 주어진 요소와 기억된 요소의 차이를 파악하지 못하는 데서 기인한다.[역주6] 지각된 요소 '이것'과 기억된 요소 '은'은 모두 참이며, 다만 분별되는 것으로서 이 두 요소에 대한 무분별(akhyāti)이 있을 뿐이다. 이러한 무분별은 감각기관의 어떤 결함, 그리고 이전에 인식된 은에 대한 정신적 잠재인상(saṁskāra)을 일깨우는 조가비와 은의 유사성에 대한 연상 때문이다. 주어진 요소와 기억된 요소의 차이에 대한 무분별은 행위로 귀결된다. 실제 경험에서는 은에 대한 타당한 인식과

[원주78] Pramāṇam anubhūtiḥ sā smṛter anyā na pramāṇaṁ smṛtiḥ pūrvaprati-pattivyapekṣanāt(『프라카라나판치카』, p.42 ; Jhā, 『프라바카라 미망사』, ii).
[역주6] 상키야 학파 또한 이와 같은 입장에서 오류를 설명한다.

타당하지 않은 인식 사이에 아무런 차이도 없다. 왜냐하면 그 둘은 모두 인식자에게 동일한 종류의 행위를 야기하기 때문이다.[원주79]

이 이론은 다른 학파들에 의하여 비판된다. "두 가지 파악, 즉 지각된 파악과 기억된 파악은 의식에 나타나는가 혹은 그렇지 않은가? 만일 그 둘이 의식에 나타나지 않는다면, 그 둘은 존재하지 않는다……. 만일 그 둘이 의식에 나타난다면, 그 둘의 차이에 대한 비지각은 있을 수 없다."[원주80] 프라바카라의 이론은 오류가 지속하는 동안은 단지 기억된 이미지가 아니라 실제적인 표상(presentation)이 의식에 있다는 사실을 설명할 수 없다. 직접적인 표상에 대한 환영을 조장하는 기억의 은폐(smṛtipramoṣa)를 설명하기 어렵다.[원주81] 강게샤는 구분에 대한 무분별은 인식자를 자극하는 행위를 설명할 수 없다고 주장한다. 기억된 은에 대한 지식은 그것을 집으려는 행위로 귀결되며, 주어진 요소, 즉 인식자가 전혀 욕망하지 않는 조가비에 대한 지식은 이와 반대되는 행위로 귀결될 것이며, 그 둘의 구분에 대한 무분별은 행위 없음으로 나타나야 할 것이다. 분별하지 못함이 어떻게 우리를 행위하도록 자극하는가 하는 것은 이해하기 어렵다.[원주82]

모든 지식 작용에서 대상과 주체 및 대상에 대한 지식이 나타난다는 프라바카라의 견해는 심리학적으로 밝혀지는 사실들과 부합되지 않는다. 우리가 어떤 대상을 인식할 때, 인식의 내용이 반드시 인식자 자신과의 어떤 관련을 동시에 포함해야 할 아무런 필요도 없다. 만일 그가 매우 복잡하고 기교적인 심적 상태에 있지 않다면, 그것은 자아와의 관련을 포함하지 않을 가능성이 높다. 프라바카라는 지각 행위 이후에 오

[원주79] 우리가 "그 조가비는 노랗다"라고 판단할 때, 여기에 연루되는 기억의 요소는 전혀 없다. 만일 우리가 조가비에서 황색을 지각한다면, 설사 그것이 눈의 결함에 기인한다 할지라도, 그 판단은 후속하는 어떤 인식에 의하여 대체될 때까지는 타당하다.

[원주80] *Paṇḍit*, 『니야야 수트라』, vol.xii, p.109를 보라.

[원주81] 『비바라나프라메야상그라하』(*Vivaraṇaprameyasaṁgraha*), i.1.

[원주82] 『탓트와친타마니』.

는 반성의 증거를 지각 자체의 증거로 오해한다. 우리가 어떤 대상에 대한 자신의 지식을 생각할 때, 주체와 대상이 이 생각 속에 존재한다. 우리는 상관적인 인식자와 무관하게 알려지는 것으로서 어떤 사물을 생각할 수 없다. 그러나 우리가 인식되는 것으로서 사물을 생각하지 않고 그것을 생각하지 말아야 할 아무런 이유도 없다. 우리의 생각 속에 대상에 대한 단순한 관찰 이상의 어떤 단계를 제공하는 반성 작용은 우리에게 그 지식과 관련된 함축적인 요소들에 대하여 말해준다.

프라바카라는 만일 우리 자신이 안다는 것을 알지 못한다면 우리는 알 수 없다고 믿는다.[원주83] 그는 "나는 안다"와 "나는 내가 안다는 것을 안다"의 차이를 인정하지 않는 것처럼 보인다. 또한 만일 인식이 자기 현시적인 본질을 지닌다면, 대상들은 실재적인 대상들로서 나타나는 것이 아니라, 인식의 현현들로서 나타날 것이며, 따라서 우리는 주관주의에 떨어지게 된다.[원주84] 주관주의에서 벗어나기 위하여, 프라바카라는 자기 현시적인 인식 또한 추론된다고 말한다. 대상들은 지각되지만 인식들은 그렇지 않다는 샤바라의 언급을 주석하면서, 그는 인식들은 단지 추론될 뿐이라고[원주85] 말한다. 그러나 이것은 자기 현시적인 인식의 성질과 모순된다. 샬리카나타(Śālikanātha)는 추론되는 인식은 아트만과 마나스의 접촉이며, 이것은 의식을 생성한다고 주장한다.[원주86] 만일 이것이 추론되는 모든 것이라면, 인식들이 추론된다고 말하는 것은 잘못이다. 인식이 자기 현시적인 것으로 말해지는 한, 주관주의의 위험은 여전히 남는다. 프라바카라는 인식이 자기 현시적이라는 점을 지적하고 있을 뿐, 우리에게 인식의 본질이 무엇인가에 대한 상세한 설명을 하지 않는다. 그는 지식의 궁극성을 강조하며, 부수적으로 어떻게 인식 주체

[원주83] 이탈리아의 사상가 보나텔리(Bonatelli) 또한 이와 유사한 입장을 보인다. 그는 어떤 사실에 대한 지식 속에 사실에 대한 지식과 지식에 대한 사실이 함께 주어진다고 주장한다.
[원주84] 『슐로카바룻티카』, *Śūnyavāda*, 233.
[원주85] Ataḥsiddham ānumānikatvam buddheḥ.
[원주86] 『프라카라나판치카』, p.63.

와 대상의 의미가 지식 자체 속에서 성립하는가를 밝히고 있다. 만일 그가 이 이론의 함축을 좀더 치밀하게 진전시켰다면, 그는 자신의 이원적 전제들을 버리는 결과에 도달하였을 것이다.

11. 쿠마릴라의 지식론

지식은 자아의 행위에 의하여 야기되며, 자아의 행위는 대상적인 것들에 대한 의식을 생성하는 것으로 귀결된다. 어떤 대상에 대한 인식은 그 인식에 대한 더 이상의 어떤 인식으로 끝나는 것이 아니라, 대상의 인식됨(prakatata)으로 종결된다.[원주87] 인식 행위는 그 속에 네 가지 요소, 즉 1) 아는 자(jñātā), 2) 알려지는 대상(jñeya), 3) 인식의 도구(jñā-nakaraṇa), 4) 인식의 결과(jnatatā)인 대상의 인식됨(cognisedness)을 지닌다. 쿠마릴라에 의하면, 인식은 직접 지각되는 것이 아니라 인식에 의하여 생성되는, 대상의 인식됨으로부터 추론된다.[원주88] 모든 인식 행위는 지각자와 지각되는 대상 사이의 어떤 관계를 의미하며, 그것은 지각자 편에서 어떤 행위를 포함한다. 이러한 관계의 존재는 우리가 지식의 경우에 작인의 작용, 즉 인식을 추론할 수 있게 만든다.

인식은 아는 자와 알려지는 대상의 관계로부터 추론되며, 아는 자와 알려지는 대상의 관계는 내적인 지각(mānasapratyakṣa)에 의하여 파악된다. 만일 아는 자와 알려지는 대상 사이에 개입되는 이 다른 요소가 없다면, 자아는 대상과 관련될 수 없다. 지식에 동반되는 주체와 대상 사이의 특수한 관계로부터, 인식의 존재가 추론된다. 의식은 여기서 자

[원주87] 이탈리아의 사상가 로스미니(Rosmini)의 견해와 비교하라. 그의 주장에 의하면, 비록 모든 이해의 행위가 우리로 하여금 대상을 알게 한다 할지라도, 어떤 행위도 우리가 행위 자체를 알게 하는 것은 없다. *Philosophical Review*, July, 1922, p.400을 보라.

[원주88] Jñātatānumeyaṁ jñānam. 또한 『미망사 수트라』, i.1.1에 대한 샤바라의 주석을 보라.

아와 비아를 관련짓는 일종의 제3의 것으로 간주된다. 심지어 모든 인식은 자기 현시적(svaprakāśa)이라고 주장하는 사람들조차도 지식에 동반되는 자아와 비아의 관계가 내적인 지각의 대상이라는 것을 인정한다. 만일 인식의 대상과 인식의 관계뿐만 아니라 인식하는 주체와 인식되는 대상의 관계를 알지 못한다면, 우리는 "그 항아리는 나에 의하여 인식된다"고 말할 수 없다.[원주89]

만일 인식 혹은 의식이 자명하고 자기 현시적이라면, 그리고 만일 대상이 의식에 의하여 현시된다면, 의식과 그 대상의 관계는 무엇에 의하여 현시되는가? 그 둘의 관계는 동일한 인식에 의하여 현시될 수 없다. 왜냐하면 그것은 인식이 생성되는 순간에는 아직 존재하지 않기 때문이다. 의식이 생성될 때, 그것은 자체의 대상을 현시하며, 따라서 그 둘의 관계는 그 인식의 대상이 될 수 없다. 인식은 순간적이므로, 우리는 그것이 먼저 자체의 대상을 현시하고 그런 다음에 대상과 그것의 관계를 현시한다고 말할 수 없다. 인식과 그 대상의 관계가 자명하다고 말할 수도 없다. 왜냐하면 이에 대한 아무런 증거도 없기 때문이다. 따라서 쿠마릴라의 추종자들은 자아와 대상의 관계는 인식의 존재를 입증하는 내적인 지각의 대상이라고 주장한다.[원주90]

인식의 존재는 그 대상 속에 인식에 의하여 생성되는 특성(atiśaya)에 의하여 입증될 수도 있을 것이다.[원주91] 이 특성은 심지어 인식자, 인식되는 대상, 인식이 의식에 의하여 현시된다고 주장하는 사람들에 의해서도 받아들여져야 한다. 쿠마릴라는 자신이 외부 대상의 독립적인 존재를 보존할 수 있도록 하기 위하여 인식의 자기 현시성을 부정한다. 니야야 바이셰쉬카는 대상 속에 인식에 의하여 생성되는 특성으로부터 인식을 추론한다고 말하는 이 입장을 거부한다. 인식은 그것이 인식하

[원주89] Anyathā jñāto mayā ghaṭa iti jñānajñeyasaṁbandho, jñātṛjñeya saṁ-
bandho vā na vyavahartuṁ śakyate. 『샤스트라디피카』, p.158.
[원주90] 『샤스트라디피카』, pp.158~159.
[원주91] Arthagato vā jñānajanyo 'tiśayaḥ kalpayati jñānam(같은 책, p.159).

는 것을 변형시키는 것으로 간주되지 않아야 한다. 인식되는 것은 대상의 속성이 아니라, 대상과 인식 사이에 존재하는 특수한 관계(svarūpa-saṁbandha)일 뿐이다.[원주92]

[원주92] '파악됨'(jñatatā)이란 단지 인식의 대상이라는 특성에 불과하다. 대상성(objectivity)의 본질은 정의하기 어렵다. 만일 대상성이 인식은 대상에 의하여 생성된다는 것을 의미한다면, 감관뿐 아니라 인식을 생성하는 다른 조건들도 대상으로 간주되지 않으면 안될 것이다. 또한 대상이 존재하지 않을 때 어떤 특성이 그 대상 속에 생성되는 것도 불가능하다. 비록 '파악됨'은 과거나 미래의 대상들—이 대상들 또한 파악된다—에 생성될 수 없다 할지라도, 그것은 대상들의 특성이다. 마치 요리하는 행위가 쌀에 '요리됨'의 상태를 생성시키는 것처럼, 인식이 생성된 후에 대상은 '파악됨'이라는 새로운 특성을 획득한다는 주장은 지지하기 어렵다. 왜냐하면 요리되지 않은 쌀(taṇḍula)로부터 요리된 쌀(odana)로 변하는 쌀에서 우리는 '요리됨'을 분명하게 지각할 수 있는 반면에, 우리는 인식 대상에서 '인식됨'의 특성을 지각할 수 없기 때문이다. 더욱이 대상이 인식될 때, 그것에 '인식됨'이라는 독특한 성질이 생성된다고 말해지며, 따라서 이 '인식됨'이 알려질 때, 그 '인식됨' 속에 또 다른 하나의 '인식됨'이 생성되며, 이러한 소급은 무한히 계속될 수밖에 없는 어려움이 있다. 만일 이와 같은 어려움을 피하기 위하여 '인식됨'은 자명한 것으로 간주된다면, 우리는 차라리 인식 자체가 자명하다는 것을 받아들이는 편이 나을 것이다.

대상은 과거, 현재, 미래에 걸치는 존재를 지니며, 그것이 인식될 때, 그것은 현재에 속하는 것으로 인식된다고 주장할 수도 있을 것이다. '인식됨'은 단지 현재 시간에 의하여 한정되는 대상의 상태이며, 이러한 특성 혹은 흔적의 소유로부터, 우리는 인식을 추론한다. 그러나 그것은 그렇지 않다. 왜냐하면 현재 시간에 의한 한정은 대상에 속하며, 인식에 의하여 생성되는 것이 아니라 단지 그것에 의하여 파악될 뿐이기 때문이다. 만일 인식은 대상들에 대한 인식으로부터 추론된다(viṣayasaṁvedanānumeyam jñanam)고 주장된다면, 우리는 그 인식이 본래부터 자아에 속한 것인지 아니면 대상에 고유한 것인지에 대하여 물어야 할 것이다. 그것은 대상에 속해 있을 수 없다. 왜냐하면 대상은 의식없는 존재이기 때문이다. 만일 그것이 자아에 있다면, 그러면 대상들에 대한 인식으로부터 추론되는 인식은 무엇인가? 만일 대상들에 대한 인식으로부터 추론되는 것은 인식자의 행위(jñātṛvyāpāra)라는 형태를 지닌, 그것의 원인이라고 주장된다면, 우리는 이 원인이 영원한가 아니면 일시적인가에 대하여 물어야 할 것이다. 만일 후자라면, 그러면 그것의 원인은 또한 무엇인가? 만일 그것이 자아와 마나스의 접촉—대상과 감각기관의 접촉을 돕는—에 기인한다면, 이 모든 것들이 인식의 원인으로 받아들여져야 할 것이다. 자아의 행위라는 형태의 중간 원인을 상정해야 할 아무런 필

쿠마릴라의 추종자들은 만일 인식이 지각 가능한 것으로 간주된다면, 그것은 그 자체를 파악하는 또 다른 하나의 인식을 필요로 하는 대상으로 간주되어야 하며, 이러한 과정은 무한히 계속될 수밖에 없다고 주장한다. 이에 그들은 인식을 지각할 수 없는 것으로 간주한다.[원주93]

요도 없다. 만일 그 행위는 영원하며 인식들의 임시적인 나타남은 보조적인 원인들에 기인한다고 주장된다면, 이러한 것들이 인식을 야기하기에 충분하므로, 자아의 행위를 가정하는 것은 불필요하다(슈리다라, 『니야야칸달리』, pp.96~98).

프라바찬드라(Prabhācandra)는 이 '파악됨'이 대상의 속성(arthadharma)인가 혹은 인식의 속성(jñānadharma)인가에 대하여 의문을 제기한다. 그것은 전자일 수 없다. 왜냐하면 그것은 자체가 인식되는 때 이외의 다른 어떤 때에 대상 속에 존속하지 않으며, 또한 그것은 인식하는 자아의 개별적인 소유로 보이기 때문이다. 그것은 인식들에 속할 수 없다. 왜냐하면 인식은 쿠마릴라에 의하면 지각될 수 없으며, 지각될 수 없는 것은 '인식됨'의 토대일 수 없기 때문이다. 한편, 만일 '인식됨'—지식의 본질(jñānasvabhāva)이라는 성격을 지니는— 이 지각 가능하다면, 그러면 그 인식마저도 인식 가능한 것으로 받아들여져야 할 것이다. 만일 '인식됨'이 대상의 본질(arthasvabhāva)이라면, 그것은 단지 대상의 현현(artha-prākaṭya)을 의미할 뿐이다. 만일 대상이 현시되는 인식 자체가 현시되지 않는다면, 그 대상은 현시될 수 없다(『프라메야카말라마르탄다』, pp.31~32). 쿠마릴라에 의하면 항아리에 대한 인식은 항아리에 '인식됨'의 속성을 생성시키며, 그 속성은 "이 항아리가 나에 의하여 인식된다"는 형태로 지각의 대상이 된다. 이로부터 인식의 타당성뿐 아니라 그것의 존재도 추론된다. 니야야는 지식, 지식에 대한 의식(anuvyavasāya), 그리고 지식의 타당성이 연속적이라고 주장하지만, 이에 비하여 쿠마릴라는 뒤의 두 가지는 동시적이라고 생각한다.

[원주93] 프라바찬드라는 자신의 『프라메야카말라마르탄다』(p.31)에서 이 견해를 비판한다. 인식자(pramātṛ), 인식행위(pramāṇa), 결과적인 인식(pramiti)은 인식의 대상(pramēya)과 마찬가지로 인식 가능하다. 우리는 경험에서 지식의 여러 요소들을 분명히 지각한다. 또한 지각되는 것은 언제나 지각의 대상으로 지각되어야 하는 어떤 논리적인 필연도 없다. 자아는 하나의 인식으로 지각되며, 인식의 대상으로 지각되지 않는다. 그러므로 인식 또한 지각의 도구로서 지각될 수 있을 것이다. 쿠마릴라의 추종자들이 단지 인식의 행위자일 뿐인 자아의 지각 가능성을 인정할 때, 그들은 대상의 현시를 위한 수단인 인식의 지각 가능성을 인정할 수 있을 것이다. 만일 자아가 지각 가능하다면, 그것은 지각 불가능한 인식의 도움 없이 단독으로 외부 대상을 인식할 수 있을 것이다. 만일 인식 행위자가 어떤 도구 없이 행위를 생성할 수 없다고 말해진다면, 내적 기관과 외적 기관들이 인식의 도구로서 기여할 수 있을 것이다. 게다가 만일 도구 없이는 어떤 행위도 불가능하다

인식 자체는 추론되는 반면에, 대상들은 인식들을 통하여 알려진다.

미망사 학자들은 지식의 본유적인 타당성에 대한 견해를 받아들인다.[원주94] 쿠마릴라는 말한다. "본래적인 타당성은 모든 바른 지식의 원천들에 속한다. 왜냐하면 비존재인 어떤 힘이 또 다른 하나의 힘에 의하여 존재하게 될 수 없기 때문이다."[원주95] 지식은 감관들이나 추론의 표식 등에 의하여 매개될 수 있을 것이다. 그러나 그것은 단독으로 대상들을 드러내 보이며,[원주96] 그 자체의 타당성에 대한 관념을 생성시

면, 자아 혼자만의 인식에서 그 도구는 무엇인가? 만일 자아의 인식에서 자아가 그 도구라면, 그것은 대상들에 대한 인식에서도 또한 도구로 기여할 수 있을 것이다. 만일 자아 및 결과로 생겨나는 인식(phalajñāna)이 지각된다면, 비록 그 둘은 인식의 대상으로 의식에 나타나지 않는다 할지라도, 인식의 도구 또한 인식의 대상이 아니라 인식의 도구로 지각된다는 것이 또한 인정되어야 할 것이다. 또한 도구적인 인식(karaṇajñāna)은 인식자(kartṛ) 및 결과로 생겨나는 인식(phala-jñāna)과 전혀 다른 것은 아니며, 따라서 뒤의 두 가지는 인식 가능한 반면에 인식만 지각 불가능하다고 말하는 것은 부당하다. 더욱이 자아 및 인식—자아가 대상을 알게 되는—은 우리의 경험에 직접 드러나며, 따라서 그 둘은 의식의 대상들로 간주되어야 할 것이다(pratīyamānatvaṁ hi grāhyatvam, tad eva kar-matvam). 의식에 나타나는 모든 것은 그것으로부터 하나의 대상이다. "나는 그 항아리를 안다"는 인식에서 인식주체는 항아리에 대한 인식에 의하여 제한되는 것으로서 자신을 의식한다. 항아리에 대한 주체의 인식은 자아 및 항아리와 마찬가지로 지각의 대상이다. 또한 만일 인식의 행위가 지각 불가능하다면, 그것은 어떤 지식수단(pramāṇa)에 의해서도 전혀 실재적인 것으로 확립될 수 없을 것이다.

[원주94] Tatra gurūṇām mate jñānasya svaprakāśarūpatvāt tajjñānaprāmāṇyaṁ tenaiva gṛhyate. Bhāṭṭānām mate jñānam atīndriyam, jñānajanya jñātatā pratyakṣā, tayā ca jñānam anumīyate. Murārimiśrāṇām mate anuvyava-sāyena jñānaṁ gṛhyate. Sarveṣām api mate tajjñānaviṣayakajñānena taj-jñānaprāmāṇyaṁ gṛhyate(『싯단타무크타발리』(Siddhāntamuktāvali), 135).

[원주95] 또한 『니야야라트나카라』, ii.47을 보라.

[원주96] "적극적인 실체가 어떤 원인을 필요로 하는 것은 단지 그것의 일어남을 위해서이다. 일단 그것이 일어나고 나면, 그것은 자체의 여러 결과들과 관련하여 독자적으로 힘을 발휘한다"(ii.48). 항아리는 그것의 생산을 위하여 찰흙 등을 필요로 할 것이다. 그러나 그것은 단독으로 물을 담는 기능을 수행한다. 인식은 그 자체의 생성을 위하여 어떤 원인을 필요로 할 것이다. 그러나 그것은 사물들의 참된 본질을 확인하는 기능을 위하여 원인들에 의존하지 않는다. 이에 미망사 학자들은

킨다. 만일 우리가 원인들의 순수함을 확인할 때까지 기다려야 한다면, 우리는 다른 원인들에 기인하는 또 다른 하나의 인식을 기다려야 할 것이며, 이러한 연쇄는 무한히 계속될 수밖에 없는 어려움에 빠질 것이다.[원주97] 본유적인 타당성(svataḥprāmāṇya)의 이론은 인식이 그 자체만으로 타당하며, 그것의 타당성은 오직 대상에 대한 부적합한 성질에 의하여 혹은 그 원인들에 있는 불일치에 대한 인식에 의하여 무효로 될 수 있다.[원주98]

우리가 새끼줄을 뱀으로 착각한 이후에 그것이 뱀이 아니라 새끼줄이라는 것을 알게 될 때, 우리의 첫 인식은 타당하지 않은 것으로 무효화된다. 인식의 도구에서 결함을 인지할 때, 우리는 인식의 타당성을 의심한다. 황달을 앓고 있는 사람은 조가비가 노랗다고 생각한다. 그가 자신의 눈에 문제가 있다는 것을 알게 될 때, 그는 자신이 조가비에서 본 황색을 눈 탓으로 돌리며, 그 조가비가 희다는 것을 받아들인다. 우리가 불일치를 인식하지 않는 한, 의심에 대한 아무런 합리적인 근거도 없다. 인식은 다른 수단을 통하여 대상의 진정한 본질을 발견하거나 혹은 인식의 도구에서 결함을 발견함으로써 외적으로 무효화된다.[역주7] 타당한 것으로 인정되는 지식의 방법 중 하나에 기인하는

(지식이) 본유적으로 타당하다(svataḥprāmāṇya)는 사실과 그것이 감각 등과 같은 원인들에 의존한다는 사실 사이에 아무런 모순도 없다고 주장한다. 감각적 접촉 등은 대개 지식의 발생 이후에 추론된다. 이전의 경험에 대한 의존이 분명한 것은 오직 기억의 경우뿐이다.

[원주97] 『슐로카바룻티카』, ii.49~51.

[원주98] 『슐로카바룻티카』, ii.53.

[역주7] 이와 같이 미망사 학파는 지식의 타당성은 지식 자체에 본유하는 것으로, 그리고 지식의 무효는 지식에 대하여 외적이고 비본질적인 것으로 간주하며, 이 점에서 베단타와 동일한 입장이다. 한편 상키야는 지식의 타당함과 무효 모두가 지식 자체에 본래적인 것으로 본다. 이에 비하여 니야야는 지식은 그것이 일어날 때 자명하게 타당한 것이 아니라, 단지 외적인 어떤 조건들을 수행할 때 타당하게 된다고 본다. 다시 말하여 지식의 타당성 및 무효의 조건들은 지식 자체의 조건들과 다르다는 것이다. 흔히 미망사와 베단타의 입장을 본유적인 타당성 이론(svataḥ-prāmāṇyavāda), 그리고 니야야의 입장을 '타자로부터 입증되는 타당성 이론'(pa-

모든 인식은 의심할 만한 어떤 특수한 이유가 없는 한, 타당한 것으로 간주되어야 한다. 인식작용의 무효는 결코 본유적일 수 없으며, 언제나 외적인 수단에 의하여 성립된다.[원주99] 심지어 멀리 떨어져서 혹은 희미한 불빛 아래서 지각되는 어떤 사물의 참된 본질에 대하여 의심이 드는 때조차도, 우리는 보다 나은 조건 하에서 일어나는 제2의 인식에 의하여 그 의심을 해소할 수 있다. 어떤 경우에는 제2의 인식이 제3의 인식에 의하여, 그리고 때로는 제3의 인식이 제4의 인식에 의하여 교정될 수도 있을 것이다. 그러나 대부분의 경우에는 그 이상을 넘지 않을 것이다.[원주100] 쿠마릴라에 의하면, 서너 단계를 통하여 이루어지는 일련의 인식만으로 완전히 참된 인식에 이를 수 있다.[원주101]

쿠마릴라는 심지어 조가비를 은으로 착각하는 인식조차도 인식으로서 타당하다고 믿는다. 그때 인식자는 그 인식을 지닌다. 그것이 후속하는 경험에 의하여 부정되는 것은 별개의 문제이다. 조가비를 황색으로 보는 인식에도 눈의 담즙에 속해 있는 실재적인 황색이 있으며, 그

---

ratahprāmāṇyavāda)이라고 부른다.

[원주99] 『슐로카바룻티카』, ii.85 및 87. Yatra kāraṇadoṣajñānam bādhakajñānaṁ vā tatra mithyātvam(『샤스트라디피카』, p.142). Jñānasya prāmāṇyaṁ svataḥ, aprāmāṇyam parataḥ.

[원주100] 『슐로카바룻티카』, ii.61.

[원주101] 파르타사라티는 말한다. "인식의 거짓에 대한 잘 알려진 원인들은 장소, 시간, 상황, 감관, 인식의 대상 등과 관련된 어떤 결함들이다. 이와 같은 결함들의 존재가 완전히 배제되는 경우, 가령 인식자가 완전히 깨어 있고, 밝은 일광 아래서, 그가 완전한 인식 기능을 지닌 상태에서 그와 아주 가까운 거리에 있는 항아리를 지각하는 경우에는 결함들에 대한 어떤 의심도 일어날 수 없으며, 따라서 지각이 타당하지 않다는 어떤 의심도 있을 수 없다. 다른 경우들에는 결함의 가능성이 있을 수 있다. 예를 들어 대상이 멀리 떨어져 있다든가 하는 경우에는 지각의 무효에 대한 의심이 일어날 수도 있을 것이다. 그러나 이 경우 대개는 그 대상을 향하여 가까이 다가감으로써 두 가지 가능성 가운데 하나가 참인 것으로 결정될 것이며, 문제는 이 간단한 방법으로 해결된다……. 의심되던 결함이 참으로 실재하지 않는다는 것이 판명되는 순간, 타당성이 의심되던 인식은 본유적인 타당성을 지닌 것으로 나타난다(『슐로카바룻티카』, ii.58 및 60~61에 대한 『니야야라트나카라』의 주석).

것이 지각된다. 우리가 먼 곳에서 지각하는 어떤 키 큰 대상이 사람인지 아니면 전봇대인지 불확실한 경우처럼, 의심스런 인식도 타당한 인식이다. 왜냐하면 우리는 키가 크다는 것을 지각하며, 모두 키가 큰 두 가지 다른 대상들을 기억하기 때문이다. 그릇된 인식은 단지 불완전한 파악 혹은 비(非)파악에 불과할 뿐이다.[원주102]

파르타사라티는 타당한 인식을 불일치가 없는, 이미 파악되지 않은 것을 파악하는 인식으로 정의한다.[원주103] 지식의 자명성은 이 견해에 의하여 손상되지 않는다.[원주104] 그것은 단지 본질적으로 타당한 파악의 성격을 언급하고 있을 뿐이다. 비록 우리는 자신의 지식이 다른 지식과 일관되는가 혹은 그것과 모순되는가를 검토함으로써 지식의 진실 여부를 검사하기도 한다 할지라도, 타당성은 지식의 속성이다. 그러나 이 모든 것들은 단지 진실에 대한 외적인 검증에 지나지 않으며, 그것은 우리에게 진실의 내적인 본질을 부여하지 않는다.

만일 일관성 여부가 단순히 진실에 대한 검증이 아니라 진실의 본질이라면, 진실에 도달하는 것은 불가능할 것이다. 왜냐하면 우리는 순환 논법을 벗어날 수 없기 때문이다. 쿠마릴라와 파르타사라티는 아마 우리에게 서너 번의 인식을 초과할 필요가 없다고 말할 수도 있을 것이다. 일단 만일 우리가 인식의 타당성이 단지 다른 것을 통한 간접적인 것일 뿐이라는 것을 받아들이기만 하면, 우리는 어떤 인식의 절대적인

[원주102] 권위를 지니지 못하는 인식은 3종, 즉 거짓 인식, 비인식(ajñāna), 그리고 의심이다. 의심스런 인식과 거짓된 인식은 결함 있는 원인들에 기인하는 적극적인 실재들이며, 비인식의 경우 우리는 단지 원인들의 부재를 지닐 뿐이다.

[원주103] Kāraṇadoṣabādhakajñānarahitam agṛhītagrāhijñānam pramāṇam(『샤스트라디피카』, p.123).

[원주104] 그러나 Jhā, *Prabhākara Mīmāṁsā*, ii를 보라. 이러한 난점 때문에, '타당성'이라는 말이 두 가지 다른 의미로 사용된다고 주장된다. 모든 인식은 그 자체로 타당하며, 이런 의미에서 오류, 기억 등 또한 타당하다. 그러나 현실적인 목적에서 타당한 인식과 타당하지 않은 인식의 구분이 이루어진다. 전자는 행위의 검증에 부합하는 인식이며, 이에 비하여 후자는 그렇지 않은 인식이다. P. Sastri, *Pūrva Mīmāṁsā*, ch.ii를 보라.

타당성을 확신할 수 없게 될 것이다.[원주105]

　미망사의 이론에 대한 비판가들은, 만일 인식이 형태를 지니지 않는다면, 우리가 인식들을 분별하는 것은 불가능할 것이라고 주장한다. 하나의 인식을 다른 하나의 인식과 구별하는 유일한 것은 대상이므로, 인식은 대상의 형태를 띠는 것으로 말해진다. 인식과 인식되는 것 사이에 동일성이 있다고 주장된다. 미망사 학자들은 만일 인식하는 자아와 인식되는 대상 사이에 동일성이 있다면, 후자는 전자에 의하여 파악되는 것으로 말해질 수 없다는 점을 지적한다. 또한 대상이 인식들간의 구분을 가능하게 하는 유일한 토대라는 주장도 납득할 수 없다고 본다. 행위작용이 어떤 대상을 지향하도록 은근히 조장하는, 특수한 유형의 공덕(dharma)이 나타나는 것으로 보이는 어떤 사람의 지식(saṃve-danā) 같은 것이 있다. 인식자의 행위를 조장하는 것과 관련된 대상은 인식된다. 각 인식은 구별되는 어떤 대상에 대한 행위작용을 지향하므로, 구별을 위한 어떤 근거가 있다.

　니야야는 지식의 본래적인 타당성 이론을 받아들이지 않는다. 지식은 그 자체의 진실을 검증하지 않는다. 우리의 인식들이 항상 실재와 일치한다는 아무런 보장도 없다. 우리가 자신의 관념을 좇아 행동할 때, 때로는 성공적이지만, 또한 때로는 그렇지 않다. 전자의 경우 우리는 타당성을 추론하며, 후자의 경우에는 무효를 추론한다.[원주106]

　지식의 본유적인 타당성에 대한 미망사의 이론은 지식의 타당성이

[원주105] 스타웃(Stout) 교수의 견해도 이와 비슷하다. 그는 말한다. "결국 진리는 단순히 다른 진리와 그것의 일관성을 통하여 인지될 수 없다. 직접적인 인식이 없는 경우에, 일관성의 원리는 마치 받침대 없는 지레와 같게 될 것이다……. 모든 인식이 이런 의미에서 간접적이라는 것을 긍정하는 것은 불가피하게 순환 논법으로 귀결될 것이다. 만일 간접적인 인식이 오직 간접적인 다른 인식들에 의해서만 매개될 수 있다면, 지식은 결코 일어날 수 없을 것이다. 그것은 마치 우리가 벽을 쌓을 때, 모든 벽돌은 반드시 다른 벽돌 위에 놓여야 하며, 어떤 벽돌도 직접 땅위에 놓이지 말아야 한다고 말하는 것과 같다"(*Mind*, 1908, p.33).

[원주106] 『니야야만자리』, pp.160~173.

모든 앎과 불가분의 관계에 있는, 모든 앎의 속성이라는 것을 지적하고 있다. 상응(correspondence)과 일관성(coherence)은 타당성을 검사할 뿐이며, 그것을 만들어내는 것은 아니다. 상응과 일관성은 타당한 인식의 본질을 우리에게 말하지 않는다. 지식의 기능은 대상들을 아는 인식 기능이다. 그것은 언제나 실재와 마음의 관계를 포함한다. 더욱이 마음은 어떤 의미에서 불가침인 사유의 법칙들에 따라 작용한다. 우리가 "이것은 빵이다"라고 말할 때, 우리가 빵이라 부르는 것은 실제로 빵이 아닐 수도 있지만, 판단의 순간에 우리는 그것을 빵으로 받아들이며, 그 관념의 힘에 저항할 수 없다. 어떤 의심도 우리의 의식을 어지럽힐 수 없으며, 따라서 판단의 순간에 관념의 내용은 우리에게 절대적으로 참이다. 참이든 거짓이든 모든 판단은 그 자체에 관하여 이러한 필연의 요소를 지닌다.

그러나 이것은 판단이 단지 관념 유희에 불과하다는 것을 의미하지는 않는다. 우리가 필연적으로 받아들일 수밖에 없는, 우리의 의식에 주어지는 어떤 것이 있다. 우리의 정신적 과정에 실제로 작용되는 어떤 통제가 있다. 모든 판단에는 주어진 자료가 그 자체 이상을 나타내는 어떤 주장이 있으며, 지금 주어지는 것이 아니라, 그것에 의하여 나타나는, 그것 이외의 다른 어떤 것이 있다. 더욱이 모든 판단은 주어진 자료를 확장하는 정신작용의 요소를 내포한다. 그것은 주어진 자료를 해석하고 그것에 의미를 부여하며, 그 자체 속에 포함되어 있지 않은 전체의 일부라고 단언한다. 비록 미망사 학자들은 실재론자들이라 할지라도, 그럼에도 불구하고 만일 어떤 판단이 다른 판단들에 의하여 확인된다면 그것은 타당한 것으로 확립된다는 쿠마릴라의 언급은, 상응 이론(theory of correspondence)보다는 오히려 일관성 이론(theory of coherence)을 시사하고 있다. 여러 다양한 판단들은 서로 조화되어야 한다. 그러나 이러한 내적 일관성이 전부는 아니다. 그것은 단지 경험되는 실재 자체가 시종 일관하다는 이유 때문에 지탱될 뿐이다.

마음과 그것이 경험하는 실재의 관계에 대한 근본적인 문제는 미망사에 의하여 제기되지 않는다. 미망사는 존재하는 세계로서의 실재가 우리의 사유에 외적이라는 상식적인 견해를 묵인하고 있다. 이러한 입장에서 결과되는, 진리에 대한 상응 개념의 난점들은 모든 인식의 본유적 타당성 이론에 의하여 회피된다.

12. 자아

베다에서 명령되는 의무들은 현생과는 다른 세계에서 향수하게 될 보상을 약속하고 있다. 만일 육신이 소멸한 후에도 어떤 실재적인 자아가 존속하지 않는다면, 그러한 의무들은 무의미하게 될 것이다. 희생제의를 지내는 자는 천계로 간다고 말해지며, 천계로 가는 것은 피와 살로 된 육신이 아니라 비물질적인 무형의 아트만이다.[원주107] 자이미니는 아트만의 실재에 대한 어떤 상세한 증거를 제시하지 않으며, 다만 이 문제에 대한 베단타의 견해를 그대로 수용하는 것처럼 보인다.[원주108] 그는 자아(puruṣa)를 통각기능(buddhi) 및 감관(indriya)과 구별한다.[원주109] 샤바라는 "그 자체에 의하여 알려지며, 다른 것에 의하여 보여지거나 보일 수 없는"[원주110] 영원한 인식자의 실재를 인정한다. 샤바라의 견해는 아트

[원주107] 『미망사 수트라』, i.1.5.

[원주108] 두 미망사를 주석한 우파바르샤(Upavarṣa)는 아트만의 문제가 웃타라 미망사에서 고찰될 것이라고 말한다(i.1.5). 샤바라 또한 이와 동일한 견해를 피력했던 것으로 보인다. 왜냐하면 쿠마릴라는 자신의 아설(我說, ātmavāda)을 설명하는 마지막 구절에서 다음과 같이 말하고 있기 때문이다. "이에 무신론을 비판하는 견지에서, 주석자(샤바라)는 논구(論究)를 통하여 자아의 존재를 확립하였으며, 이 개념은 베단타의 연구에 의하여 강화된다"(Ity āha nāstikyanirākariṣṇur ātmā-stitām bhāṣyakṛd atra yuktyā, Dṛḍhatvam etad viṣayaś ca bodhaḥ prayāti vedāntaniṣevaṇena). 또한 『브라흐마 수트라』, iii.3.53에 대한 샹카라의 주석을 보라.

[원주109] 『미망사 수트라』, i.1.4.

[원주110] Svasaṁvedyaḥ sa bhavati, nāsāv anyena śakyate draṣṭuṁ darśayituṁ

만이 의식과 하나라는 것을 의미한다. 유식설을 비판하면서, 그는 인식들의 주체가 있으며,[원주111] 그 주체는 그 자체에 의하여 알려진다고 말한다.

미망사 사상가들은 자아를 육체, 감관 및 통각기능과는 다른 것으로 간주한다. 숙면상태에서처럼, 자아는 붓디가 없을 때도 존재한다. 설사 붓디가 자아에 부수된다 할지라도, 우리는 하나가 다른 하나와 동일하다고 말할 수 없을 것이다. 자아는 감관과 다르다. 왜냐하면 심지어 어떤 감관들이 손상되거나 파괴되는 경우에도 자아는 여전히 존속하기 때문이다. 여러 감각소여들을 종합하는 어떤 실체가 있다. 육체는 물질적이며, 모든 인식에서 우리는 인식자가 육체와 다르다는 것을 안다. 육체의 요소들은 지성적이지 않으며, 그 요소들의 결합은 의식을 생성시킬 수 없다. 육체는 그 자체를 초월하는 목적에 대한 수단이며, 따라서 그것을 통제하는 자아에 기여하는 것으로 말해진다. 기억의 사실들은 자아의 실재를 입증한다. 자아는 변화를 겪지만, 그럼에도 불구하고 모든 변화를 통하여 자아는 지속한다는 것이 받아들여진다. 행위(kriyā)의 일종인 인식은 자아라고 불리는 실체에 속한다.[원주112] 자아가 변화를 겪는다는 입장은, 그것의 영원성에 상반되는 주장이 아니다.[원주113]

자아는 단지 일련의 관념들이며, 이 연쇄의 각 관념들은 그 이전의 관념들로부터 그것의 과거에 대한 잠재인상들을 축적한다고 보는 불교의 자아 개념을 비판하면서, 쿠마릴라는 만일 카르마의 법칙이 어떤 의미를 지닐 수 있으려면, 반드시 어떤 공통의 토대가 있어야 한다고 주장한다. 불교도들은 인과응보의 법칙이나 재생의 가능성을 설명할 수 없다. 미세신을 가정하는 것은 큰 도움이 되지 않는다. 왜냐하면 미세신에 대한 관념의 관계가 설명되지 않는 신비로 남기 때문이다. 자의

---

    vā.

[원주111] Jñānātiriktaḥ sthāyī jñātā vartate.

[원주112] 『슐로카바룻티카』, *Ātmavāda*, 100.

[원주113] 같은 책, 22 및 23.

식, 욕망, 기억, 즐거움, 고통 등의 현상들은 자아를 일련의 관념들로 보는 불교의 입장에서는 이해되기 어렵다. 그러므로 관념들의 잠재력을 지니며 영원하고 재생할 수 있는 어떤 것이 있음에 틀림없다. 자아는 원자적일 수 없다. 왜냐하면 그것은 육체의 여러 부분에서 변화를 파악하기 때문이다. 그것은 편재하며(vibhu), 그 자체와 육체를 잇달아 관련시킬 수 있는 것으로 간주된다. 자아는 육체를 통제하며, 이러한 상태는 해탈될 때까지 계속된다. 편재하는 자아는 행위할 수 있다. 행위는 단순히 원자적 운동이 아니기 때문이다. 자아의 에너지는 육체의 움직임을 야기한다.

미망사 학자들은 경험의 다양성을 설명하기 위하여 다수의 자아가 있다는 이론을 받아들인다.[원주114] 우리는 육체의 행위들로부터 자아의 존재를 추론하며, 이것은 그와 같은 가정 없이 설명할 수 없다. 나의 행위들은 나의 자아에 기인하기 때문에, 다른 행위들은 다른 자아들에 그 원인이 있다고 해야 한다. 자아들의 속성인 공덕과 죄과의 차이들은 여러 다른 자아들의 존재를 필요로 한다. 다양한 실체들에 반영되는 하나의 태양이 다양한 속성들을 부여하게 되는 것과 마찬가지로, 여러 다양한 육체들에 반영되는 하나의 자아가 여러 다른 속성들을 부여하게 된다는 비유는 부적절하다. 왜냐하면 다르게 나타나는 속성들은 태양이 아니라 매개물에 속하기 때문이다. 만일 위의 비유가 사실이라면, 자아와 관련하여 나타나는 다양한 속성들은 자아가 아니라 육체에 속할 것이다. 그러나 고통과 기쁨 등은 육체가 아니라 자아의 속성들이다.[원주115]

프라바카라는 자아를 지식, 행위와 경험, 혹은 즐거움과 고통 등과 같은 속성들의 토대로서, 의식 없는 어떤 것으로 이해한다.[원주116] 영원

[원주114] Buddhīndriyaśarīrebhyo bhinnā 'tmā vibhur dhruvah, Nānābhūtah pratikṣetram arthajñāneṣu bhāsate(『사르바싯단타사라상그라하』, vi.206). 또한 『슐로카바룻티카』, *Ātmavāda*, pp.5~7을 보라.

[원주115] Jhā, *Prābhākara Mīmāṁsā*.

[원주116] Kartā bhoktā jaḍo vibhur iti prābhākarāḥ. 마두수다나 사라스와티

히 자기 동일적인 자아에 대한 직접적인 지식은 없다. 이러한 자아는 사유의 영원한 대상들에 대한 인지의 사실로부터 간접적으로 증명된다.[원주117] 인지 현상에서 우리는 두 가지 요소, 즉 그 대상에 대한 상기(想起, smṛti) 및 이전의 지각(pūrvānubhava)을 지닌다. 우리가 과거의 인식을 기억할 수 있다는 사실은, 과거의 지각과 현재의 상기에서 토대(āśraya)가 되는 영원한 자아의 존재를 의미한다. 따라서 프라바카라에 의하면, 영원한 자아는 상기의 대상이 아니라 그것의 토대이다.[원주118] 그것은 편재하며 불변이다. 그것은 스스로 자기를 비추어 드러내지 않는다. 만일 그러면 우리는 숙면상태에서도 지식을 지녀야 하지만, 비록 자아는 숙면상태에서 분명히 존재한다 할지라도 우리는 지식을 지니지 않기 때문이다.

"나는 그 항아리를 안다"는 자명한 인식은 항아리를 대상으로, 그리고 자아를 그 인식의 토대로 분명하게 현시한다. 항아리가 인식의 대상으로 알려지는 것과 똑같이, 자아는 즉각 인식의 토대로 알려진다. '나'로 나타나는 것은 모든 객관적인 요소들에서 자유로운 자아이다. 자아는 모든 인식에서, 심지어는 육체에 대한 아무런 인식도 없는 인식에서

(Madhusūdana Sarasvati)의 『싯단타빈두』(Siddhāntabindu), 『니야야라트나발리』(Nyāyaratnāvali)는 의식 없는 것(jaḍa)을 다음과 같이 설명한다. 또한 그것은 인식의 자성을 지니는 것과 다르게 있으며, 인식의 형태를 띠는 성질 때문이 아니라, 인식의 기체가 되는 성질 때문에 빛이다(Sa ca jñānasvarūpabhinnatvāj ; jānāśrayatvena sa bhāti, na jñānarūpatvena).

[원주117] 『비바라나프라메야상그라하』(Vivaraṇaprameyasaṁgraha), 티보(Thibaut)의 영어번역본, p.405(Indian Thought, vol.i).

[원주118] 아드와이타(不二論) 베단타는 이 견해를 비판한다. 상기(想起) 행위에는 현재의 자아가 있고, 이전의 지각에는 과거의 자아가 있었으며, 그 둘 사이의 깊은 틈은 만일 그것이 상기 행위를 통하지 않는다면 결코 극복되지 않을 것이다. 그러나 그 둘의 틈새를 잇게 하는 상기 행위는 또 다른 하나의 상기 행위를 필요로 하며, 이러한 소급의 과정은 무한히 계속될 수밖에 없을 것이다. 현재의 상기와 과거의 지각이 자아의 지속적인 존재를 공동으로 파악한다고 주장될 수 없다. 왜냐하면 그 둘, 즉 과거의 하나와 현재의 다른 하나가 공존한다는 것은 불가능하기 때문이다.

도 우리에게 현시되므로, 육체와 다른 것으로 간주된다. 자아는 그 자체로 지각될 수 있는 것이 아니라, 언제나 인식의 행위자(kartā)로 알려진다. 그러나 그것은 대상(karma)으로 알려지는 것은 아니다. 인식행위는 자아에 그 결과(svaphala)를 생성하지 않으며, 따라서 자아는 결코 외적이거나 내적인 지각의 대상이 아니다. 대상의식(object-consciousness)과 별개로 자의식(self-consciousness) 같은 것은 결코 있을 수 없다. 자아는 의식의 대상인 동시에 주체일 수 없다.[원주119] 그것은 행위자, 향수자이며, 비록 비의식적이라 할지라도 편재적이다. 이에 그것은 육체, 감관, 통각기능과 완전히 다르며, 모든 인식 속에 나타나며 영원하다.

프라바카라는 자아가 원자의 크기 혹은 그것이 채우는 육체의 크기를 지닌다는 견해를 부정한다. 비록 자아는 편재적이라 할지라도, 그것은 다른 육체에서 진행되고 있는 것을 경험할 수는 없다. 왜냐하면 그것은 그 영혼의 지난 업에 의하여 생성되는 신체기관에서 진행되는 것만 경험할 수 있기 때문이다. 각 육체에 하나씩, 수많은 영혼들이 있다. 해탈상태에서 영혼은 순수 존재(sat)로 존속하며, 이 상태에서 영혼은 하나로 합쳐서 생각되는 모든 것들에 대한 집합적 인식의 토대로 기여하지만, 느낌을 지니지는 않는다. 왜냐하면 즐거움과 고통의 속성들은 육체 속에서말고는 나타날 수 없기 때문이다. 그것은 어떤 원인에 의하여 존재하게 되는 것이 아니므로, 그것은 불멸이다.[원주120]

파르타사라티는 자아가 지각의 주체인 동시에 대상이라는 주장에 아무런 모순도 없다고 말한다. 프라바카라가 자아는 인식의 행위에 의하여 현시된다고 말할 때, 그는 자아가 또한 의식의 대상이라는 것을 의미한다. 인지(認知)와 상기(想起)의 현상들에서, 대상은 주체가 아니라 의식 속에 나타난다. 현재의 상기와 인지의 대상으로 의식 속에 나타나는 것은 지각의 대상으로 파악되는 자아이다. 만일 자아에 대한 인지에

[원주119] 『샤스트라디피카』, pp.348~349.
[원주120] Jhā, *Prābhākara Mīmāṁsā*.

서 자아가 대상이 아니라면, 그 인지 행위는 대상 없는 행위라 해야 할 것이다. 그러나 대상 없는 의식은 있을 수 없다. 그러므로 자아는 자의식의 대상으로 간주되지 않으면 안된다.[원주121] 자아는 대상들 자체와 똑같은 타당한 인식의 과정에 의하여 인식되지만, 심지어 그때에도 자아는 인식의 주체이며 대상이 아니다. 이것은 마치 걷고 있는 어떤 사람이, 비록 그는 자기 자신의 것으로 걷는 행위를 지닌다 할지라도, 단지 걸음의 행위자로 간주될 뿐이며 걸음의 대상으로 여겨지지 않는 것과 같다.

쿠마릴라의 추종자들에 의하면, 자아가 개개의 모든 인식 행위에 나타나는 것은 아니다. 대상의식이 자아에 의하여 항상 전유(專有)되는 것은 아니다. 우리는 어떤 경우에는 "이것은 항아리이다"라는 대상을 알지만, 또 어떤 경우에는 자신이 그 항아리를 안다는 것을 모른다. 자아가 대상의식(viṣayavitti)의 주체 혹은 대상으로 현시되지 않지만, 그럼에도 불구하고 때로는 대상의식과 더불어 또 다른 별개의 의식, 즉 자의식(ahaṁpratyaya)── 자아가 대상인── 이 일어나기도 한다. 프라바카라가 주체는 언제나 비아(not-self)에 대한 의식에 연루된다고 주장하는 것은 타당하다. 그러나 그것이 언제나 분명하게 현시되는 것은 아니다. 자아의 나타남과 그 나타남에 대한 의식 사이에 차이가 있으며, 우리가 어떤 대상을 파악할 때마다 우리가 반드시 자아를 의식할 필요는 없다. 자아는 오직 자의식 속에 현시되며, 그것은 대상의식과 동일시될 수 없다. 자의식은 대상에 대한 단순한 의식보다 높은 정도의 의식적인 삶과 관련된다.[원주122] 대상에 대한 파악으로서 직접적·일차적인 경험과 마음이 그 자체로 다시 돌아오는 것으로서 반성적·이차적인 경험 사이에 차이가 있다.

프라바카라는 아트만이 의식(saṁvit)과 동일하다는 것을 받아들이지 않으며, 따라서 아트만은 자기 조명되지 않는다고 말할 수밖에 없

[원주121] pp.344 ff.
[원주122] 『샤스트라디피카』, pp.344~352.

다. 그러나 이 입장을 견지하는 것은 쉽지 않다. 아트만은 아는 자(pra-mātṛ)이며, 프라바카라는 의식을 아는 자로 묘사하며, 때로는 인식으로 간주하기도 한다.[원주123] 자아는 정신적인 지각의 대상이라는 쿠마릴라의 이론을 비판하면서, 샬리카나타(Śālikanātha)는 자아가 자기 조명되며(self-illumined), 또한 외부 대상들에 대한 인식에도 연루되며,[원주124] 따라서 그것은 의식의 무의식적인 토대가 아니라는 것을 받아들인다. 상비트(saṁvit)는 비록 의식의 대상으로 인식되지 않는다 할지라도, 스스로 자체를 비추어 드러낸다. 또한 인식들은 자아의 변형들(pariṇāmas)로 말해지며, 따라서 자아의 본질은 의식일 수밖에 없다. 만일 그렇지 않다면, 그것은 인식들로 변형될 수 없을 것이다.

자아 혹은 의식은 결코 의식의 대상일 수 없다. 그러나 이것은 자아 혹은 의식이 비의식적이라는 것을 의미하지 않는다. 그것은 모든 지식의 토대이다. 지식 자체 속에서 그것은 주체 혹은 에고(ego)로 나타난다. 에고는 우리가 인식의 주체 혹은 토대로 즉각 의식하는 자아 이상도 아니고 그 이하도 아니다. 자아는 실체도 아니고 속성도 아니며, 행위도 아니다. 그것은 순수의식이다. 아드와이타 철학이 주장하는 것처럼, 자아는 아만(我慢, egoity)의 기관과 환영적(幻影的)으로 결합될 때 에고가 된다. 자아가 아만의 모든 족쇄에서 벗어나는, 숙면상태에서는 '아상'(我相, ego-form)이 없다. 대상들에 대한 인식에서, 편재적인 아트만 혹은 의식은 대상에 대한 그것의 관계에 의하여 제한되는 것처럼 보인다. 프라바카라는 자신의 이론이 아드와이타 베단타의 입장과 동일한 방향으로 귀결된다는 것을 알고 있는 것으로 보이지만, 그것이 강조되지 않기를 열망한다. 왜냐하면 그의 주된 목적은 사람들에 대한 분별과 그들의 개별적인 책임을 강조하는 것이기 때문이다. 프라바카라는 말한다. "'나' 그리고 '나의 것'이라는 표현들이 단지 아트만에 대

[원주123] 상비트(saṁvit)는 의식을 의미하는 말로 사용된다. Saṁvid utpattikā-raṇam ātmamanassannikarṣākhyam(『프라카라나판치카』, p.63).
[원주124] Svayaṁprakāsatvena, viṣayapratītigocaratvena(『프라카라나판치카』, p.151).

94

한 오해일 뿐이라는 언급은 카르마에 속박되어 있는 사람들이 아니라, 세속적인 대상들에 대한 자신의 집착을 제어한 사람들에게 의미를 지닌다.”[원주125]

쿠마릴라에 의하면, 영혼은 육체와 다르며, 영원·편재한다. 비록 영혼들은 다수라 할지라도, 아트만은 의식 자체이다.[원주126] 모든 영혼들은 의식을 본질로 하기 때문에, 우파니샤드에서는 그들을 하나라고 말한다.[원주127] 아트만은 의식일 뿐만 아니라 아트만의 산물인 인식의 토대이다.[원주128] 자아의 존재는 ‘나’라는 개념을 통해 추론된다. 자아는 비록 타자들에 대하여 지각 불가능하다 할지라도, 그 자체에 의하여 현시된다.[원주129] 자아는 인식의 대상이다. 왜냐하면 그것은 마치 항아리가 지각되는 것처럼 직접 지각되기 때문이다. 그것은 정신적 지각(mānasa-pratyakṣa)의 대상이다. 자아는 지식의 대상인 동시에 주체이며,[원주130] 여기에는 아무런 모순도 없다. 왜냐하면 우리는 자아 속에서 인식의 대상이 되는 실체(dravya)의 요소와 인식의 주체인 의식(bodha)의 요소를 식별하기 때문이다.[원주131]

프라바카라의 추종자들은 이 견해에 반대한다. 만일 자아의 실체적인 요소가 본질적으로 지성을 지니지 않는다면, 그것은 도무지 자아라

[원주125] 『브리하티』(Bṛhatī), p.32. MS. in the Asiatic Society of Bengal.
[원주126] 『슐로카바룻티카』, Ātmavāda, 74~75.
[원주127] 『탄트라바룻티카』, ii.1.5.
[원주128] 이와 유사한 견해를 보이는 라마누자(Rāmānuja)는 인식을 아트만의 영원한 속성— 팽창과 수축이 가능한— 으로 간주한다. 이에 비하여 쿠마릴라는 인식이란 인식수단(pramāṇa)을 통하여 일어나는 아트만의 전변(轉變, pariṇāma)이라고 본다.
[원주129] 『슐로카바룻티카』, Ātmavāda, 142~143.
[원주130] 『슐로카바룻티카』, Ātmavāda, 107.
[원주131] 『니야야라트나발리』(Nyāyaratnāvali)를 참조하라. “Ātmano’ sti amiśad-vayam, cidaṁśo’ cidaṁśaś ca ; cidaṁśena darṣṭritvam acidaṁśenajñāna-sukhādipariṇamitvam ‘mām aham jānāmi’ iti jñeyatvaṁ ca”(P. Sastri, Pū-rva Mīmāṁsā, p.95). 또한 『비바라나프라메야상그라하』, 티보의 영어번역본, Indian Thought, vol.i, p.357을 보라.

고 할 수 없다. 남는 것은 의식적인 요소뿐이며, 그것은 주체와 대상 모두로 기여할 수 없다. 그것은 부분으로 나누어지지 않으며, 따라서 주체와 대상의 성질을 동시에 지니기 위하여 변화를 겪을 수 없다. 만일 실체적 본질이 의식의 대상을 구성한다면, 자아는 주체 혹은 아는 자일 수 없다. 왜냐하면 그것은 항아리가 실체인 것과 똑같이 실체이기 때문이다. 만일 쿠마릴라가 의식의 순수 형태는 주체인 반면에 경험적으로 변형된 의식은 대상이라고 주장한다면,[원주132] 우리는 세 가지 유형, 즉 대상에 대한 의식 그 자체(śuddhaviṣayagrahaṇam), 순수 주체(śuddhajñātṛtā), 항아리와 같은 대상에 의하여 변형된 주체(ghaṭā-vacchinnajñātṛtā)를 지니게 될 것 같다. 게다가 자아는 대상에 대한 개개의 모든 인식에서 그것의 인식자로 직접 나타나므로, 자아가 그것의 대상으로 직접 드러나는 것으로 말해지는 내적인 지각과 같은 또 다른 하나의 인식을 상정하는 것은 불필요하다.

만일 지식이 자아에 귀속된다면, 자아는 의식 없는 것일 수 없다. 만일 자아가 의식이라면, 그것은 자명할 것이다. 왜냐하면 모든 증명은 그것의 실재를 전제로 하기 때문이다.[원주133] 쿠마릴라의 경우, 대상들은 마음의 변형(vṛtti)에 의하여 의식과 연관되는 것으로 보인다. 짐작건대, 아트만의 비의식적인 요소(acidaṁśa)는 내적 기관(antaḥkaraṇa)이며, 이를 통하여 자아는 브릿티의 형태로 전개된다. 단지 아트만은 자의식의 현상에서 주체인 동시에 대상이라는 이유 때문에, 그것이 의식적인 요소와 비의식적인 요소를 동시에 지닌다고 결론짓는 것은 합당치 않다. 사실 우리는 프라바카라와 쿠마릴라가 자아에 대한 보다 적절한 개념에 도달하기 위하여 노력하고 있지만, 자신들의 실천적인 관심 때문에 여기에 도달하지 못한다는 것을 알 수 있다.

[원주132] Ghaṭāvacchinnā hi jñātṛtā grāhyā, śuddhaiva jñātṛtā grāhikā(『니야야 만자리』, 430).

[원주133] 수레슈와라의 『상반다바룻티카』(Saṁbandhavārttika), 1066을 보라.

13. 실재의 본질

미망사 학자들의 지각론은 대상들의 실재를 전제로 한다.[역주8] 왜냐하면 지각은 단지 실재적인 대상들과의 접촉[원주134]이 있을 때 일어나기 때문이다. 우리가 지각할 때, 우리는 자신의 인식들이 아니라 대상들을 지각한다.[원주135] 우리는 인식을 지각하는 것이 아니라 추론한다. 지식의 본유적인 타당성 이론은 파악되는 대상들의 실재를 은연중에 나타낸다. 쿠마릴라는 외적 실재가 단지 공(空)에 불과하다고 보는 이론(śūnyavāda)뿐만 아니라, 관념들은 결코 토대를 지니지 않는다는 이론(nirālambanavāda)도 비판한다. 외부 세계의 실재는 경험과 삶의 유일한 토대이다. 만일 단지 관념들만 있다면, 외적 실재에 대한 믿음에 의존하는 우리의 모든 판단들은 거짓이 되고 말 것이다. 인식들이 외부 세계에서 실재적인 토대를 지닌다는 것은, 더 이상의 다른 어떤 지식에 의하여 부정되지 않는다. 만일 경험적인 인식들의 비실재는 요가 수행자들의 통찰에 따른 결과라고 주장된다면, 쿠마릴라는 요가적 통찰의 타당성을 부정함으로써 대답하며, 세계의 실재를 긍정하는 다른 요가 수행자들의 통찰을 인용할 것이다. 미망사 사상가들은 세계를 현상으로 보는 이론을 지지하지 않는다. "만일 알려지는 모든 것은 거짓이며, 알려지지 않는 것이 진실이라는 것이 브라흐만을 아는 자들의 결론이라면, 나는 그들과 헤어지기를 간청할 것이다."[원주136] 세계는 실재적이

[역주8] 미망사는 실재론적 다원론의 입장을 견지한다는 점에서 니야야 바이셰쉬카와 동일하다. 니야야 바이셰쉬카와 마찬가지로, 미망사는 다수의 영혼들이 존재한다는 것을 믿으며, 현상 세계의 근저에 놓인 물질적 궁극자들의 다수를 주장한다. 그러나 미망사는 실체와 속성 혹은 보편과 특수가 완전히 다른 것이 아니라, 다르면서도 동일하다고 보는 점에서 니야야 바이셰쉬카의 극단적인 다원론과 차이가 있다. M. Hiriyanna, *Essentials of Indian Philosophy*, pp.130~140을 보라.

[원주134] Satsaṁprayoga, 『미망사 수트라』, i.1.4.

[원주135] Arthaviṣayā pratyakṣabuddhir na buddhiviṣayā(『미망사 수트라』, i.1.4에 대한 샤바라의 주석).

[원주136] 『브리하티』, p.30. 또한 『샤스트라디피카』 및 『아드와이타마타니라사』(*Ad-*

며, 그것을 지각하는 마음에 독립적이다.

프라바카라는 실체(dravya), 속성(guṇa), 운동(karma), 보편(sā-mānya), 내속(paratantratā), 힘(śakti), 유사(sādṛśya), 그리고 수(數, saṃkhyā)의 8범주를 받아들인다. 실체와 속성 및 운동은 사실상 니야야의 입장에서 설명된다. 프라바카라에 의하면, 보편은 실재한다. 그것은 각 개물에 완전하게 존재하며, 감각적 지각의 대상이다. 그것은 개물들과 별개로 분리된 존재를 지니지 않는다. 프라바카라는 궁극적인 유개념의 존재를 인정하지 않는다. 왜냐하면 우리는 그것에 대한 어떤 의식도 지니지 않는다고 보기 때문이다. 우리는 여러 대상들을 단지 존재하는 것으로 지각하지 않는다. 우리가 어떤 개별적인 대상이 존재한다고 말할 때, 우리는 그것이 단지 존재하기만 하는 것이 아니라, 그 자체의 특유한 존재(svarūpasattā)를 지닌다는 것을 의미한다.

우리는 사물을 그 속성과 별개로 지각하지 않는다. 보편과 특수는 내속(samavāya)에 의하여 연관된다. 새로운 개체가 태어날 때, 그것이 다른 개체들 속에 있는 유적 속성과 관련됨으로써 새로운 내속의 관계가 생겨난다. 개체가 소멸할 때, 개체와 보편의 내속 관계는 소멸된다. 내속은 영원하지 않다. 왜냐하면 그것 또한 덧없는 것들 속에 있기 때문이다. 그것은 하나가 아니라, 사물들이 있는 만큼 있다. 그것은 속해 있는 것들의 본질에 따라, 지각될 수 있는 것인가 하면 지각될 수 없는 것이기도 하다. 힘은 실체, 속성, 운동, 그리고 보편이 어떤 일이나 사물의 원인이 되는 가능력에 부여되는 통칭이다.[원주137] 결과에서 추론되는 가능력은, 영원한 것들에서는 영원하며, 그렇지 않은 것들에서는 무상하다.

프라바카라에 의하면, 유사는 실체나 속성 혹은 운동과 혼동되어서

---

vaitamatanirāsa)를 보라.

[원주137] 보이지 않는 힘(unseen power)이 결과를 생성하는 원인 속에 있다는 견해는, 이 힘이 관찰이나 추론의 문제가 아니라는 근거에서 니야야 학자들에 의하여 비판된다. 『쿠수만잘리』, i을 보라.

는 안된다. 왜냐하면 그것은 내적인 관계에 의하여 속성들 속에 머물러 있기 때문이다. 실체는 속성들 속에 있을 수 없으며, 속성이나 운동 또한 다른 속성이나 운동 속에 있을 수 없다. 유사는 유적(類的) 본질과 다르다. 왜냐하면 유사는 그것의 상관물에 의존하기 때문이다. 우리가 소의 유개념은 말의 유개념과 비슷하다고 말하는 경우처럼, 유사는 또한 유개념들에 속하기도 한다. 유사는 그것의 대립물(counter-entity)과 관련하여 인식되는 것이 아니므로, 비존재와 동일시될 수 없다. 우리는 이미 유사가 지각을 통하여 알려질 수 없다는 것을 살펴보았으며, 추론이나 증언 혹은 비교(upamāna)가 우리에게 그것에 관한 지식을 부여한다.[원주138] 힘, 유사, 그리고 수(數)는 독립적인 범주들로 간주된다. 왜냐하면 이들은 다른 것으로 환원될 수 없기 때문이다. 니야야의 특수(viśeṣa)는 인정되지 않는다. 왜냐하면 그것은 특별한 종류의 속성을 의미하기 때문이다. 비존재(abhāva)는 그것이 존재한다고 여겨지는 공간의 토대에 불과하다.

쿠마릴라는 모든 범주들을 적극적인 것(bhāva)과 소극적인 것(abhāva)으로 구분한다. 후자에는 전(前)비존재, 후(後)비존재, 절대 비존재, 상호 비존재의 4종이 있다. 적극적인 범주들은 4종, 즉 실체, 속성, 행위, 그리고 보편이다. 힘(śakti)과 유사(sādṛśya)는 실체의 범주에 속한다. 가능력은 대상들의 성질이며, 우리는 그것을 지각하는 것이 아니라 추론한다. 그것은 사물들과 함께 생겨난다. 수는 하나의 속성이다. 힘은 자연적(sahaja)이거나 생겨난다(ādheya). 유사는 다수의 대상이 동일한 측면들을 지닌다는 사실에 놓여 있는 속성에 지나지 않는다. 우리가 일상적인 경험에서 여러 정도의 유사를 인식한다는 사실에 비추어볼 때, 유사는 하나의 독자적인 범주일 수 없다. 쿠마릴라의 견해에 의하면, 내속은 그것이 존재하는 사물들 자체와 다른 어떤 것이 아니다.[원주139] 프라바카라와 마찬가지로, 쿠마릴라는 유적 본질은 지각 가능

[원주138] 『프라카라나판치카』, pp.110 ff.
[원주139] 『슐로카바룻티카』, *Pratyakṣasūtra*, pp.146~150.

하다고 주장한다.[원주140] 관계는 구분되는 것들 사이에 존재하지만, 내속은 유(類)와 개물처럼 불가분적인 것들 사이의 관계로 말해지며, 따라서 그것은 불가능한 개념이다.

실체는 속성들이 머무는 토대이며, 지, 수, 화, 풍, 공, 자아, 마음, 시간, 공간의 9종이 있다.[역주9] 쿠마릴라는 이 9종에 어둠과 소리[역주10]를 부가한다.[원주141] 지, 수, 화, 풍은 색(色)과 가촉성을 지니며, 따라서 이 실체들이 원자의 상태가 아닐 때, 시각과 촉각의 대상이다. 이 외의 다른 실체들은 지각의 대상이 아니며, 다만 추론될 뿐이다. 공(空)이 외견상 백색을 띠는 것은 그 속에 있는 화(火)의 입자들 때문이다. 공(空)은 소리의 토대로 추론된다. 프라바카라의 견해에서 풍(風)은 덥지도 않고 차갑지도 않다. 그것의 더움 혹은 차가움은 그 속에 퍼져 있는 화(火) 혹은 수(水) 입자들 때문이다. 쿠마릴라에 의하면, 그것은 촉각을 통하여 지각 가능하다.

속성들에 대한 설명, 그리고 속성들을 실체들에 귀속시키는 데서, 프라바카라와 쿠마릴라는 바이세쉬카의 이론에 큰 영향을 받는다. 쿠마릴라는 프라샤스타파다를 본따서 24종의 속성들을 열거하고 있으며, 다만 소리(śabda) 대신에 음조(dhvani)를, 그리고 공덕(dharma)과 죄과(adharma) 대신에 현현과 가능력을 들고 있다는 점에서 프라샤스타파다와 다소의 차이를 보일 뿐이다. 프라바카라는 개별성이 오직 영원한 것들에만 적용 가능하다고 보는 반면에, 쿠마릴라는 영원한 것들뿐만 아니라 산물들에도 적용할 수 있다고 주장한다.

[원주140] Indriyagocara, 『슐로카바룻티카』, *Vanavāda*, 24.
[역주9] 이것은 니야야 바이세쉬카와 프라바카라의 견해이다.
[역주10] 니야야 바이세쉬카에서 어둠(tamas)은 단지 빛의 부재이며, 소리(śabda)는 공(空, ākāśa)의 속성에 불과하다.
[원주141] 프라바카라에 의하면, 어둠은 단지 빛의 부재에 불과하다. 만일 그것이 실체나 속성이라면, 그것은 낮에도 지각할 수 있어야 할 것이다. 쿠마릴라는 어둠이 실체라고 주장한다. 왜냐하면 그것은 푸름(blueness)의 속성을 지니며, 움직일 수 있기 때문이다.

운동은 바이세쉬카에서 5종으로 말해진다. 프라바카라는 그것이 단지 추론의 대상이라고 주장하고 있으며, 이에 비하여 쿠마릴라는 그것이 지각된다고 주장한다. 프라바카라에 의하면, 우리가 공간 상의 점들과 결합 및 분리를 볼 때, 우리는 움직임을 본다고 말한다. 이 접촉들은 공간에 있는 반면에, 운동은 그 대상에 있다. 쿠마릴라는 만일 운동이 추론된다면, 운동은 단지 공간 상의 점들과 대상의 결합 및 분리에 대한 비물질적인 원인으로 추론될 수 있을 것이며, 이것은 운동이 대상과 공간 모두에 있음을 의미할 것이다. 그러나 사실상 그것은 오직 대상에 존재할 뿐이다. 이에 그는 우리가 대상에 있는, 공간에서 결합과 분리를 야기하는 운동을 본다고 주장한다. 쿠마릴라는 실체, 속성, 운동의 보편들의 존재를 인정하고 있는 반면에, 프라바카라는 뒤의 두 가지를 부정한다. 푸르바 미망사는 본래적인 창조 및 완전한 파괴의 이론을 받아들이지 않는다.[원주142][역주11]

14. 윤리

다르마는 바른 삶의 체계이다. 자이미니는 다르마를 포고(布告) 혹은 명령으로 정의한다.[원주143] 명령(codanā)은 다르마의 징표(lakṣaṇa)이다. 샤바라에 의하면, 명령은 사람들이 행위하도록 강제하는 언명들을 의미한다.[원주144] '해야 할 일'은 외적인 원천을 지닌다. 왜냐하면 의

[원주142] 『슐로카바룻티카』, *Sambandhākṣepaparihāra*, 113.
[역주11] 세계가 주기적인 창조와 파괴를 거듭한다는 것은 인도사상에서 일반적으로 받아들여지는 이론이지만, 미망사는 이 입장을 지지하지 않는다. 미망사에 의하면, 전체 세계의 창조(sṛṣṭi)도 없고 파괴(pralaya)도 없으며, 세계 과정은 영속적이다. 지금 있는 세계 이외의 다른 어떤 세계도 없었다.
[원주143] Codanālakṣaṇo 'rtho dharmaḥ(『미망사 수트라』, i.1.2).
[원주144] Codaneti kriyāyāḥ pravartakaṁ vacanam āhuḥ(『미망사 수트라』, i.1.2에 대한 샤바라의 주석).

무들은 우리 자신에 의해서가 아니라, 어떤 힘에 의하여 우리에게 나타나기 때문이다. '초다나'(codanā)라는 말은 또 다른 하나의 의미, 이른바 내면으로부터의 고취 혹은 충동의 뜻을 지닌다. 내면의 마음에 부합하는 것은 외적으로 명령되는 것과 일치한다. 개인의 의지와 종족의 판단은 서로 조화된다. 주석자들은 명령된 행위가 고통보다 즐거움을 낳을 가능성을 지닌다고 해석하며, 따라서 규정된 행위의 과정들은 바람직한 결과로 귀결된다. 행복은 미망사에 의하여 인정되는 목표이다. 물론 여기서 말하는 행복은 이 세상에서의 행복을 의미하지 않는다. 내생에서의 행복을 위하여 우리는 지금 여기서 금욕과 자기 부정을 실천하지 않으면 안된다. 상실 혹은 고통을 가져오는 행위들은 다르마가 아니다. 다르마는 명령되는 것이며, 그것은 행복으로 통한다.[원주145] 만일 우리가 명령을 준수하지 않는다면, 우리는 행복을 상실할 뿐만 아니라, 고통을 당하게 된다.

푸르바 미망사의 윤리는 계시에 근거하여 확립된다.[원주146] 베다의 명령들은 다르마의 세부사항들을 규정한다. 미망사 학자들에 의하면, 선행은 베다에 의하여 규정된 행위이다. 정통적인 이론에 따르면, 성전서(聖傳書, smṛti)들은 이에 상응하는 베다 문헌들을 지닌다. 만일 성전서들이 천계서(天啓書, śruti)와 일치하지 않는다면, 전자는 무시되어야 한다.[원주147] 우리가 어떤 성전서들이 이기적인 관심으로 만들어졌다는 것을 발견할 때, 그 문헌들은 거부되어야 한다.[원주148] 성전서 다음으로 권위를 지니는 것은 훌륭한 사람들의 실천 혹은 관습이다.[원주149] 경

[원주145] 명령은 '비디'(vidhi)에 상응하며, 의무는 '다르마'(dharma), 그리고 재가(裁可)는 '팔라'(phala)에 상응한다.
[원주146] 미덕(virtue)에 대한 팔레이(Paley)의 정의와 비교하라. 그는 미덕을 "신의 의지에 복종하여, 그리고 영원히 지속되는 행복을 위하여 인류에게 선을 행하는 것"으로 정의한다.
[원주147] 『미망사 수트라』, i.3.3.
[원주148] 『미망사 수트라』, i.3.4.
[원주149] 『미망사 수트라』, i.3.8~9.

102

전의 분명한 재가가 없는 의무들은 효용의 원리들에 의거하여 설명된다. 만일 우리가 자연적인 본능에 호응하여 어떤 행위를 한다면, 그것은 고결하고 덕 있는 행위가 아니다.[원주150] 힌두교인의 삶은 베다의 규정들에 의하여 지배되며, 따라서 미망사의 규정들은 힌두의 법 해석에서 매우 중요하다.

해탈을 얻기 위하여, 우리는 매일 아침, 정오, 저녁에 드리는 의무적인 제사(nitya karma)와 특별한 경우의 제사(naimittika karma)를 준수해야 한다. 이러한 행위들은 무조건적인 의무들이다. 만일 우리가 이 의무들을 수행하지 않는다면, 그것은 우리가 죄를 짓는 결과가 된다. 특별한 결과를 얻기 위하여 우리는 임의적인 제사(kāmya karma)를 지낸다. 만일 우리가 그 결과를 원하지 않는다면, 우리는 이 제사를 지낼 필요가 없다. 금지된(niṣiddha) 행위의 과정들을 삼감으로써 우리는 지옥을 피할 수 있으며, 만일 우리가 임의적인 제사를 피하고 있다면,[역주12] 우리는 이기적인 목적에서 자유로울 것이며, 만일 우리가 무조건적인 의무들을 일관되게 준수한다면, 우리를 해탈을 얻을 것이다.

자이미니에 의하면, 오직 상위의 세 카스트만 희생제의를 지낼 수 있는 자격이 있다. 이 입장은 아트레야(Ātreya)에 의하여 지지된다. 그러나 바다리(Bādari) 등과 같이, 모든 카스트가 희생제의를 지낼 수 있는 자격을 지닌다고 주장하는 사상가들도 있다. 자이미니는 슈드라가 베다를 학습할 수 없다는 사실에 입각하여, 이의 당연한 결과로 그들은 희생제의를 지낼 수 없다고 주장한다.[원주151]

[원주150] 『미망사 수트라』, iv.1.3.
[역주12] 임의적인 제사는 이기적인 목적을 수반하기 때문에 궁극적으로는 피해야 하는 행위로 규정된다.
[원주151] 『미망사 수트라』, vi.1.25~38. 자이미니의 이 견해는 자신이 해명하려고 애쓰는 어떤 사실들과 일관되지 않는다. 『미망사 수트라』, vi.1.44~50에서, 제단에 신성한 불을 안치하는(agnyādhāna) 희생제의에 대한 라타카라(rathakāra, 전차 만드는 자)의 권리가 인정된다. 라타카라는 슈드라에도 속하지 못하는 아웃카스트이다. 니샤다(niṣāda, 사냥꾼, 어부)는 루드라(Rudra) 신에게 드리는 제사(rau-

　　프라바카라의 추종자들은 의지 작용에 대한 정교한 분석을 시도한
다. 『싯단타무크타발리』(*Siddhāntamuktāvali*)에서, 자발적인 행위에
대한 프라바카라의 견해는 다음의 단계들로 구성되는 것으로 설명된
다. 1) 수행되어야 할 어떤 것에 대한 의식(kāryatājñāna) 혹은 의무
감에 대한 느낌. 2) 그것을 하고자 하는 의욕(cikīrṣa), 이 단계는 그것
이 행해질 수 있다는 의식(kṛtisādhyatājñāna)을 함축한다. 3) 의지
작용(pravṛtti). 4) 운동 신경의 반응(ceṣṭā). 5) 행위(kriyā). 프라바카
라는 선(善) 의식보다 의무감에 더 큰 강조점을 둔다. 베다의 희생제의
에서 명령은, 자체적인 언어의 힘에 의하여 행위자가 명령 속에 의도된
결과를 지향하는 행위를 하게 한다. 미망사는 인간의 자유의지를 상정
하고 있다. 만일 그렇지 않다면, 각 개인이 자신의 행위에 대한 책임을
진다고 주장할 수 없을 것이다.

　　카르마의 법칙은 바르게 이해될 때 자유와 상반되지 않는다. 우리는
첫발을 내딛는 것을 삼갈 수 있지만, 일단 첫발을 내딛게 되면, 타성의
법칙의 작용에 의하여 그것은 쉽게 우리를 두번째 걸음으로 인도한
다.[원주152]

　　베다는 종족의 지혜를 담고 있으며, 만일 그것이 계몽된 사회 여론
과 불일치한다면, 그것의 타당성에 대한 의혹이 당연히 일어나게 될 것
이다. 쿠마릴라는 베다의 명령이 본래적인 타당성을 지닌다고 주장한
다. 왜냐하면 그것은 대부분의 사람들에게 수용 가능한 것이기 때문이
다. 그의 견해에 의하면, 사회적인 의식은 베다에 규정된 의무들의 권
위를 확실하게 한다. 그러나 그는 우리가 의무의 문제에서 사회적인 선
(善)이나 다른 사람들의 행복과 같은 불확실한 규준에 의존할 것이 아
니라, 베다의 인도를 따라야 한다고 촉구한다.[원주153] 위대한 인물들의

---

　　drayajña)를 지낼 수 있는 자격이 있다(『미망사 수트라』, vi.1.51~52).

[원주152] 다리우스(Darius)의 원혼은 페르시아의 몰락에 즈음하여 다음과 같이 설교
　　한다. "우리가 스스로의 자유의지로 죄악에 뛰어들 때, 신은 몸소 우리의 동맹자
　　가 된다."

[원주153] 『슐로카바룻티카』, ii.242~247.

행위 또한 우리에게 다르마의 본질을 보여준다. 그러나 쿠마릴라는 불교의 원리들에 대한 지지를 주저한다. 왜냐하면 불교는 베다의 권위에 반대되기 때문이다. 그는 비록 베다에 대한 불교의 비판은 무시한다 할지라도, 불살생(ahiṁsā)을 강조하는 불교의 규범은 고결하다는 것을 인정하는 솔직함을 보여준다. 불교의 가르침은 거짓된 많은 것들과 뒤섞여 있으며, 따라서 그는 그것을 개의 가죽에 담긴 우유[원주154]에 비유한다.

예수가 모세의 율법을 엄수하던 바리새인들에 저항하고 루터가 직무에 의한 정당화 교의에 반대하던 것과 똑같은 맥락에서, 베단타는 미망사의 기계적이고 형식적인 의식(儀式) 지상주의를 비판한다. 어떤 행위든 그것이 아무리 거룩하게 보인다 할지라도, 아무런 느낌이나 감정도 없이 기계적인 방법으로 행해질 수 있을 것이며, 따라서 그 자체만으로는 해탈에 큰 도움이 될 수 없다. 의식(儀式)은 그 속에 누워 있는 위장된 진실 때문에 오히려 해로울 수 있다. 우리는 경우에 따라 수많은 제사를 지낼 수 있겠지만, 그럼에도 그것이 우리의 내면에 아무런 변화도 가져오지 못할 수도 있다. 만일 미덕의 본질이 도덕적인 거듭남 혹은 내면적인 전환에 놓여 있다면, 필요한 것은 예식상의 희생제의가 아니라, 이기심을 태워 없애는 희생제의라 할 것이다.

베다는 믿음(śraddhā), 신애(信愛, bhakti), 고행(tapas)을 언급하고 있지만,[원주155] 이러한 덕목들은 미망사에서 강조하는 희생제의와 단지 먼 관련을 지닐 뿐이다. 모든 행위는 신에게 드리는 희생으로 행해져야 한다는 유신론적 견해들은 베다의 정신에 부합한다. 몇몇 후기 미망사 학자들은 이 입장을 받아들인다. 예를 들어 라우가크쉬 바스카라(Laugākṣi Bhāskara)는 의무가 신에 대한 봉헌이라는 정신으로 수행될 때, 그것이 해탈의 원인이 될 수 있다[원주156]고 가르친다. 지금 여기 혹은 내

[원주154] Śvacarmanikṣiptakṣīravad(『탄트라바룻티카』, i.3.6, p.127).
[원주155] Śraddhāṁ devā yajamānā……upāsate(『리그 베다』, x.151~154). 또한 『리그 베다』, x.167을 보라.

세에서의 보상에 대한 기대는 무사(無事)와 자기 희생의 정신을 억누른다. 더욱이 미망사 학자들은 우리에게 주로 희생제의에 대하여 말하고 있으며,[원주157] 이로써 인간의 삶의 주요 부분을 포괄하지 못한다.

15. 신득력

행위는 그것의 결과라는 관점에서 명령된다. 행위와 그 결과 사이에는 필연적인 관련이 있다. 오늘 행해진 어떤 행위는, 만일 그것이 소멸하기 전에 어떤 보이지 않는 결과를 생성하지 않는다면, 미래의 어떤 순간에 그것과 상응하는 결과를 야기하는 것은 불가능할 것이다. 자이미니는 그와 같은 보이지 않는 가능력──그는 '아푸르바'(apūrva, 新得力)[원주158]라 부른다──의 존재를 상정하고 있으며, 이것은 결과에 선행하는 지각 불가능한 힘 혹은 행위의 후속상태로 간주될 수 있을 것이다. 희생제의 등의 행위는 오랜 시간 후에 일어나는 결과들에 대한 목적으로 규정되기 때문에, 행위의 연기된 결과는 만일 그것이 아푸르바의 매개를 통하지 않는다면 불가능할 것이다.[원주159] 아푸르바는 행위와 그 결과를 잇는 형이상학적인 고리이다.[원주160] 미망사 학자들은 행위의 결과들이 모두 신의 의지에 기인한다고 간주하지 않는다. 왜냐하면 모든 결과들에 대한 하나의 통일된 원인은 다양한 결과들을 설명할 수 없기 때문이다.[원주161]

[원주156] Īśvarārpaṇabuddhyā kriyamāṇas tu niḥśreyasahetuḥ(『아르타상그라하』).
[원주157] Yāgādir eva dharmaḥ, tallakṣaṇaṁ vedapratipādyaḥ prayojanavad artho dharmaḥ(『아르타상그라하』, p.1).
[원주158] '전에는 알려지지 않은, 새로운 어떤 것'이라는 의미를 지닌다.
[원주159] 『푸르바 미망사 수트라』, ii.1.5.
[원주160] Yāgādijanyaḥ svargādijanakaḥ kaścana guṇaviśeṣaḥ(비마차리야(Bhī-mācārya), 『니야야코샤』(Nyāyakośa)).
[원주161] 『브라흐마 수트라』, iii.2.40에 대한 샹카라의 주석.

쿠마릴라에 의하면, 아푸르바는 주된 행위 혹은 행위자에 있는 가능성이다. 또한 그는 그것이 행위의 수행 이전에는 존재하지 않았으며, 그 존재는 경전의 권위에 의하여 입증된다고 본다. 행위에 의하여 생성되고 결과의 획득으로 귀결되는 적극적인 힘이 곧 아푸르바이다. 만일 우리가 그것의 존재를 인정하지 않는다면, 베다의 많은 구절들은 설명이 불가능하게 될 것이다. 어떤 행위자에 의하여 수행되는 희생제의는 그에게 어떤 잠재력을 직접 생성한다. 그 힘은 다른 힘들과 마찬가지로 행위자 속에 일생 동안 지속되며, 마침내 그것은 그가 약속된 보상을 얻을 수 있게 한다. 프라바카라에 의하면, 아푸르바는 자아 속에 있을 수 없다. 왜냐하면 자아는 바로 그 자체의 편재성 때문에 움직이지 않기 때문이다. 그는 행위가 그것을 행하는 자에게 궁극적인 결과의 직접적인 원인이 되는 어떤 능력을 생성한다는 견해를 부정한다. 희생제의가 그와 같은 능력을 생성한다는 것은 지각이나 추론 혹은 경전의 증언에 의해서도 입증되지 않는다. 행위는 행위자의 의식적인 움직임에 의하여 일어나며, 원인적인 가능력은 이 노력에 있음이 분명하다. 그러므로 우리는 행위자가 아니라 행위 자체에 있는 가능력을 상정하지 않으면 안된다.

또한 『미망사 수트라』(iii.1.3)에서, '카리야'(kārya, 결과)는 촉구된(niyojya) 사람에 의하여 욕구된 결과의 생성에 직접적인 원인이라는 점이 분명하게 확립된다. 이 '카리야'는 행위일 수 없다. 왜냐하면 행위는 궁극적인 결과의 직접적인 원인이 아니기 때문이다. '카리야'는 촉구함(niyoga)에 기인하는 행위자의 행위 혹은 노력에 의하여 초래된다.[원주162] 그 노력은 행위자에게 어떤 결과를 생성하며, 프라바카라는 이 결과에 또한 '니요가'라는 이름을 부여한다. 왜냐하면 이것은 행위자에게 행위의 수행에 대한 노력을 불러일으키는 자극 혹은 동기로 작용하기 때문이다. 그러나 이 '니요가'는 만일 그것이 샬리카나타의 표

[원주162] 『미망사 수트라』, iii.1.3.

현처럼 운명에 의하여 보조되지 않는다면, 그 결과를 생성할 수 없을 것이다. 프라바카라의 견해[원주163]는 따르기 어려우며, 쿠마릴라의 견해에 대한 진전이라고 보기 어려울 것 같다.

웃디요타카라(Uddyotakara)는 아푸르바 이론을 비판한다.[원주164] 그것은 영원할 수 없다. 왜냐하면 이 견해에 의한다면 공덕과 죄과는 영원할 것이므로 죽음의 가능성이 전혀 없다고 보아야 할 것이기 때문이다. 만일 아푸르바가 하나라면, 모든 사람의 행복과 불행은 한 가지로 동일해야 할 것이다. 우리는 비록 아푸르바는 하나일지라도 나타나는 작용들은 여럿이라고 말할 수 없다. 왜냐하면 그 나타나는 작용이 무엇인지, 그것이 그와 같은 결과를 야기하는 가능력인지 아니면 아푸르바에 속하는 하나의 속성인지 알 수 없기 때문이다. 우리는 아푸르바가 가능력과 하나인지 아니면 그것과 다른 것인지 말할 수 없다. 만일 우리가 감추어진 아푸르바가 나타나게 된다고 말한다면, 우리는 어떻게 그것이 처음에 숨겨지게 되었는가에 대하여 설명하지 않으면 안된다. 설사 영원한 아푸르바가 각 사람에 따라서 다르다는 것을 인정한다 할지라도, 현현에 대한 난점들을 피할 수 없다. 샹카라는 아푸르바가 비정신적인 것이며, 따라서 만일 정신적인 어떤 것에 의하여 인도되지 않는다면 작용할 수 없다는 근거에서 아푸르바 이론을 비판한다. 행위의 결과들은 아푸르바의 원리에 의해서만 설명될 수 없다. 만일 신이 아푸르바의 원리에 일치하여 행한다고 말해진다면, 그것은 바로 신은 카르마의 법칙에 따라서 행한다는 베단타의 견해이다.[원주165]

[원주163] 『프라카라나판치카』, pp.185 ff.

[원주164] 『니야야바릇티카』, i.1.7.

[원주165] 행위 자체를 고려함에 의해서든 신득력을 고려하든 아무튼 그 결과는 신으로부터 나온다(Karmāpekṣād apūrvāpekṣād vā yathāstu tathāstu Īśvarāt phalam, 『브라흐마 수트라』, iii.2.41에 대한 샹카라의 주석).

16. 해탈

　자이미니와 샤바라는 궁극적인 해탈의 문제를 정면으로 대하지 않는다. 그들은 천계의 삶에 이르는 길을 지적했을 뿐이며, 상사라로부터의 자유에 대해서는 직접적인 언급을 피한다. 그러나 후대의 학자들은 이 문제를 비껴갈 수 없었다. 왜냐하면 그것은 다른 학파의 사상가들의 주요 관심사였기 때문이다. 프라바카라에 의하면, 해탈은 재생의 원인으로 작용하는 공덕과 죄과의 완전한 절멸에 놓여 있다. 그것은 "모든 공덕과 죄과의 사라짐에 의하여 야기되는 육체의 완전한 소멸"로 정의된다.[원주166] 각 개인은 윤회 세계에서 즐거움이란 언제나 고통과 뒤섞여 있다는 것을 알게 되는 순간에 그 관심을 궁극적인 해탈로 돌린다. 그는 금지된 행위들뿐만 아니라 현생 혹은 내생에서 어떤 종류의 행복으로 인도하도록 처방된 행위들도 삼가기 위하여 노력한다. 그는 이전에 축적된 카르마를 소멸시키기 위한 필연적인 속죄의 과정을 겪어야 하며, 점차 신념과 자기 제어가 병행되는 자아에 대한 참된 지식을 통하여 자신의 육체적인 존재를 완전히 벗어나게 된다.[원주167]

　단순한 지식은 우리에게 속박으로부터의 자유를 줄 수 없으며, 이러한 자유는 오직 행위의 완전한 소멸을 통하여 얻어질 수 있을 뿐이다. 지식은 공덕과 죄과의 더 이상의 축적을 막는다.[원주168] 분명히 프라바카라의 추종자들은 행위가 그 자체만으로 해탈을 가져오기에 충분하다고 생각하지 않는다. 보상에 대한 기대를 지닌 행위는 또 다른 생(生)으로 귀결된다. 우리의 좋아하는 것과 싫어하는 것은 스스로의 내생을 결정한다. 만일 해탈에 이르기를 원한다면, 우리는 윤회의 순환을 끊어

[원주166] Ātyantikas tu dehocchedo niśśeṣadharmādharmaparikṣayanibandhano mokṣa iti siddham. Dharmādharmavaśīkṛto jīvas tāsu tāsu yoniṣu saṁsarati(『프라카라나판치카』, *Tattvāloka*, p.156).

[원주167] Śamadamabrahmacaryādikāṅgopabṛṁhitenā'tmajñānena, p.157.

[원주168] 다른 견해에 대하여, 『밧타친타마니』(*Bhaṭṭacintāmaṇi*), Benares ed., p.57 을 보라.

야 한다. 해탈은 고통뿐만 아니라 즐거움의 지멸이다. 그것은 지복의 상태가 아니다. 왜냐하면 무속성의 영혼은 심지어 지복조차도 지닐 수 없기 때문이다. 해탈은 단지 영혼의 본래 형태일 뿐이다.[원주169]

쿠마릴라에 의하면, 해탈은 모든 고통에서 자유로운, 아트만 그 자체의 상태이다.[원주170] 어떤 사람들은 해탈을 아트만의 지복에 대한 경험으로 간주한다.[원주171] 그러나 이것은 쿠마릴라의 견해에 반대된다. 그는 만일 해탈이 본질적으로 부정적인(negative) 성격이 아니라면, 그것은 영원할 수 없다고 주장한다.[원주172] 파르타사라티 또한 해탈의 상태가 지복의 향수가 아니라 고통이 없는 상태라고 주장한다. 자아는 지식에 대한 가능력(jñānaśakti)이다. 대상들에 대한 인식은 마나스와 감관들의 작용에 기인한다. 이 기관들은 해탈상태에서 전혀 존재하지 않으므로, 자아는 어떤 유형의 현현도 없는, 그 자체의 순수본질상태로 존재한다. 그것은 즐거움이나 고통 등과 같은 어떤 특성도 없는, 무속성의 상태이다. 그것은 대상적 인식이나 어떤 종류의 느낌도 없는 의식의 상태로 간주될 수 있을 것이다. 그러나 쿠마릴라는 해탈을 적극적인 상태, 즉 아트만의 실현으로 간주하고 있으며, 이 점에서 그의 입장은 아드와이타의 견해와 매우 근접해 있다. 그는 지식이 해탈을 위하여 충분하지 않다고 생각한다. 그는 해탈이 지식과 결합된 행위(karma)를 통하여 얻어질 수 있다고 믿는다.

17. 신

푸르바 미망사는 수많은 신들을 상정하고 있으며, 이것은 규정된 공

[원주169] Svātmasphuraṇarūpah(『프라카라나판치카』, p.157).
[원주170] Paramātmaprāptyavasthāmātram.
[원주171] Cittena svātmasaukhyānubhūti.
[원주172] 『슐로카바룻티카』, Sambandhākṣepaparihāra, p.107.

물들을 그 신들에게 드릴 수 있도록 하려는 것이다. 그러나 미망사는 이 신들을 넘어서는 어떤 절대자의 존재를 인정하지 않는다. 왜냐하면 베다에 규정된 의무의 준수는 어떤 초월적인 힘에 대한 가정을 필요로 하지 않기 때문이다. 자이미니는 신을 부정한다기보다는 오히려 그를 무시한다. 베다 종교의 어떤 명령도 신의 도움을 필요로 하지 않는다. 다르마는 영원히 자존하는 베다에 의하여 규정되며, 우리는 어째서 베다를 신의 저작으로 간주하려는 시도들이 부정되어야 하는가를 이미 살펴본 바 있다. 희생제의의 보상은 어떤 자비한 신 때문이 아니다. 심지어 그 결과가 즉각 나타나지 않는 경우에도, 초감각적인 아푸르바의 원리가 생성되며, 때가 되면 그것은 희생제의를 드린 자가 그것에 상응하는 보상을 받을 수 있도록 작용한다. 전능한 신의 존재를 증명하는 믿을 만한 아무런 증거도 없다. 지각이나 추론 혹은 경전의 증언도 우리에게 이 사실을 알려주지 않는다. "그는 모든 것을 안다" "그는 세계를 안다"고 언명하는 경전의 구절들은 단지 희생제의를 드리는 자의 공덕을 칭찬하고 있을 뿐이다. 성공적인 행위와 이에 따른 결과는 마치 씨앗과 식물처럼 영원에서 영원으로 계속될 것이다.

미망사는 모든 존재의 주기적인 창조와 해체에 대한 믿음을 받아들이지 않는다. 생성과 소멸의 과정은 끊임없다. 지고무상의 신이 일찍이 모든 영혼들의 가능력을 정지시키고, 그런 다음에 새로운 창조가 시작될 때 그들을 일깨운다고 가정하는 것은 근거없는, 무가치한 가정이다. 프라바카라는 세계가 시작과 끝을 지니는 구성 부분들을 지닌다는 것을 인정하지만, 그럼에도 불구하고 그는 전체 세계는 시작도 없고 끝도 없다고 주장한다. 우리는 인간이나 동물의 육체가 생겨나는데 어떤 신성한 존재의 개입을 보지 못한다. 육체의 생성은 다만 그들의 부모에 기인할 뿐이다. 우리는 원자들이 신의 의지 하에서 작용한다고 말할 수 없다. 왜냐하면 우리의 경험에서 각 영혼은 그 자체에 속하는 육체에 작용하기 때문이다. 그러나 원자들은 신의 몸이 아니다. 설사 우리가 신에게 어떤 유형의 신체 기관을 허용한다 할지라도,

신체 기관의 활동은 신의 노력에 기인함에 틀림없다. 만일 그 노력이 영원하다면, 원자들은 끊임없이 활동적일 것이다.

또한 우리는 공덕과 죄과에 대한 신성한 감독자가 있다고 말할 수도 없다. 왜냐하면 공덕과 죄과는 지성을 지닌 각 개인에 귀속되기 때문이다. 한 존재가 아무리 위대하다 할지라도, 다른 한 존재의 공덕과 죄과를 안다는 것은 불가능하다. 신은 자신의 감관이나 마음을 통하여 다른 존재들의 지각 불가능한 공덕을 지각할 수 없다. 왜냐하면 그것은 그의 몸 바깥에 있기 때문이다. 공덕과 죄과에 대한 신의 주관의 본질이 무엇인지 이해하기 어렵다. 신의 주관은 결합(saṃyoga)의 경우라고 할 수 없다. 왜냐하면 공덕과 죄과는 속성들이며, 결합은 오직 실체들에 대하여 가능하기 때문이다. 그렇다고 그것이 내속(sama-vāya)의 경우라고 할 수도 없다. 왜냐하면 공덕과 죄과는 다른 영혼들에 고유하며, 신에 고유할 수 없기 때문이다.[원주173]

쿠마릴라는 추론을 통하여 신의 존재를 증명하고 베다는 신의 저작이라고 선언하는 니야야의 견해를 비판한다. 만일 신의 저작으로 간주되는 베다가, 신이 세계의 창조자라고 말한다면, 이와 같은 언급이 필요한 어떤 의미있는 이유도 없을 것이다.[원주174] 만일 창조자가 세계를 창조한다면, 그러면 누가 그것을 증명할 수 있겠는가? 또한 그는 어떻게 세계를 창조하는가? 만일 그가 물질적인 몸을 지니지 않는다면, 그는 창조에 대한 어떤 물질적인 욕구도 지닐 수 없을 것이다. 만일 그가 물질적인 몸을 지닌다면, 그것은 그 자신에 기인하는 것일 수 없으며, 따라서 우리는 또 다른 하나의 창조자를 필요로 하게 될 것이다. 만일 그의 몸이 영원한 것으로 간주된다면, 지(地) 및 다른 요소들은 아직 생성되지 않았으므로, 그의 몸은 무엇으로 이루어져 있는가? 만일 물질이 그의 창조 활동 이전에 존재한다면, 다른 대상들의 존재를 부정해야 하는 아무런 이유도 없을 것이다.

[원주173] Jhā, *Prābhākara Mīmāṃsā*, pp.80~87.
[원주174] 『슐로카바룻티카』, *Saṃbandhākṣepaparihāra*, 114 ; *Codanāsūtra*, 142.

고통과 불행으로 가득한 세계를 창조함에 있어서 신의 목적은 무엇인가? 과거의 업에 대한 설명은 불가능하다. 왜냐하면 그것에 선재하는 아무런 창조도 없기 때문이다. 그는 타자에 대한 연민에서 창조했다고 주장될 수 없다. 왜냐하면 창조 이전에는 연민을 느낄 아무런 대상도 존재하지 않기 때문이다. 더욱이 이러한 입장에서 본다면, 오직 행복한 존재들만 창조되었어야 할 것이다. 우리는 어떤 창조도 불행의 요소 없이 불가능하다고 말할 수 없다. 왜냐하면 신에게 불가능이란 있을 수 없기 때문이다. 그러나 만일 그가 다른 조건들에 의하여 한정된다면, 그는 전능하지 않을 것이다. 만일 창조가 신의 유희를 위한 것이라고 말해진다면, 그것은 그가 완전히 행복하다는 가르침과 모순되며, 신을 지루한 노고에 연루시키는 결과를 초래할 것이다. 또한 세계를 파괴하는 그의 욕구도 이해되기 어려울 것이다.

우리는 왜 그의 말을 신뢰해야 하는가? 왜냐하면 비록 그가 세계를 창조하지는 않았다 할지라도, 그는 자신의 위대한 힘을 나타내기 위하여 그렇게 말할 수도 있을 것이기 때문이다.[원주175] 만일 창조자가 자신의 공덕의 합계에서 다른 존재들과 차이가 있다면, 다른 존재들은 오직 베다를 통해서만 가능할 것이며, 따라서 베다는 창조에 선재할 것이다.[원주176] 만일 원자들은 신의 의지 하에서 작용한다고 말해진다면, 그러면 신의 의지는 어떻게 일어나는가? 만일 그것이 불가견력(adṛṣṭa) 같은 어떤 원인에 의하여 일깨워진다면, 차라리 그것이 세계의 원인이라고 말하는 것이 나을 것이다.[원주177] 만일 신이 다른 존재들에 의존한다면, 그의 독립은 손상될 수밖에 없을 것이다. 만일 우리가 신의 의지를 끌어들인다면, 그것만으로 세계를 설명하기에 충분하며, 카르마(業)는 무의미한 것으로 전락하고 말 것이다.

신들의 유형적 본질에 대하여, 샤바라는 베다가 단지 찬양을 목적으

[원주175] Asṛṣṭvāpi hy asau brūyād ātmaiśvaryaprakāśanāt, 60.
[원주176] 『슐로카바룻티카』, *Sambandhākṣepaparihāra*, 44~72, 114~116.
[원주177] 같은 책, 72~73.

로 그와 같은 본질을 말한다고 생각한다. "우리는 당신의 손을 잡았습니다"라고 말하는 것은, 우리가 당신의 보호를 받는다는 것을 의미한다.[원주178] 프라바카라와 쿠마릴라는 신들이 몸을 지닌다는 것을 부정한다. 우리는 신들의 은혜를 통하여 우리의 행위에 대한 결과를 도출하는 것이 아니며, 따라서 그들은 물질적인 어떤 형태를 지닐 필요가 없다. 비록 신들은 미망사의 창시자들에 의하여 어떤 종류의 실재를 지니는 것으로 받아들여진다 할지라도, 후기 미망사 학자들은 만트라의 중요성을 강조하고자 고심하며, 희생제의를 드리는 자는 신들의 사람과 무관하며, 다만 그의 관심을 만트라에 국한시켜야 한다고 주장한다. 그들은 베다의 신들을 상상의 산물로 간주하는 경향이 있지만, 그럼에도 불구하고 신들이 비록 그들에게 낭송되는 만트라 이상의 어떤 존재를 지니지 않을 수 있다 할지라도, 그들에게 공물을 바치는 것은 이에 상응하는 보상을 보장할 것이라는 주장을 견지한다.[원주179]

푸르바 미망사의 최근 연구에서, 이 문제에 관한 미망사의 견해와 베단타의 입장을 조화시키려는 독창적인 시도가 이루어진다.[원주180] 자이미니는 응보의 분배자로서의 신 개념을 비판하지만, 그럼에도 불구하고 그는 세계의 창조자로서의 신의 존재는 부정하지 않는다고 주장된다. 다른 철학체계들은 신이 세계의 창조자일 뿐만 아니라, 응보의 분배자라고 주장하는 반면에, 자이미니는 신이 후자는 아니라고 주장한다. 어떤 대상이 사람에게 즐거움이나 고통을 줄 때, 그것은 '과실'(果實)이라고 불린다. 그것이 즐거움이나 고통으로서 어떤 개인과 관련되지 않는 한, 그것은 '과실'로 간주될 수 없다.[원주181] 카르마가 '과실' 혹은 응보의 원인으로 말해질 때, 그것은 카르마가 대상에 대한 향수(享受)를 야기한다는 것을 의미하며, 그 대상을 창조한다는 것을 뜻하

[원주178] 『미망사 수트라』, ix.1.9에 대한 샤바라의 주석을 보라.

[원주179] 아파데바(Āpadeva)의 『데바타스와루파비차라』(*Devatāsvarūpavicāra*)를 보라.

[원주180] P. Śastri, *Pūrva Mīmāṁsā*, p.iii.

[원주181] 『브라흐마 수트라』, iii.2.38에 대한 샹카라의 주석.

114

지 않는다.

바다라야나(Bādarāyaṇa)는 자신의 『브라흐마 수트라』 제3장에서 자이미니의 견해를 다루면서, 그는 신이 아니라 아푸르바가 응보의 할당에 대한 원인이라는 자이미니의 견해를 비판하고 있다. 만일 자이미니가 신의 세계 창조를 부정했다면, 분명히 바다라야나는 반대 학설에 대한 비판을 집중적으로 다루고 있는 제2장에서 자이미니의 이 견해에 대한 비판을 다루었을 것이다. 자이미니는 만일 신이 세계의 모든 불평등에 대한 책임의 유일한 소재라면, 그는 불공평하고 무자비하다는 비난을 면할 수 없을 것이라고 생각했으며, 이러한 이유 때문에 인간의 온갖 다양한 운명의 원인이 그들 자신이 행한 과거의 행위에서 기인한다고 보았다. 이 입장은 설득력이 부족하다. 왜냐하면 우리가 어떤 대상들로부터 행복이나 불행을 끌어낼 수 있으려면, 먼저 그 대상들이 존재해야 하기 때문이다. 만일 아푸르바가 우리의 행복과 불행에 대한 분배자라면, 아푸르바는 또한 반드시 사물들의 창조자여야 할 것이다. 만일 신이 세계 창조에 필수적이라면, 아푸르바는 단지 신이 세계 창조에 즈음하여 고려하는 카르마의 원리에 불과할 것이다. 직접 혹은 간접적으로 신은 응보의 할당자일 뿐만 아니라 창조자가 된다.

푸르바 미망사에 누락된 부분이 여러 부분에서 취약점으로 나타났기 때문에, 후기 저술가들은 점차 신의 존재를 끌어들이게 된다. 의식 없는 아푸르바의 원리는 그것에 의한 것으로 간주되는 조화로운 결과들을 성취할 수 없다는 비판의 세력이 인식되었으며,[원주182] 점차 신적인 원리가 도입되었다. 그러나 감독자로서 이와 같은 주(主)는 카르마의 법칙에 의하여 속박되는 것으로 간주될 필요가 없다. 왜냐하면 어느 누구도 자신의 본질에 의하여 한정되거나 속박되지 않기 때문이다. 카르마의 법칙은 신의 한결같음을 나타내는, 신의 본질이다. 쿠마릴라가 행위(karma)와 숭배(upāsana) 둘 다 해탈에 필수적이라는 것을 인정할

[원주182] 『바마티』(*Bhāmatī*), iii.2.41.

때, 그는 신의 존재를 상정하고 있다. 물론 여기서 숭배는 그 자체의 고유한 결과를 낳는 행위의 일종이라고 주장된다. 만일 미망사 철학이 유신론과 연합하지 않는다면, 그것은 생각이 깊은 사람들을 만족시킬 수 없을 것이라는 생각이 이미 이 학파의 초기 단계부터 있었다는 것은 의심할 여지가 없다. 이에 아파데바와 라우가크쉬 바스카라는 만일 희생제의가 지고한 주(主)에게 경의를 표하여 행해진다면, 그것은 지고선(至高善)으로 귀결된다고 말한다. 이러한 경향은 베단타 데쉬카(Vedānta Deśika)의 『세슈와라 미망사』(Seśvara Mīmāṁsā)에서 최고조에 달한다.

푸르바 미망사에서 강조는 윤리적인 측면에 있다. 세계의 궁극적 실재는 항구 불변한 행위의 원리(the constant principle of karma)이다. 신은 정의, 즉 다르마이다. 다르마의 내용은 베다에서 구체화되며, 베다는 단지 신의 마음을 나타낸다. 쿠마릴라는 말한다. "베다라고 불리는 이 경전은 소리의 형태를 띠는 브라흐만이며, 지고의 한 영혼에 의하여 확립된다."[원주183] 쿠마릴라는 자신의 논서 첫머리에서 쉬바에 대한 기도를 바치고 있다. "몸은 순수 지식으로 이루어져 있고, 신성한 눈은 세 베다이며, 지복의 획득을 가능하게 하는 원인이며, (이마에) 초승달을 간직하고 있는 그에게 경의를 표합니다."[원주184] 베다는 신의

[원주183] sabdabrahmeti yac cedaṁ śāstraṁ vedākhyam ucyate, Tad apy adhiṣṭhitaṁ sarvam ekena paramātmanā(『탄트라바룻티카』, p.719).

[원주184] Viśuddhajñānadehāya trivedīdivyacakṣuṣe, Śreyaḥprāptinimittāya namaḥ somārdhadhārine(『슐로카바룻티카』, i.1).
파르타사라티는 자신의 『니야야라트나카라』에서 이 구절을 다른 의미로 해석하고 있다. 그의 해석에 따르면, 이 구절은 신이 아니라 희생제의와 관련된 것이다. 이러한 해석이 지니는 함축은 쿠마릴라가 결코 유신론적인 입장에 서 있지 않았다는 것이다. 이 구절에 대한 그의 해석은 다음과 같다. "그 몸이 미망사 교의에 의하여 청정하게 된 지식인 것, 세 베다에 의하여 현현된 것, 소마 항아리들이 진설된 것이라는 바로 그 제단으로 함께 다가갑니다." 그러나 그는 쿠마릴라가 인격신 쉬바를 언급했다는 것을 인정한다. 『사르바싯단타사라상그라하』(viii.37)에서, 우리는 쿠마릴라가 아트만이 여럿일 뿐만 아니라 하나라고 믿었다는 것을 알 수

마음의 계시이다. 희생제의가 지복의 특수한 원인들이라고 볼 수 있다면, 이에 비하여 신은 보편적인 원인이다. 이러한 입장은 당초 쿠마릴라가 미망사 교의를 해석하고자 했던 의도와도 일치한다. 그가 표방했던 의도는 미망사 교의를 당시의 비(非)자연주의적 경향과 일관되게 해석하는 것이었다.[원주185]

하나의 철학체계로서 푸르바 미망사의 불만족스러운 점들에 대해서는 긴 설명이 필요하지 않을 것이다. 철학적인 세계관으로서 그것은 매우 불완전하다. 그것은 궁극적 실재, 그리고 영혼과 물질의 세계와 그것의 관계에 대한 문제들에 큰 관심을 보이지 않는다. 그것의 윤리는 순전히 기계적이며, 그 종교는 근거가 약하다. 희생제의의 수행이 가장 본질적인 것으로 간주되었으며, 신들(devatās)은 희생제의 장면에서 사라졌다. 후기 미망사 학자들은 신(deity)은 자신의 이름이 여격(與格)으로 어미 변형되는 것으로 공공연하게 말한다. "인드라에게 축복을!"(Indrāya svāha)이라는 정형 어구에서, 인드라는 그 신이다. 이와 같은 종교에서는 가슴에 와닿아서 그것을 불태우는 것은 거의 없다. 비슈누교, 쉬바교, 혹은 탄트라교와 같은 유일신교에 찬성하여 일어났던 반응은 조금도 이상하지 않다. 이 종교들은 인간 자신이 의지하고 슬픔이나 고통 속에서 자신을 맡길 수 있는 지고한 신(god)을 받아들인다.

있다. 베단타에 관한 몇몇 문헌들과 마찬가지로, 이 문헌은 쿠마릴라가 베단타 학자였다는 것을 입증하기 위하여 노력한다.

[원주185] Prāyeṇaiva hi mīmāṁsā loke lokāyatīkṛtā, Tām āstikapathe kartum ayaṁ yatnaḥ kṛto mayā(『슐로카바룻티카』, i.10).

제7장

베단타 수트라

1. 서론

베단타 철학은 그 자체가 지니는 철학적 가치뿐만 아니라, 그것이 인도의 종교와 밀접하게 관련되어 있으며 또한 다른 어떤 사상체계보다 현재 인도에서 생생하게 살아 있기 때문에, 깊은 관심을 가지고 고찰해볼 만한 가치가 있다. 이런 저런 형태의 베단타는 오늘날 힌두교 사상가들의 세계관을 결정한다.

'베단타'라는 말은 문자적으로 '베다의 끝' 혹은 베다의 결론 부분, 즉 우파니샤드에서 설해진 교의라는 의미를 지닌다. 우파니샤드의 견해들은 또한 '베다의 궁극적인 목적' 혹은 베다의 정수를 구성한다.[원주1] 『베

[원주1] "Tileṣu tailavad vede vedāntas supratiṣṭhitaḥ"(『무크티코파니샤드』(*Muktikopaniṣad*)). 가우타마(Gautama)는 우파니샤드와 베단타를 구분하지만(xxii.9), 언제나 전통적인 입장은 우파니샤드를 따르는 자들은 곧 베단타의 추종자들이라는 것이었다.

118

단타 수트라』는 브라흐만에 대한 교의를 설하고 있기 때문에, 『브라흐
마 수트라』라고 불리며, 또한 『샤리라카 수트라』(*Śārīraka Sūtra*)[원주2]
라고도 불린다. 왜냐하면 그것은 무조건적이고 절대적인 자아의 체화
를 다루고 있기 때문이다.[역주1] 자이미니의 카르마 미망사(Karma Mī-
māṁsā)는 베다에 의하여 규정된 의무 및 이에 따른 응보에 대한 연
구가 주된 과제였던 것에 비하여, 바다라야나(Bādarāyaṇa)의 웃타라
미망사(Uttara Mīmāṁsā)는 우파니샤드의 철학적 · 신학적인 견해들
을 탐구하는 것이 주된 관심사였다.[원주3] 그 둘은 함께 베다 전체의 내
용에 대한 체계적인 탐구를 구성한다.

　우파니샤드는 단지 여러 다양한 관점에서 진리에 대한 단편적인 일
견(一見)들을 담고 있을 뿐이며, 주요 문제들에 대한 체계적이고 연속
적인 설명을 담고 있는 것은 아니다. 그런데 우파니샤드를 계시된 진리
로 간주하는 사람들은 그 속에 담긴 가르침이 하나의 일관된 전체를
형성한다는 것을 보여주지 않을 수 없게 되었으며, 바다라야나는 바로
이러한 체계화 작업을 시도한다. 사실 그의 작업은 체계적인 철학이라
기보다는 오히려 신학적인 해석에 가깝다. "우파니샤드에 대한 바다라
야나의 작업은 『신약성서』에 대한 기독교의 교의학의 관계와 동일하
다. 그것은 신과 세계에 대하여, 윤회 전생하는 인간 실존과 구원의 조
건에 대하여 설하고 있으며, 교의들 가운데 나타나는 외견상의 불일치
와 모순을 제거하여 체계적인 하나로 묶으며, 특히 반대 학파들의 비판
에 대한 방어에 큰 관심을 보인다."[원주4] 대개 두세 개의 단어들로 이루
어진 555송(誦)의 경전 속에 철학체계 전체가 전개된다. 경전의 각 구

[원주2] 샤리라(śarīra)는 '몸'이라는 의미를 지닌다.
[역주1] '샤리라카'(śārīraka)는 '몸과 관련된' 혹은 '체화된'이라는 문자적인 의미를 지
　　　닌다. 『브라흐마 수트라』가 『샤리라카 수트라』로 불리는 것은 그것이 체화된 개아
　　　의 본질과 운명을 다루고 있기 때문이다.
[원주3] Vedāntavākyakusumagrathanārthatvāt sūtrāṇām(『베단타 수트라』, i.1.1에
　　　대한 샹카라의 주석).
[원주4] Deussen, *System of the Vedānta*, p.21.

절들은 그 자체만으로는 이해하기 어려울 정도로 간략하며, 모든 것은 주석자의 손에 맡겨진다. 프로테우스(Proteus)[역주2]처럼, 이 구절들은 어떤 명확한 형태로 잡히기를 거부한다. 따라서 이 경전의 가르침은 때로는 밝은 색조의 인격적 유신론으로 해석되는가 하면, 때로는 절대론의 잿빛 추상들로 해석된다.

다양한 신학 학파들에서, 일찍이 다양한 전통들이 확립되었으며, 이러한 전통들은 샹카라나 라마누자와 같은 사상가들의 저술을 통하여 체계화된다. 중요한 주석자로는 샹카라, 바스카라(Bhāskara), 야다바프라카샤(Yādavaprakāśa), 라마누자, 케샤바(Keśava), 닐라칸타(Nīlakaṇṭha), 마드와(Madhva), 발라데바(Valadeva), 발라바(Vallabha), 그리고 비갸나비크슈(Vijñānabhikṣu) 등을 들 수 있다.[원주5] 그런데 이들은 동일한 견해를 펴고 있지 않으며, 이들의 견해 가운데 어떤 것이 이 경전에 대한 바른 이해의 길잡이로 받아들여질 수 있는가를 결정하는 문제는 쉽지 않다. 왜냐하면 이 주석서들은 경전의 교의들이 중대한 의문과 심각한 논쟁의 문제가 되었던 시기에 저술되었기 때문이다. 이들은 각기 선입견을 가지고 주석을 썼으며, 때로는 경전이 자기 자신의 철학적 이론에 유리한 입장이 되도록 단어들의 문자적인 의미를 고의로 간과하거나 명백한 의미를 왜곡하는 경우도 있었다. 이 경전은 각자 자신의 공적에 따라서 자신의 보상을 찾는, 보기드문 문헌들 중

[역주2] 그리스 신화에 나오는 해신(海神)이며, 특히 예언과 변신술에 능한 신으로 묘사된다.

[원주5] 인도의 전통에 따르면, 슈카(Śuka) 또한 초기 주석자들 중의 한 사람이다. 샤바라는 푸르바 미망사에 대한 자신의 주석에서 이 주석자를 우파바르샤(Upavarṣa)라고 부른다. 샹카라 또한 이와 동일한 견해를 보인다(iii.3.53). 라마누자와 그의 추종자들은 이 주석자를 보다야나(Bodhāyana)라고 부른다. 베단타 데쉬카(Vedānta Deśika)는 동일인이 위의 두 이름으로 불린다고 주장한다. 드라미다(Drāmiḍa), 탕카(Ṭaṅka), 바르트리프라판차(Bhartṛprapañca), 바루치(Bhāruci), 카파르디(Kapardi), 브라흐마난다(Brahmānanda), 구하데바(Guhadeva) 등의 주석서들은 현존하지 않는다. 『베단타 수트라』, i.1.4 ; i.2.23 ; i.3.19 ; i.4.12 ; iv.3.14 에 대한 샹카라의 주석을 보라.

의 하나이다.[역주3]

바다라야나의 저술에 나타나는 베단타의 다른 스승들에 대한 언급들은, 우파니샤드에 대한 바다라야나의 해석과는 다른 독자적인 해석들이 당시에 유행했다는 것을 분명히 알 수 있게 한다.[원주6] 심지어 바다라야나가 자신의 수트라를 체계화했던 시기에도 해탈된 개아의 본질[원주7] 및 브라흐만에 대한 개아의 관계[원주8]와 같은 중심 주제들에 대하여 견해의 차이가 있었다. 개아와 브라흐만의 관계에 대하여 아슈마라티야(Āśmarathya)는 그 둘이 완전히 다르지도 않을 뿐만 아니라 또한 완전히 같지도 않다는 견해(bhedābhedavada)를 주장한다.[원주9] 아우둘로미(Auḍulomi)는 개아가 브라흐만에 완전히 녹아드는 궁극적인 해탈에 이르기 전까지는 그것이 브라흐만과 완전히 다르다고 본다.[원주10] 카샤크리트스나(Kāśakṛtsna)의 견해에 의하면, 개아는 브라흐만과 완전히 동일하며, 브라흐만은 이런 저런 방식으로 자신을 개아로 나타낸다.[원주11] 후기 주석자들은 이러한 견해들 중에서 하나 혹은 그 이상을 받아들인다. 우파니샤드는 분명히 상당한 논의의 주제였으며, 베단타에 대한 바다라야나의 견해는 매우 탁월한 사상학파의 산물인 것으로 보인다. 물론 당시에는 바다라야나의 베단타 이외에도 상당한 명성을 얻으며 성행했던 다른 부류의 베단타 학파가 없었던 것은 아니다.

[역주3] 일반적으로 『브라흐마 수트라』에 대한 주석 가운데서 라마누자의 주석이 샹카라의 주석보다 『브라흐마 수트라』의 본래 의미에 더욱 충실한 것으로 평가된다. Thibaut, *The Vedānta Sūtras with the Commentary of Śaṁkara*, Introduction ; 정태혁, 『인도철학』, p.313, p.348을 보라.

[원주6] 바다리(Bādari, i.2.30 ; iii.1.11 ; iv.3.7 ; iv.4.10), 아우둘로미(i.4.21 ; iii.4.45 ; iv.4.6), 아슈마라티야(i.2.29 ; i.4.20), 카샤크리트스나(i.4.22), 카르슈나지니(Kārṣṇājini, iii.1.9), 아트레야(Ātreya, iii.4.44), 그리고 자이미니 등이 언급된다. 『마하바라타』조차도 이들의 견해를 언급하지 않는다.

[원주7] iv.3.7~14 ; iv.4.5~7.

[원주8] i.4.20~22.

[원주9] i.4.20.

[원주10] i.4.21.

[원주11] i.4.22.

2. 저자 및 연대

샹카라로부터 그 이후의 전통은 『베단타 수트라』를 바다라야나의 저술로 간주한다. 바다라야나의 이름이 3인칭으로[원주12] 이 경전의 여러 곳에서 언급되고 있다는 사실은 바다라야나가 이 경전의 저자가 아니라는 추측을 낳게 하는 빌미가 되기도 한다.[원주13] 그러나 고대 인도에서 그와 같은 3인칭의 사용은 비정상적인 어떤 경우가 아니며, 그것이 어떤 다른 저자를 의미할 필요는 없다. 인도의 전통은 이 경전의 저자인 바다라야나를 비야사(Vyāsa)와 동일시한다. 샹카라의 추종자들 가운데 고빈다난다(Govindānanda), 바차스파티(Vācaspati), 그리고 아난다기리(Ānandagiri) 등은 비야사를 바다라야나와 동일시한다. 라마누자, 마드와, 발라바, 그리고 발라데바는 이 경전을 비야사에게 귀속시킨다.

때로는 이에 대한 반대 주장이 제기되기도 한다. 예를 들어, 만일 우리가 『마하바라타』와 『비슈누 푸라나』 그리고 『바가바타』(*Bhāgavata*)의 언급을 믿는다면, 바다라야나와 비야사를 동일인으로 볼 수 없다는 견해가 있다. 이 문헌들에서는 바다라야나의 저술에서 여러 차례 인용되는 자이미니가 비야사의 제자로 언급되는데, 이것은 자이미니와 바다라야나의 저술들에서 보는 상호 인용과 어울리지 않는다는 것이다. 다시 말하여 자이미니의 스승인 비야사가 바다라야나와 동일인이라는 주장은, 바다라야나가 자이미니의 스승이라는 의미가 되며, 이것은 바다라야나가 자신의 저술에서 자이미니를 인용하고 있다는 사실과 부합되지 않는다. 한편, 샤바라, 고빈다난다, 그리고 아난다기리는 비야사와 바다라야

[원주12] i.3.26 ; i.3.33 ; iii.2.41 ; iii.4.1 ; iii.4.8 ; iii.4.19 ; iv.3.15 ; iv.4.7 ; iv.4.12.

[원주13] 예를 들어 도이센(Deussen)의 주장에 의하면, 자이미니와 바다라야나의 저술들이 후기의 어떤 편집자에 의하여 하나의 저술로 편찬되고, 이것은 우파바르샤에 의하여 주석되었다. 그리고 우파바르샤의 주석은 『푸르바 미망사 수트라』에 대한 샤바라의 주석(Śabarabhāṣya) 및 『베단타 수트라』에 대한 샹카라의 주석(Śaṁkarabhāṣya)의 토대였다(*System of the Vedānta*, p.24, fn.17).

나가 동일인이라는 주장에 아무런 모순도 없다고 주장한다.[원주14] 그러나 샹카라 자신의 견해가 무엇이었는가는 분명하지 않다.[원주15]

『베단타 수트라』는 상키야와 바이셰쉬카 및 자이나교와 불교의 견해들을 언급한다. 샹카라, 라마누자, 마드와, 그리고 발라바는 ii.3.45와 iv.1.10에서 『바가바드기타』(xv.7 ; viii.24)에 대한 언급들을 이해하는 데 일치된 견해를 보이며, 또한 샹카라와 라마누자 및 마드와는 iv.1.10에서 『바가바드기타』(vii.11)에 대한 유사한 언급을 보인다. 『베단타 수트라』에서 언급되는 여러 이름들이 또한 『슈라우타 수트라』(*Śrauta Sūtra*)에서도 발견되며, 아슈마라티야는 『아슈왈라야나』(*Āśvalāyana*)에서, 바다리와 카르슈나지니 및 카샤크리트스나는 『카티야야나』(*Kāthyāyana*)에서, 그리고 아트레야는 『타잇티리야 프라티사키야 수트라』(*Taittirīya Prātisākhya Sūtra*)에서 발견된다. 아트레야, 카샤크리트스나, 바다리는 보다야나의 『그리히야 수트라』(*Gṛhya Sūtra*)에서 언급되며, 아트레야는 『바라드와자 그리히야 수트라』(*Bhāradvāja Gṛhya Sūtra*)에서도 언급된다. 카샤크리트스나는 아주 고대의 베다 주석자

[원주14] Belvālkar, "Multiple Authorship of the Vedānta Sūtras," *Indian Philosophical Review*, October 1918, 그리고 Abhay Kumar Guha의 *Jīvātman in Brahma Sūtras*, p.8을 보라.

[원주15] 『브라흐마 수트라』에 대한 주석의 한 구절에서, 샹카라는 드와파라(Dvāpara) 시대로부터 칼리(Kali) 시대로 넘어가는 시기에, 고대 베다의 스승인 아판타라타마스(Apāntaratamas)라는 이름의 현자가 비슈누의 명령에 의하여 크리슈나 드와이파야나(Kṛṣṇa Dvaipāyana)로 태어났다고 말한다. 샹카라는 이 크리슈나 드와이파야나를 『브라흐마 수트라』의 저자로 말하고 있지 않기 때문에, 빈디슈만(Windischmann) 및 그후의 텔랑(Telang)은 샹카라의 입장에 의하면 그 두 인물(바다라야나와 비야사)은 동일인이 아니라고 결론짓는다("A Note on Bādarāyaṇa," J.A.S., Bombay, vol.xvi, 1883, p.190). 비야사가 『브라흐마 수트라』의 저자라는 의미에서 샹카라가 그를 인용하는 경우는 없다(ii.1.12 ; ii.3.47). 만일 우리가 주석자들의 증언을 받아들인다면, 『브라흐마 수트라』에는 『바가바드기타』 및 『마하바라타』의 「샨티파르바」(Śāntiparva)에 대한 다수의 언급이 있으며, 이러한 사실은 만일 『마하바라타』와 『브라흐마 수트라』의 저자가 동일인이라면 우리가 쉽게 이해할 수 없게 된다.

가운데 한 사람이다. 아우둘로미는 파니니(Pāṇini)에 대한 『마하바쉬야』(Mahābhāṣya)에서 언급된다.[원주16]

『가루다 푸라나』(Garuḍa Purāṇa), 『파드마 푸라나』(Padma Purāṇa), 그리고 『마누 법전』은 『베단타 수트라』를 언급하고 있으며, 홉킨스(Hopkins)가 200년경의 작품으로 추정하는 『하리방샤』(Harivaṁśa) 또한 『베단타 수트라』에 대한 명백한 언급을 담고 있다. 키스는 바다라야나의 연대를 아무리 늦어도 200년 이후로 잡을 수는 없다고 주장한다.[원주17] 인도의 학자들은 『베단타 수트라』가 대개 기원전 500년에서 기원전 200년 사이에 만들어진 것으로 본다. 프레이저(Fraser)는 이 경전의 연대를 기원전 400년으로 추정한다.[원주18] 막스 뮐러는 말한다. "『바가바드기타』의 연대가 언제든, 그것은 『마하바라타』의 일부이며, 『베단타 수트라』 및 바다라야나의 연대는 그보다 이전임에 틀림없다."[원주19]

3. 다른 학파들과의 관계

바다라야나의 베단타와 자이미니의 미망사의 정확한 관계는 여러 주석자들에 의하여 다양하게 해석된다.[원주20] 라마누자는 두 미망사가 하나의 작품에 속한다고 주장하며, 이에 비하여 샹카라는 다른 견해를 보인다. 원래 그 둘은 동일한 문헌의 두 부분이었다고 말할 수 있을 것이다.[원주21] 두 미망사는 현저하게 정통적인 철학체계들이며, 원래 그

[원주16] iv.1.14.
[원주17] 『카르마 미망사』, pp.5~6. 그러나 야코비(Jacobi)는 『베단타 수트라』가 200년에서 450년 사이에 만들어진 것으로 믿는다(J.A.O.S., 1911).
[원주18] Literary History of India, p.196.
[원주19] Six Systems of Indian Philosophy, p.113 ; Guha, Jīvātman in the Brahma Sūtra.
[원주20] 바다라야나는 여러 곳에서 자이미니를 언급하고 있다. i.2.28 ; i.2.31 ; i.3.31 ; i.4.18 ; iii.2.40 ; iii.4.2 ; iii.4.18 ; iii.4.40 ; iv.3.12 ; iv.4.5 ; iv.4.11.
[원주21] 『브라흐마 수트라』, i.1.1에 대한 라마누자의 주석 ; 야코비의 논문(J.A.O.S.,

리고 근본적으로 슈루티 혹은 베다에 대한 주석이었다. 바다라야나는 어디서도 니야야에 대하여 언급하지 않는다. 요가는 상키야와 밀접하게 연계되어 있으며, 상키야에 대한 비판은 요가에 대해서도 또한 타당하다고 말해진다.[원주22] 상키야는 정교하게 논박되고 있으며,[원주23] 여러 곳에서 언급된다.[원주24] 상키야의 몇몇 교의는 바다라야나에게 수용될 수 있었고, 또한 그것은 마누(Manu) 및 비야사와 같은 현자들에 의하여 지지되었으므로, 상키야는 상당히 존중되는 입장에서 다루어지는 한 학파이다.[원주25] 바이셰쉬카 철학은 비판되고 있다.[원주26] 추측건대, 바다라야나 당시에 바이셰쉬카는 그다지 좋은 평판을 얻고 있지는 않았던 것으로 보인다. 불교의 여러 학파들과 로카야타(Lokāyata, 유물론자) 및 바가바타(Bhagavata)파의 교설 또한 논의된다.[원주27] 『베단타 수트라』의 저자는 『바가바드기타』 및 바가바타파의 유신론에 의하여 상당한 영향을 받는다.

4. 형이상학적인 견해들

『베단타 수트라』는 4장으로 이루어져 있다. 제1장은 중심된 실재로서 브라흐만에 대한 교의를 다룬다. 이 장의 목적은 이 주제에 대한 베다의 여러 언급들을 조화시키는 것이다. 종교에 대한 어떤 해석, 신·영혼·세계에 대한 어떤 설명은 영원자를 보았다고 선언하는 사람들의 종교적인 경험들을 참작할 수밖에 없으며, 표방되는 이론이 만족스러

1910)을 보라.
[원주22] ii.1.3.
[원주23] i.1.5~11 ; i.4.1~13 ; ii.1.1~12 ; ii.2.1~10.
[원주24] i.1.18 ; i.2.19 ; i.2.22 ; i.3.3 ; i.3.11 ; i.4.28 ; ii.1.29 ; ii.3.51 ; iv.2.21.
[원주25] 『브라흐마 수트라』, i.4.28에 대한 샹카라의 주석을 보라.
[원주26] ii.2.11~17.
[원주27] ii.2.1~45 ; i.4.28 ; iii.3.53~54를 보라.

운 것으로 간주될 수 있으려면, 과거 현자들의 기록된 경험들 사이의 불일치가 조화되어야 할 것이다. 우리는 제1장에서 브라흐만의 본질, 그리고 세계 및 개아와 그것의 관계에 대한 설명을 본다. 제2장(aviro-dha)은 이 견해에 반대되는 입장들을 다루며, 대립되는 이론들을 비판한다. 이 장은 또한 신에 대한 세계의 의존적인 본질, 신으로부터 세계의 점진적인 전개 및 귀입에 대하여 설명하며, 이 장의 후반부[원주28]에는 영혼의 본질과 속성, 신과 영혼의 관계, 그리고 육체 및 그 자체의 행위에 대한 흥미있는 심리학적 설명이 있다. 제3장은 브라흐만에 대한 명지(Brahma-vidyā)를 얻는 수단과 방법(sādhana)에 대하여 논의한다. 여기서 우리는 해석상의 다수의 언급들과 더불어, 재생의 문제 및 중요성이 덜한 심리학적[원주29] · 신학적인[원주30] 논의들을 볼 수 있다. 제4장은 브라흐만에 대한 명지의 과실(果實, phala)을 다룬다. 그것은 또한 사후에 영혼이 조도(祖道)와 신도(神道)를 따라서 떠난다는 이론에 대하여 설명하며, 다시 돌아오지 않는 해탈의 본질에 대해서도 논의한다.[역주4] 각 장은 네 절(pāda)로 되어 있으며, 각 절은 또한 아디카라나(adhikaraṇa)라고 불리는 몇몇 송으로 나누어진다. 여러 주석자들에 의하여 채택되는 독법(讀法)에서의 차이가 있으나, 이것은 큰 중요성을 지니지 않는 것으로 보인다.[원주31][역주5]

바다라야나에게 베다는 영원하며,[원주32] 경전의 가르침(śāstra)은 가장 중요한 권위를 지닌다.[원주33] 그는 이성적인 사유를 통하여 형이상학적 진리를 발견할 수 있는 가능성은 전혀 없다고 공공연하게 선언한

[원주28] ii.3.15 이후.

[원주29] iii.2.1~10.

[원주30] iii.2.11~41.

[역주4] 『인도철학사 I』, pp.167~170, pp.191~195, p.344를 보라.

[원주31] Belvālkar, *The Multiple Authorship of the Vedānta Sūtras*, pp.144~145, I.P.R.을 보라.

[역주5] 예를 들어 샹카라는 『브라흐마 수트라』를 555송으로 읽고 있지만, 라마누자는 545송으로 읽는다. 이러한 차이는 샹카라가 2송으로 본 것을 라마누자는 1송으로 보거나 그 반대의 경우가 있기 때문이다. 두 주석서에서 나타나는 차이는 다음과 같다.

다.[원주34] 그는 지식의 두 가지 원천, 즉 천계서(śruti)와 성전서(smṛti)가 있다는 것을 인정하며, 그 둘을 각각 지각(pratyakṣa) 및 추론(anu-māna)으로 부른다.[원주35] 왜냐하면 샹카라의 주장처럼, 후자는 지식의 근거(prāmāṇyam)를 필요로 하지만, 전자는 그렇지 않기 때문이다. 계시된 천계서는 자명하며, 지각이라 불린다. 바다라야나에게 천계서는 우파니샤드를 의미하며, 성전서는 『바가바드기타』, 『마하바라타』, 그리고 『마누법전』을 뜻한다. 세속적인 지식의 영역에서 추론이 지각에 의존하는 것과 마찬가지로, 성전서는 천계서에 의존한다.

바다라야나는 이 두 가지 외의 다른 어떤 지식 방법도 인정하지 않는다. 그는 존재의 두 영역을 인정한다. 하나는 생각할 수 있는 존재의 영역으로서, 요소들과 마음, 지성, 아만으로 이루어진 프라크리티의 세계이다. 다른 하나는 생각할 수 없는 영역, 즉 브라흐만이다. 후자의 경우에는 오직 경전(śāstra)만이 우리의 유일한 안내자이다.[원주36] 바다라야나에 의하면, 베다와 일치하지 않는 어떤 이성적인 추론은 쓸모없다. 이성적인 추론은 어떤 특징적인 흔적들로부터 시작된다. 그러나 우리는 브라흐만이 다른 어떤 특성들을 배제하여 이것 혹은 저것으로 특징지어지는 것으로 그것을 말할 수 없다. 그러므로 이성적인 추론은 직관지에 종속되며,[원주37] 직관지는 신애(信愛)와 명상을 통하여 얻어진다.[원주38]

『베단타 수트라』에 의하면, 상키야의 푸루샤와 프라크리티는 독립된

장(adhyāya)		1				2				3				4			
절(pāda)		1	2	3	4	1	2	3	4	1	2	3	4	1	2	3	4
송	샹카라	31	32	43	28	37	45	53	22	27	41	66	52	19	21	16	22
	라마누자	32	33	44	29	36	42	52	19	27	40	64	51	19	20	15	22

[원주32] i.3.29.
[원주33] i.1.3.
[원주34] ii.1.11.
[원주35] i.3.28 ; iii.2.24 ; iv.4.20.
[원주36] i.1.3 ; ii.1.27.
[원주37] ii.1.6 ; ii.1.11.
[원주38] iii.2.24.

실체들이 아니라, 단지 한 실재의 변형들이다. 다수의 참된 무한자들은 불가능하다. 하나의 무한 실재, 즉 브라흐만은 우파니샤드에서 확립되는 최고의 실재이다. 제1장에서 우리는 우파니샤드에서 주어진, 브라흐만에 대한 여러 가지 묘사들에 대한 논의를 본다.[원주39] 그는 세계의 시작, 유지, 파괴의 원천이며,[원주40] 우주의 동력인(動力因)인 동시에 질료인(質料因)이다. 그는 아무런 도구나 수단 없이 창조한다.[원주41] 브라흐만의 실재에 대한 심리학적인 증명이 꿈 없는 숙면상태의 증거에 의거하여 제시된다.[원주42] 브라흐만은 의식 없는 물질(pradhāna)이나 개별 영혼과 혼동되어서는 안된다. 그는 모든 속성(dharma)들을 지니며,[원주43] 내적인 원리인 동시에 안내자이다.[원주44] 그는 청정한 속성, 진실된 목적을 지니며, 전지전능하다.[원주45] 그의 우주적인 측면 또한 묘사된다. 그는 우주적인 빛이며, 태양 속의 황금 인간이며, 우주적 공간(ākāśa)이며, 우주적 호흡(prāṇa)이다.[원주46] 그는 또한 영혼 속의 빛이다.[원주47] 그는 인간의 가슴속에 살고 있는 것으로 생각되어야 하며,[원주48] 우리는 편재적인 신을 무한 공간의 점유자로 간주할 수 있다. 모든 존재의 궁극적인 토대는 유일 지고의 정신이며, 그것은 모든 것의 원천이며, 무조건적인 숭배의 합당한 대상이다.[원주49]

의식 없는 사물들과 의식적인 영혼들이 어떻게 유일한 궁극자와 관련될 수 있는가? 『바가바드기타』에서 언급되는 것처럼, 우리는 이러한 존재들을 한 실재의 높고 낮은 현현들로 간주해야 하는가? 『베단타 수

[원주39] i.2 및 3.
[원주40] i.1.2.
[원주41] ii.1.23~27.
[원주42] i.1.9.
[원주43] ii.1.37.
[원주44] i.1.20.
[원주45] i.2.1~2 ; ii.1.30.
[원주46] i.1.20~23.
[원주47] i.1.24.
[원주48] i.2.7.
[원주49] i.1.7.

트라』는 이에 대한 명백한 언급을 피한다. 창조에 대한 우파니샤드의 입장이 지니는 모호성은 여기서도 그대로 남아 있다. 창조되지 않으며 무한한[원주50] 브라흐만은 전체 우주의 원인이다.[원주51] 모든 물질적인 요소들은 브라흐만에 의하여 창조된다.[원주52] 설사 근본적인 요소들을 통하여 세계의 전개가 일어난다 할지라도, 전개가 일어날 수 있게 하는 힘을 부여하는 것은 바로 브라흐만이다. 왜냐하면 그 요소들을 창조한 후에 브라흐만은 그 요소들 속으로 들어가며, 다른 사물들의 생산을 초래하는 것은 바로 그 요소들 속에 살고 있는 브라흐만이라고 말해지기 때문이다.[원주53]

브라흐만이 세계의 도구인인 동시에 질료인[원주54]이라는 것은 앞에서 이미 언급하였다. 브라흐만은 모든 존재의 창조자이며, 마치 금이 여러 가지 금장식으로 그리고 찰흙이 온갖 종류의 질그릇으로 변형되는 것과 마찬가지로, 브라흐만은 모든 존재로 전변한다. 『베단타 수트라』[원주55]에서 원인과 결과, 브라흐만과 세계의 관계의 본질이 논의된다. 원인과 결과의 동일은 두 가지 예를 들어 설명된다. 한 폭의 천이 말려 있을 때는 그 본질을 완전히 보여주지 않지만, 펼쳐져 있을 때는 그 본질을 완전히 보여주는 것처럼, 이와 마찬가지로 원인과 결과는 비록 그 속성들에서는 다르다 할지라도 그 둘은 동일하다.[원주56] 호흡 조절을 통하여 날숨·들숨 등의 다양한 생기가 정지하는 경우에, 이러한 것들이 그 원인적 상태에 있을 때는 단지 생명이 지속되며, 확장·수축 등의 다른 행위들은 지속되지 않지만, 다양한 형태의 생기가 활동적이 될 때는 단순한 생명의 유지 외에도 확장·수축 등의 행위들이 수행된다. 그러나

[원주50] ii.3.9.
[원주51] i.1.5 ; i.2.1 ; ii.1.22 ; i.1.22.
[원주52] ii.3.7.
[원주53] ii.3.13.
[원주54] i.4.23~27.
[원주55] ii.1.14~20.
[원주56] 『브라흐마 수트라』, ii.1.19에 대한 샹카라의 주석.

다양한 형태의 생기는 비록 서로 다르다 할지라도, 생기 그 자체와 다르지 않다. 이와 마찬가지로 원인과 결과는 실로 동일하다 할지라도 각기 다른 행위를 야기한다.[원주57]

브라흐만과 세계는 다르지 않으며(ananya),[원주58] 이것은 마치 질그릇과 찰흙이 다르지 않은 것과 같다.[원주59] 주석자들은 원인이 결과와 다르지 않다는 점에 대해서는 동의하지만, 브라흐만과 세계의 동일의 본질은 각자에 의하여 다르게 해석된다. 바다라야나에게서 '다르지 않음'(ananya)은 차이 혹은 변화의 부재를 의미하지 않는다. 이러한 변화에 대한 설명을 위하여 샹카라는 무지(avidyā)를 상정한다. 세계는 단지 무지의 영향 아래 있는 사람들에게 존재할 뿐이며, 이것은 마치 상상된 뱀이란 단지 새끼줄을 잘못 본 사람에게만 존재하는 것과 같다. 다른 주석자들은 전변설(轉變說, pariṇāmavada)을 주장한다.『찬도기야 우파니샤드』에서 주어지는 원인과 결과에 대한 예는 찰흙, 금, 쇠와 이로부터 만들어지는 것들이며, 새끼줄과 뱀 혹은 조가비와 은조각이 아니다. 유한 존재들은 브라흐만에 대한 한정자들로서 실재한다. 브라흐만이 세계의 질료인이라는 말은, 세계가 브라흐만 실체의 변형이라는 것을 시사한다.[원주60] 세계는 환영(幻影) 혹은 헛것이 아니며, 브라흐만 속에 그 자체의 생성, 유지, 귀입을 지니는 실재적이고 적극적인 어떤 것이다.[원주61]

바다라야나는 창조력이 청정 무구한 브라흐만에 속하며, 이것은 마치 열이 불에 속하는 것과 마찬가지라고 생각한다.[원주62] 브라흐만은 유

[원주57]『브라흐마 수트라』, ii.1.20에 대한 샹카라의 주석. 라마누자에 의하면 결과는 원인의 변형된 상태이다. 심지어 샹카라도 세계는 단지 브라흐만의 변형상태라는 것을 인정한다.

[원주58] ii.1.14.

[원주59] i.1.4 ; i.4.22.

[원주60] i.1.26. 또한 ii.3.7을 보라.

[원주61] iii.2.3.

[원주62] i.3.1.

희를 위하여[원주63] 최소한의 변화도 겪지 않으면서,[원주64] 그 자체의 동일성을 그대로 유지하며 자신을 세계로 전변한다.[원주65] 바다라야나는 어떻게 이것이 가능한가에 대해서는 관심을 두지 않는다. 그는 심지어 라마누자와 다른 주석자들이 강조하는, 브라흐만은 상상할 수 없는 것이 성취될 수 있는 놀라운 힘을 지닌다는 언급조차도 하지 않는다. 그는 천계서에 담긴, 명백하게 모순되는 언급들에 우리의 관심을 유도하며, 우리에게 천계서의 권위를 문제삼을 수 있는 권리가 없다는 것을 분명히 한다. 철학적인 관점에서 볼 때, 이 대답은 불만족스럽다.

샹카라는 이 모순을 천계서로부터 개인의 마음으로 옮겨서 설명하며, 브라흐만은 세계로 전변되지 않는다고 주장한다. 혼동에 빠진 우리는 하나가 다른 하나로 전변한다고 믿는다.[역주6] 그의 견해에 의하면, 궁극적인 실재는 브라흐만이며, 인식자·인식 대상·인식의 세계가 아무튼 브라흐만 속에 있다. 라마누자는 이와 다른 견해를 보인다. 그는 세계의 시작 없는(anādi) 과정을 자체의 제2의 것으로 지니는, 청정하고 제2의 것 없는 브라흐만의 난점에 직면할 때, 천계서에 의존한다. 불가능은 놀라운 힘[원주66]을 지니는 신과 더불어 가능하게 된다.[원주67]

바다라야나는 자아를 '갸'(jña)라고 말하며,[원주68] 샹카라는 이 말을

[원주63] ii.1.33.

[원주64] ii.1.27.

[원주65] i.4.26.

[역주6] 이와 관련하여 마에다(前田專學)는 샹카라의 주석이 실재론적인 입장의 『브라흐마 수트라』를 환영주의적 성격으로 변용시켰다고 주장한다(早島鏡正 外 지음, 정호영 옮김, 『인도사상의 역사』, p.145).

[원주66] 『브라흐마 수트라』, iii.2.3에 의하면, 세계는 꿈이 헛된 것이라는 의미에서의 '마야'(māyā)가 아니다. 후기 베단타에서 분명히 나타나는 것처럼, '마야'라는 말은 매우 모호하며 여러 의미로 해석된다. 바스카라(Bhāskara)에게 그것은 '감각적 대상의 토대가 되는 공성'(arthapratyayaśūnyatva)을 의미하며, 샹카라에게 그것은 '보였다가 사라지는 자성'(dṛṣṭanaṣṭasvarūpatva), 라마누자에게 그것은 '놀라운 본질을 지님'(āścaryātmakatva), 그리고 발라바에게 그것은 'sarvabhāvanāsāmarthya'를 의미한다고 볼 수 있을 것이다.

[원주67] 『브라흐마 수트라』, ii.1.27에 대한 라마누자의 주석을 보라.

'지성'으로 해석한다. 이에 비하여 라마누자는 이 말이 '지성을 지닌 아는 자'를 의미한다고 본다. 발라바는 샹카라의 견해에 동의하지만, 케샤바(Keśava)는 자아가 지성인 동시에 아는 자라고 생각한다. 개아는 행위자(kartā)이다.[원주69] 출생과 죽음은 육체에 속하며, 자아에 속하지 않는다.[원주70] 자아는 시작이 없다. 그것은 영원하다.[원주71] 개아(jīvāt-man)는 원자의 크기를 지니는 것(aṇu)으로 말해진다. 라마누자, 마드와, 케샤바, 님바르카(Nimbārka), 발라바, 그리고 슈리칸타(Śrīkaṇṭha)는 이 견해를 받아들인다. 샹카라의 견해에 의하면, 비록 개아는 경험적인 상태에서 원자적인 것으로 간주될 수 있다 할지라도, 그것은 편재적(vibhu)이다.[원주72]

바다라야나는 브라흐만이 개아 속에 있다고 주장한다. 물론 이 경우에도 브라흐만의 본질은 개아의 성질에 의하여 영향받지 않는 것으로 간주된다.[원주73] 태양빛과 태양이 다른 것처럼 개아와 브라흐만은 서로 다르며, 태양빛이 구름에 가릴 때, 태양은 전혀 영향을 받지 않는 것처럼, 이와 마찬가지로 개아가 고통에 지배될 때, 브라흐만은 이에 영향받지 않는다.[원주74] 체화된 자아는 행위하고 향수하며, 공덕을 쌓고 죄악을 짓지만, 이에 비하여 최고아는 그 반대되는 본질을 지니며, 모든 죄악을 벗어나 있다.[원주75] "너가 곧 그것이다" "이 아트만이 브라흐만이다"라는 언급은 그 둘, 즉 브라흐만과 아트만 혹은 신과 인간이 사실

[원주68] ii.3.18.
[원주69] ii.3.33~39.
[원주70] ii.3.16.
[원주71] ii.3.18.
[원주72] ii.2.19~28을 보라. 『브라흐마 수트라』에 의하면, 개아는 네 가지 부류, 즉 태생(胎生, jarāyuja), 난생(卵生, aṇḍaja), 습생(濕生, śvedaja), 그리고 아생(udbhija)으로 구분된다. 비록 정도의 차이는 있다 할지라도, 이들 모두는 의식적인 것으로 간주된다. 초목은 타마스(tamas)의 현저함 때문에 그 자체의 의식을 나타낼 수 없을 뿐이다.
[원주73] i.2~8.
[원주74] ii.3.46. 이 구절에 대한 케샤바의 주석을 보라.
[원주75] i.1.17. 또한 ii.1.22를 보라.

상 하나라는 것을 보여주려는 시도이다. 만일 브라흐만이 모든 존재의 원인이라면, 그것은 또한 개아의 원인임에 틀림없다. 절대자의 신성한 본질은 그것의 모든 현현 속에 존재한다. 개개의 모든 영혼은 신의 영혼을 공유한다. 보편아의 부분(aṁśa) 혹은 반영(ābhāsa)으로서,[원주76] 개아가 정확히 어떤 방식으로 브라흐만과 관련되는지, 바다라야나의 설명으로는 분명하게 이해되지 않는다.

바다라야나는 아슈마라티야, 아우둘로미, 그리고 카샤크리트스나 등이 브라흐만에 대한 개아의 관계에 대하여 다른 입장들을 취하고 있다는 것을 지적한다. 아슈마라티야는 개아가 심지어 공간적인 의미에서도 브라흐만의 부분이라고 생각한다. 아우둘로미는 숙면상태에서 개아는 일시적으로 브라흐만과 하나된다고 주장한다. 샹카라가 지지하는 카샤크리트스나의 견해에 의하면, 브라흐만은 개아의 형태로 완전하게 존재한다. 바다라야나는 단지 이와 같은 다양한 견해들이 있다는 것을 말하고 있을 뿐이며, 자신이 지지하는 견해에 대해서는 언급하지 않는다.[원주77] 개아는 궁극적 실재의 부분이라는 구절은 샹카라에 의하여 '말하자면 부분과 같은 것'(aṁśa iva)이라는 의미로 받아들여진다.[원주78] 부분으로 이루어지지 않은 브라흐만은 문자적인 의미에서의 부분들을 지닐 수 없으므로, 바스카라와 발라바는 개아와 브라흐만 사이에 동일뿐만 아니라 차이도 있기 때문에 개아는 브라흐만의 부분이라고 주장한다. 라마누자, 님바르카, 발라데바, 그리고 슈리칸타는 개아가 브라흐만의 실재적인 부분이라고 생각한다. 이것은 마치 불이나 태양과 같은 발광체에서 흘러나오는 빛이 그것의 부분인 것과 같다고 한다. 마치 뱀이 그것의 똬리들과 다른 동시에 다르지 않은 것처럼, 개아는 궁극자와 다르면서 또한 다르지 않다고 하는 견해는 논박된다.[원주79]

[원주76] ii.2.43 및 50.
[원주77] i.4.19~22.
[원주78] ii.3.43에 대한 샹카라의 주석.
[원주79] iii.2.27.

　　그러나 라마누자는 이 구절을 브라흐만과 물질의 관계를 다루는 구절로 받아들이며, 마치 뱀의 똬리들이 단지 뱀의 다른 자태일 뿐이며 뱀 자체와 다르지 않은 것처럼 물질은 브라흐만의 다른 외양일 뿐 브라흐만 자체와 다르지 않다는 견해를 논박한다. 라마누자는 개아와 물질 모두가 브라흐만의 부분들이라고 주장한다. 케샤바는 물질이 브라흐만과 다르면서 또한 하나라고 주장한다. 이것은 마치 코브라뱀과 그것의 우산 모양의 경부(頸部)가 다르지만, 또한 코브라뱀이 전체로 보여질 때는 다르지 않은 것과 같다고 한다. 물질은 그 자체의 존재가 브라흐만에 의존하는 한은 브라흐만과 동일하지만, 그것은 이름과 형태를 지니므로 브라흐만과 다르다. 개아 또한 브라흐만과 다른 동시에 다르지 않으며, 차이는 분명히 실재적이다.[원주80] 바다라야나가 브라흐만과 개아의 차이를 궁극적인 것—즉 개아가 해탈할 때에도 여전히 지속하는 어떤 차이가 있다는—으로 간주한다는 견해는 충분한 근거를 지닌다. 개아는 비록 미세한 크기를 지닌다 할지라도, 온몸에 편재한다. 이것은 마치 미량의 전단향 연고가 온몸을 상쾌하게 만드는 것과 같다.[원주81]

　　세계는 신의 의지(saṃkalpa)에 기인한다.[역주7] 그것은 신의 유희(lī-lā)이다.[역주8] 그러나 이것은 신이 자신의 기쁨을 위하여 죄악과 고통을

[원주80] iii.2.27~28에 대한 케샤바의 주석.
[원주81] 『브라흐마 수트라』에 의하면, 개아는 심장(hṛdaya 혹은 hṛtpadma)에 위치한다. 이곳은 척수신경 계통의 미세한 중심으로, 101개의 신경들이 만난다. 이 모든 신경 가운데서 수슘나(suṣumṇā)는 위로 두개골에 이른다. 죽음에 즈음하여, 인식하는 자아는 주(主)의 은총으로 심장의 매듭을 풀고 수슘나의 통로로 들어가며, 마침내 두개골을 뚫고 육체를 빠져나간다(iv.2.17). 개아가 육체에서 빠져나갈 때, 그것은 미세한 감각들과 마나스 및 중심 프라나(prāṇa, 生氣)에 둘러싸여서 빠져나간다(iii.1.1~7 ; iv.2.3~21). 그것은 이러한 요소들과 더불어 다시 태어난다.
[역주7] 이에 대한 전거(典據)로 흔히 『타잇티리야 우파니샤드』가 인용된다. "그는 '내가 여럿이 될까, 생겨나게 할까' 생각했다"(So'kāmayata bahu syāṃ prajāyeya, ii.6).
[역주8] 브라흐만의 세계 창조를 아무런 목적 없는 유희로 간주하는 것은 브라흐만의 완전과 관련된다. 다시 말하여, 만일 브라흐만의 세계 창조에 어떤 목적이 있다면,

창조했다거나, 혹은 어떤 종파에서 말하는 것처럼, 신의 영원한 위대성을 찬양할 저급한 피조물이 있을 수 있다는 것을 의미하지 않는다. 피조물들의 고통을 즐거워하는 신은 전혀 신이라 할 수 없다. 인간 운명의 다양함은 각자의 업에 의하여 결정된다.[원주82] 신은 사람들의 이전의 삶을 고려해야 하는 필연에 의하여 제한된다. 행복의 불평등한 분배는 신의 의지가 구체화된 도덕률의 표현이다. 그러므로 브라흐만은 불공평하거나 무자비하지도 않으며, 어떤 신학자들이 그에게 귀속시키고자 하는 즐거운 자유로 방종하거나 무책임하지도 않다. 만일 신의 냉혹한 불편 부당이, 그는 모든 사람이 각자의 공덕과 죄과에 따라서 응보를 받게 한다는 교의에 의하여 해명된다면, 신 자신이 바른 행위와 그릇된 행위의 작인이라는 교의[원주83]는 설명되지 않는 어려움이 생긴다. 만일 신이 모든 유형의 행위를 조종한다면, 그는 행위자일 뿐만 아니라 그 결과를 향수하는 자일 것이다. 그는 불가피하게 끝없는 연속에 연루되는 것으로 보이며, 또한 자신에게 선악의 응보들을 부여하는 자이다. 여기서 또한 『베단타 수트라』는 천계서의 권위에 호소할 뿐이며, 모순을 제거하려고 시도하지 않는다.

『베단타 수트라』의 제3장에는 윤리적인 차원의 수련이 어떻게 개아에게 자신의 육체가 궁극적인 지식(Brahmajñāna)을 얻기에 적합할 수 있게 하는가에 대한 언급이 있다. 우리 자신에 속해 있는 여러 기관들의 정화에 관하여 우파니샤드의 일반적인 원칙들이 그대로 수용된다.[원주84] 대체로 상위의 세 계급은 희생제의 등을 수행할 수 있는 자격이 허용되며, 심지어 슈드라와 여자도 신의 은총을 통하여 구원을 얻을 수 있다.[원주85] 『베단타 수트라』의 저자는 활동적인 헌신과 세속에 대한

그것은 결국 브라흐만에게 어떤 결핍이 있다는 것을 의미하며, 따라서 브라흐만의 완전과 상치된다.
[원주82] ii.1.34.
[원주83] iii.2.41 ;『카우쉬타키 우파니샤드』, iii.8.
[원주84] ii.3.40~42.
[원주85] i.3.34~38 ; iii.4.38.

포기가 모두 천계서에 의하여 지지되는 것으로 보며,[원주86] 자신은 포기의 정신과 끊임없이 노력하는 삶을 종합하려는 의지를 보인다.[원주87] 무지에서 나온 행위는 영적인 지각(jñāna)을 방해한다.[원주88] 그러나 모든 행위가 그런 것은 아니다. 해탈 후에 우리가 누리게 되는 자유가 무엇이든, 심지어 생해탈(生解脫)상태에서도 행위가 요구된다.[원주89]

우파니샤드의 입장을 수용하여,『베단타 수트라』는 신들에 대한 숭배를 허용한다. 신들은 숭배자들에게 축복을 내리는 자로 간주되지만, 신들의 축복은 결국 궁극자에 의하여 지배된다.[원주90] 궁극적 실재는 성상(聖像, pratīka)을 초월하여 있으며, 성상은 단지 인간의 나약함이라는 견지에서 허용된다.[원주91] 비록 완전한 정신집중상태에서 절대자가 보인다 할지라도, 그는 미현현(avyakta)이다.[원주92] 최고 형태의 종교는 신에 대한 친견(God-vision)을 포함한다. 이러한 영적인 직관을 진전시킬 수 있는 사람들은 천계서들을 의지하고 믿는다. 개아의 궁극적인 목적은 참된 자아의 실현이다.[원주93] 우리는 참된 자아와의 이러한 합일이 본질적인 동일인지 아니면 단지 친교에 불과한 것인지에 대하여 단언할 수 없다. 바다라야나는 생해탈을 믿는다.[역주9] 비록 육체는 이미 작용하기 시작한 카르마가 완전히 다 소진될 때까지 지속한다 할지라도,[원주94] 브라흐만에 대한 지식은 작용(ārabdha)을 시작하지 않은 카르마를 소멸시킨다.[원주95]

『베단타 수트라』 제4장에서는 어떻게 개아가 신도(神道)를 통하여 브라흐만에 이르게 되는가에 대한 설명이 있다. 브라흐만에 이른 자는

[원주86] iii.4.9.
[원주87] iii.4.32∼35.
[원주88] iii.4.26.
[원주89] iii.4.32.
[원주90] iii.2.38∼41.
[원주91] iv.1.4.
[원주92] iii.2.23∼24.
[원주93] i.1.9.
[역주9] 샹카라는 생해탈을 인정하지만, 라마누자는 오직 사해탈만 인정한다.
[원주94] iv.1.19.
[원주95] iv.1.13∼15.

다시 돌아오지 않는다. iv.4.5~7에서 해탈된 영혼의 본질이 논의의 초점으로 대두된다. 아우둘로미에 의하면, 해탈된 영혼의 핵심 측면은 사유 작용이다. 자이미니는 그것이 다수의 고결한 속성들을 지닌다고 주장하며, 『브라흐마 수트라』의 저자는 이 두 견해를 종합하는 입장에서 자신의 견해를 밝힌다. 해탈의 순간에 해탈자에게 일어나는 거의 무한한 힘과 지식을 언급한 후에, 저자는 그럼에도 불구하고 그 누구도 세계를 창조, 유지, 파괴하는 힘을 얻을 수 없을 것이라고 말한다.[원주96] 왜냐하면 이러한 힘은 오직 신에게만 속한다고 보기 때문이다. 라마누자와 마드와는 이 구절을 어렵지 않게 설명한다. 왜냐하면 그것은 신과 개아의 영원한 차별에 대한 그들의 교의와 일치하기 때문이다.[원주97] 그러나 바다라야나는 이 문제에 대하여 분명하지 않다. 어떤 구절들은 차이가 영원하다고 선언하고 있는가 하면,[원주98] 또 어떤 구절들은 그렇지 않은 것으로 해명하기도 한다.[원주99]

5. 결론

바다라야나는 일원론적 세계관을 긍정한다.[역주10] 그는 다신론이나 독립적이고 동등하게 궁극적인 실재들을 인정하는 입장과 무관하며, 신과 악령의 이원론과도 거리가 멀다고 해야 할 것이다. 그는 브라흐만

[원주96] iv.4.17.
[원주97] i.1.17.
[원주98] iv.4.17 및 21.
[원주99] iv.2.13 및 16.
[역주10] 『브라흐마 수트라』를 소의경전으로 하는 베단타의 여러 종파들은 브라흐만과 세계의 일원(一元)을 받아들이는 점에서 공통되지만, 일원의 내용에 대하여는 각기 다른 입장을 보인다. 예를 들어 샹카라는 그 둘의 무차별적이고 절대적인 동일을 주장하는 반면에 라마누자는 그 둘의 유기적인 통일이라는 의미에서 일원론을 견지한다.

에 대한 두 견해, 즉 바다리, 카샤크리트스나, 아우둘로미에 의하여 주장된 무차별적 지성(nirviśeṣa cinmātra)으로서의 브라흐만과 아슈마라티야와 자이미니에 의하여 주장된 한정적(saviśeṣa) 인격신으로서의 브라흐만을 받아들인다. 『베단타 수트라』 자체로부터 이 두 가지 설명이 저자의 생각 속에 조화되는 방법을 밝히는 것은 불가능하다. 우파니샤드는 브라흐만이 불변(avikāri), 영원(nityam)하다고 선언한다. 세계는 변화무쌍하며 무상하다. 어떻게 그와 같은 결과가 그와 같은 한 원인으로부터 나올 수 있는가? 『베단타 수트라』는 단지 천계서에 의거하여 브라흐만이 세계로 전변하지만, 또한 세계에 대하여 초월적이라고 주장할 뿐이다.[원주100]

　브라흐만의 인과율에 대한 보다 적절한 정의를 내리려는 시도는 결국 이에 대한 다양한 견해를 낳는 결과를 가져왔다. 샹카라는 브라흐만이 어떤 실체적인 변화도 겪지 않고 세계를 만든다고 주장하며, 라마누자와 발라바는 세계가 브라흐만의 실제적인 산물, 즉 브라흐만이 실제로 전변하여 세계가 된다고 믿는다. 또한 바다라야나는 비록 브라흐만이 개아 속에 있다 할지라도, 그럼에도 불구하고 그 둘의 본질적인 차이 때문에 개아의 결함에 의한 브라흐만의 오염은 없다고 말한다.[원주101] 그는 브라흐만과 개아의 동일과 차별 모두를 주장한다. 이 입장에 대한 어떤 논리적인 언급도 없다. 샹카라는 브라흐만에 대한 바다라야나의 개념들을 우파니샤드의 무속성, 무차별의 브라흐만에 부합될 수 있게 하는 것은 불가능하다고 생각하지만, 이에 비하여 다른 주석자들은 바다라야나의 정의를 최상의 브라흐만에 적절한 것으로 기꺼이 받아들인다. 후자는 바다라야나가 두 가지 차원의 브라흐만에 대한 이론 혹은 세계의 비실재에 대하여 모른다고 주장한다.

　만일 『베단타 수트라』의 저자가 세계는 단지 가현에 불과하다고 주장했다면, 이 경우에는 세계의 창조자는 전혀 문제가 되지 않았을 것이

[원주100] i.4.27.
[원주101] i.2.8.

기 때문에, 그는 결코 상키야의 이론을 비판하거나 창조 이론에 대하여 그토록 진지하게 논의하지는 않았을 것이다. 바다라야나가 신의 본질의 실제로 변화하는 측면, 즉 브라흐만이 그 자체를 여러 대상으로 현현하고 인간의 삶 속으로 유한화할 수 있게 하는 측면을 인정했다는 견해 또한 가능할 것이다. 그러나 『베단타 수트라』에는 이에 대한 분명한 언급이 없다.

해탈된 영혼의 상태는 브라흐만과 불가분(avibhāga)의 일종이다. 불가분이라는 이 단순한 개념은 후대의 여러 사상가들에 의하여 다양한 해석을 가능하게 했다. 샹카라는 그것이 보편아와 완전한 동일을 의미한다고 보았으며, 이에 비하여 라마누자는 그것을 신과의 부분적인 동일화로 해석했다. 윤리의 문제에서, 바다라야나는 행위에 대한 포기의 관계와 궁극적인 해탈의 획득에 대한 이 둘의 효과성을 논의하지 않는다. 종교에서 그는 브라흐만을 미현현자로 간주하지만, 그럼에도 불구하고 영적인 지각의 대상으로 간주한다. 이 두 입장은 조화될 필요가 있다.

바다라야나의 『베단타 수트라』는 우파니샤드의 우유부단과 모호한 특성을 반영한다. 이의 결과로 그것은 여러 가지 의문과 논의의 씨앗을 잉태하게 된다. 이 경전의 견해들을 보다 정확하게 특징지으려는 시도는 필연적으로 공격을 위한 다수의 투석(投石)과 정신적인 교란의 재료들을 품을 수밖에 없을 것이다. 우리는 어떻게 동일한 명제들이 각자가 받아들이는 정신적인 배경에 따라서 여러 가지 해석으로 나타나게 되는가를 차례로 살펴볼 것이다.

제8장

샹카라의 아드와이타 베단타

1. 서론

샹카라의 불이론(不二論, advaitism)은 대단한 사색적인 대담성과 논리적인 치밀함을 구비한 철학이다. 인간의 바람이나 믿음에 흔들리지 않고 견지되는 엄격한 주지주의, 냉혹한 논리, 그리고 신학적인 강박관념으로부터의 상대적인 초연함은 그것을 순수 철학체계의 위대한 전형으로 만들기에 충분하다. 샹카라에 대하여 어떤 편파적인 호의를 지녔다고 간주할 수 없는 티보(Thibaut)는 그의 철학을 다음과 같이 말한다. "순수하게 철학적인 관점에서 판단할 때, 그리고 신학적인 모든 고려사항들은 별문제로 할 때, 샹카라의 철학은 인도에서 일어난 가장 중요하고 흥미있는 철학이다. 샹카라에 의하여 주창되는 견해로부터 분기(分岐)되는 베단타의 다른 철학이든 혹은 베단타 이외의 다른 철학이든, 사색의 깊이와 대담성 및 논리의 정치함에서 이른바 정통 베단타에 비견될 수 있는 철학은 없다."[원주1]

예리한 통찰과 심원한 영성의 정신과 접촉하고 있다는 것을 의식하지 않고 샹카라의 저술들을 읽는다는 것은 불가능할 것이다. 그의 저술들은 처음부터 끝까지 진지하고 정밀한 사색으로 가득 채워져 있기 때문이다. 헤아릴 수 없는 세계에 대한 민감성, 영혼의 끝모를 신비에 대한 감동적인 통찰, 그리고 자신이 입증할 수 있는 진실 이상도 그 이하도 말하지 않는 단호함에서, 샹카라는 중세 인도의 종교사상가들 가운데 단연 최고라 할 만하다. 그의 철학은 이전이나 이후도 필요로 하지 않는 완전한 형태로 확립된다. 그것은 자체로 정당화되는 완전함을 지닌다. 그것은 스스로의 전제들을 세밀하게 설명하고, 그 자체의 목적에 의하여 지배되며, 그 자체의 모든 요소들을 확고부동하게 조화시킨다.

철학을 시작하는 사람에 대하여 샹카라 자신이 규정하는 자격 조건들은,[원주2] 그에게서 철학이 단지 지적인 추구가 아니라 헌신적인 삶이라는 것을 보여주기에 충분하다. 첫번째 조건, 즉 '영원한 것과 무상한 것에 대한 분별'은 철학에 입문하는 자는 무엇보다도 불변의 실재와 변화하는 세계를 분간할 수 있는 사고력을 구비해야 한다는 것을 의미한다. 이러한 힘을 갖춘 자가 형이상학적인 추구 과정을 기피하거나 싫어한다는 것은 불가능하다. '지금 여기 혹은 내세의 보상에 대한 포기'는 두번째 자격 요건이다. 경험 세계와 그 가운데 영위되는 인간의 덧없는 삶 속에는 정신적인 열망을 만족시켜줄 만한 것은 거의 없다. 철학은 삶이 가져오는 온갖 환영(幻影)을 깨부수는 과정을 통하여 그 자체를 정당화하는 기회를 지닌다. 진리를 추구하는 자는 눈앞의 이익을 구하여 스스로의 품위를 손상시키는 일이 없어야 하며, 탁월한 정신의 특징인 엄격한 탈착(脫着)을 함양해야 한다. 도덕적 준비는 세번째 자격 요

[원주1] 『브라흐마 수트라』에 대한 서론, p.xiv. 찰스 엘리엇(Charles Eliot) 경에 의하면, 샹카라의 철학은 "일관성과 치밀함 그리고 심오함에서 인도철학 가운데 최고 위치를 차지한다"(*Hinduism and Buddhism*, vol.ii, p.208).
[원주2] 『베단타 수트라』에 대한 샹카라의 주석 서론을 보라.

건으로 주장되며,[원주3] 마지막으로 해탈에 대한 열망(mumukṣutvam)이 언급된다.

성(聖) 누가의 표현처럼, 우리는 '영원한 삶'을 간구하는 마음을 지녀야 한다.[원주4] 샹카라는 우리에게 철학의 참된 이상을 제시한다. 즉 철학은 지식이라기보다는 삶의 지혜이며, 논리적인 학습이라기보다는 정신적인 자유에 대한 추구라는 것이다. 플라톤, 플로티노스, 스피노자, 그리고 헤겔 등의 위대한 사상가들과 마찬가지로, 샹카라에게 철학은 영원한 진리에 대한 엄격한 통찰이며, 인간의 덧없는 삶에 대한 시시한 애착으로부터의 자유에서 그 장엄한 빛을 발하는 작업이다. 샹카라는 방대하면서도 치밀한 논리 속에 또한 생동하는 인간의 심정적 정서를 녹여 넣고 있으며, 이것은 그의 철학이 단순히 논리 게임으로 전락하는 것을 방지하는 역할을 하고 있다. 가장 엄격한 논사로서, 그는 또한 고상하고 생동감 넘치는 시가(詩歌)의 달인이기도 하다. 그의 천재성이 발하는 빛은 사상의 어두운 곳들을 비추며, 고독하고 절망적인 가슴을 달랜다. 그의 철학은 수많은 사람들을 굳건하게 하고 위안하지만, 또한 그것이 단지 모순과 어둠의 심연으로 비쳐지는 사람들도 있다. 그러나 우리가 동의하든 입장을 달리하든, 그의 정신이 발하는 예리한 빛은 결코 우리를 이전의 우리 자신으로 남겨두지 않는다.

2. 샹카라의 연대와 생애

텔랑(Telang)에 의하면, 샹카라는 6세기 중엽이나 말엽에 활동했다.[원주5] 반다르카르(R. G. Bhāndārkar) 경은 샹카라의 출생 연대를

[원주3] 『베단타 수트라』, ii.1.1에 대한 샹카라의 주석.
[원주4] 『신약성서』, 「사도행전」, xiii.48. 『인도철학사 I』, pp.73~74를 보라.
[원주5] 『브라흐마 수트라』에 대한 샹카라의 주석에 언급되는 푸르나바르만(Pūrṇa-
   varman)은 그 무렵 마가다(Magadha) 왕국의 불교도 왕이었다는 것이 그의 주

142

680년으로 잡고 있으며, 심지어는 이보다 몇 년 앞설 수도 있다고 생각하는 경향이 있다.[원주6] 막스 뮐러와 맥도넬 교수는 그가 788년에 태어나서 820년에 죽었다고 주장한다. 그가 9세기 초반에 활동했다는 키스 교수의 견해도 있다.[원주7]

실천 수행뿐만 아니라 엄격한 명상에도 정통한, 고독한 내핍 사상가의 모습이 우리의 상상 속에 떠오른다. 샹카라의 제자들 가운데 몇몇은 그에 대한 전기적인 서술들을 편찬하였으며, 이 중에서 중요한 것은 마다바(Mādhava)의 『샹카라디그비자야』(Śaṁkaradigvijaya)와 아난다기리(Ānandagiri)의 『샹카라비자야』(Śaṁkaravijaya)이다.[원주8] 샹카라는 말라바르(Malabar) 지역의 평범하나 학식있고 근면한 남부드리(Nambūdri) 브라흐민 계급에 속하며, 일반적으로 인도 서해안에 위치한 칼라디(Kāladi)에서 태어난 것으로 전해진다.[원주9] 쉬바(Śiva)신이 샹카라의 가족신이었다는 전통이 있으나, 그가 본래부터 샥타 종파의 일원이었다는 주장도 있다.

유년 시절에 그는 가우다파다(Gauḍapāda)의 제자 고빈다(Govinda)가 주재하는 베다 학교에 다녔다. 그의 모든 저서에서 샹카라는 자신을 고빈다의 제자로 명기하고 있으며, 이로 미루어보건대 고빈다는 샹카

장이다.

[원주6] *Report on the Search for Sanskrit MSS.*, 1882, p.15를 보라.

[원주7] I.L.A., p.30. 크리슈나 미슈라(Kṛṣṇa Miśra, 11세기경)의 『프라보다찬드로다야』(*Prabodhacandrodaya*)의 Nāndiśloka에 마야의 개념에 대한 가장 전형적인 예, 가령 신기루나 뱀-새끼줄의 예가 소개된다.

[원주8] 치드빌라사(Cidvilāsa)와 사다난다(Sadānanda)는 그의 생애에 대한 약간의 서술을 남겼다. 『스칸다 푸라나』(*Skanda Purāṇa*) 또한 약간의 사실들을 전한다(ix를 보라). 마드와(Madhva)의 전기를 썼던 나라야나차리야(Nārāyaṇācārya)는 자신의 『마드와비자야』(*Madhvavijaya*) 및 『마니만자리』(*Maṇimañjari*)에서 다소 상세한 서술을 하고 있다. 그러나 이 두 문헌에 언급된 사실들 중의 상당수는 전설적이며, 역사적인 가치를 지니는 사료로 보기 어렵다. C. N. Kṛiṣṇaswāmi Aiyar, *Life and Times of Śaṁkara*(Madras)를 보라.

[원주9] 아난다기리는 샹카라가 기원전 44년 치담바람(Cidambaram)에서 태어나 기원전 12년에 죽었다고 주장한다. 그의 견해는 큰 호응을 얻지 못했다.

라에게 불이론 철학의 주요 원리들을 가르쳤다는 것은 분명하다. 8살의 어린 나이에 이미 그는 모든 베다에 정통했다. 분명히 그는 베다 학습과 자유로운 지성에서 신동이었다. 그는 삶의 신비와 의미심장함에 깊은 인상을 받았으며, 신성한 아름다움에 대한 선각(先覺)을 지녔다. 세속적인 삶의 방식을 배우기 전에, 그는 그것을 거부하고 산야신(saññyāsin)이 되었다. 그러나 그는 결코 무정한 은둔자가 아니었다. 진리의 청정한 불꽃이 그의 가슴속에 타올랐다. 그는 스승으로 이곳 저곳을 운수(雲水)했으며, 다른 사상 학파들의 스승들과 대론했다. 전통에 의하면, 그는 이러한 노정에서 쿠마릴라[원주10]와 만다나 미슈라(Maṇḍana Miśra)를 만났으며, 훗날 후자는 수레슈와라차리야(Sure-śvarācārya)라는 이름으로 샹카라의 제자가 되었다.[원주11]

샹카라가 아마루카(Amaruka)의 시체를 취하는 이야기는 그가 요가 수련에 정통한 인물이라는 것을 보여준다.[역주1] 그는 네 곳에 사원(mutt)을 건립하였으며, 이 가운데 가장 중요한 것은 마이소르 지역의 슈린게리(Śringeri)에 있는 사원이었다. 나머지 세 사원은 동부의

[원주10] 남인도 전통은 샹카라가 쿠마릴라의 제자였다고 전한다.
[원주11] 마이소르의 히리야나(Hiriyanna) 교수는 수레슈와라와 만다나 미슈라를 동일시하는 견해에 이의를 제기한다. J.R.A.S., April 1923 및 January 1924를 보라.
[역주1] 일찍이 샹카라는 훌륭한 논쟁자로 명성을 날렸다. 한 번은 판디트(Pandit) 미슈라와 대론을 하게 되어, 학식있는 미슈라의 부인이 심판을 맡았다. 대론이 샹카라의 승리로 끝나자 부인이 직접 샹카라에게 도전했다. 부인은 샹카라가 금욕 수행자라는 사실에 착안하여 남녀 간의 육체적인 사랑에 대하여 물었다. 이에 샹카라는 1개월의 말미를 요청하여 믿을 만한 몇몇 제자들과 강가에 은둔하였다. 어느 날, 제자들에게 자신의 육체를 잘 돌보라고 당부한 후에, 그는 자신의 육체를 떠나 질병으로 죽은 아마루카라는 왕의 육체를 취하였다. 그는 왕의 몸을 빌려 여러 왕비 및 궁녀들과 3주 동안 육체적인 사랑에 탐닉하며 자신의 논쟁에 관한 모든 것을 잊을 지경이 되었다. 이에 제자들이 염려하여 그의 주위를 돌면서 종교적인 찬가들을 불렀다. 그 중 하나가 그의 귀에 들렸으며, 이에 그는 곧 본래 자신의 육체로 돌아가서 미슈라의 부인과 다시 논쟁을 하여 승리했다. 이 일은 미슈라와 그의 부인이 샹카라의 제자로 입문하는 계기가 되었다(Benjamin Walker, *Hindu World*, vol.ii, p.349).

푸리(Pūri), 서부의 드와라카(Dvārakā), 그리고 히말라야의 바다리나트(Badarināth)에 위치한다. 인도의 전통이 한목소리로 전하는 감동적인 한 사건은 샹카라의 인간적인 따스함과 자식으로서의 효성이 어떠했다는 것을 보여주기에 충분하다. 자신이 속한 산야신 집단의 규범에 공공연하게 위배하면서까지 그는 어머니의 장례식을 치렀으며, 이로써 그는 공동체로부터 심각한 비난을 감수해야 했다. 전통에 의하면, 그는 히말라야의 케다르나트에서 32세의 나이로 죽었다. 일상적인 삶을 영위하는 우리의 입장에서 보면, 샹카라의 삶에는 기분좋은 교우와 사회적인 즐거움이 결여된 어떤 무미건조함이 있는 것처럼 보이지만, 이것은 고차적인 삶을 추구하고 신의 정의와 영혼의 욕구에 귀 기울이는 자들에게는 지극히 정상적일 수밖에 없다. 그는 사람들이 덕행의 길을 따라 함께 나아갈 수 있게 인도하는 선지자였으며, 만일 그가 세속에 대한 집착을 버리는 삶을 통하여 자신의 메시지를 견지하지 않았더라면, 인도에서 그 누구도 이 일을 수행할 수 없었을 것이다.

불과 수년 동안 샹카라는 여러 방면에서 훌륭한 업적을 쌓았다. 철학적 사색의 영역에서 그의 위대한 성취는 그가 고대의 경전들에 대한 주석을 통하여 이룩한 불이론 철학체계이다. 샹카라는 불이론 철학이야말로 당시의 표준적인 지식과 믿음을 고대의 경전들 및 전통과 조화시킬 수 있는 최선의 방법이라고 생각했다. 6세기와 7세기는 대중적인 힌두교가 흥기하는 시기이다. 남인도에서 불교는 쇠퇴일로에 있었으며,[원주12] 자이나교는 정점에 달했다. 베다의 제의식들은 평판이 나빠졌다. 쉬바교 계통의 박티 숭배자들(adiyars)과 비슈누교의 유랑 시인 헌신자들(ālvārs)은 신애(信愛)를 대중화하고 있었으며, 푸라나의 힌두교와 연관된 여러 가지 축제와 사원 숭배가 인도 전역에 널리 확

[원주12] 법현은 5세기의 흥성하던 불교를 전하고 있다. 이에 비하여 그 이후, 즉 6~7세기에 인도를 순례했던 현장은 쇠퇴일로에 있는 불교의 명백한 징후를 목격했다. 바나(Bāṇa)의 『하르샤차리타』(*Harṣacarita*)는 이러한 인상을 더욱 분명하게 한다.

산되고 있었다. 남인도에서는 팔라바(Pallava) 왕조가 절대적인 지배력을 장악하고 있었으며, 중앙 정부에 의하여 허용된 자유와 평화 속에 차츰 바라문교가 힌두교로 전환되고 있었다. 팔라바 왕들의 종교적인 신조는 그 당시 일어나고 있었던 부흥 운동의 분명한 지표였다. 팔라바 왕조의 초기 왕들은 불교도였으나, 그 후에는 비슈누교도들이었으며, 후기에는 쉬바교도들이었다.

불교의 금욕 수행적 경향과 유신론의 헌신적인 경향에 대한 반응으로, 미망사 학자들은 베다 제의식의 중요성을 지나치게 강조하고 있었다. 쿠마릴라와 만다나 미슈라는 지식(jñāna)의 길과 유행기(saññyā-sa)의 가치를 부정하고, 행위(karma)의 길과 가주기의 가치를 주장하였다. 샹카라는 동시에 정통적인 신앙의 열렬한 옹호자로서 그리고 정신적인 개혁자로서 등장했다. 샹카라는 푸라나 문헌들의 눈부신 사치의 시대로부터 우파니샤드의 신비적 진리의 시대로 복귀하려고 노력했다. 인간의 영혼을 보다 고차적인 삶으로 인도하는 신앙의 힘은 곧 그에게 그것의 강력함을 입증하는 척도가 되었다. 그는 불교와 미망사 및 박티 체계 이상으로 사람들의 윤리적·영적인 필요를 충족시켜줄 수 있는 철학과 종교를 확립함으로써, 당시의 정신적인 지표를 마련할 필요가 있다고 생각했다. 유신론자들은 감상(感傷)의 안개 속에 진리를 은폐하는 경향이 있었다. 신비 체험에 대한 비범한 재능을 지닌 그들은 삶의 실천적인 문제들에 무관심했다. 행위에 대한 미망사의 강조는 정신이 결여된 의식지상주의를 발달시켰다. 미덕은 삶의 어두운 위험들에 직면하고, 오직 그것이 훌륭한 사상의 꽃일 때만 살아 남을 수 있을 것 같았다.

샹카라의 입장에서는, 오직 불이론 철학만이 갈등하는 신조들에 대한 진실을 바르게 다룰 수 있었을 것이며, 따라서 그는 각 개인이 자신의 영혼과 브라흐만의 동일성을 실현하는 것—이것은 윤회로부터 해탈의 수단이다[원주13]—을 돕는다는 오직 하나의 목적으로 자신의 저술에 온 힘을 기울였다. 남인도 말라바르의 고향으로부터 북인도의 히말라야에 이르는 긴 운수(雲水)의 노정을 통하여, 그는 숭배의 다양한 국면들을 접했으며, 인간의 영혼을 고양하고 삶을 정화하는 힘을 지닌 모든 요소들을 받아들였다. 그는 해탈에 이르는 유일의 배타적인 방법을 설하는 것이 아니라, 대중적인 힌두교의 다양한 신들, 가령 비슈누, 쉬바, 샤크티, 수리야 등에게 바치는 장려한 찬가들을 만들었다. 이 모든 것은 모든 사람에 대한 그의 보편적인 연민과 풍부한 천부적인 재능에 대한 증거이다.

대중적인 종교를 부활시키는 과정에서 그는 또한 그것을 정화시켰다. 그는 남인도에서 성행하던 샤크티 숭배의 조잡하고 외설적인 의식들을 몰아냈으며, 그의 영향력이 캘커타에 있는 웅장한 칼리 사원에서 감지되지 않는 것은 유감스러운 일이다. 데칸 지역에서 그는 말라리(Mallāri)라는 이름 하에 개(犬) 형상의 쉬바를 섬기는 부정한 숭배를 타파했으며,[역주2] 인간을 산 제물로 요구하는 바이라바(Bhairava)신을 섬기는 카팔리카(Kāpālika) 종파[역주3]의 기괴한 실천 수행을 배척하기도 했다고 전해진다. 그는 불에 달군 쇠도장으로 몸에 낙인을 찍는 행위를 경멸했다. 그는 불교 사원으로부터 기율, 미신에 얽매이지 않음, 그리고 유기적인 수행자 집단이 신앙을 고결하고 강하게 한다는 것을 배웠으며, 몸소 열 곳에 종교적인 공동체를 세웠고, 이 가운데 네 곳은 오늘날에도 그 위세를 유지하고 있다.

샹카라의 생애는 일견하여 서로 반대되는 듯한 인상을 풍기는 측면

[원주13] Saṃsārahetunivṛttisādhanabrahmātmaikatvavidyāpratipattaye. 『브라흐마 수트라』, i.1.1에 대한 샹카라의 주석을 보라.

[역주2] 마하라슈트라(Maharashtra) 주에서는 지금도 말라리가 널리 숭배되고 있다. 흔히 데칸 지역의 수호신으로 간주되는 이 신은 칸도바(Khaṇdobā)라고도 불린다. 개 형상의 신으로 쉬바신과 동일시되기도 한다.

[역주3] 고대 탄트라교의 한 종파이다. '해골을 지닌 자들'(kāpālika)이라는 명칭이 가리키듯이, 이들은 시체를 선호하는 자들로 알려진다. 이들은 흔히 옷을 입지 않고 시체를 태운 재를 온몸에 바른 채, 헝클어진 장발로 화장터 주변에서 무리를 지어 수행한다.

들을 담고 있다. 그는 철학자인 동시에 시인이며, 학자인 동시에 성자이며, 신비가인 동시에 종교 개혁자이다. 만일 우리가 그의 인격을 회상하려 한다면, 그가 지녔던 이와 같은 다양한 재능들이 각기 다른 이미지를 만들어낼 것이다. 어떤 사람은 굳세고 대담무쌍한 논쟁자로서 지적인 열망으로 불타오르던 젊은 시절의 그를 보며, 또 어떤 사람은 그를 사람들에게 일체 의식을 심어주기 위하여 분투하는 통찰력 있는 정치적 천재로 간주한다. 어떤 사람에게 그는 더할 나위 없는 치밀함으로 삶과 사상의 모순들을 해명하려는 일념으로 몰두하는 조용한 철학자이며, 또 어떤 사람에게 그는 우리 자신이 우리가 아는 것보다 훨씬 위대하다는 것을 선언하는 신비가이다. 비록 짧았지만, 그의 생애보다 더 폭넓고 심원한 생애를 살았던 사람은 극소수에 불과했다.

3. 문헌

아드와이타 베단타의 주요 문헌은 우파니샤드[원주14]와 『바가바드기타』 및 『베단타 수트라』에 대한 샹카라의 주석들이다.[역주4] 『우파데샤사하스리』(*Upadeśasahasri*)와 『비베카추다마니』(*Vivekacūḍāmaṇi*)는 그의 일반적인 입장을 반영한다. 『다크쉬나무르티 스토트라』(*Dakṣiṇāmūrti Stotra*), 『하리미데 스토트라』(*Harimīḍe Stotra*), 『아난다라하리』(*Ānandalaharī*), 『사운다리야라하리』(*Saundaryalaharī*)와 같은, 여러

[원주14] 『찬도기야』, 『브리하드아란야카』, 『타잇티리야』, 『아이타레야』, 『슈웨타슈와타라』, 『케나』, 『카타』, 『이샤』, 『프라슈나』, 『문다카』, 『만두키야』에 대하여 주석하고 있다. 그는 또한 『아타르바쉬카』(*Atharvaśikhā*), 『아타르바쉬라스』(*Atharvaśiras*), 『느리싱하타파니야』(*Nṛsiṁhatāpanīya*) 우파니샤드에 대해서도 주석을 남겼다고 말해진다.

[역주4] 우파니샤드, 『바가바드기타』, 『베단타 수트라』는 흔히 '프라스타나 트라야' (prasthāna-traya, 3종 소의경전)라고 통칭되며, 전통적으로 베단타의 사상가들은 대개 이 세 문헌에 대한 주석을 통하여 자신의 사상을 펼친다.

신들에 대한 그의 대중적인 찬가집들은 삶에 대한 그의 믿음과 사랑을 우리에게 설명한다. 그의 것으로 전해지는 다른 문헌들로는 『아프타바즈라수치』(*Āptavajrasūcī*), 『아트마보다』(*Ātmabodha*), 『모하무드가라』(*Mohamudgara*), 『다샤슐로키』(*Daśaślokī*), 『아파로크샤누부티』(*Aparokṣānubhūti*)가 있으며, 『비슈누사하스라나마』(*Viṣṇusahasra-nāma*)와 『사나트수자티야』(*Sanatsujātīya*)에 대한 두 권의 주석서도 그에게 귀속된다. 그의 개성을 반영하고 있는 여러 가지 경향들이 그의 저술들에서 발견된다. 그의 스타일에 관하여 특기할 사항은, 그것이 그의 내면적인 특징들, 즉 강력함, 논리 정연함, 느낌, 유머 감각 등을 반영시키고 있는 방식이다. 사상을 표현하는 샹카라에 의하여 전개된 철학은 아직 진행 중에 있는 긴 역사를 지닌다. 다른 견해를 옹호하는 자들은 대개 샹카라의 견해들을 비판함으로써 자신의 입장을 견지하게 되고, 이것은 그때마다 샹카라의 입장에 대한 방어를 반드시 필요로 하는 결과를 가져왔다. 우리가 샹카라 이후 시대에 그의 사상의 성쇠를 충분히 논의하는 것은 불가능하다.^[원주15]

[원주15] 수레슈와라차리야(Sureśvarācārya)의 『바룻티카스』(*Vārttikas*)와 『나이슈카르미야싯디』(*Naiṣkarmyasiddhi*), 바차스파티(Vācaspati)의 『바마티』(*Bhāmatī*), 파드마파다(Padmapāda)의 『판차파디카』(*Pañcapādikā*), 그리고 아난다기리(Ānanda-giri)의 『니야야니르나야』(*Nyāyanirṇaya*)는 샹카라 시대 직후에 저술된 아드와이타의 유명한 논서들이다. 아말라난다(Amalānanda)의 『칼파타루』(Kalpataru, 13세기 중엽)는 『바마티』에 대한 주석서이다. 압파야 디크쉬타(Appaya Dīkṣita, 16세기)는 『칼파타루파리말라』(*Kalpataruparimala*)를 저술했다. 이 문헌은 『칼파타루』에 대한 방대한 논서이다. 그의 『싯단타레샤』(*Siddhāntaleśa*)는 아드와이타의 다양한 발전에 대한 중요한 요약을 담고 있다.

『브라흐마 수트라』의 첫 네 구절에 대해 정밀하게 주석하고 있는 파드마파다의 『판차파디카』는 프라카샤트만(Prakāśātman, A.D. 1200)에 의하여 그의 『판차파디카비바라나』(*Pañcapādikāvivaraṇa*)에서 다시 주석된다. 일반적으로 마다바(Mā-dhava)와 동일시되는 비디야라니야(Vidyāraṇya, 14세기)는 프라카샤트만의 저술에 대한 주석으로 자신의 『비바라나프라메야상그라하』(*Vivaraṇaprameyasaṁ-graha*)를 저술했다. 그의 『판차다쉬』(*Pañcadaśī*)는 후기 아드와이타의 고전으로 꼽히며, 그의 『지반무크티비베카』(*Jivanmuktiviveka*) 역시 상당한 가치를 지닌다. 전통은『판차다쉬』의 저자에 대하여 갈라진다. 비디야라니야는 전반부의 여섯 장(章)을 저술했으며, 바라티티르타(Bhāratītīrtha)는 나머지 아홉 장을 저술했다고 전한다(Pītāmbarasvāmin, ed., p.6을 보라). 니슈찰라다사(Niścaladāsa)는 자신의『브릿티프라바카라』(Vṛttiprabhākara, p.424)에서 전반부의 열 개 장을 비디야라니야에게, 그리고 나머지 다섯 개 장을 바라티티르타에게 귀속시키고 있다.

사르와갸트마무니(Sarvajñātmamuni, A.D. 900)는 자신의『상크세파샤리라카』(Saṁkṣepaśārīraka)에서 샹카라의 입장에 대한 개요를 논의하고 있으며, 그의 저술은 라마티르타(Rāmatīrtha)에 의하여 주석된다. 슈리 하르샤(Śrī Harṣa)의『칸다나칸다카디야』(Khaṇḍanakhaṇḍakhādya, A.D. 1190)는 아드와이타의 변증 논리에 대한 가장 위대한 작품이다. 그것은 인간 정신의 한계를 설명하는, 철학의 헛됨에 대한 긴 논문이다. 나가르주나(Nāgārjuna)의 정신에서, 그는 상식적인 범주들을 정확하고 상세하게 분석하며, 이런 과정을 통하여 궁극적으로 참이나 거짓으로 입증될 수 있는 것은 아무것도 없다는 단순한 진리를 확립한다. 보편 의식을 제외한 모든 것은 불확실하다. 영혼의 궁극적 실재에 대한 그의 믿음은 불교의 허무주의로부터 그를 차별화한다(i.5). 그는 니야야가 인정하는 인식 수단(pramāṇa)들과 인과론에 대하여 길고 상세하게 논의하며, 니야야는 실재가 아니라 단지 현상적인 존재와 더불어 분주할 뿐이라고 주장한다. 다양한 존재들은 궁극적이 아니며, 이에 비하여 궁극자는 비록 알려지지 않는다 할지라도 분명히 존재한다. 치트수카(Citsukha)는 그것에 대한 주석을 저술했으며, 이 밖에도『탓트와디피카』(Tattvadīpikā)로 알려지는 독자적인 문헌을 남겼다.『치트수키얌』(Citsukhīyam)은『니야야므리탐』(Nyāyāmṛtam)에서 비판되고 있으며, 또한 마두수다나 사라스와티(Madhusūdana Sarasvatī, 16세기)는 자신의『아드와이타싯디』(Advaitasiddhi)에서『니야야므리탐』을 비판한다. 라마차리야(Rāmācārya)는 자신의『타랑기니』(Taraṅgiṇī)에서『아드와이타싯디』를 비판한다. 브라흐마난다(Brahmānanda)의 저작인『가우다브라흐마난디얌』(Gauḍabrahmānandīyam) 혹은『구루찬드리카』(Gurucandrikā)는『타랑기니』의 비판에 대하여『아드와이타싯디』를 옹호하고 있다. 샹카라 미슈라(Śaṁkara Miśra)와 라구나타(Raghunātha)는『칸다나』에 대한 독립적인 문헌들을 남겼다. 다르마라자(Dharmarāja)의『베단타파리바샤』(Vedāntaparibhāṣā, 16세기)는 논리적 형이상학에 대한 탁월한 입문서이다. 다르마라자의 아들인 라마크리슈나(Rāmakṛṣṇa)는 그것에 관하여 자신의『쉬카마니』(Śikhāmaṇī)를 저술했다. 아마라다사(Amaradāsa)의『마니프라바』(Maṇiprabhā)는 그것에 관한 유용한 어구(語句) 주석이다. 비갸나비크슈의『비갸나므리타』(Vijñānāmṛta, 16세기)는 상키야의 이원론이 베단타 내에도 존속한다는 것을 입증하고자 한다.

이 밖에도 아드와이타의 중요한 문헌들로는 아드와이타난다(Advaitānanda)의『브라흐마비디야바라나』(Brahmavidyābharaṇa, 15세기), 고빈다난다(Govindā-

4. 가우다파다

가우다파다는 아드와이타 베단타에 대한 최초의 체계적인 설명을 시도한 사상가이다.[원주16] 그는 샹카라의 스승인 고빈다(Govinda)의 스승으로 일컬어지며, 8세기 초 혹은 7세기 말에 활동했던 것으로 전해진다.[원주17] 또한 가우다파다는 『웃타라기타』(*Uttaragīta*)에 대한 주석을

nanda)의 『라트나프라바』(*Ratnaprabhā*), 사다난다(Sadānanda)의 『베단타사라』(*Vedāntasāra*, 15세기) 및 이에 대한 주석서 『수보디니』(*Subodhinī*)와 『비드완마노란자니』(*Vidvanmanorañjanī*), 프라카샤난다(Prakāśānanda)의 『싯단타무크타발리』(*Siddhāntamuktāvali*), 사다난다의 『아드와이타브라흐마싯디』(*Advaita-brahmasiddhi*), 라크쉬미다라(Lakṣmīdhara)의 『아드와이타마카란다』(*Advaita-makaranda*) 등을 들 수 있다. 『마하 우파니샤드』(*Mahā Upaniṣad*) 등과 같은 다수의 후기 우파니샤드들과 『요가바쉬슈타』(*Yogavāsiṣṭha*) 및 『아디야트마라마야나』(*Adhyātmarāmāyaṇa*)와 같은 종교 문헌들은 아드와이타 철학을 옹호한다. 『요가바쉬슈타』는 불교적인 견해로 채색된 느낌을 준다.

샹카라의 언급이 지니는 깊이와 확고함에서 전혀 나아간 흔적을 보이지 않는, 다른 여러 문헌들이 저술되었다. 수레슈와라, 바차스파티, 파드마파다, 슈리 하르샤, 비디야라니야, 치트수카, 사르와갸트마무니, 마두수다나 사라스와티, 압파야 디크쉬타 등은 대체로 동일한 사상의 흐름에 속한다 할지라도, 이들의 사상은 독창적인 어떤 새로운 점을 지니고 있으며, 이전에는 볼 수 없었던 절대적 관념론의 의미에 대한 어떤 측면들을 반영하고 있다. 이들은 동일한 방법을 택하여, 동일한 견해를 설명하고 있지만, 그럼에도 불구하고 이들은 각자의 개성을 유지해 나가고 있다.

[원주16] 짐작건대 그는 상키야 철학에 대한 주석의 저자와 동일인이 아닐 것이다.

[원주17] 월레저(Walleser)의 언급에 의하면 『카리카』(*Kārikā*)가 바바비베카(Bhava-viveka)의 『타르카즈발라』(*Tarkajvālā*)에 대한 티베트어 번역본에서 인용되고 있다. 이로 미루어볼 때, 가우다파다의 연대는 일반적으로 인정되는 8세기 초나 7세기 말보다 이전일 가능성이 높다. 가우다파다는 현장보다 이전 시대의 인물이며, 따라서 그의 연대는 550년경으로 보아야 한다(Jacobi, J.A.O.S., April 1913을 보라). 야코비는 『카리카』의 연대가 『브라흐마 수트라』의 연대보다 나중이라고 믿는다. 이 견해는 고대 불교 문헌들에 『브라흐마 수트라』에 대한 언급이 없다는 사실로 반증되지 않는다. 왜냐하면 『브라흐마 수트라』의 '비의적 특성'은 국외자들이 베단타 철학의 관점들을 설명하기 위하여 그것을 인용하는 것을 불가능하게 만들기 때문이다. "게다가 불교도들은 자이나교도들이 9세기경까지도 그랬던 것처럼, 바다라야나의 고대 베단타를 무시했을 수도 있다. 그러나 그들은 가우다파

썼다고 말해진다. 실재의 등급, 브라흐만과 아트만의 동일, 마야, 궁극적 실재에 대한 인과관계의 적용 불가, 해탈에 이르는 직접적인 수단으로서의 지혜(jñāna), 절대적인 비존재의 불가해 등과 같은 아드와이타 철학의 중심 원리들이 『카리카』에서 설명된다. 이 문헌은 4장으로 나누어진다. 아가마(Āgama)라 불리는 제1장은 『만두키야 우파니샤드』 본문에 대한 설명이다. 가우다파다는 실재에 대한 자신의 견해가 슈루티에 의하여 인정되며 이성에 의하여 뒷받침된다는 것을 보여주고자 한다.[원주18] 바이타티야(Vaitathya)로 불리는 제2장은 논증을 통하여 이원성과 대립으로 특징지어지는 세계의 현상성을 설명한다. 제3장에서는 아드와이타의 교의가 확립된다. 알라타샨티(Alātaśānti, 횃불을 물에 적셔 끔)로 불리는 제4장은 아트만의 유일한 실재와 일상적 경험의 상대성에 대하여 보다 상세한 논의를 담고 있다. 끝에 불이 붙은 나뭇가지를 빙빙 돌릴 때, 불의 화환(alātacakra)에 대한 환영(幻影)이 생겨나는 것처럼, 세계의 다양성 또한 이와 같다.[원주19] 그것은 요가차라(Yogācāra) 불교의 견해를 언급하고 있으며, 붓다의 이름을 6회 언급한다.

가우다파다는 불교가 널리 성행하던 당시에 활동했다. 당연히 그는 불교의 교의들에 익숙하였으며, 자신의 아드와이타와 모순되지 않는 한도 내에서는 그 교의들을 수용했다. 불교도들에게 그는 자신의 견해가 어떤 신학적인 경전이나 계시에 의존하지 않는다는 점을 들어 호소했으며, 정통 힌두교도들에게 그는 자신의 견해가 또한 전거(典據)를

다의 저술까지 무시할 수는 없었다. 왜냐하면 이 문헌은 여러 점에서 불교와 유사성을 지니는 철학을 설했기 때문이다"(J.A.O.S. April 1913). 다수의 인도 학자들은 야코비의 견해에 동조하는 경향을 보인다.

[원주18] iii.23.

[원주19] 『마이트라야니 우파니샤드』, vi.24를 보라. 이 비유는 불교 문헌들에서 자주 볼 수 있다. 사실 언어와 사상에서 가우다파다의 『카리카』는 중관불교(中觀佛敎, Mādhyamika)의 문헌들과 현저한 유사성을 지니며, 이 문헌들에서 사용되는 다수의 실례나 비유들을 담고 있다. 특히 ii.32 ; iv.59를 보라.

지니는 것이라고 말했다. 개방적인 그의 입장은 그로 하여금 불교와 관련된 여러 가지 교의를 받아들여서 그것을 아드와이타의 시각으로 소화해낼 수 있게 하였다.[역주5]

5. 경험에 대한 분석

앞에서 우리는 『만두키야 우파니샤드』에서 간략하게 논의된 의식의 등급 혹은 종류에 대한 이론에 관해서 언급하였다.[원주20] 가우다파다는 이 분석에 의거해서 꿈속의 경험이 각성상태의 경험과 동등하다고 주장한다. 만일 꿈의 상태가 동료들의 일반적인 경험이나 자기 자신의 정상적인 경험상태와 일치하지 않는다면,[원주21] 그것은 절대적인 실재성의 결핍 때문이 아니라, 단지 그것이 우리의 인습적이고 틀에 박힌 기준들에 일치하지 않기 때문일 뿐이라고 이해되어야 한다. 꿈의 상태들은 경험의 독자적인 한 부류이며, 꿈이라는 체계 내에서 이러한 상태들은 일관성을 지닌다. 꿈속에서 샘물은 꿈속의 갈증을 해소할 수 있으며, 따라서 그것이 진정한 갈증을 해소하지 않는다고 말하는 것은 불합리하다. 그와 같이 말하는 것은 각성상태의 경험이 그 자체로 실재적이며, 그것만이 유일한 실재라고 가정하는 것이다. 각성상태와 꿈은 모두 그 자체의 체계 내에서는 동등하게 실재적이거나, 절대적인 의미에서 둘 다 동등하게 비실재적이다.[원주22]

[역주5] 가우다파다의 사상에 대한 대승불교의 영향에 대하여, 문을식, 「가우다파다의 不生說과 龍樹의 中道說」(동국대학교 박사학위논문, 1994), pp.24~25를 보라.

[원주20] 『인도철학사 I』, pp.57~59, pp.226~230을 보라. Bradley, *Truth and Reality*, pp.462~464를 참조하라.

[원주21] ii.203.

[원주22] "내가 그 문제를 신중하게 생각해볼 때, 나는 자신이 깨어 있는지 아니면 꿈을 꾸고 있는지를 분명하게 결정할 수 있는 한 올의 특징도 발견할 수 없다. 꿈속의 장면들과 나의 각성상태는 매우 흡사하기 때문에, 나는 온통 당혹스러우며, 내

　　가우다파다는 각성상태의 대상들은 우리 모두에게 공통적이지만, 꿈 속의 대상들은 그 사람에게만 국한된다는 것을 인정한다.[원주23] 그럼에도 불구하고 그는 말한다. "꿈에서와 마찬가지로, 각성상태에서도 보이는 대상들은 비실재적이다."[원주24] 그의 주장은 대상으로 주어지는 모든 것은 비실재적이라는 것이다. 모든 대상들은 비실재이며 항구불변의 목격자 자아, 즉 주체만이 실재라는 주장은 몇몇 우파니샤드들에서 제시되었으며, 불교 사상에서 부정적인(negative) 결과들로 나타나는 발전을 보았다. 이제 그것은 가우다파다에 의하여 삶이란 깨어 있는 꿈이라는 것을 입증하기 위하여 사용된다.[원주25] 우리가 각성상태의 세계를 대상적인 것으로 받아들이는 것은, 우리가 다른 사람들의 정신상태들을 경험하기 때문이 아니라, 단지 그들의 증언을 받아들이기 때문일 뿐이다. 각성상태의 대상들에 적용되는 공간, 시간 그리고 인과의 관계들은 궁극적인 것으로 간주될 필요가 없다. 가우다파다에 의하면, "그 자체로 완전한 것, 바로 그 자체의 조건인 것, 생겨나지 않는 것, 우연적이 아닌 것, 혹은 영원히 존재하는 것은 필연적으로 이해된다."[원주26] 이와 같은 기준을 적용할 때, 우리는 경험아(經驗我)와 세계 모두가 그 자체로는 아무것도 아니며, 오직 아트만이 있을 뿐이라는 것을 발견하게 된다.[원주27]

가 지금 이 순간에 꿈을 꾸고 있는 것은 아닌지 실로 알 수 없다"(Descartes, *Meditations*, p.1). 만일 매일 밤 동일한 꿈이 우리에게 나타난다면, 우리는 매일 낮에 보는 것들에 의하여 영향받는 것과 마찬가지로 그것에 의하여 영향받을 것이라는 파스칼의 주장은 타당하다. 그는 말한다. "만일 어떤 예술가가 매일 밤 12시간 동안 자신이 왕이라고 꿈을 꾸는 것을 확실하다고 생각하고 있다면, 나는 그가 매일 밤 12시간 동안 자신이 예술가라고 꿈꾸는 왕과 똑같이 행복할 것이라고 믿는다."

[원주23] ii.14.
[원주24] ii.4.
[원주25] ii.31.
[원주26] iv.9.
[원주27] iv.10.28, 61.

경험의 현상들은 어떤 법칙들에 따르는 것으로, 그리고 어떤 관계들—이 중에서 가장 중심된 것은 인과관계이다—에 의하여 한정되는 것으로 우리의 마음에 나타난다. 원인과 결과가 서로 이어지는 순서는 무엇인가? 만일 그 둘이 마치 어떤 동물의 두 뿔처럼 동시적이라면, 그 둘은 원인과 결과로 관련될 수 없을 것이다. 씨앗과 나무의 비유는 큰 도움이 되지 못한다. 만일 우리가 어떤 것의 원인을 모른다면, 우리는 그것을 결과라고 부를 수 없을 것이다.[원주28] 필연적으로 인과관계에 대한 설명은 완전할 수 없다. 우리는 사물들의 어떤 주어진 상태를 조건지어진 것으로 간주하고, 그것의 조건들을 추구하며, 후자가 알려질 때 우리는 또한 그 조건들의 배후로 나아가지 않으면 안된다. 이와 같은 과정은 그것에 대한 어떤 궁극성도 지니지 못한다.[원주29]

그러나 만일 우리가 자체로는 원인을 지니지 않으나 결과를 생산하는 무시(無始) 영원의 원인들이 있다고 믿는다면, 그러면 가우다파다는 그 자체를 생산하는 것이 어떻게 생산되지 않는 것(aja)일 수 있는가 하고 묻는다. 변화하는 어떤 것이 또한 어떻게 영원할 수 있는가? 우리는 어디서 다른 것들을 생산하는, 그러나 생산되지 않는 것들을 발견할 수 있는가? 분명히 원인과 결과는 서로 지탱하고 함께 쓰러지는 상대적인 것이다.[원주30] 인과율은 실재의 본질을 지니는 것이 아니며, 단지 지식의 한 조건일 뿐이다. 가우다파다는 말한다. "비실재든 실재든 비실재를 그 원인으로 지닐 수 없으며, 또한 실재도 그것의 원인으로 실재를 지닐 수 없다……. 그런데 어떻게 실재가 비실재의 원인일 수 있겠는가?"[원주31] 인과율이 지니는 난점들은 가우다파다가 "그 자체에 의해서나 다른 어떤 것에 의해서 생성되는 것은 아무것도 없으며, 또한 존재든 비존재든 또는 존재인 동시에 비존재인 것이든, 어떤 것도

[원주28] iv.16~21.
[원주29] iv.11~13, 21, 23, 25.
[원주30] iv.14~15.
[원주31] iv.40.

실제로 생성되지 않는다"라고 말하게 한다.[원주32]

인과율은 불가능이다. 우리는 신이 세계의 원인이라거나 각성상태가 꿈의 원인이라고 말할 수 없다.[원주33] 주관적이거나 대상적인 온갖 것들과 개별 영혼들 및 세계는 모두 비실재이다.[원주34] 이러한 것들은 단지 우리가 인과관계의 원리를 받아들이는 한에서 실재적인 것처럼 보일 뿐이다.[원주35] "모든 것은 상대적인 관점(saṁvṛti)의 힘에 의하여 생겨나며, 따라서 영원한 것은 아무것도 없다. 또한 모든 것은 불생(不生)이요 궁극적 존재(sat)와 불가분이며, 따라서 파괴 같은 것은 전혀 있을 수 없다."[원주36] 생산과 파괴는 단지 현상들일 뿐이며, 사실상 파괴되는 것도 없고 생겨나는 것도 없다.[원주37] 우리는 현상계를 초월하는[원주38] 궁극적 실재에 도달하기 위하여 인과율 및 다른 관계들을 부정하지 않을 수 없다.

아드와이타에서 주관과 객관에 대한 구분이 일반적인 구분과 다르다는 것은 주지의 사실이다. 정신적인 세계는 물질 세계와 똑같이 객관적이다. 왜냐하면 유일한 주관 혹은 실재는 아트만이기 때문이다. 가우다파다와 샹카라 모두가 이 견해를 옹호하고 있지만, 그럼에도 불구하고 샹카라는 각성 세계로부터 꿈의 상태를 구별하기 위하여 고심한다. 샹

[원주32] iv.22. 이에 대하여 샹카라는 다음과 같이 주석한다. "사실 어떤 것에 의하여 생성되는 존재를 분명히 밝히는 것은 전혀 불가능하다. 그 자체의 산물인 것, 즉 그 자체의 형태로부터 태어나는 것은 아무것도 없다. 어떤 질그릇에서 그 질그릇이 생겨나는 것처럼, 그 자체를 재생산할 수 있는 것은 없다. 또한 질그릇으로부터 옷감이 생산되거나 옷감으로부터 다른 옷감이 생산되는 것처럼, 다른 어떤 것으로부터 생산될 수 있는 것도 없다. 또한 그 자체와 다른 어떤 것 둘 모두로부터 생겨날 수 있는 것도 없다. 왜냐하면 질그릇과 옷감이 함께 전자 혹은 후자를 생겨나게 할 수 없기 때문이다."
[원주33] iv.39.
[원주34] iv.51~52, 67.
[원주35] iv.55~56 ; iv.42.
[원주36] iv.57.
[원주37] ii.32.
[원주38] Prapañcopaśamam, ii.35.

카라의 견해에 의하면, 정신과 물질의 두 세계가 모두 본질에서 브라흐만이라 할지라도, 그 둘은 동일한 종류 혹은 체계가 아니다.

한편 본질적으로 그 둘의 구분을 부정하는 가우다파다는 전통적인 의미에서 주관주의라는 비난의 여지를 안고 있다. 왜냐하면 그는 유식론자들이 지각의 외부 대상들의 비실재성을 입증하기 위하여 사용하는 논증 방식을 사용하며, 이 대상들이 마음에 기인하는 것으로 보기 때문이다.[원주39] 지각하는 자와 지각되는 것에 대한 가현을 만들어내는 것은 의식의 흐름(vijñānaspanditam)이며, 우리는 의식의 흐름이 아닌 어떤 다양한 세계를 마음에 그린다.[원주40] 세계는 오직 인간의 마음속에 존재한다.[원주41] 가우다파다는 모든 존재를 마음의 인상들로 간주하며, 후자는 어떤 객관적인 원인들도 지니지 않는다고 주장한다. "당연한 이치에서 도출되는 논증들은 원인의 원인 없음을 가리킨다."[원주42] "생각(citta)은 대상들에 그 자체를 관련짓지 않으며, 생각은 그 대상들이 그것에 그 대상들 자체를 반영하게 하지도 않는다. 왜냐하면 대상들은 비실재이며 그 대상들의 반영은 그것(citta)과 별개가 아니기 때문이다."[원주43]

실재론자들은 만일 외부의 사물들이 자극하지 않는다면 관념이나 느

[원주39] 야코비는 가우다파다의 논증을 아래의 연역적인 형식으로 재구성한다. "각성 상태에서 지각되는 것은 참이 아니다(pratijñā, 주장). 왜냐하면 그들은 지각되기 때문에(hetu, 이유). 예를 들어, 꿈에서 보이는 것들처럼(dṛṣṭānta, 실례). 꿈에서 지각되는 것들이 참이 아닌 것과 마찬가지로, 지각되는 특성들은 각성상태에서 지각되는 것들에도 똑같이 속해 있다(hetūpanaya, 이유의 적용). 그러므로 각성상태에서 지각되는 것들 또한 거짓이다(nigamana, 결론)." J.A.O.S., vol.xxxiii, part i, April 1913을 보라. 또한 ii.29, 31 ; iv.61~66, 72~73을 보라.
[원주40] ii.15 및 17 ; iv.47.
[원주41] iv.45~48, 72 ; iv.77 ; i.17.
[원주42] iv.25. 이에 대하여 샹카라는 다음과 같이 주석한다. "당신이 주관적인 인상들의 객관적인 원인들로 취하는 항아리 등은 그 자체로 아무런 원인도 지니지 않는다. 즉 의거할 아무것도 없다. 따라서 항아리 등은 주관적인 인상들의 원인이 아니다."
[원주43] iv.26.

낌이 일어나지 않는다고 주장한다. 가우다파다는 관념과 별개로 그리고 그것에 독립적으로 존재하는 대상들을 가정하는 불합리를 분명히 밝히고 있으며, 샹카라는 이 반박이 "실재론자(bāhyārthavādin)들의 견해와 논쟁하는 유식 불교도들의 주장이며, 스승(가우다파다)이 그때까지는 그들의 견해에 동의한다"[원주44]는 것을 인정하지 않을 수 없다.

그러나 심지어 실재적인 관념의 흐름에 대한 이론조차도 가우다파다의 입장에 부합되지 않는다. 그는 유식 불교의 핵심 전제, 즉 마음(citta)의 실재를 비판한다. "그러므로 마음은 생겨나지 않으며, 마음에 의하여 인식되는 대상들 또한 생겨나지 않는다. 그 둘의 생성을 인지하는 것처럼 그릇되게 주장하는 자들은 단지 허공에서 발자국을 본다고 우기는 것처럼 보일 뿐이다."[원주45]

만일 전체의 경험이 단지 외견상의 것일 뿐이라면, 참된 인식과 거짓된 인식의 구분은 무엇인가? 절대적인 관점에서 보면, 전혀 아무것도 없다. 새끼줄을 새끼줄로 보는 지각은 새끼줄을 뱀으로 보는 지각과 마찬가지로 불완전하다. 각성상태의 경험과 꿈속의 경험에서 나타나는 대상들에 대한 의식은 항상 계속하는 불변의 요소가 아니다. 우리는 외적이거나 내적인 대상들에 대한 아무런 인식도 없는 꿈 없는 숙면상태를 지닌다. 이때 우리에게는 단지 모든 것들이 한덩어리의 무차별적 직각(直覺) 속으로 녹아드는 듯한 하나됨이 있을 뿐이다.[원주46] 이러한 상태의 존재는 아는 자와 알려지는 것의 구분을 수반하는 지식이 궁극적일 수 없다는 명백한 증거이다. 우리가 꿈꾸고 있는 한에서 꿈은 실재적이며, 우리가 꿈꾸고 있거나 잠자고 있지 않는 한에서 각성상태의 경험들은 실재적이다. 우리가 각성상태 혹은 꿈으로 전이하는 꿈 없는 숙면은 다른 두 상태들과 마찬가지로 비실재적이며, 개아가 "무시(無始)

[원주44] iv.21, 25~27.
[원주45] iv.28.
[원주46] Yathā rātrau naiśena tamasā'vibhajyamānaṁ sarvaṁ ghanam iva, tadvat prajñānaghana eva(『만두키야 우파니샤드』, 5에 대한 샹카라의 주석).

의 근본 미혹에서 깨어나, 생겨남이 없고 언제나 깨어 있는 유일무이한 자를 깨닫게 될 때,"[원주47] 이 모든 세 가지 상태들은 자체의 상대적인 특성을 드러낸다.

세계의 비실재성을 뒷받침하기 위하여 제시되는 또 다른 하나의 이유는 "처음에 비존재이며 끝에도 비존재인 것은 반드시 중간에도 존재하지 않는다"[원주48]는 것이다. 다시 말하여 무엇이든 시작이나 끝을 지니는 것은 비실재라는 것이다.[원주49] 실재에 대한 기준은 객관성 혹은 실제적인 효과성이 아니라, 모든 시간에 걸치는 항구적인 존속 혹은 절대적인 자존이다. 각성상태에서 경험하는 대상들은 꿈에서는 비존재가 되며, 그 역(逆)도 또한 같다. 이에 가우다파다는 경험 세계의 비실재성을 1) 꿈의 상태들에 대한 그것의 유사성에 의하여, 2) 그것의 소여성 혹은 객관성에 의하여, 3) 그것을 구성하는 관계들의 불가지성에 의하여, 그리고 4) 그것의 항구적 비존속성에 의하여 확립한다.

상대성이 경험의 영역에 있는 것들을 지배하는, 모든 것을 포섭하는 힘이라고 하기는 하지만, 가우다파다는 경험과 상대성을 초월하는 어떤 것의 실재를 단언한다. 상대적인 것에 대한 가능성은 절대적인 것의 실재를 함축한다. 만일 우리가 궁극적 실재를 부정한다면, 우리는 또한 상대적인 것들도 부정하는 결과가 된다.[원주50] 우파니샤드는 그 세 가지 상태들을 초월하는, 이들의 토대로서 아트만이 있다고 언명한다.[원주51] 그것만이 있다. 그것은 불가분적이다. 왜냐하면 만일 그것 속에 부분들이 있다면, 다수성이 있을 것이기 때문이다. 궁극적 존재 속에는 어떤 차이나 구별도 있을 수 없다. 왜냐하면 궁극적 존재와 다른 것은 비존

[원주47] i.16.
[원주48] ii.6.
[원주49] ii.7.
[원주50] iii.28.
[원주51] i.1. Eka eva tridhā smṛtaḥ. 다음의 견해와 비교하라. "Sattvāj jāgaraṇaṁ vidyād, rajasā svapnam ādiśet, Prasvāpanaṁ tu tamasā turīyam triṣu saṁtanam." 『상키야프라바차나 바쉬야』(Sāṁkhyapravacana Bhāṣya), i.91을 보라.

재이며, 비존재는 존재하지 않기 때문이다. "비존재는 존재가 될 수 없는 것과 마찬가지로, 존재는 비존재가 될 수 없다."[원주52]

존재는 사유와 동일하다. 왜냐하면 만일 그렇지 않다면 그것은 다른 방식으로 완전히 하나일 수 없을 것이기 때문이다. 사유는 존재와 동일한 것이다. 그러나 여기서 사유는 어떤 대상을 필요로 하는 인간의 사유가 아니다. 그와 같은 개념은 관계들을 지니며, 따라서 이원성을 수반할 것이다. 여기서 사유는 순수한 자명(self-luminousness)이며, 상대적인 모든 지식을 가능하게 하는 원천이다. "영원히 불생(不生)이며, 깨어 있으며, 꿈 없는 자는 저절로 그 자체를 비춘다. 그것은 본질적으로 본래부터 영원히 비추어진다."[원주53] 절대자는 우리가 숙면상태에서 지니는 것과 같은 어떤 부정적 공백(negative blank)과 혼동되지 말아야 한다. 후자에서 우리는 비인식을 지니지만, 이에 비하여 브라흐만에서 우리는 순수 인식을 지닌다.[원주54] 각성, 숙면, 몽면의 세 상태들은 유일 무한의 아트만이 다양한 한정자(upādhi)들에 의하여 제한될 때, 그것이 나타나는 세 가지 양태들이다.[원주55]

6. 창조

가우다파다는 궁극적 원리 아트만과 현상 세계의 관계에 대한 문제

[원주52] iv.4.

[원주53] iv.81. 또한 iii.33, 35~36을 보라.

[원주54] iii.34. 또한 i.26~29 ; iii.26 ; iv.9를 보라.

[원주55] 조대신(粗大身), 미세신(微細身), 원인신(原因身)과 관련되는 아트만은 각각 비슈와(viśva), 타이자사(taijasa), 프라갸(prājña)라고 불린다. 이 입장은 헤겔의 개념과 유사성을 지닌다. 헤겔에 의하면, 인간 정신이 실재에 대하여 상대적으로 덜 적합한 개념들로부터 점차 더 적합한 개념들로 나아가는 연속적인 단계들은, 실재 자체가 영속적으로 점증하는 적합성을 지니며 스스로를 현시하는 과정의 단계들과 일치한다.

를 제기한다. 만일 우리가 창조에 대한 단순한 사색가(sṛṣṭicintakāḥ) 가 아니라 진지하게 진리를 추구하는 구도자(paramārthacintakāḥ)라 면, 우리는 도무지 창조 같은 것은 없다는 사실을 알게 될 것이다. 궁 극적 실재는 변화를 겪을 수 없다. 만일 그것이 변한다면, 그러면 "불 멸자는 필멸자가 되고 말 것이다."[원주56] "어떤 것이 완전히 반대되는 다른 어떤 것으로 변화하는 것은 결코 있을 수 없다."[원주57] 모든 생성 은 비실재적이며, 오직 경험 세계에서만 타당하다. 사실 차별(bheda) 같은 것은 도무지 없다.[원주58] 유일 무한의 실재인 아트만은 그 자체 이 외에 아무것도 인식하지 않는다. 이것은 마치 샹카라가 "대상들은 단 순히 존재하는 주체에 의해서가 아니라, 활동 중인 주체에 의하여 인 식된다"고 말한 것과 같다. 불가분의 아트만은 실로 나누어질 수 없으 므로, 비록 자아와 비아 사이의 혼동은 부정될 수 없다 할지라도, 어떻 게 이와 같은 혼동이 일어나며, 어떻게 일자(一者)가 다자(多者)로 나 타나는가는 설명할 수 없으며, 때로는 비록 세계는 실재가 아니라 할 지라도 그것에 대한 설명을 추구하는 것은 피할 수 없다고 주장되기 도 한다.[원주59]

가우다파다는 창조에 대한 설명을 위하여 제시되는 여러 대안들을 검토하고 있다. "어떤 사람들은 그것을 신의 현현(vibhūti)으로 간주하 며, 또 어떤 사람들은 그것을 본질적으로 꿈 혹은 환영(幻影, svapna-māyā)으로 여긴다. 어떤 사람들은 그것이 신의 의지라고 주장하는 반 면에, 시간의 존재를 믿는 자들은 모든 것이 시간(kāla)으로부터 나왔 다고 주장한다. 어떤 사람들은 창조가 즐김(bhoga)을 위하여 있다고 하는가 하면, 또 어떤 사람들은 그것이 유희(krīḍā)라고 말하기도 한 다." 가우다파다는 이 모든 견해들을 부정하며, "그것은 빛나는 자의

고유한 본질"(devasyaiṣa svabhāvo yam)이라고 주장한다. "모든 것을 이룬 자가 무슨 욕망을 지닐 수 있겠는가?"[원주60] 따라서 세계가 꿈 혹은 환영에 비유되는 견해를 부정하면서, 가우다파다는 그것이 신의 고유한 본질의 현현, 즉 그의 힘의 표현이라고 주장한다.

세계에 대한 실재론적인 개념 또한 다른 구절들에서 부정된다. "아트만은 자신의 마야의 힘을 통하여 홀로 자기 자신을 생각하며, 오직 그만이 그와 같이 생겨난 대상들을 인식한다. 이것이 이 주제에 대한 베단타의 최종 결론이다."[원주61] 여기서 가우다파다는 놀라운 힘이라는 의미에서 '마야'라는 말을 사용하며, 그것은 아트만의 본질(svabhāva)이 된다. 마야는 영원히 빛나는 아트만과 분리될 수 없으며, 아트만은 마야에 의하여 감추어진다.[원주62] 마야는 또한 인간의 시각으로부터 실재를 은폐하는 무시(無始)의 우주적 원리로 말해지기도 한다.[원주63] 미현현(avyākṛtam)의 이 마야 혹은 본질의 원리와 더불어 있는 절대자가 곧 이슈와라이며, 이슈와라는 "의식의 모든 중심들을 내보낸다."[원주64]

우파니샤드에서 사용되는 흙, 쇠, 불꽃 등의 예들은 단지 우리가 절대자를 실현하는 것을 돕기 위하여 의도된 것일 뿐이다.[원주65] 후기 베단타에서 이 입장은 후속하는 거두어들임으로 제거되는 가탁(假託)의 이론(adhyāropāpavāda)[역주6]으로 보다 정교하게 확립된다.[원주66] 이 언급들에 담긴 형이상학적 진리는 경험 세계가 그 자체의 토대로 아트만을 지니며, 아트만은 사실 어떤 이원성도 인식하지 않는다는 것이다.[원주67] "이

[원주60] i.7~9.
[원주61] ii.12. 또한 iii.10을 보라.
[원주62] ii.19.
[원주63] i.16.
[원주64] i.6.
[원주65] iii.15.
[역주6] 이 방법을 통하여 우리는 먼저 무속성의 실체에 가공의 속성들을 귀속시키고, 그런 다음에 이어서 그 속성들을 부정 혹은 제거한다. 이 방법은 구도자를 불이(不二)의 자아에 대한 지식으로 인도하기 위하여 사용된다.
[원주66] 『베단타사라』(*Vedāntasāra*), ii.

원성의 세계는 단지 마야일 뿐이며, 실재하는 존재는 불이(不二)이다."[원주68] 샹카라는 말한다. "마치 새끼줄에 뱀이 존재하는 것처럼, 여러 형태의 경험은 브라흐만에 존재한다."[원주69] 우리는 아트만이 그 자체를 세계로 전변한다고 말해서는 안된다. 마치 새끼줄이 뱀을 생성시키는 것처럼, 아트만은 세계의 존재들이 생겨나게 한다.[원주70] 그것은 오직 마야를 통해서 다자가 되는 것처럼 보일 뿐이며, 실제로 그 자체가 다자로 되는 것은 아니다.[원주71] "다양한 형태의 경험들은 아트만과 동일하다고 말해질 수 없으며, 결코 홀로 독립적으로 존재한다고 주장될 수도 없으며, 또한 아트만과 동일하거나 다른 점이 전혀 없다고 말해질 수도 없다."[원주72] 세계는 아트만과 동일하지도 않고 그것과 다르지도 않다. 가우다파다가 궁극적 실재에 관심을 집중할 때, 그는 세계가 단지 꿈 혹은 환영에 불과하며, 차별상은 단지 가현에 불과하다고 주장한다.[원주73]

　마야라는 말은 가우다파다에 의하여 어떤 엄격함을 가지고 사용되지 않는다. 그것은 1) 아트만과 세계의 관계에 대한 불가해, 2) 이슈와라의 본질 혹은 힘, 그리고 3) 세계의 꿈 같은 가현성을 가리키기 위하여 사용된다. 이 중에서 첫번째 의미는 샹카라에 의하여 크게 강조되는 반면에 세번째 의미는 거의 무시된다. 사실 세번째 의미는 가우다파다의 입장을 경험적 진리(vyāvahārikasatya)보다는 오히려 중관 불교의 허위(saṁvṛtisatya)[역주7]에 더욱 가깝게 만드는 요인이 된다.[원주74]

[원주67] i.13, 17.
[원주68] Māyāmātram idaṁ dvaitam advaitam paramārthataḥ(ii.17).
[원주69] ii.12 및 19에 대한 샹카라의 주석.
[원주70] iii.27 ; ii.17.
[원주71] iii.27.
[원주72] ii.34.
[원주73] iii.19, 24 ; iv.45. 또한 ii.18을 보라.
[역주7] 중관 불교에서 말하는 경험적이고 상대적인 차원에서의 진리(俗諦)를 말한다. 이것은 두 가지 유형, 즉 현세적 진리(lokasatya)와 환영적 진리(mithyasatya)로 나누어진다.

만일 세계가 절대적인 아트만에 가탁된 마음의 대상화(cittadṛ-śyam)라면, 개아(jīva) 또한 이와 같다. 아트만이 다수의 개아로 개별화하는 것은 단지 외견상의 현상일 뿐이다. 아트만은 우주적 공간에, 그리고 개아는 항아리 속에 담긴 공간에 비유된다. 둘러싸고 있는 벽이 허물어질 때, 한정된 공간(ghaṭākāśa)은 우주적 공간(mahākāśa)으로 녹아든다. 차이들은 단지 형태, 역량, 그리고 이름 등과 같은 우유성에 있을 뿐이며, 보편적 공간 자체에 있는 것은 아니다. 심지어 우리는 제한된 공간이 우주적인 공간의 부분(avayava) 혹은 결과(vikāra)라고 말할 수 없는 것과 마찬가지로, 개아가 아트만의 부분 혹은 결과라고 말할 수 없다. 그 둘은 하나이며, 차이들은 외견상의 것이다. 단지 우리는 실천적인 목적에서 그 둘이 구별되는 것으로 다룰 수밖에 없을 뿐이다.[원주75]

7. 윤리와 종교

인간에게 지고선(至高善)은 인간의 본래 모습인 실재로부터 그 자신을 차단하는 온갖 장애들을 제거하고 속박에서 벗어나는 데에 있다. 자유는 개별 영혼에 있는 아트만의 실현에 있다.[원주76] 자유롭게 된 영혼은 "결코 태어나지 않으며, 인과의 범위를 초월한다."[원주77] 진리를 깨닫는 순간에 그는 생명 없는 자연의 완전한 냉담에 비유될 수 있는 고결한 무관심으로 세계에서 삶을 영위할 것이다.[원주78] 그는 관습적인 규

[원주74] 가우다파다는 사물들(dharmas)로 이루어진 경험세계를 마치 허공처럼 단지 환영에 불과한 것으로 간주한다. 그는 또한 지식이란 허공과 마찬가지로 상상의 산물이며, 대상들과 다르지 않다고 말한다.

[원주75] iii.3~14.

[원주76] ii.18, 38.

[원주77] iv.75 ; iii.38.

[원주78] ii.36.

범들에 얽매이지 않는다.[원주79]

　윤리적인 노력은 지고선을 향한 점진적인 다가감에 놓여 있다. 선악의 구분들은 개아가 개별 의식을 지니는 경험의 세계와 관련된다. 근원적인 무지(avidyā)는 전체로서 인간의 성품에 영향을 미치므로, 그것을 제거하기 위해서는 바른 지식뿐만 아니라, 선한 행위와 신에 대한 헌신 또한 필수적이다. 종교는 우리가 지고선을 실현하는 데 도움이 된다. 숭배에 대한 완전한 자유가 각 개인에게 허용된다. 모든 형태들은 유일한 절대자에 달려 있으므로, 각자 자신이 선택하는 어떤 방식에서든 무한자를 생각할 수 있다.[원주80] 인간과 신의 구별에 의거하는 종교의 형태는 그것의 도구적인 가치 때문에 채택되는, 상대적인 것이다.[원주81]

　가우다파다는 요가의 수행법을 해탈에 이르는 한 수단으로 인정한다. "아트만의 진리에 대한 지식을 통하여 마음이 생각을 멈출 때, 그것은 아무런 작용도 없는 무(無)가 되며, 인식하는 것들이 없기 때문에 정지 상태로 남는다."[원주82] 이 상태는 수면상태와 동일시될 수 없다. 왜냐하면 그것은 브라흐만을 그 대상으로 지니는 지식이기 때문이다.[원주83] 그것은 개념적인 묘사의 한계 밖에 있으며, 지식이 아트만에 집중되는 영역에서 모든 이원적 대립을 초월한다.[원주84] 요가의 기법은 마음의 제어(manonigraha)를 포함하는 매우 힘든 과정이기 때문에, 가우다파다는 그것을 쿠샤(kuśa) 풀 짚의 끝으로 한 방울씩 물을 퍼내서 대양을 비우고 있는 개인의 노력에 비유한다.[원주85] 그러나 마음은 궁극적인 지복이 얻어질 때까지 그 작업을 멈추어서는 안된다.

[원주79] ii.37.
[원주80] ii.29~30.
[원주81] iii.1.
[원주82] iii.32.
[원주83] iii.33~34.
[원주84] iii.35~38.
[원주85] iii.40~41.

8. 가우다파다와 불교

가우다파다의 저술 전반에 나타나는 총체적인 개념, 즉 속박과 해탈, 개별 영혼과 세계 모두가 비실재라는 입장은, 신랄한 비판자로 하여금 비실재적인 영혼이 비실재적인 지고선을 실현하기 위하여 비실재적인 세계에서 비실재적인 속박에서 벗어나기 위하여 노력하고 있다고 말하는 것에 불과한 이 이론 자체 또한 비실재에 지나지 않는 것일 수도 있다고 말하게 만든다. 존재의 비밀, 즉 불변의 궁극적 실재가 어떻게 자신의 본질과 자기 동일성을 상실하지 않고 변화하는 세계 속에 자신을 나타내는가 하는 것이 신비라고 말하는 것은, 변화하는 전체의 세계를 단지 망상에 불과한 것으로 간단히 처리해버리는 것과 별개의 문제다. 만일 우리가 삶의 게임을 해야 한다면, 우리는 그 게임이 한갖 쇼에 지나지 않으며, 이 놀이에서 얻는 모든 상은 단지 공허한 허탕일 뿐이라는 확신으로 그렇게 할 수 없을 것이다. 어떤 철학도 일관되게 그와 같은 견해를 주장할 수 없으며, 그 자체로 만족하고 있을 수 없을 것이다. 그와 같은 이론에 대한 가장 중대한 비난은, 우리가 이론적으로 끊임없이 부정하고 있는 존재와 가치에 우리 스스로의 삶을 바치지 않을 수 없다는 것이다.

세계의 사실은 난해하고 설명 불가능할 수도 있을 것이다. 그것은 단지 세계를 포함하는 동시에 그것을 초월하는 다른 어떤 것이 있다는 것을 보여줄 뿐이다. 그러나 그것은 세계가 백일몽이라는 것을 의미하지 않는다. 후기 불교는 가우다파다의 이론에서 이 과장된 표현에 대하여 책임이 있다. 그는 자신의 사상이 불교 사상의 어떤 측면들과 유사성이 있다는 것을 의식하고 있었던 것 같다. 이에 그는 자신의 입장이 불교가 아니라고 항변한다. 그의 저서 말미에서 그는 말한다. "이것은 붓다에 의하여 설해지지 않았다."[원주86] 이에 대하여 주석하면서 샹카라

[원주86] Naitad buddhena bhāṣitam(iv.99).

는 이렇게 적고 있다. "(불교의) 이론은 아드와이타와 유사성을 띤다. 그러나 그것은 베단타 철학의 주축인 바로 그 절대론(absolutism)이 아니다."

가우다파다의 저술에는 불교, 특히 유식학파와 중관학파의 영향이 보인다.[원주87] 가우다파다는 지각의 외적 대상들의 비실재성을 입증하기 위하여 유식론자들이 사용하는 것과 동일한 논법을 사용한다. 바다라야나와 샹카라는 둘 다 꿈속의 인상들과 각성상태의 인상들 사이에 진정한 차이가 있으며,[원주88] 후자는 존재하는 대상들에 대하여 독립적일 수 없다는 것을 강력하게 주장한다. 그러나 가우다파다는 그 둘, 즉 각성상태의 경험과 꿈속의 경험들을 함께 결합한다.[원주89] 샹카라는 자신의 철학이 주관주의에 연루되지 않게 하기 위하여 고심하는 반면에 가우다파다는 그것을 환영한다.[원주90] 유식론이 최종적인 것으로 간주되는 것을 피하고 싶었기 때문에, 가우다파다는 심지어 주체조차도 대상과 똑같이 비실재적이라고 말하며, 이로써 위험하게도 허무주의적 입장에 접근하게 된다.

나가르주나와 마찬가지로, 그는 인과율의 타당성[원주91]과 변화의 가능성을 부정한다. "소멸도 없고 창조도 없으며, 속박 속에 있는 자도 없고 (해탈을) 위하여 애쓰는 자도 없으며, 해탈을 열망하는 자도 없고 해탈을 이룬 자도 없다는 것, 이것이 절대 진리이다."[원주92] 경험 세계는

[원주87] 가우다파다 자신이 불교도였으며, 그의 견해로는 불교가 우파니샤드의 사상 체계와 부합하기 때문에 그가 『마디야미카 카리카』(*Mādhyamika Kārikā*)에 대한 주석을 썼다고 믿는 사람들도 있다. Das Gupta, *History of Indian Philosophy*, pp.423~428을 보라.

[원주88] ii.2.28~32.

[원주89] ii.4.

[원주90] iv.24~28.

[원주91] ii.32 ; iv.4, 7, 22, 59.

[원주92] ii.32 ;『마디야미카 카리카』, i.1. 또한 『요가바쉬슈타』(*Yogavāsiṣṭha*), iv.38. 22를 보라. Na bandho 'sti na mokṣo 'sti nābandho 'sti na bandhanam, Aprabodhād idaṁ duḥkham prabodhāt pravilīyate.

아비디야(avidyā, 무지) 혹은 나가르주나의 표현으로 상브리티(saṃvṛti, 상대적 지식)에 기인한다. "신비한 씨앗으로부터 신비한 싹이 돋아나며, 이 싹은 영속적이지도 않고 소멸하지도 않는다. 모든 존재도 이와 같으며, 똑같은 이유 때문이다."[원주93] 지식의 분별들을 초월하는 궁극의 상태는 존재, 비존재, 존재이며 비존재, 혹은 존재도 아니고 비존재도 아니라는 술어들에 의하여 특징지어질 수 없다. 가우다파다와 나가르주나는 그것을 현상계를 초월하는 어떤 것으로 간주한다.[원주94] 교의에서 이러한 점들 외에도, 불교의 영향을 분명하게 가리키는 용어와 어법에서의 유사성이 발견된다. 사물 혹은 실체(entity)에 대하여 '다르마'(dharma), 상대적인 지식에 대하여 '상브리티'(saṃvṛti), 그리고 대상적 존재에 대하여 '상가타'(saṃghāta)라는 용어를 사용하는 점은 특히 불교적이다.[원주95] 빠르게 돌아가는 횃불이 만들어내는 원의 비유는 비실재의 상징으로 불교 문헌들에서 자주 사용된다.[원주96]

가우다파다의 『카리카』는 중관학파의 부정적 논리를 우파니샤드의 긍정적 관념론과 하나로 결합하려는 시도이다. 가우다파다의 사상에서는 부정적인 경향이 긍정적인 경향보다 현저하다. 이에 비하여 샹카라는 그 둘에 대한 균형잡힌 견해를 보인다.

[원주93] iv.59. 이것은 "공(空)으로부터 모든 존재가 태어난다"는 불교 교의에 대한 의역(意譯)이다.

[원주94] prapañcopaśamam, ii.35. 『마디야미카 카리카』, i.1 및 xx.25를 참조하라. Sarvopalambhopaśamaḥ prapañcopaśamaḥ śivaḥ, Na kvacit kasyacit kaścid dharmo buddhena deśitaḥ.

[원주95] iii.10 ; iv.72.

[원주96] 『랑카바타라』(Laṅkāvatāra), B.T.S. ed., p.95. 가우다파다가 불교의 공설(空說, śūnyavāda)을 베단타적 시각에서 수용하고 있다는 것은 야코비, 푸생(Poussin), 수크탄카르(Sukhtankar), 그리고 비두셰카라 밧타차리야(Vidhuśekhara Bhaṭṭācārya) 등과 같은 다수의 학자들에 의하여 지지된다. 불행하게도 샹카라는 불교에 관한 명백한 모든 언급들을 의도적으로 간과해버린다. 『베단타 수트라』, iv.1, 2, 19, 42, 90을 보라. 여기서 그는 붓다와 그의 교의를 서로 대조하여 설명하고 있다.

9. 바르트리하리

샹카라의 또 다른 선배인 바르트리하리(Bhartṛhari)는 유명한 논리 문법학자였으며,[원주97] 샹카라와 매우 유사한 견해를 지녔던 것으로 보인다. 막스 뮐러에 의하면, 그는 650년경에 죽었다.[원주98] 그의 위대한 철학서는 『바키야파디야』(*Vākyapadīya*)이며, 이 문헌은 다소간 불교적인 성향을 보인다. 의정(義淨, I-Tsing)은 바르트리하리가 여러 차례 불교의 승려가 되었다가 환속했다고 전한다. 그의 가르침들은 이 이야기와 부합된다. 세계의 현상성에 대한 그의 강조와 사물들에 대한 애착에서 벗어나야 한다는 그의 주장은 불교적인 색조를 강하게 나타낸다. "모든 사물들은 인간에게 공포를 가져오며, 오직 탈착(脫着)만이 안전하다."[원주99] 온갖 차별상을 띠는 세계는 상상의 산물이다. 비록 언어적 표현은 세계의 사물들에게 개별성을 부여한다 할지라도, 사실상 이 사물들은 영혼이 없다(nairātmya).

그러나 바르트리하리는 브라흐만의 실재를 상정하고 전체 세계를 그것에 의거한 현상(vivarta)으로 간주한다는 점에서 불교의 입장과 차이가 있다. 그는 브라흐만을 말(言)과 동일시한다. "무시무종이며, 말의 영원한 본질인 브라흐만은 세계의 전개와 같은 것들로 변화된다."[원주100] "스포타(sphoṭa)라고 불리며 부분으로 이루어지지 않은 영원한 말은 실로 브라흐만이다."[원주101] 이성과 말(言) 두 가지 모두를 의미하는 그

[원주97] 빈터니츠(Winternitz) 박사는 시인 바르트리하리와 문법 논리학자 바르트리하리를 동일인으로 간주하는 견해에 이의를 제기한다. 짐작건대, 이 대목에서 그는 다소 지나치게 신중했던 것이 아닌가 생각된다.

[원주98] *Six Systems of Indian Philosophy*, p.90.

[원주99] Sarvaṁ vastu bhayānvitam bhuvi nṛṇām, vairāgyam evābhayam.

[원주100] Anādinidhanam brahma śabdatattvaṁ yad akṣaram, Vivartate 'rtha-bhāvena prakriyā jagato yataḥ(『바키야파디야』, i.1).

[원주101] Sphoṭākhyo niravayavo nityaśabdo brahmaiveti(『사르바다르샤나상그라하』, p.140).

리스어 '로고스'(logos)의 양의성은 신의 이성과 신의 말의 친화성을 암시한다.

10. 바르트리프라판차

『브리하드아란야카 우파니샤드』에 대한 주석에서,[원주102] 샹카라는 바르트리프라판차(Bhartṛprapañca)의 이불이론(二不二論, dvaitādvaita 혹은 bhedābheda)을 언급한다. 이 견해에 따르면, 브라흐만은 하나인 동시에 둘이다. 세계가 본래의 브라흐만으로 귀입할 때, 비록 원인적 브라흐만은 결과적 브라흐만과 다르지 않다 할지라도, 그 둘은 서로 다르다. 샹카라는 두 가지 상호 모순되는 속성들, 즉 이원성과 불이성(不二性)이 동일한 주체에 대하여 둘 다 참일 수 없다고 본다. 다양성 속의 동일은 현상적 대상들에 관해서는 가능하지만, 물자체(物自體)에 관해서는 불가능하다. 이원성은 한정자(upādhi)들에 둘러싸여 있는 개인에 대해서는 진실일 수 있을 것이지만, 그가 한정자들로부터 자유로워질 때, 이원성은 사라진다.

11. 우파니샤드 및 『브라흐마 수트라』와 샹카라의 관계

철학은 성장 도상에 있는 인간 정신의 자기 표현이며, 철학자들은 그것의 목소리이다. 위대한 사상가들은 위대한 시대에 나타난다. 이들은 그 시대의 산물인 동시에 그 시대를 창조하는 자이기도 하다. 그들의 비범한 창조적 재능은 시대가 부여하는 기회를 움켜잡고, 유구한 역

[원주102] 『브리하드아란야카 우파니샤드』, v.1에 대한 샹카라의 주석. 또한 이 우파니샤드에 대한 수레슈와라의 바룻티카(Vārttika)와 그것에 대한 아난다갸나(Ānanda-jñāna)의 복주(復註)를 보라.

170

사를 통하여 인간의 가슴속에서 발현하고자 몸부림쳐온, 분명한 언어로 표현되지 못한 열망들에 목소리를 부여하는 역량에 놓여 있다. 제1위의 독창적인 사상가로 받아들여지는 샹카라는 그의 시대의 철학적 유산을 이어받아 당시의 필요와 관련하여 그것을 재해석했다. 비록 정통 힌두교 사상은 현실적으로 불교에 승리했다 할지라도, 그럼에도 불구하고 후자는 사람들에게 그것의 은밀한 힘을 서서히 주입했다. 소중하게 간직되어온 믿음들에 불교가 던졌던 불신의 그림자는 완전히 사라지지 않았다.

미망사 학자들은 베다 의식주의의 영적인 가치에 관한 흡족한 논거를 완전하게 제시할 수 없었다. 여러 유신론적 종파들은 그들이 인증(引證)할 수 있는 이런 저런 경전들을 근거로 제의식을 수행하고 있었다. 논쟁을 일삼는 종파들에 대한 싫증과 피로감이 사회 전반에 만연하는, 인도 역사상 위기의 시대였다. 시대는 과거와의 단절을 피하면서도 새로운 신조들에 대한 훌륭한 감응력을 구비한 종교적 천재, 과거의 틀을 파괴하지 않으면서 그것을 확장하여 서로 싸우는 종파들을 모든 계층과 문화에 속한 사람들을 포섭할 수 있는 진리의 광범위한 토대 위에 종합할 수 있는 인물을 요청하고 있었다. 샹카라는 수많은 사람들의 귀에 떠돌던 음악을 조율했으며, 종교의 통일을 위한 공동 토대로서 자신의 아드와이타 베단타를 선언했다.

샹카라의 겸손은 자신이 설하는 교의가 단지 베다에 담겨 있는 것에 지나지 않는다고 말하게 했다. 그는 자신이 끊임없이 이어져온 일련의 스승들에 의하여 전해진 오래되고 중요한 전통을 표현하고 있을 뿐이라고 생각한다.[원주103] 그는 『베단타 수트라』가 다른 사상가들에 의하여

[원주103] 샹카라는 브릿티카라(Vṛttikāra)에 반대하여 아드와이타의 이전 스승들을 언급하고 있다. 다하라디카라나(Daharādhikaraṇa)를 보라. 이 절(節)에는 '우리의 것 또한'(asmadīyāś ca)이라는 표현이 나온다. '전통적인 교의에 정통한 스승들에 의하여'(saṁpradāyavidbhir ācāryaiḥ)에 대한 잦은 언급이 있다. 『타잇티리야 우파니샤드』에 대한 샹카라의 주석 서장(序章)을 보라.

다양하게 주석된다는 것을 알고 있다. 그는 자신과 견해를 달리하는 다른 주석자들에 대하여 자주 언급한다.[원주104] 샹카라의 철학이 고대의 가르침에 대한 연속 혹은 재해석인지 혹은 그것에 대한 추가인지 판단하는 것은 어렵다. 우리는 오래된 것과 새것을 구분할 수 없다. 왜냐하면 삶 속에서는 오래된 것이 새롭고 새로운 것이 오래되기 때문이다.

고전 우파니샤드에 관한 한, 샹카라의 견해는 그 주요 경향을 대변한다고 할 수 있다. 우리가 이미 본 것처럼, 우파니샤드는 우주에 대한 어떤 일관된 견해를 표방하지 않는다. 동일한 시대에 속하지 않는 수많은 우파니샤드의 저자들이 있으며, 그들 모두가 우주에 대한 일치된 견해를 설하고자 했는지 의문스러울 지경이다. 그러나 샹카라는 하나의 일관된 자세로 우파니샤드를 해석해야 한다고 주장한다. 그의 견해에 의하면, 우리가 우파니샤드에서 얻는 브라흐만에 대한 지식은 시종 일관해야 하며, 모순이 없어야 한다.[원주105] 샹카라는 외견상 가장 반대되는 것처럼 보이는 우파니샤드의 주장들과 같은 것들을 조화시키려고 시도한다.

우파니샤드에는 궁극적 실재를 무속성(nirguṇa)뿐만 아니라 유속성(saguṇa)으로 묘사하는 구절들이 있으며, 샹카라는 지식을 상지(上知, parāvidyā)와 하지(下知, aparāvidyā)로 구분함으로써 이 구절들을 조화시킨다. 지식에 대한 이와 같은 구분은 우파니샤드 자체에서 추적될 수 있다.[원주106] 비록 우파니샤드에서 언급된 구분은 샹카라가 채택

[원주104] 『베단타 수트라』, iv.3.7 ; i.3.19에 대한 샹카라의 주석을 보라. 링게샤 마하바가바트(Liṅgeśa Mahābhagavat)는 샹카라에 의하여 비판되는 브릿티카라는 보다야나(Bodhāyana)가 아니라고 생각하며, 『브리하드아란야카 우파니샤드』에 대한 샹카라의 주석에서 '전통적인 교의에 정통한 자'(saṃpradāyavid)로 언급되는 드라비다(Draviḍa)는 제한적 불이론(Viśiṣṭādvaita) 학파의 드라미다(Drāmiḍa)와 다르다고 본다. *Indian Philosophical Review*, vol.iv, p.112를 보라. 『베단타 수트라』, i.3.28 및 iii.3.53에 대한 주석에서 바가반 우파바르샤(Bhagavān Upavarṣa)라는 이름이 두 번 언급된다.

[원주105] Deussen, *System of the Vedānta*, p.95.

[원주106] 『인도철학사 I』, p.213 ; 『문다카 우파니샤드』, i.1.4~5 ; 『마이트라야니 우파

한 것과 동일하지 않다 할지라도, 그럼에도 불구하고 그것은 후자의 해석에 이바지하고 있다는 것은 분명하다. 오직 고차원의 형이상학과 저급한 상식에 대한 구분을 통해서만이 우리는 야갸발키야(Yājñaval-kya)의 순수 관념론과 세계의 실재성 및 인격신에 의한 세계 창조를 설하고 있는 미성숙된 견해들을 조화시킬 수 있다. 이 구분은 샹카라가 수많은 난점들을 극복할 수 있게 한다. 예를 들어, 『이샤 우파니샤드』에서[원주107] "그것은 움직임이 없지만, 그럼에도 불구하고 마음보다 더 쾌속하다"라고 설해진 것처럼, 브라흐만에 대하여 서로 모순되는 술어들이 동시에 사용되고 있다. 샹카라는 말한다. "이것은 전혀 모순이 아니다. 그것(브라흐만)이 조건지어지지 않은 것과 조건지어진 것으로 간주되는 것과 관련하여 가능하다."[원주108]

브라흐만을 비한정적인(nirviśeṣa) 것과 한정적인 것(saviśeṣa)으로 묘사하는 구절들에 대하여, 샹카라는 말한다. "두 가지 다른 관점에서, 브라흐만은 동시에 한정적이거나 비한정적일 수 있을 것이다. 해탈된 영혼의 관점에서 볼 때, 그는 무조건의 절대적인 존재이지만, 속박 속에 있는 영혼의 관점에서 볼 때, 브라흐만은 전지(全知) 및 다른 속성들을 지닌, 세계의 원인으로 보일 것이다." 해탈을 브라흐만과 동일 혹은 동등이라고 묘사하는 두 부류의 구절들은 샹카라에 의하여 쉽게 설명된다. 비록 마야 이론은 초기 우파니샤드에서 발견되지 않는다 할지라도, 그럼에도 불구하고 그것은 우파니샤드적 관점의 이해 가능한 발전으로 볼 수 있다.[원주109]

니샤드』, vi.22를 보라.

[원주107] Naiṣa doṣaḥ, nirupādyupādhimattvopapatteḥ.

[원주108] 또한 『찬도기야 우파니샤드』, vii.1.5 ; 『브리하드아란야카 우파니샤드』, iv.5.13을 보라.

[원주109] 『카타 우파니샤드』, ii.4.2 ; 『찬도기야 우파니샤드』, viii.3.1~3 ; i.1.10 ; 『프라슈나 우파니샤드』, i.16. "비존재에서 존재로, 어둠에서 빛으로, 죽음에서 불사(不死)로 우리를 인도하소서"라는 『브리하드아란야카 우파니샤드』의 기원은 마야 이론을 시사한다.

인간의 참된 목적에 대한 무지라는 일반적인 의미에서 사용되기는 하지만, 『카타 우파니샤드』에서 '아비디야'(avidyā, 무지)라는 말이 나온다.[원주110] 샹카라의 사상체계에서 아비디야 개념은 매우 중요한 역할을 한다. 우파니샤드에 대한 다른 주석자들은 브라흐만을 한정되지 않은 것으로, 그리고 해탈을 브라흐만과 하나됨으로 간주하는 모든 구절들을 설명하는 것이 지극히 어려운 일이라고 생각한다. 물론 샹카라가 그다지 중요하지 않은 것으로 간과해버리는 구절들도 있다.[원주111] 그럼에도 불구하고 우파니샤드에 대한 그의 해석은 다른 어떤 것보다 만족스럽다.[원주112]

우리가 『베단타 수트라』를 논의의 대상으로 삼을 때, 문제는 아주 간단하지만은 않다. 만일 우리가 이에 대한 주석서들을 차치한다면, 저자의 분명한 의도를 이해하는 것은 매우 어렵다. 우리가 어떤 저술의 가르침을 확인할 수 있는 주석에 대한 인도의 이론에 의하면, 유명한 여섯 가지 기준, 즉 1) 서론(upakrama)과 결론(upasaṁhāra), 2) 반복(abhyāsa), 3) 새로움(apūrvatā), 4) 과실(果實, phala), 5) 설명적 진술(arthavāda), 그리고 6) 예시(upapatti)가 있다. 이러한 기준에서 볼 때, 샹카라는 바다라야나가 샹카라 자신에 의하여 옹호되는 불이론을 염두에 두고 있었다고 믿는다.[원주113] 이것은 『베단타 수트라』가 우파니

[원주110] ii.4 및 5 ; 『문다카 우파니샤드』, ii.1.10.
[원주111] Deussen, *System of the Vedānta*, p.95를 보라.
[원주112] 티보(Thibaut), 고프(Gough), 그리고 제이콥(Jacob) 또한 이와 동일한 견해를 보인다. "우파니샤드 전체의 가르침을 일관되고 모순 없는 하나의 체계로 확립하는 것은 본래부터 불가능한 일이다. 그러나 일단 시도한다면, 우리는 샹카라의 체계야말로 아마 가능할 수 있는 최상의 것이라는 사실을 기꺼이 받아들일 것이다"(『베단타 수트라』에 대한 샹카라의 주석, 티보의 서론). "샹카라의 가르침은 우파니샤드의 교의들에 대한 자연스럽고 이치에 합당한 해석이다"(Gough, *Philosophy of the Upaniṣads*, p.viii). 제이콥 대령은 말한다. "만일 우파니샤드의 모순들을 조화시켜 하나의 일관된 체계로 확립하는 불가능한 작업이 일단 시도된다면, 샹카라의 체계는 그것을 할 수 있는 유일한 대안일 것이다"(Introduction to the *Vedāntasāra*).

샤드의 가르침을 요약하고 있다는 용인된 입장에 부합한다. 다수의 베단타 학자들, 특히 티보는 라마누자가 『베단타 수트라』 저자의 의도에 보다 충실하다는 견해를 보인다.^[원주114] 인도의 모든 주석자들은 자신의

[원주113] 『베단타 수트라』, i.1.4에 대한 샹카라의 주석.

[원주114] "그것은 브라흐만에 대한 상지(上知)와 하지(下知)의 구분을 설하지 않으며, 그것은 샹카라의 의미에서 브라흐만과 이슈와라에 대한 구분을 인정하지 않으며, 그것은 샹카라처럼 개아와 최고아의 절대적인 동일을 언급하지 않는다"(『베단타 수트라』에 대한 샹카라의 주석, 티보의 서론). 그의 주된 주장은 다음과 같이 요약할 수 있을 것이다.

1) 4부분으로 이루어진 『베단타 수트라』 중에서 뒤의 세 부분은 주(主)를 아는 자의 영혼이 브라흐마의 세계에 도달하여 다시 윤회의 순환으로 돌아오지 않고 거기서 사는 연속적인 단계들에 대하여 언급하고 있다. 이 밖에 저술 전체의 내용을 결론짓는, "경전에 따르면 그들의 경우에는 다시 돌아옴이 없다"는 구절이 우파상하라(upasaṁhāra, 결론)이며, 샹카라가 말하는 것처럼, 이것은 절대적인 자유를 향해 가는 과정의 어떤 단계가 아니라, 윤회에서 벗어난 절대적인 자유를 말하는 것으로 이해되어야 한다. 샹카라에 의하면, iv.2.12~14 및 iv.4.1~7은 궁극적·무제한적 브라흐만에 대한 지식을 얻은 자의 상태를 묘사한다. 이 비판에 대답하여, 우파크라마(upakrama, 서론)가 이 문제에서 우파상하라보다 더욱 결정적이라고 말해진다. 압파야 디크쉬타(Appaya Dīkṣita)는 그 이름의 어떤 저술에서 우파크라마의 수승한 가치에 대하여 언급한다. 바다리, 자이미니, 바다라야나의 견해들을 담고 있는 iv.3.7~16에 관한 티보의 견해에 대하여 동일한 대답이 주어진다. 여기서 그는 처음에 나오는 것이 푸르바파크샤(pūrvapakṣa, 반대자의 견해)이며 마지막에 오는 것이 싯단타(siddhānta, 확립된 결론)라고 주장하고 있다.

2) i.1.2에서 주어지는 브라흐만에 대한 정의는 이슈와라에 대한 정의로 간주될 수 없다. "이 경전이 저급한 원리(이슈와라)에 대한 정의로 시작한다는 것이 전혀 있을 법하지 않은 것과 마찬가지로, 단지 하범(下梵)만을 아는— 따라서 참된 해방을 얻는 것이 불가능한— 자들의 상태에 대한 묘사로 결론짓는다는 것은 도무지 있을 수 없는 일이다." 아드와이타 철학자들은 비록 브라흐만 자체는 정의할 수 없고(anirdeśya) 파악될 수 없다(agrāhya) 할지라도, 그럼에도 불구하고 우리는 어떤 잠정적인 정의들을 추구하지 않으면 안된다고 주장한다. 그들은 어떤 속성(viśeṣaṇa)들이나 특성(lakṣaṇa)들을 언급하여 다른 속성들을 지니는 대상들과 브라흐만을 구별하며, 이로써 우리가 문제의 대상에 집중할 수 있도록 한다. 이러한 특성들은 존재(sat), 의식(cit), 환희(ānanda)와 같은 본질적인 속성(svarū-palakṣaṇa)이거나, 세계에 대한 창조성 등과 같은 우유적인 속성(taṭasthalak-ṣaṇa)이다. i.1.2의 정의는 우리가 브라흐만에 대한 지식을 얻는 데 기여한다.

견해가 곧 『베단타 수트라』 저자의 견해이며, 다른 모든 견해들은 저자의 입장과 다르다고 믿는다.[원주115]

12. 샹카라와 다른 학파들

사실이 그렇듯이, 바라문교는 우애의 포옹을 통하여 불교를 죽였다고 말해진다. 우리는 이미 어떻게 바라문교가 불교의 수많은 관례와 실천 수행법들을 소리없이 동화시키고, 동물 희생제의를 배격하며, 붓다를 비슈누의 화신으로 편입시키고, 불교 신앙의 정수들을 흡수했는가를 앞에서 살펴보았다.[역주8] 비록 초기 형태의 부수적인 요소들은 사라졌다 할지라도, 불교는——부분적으로 샹카라의 영향을 통하여—— 인도인들의 삶 속에 살아 숨쉬는 힘이 되었다. 불교는 사상의 영역에서 어느 누구도 달아날 수 없는 어떤 분위기를 만들어냈으며, 그것은 의심할 나위 없이 샹카라에게 원대한 영향을 미쳤다.[역주9] 샹카라에 반(反)하

---

3) 『베단타 수트라』는 샹카라가 이해하는 의미의 마야에 대한 이론을 담고 있지 않다는 주장은 너무 복잡한 문제여서 각주에서 논의할 수 없다. 아무튼 세계에 대한 샹카라의 견해가 『베단타 수트라』의 가르침에 대한 정당한 전개라는 것은 진실이다. 개아와 브라흐만의 동일에 관한 문제는 마야에 대한 일반 원리의 특수한 적용이다. 우리는 샹카라가 바다라야나의 저술에 충실한 주석가인가 하는 문제에 대하여 어떤 단정을 내릴 수 없다. Thibaut, *The Vedānta Sūtras with the Commentary of Śaṁkara*, Introduction ; Jacob, *Vedāntasāra*, Introduction ; Sundararaman, *Vedāntasāra*, Introduction ; Apte, *The Doctrine of Māyā* ; 그리고 이 주제에 대한 Liṅgeśa Mahābhagavat의 논문(*Indian Philosophical Review*, vol.iv)을 보라. Deussen은 바다라야나와 샹카라 사이에 중대한 차이가 있다는 것을 인정한다(*System of the Vedānta*, p.319).

[원주115] 『바스카라바쉬야』(*Bhāskarabhāṣya*), 2를 참조하라. 경전의 의도를 억제하는 가운데 자신의 견해를 전개하면서, 다수의 주석서들이 만들어졌으며, 또한 새로운 주석서들이 만들어질 것임에 틀림없다.

[역주8] 『인도철학사 Ⅱ』, pp.471~475를 보라.

[역주9] 샹카라 철학과 불교의 친화성에 관하여 이호근, 「샹카라의 假現說 연구」(동국대

는 한 인도 전통은 그가 위장된 불교도이며, 그의 마야 이론을 숨은 불교라고 주장한다. 『파드마 푸라나』에서, 이슈와라는 파르바티(Pārvatī)에게 다음과 같이 언명한 것으로 전해진다. "마야의 이론은 거짓된 교설이며, 불교의 위장된 형태이다. 오, 여신이여, 나는 몸소 한 바라문의 모습으로 칼리유가(Kaliyuga) 시대에 이 이론을 제의했다."[원주116]

라마누자의 정신적인 조부 야무나차리야(Yāmunācārya)는 이와 동일한 견해를 보이며, 또한 라마누자가 이 견해를 반복한다.[원주117] 비갸나비크슈는 상키야 철학에 대하여 주석하면서 다음과 같이 언급한다. "우리의 속박은 단지 무지 때문이라고 주장되는 단 하나의 브라흐마수트라가 있다고 할 수 없다. 자칭 베단타 학자라고 하는 사람들에 의하여 제시된 진기한 마야 이론에 관하여 말하자면, 그것은 단지 (불교의) 주관적 관념론의 일종에 불과하다. 그 이론은 베단타의 교의가 아니다."[원주118] 분명히, 샹카라가 마야 이론의 정설을 확립한 직후에, 이 견해에 반대하는 자들은 그것이 불교의 개작에 불과하며 따라서 베다의 사상과 일치하지 않는다고 주장했다. 『파드마 푸라나』에서 쉬바의 언급은 "그 위대한 철학체계, 즉 마야 이론은 비록 그것이 베다의 진리를 담고 있다 할지라도, 베다에 의하여 뒷받침되지 않는다"[원주119]는 결론이 된다. 이와 같은 모든 평가들은 샹카라가 마야 이론이나 승원제도와 같은 불교적 요소들을 베단타 철학 속으로 편입시켰다는 것을 의미한다.

학교 박사학위논문, 1991), '제5장 샹카라 철학의 불교적 조명'(pp.80~140)을 보라.

[원주116] Māyāvādam asac chāstram pracchannam bauddham eva ca, Mayaiva kathitaṁ devi, kalau brāhmaṇarūpiṇā(Uttara Khanda, ch.236). 또한 『사르바다르샤나상그라하』를 보라.

[원주117] 야무나차리야는 자신의 『싯디트라야』(Siddhitraya)에서 아는 자, 알려지는 대상, 그리고 지식 간의 구별이 비실재적인 것은 불교와 아드와이타에 공통적이라고 주장한다. 아드와이타는 이 셋을 마야에 기인하는 것으로 보며, 이에 비하여 불교의 주관주의는 이 셋의 원인을 붓디에서 추적한다(J.R.A.S., 1910, p.132).

[원주118] 『상키야프라바차나 바쉬야』, i.22.

[원주119] Vedārthavan mahāśāstram māyāvādam avaidikam.

사고체계의 연속을 유지하기 위하여, 그는 논리적으로 양립 불가능한 개념들을 결합시키려 했다고 주장된다. 아무리 이것이 샹카라의 정신적인 융통성 혹은 비범한 관용의 정신으로 칭송될 만하다 할지라도, 그것은 그의 사상의 논리적인 엄격함에 영향을 미칠 수밖에 없으며, 마야 이론은 그의 철학체계의 내적인 파열의 틈새를 덮는 외투로 이바지한다. 아무리 그렇다 할지라도, 샹카라가 불교와 무관하게 우파니샤드와 『베단타 수트라』로부터 자신의 전체 사상체계를 발전시켰다는 것은 의심의 여지가 없다.[원주120] 인도 종교사의 지속적인 오도(誤導)는 불교의 믿음이 베다에 반대되는 외래적인 것이라는 일반적인 견해에 책임이 있다. 불교에 대한 논의에서 우리는 붓다가 우파니샤드의 어떤 견해들을 발전시켰다는 것을 거듭 주장한 바 있다.[역주10] 비슈누의 화신 가운데 붓다가 편입된다는 것은, 그가 베다의 다르마를 무너뜨리기 위해서가 아니라, 그것을 확립하기 위하여 나타났다는 것을 의미한다. 의심의 여지없이, 불교와 아드와이타 베단타의 견해 사이에 유사성이 있으며, 이것은 이 두 사상이 모두 우파니샤드를 토대로 확립되었다는 사실에서 볼 때, 전혀 놀라운 일이 아니다.

샹카라는 이러한 사실을 분명히 의식했지만, 이에 비하여 붓다는 그렇지 않았던 것으로 보인다. 샹카라는 자유로운 사상에 대한 불교적인 추구를 환영했지만, 그럼에도 불구하고 그는 전통을 매우 소중하게 생각하고 존중했다. 철학적으로 그는 어떤 운동도 부정의 정신을 토대로 번성할 수 없다고 확신하였으며, 따라서 천계서에 의거하여 브라흐만의 실재를 주장했다. 불교의 현상론은 마야 이론과 유사하다. 샹카라는 경험 세계가 있는 것도 아니고 없는 것도 아니라고 주장한다. 그것은

[원주120] 다수의 베단타 추종자들은 반대 견해들에 대한 비판에 관한 한, 중관학파의 변증법을 채택한다. 슈리 하르샤(Śrī Harṣa)는 다른 사상체계들을 비판하기 위하여 우리가 어떤 입장을 취할 필요는 없으며, 단지 중관학파의 논리를 채택한다고 믿는다. 마두수다나 사라스와티는 다른 이론들에 대한 비판에서 진논의(眞論議, vāda), 논쟁(jalpa), 논힐(論詰, vitaṇḍā)을 채택한다.

[역주10] 『인도철학사 II』, pp.290~293을 보라.

있는 것인 동시에 있지 않은 것인 중간적 존재를 지닌다. 붓다는 두 가지 극단적인 견해, 즉 모든 것이 있다는 견해와 모든 것이 없다는 견해 모두를 부정하고, 오직 생성만이 존재한다고 주장한다.[원주121]

샹카라는 절대적인 진리(paramārtha)와 경험적인 진리(vyavahāra)를 구분하며, 이것은 불교의 진제와 속제 간의 구분과 부합한다.[원주122] 초기 불교는 그 전체적인 조망에서 실증론적이었으며, 우리가 지각하는 것에 관심을 한정시켰다. 몇몇 초기 불교도들은 심지어 현상들의 배후에는 아무것도 없다고 말할 정도였다. 힌두교 철학자로서, 샹카라는 현상들의 불완전함을 초월하여, 그것의 가장 깊은 곳에 모든 가치들을 포함하는 실재적인 영혼이 있다고 주장한다. 그럼에도 불구하고 해탈에 대한 샹카라의 개념은 열반에 대한 불교의 견해와 크게 다르지 않다.[원주123] 만일 우리가 절대적 브라흐만의 실재를 초기 불교에 도입한다면, 우리는 아드와이타 베단타를 다시 발견하게 될 것이다. 샹카라는 불교 사상의 한계뿐만 아니라 그것의 진정한 의미와 중요성을 확고하게 파악하고 있었으며, 만일 가끔 우리가 불교 학파들에 대한 그의 논의를 문제삼고 싶은 충동이 일어난다면, 우리는 그가 붓다 자신의 가르침이 아니라 당시에 성행하던 불교의 견해들에 답하여 그와 같이 언급하고 있다는 사실을 명심해야 할 것이다.

모든 사상체계는 그 자체가 표방하고자 하는 적극적인 내용에 의해서뿐만 아니라, 그것이 반대하고자 하는 견해들에 의해서 결정되기도

[원주121] 『인도철학사 II』, pp.165~167 ; 『상윳타 니카야』(Saṃyutta Nikāya), xxii. 90.16을 보라.

[원주122] Dve satye samupāśritya buddhānām dharmadeśanā, Loke saṃvṛti-satyaṃ ca, satyaṃ ca paramārthataḥ. 『슐로카바룻티카』, Niralambanavāda에 대한 『니야야라트나카라』(Nyāyaratnākara)를 보라.

[원주123] Vāsanātyantavirāmaḥ(잠재인상의 완전한 지멸). 개아가 곧 브라흐만이라는 것(so'ham 혹은 aham brahmāsmi)을 깨닫는 것은 중관불교의 '나는 공(空)이다'(śūnyataivāham)와 부합한다. 물론 이 두 경우에서, 강조점이 한 사실에 대한 다른 두 측면에 있다는 것은 사실이다.

한다. 만다나 미슈라와의 논쟁은 샹카라가 베다의 의식지상주의에 반대했다는 것을 보여준다. 그는 인간의 노력의 절정으로서 최고아에 대한 지식(jñāna)을 강조했다. 그는 제의적 숭배가 단순한 형식주의로 전락하는 것을 염려하고 경계했다. 예수가 형식에만 치중하는 바리새인들을 비난하고 사도 바울이 율법을 배격한 것처럼, 샹카라는 제의적 경건이 그 자체로 종교의 목적일 수 없으며, 종종 참된 종교의 치명적인 적이 된다고 주장한다. 그러나 그는 베다 경전을 쓸모없는 것으로 배척하지는 않았다. 오직 진정한 철학자들만이 삶에 대한 베다의 규범들을 초월할 수 있다. 그러나 다른 사람들은 현생 혹은 내생에서의 좋은 결과에 대한 기대에서가 아니라, 의무감에서 그리고 베단타의 공부를 위한 도덕적 역량을 함양하는 보조 수단으로 베다의 규정들을 준수할 필요가 있다. 베다적 경건은 우리의 마음을 내면으로 돌려서, 우리가 인류의 영원한 목적을 실현할 수 있게 하는 보조 수단으로 이바지한다.

샹카라에 의하면, 푸르바 미망사와 웃타라 미망사의 내용과 목적은 서로 독립적이다. 전자는 인간의 의무에 대한 문제를 탐구하며, 지금 여기에서의 행위에 달려 있는 내세를 우리에게 제시한다. 그것이 주는 최상의 행복은 단지 일시적일 뿐이다. 한편, 베단타는 우리를 진리의 실현으로 인도한다. 그것의 목적은 지금 여기 혹은 천계에서의 행복이 아니라, 재생으로부터의 자유이다. 이것은 우리가 자신의 믿음을 미래에 거는 한, 도달될 수 없다. 브라흐만에 대한 탐구는 언제나 존재해온, 우리의 행위에 달려 있지 않은 어떤 실재와 관련된다.[원주124]

대체로 샹카라는 반대 학파들의 철학적인 견해를 비판할 뿐이며, 그들의 종교적인 교의를 공격하는 것은 아니다. 바가바타(Bhāgavata) 철학체계에 관하여, 샹카라는 그것의 종교적인 개념이 천계서와 성전서의 권위에 의거하고 있다는 것을 인정하지만, 그는 개개의 영혼들이

[원주124] 그러나 보통 다르마에 대한 탐구는 브라흐만에 대한 탐구의 마음을 준비한다. 곧장 범지(梵知, brahmavidyā)를 얻는 자들은 이미 전생에 필수적인 의무들을 완수했음에 틀림없을 것이다.

신으로부터 태어난다는 견해에는 반대한다.[원주125] 그는 각 개인에게서 자유와 속박의 원인인 인격적 이슈와라의 주권을 인정한다. 논리적인 탐구에 기인할 수 없는── 이것은 아비디야의 영역에 속해 있으므로 ── 브라흐만에 대한 지식이 어떻게 인간의 마음속에 일어날 수 있는가에 대한 곤경에서는 신의 의지를 도입한다.[원주126]

[원주125] 바가바타 종파는 주(主) 바수데바(Vāsudeva)가 영혼과 마음과 자의식(self-sense)으로 나누어진다고 말한다. 샹카라는 만일 영혼이 주(主)로부터 만들어진다면, 그것은 파괴될 수 없으며, 궁극적인 해탈도 있을 수 없다고 주장한다. 바가바타 종파는 또한 영혼이 주로부터 만들어지는 것과 마찬가지로, 마음은 영혼으로부터 만들어지며 자의식은 마음으로부터 만들어진다고 주장한다. 샹카라의 견해에 의하면, 이것은 전혀 있을 수 없는 일이다. 왜냐하면 그것은 우리의 경험과 일치하지 않기 때문이다. 농부가 자신이 쓰는 삽을 자기 자신으로부터 생산할 수 없는 것과 마찬가지로, 영혼은 그 자체로부터 자신의 도구들을 만들어낼 수 없다. 만일 위에서 언급한 네 가지 모두가 동일한 힘과 지위를 지니며, 동등하게 실재적이라고 말해진다면, 그 넷은 모두 하나일 것이다. 만일 이 네 가지 형태들이 각각 주(主), 영혼, 마음, 자의식 순으로, 선행하는 것으로부터 만들어진다면, 결과물들은 영원하지 않은 결함을 지닌다고 해야 할 것이다. 만일 이들 넷 모두가 영원하다면, 주(主)가 영혼을 생산해야 할 아무런 이유도 없을 것이다. 만일 이들 넷 모두는 하나의 실재가 그 자체를 현현하는 형태들이라고 주장된다면, 불이론자는 브라흐만이 단지 네 가지 형태로 현현하는 것이 아니라, 이루 말할 수 없을 정도로 많은 형태로 나타난다고 반박할 것이다(『베단타 수트라』, ii.2.42~44에 대한 샹카라의 주석).

[원주126] "(육체로 나타나는) 온갖 행위기관의 덩어리와 아트만을 구별하지 못하는 무지의 상태에 있으며, 아비디야의 어둠 때문에 앞뒤를 분간 못하는 무기력한 개아에게서, 최고의 영혼, 인간의 행동을 감독하는 자, 모든 존재 속에 사는 방관자, 영혼의 원인인 주(主), 그로부터, 그의 재가(裁可)에 의하여 행위와 향수(享受)의 상태들로 이루어진 윤회의 세계가 일어나며, 그의 은총을 통하여 지식이 야기된다. 또한 이를 통하여 해탈을 얻는다." 또한 비록 신과 영혼의 동일에 대한 진리가 감추어진다 할지라도, "그럼에도 불구하고 인간이 최고의 신을 깊이 염상(念想)하고 그를 향하여 전력을 다할 때, 마치 소경이 된 자의 시력이 치료의 효능을 통하여 어둠이 걷힌 후에, 신의 은총이 시력을 완전하게 하는 그에게 그와 같은 일이 나타나게 하는 것과 같다. 그러나 아무 노력 없이 저절로 아무에게나 그런 일이 일어나는 것은 아니다. 왜냐? 그를 통하여, 원인인 신을 통하여 영혼의 속박과 해방이 성취되기 때문이다. 신의 본질을 바로 알지 못할 때 그는 속박되며, 반대로

이미 본 것처럼, 샹카라는 니야야 바이셰쉬카의 경험적 경향뿐만 아니라, 상키야 사상가들의 느슨하고 경솔한 사색들을 비판했다. 그는 니야야 학자들의 상식적인 방법을 탈피하고, 그 대신에 불교 사상가들과 마찬가지로 치밀하고 일관된 논리적인 비판을 견지했다.

13. 아트만

형이상학은 경험의 사실에 함축된 것에 대한 고려이다. 그것의 문제는 의식의 사실들을 관찰하고 도식화하는 문제가 아니다. 그것은 사실들의 존재가 실재의 본질에 관하여 의미하는 것에 관심을 가진다. 샹카라는 물리학적 사실들과 마찬가지로 심리학적 사실들에 대하여 묻지 않으며, 단지 이러한 사실들의 전제에 대한 문제를 보다 심도있게 제기하고 있다. 그는 주관적인 측면과 객관적인 측면—궁극적으로 이 두 측면은 갈라지지 않는다—에서 이 문제에 접근한다. 『베단타 수트라』에 대한 주석의 서론에서 그는 우리의 경험 속에 근본적인 것으로 간주될 수 있는 어떤 것이 있는가에 대하여 질문하며, 그와 같은 지위를 지닌다고 주장되는 경험의 모든 요소들을 비판적으로 검토하고 있다. 우리의 감각은 우리 자신을 속일 수도 있을 것이며, 우리의 기억은 망상일 수도 있을 것이다. 과거와 미래는 어쩌면 추상일 수도 있다. 세계의 모든 형태들은 순전히 공상의 산물이며, 우리의 삶은 비극적인 백일몽일 수도 있을 것이다.

우리가 각성상태에서 지니는 경험의 흔적들을 꿈의 세계와 비슷한 것으로 간주하는 것을 가로막는 것은 아무것도 없다. 꿈속에서도 우리는 또한 이곳 저곳을 방문하고 유령들과 싸우기도 하며, 또한 요정의 나라에서 있었던 우리의 모든 일들을 기억하기도 한다. 만일 꿈이 사

신의 본질을 바로 알 때 해방된다"(Deussen, *System of the Vedānta*, pp.86~87).

실이라면, 사실 또한 꿈이라 해야 할 것이다. 비록 지식의 모든 대상들이 믿음의 문제이며, 따라서 의심의 여지가 있다 할지라도, 그럼에도 불구하고 경험 속에 그것을 초월하는 어떤 것이 있는 것처럼 보인다. 만일 우리가 자신 속에서 우리의 환경에 의하여 만들어진 것이 아니라 그것을 만들고 그것을 틀에 넣어 형성하는 어떤 것을 발견한다면, 만일 감각 세계에 대한 우리의 지식과 평가의 능력 그 자체 속에 감각 세계로부터는 도출될 수 없는 어떤 것이 함축되어 있다면, 그러면 우리 자신 속에 초월적으로 내재하는 것의 실재를 긍정해야 하는 것이 논리적인 필연이라 할 것이다.

회의론(懷疑論)이 참이라는 증거는 우리가 즉각 의식하는 자아에 관하여 그 한계를 드러낸다. 모든 사람은 자기 자신의 존재를 의식하고 있으며, "나는 없다"고 생각하는 사람은 아무도 없다.[원주127] 데카르트와 마찬가지로, 샹카라는 다른 것들에 던져지는 어떤 의문에 의해서도 영향받지 않는 즉각적인 자기 확신에서 진리의 근거를 발견한다.[원주128] 만일 자아의 존재가 알려지지 않는다면, 모든 사람들은 "나는 없다"고 생각할 것이지만, 이것은 우리의 경험과 일치하지 않는다. 자아는 의식의 흐름에 앞서며, 참과 거짓에 앞서며, 실재와 환영에 앞서며, 선과 악에 앞선다. "모든 형태의 인식 수단(pramāṇa)은 단지 자기 경험(self-experience)에 의존하는 것으로 존재할 뿐이며, 그와 같은 경험은 자명하므로 자아의 존재를 증명해야 할 아무런 필요도 없다." "오성 자체와 그 기능들의 존재는 자아로 알려지는 지성을 전제로 삼는다. 지성은 오성이나 그 기능들과 다르며, 자존한다."[원주129] 각 기능과 역할, 물질적인 육체와 생기, 감각기관들과 내적 기관, 경험적인 '나'는 오직

[원주127] Sarvo hy ātmāstitvam pratyeti na nāham asmīti(『베단타 수트라』, i.1.1 에 대한 샹카라의 주석).
[원주128] Descartes, *Discourse on Method*를 참조하라.
[원주129] 수레슈와라, 『바룻티카』(*Vārttika*), p.189 및 p.542, pp.791~795. 또한 『베단타 수트라』, ii.3.7 ; i.3.22에 대한 샹카라의 주석을 보라.

아트만을 토대로 그리고 아트만과 관련하여 나타날 뿐이다. 이 모든 것들은 그 자체를 초월하는 목적에 이바지하며, 존재의 보다 심원한 어떤 토대에 의존한다. 아트만의 존재는 의심의 대상일 수 없다. "왜냐하면 아트만은 그것을 부정하는 바로 그 자신의 본질이기 때문이다."[원주130]

상카라는 우리가 생각을 통하여 자아를 아는 것은 불가능하다고 주장한다. 왜냐하면 생각 자체가 비아(非我)에 속하는 흐름의 일부이기 때문이다. 만일 우리가 자신의 모든 비판력과 판단력을 잠재움으로써 그것을 파악할 수 있다면, 우리는 자신이 바라는 유형의 지식을 지닐 수 없게 될 것이다. 그럼에도 불구하고 우리는 자아를 생각을 통하여 지워버릴 수 없다. 왜냐하면 자아와 별개로 어떤 의식이나 경험도 있을 수 없기 때문이다. 비록 그것이 우리의 지식을 벗어난다 할지라도, 그것은 우리 자신을 완전히 벗어나는 것은 아니다. 그것은 자아에 대한 개념의 대상이며,[원주131] 그 자체의 즉각적인 현시 때문에 그 존재가 알려진다.[원주132] 그것은 증명될 수 없다. 왜냐하면 그것은 모든 증명의 토대이며, 모든 증명에 앞서 확립되기 때문이다.[원주133] 논리적으로 그것은 하나의 선결 조건이다. 우리는 그것을 인정하지 않으면 안된다.[원주134]

[원주130] Ya eva hi nirākartā tad eva tasya svarūpam(『베단타 수트라』, ii.3.7에 대한 샹카라의 주석).

[원주131] Asmatpratyayaviṣaya. 『케나 우파니샤드』, ii를 참조하라. Pratibodhavi-ditam(인식의 모든 상태를 통하여).

[원주132] Aparokṣatvāc ca pratyagātma-prasiddheḥ(『베단타 수트라』, i.1.1에 대한 샹카라의 주석).

[원주133] Ātmā tu pramāṇādivyavahāraśrayatvāt prāg eva pramāṇādivyavahā-rāt siddhyati(『베단타 수트라』, ii.3.7 및 『바가바드기타』, xviii.50에 대한 샹카라의 주석).

[원주134] 샹카라는 말한다. "영원한 자아는 행위자와 다르다. 그것은 모든 존재 속에 목격자로 머무는, '나'의 나타남의 대상이며, 유일 불변이다. 이 궁극자는 어떤 사람에 의하여 베다 혹은 철학적 사색(tarka)에 의거한 어떤 문헌을 통하여 파악되지 않는다. 그는 모든 존재의 영혼(sarvasyātmā)이며…… 따라서 그 누구도 그를 부정할 수 없다. 왜냐하면 그는 또한 부정하는 그의 자아이기 때문이다"(i.1.4에

샹카라는 대상으로부터 주체를 구별하기 위하여 노력하며, 주체와 대상은 빛과 어둠처럼 반대되기 때문에, 진정한 주체는 결코 대상이 될 수 없다고 주장한다. 형이상학적으로, 자존의 개념은 영원, 불변, 완전의 관념들을 포함한다. 참으로 실재하는 것은 그 자체로 그리고 자력으로 존재하는 것이며,[원주135] 따라서 아트만 혹은 영원한 자아의 실재를 긍정하는 것은 영원한 브라흐만의 실재를 긍정하는 것이다. 아트만이 곧 브라흐만이다.[원주136] 브라흐만의 실재에 대한 증거는 그것이 모든 사람의 자아의 토대라는 것이다.[원주137]

비록 우리는 자아가 존재한다는 것을 안다 할지라도, 우리는 그것이 무엇인지, 유한한지 무한한지, 지식인지 환희인지, 유일한지 아니면 그 자체와 같은 다른 것들 중의 하나일 뿐인지, 단지 목격자인지 아니면 향수자인지, 또는 이도저도 아닌지에 대하여 모른다. 자아의 본질에 대하여 모순되는 견해들이 있기 때문에, 샹카라는 그것이 알려지면서도 알려지지 않는다고 주장한다. '나'는 '나 아닌 것'과 구별되지 않으면 안 된다. 후자는 외부 세계와 육체 및 그 기관들뿐만 아니라 또한 오성과 감각의 모든 기관들을 포함한다. 일상적인 어법에서 우리는 정신상태들을 주관적이라 하며, 물질적인 상태들을 객관적이라고 말한다. 그러나 형이상학적 관점에서 보면, 물질적·정신적 현상들의 두 체계 모두가 동등하게 객관적이다.[원주138]

대한 샹카라의 주석).

[원주135] Hegel, *Aesthetics*, E.T., chap.i을 보라.

[원주136] 『베단타 수트라』, i.1.1에 대한 샹카라의 주석.

[원주137] Sarvasyātmatvāc ca brahmāstitvaprasiddhiḥ(『베단타 수트라』, i.1.1에 대한 샹카라의 주석).

[원주138] "흔히 자신의 아들이나 아내에게 사태가 좋게 되거나 그렇지 않게 될 때, 우리는 '나에게 사태가 좋다거나 그렇지 않다'고 말하며, 외적인 것의 속성들을 자아에게 전가시키는 것처럼, 이와 마찬가지로 우리는 '나는 뚱뚱하다, 나는 날씬하다, 나는 피부가 희다, 나는 서 있다, 나는 간다, 나는 펄쩍 뛴다'고 말할 때, 육체의 속성들을 자아에 전가시킨다. 마찬가지로 우리가 '나는 벙어리이고, 무기력하며, 귀먹었으며, 애꾸눈이며, 소경이다'라고 말할 때, 감관들의 속성들을 자아에 전가

유물론자들은 자아를 육체 혹은 감관과 동일시한다. 그러나 의식과 물질은 다른 유형의 실재를 나타내며, 우리는 하나를 다른 하나로 환원시킬 수 없다. 또한 우리는 자아를 감관과 동일시할 수 없다. 왜냐하면 만일 그렇게 되면 감관들의 수와 동일한 수의 자아가 있어야 할 것이며, 이것은 인격적 동일성에 대한 인식을 불가능하게 할 것이기 때문이다. 더욱이 만일 여러 감관들이 자아를 구성한다면, 색깔, 소리, 맛 등에 대한 동시적인 향수가 있어야 할 것이다.

요가차라(Yogācāra, 瑜伽行派)의 이론에 의하면, 자아는 일련의 순간적인 정신상태들[원주139]에 불과하다. 그러나 우리는 이 이론에 의거해서 기억이나 인지(認知)의 사실들을 설명할 수 없다. 도무지 영속적인 자아는 없다고 주장하는 중관론은 샹카라 철학의 제1원리, 즉 자아의

시키며, 또한 마찬가지로 내적 기관(antaḥkaraṇa)의 속성들, 즉 욕망, 기대, 의심, 결단 등을 자아에 전가시킨다. 이로써 우리는 '나'를 현시하는(ahaṃpratyayin) 주관을, 인간으로서의 성향들에 대한 목격자(sākṣin)로서 홀로 나타나는 내적 자아에 전가시키며, 반대로 모든 것에 대한 목격자인 내적 자아를 내적 기관 등에 전가시킨다"(『베단타 수트라』, i.1.1에 대한 샹카라의 주석). Deussen, *System of the Vedānta*, p.54, n. ;『아트마보다』(*Ātmabodha*), p.18 ;『사르바싯단타사라상그라하』, xii.49~62, 72~77을 보라. 데카르트의 견해와 비교하라. "나는 인간의 육신이라 불리는 이런 저런 부분들의 결합체가 아니며, 이 모든 부분들을 통하여 퍼져 있는 미세하고 침투하는 공기나 바람, 혹은 불꽃, 혹은 수증기, 혹은 호흡, 혹은 내가 상상할 수 있는 그 어떤 것도 아니다. 왜냐하면 나는 이 모든 것들이 아니라고 가정했기 때문이며, 만일 이 가정을 바꾸지 않는다면, 나는 여전히 내가 나의 존재를 확신하고 있다는 것을 발견할 것이다"(*Meditations*, p.ii). 또한 『찬도기야 우파니샤드』, viii.7~12 ;『타잇티리야 우파니샤드』, ii.1.7 ;『만두키야 우파니샤드』를 보라. 칸트가 우리에게 우리의 관심을 의식의 내용에서 그 내용을 통각하는 의식으로 옮겨야 한다고 촉구했을 때, 그는 논리적인 이론에 괄목할 만한 공헌을 했다. 그러나 그는 자신의 이론이 함축하는 것, 즉 오직 유일한 보편 의식이 있을 수 있다는 사실을 충분히 알고 있지 못했다. 그는 대상들을 무생물과 생물, 의식 없는 것과 의식 있는 것으로 구분하는 것이 내용의 영역에서의 구분이라는 것을 알았다. 그러나 그는 내용 영역의 다수성으로부터 물자체(物自體)의 다수성을 추론하는 오류를 범했다.

[원주139] Kṣaṇikavijñānadhārā.

존재는 의심될 수 없다는 전제와 상충하게 된다. 설사 우리가 전체 세계는 단지 공(空)에 불과하다고 주장한다 할지라도, 이 공은 그 자체에 대한 인식자를 전제로 한다.[원주140] 심지어 꿈 없는 수면상태에도 자아가 있다. 왜냐하면 우리는 잠에서 깨어났을 때, 꿈 없이 잘 잤다는 것을 알기 때문이다. 이것을 그는 기억으로부터 안다. 기억은 단지 의식 중의 과거의 인상이 재현된 것에 불과하므로, 수면의 행복과 무(無)에 대한 의식은 수면상태 중에 나타났음에 틀림없다. 만일 잠자는 동안 마음의 불안이나 지식의 부재는 단지 잠들기 이전 상태에 대한 기억과 잠에서 깨어난 이후의 상태에 대한 지각으로부터 추론될 뿐이라고 말해진다면, 우리는 나타나지 않았던 것 따위는 결코 추론할 수 없다고 대답할 것이다.

만일 부정적인 개념은 그것에 상응하는 지각 표상을 지닐 수 없으며, 따라서 마음의 불안 및 지식의 부재는 단지 추론될 뿐이라고 주장한다면, 추론되는 지식 등의 부재는 생각 가능한 것, 즉 반드시 그것의 부재 동안 직접 지각되었음에 틀림없다고 대답할 것이다. 이와 같이 우리는 잠자는 동안에 지식이나 심적인 불안의 부재에 대한 직접적인 의식을 지닌다. 그 상태에서 경험적인 마음은 정지하고 있으며, 오직 순수 의식만이 존재하고 있다.[원주141] 자아는 시간 속에서 발달하는 수많은 정신적인 내용들로 구성되는 우리의 정신 자세 혹은 경험적인 '나'의 연속적인 변화에 수반되는 내적인 느낌과 동일시될 수 없다.[원주142] 자

[원주140] Śūnyasyāpi svasākṣitvāt.

[원주141] 내적 기관은 작용하지 않고 있으며, 순수 의식은 오직 무지(avidyā)와 연관되어 있을 뿐이다. 숙면상태(suṣupti)에서 어떤 활동이 『비바라나』(Vivaraṇa)의 저자에 의하여 무지에 그 원인이 있는 것으로 간주되고 있으며, 이에 비하여 수레슈와라는 숙면상태에는 전혀 아무런 활동도 없다고 주장한다.

[원주142] 베르그송은 우리에게 '성장하는 자아'(growing self)— 기억을 통하여 과거의 경험을 모으고 미래의 목적들로 밀고 들어가는 — 개념을 제시한다(*Creative Evolution*, p.210). 어떤 불교도들이 믿는 것처럼, 만일 인격(personality)의 토대가 단지 과거의 의식이라면, 그러면 각기 다른 두 순간에 동일한 자아는 결코 있을 수 없을 것이다. 기억이라는 연결 고리는 자아 혹은 인격의 개념에 어떤 힘과

의식(ahaṃkāra)이 행위에 앞선다는 것은 사실이다. 그러나 그것은 자아가 아니다. 왜냐하면 그것은 자체가 지식의 대상이므로 지식에 앞설 수 없기 때문이다.[원주143]

　자아를 상태들의 흐름이나 표상 연속체 혹은 의식의 흐름과 동일시하는 것은 의식의 본체와 그 내용의 부분들을 혼동하는 것이다. 느껴지는 덩어리들(felt-masses)과 의식의 흐름들은 일어나고 쓰러지며, 나타나고 사라진다. 만일 이 모든 내용들이 서로 연관되어야 한다면, 우리는 항상 이 모든 것들에 수반되는 어떤 보편 의식을 필요로 하게 될 것이다. "지금 현재 존재하는 것을 아는 것은 '나'이며, 과거와 과거 이전에 있던 것을 알았던 것은 '나'이며, 미래와 그 이후의 미래에 있는 것을 알게 되는 것은 '나'라고 말할 때, 이 말 속에는 심지어 인식의 대상이 바뀔 때조차도 인식자는 바뀌지 않는다는 사실이 함축된다. 왜냐하면 그의 본질은 영원히 존재하므로 그는 과거와 현재와 미래에 존재하기 때문이다."[원주144]

　　의미를 부여할 수도 있는 반면에, 자아의 의식에 본래부터 고유한 무시간성(無時間性)은 설명되지 않은 채로 남게 된다. 베르그송은 끊임없이 성장하는 자아 개념의 불완전성을 알고 있으며, 따라서 그는 우리에게 참된 자아란 다가오는 순간이나 과거의 역사에 대한 자각을 지니지 않는 순수 지속과의 어떤 관련을 통하여 정의되어야 한다고 말한다. 그것은 시간적인 모든 범주들이 부재하는, 나누어지지 않은 현재이다. 이와 같이 베르그송은 시간을 재빨리 해치우고 지속 혹은 비(非)시간적 성장의 이론을 전개함으로써 영원에 대한 본능을 충족시키려 한다. 그러나 지속하는 자아는 외적인 요소들에 의존하여 지속한다. 그것은 자기 의존이 아니다. 베르그송이 숙면상태에서도 완전하고 전체적인 기억의 실재를 인정하고, 의식의 통일성과 연속성을 설명하기 위하여 그것을 도입할 때, 그는 샹카라의 입장에 매우 근접하게 된다. 그는 모든 형태가 사물들의 보편적 흐름 속에 사라지고 없을 때조차도 기억 속에 정신적인 어떤 것이 지속한다는 것을 인정한다. 그것은 연속적인 경험들에 대한 결속 고리로 기여하며, 그것은 심지어 모든 경험들이 사라질 때도 존재할 수 있다.

[원주143] Ahaṃkārapūrvakam api kartṛtvaṃ nopalabdhir bhavitum arhati, ahaṃ-kārasyāpy upalabhyamānatvāt(『베단타 수트라』, ii.3.40에 대한 샹카라의 주석).

[원주144] Sarvadā vartamānasvabhāvatvāt(『베단타 수트라』, ii.3.7 및 『바가바드기타』, ii.18에 대한 샹카라의 주석). 또한 『아드와이타마카란다』(*Advaitamaka-*

만일 어떤 사건들이 그들 각자에게 마찬가지로 존재하는 어떤 것—
따라서 그 자체는 시간을 초월하는— 을 통하여 결합되어 있다면, 우
리는 사건들의 시간적인 연쇄들을 단지 하나의 연쇄들로만 알 수 있을
것이다.[원주145] 자아는 자연계의 산물이 아니다. 왜냐하면 만일 자아의
원리가 전제되지 않는다면 어떤 자연계도 있을 수 없을 것이라는 단순
한 이유 때문이다. 샹카라는 만일 우리가 아트만에서 그것을 둘러싸고
있는 모든 것을 탈각한다면, 만일 그것이 둘러싸여 있는 육체로부터 그
것을 분간한다면, 만일 그것에서 경험의 모든 내용들을 벗겨낸다면, 그
것에 대한 개념을 얻는다고 주장한다.[원주146] 우리의 논리적인 마음에
그것은 아마 우리가 아트만을— 만일 단지 무(無)가 아니라면— 사유
의 텅 빈 가능성으로 만들어버리는 것처럼 보일 것이다. 그러나 이와
같이 생각하는 것은, 그것을 부분들의 전체 혹은 속성들을 지닌 실체로
간주하는 것보다 나을 것이다. 그것은 심지어 육체가 한 줌의 흙이 되
고 마음이 소멸할 때조차도 전혀 영향받지 않는, 다만 무차별의 의식
(nirviśeṣacinmātram)일 뿐이다.[원주147]

---

randa), p.11 및 p.13을 보라.

[원주145] 샹카라는 두 개념들에 대한 가장 단순한 비교, 그리고 그 둘을 같다거나 다
른 것으로 인식하는 것은 "그 둘을 비교하는 나누어지지 않은 통일체," 즉 취급하
는 내용에 외적인 아트만을 전제로 한다는 로체(Lotze)의 주장에 동의할 것이다
(*Metaphysics*, p.241을 보라).

[원주146] 지력, 감각 등은 비(非)의식적이며, 인식 주체의 대상일 뿐이다. 『바마티』
(*Bhāmati*)를 참조하라. "Citsvabhāvātmā viṣayī, jaḍasvabhāvā buddhīndriya-
dehaviṣayā viṣayaḥ."

[원주147] 『사르바싯단타사라상그라하』, xii.8.41. 어거스틴의 견해와 비교하라. "한 걸
음씩 나는 육체로부터 육체적인 감관들을 통하여 지각하는 영혼으로 상승되었으
며, 그곳으로부터 다시 영혼의 내적인 기능으로 상승했다. 육체적 감관들은 이 내
적인 기능에 외적인 사물들을 전한다. 또한 이 내적인 기능으로부터 추론 기능으
로 상승했다. 추론 기능의 판단은 육체적인 감관들을 통하여 받는 지식과 관련된
다. 그리고 이러한 추리력이 또한 내 속에서 변화 가능한 상태에 있음을 알게 되
었을 때, 그것은 지성의 단계까지 스스로를 끌어올렸으며, 경험으로부터 그것의
사유작용을 거두어들였다. 그것이 아무런 의심 없이 불변자가 변화하는 것보다 선

　모든 철학의 요점은 이것, 즉 시공간 속에 존재하는 육체의 감관과 신경 작용들이 의식을 생성시키는 것처럼 보인다는 것이다. 단언하건대, 비의식적인 것이 의식적인 것의 원인이 될 수 없다. 그 반대로 의식적인 것이 비의식적인 것의 원인임에 틀림없다. 감관이나 마음 혹은 지력은 단독으로 존재할 수 없다. "이 기관들의 작용은 그 외에 또한 아트만에 속해 있는 파악(upalabdhi)을 필요로 하며……아트만의 본질은 영원한 지식이다."[원주148] 그러나 비의식적인 것의 원인인 이 의식은 유한한 의식이 아니라 궁극적인 의식이다. 왜냐하면 이런 저런 유한한 의식 속에 존재하지 않는 수많은 대상들과 사건들이 항상 실제로 존재하기 때문이다. 그러므로 우리는 유한자가 단지 그것의 한 조각에 불과한 궁극적인 의식을 상정하지 않으면 안된다.

　모든 존재의 토대인 근본적인 의식은 인간의 의식과 혼동되지 말아야 한다. 알다시피 후자는 세계 전계 과정에서 다소 나중에 나타난다. 감각 표상들은 생성과 소멸에 지배되며, 자명하지 않기 때문에 단지 아트만의 빛을 통하여 알려질 뿐이며,[원주149] 아트만의 본질적 속성은 자명함이다.[원주150] 그것은 순수 의식(caitanyam) 혹은 순전한 앎이며, "아는 자, 지식, 알려지는 것에 대한 구별이 없는, 무한 초월의 궁극적 원리이며, 절대적인 지식의 본질"이다.[원주151] 그것은 본질적으로 비(非)

호되어야 한다고 외쳤을 때, 이로부터 그것은 또한 그 불변자를 알았으며, 그래서 전율하는 일별의 섬광으로써 그것은 '존재하는 저것'(That which is)에 도달했다"(*Confessions*, vii.23).

[원주148] Nityopalabdhi svarūpatvāt(『베단타 수트라』, ii.3.40에 대한 샹카라의 주석). 『치트수키』(*Citsukhī*), i.7을 참조하라. Cid rūpatvād akarmatvāt svayaṁjyotir ity śruteḥ, Ātmanaḥ svaprakāśatvaṁ ko nivārayituṁ kṣamaḥ.

[원주149] 『베단타 수트라』, ii.2.28에 대한 샹카라의 주석. 아리스토텔레스의 '누스'(Nous, 마음 혹은 이성)와 비교하라. '누스'는 잠재적으로 지적인 오성 등이 그 자체의 잠재력을 실현할 수 있도록 돕는다.

[원주150] svayaṁjyotis svarūpatvāt(『베단타 수트라』, i.3.22에 대한 샹카라의 주석). 또한 『프라슈나 우파니샤드』, vi.3에 대한 그의 주석을 보라.

[원주151] 『비베카추다마니』(*Vivekacūḍāmaṇi*), p.239. 니야야 학자들은 아래의 근거에서 이 이론을 반대한다(『니야야만자리』(*Nyāyamañjari*), p.432). 순수 의식을

190

대상적 의식이다.[원주152] "아트만은 철두철미하게 지성에 불과하다. 지성은 그것의 독점적인 본질이다. 이것은 마치 짠맛이 소금의 본질인 것과 같다."[원주153] 영혼은 비영혼적인 본질을 지닐 수 없다. 본질적으로 그것은 영원히 빛난다. 비추는 대상이 없을 때도 태양은 여전히 빛나는 것처럼, 이와 마찬가지로 아트만은 전혀 대상이 없을 때도 의식을 지닌다.[원주154] 그것은 청정한 빛, 명료한 광채이며, 우리의 모든 지식의 토대일 뿐만 아니라, 우리의 모든 보는 행위의 빛이다.

샹카라는 자아에 대한 니야야와 제한적 불이론(Viśiṣṭādvaita)의 견해, 즉 자아는 지성적인 실체이며 자아에 대한 의식의 관계는 실체(dharmi)와 속성(dharma)의 관계라는 견해를 반박한다.[원주155] 지성과 자아의 관계는 동일 혹은 차이의 관계이거나, 또는 동일이며 차이의 관계임

경험한 사람은 아무도 없다. 왜냐하면 우리의 경험적 의식은 언제나 마음과 감관들에 의하여 조건지어지기 때문이다. 그것이 직관적인 의식(aparokṣajñāna)에 의하여 알려진다고 말하는 것은 자기 모순이다. 만일 자아는 자명한 것으로서 즉각 알려진다고 주장한다면, 비록 빛나는 등불이 눈 먼 사람에게 지각되지 않는다 할지라도, 그것이 그에게 현시된다고 말할 수 있을 것이다. 만일 그 등불이 오직 그것을 파악하는 자에게만 그 자체를 현시한다면, 자아도 오직 그것이 파악될 때, 즉 그것이 의식의 대상이 될 때 알려질 것이며, 그러면 그것은 순수하고 더럽혀지지 않은 것일 수 없을 것이다. 쿠마릴라는 묻는다. 만일 본질적으로 의식인 자아가 자명하다면, 즐거움과 고통은 자명한 것으로 간주되어야 하는가? 이 견해에 의거한다면, 우리는 수면상태에서 즐거움이나 고통이 정지되는 것을 설명할 수 없게 된다. 만일 숙면상태에서는 육체나 감각 혹은 그 대상들 — 이것들은 모두 각성상태에서 현시된다 — 이 아니라 오직 자아만이 현시된다고 주장한다면, 쿠마릴라는 우리가 잠에서 깨어났을 때 잠을 자고 있는 동안 아무것도 파악하지 않았다는 것에 대한 의식을 지니지 않는다는 사실을 근거로 이 주장을 부정할 것이다. 그는 자아가 내적인 지각의 대상(mānasapratyakṣagamyam)이라고 주장한다. 또한 『샤스트라디피카』(Śāstradīpikā), pp.347~350을 보라.

[원주152] Nirviṣayajñānamayam. 샹카라의 Hymn to Hari, p.4를 보라.
[원주153] 『베단타 수트라』, iii.2.16에 대한 샹카라의 주석. 또한 『베단타 수트라』, i.3.19, 22에 대한 샹카라의 주석을 보라.
[원주154] 『베단타 수트라』, ii.3.18에 대한 샹카라의 주석.
[원주155] Ciddharma ātmā na tu citsvabhāvaḥ. 비슈와나타(Viśvanātha)의 『무크타발리』(Muktāvali), p.49를 참조하라. Jñānabhinno nityātmeti siddham.

에 틀림없다. 만일 지성이 본질적으로 자아와 다르다면, 그 둘 사이에 실체와 속성의 어떤 관계도 있을 수 없을 것이다.[원주156] 더욱이 서로 다른 대상들의 경우에, 그 관계는 외적인 결합(saṃyoga)이거나 내속 관계(samavāya)일 것이다. 전자는 물질적인 두 사물 사이에 적용될 수 있다. 그러나 지성과 자아는 물질적이 아니며, 따라서 외적인 관계는 적용될 수 없다. 만일 자아와 지성 사이에 내속의 관계가 있다면, 이 관계 자체는 자아와 관계되어 있음에 틀림없고, 이 두번째 관계는 또한 자아와 관계되어 있을 것이며, 이러한 소급은 무한히 계속될 수밖에 없을 것이다. 그러므로 만일 자아와 지성이 서로 다르다면, 그 둘 사이에 실체와 속성의 관계를 생각하는 것은 불가능하다. 만일 그 둘이 동일하다면, 하나가 다른 하나의 속성이라고 말하는 것은 아무런 의미도 없다. 하나가 다른 하나와 동일하면서도 다르다고 주장하는 것은 모순일 것이다. 그러므로 자아는 지성과 동일한 것으로 간주되어야 한다.[원주157]

순수 의식 또는 아트만은 논리적인 이해나 파악과 혼동되어서는 안 된다. 만일 그것이 논리적인 이해나 파악이라면, 그것은 자체가 바라는 조건으로 나타날 수 있는 궁극적 실재가 아니라, 주체와 대상의 상호작용의 결과라고 해야 할 것이다. 만일 지식이 대상에 기인하는 차원에 있는 것으로 생각된다면, 그것 속에는 아직 주체와 대상의 구분이 함축되어 있으며, 이러한 한정은 단지 지식 자체가 그것을 생성시켰다는 이유 때문에 무시될 수 있는 한정이라고 할 수는 없을 것이다. 참된 실재와 지성은 병존한다. 아트만은 지성 없는 존재 혹은 존재 없는 지성일 수 없다.[원주158] 그것은 또한 지복(ānanda)의 본질을 지닌다.[원주159] 아난

[원주156] Atmaghaṭādivad dharmadharmitvānupapatteḥ.
[원주157] 『하스타말라카』(Hastāmalaka)를 보라. 또한 Haldane, *Reign of Relativity*, p.196.
[원주158] Sattā eva bodhaḥ bodha eva ca sattā.
[원주159] 『타잇티리야 우파니샤드』, ii. 아트만은 존재하며(asti), 빛나며(bhāti), 행복하다(prīṇāti).

다는 모든 고통을 벗어나 있다.[원주160] 아트만은 벗어던질 아무것도 없으며, 획득할 아무것도 없으며, 어둡거나 무질서한 아무것도 없다. 샹카라는 아트만에 있어 행위를 부정한다. 행위는 본질적으로 무상하다[원주161]고 보기 때문이다. "자아는 어떤 행위가 귀속되는 장소일 수 없다. 왜냐하면 행위는 그 자체가 귀속되는 것을 변화시키지 않고 존재할 수 없기 때문이다."[원주162]

모든 행위는 자기 의식을 전제로 하며, 우리가 알아채고 있는 한, 그것은 고통의 형태를 지니며,[원주163] 욕망에 의하여 야기된다.[원주164] 행위와 향수(享受)는 이원적 통찰에 의존하며, 이원적 통찰은 궁극의 진리가 아니다.[원주165] 육체 등에 의한 아트만의 한정이 없다면, 어떤 행위나 작용도 있을 수 없으며, 모든 한정은 비실재적이다.[원주166] 아트만은 단독으로 그 어떤 행위를 지니지 않는다.[원주167] 샹카라는 아트만에 진리, 그 자체의 수승함에 대한 의존, 편재, 그리고 모든 존재의 자아로서의 본질을 귀속시킨다.[원주168] 헤겔이 자신의 철학에서 관념(idea)을 무한이라고 한 것과 같은 이유에서, 샹카라는 아트만을 유일, 보편, 그리고 무한이라고 한다. 그것은 결코 자체에 대한 반명제들이나 대립물들에 의하여, 또한 그것이 아니지만 그럼에도 불구하고 그것을 속박하는 다

[원주160] 『브리하드아란야카 우파니샤드』, iii.5를 참조하라.

[원주161] Adhruva.

[원주162] 『베단타 수트라』, i.1.4에 대한 샹카라의 주석.

[원주163] Kartṛtvasya duḥkharūpatvāt(『베단타 수트라』, ii.3.40에 대한 샹카라의 주석).

[원주164] Karmahetuḥ kāmah syāt, pravartakatvāt(『타잇티리야 우파니샤드』에 대한 샹카라의 주석, 서론).

[원주165] Avidyāpratyupasthāpitatvāt kartṛbhoktṛtvayoh(『베단타 수트라』, ii.3.40에 대한 샹카라의 주석). 또한 『브리하드아란야카 우파니샤드』, iv.5.15를 참조하라.

[원주166] 수레슈와라의 견해와 비교하라. "본질적인 상태에 있는 아트만의 존재는 현자들에 의하여 자유(niḥśreyasa)라고 말해지며, 아트만과 어떤 다른 상태와의 접촉은 무지(ajñāna)의 결과라고 말해진다(『바룻티카』, p.109).

[원주167] Svataḥ anadhikāriṇah. 수레슈와라의 『바룻티카』, pp.110~113을 보라.

[원주168] Satyatvam, svamahimapratiṣṭhitatvam, sarvagatatvam, sarvātmatvam(『베단타 수트라』, i.3.9에 대한 샹카라의 주석).

른 어떤 것에 의하여 제한되지 않는다. 그것은 언제나 자체의 본질을 떠나지 않는다. 의식에는 결코 한정이 없다. 왜냐하면 한정자들에 대한 의식은, 의식이 한정자보다 광대하다는 것을 보여주기 때문이다. 만일 그것에 한정이 있다면, 다른 것들에 의하여 한정된 것으로서의 의식은 한정자들을 의식할 수 없을 것이다. 의식과 한정은 본질적으로 반대된다. 한정은 사물의 본질이며, 의식은 결코 사물이 아니다.

데카르트는 전적으로 비아로부터 자아를 추상하고, 독립적으로 후자의 실재를 확립하려 했다고 비판된다. 우리는 샹카라의 자아는 개별적인 인식 주체가 아니라는 것을 분명히 해야 한다. 만일 샹카라가 비아로부터의 추상에서 혹은 비아에 반대되는 것으로서 개별적인 인식 주체를 확립하려 했다면, 그는 내용 없는 수많은 유한 자아 혹은 추상적인 보편아를 얻었을 것이다. 샹카라의 자아는 개별적인 자아가 아니며, 그와 같은 자아들의 집합도 아니다. 후자의 이 자아들은 보편아에 의존한다. 샹카라는 말한다. "그것은 우리가 말로 가리킬 수 있는 경험적인 의미에서의 어떤 것이 아니며, 그것은 일반적인 지식 수단으로 알려질 수 있는 소 같은 어떤 대상도 아니다. 심지어 그것은 자체의 유적 속성이나 특성에 의해서 묘사될 수도 없으며, 우리는 그것이 이런 저런 방식으로 행위한다고 말할 수도 없다. 왜냐하면 그것은 언제나 행위 없는 것으로 알려지기 때문이다. 그러므로 그것은 적극적으로 묘사될 수 없다."

샹카라의 자아는 칸트의 초월적 에고와 다르다. 후자는 모든 경험의 대상들에 귀속되는, 순수하게 어떤 하나의 형상(form)이다. 그것은 비록 경험적인 의식을 초월하는 것으로 말해진다 할지라도, 그것은 실천 의지가 되므로, 여전히 하나하나 구별된다. 조건들의 산물인 경험적 에고와 그것의 차이에 대한 칸트의 설명은 샹카라의 자아에도 적용된다. 다만 샹카라는 의식의 항존하는 빛이 완전한 어떤 것이며, 성장 과정에 있는 것이 아니라고 말할 것이다.[원주169] 칸트의 실천 의지는 경험적인 자아이며, 여기에는 항상 머나먼 저편에 대한 정의 불가능한 느낌이 있다. 피히테의 절대적인 에고는 본질적으로 경험적 자아와 다르지 않다. 왜냐하면 그것이 잠재상태에서 실제적인 것으로 되는 행위는 비아 혹은 객관에 의하여 결정되기 때문이다. 샹카라가 아트만——그 자체에 대하여 독립적인 다른 존재들을 지니지 않는—— 은 인격적인 존재가 아니라고 주장하는 것은, 그가 인격성의 본질은 바로 아트만 자체와 다른 존재들과의 차이에 있다는 것을 의식했기 때문이다.

그러나 논리적인 관점에서 볼 때, 경험적 자아가 유일한 실재이며, 순수 자아는 단지 그림자에 불과하다는 것은 사실이다. 하지만 우리가 직관의 차원으로 떠오를 때, 우리는 궁극적 의식의 진리를 깨닫게 된다.[원주170] 그것은 "나는 나다"라는 생각을 지닌, 그래서 자기 자신을 아는 모든 사람의 본질이다. 그것은 어떤 경험도 결코 변화시킬 수 없는, 절대적으로 실재적인 것이다. 그것은 결코 차원들을 지니지 않는다. 우리는 확장 혹은 구분 가능한 것으로 그것을 생각할 수 없다. 그것은 언제 어디서나 동일하다. 그 속에는 어떤 형태의 다수도 없다. 그것은 특수화될 수 없다. 우리는 보편적 생명을 공유하기 때문에 살아 있으며, 보편적 사유를 공유하기 때문에 생각한다.[원주171]

[원주169] 대상화될 수 없는 순수 주체에 대한 젠타일(Gentile)의 이론(*Theory of Mind as Pure Act*, pp.6~7)과 비교하라.

[원주170] 케어드(Caird)의 견해와 비교하라. "만일 지식이 의식적 주체에 대한 대상의 관계라면, 그것이 완전해질수록 그 관계는 점점 긴밀해질 것이며, 이원성이 증발해버릴 때, 주체와 대상이 하나될 때, 이원성이 단지 그 하나됨에 대한 피할 수 없는 표현에 불과한 것으로 간주될 때, 한마디로 의식이 자의식 속으로 녹아들 때, 그것은 완전해진다"(*Critical Philosophy of Kant*, p.46).

[원주171] 『만두키야 우파니샤드』, ii.7에 대한 샹카라의 주석. 에크하르트(Eckhart)의 견해와 비교하라. "영혼 속에는 영혼을 초월하는 어떤 것이 있다. 그것은 신성하고 단순하며, 절대 무(無)이다. 명명되기보다는 명명되지 않으며, 알려지기보다는 알려지지 않는다……. 그것은 지식보다 높고, 사랑보다 높으며, 은총보다 높다. 왜냐하면 이 모든 것들에는 여전히 분별이 있기 때문이다. 이 빛은 오직 초월적 본질의 실재로 만족한다. 그것은 단순한 궁극적 토대, 즉 그 자체 속에 어떤 구별도 없는, 성부도 없고, 성자도 없고, 성신도 없는 적정(寂靜)의 황야와 하나되기 위하여 몰두하며, 아무도 살지 않는 통일체와 하나되고자 몸부림친다. 그 다음에 그것

14. 지식의 메커니즘

상식의 선입견과 사유의 제1원리들에 관한 회의적인 자세는 샹카라가 불교 사상가들로부터 물려받은 것이다. 그에게는 철학적 구축을 위한 어떤 시도도 제1원리들의 체계를 당연한 일로 생각할 수 없다는 것이 명백하게 되었다. 그래서 그는 지식과 인간의 인식 메커니즘에 대한 비판적인 분석을 수행했다. 우리의 내면 깊은 곳에 우리의 자아가 삶을 영위하고 있으며, 자아는 이에 대하여 아무 말도 하지 않는다. 궁극적 실재는 불이(不二)의 영혼이다. 그러나 제한적인 모든 지식은 궁극적 의식의 변형, 즉 궁극적 의식이 1) 아는 주체(pramātṛcaitanya, 내적 기관에 의하여 한정되는 인식하는 의식), 2) 인식의 과정(pramāṇacaitanya, 내적 기관의 변형(vṛtti)에 의하여 한정되는 인식력 있는 의식), 3) 알려지는 대상(viṣayacaitanya, 인식되는 대상에 의하여 한정되는 의식)으로 변형되는 것을 전제로 한다. 궁극적인 의식은 모든 것에 편재하며(sarvavyāpi), 내적 기관 및 그것의 변형 그리고 대상 모두를 밝혀주는 유일한 것(ekam eva)이다.[원주172]

감관들 외에 내적 기관(antaḥkaraṇa)의 존재에 대한 주장들은[원주173] 이미 우리에게 익숙하다.[원주174] 내적 기관은 그것이 외적인 감관들과

은 그 빛 안에서 만족한다. 그때 그것은 일체이다. 그것은 하나 그 자체이다. 이 토대는 단순 무차별의 적정이며, 그 자체로 움직임이 없지만, 그럼에도 불구하고 이 부동(不動)에 의하여 다른 모든 것들이 움직인다"(Hunt, *Essay on Pantheism*, p.180에 인용됨).

[원주172] 『판차다쉬』(*Pañcadaśi*), vii.91을 참조하라.

[원주173] 바차스파티는 마나스(manas)를 하나의 감관으로 간주한다.

[원주174] 아트만과 감관들 사이에 어떤 연결고리가 필요하다. 만일 우리가 내적 기관을 인정하지 않는다면, 그러면 영속적인 지각 혹은 영속적인 비(非)지각이 초래될 것이다. 지각의 요인이 되는 세 가지, 즉 아트만, 감관(indriya), 그리고 대상(viṣaya)의 결합이 있을 때, 영속적인 지각이 있다. 만일 이 세 가지 요인들이 결합하는 순간에 결과가 뒤따르지 않는다면, 영원한 비(非)지각이 일어날 것이다. 그러나 이 두 경우 모두 우리의 경험과 일치하지 않는다. 따라서 우리는 (위에서

구별되는 것으로서 감각 기능들의 소재지이기 때문에 그렇게 불린다. 그것은 감관들을 통하여 그것에게 운반되는 것들을 받아서 정돈하고 조정한다. 그것 자체는 하나의 감관으로 간주되지 않는다. 왜냐하면 만일 그것이 감관이라면, 그것은 그 자체 혹은 그것의 변형들에 대한 직접적인 지각을 지니지 못할 것이기 때문이다. 그것은 부분들로 구성되며, 원자의 크기도 아니고 무한한 크기를 지니는 것도 아닌, 중간 크기라고 말해진다. 그것은 투명성을 지니며, 이를 통하여 그것은 대상들을 반영한다. 이것은 마치 거울이 우리의 얼굴을 반영하는 광채를 지니는 것과 같다. 대상들을 반영하는, 즉 대상들을 의식하는 힘은 내적 기관에 본래부터 고유한 것이 아니라, 아트만과의 관계를 통하여 얻어진다.

비록 내적 기관은 대상들에 그것의 광채를 발산하여 그 대상들을 반영한다고 할지라도, 그럼에도 불구하고 그것 속에 비치는 것은 바로 아트만이다.[원주175] 아트만은 빛을 주는 자이며, 그것을 통하여 내적 기관이 지각한다.[원주176] 내적 기관은 형태의 변화 혹은 변형들을 겪는다. 대상(viṣaya)들을 드러내는 변형은 '브릿티'(vṛtti)라고 불린다.[원주177] 브릿티, 즉 내적 기관의 양태들에는 1) 불확정(saṁśaya), 2) 확정(niś-

---

언급한 지각의 세 가지 요인 이외에 수시로 지각이나 비지각이 일어나게 하는 또 다른 요인으로서) 내적 기관의 존재를 인정하지 않을 수 없다. 내적 기관이 주목하는가의 여부에 따라서 지각 혹은 비지각이 일어난다(『베단타 수트라』, ii.3.32에 대한 샹카라의 주석).

[원주175] 『마니샤판차캄』(*Manīṣāpañcakam*)을 보라. 샹카라는 여기서 상키야의 견해를 따르고 있다. 다시 말하여 붓디, 마나스 등은 그 자체로는 의식 없는 것이며, 이 기관들은 단지 푸루샤에 대한 접근을 통하여 인식 능력을 도출할 뿐이다. 아드와이타에서는 순수 자명한 아트만이 푸루샤를 대체한다.

[원주176] 『우파데샤사하스리』(*Upadeśasāhasrī*), xviii.33~54. 『타잇티리야 우파니샤드』, ii.1에 대한 샹카라의 주석 및 『타잇티리야 우파니샤드』, ii.1에 대한 『바릇티카』를 보라.

[원주177] 그것은 감정 등을 경험하는 가운데 다른 변형들을 지니지만, 이러한 변형들은 브릿티라고 불리지 않는다.

caya), 3) 자의식(garva), 4) 상기(想起, smaraṇa)의 4종이 있다. 내적 기관은 그것이 불확정의 양태를 지닐 때 마나스(manas, 意根)라고 불리며, 그것이 확정의 양태를 지닐 때 붓디(buddhi, 통각기능)라고 불리며, 그것이 자의식의 양태를 지닐 때 아함카라(ahaṁkāra, 我慢)라고 불리며, 그것이 집중과 상기의 양태를 지닐 때 칫타(citta, 注意)라고 불린다.[원주178] 인식의 원인은 궁극적 의식 그 자체라기보다는, 내적 기관에 의하여 한정된 궁극적 의식이다. 이 내적 기관은 사람마다 다르며, 따라서 어떤 사람에 의한 인식이 모두에 의한 인식을 의미하지는 않는다. 내적 기관은 무한한 것이 아니라 한정된 것이기 때문에, 그것은 세계의 모든 것들에 그 자체를 적용시키는 것은 불가능하다. 그것은 다양한 한계들 속에서 작용하며, 그 한계들은 그것이 속해 있는 개인의 과거 행위에 의하여 규정된다.[원주179]

[원주178] 붓디의 대상은 그것이 생성, 유지, 소멸되는 단지 세 순간을 지닐 뿐이지만, 이에 비하여 칫타는 지속한다. 명상과 정신 집중이 필수적인 숭배의 관점에서 볼 때, 칫타의 기능은 매우 중요하다. 샹카라는 그 자체의 기능이 불확실한 마나스와 그 자체의 확정적인 영역을 지니는 붓디를 분명하게 구분하고 있다(『베단타 수트라』, ii.3.32에 대한 주석). 마나스는 의욕(saṁkalpa), 의욕의 결여(vikalpa), 감각적 지각, 기억, 그리고 욕망 및 감정을 포함한다. 붓디는 개념작용, 판단, 추론 및 자아의식과 관련된, 보다 고차적인 힘이다. 우리가 앞에서 본 것처럼, 상키야는 칫타를 붓디에 포함시키기는 하지만, 붓디 외에 아함카라를 인정한다. 『파리바샤』(*Paribhāṣā*)는 이 네 가지 모두를 제시한다. 베단타의 다른 문헌들, 예를 들어 『베단타사라』(*Vedāntasāra*)나 『베단타싯단타사라상그라하』(*Vedāntasiddhāntasārasaṁgraha*)와 같은 문헌들은 마나스와 칫타 또는 붓디와 아함카라를 동일시함으로써 이 구분들을 조화시킨다. 후기 아드와이타는 정신적인 상태들을 느낌, 지식, 의지로 구분하기보다는, 오히려 정서적·인식적·의지적인 의식의 모든 양태들과 관련된 심작용(心作用)의 개념적 차원과 지각적 차원으로 구분한다.

[원주179] 이슈와라와는 달리, 지바는 내적 기관의 양태들의 도움 없이 그 자체의 지성적인 본질에 의하여 대상들을 비출 수 없다. 왜냐하면 지바는 자신의 한정 조건으로 무지(avidyā)를 지니기 때문이다. 이에 비하여 절대적인 의식은 모든 존재의 질료인으로 이 모두와 동일하며, 따라서 오직 그 자체와 관련하여 이 모두를 비춘다. 지바는 바로 그 자체의 본질 때문에, 외부의 대상들이 아니라 오직 내적 기관과 관련될 뿐이다. 『싯단타레샤』(*Siddhāntaleśa*)를 보라.

198

15. 지각

샹카라는 지식의 세 가지 원천인 지각, 추론, 경전의 증언을 언급한다.[원주180] 후기 저술가들은 비교, 암시, 그리고 비인식을 추가한다.[원주181] 기억(smṛti)은 타당한 지식에 속하지 않는다.[역주11] 왜냐하면 새로움은 모든 지식의 한 측면으로 말해지기 때문이다.[원주182]

샹카라는 지각과 추론의 심리과정에 대하여 논의하지 않기 때문에, 우리는 그의 견해를 언급할 수 없다. 우리는 『베단타파리바샤』(Ve-dāntaparibhāṣā)의 설명으로 만족할 수밖에 없다. 그러나 분명히 이 설명만으로는 부족한 점이 많다. 이 문헌에 의하면, 지각은 일반적으로 감관들의 작용을 통하여 들어오는 대상들에 대한 직접적인 의식이다. 감각적인 지각의 경우에, 지각하는 자와 지각되는 대상 사이에 실제적인 접촉이 있다.[원주183] 눈이 항아리에 고정될 때, 내적 기관은 그것을 향하여 나아가[역주12] 그 자체의 빛으로 그것을 비추며, 그것의 모양을 띠고

[원주180] 수레슈와라는 자신의 『나이슈카르미야싯디』(Naiṣkarmyasiddhi)에서 지식 수단을 경전에 의한 것(āgamika pramāṇa)과 세속적인 것(laukika)으로 나눈다. 또한 『상크셰파샤리라카』(Saṁkṣepaśāriraka), ii.21을 보라.

[원주181] 『베단타파리바샤』(Vedāntaparibhāṣā)를 보라.

[역주11] 이에 비하여 프라바카라(Prābhākara)의 추종자들은 기억을 타당한 지식으로 간주한다. 이들의 견해에 의하면, 모든 지식은 타당하며, 행위에서 혼동이 있을 뿐, 인식에는 결코 오류가 있을 수 없다.

[원주182] "타당한 지식은 이미 알려지지 않은, (다른 인식에 의하여) 부정되지 않는 어떤 대상을 내용으로 지니는 인식이다"(Anadhigatābādhitārthaviṣayajñānat-vam pramātvam, 같은 책, i). 이 정의는 또한 동일한 대상에 대한 지속적인 인식(dhārāvāhikabuddhi)에도 적용된다. 왜냐하면 그것은 매순간 변하기 때문이다.

[원주183] 여섯 가지 접촉이 인정된다. 그것은 1)대상(항아리)과 감관(시각)의 연접(saṁyoga), 2)항아리성(jarness)과 항아리의 접촉(saṁyuktatādātmya), 3)채색됨(colouredness)과 항아리의 색깔의 접촉(saṁyuktābhinnatādātmya), 4)소리와의 접촉(tādātmya). 소리는 아카샤(ākāśa)와 분별되는 것이 아니라, 그것의 속성이다. 5)소리의 소리성(soundness)과 접촉(tādātmyāvadabhinna), 6)한정되는 것과 한정자의 관계(viśeṣyaviśeṣaṇabhāva)이다. 『베단타파리바샤』 및 『쉬카마니』(Śikhāmaṇi)를 보라.

그것을 인식한다고 말해진다. 이 내적인 행위는 물질적인 진동이 정신적인 상태로 전환되는 것을 설명하기 위하여 상정된다. 만일 우리가 단순히 푸른 하늘을 쳐다본다면, 우리는 아무것도 지각하지 않을 것이다. 내적 기관은 빛처럼 기능하며, 그 브릿티는 연장(延長)을 지닌 광선의 형태로 밖으로 뻗어나간다. 광선과 마찬가지로, 이 브릿티는 어느 정도의 거리까지만 뻗친다. 이것은 멀리 떨어진 대상이 지각되지 않는 것을 설명한다.

내적 기관의 브릿티는 대상과 그 자체를 동일시하며, 그것의 동일시는 주변 전체에 미친다. 우리가 지각하는 것은 브릿티의 양태에 달려 있다. 만일 그 양태가 대상의 무게 형태를 띤다면, 우리는 무게를 지각할 것이며, 만일 색깔의 형태를 띤다면, 우리는 색깔을 지각할 것이다. 연기로부터 불을 추론하는 데 있어, 브릿티는 불까지 나아가지 않는다. 왜냐하면 불은 연기와 접촉하고 있는 시각기관과 접촉하지 않기 때문이다. 항아리에 대한 지각의 경우에, 항아리에 의하여 한정되는 의식은 항아리와 마주치는 내적 기관의 브릿티에 의하여 한정되는 의식과 통일된다. 이것은 마치 방 안에 있는 항아리 속의 허공(ākāśa)이 방 그 자체 속에 있는 허공과 통일되는 것과 같다.

궁극적 의식에 대한 두 가지 한정 조건들, 즉 브릿티와 대상은 차이를 나타내지 않는다. 왜냐하면 그 둘은 동일한 장소에 있기 때문이다. 이와 같은 통일은 항아리에 대한 인식을 속성상 지각적인 것으로 만들며,[원주184] 추론과 지각을 구별한다. 다시 말하여 지각의 경우에는 주어진 요소와 그것의 해석이 서로 결합되어 통일되지만, 이에 비하여 추론의 경우에는 주어진 요소와 추론되는 요소들이 계속적으로 구분된

[역주12] 인도사상에서 내적 기관(마음)은 프라크리티(근본물질)의 산물로 간주되며, 따라서 물질적인 것이므로, 내적 기관의 '나아감'은 비유적이 아니라 실제적이다. 지각 작용에서 내적 기관은 결코 수동적이지 않다.

[원주184] 후각, 미각, 촉각은 원래의 위치를 떠나지 않으면서 각자의 기능에 상응하는 지식을 야기하지만, 이에 비하여 시각과 청각은 그 대상을 향하여 나아간다. 소리의 본질에 대한 파동설은 지지되지 않는다.

200

다는 것이다. 추론에서 마음은 단지 대상을 생각할 뿐이며, 나아가서 그것과 마주치지는 않는다. 지각은 기억과 다르다. 왜냐하면 오직 지나간 사건들만 회상되기 때문이다. 이에 지각에 대한 또 다른 하나의 자격요건이 언급된다. 즉 대상과 정신적 양태는 반드시 현재에 속해 있어야 한다.[원주185]

다양한 종류의 지각이 인정된다. 감각 작용에 기인하는(indriyaja-nyam) 지각과 감각 작용에 기인하지 않는(indriyājanyam) 지각이 구분된다. 욕망 등에 대한 내적인 지각들이 후자의 유형에 속한다. 지각의 본질적 측면은 감관의 매개가 아니라, 대상에 의하여 특수화된 의식과 바른 지식수단(pramāṇa)에 속하는 의식의 동일성이다.[원주186] 우리가 즐거움 등과 같은 내적인 상태들을 지각할 때, 즐거움과 즐거움의 정신적 양태라는 두 가지 한정 조건들은 반드시 동일한 곳에 위치해야 한다. 그러나 공덕(dharma)과 죄과(adharma)는 비록 내적 기관의 속성이라 할지라도, 지각의 대상들이 아니다. 그 둘은 지각의 적합한 대상이 아니라는 것 이상의 다른 어떤 설명은 주어지지 않는다.

적합성[원주187]은 가장 중요하고 본질적인 필요조건이다. 어떤 대상들이 적합하며 또한 어떤 대상들이 그렇지 않은가에 대한 문제는 오직 우리의 경험에 의하여 판단될 수 있을 뿐이다. "너가 열번째이다"라는

[원주185] Vartamānatvam.

[원주186] Pramāṇacaitanyasya viṣayavacchinnacaitanyābheda iti.

[원주187] yogyatva. 내적 기관과 그 속성들이 목격하는 의식(sākṣin)에 의한 지각의 대상이라고 말해질 때, 심지어 이 경우조차도 인식하는 주체(pramātṛ)는 내적 기관 혹은 그 속성들의 형태로 있는 양태(vṛtti)와 관련되어 있다. 목격자 자아의 인식은 양태 없는 인식을 의미하는 것이 아니라, 단지 감각의 매개나 추론 혹은 다른 어떤 지식 수단도 개입되지 않는다는 것을 의미할 뿐이다. 내적 기관의 양태가 인식될 때, 인식자는 제2의 양태와 관련될 필요는 없다. 왜냐하면 첫번째 브릿티(양태)가 그 자체의 대상이 되기 때문이다. Vṛtteḥ svaviṣayatvābhyupagamena(만일 제2의 브릿티가 필요하다고 주장한다면, 이에 대한 제3의 브릿티가 필요하며, 제3의 브릿티는 제4의 브릿티, 등등 이러한 과정은 무한히 소급될 수밖에 없는 난점에 빠진다).

주장의 경우처럼, 지각되는 대상이 정신적 양태와 접촉하고 있을 때, 의사전달로부터 개념적 인식이 일어날 수 있을 것이다.[원주188] "나는 향긋한 전단향 나무를 본다"는 명제를 통하여 전달되는 지식은, 전단향 나무에 관해서는 지각적이지만, 시각의 대상이 아닌 향긋한 냄새에 관해서는 비(非)지각적이다. 그러므로 지각은 "현재 시간에 존재하며 감관들에 의하여 지각되기에 적합한 대상들에 의하여 특수화된 궁극적 의식과 대상의 형태를 띤 양태(vṛtti)에 의하여 특수화된 궁극적 의식 사이의 동일 혹은 일치"[원주189]로 정의된다.

한정적인(savikalpaka) 지각과 비한정적인(nirvikalpaka) 지각의 구분이 인정된다. 한정적 지각에서 우리는 한정되는 것(jar)과 한정하는 속성(jarness)의 구별을 지닌다.[원주190] 비한정적 지각에서는 한정하는 모든 속성들이 완전히 사라진다. "그것이 너다" "이것이 그 데바닷타(Devadatta)이다"라는 명제들에서처럼, 주사(S)와 빈사(P) 사이에 아무런 구분도 없다. "그것이 너다"에서 인식자는 곧 대상이므로, 인식자의 의식과 인식자의 형태를 띤 양태에 대한 의식 사이에 전혀 구분이 없다.[원주191] 우리는 이 명제의 여러 부분들 사이의 관계에 대한 파악 없이 그것의 의미를 파악한다.

인식자에 따라서, 즉 그것이 지바사크쉬(jīvasākṣi)인가 아니면 이슈

[원주188] 『판차다쉬』, vii.23 ff를 보라.

[원주189] "Tattadindriyayogyavartamānaviṣayāvacchinnacaitanyābhinnatvam, tatta-dākāravṛttyavacchinnajñānasya tattad aṃśe pratyakṣatvam." 또한 『비바라나프라메야상그라하』(Vivaraṇaprameyasaṃgraha), i.1을 보라.

[원주190] Ghaṭaghaṭatvayor vaiśiṣṭyam.

[원주191] 비한정적 지각에서 모든 빈사들을 배제하는 순수 존재가 파악된다고 말해진다. 그것은 summum genus, "mahāsāmānyam anye tu sattām"(『니야야만자리』, p.98)이다. 자얀타는 만일 비한정적 지각에서 우리에게 단지 '유'(being)가 주어질 뿐이라면 특수한 측면들이 한정적 지각에서 지각될 수 없다는 근거에서 이 견해를 비판한다. 더욱이 어떤 대상의 존재는 그것의 다양한 속성들과 별개로 지각될 수 없다. Na ca bhedaṃ vinā sattā grahītum api śakyate(『니야야만자리』, p.98).

와라사크쉬(Īśvarasākṣi)인가에 따라서 지각에 대한 또 다른 구분이 이루어진다. 지바는 내적 기관에 의하여 특수화된 궁극적인 의식인 반면에, 지바사크쉬는 내적 기관에 의하여 한정된 혹은 조건지어진 궁극적인 의식이다. 내적 기관은 지바를 구성하는 일부가 되지만, 이에 비하여 그것은 지바사크쉬를 차단하며 바깥에 남아 있다. 전자의 경우에 그것은 속성(viśeṣaṇa)이며, 후자의 경우에 그것은 한정(upādhi)이다.[원주192] 이슈와라 및 이슈와라사크쉬와 관련해서는 내적 기관 대신에 마야(mā-yā)가 적용된다. 마야에 의하여 특수화된 궁극적 의식은 이슈와라임에 비하여, 마야에 의하여 조건지어진 궁극적 의식은 이슈와라사크쉬이다. 인격의 중심으로서 이슈와라와 세계의 관계는 유기체에 대한 지바의 관계와 동일하다.

조가비를 은조각으로 착각하는 것과 같은, 그릇된 지각에 대해서도 논의된다. 백내장 등과 같은 어떤 질병으로 손상된 눈과 주어진 대상의 접촉이 있을 때, 이 대상과 그것의 반짝거림의 형태를 띠는 내적 기관의 변형이 일어난다. 은에 대한 과거 인식의 잠재된 흔적들에 의하여 도움받는 무지(avidyā)[원주193]를 통하여, 가현적 은조각이 인식자에게 제시된다. 이때 은에 대한 과거 인식의 잠재 흔적들은 조가비와 은조각에 공통으로 있는 빛을 발하는 속성에 대한 지각에 의하여 되살아난다. 무지의 변형으로서 가현적 은조각은 그 대상에 의하여 특수화된 의식 속에 머물러 있다. 가현적 은조각의 토대는 궁극적 의식 자체가 아니

[원주192] 연(蓮)에서 푸름(blueness)처럼, 속성은 불변의 특색을 나타내는 특징이다. 한정은 분리 가능하며 구별 가능한 특색이다. 이것은 마치 수정 부근에 서 있는 붉은 꽃과 같은 것으로, 수정은 그 꽃의 존재 때문에 마치 붉은 것처럼 보인다.*
*연과 푸름은 불가분의 관계에 있음에 비하여 수정과 붉은 꽃은 분리 가능하다. 즉 붉은 꽃이 사라지면, 수정은 다시 원래의 백색으로 돌아간다(옮긴이).
[원주193] 『니야야므리타』(Nyāyāmṛta)의 저자는 무지(avidyā)라는 것이 우리가 새끼줄을 뱀으로 착각할 때 또한 무시(無始)로 작용하는가에 대하여 의문을 제기한다. 현실적으로 우리가 경험하는 개개의 오류들은 근본 무지가 구체적으로 나타난 경우들이다. 근본적인(mūla) 형태의 무지와 2차적인(tūla) 형태의 무지에 대한 구분을 참조하라.

라, 대상에 의하여 특수화된 궁극적 의식이다. 가현적 지각의 경우 우리는 두 가지 양태들을 지닌다. 하나는 이것이라는 속성(thisness)에 대한 양태이며, 다른 하나는 가현적 은조각에 대한 양태이다. 전자는 바른 현시(顯示)이며, 후자는 그 원인의 하나로 기억을 지닌다. 가현적 '은조각'은 무지가 전변된 조가비(śuktyavidyāparināma)로서 당분간 바깥 저쪽에 있는 것으로 상정된다.

동일한 의식은 두 양태들—하나는 참이며 다른 하나는 거짓인—을 하나로 하며, 그래서 오류가 일어난다. 심지어 가현적 대상조차도 전혀 단순한 무(無)가 아니다. 만일 그것이 단지 무에 불과하다면, 애초부터 아무런 가현도 없을 것이다. 우리가 어떤 대상을 가현이라고 부를 때, 우리는 그것이 단지 무가 아닌 어떤 것임을 인정하고 있지만, 단지 그것이 세계에서 그 자체가 지닌다고 주장하는 지위를 지니지 않기 때문에 그것을 가현이라고 부를 뿐이다.[원주194] 샹카라의 형이상학에 의하면, 비록 실재적인 은조각조차도 궁극적으로 실재하는 것이 아니라 할지라도, 경험적으로 실재적인 은조각과 가현적인 은조각 사이에 어떤 차이가 있다. 가현적인 은에 대한 지각은 순전히 개인적이다. 가

[원주194] 이 견해에 의한다면, 조가비가 있는 곳에서 가현적인 은조각의 나타남은 세계에서 어떤 것의 생산과 마찬가지로 실재적이다. 왜냐하면 모든 결과물은 그것이 생산되는 저 무지의 토대 속에 존속하고 있기 때문이다. 니야야 학자들은 가현적 은조각의 생산을 상정할 아무런 필요도 없다고 주장한다. 다른 어떤 곳에서 지각된 은이 그릇된 파악의 대상이며, 가현은 그릇된 판단의 한 경우일 뿐이다. 아드와이타 학자들은 파악의 대상은—비록 가현적이라 할지라도—지금 여기에 직접적으로 존재하며, 따라서 다른 곳 다른 시간에 지각된 은조각은 현재의 지각의 대상이 될 수 없다고 대답한다. 난점을 극복하기 위하여, 니야야 학자들은 결코 대상과의 직접적인 감각 접촉은 있을 수 없으며, 단지 비감각적 접촉(pratyāsatti)에 의하여 매개될 뿐이라고 말한다. 그러나 만일 우리가 그것을 받아들인다면, 심지어 추론도 하나의 독립된 인식 수단이기를 그만두어야 할 것이다. 만일 가현적 은조각이 즐거움이나 고통처럼 자아에 가탁된다면, 마치 우리가 "나는 행복하다 혹은 불행하다"고 말하는 것과 마찬가지로, 우리는 "나는 은이다"라고 말해야 한다는 반대는, '나'와 '은조각'이 함께 느껴질 수 없다는 근거에서 반박된다.

204

현적인 이 은조각은 마치 즐거움이나 고통처럼, 목격자 자아 혼자만에 의하여 인식되며,[원주195] 다른 자아들에 대해서는 닫혀 있다.[원주196]

아드와이타에 의하면, 인지(認知, pratyabhijñā)는 과거의 경험이 남긴 잔재에 의하여 변형된 지각 과정이다. 아드와이타는 대상의 동일성뿐만 아니라, 인지하는 자아의 동일성에도 강조점을 두고 있다.

샹카라는 논리적으로 확립되는 경험 세계를 꿈이나 환영과 구별한다.[원주197] 논리적인 실재에 대한 검증 기준은 장소, 시간, 원인, 그리고 부정되지 않음(non-contradiction)[원주198]의 조건들이 실현되고 있는가 하는 것이다. 꿈속의 대상들은 이러한 기준들에 부합하지 않는다.

만일 꿈의 세계가 실재에 대한 어떤 자격을 지닌다면, 그것은 반드시 시종 일관해야 한다. 그러나 꿈속의 경험은 각성상태의 경험에 의해서뿐만 아니라 동일한 꿈속에서도 모순된다. 샹카라는 예언적인 의미를 지니는 꿈의 상태들—비록 이 상태들의 대상들은 비실재라 할지라도—이 존재성을 지닌다는 것을 인정한다. 그러므로 꿈의 세계는 경험 세계와 동일한 의미에서 실재하는 것은 아니다.[원주199] 꿈에 보여지는 착각적으로 추량된 대상들은 그 근저에 놓인 실재에 대한 직관이 일어날 때까지는 지속된다. 유일한 실재인 궁극적 의식에 대한 직관이 각성상태의 경험에서 일어나지 않으므로, 꿈속의 대상들은 각성상태에서도 지속한다는 반대가 제기된다.

아드와이타는 부정되는 것(bādha)과 중지되는 것(nivṛtti)을 구별한다. 전자에서 결과는 그것의 질료인과 함께 소멸한다. 이에 비하여 후자에서는 비록 결과는 무효로 된다 할지라도 원인은 지속한다. 오직 궁극적 실재에 대한 직관만이 가현적 세계의 질료인인 무지를 소멸시킬

[원주195] Kevalasākṣivedya.
[원주196] Sukhādivad ananyavedya.
[원주197] 『베단타 수트라』, iii.2.1, 3에 대한 샹카라의 주석.
[원주198] Deśakālanimittasampattir abādhaś ca.
[원주199] Pāramārthikas tu nāyaṁ saṁdhyāśrayaḥ sargo viyadādisargavad(『베단타 수트라』, iii.2.4에 대한 샹카라의 주석).

수 있다. 중지는 새로운 정신적 양태가 일어날 때마다, 혹은 본래적인 어떤 결함이 사라질 때마다 일어난다. 조가비에 대한 지식은 은조각에 대한 착각을 제거한다. 꿈 의식은 기억의 한 형태이며, 따라서 그것은 본질적으로 지각상태들과 다르다.[원주200]

아드와이타 베단타에 의하여 수용된 지각론은 비록 그것의 형이상학적 통찰이 무가치한 것은 아니라 할지라도, 과학적인 측면에서 보면 다소 거칠다는 것은 사실이다. 내적 기관과 그것의 변형들——대상들의 형태를 띠는——에 대한 전체 문제는 순전히 독단적인 방법으로 다루어지고 있다. 감각 표상들과 함께 지각을 구성하는 이미지들의 장소와 의미에 대해서는 아무런 언급도 없다. 원초적인 의식은 이원성을 지니는 어떤 것이 아니라 단지 한덩어리의 지각력이며, 모든 지식은 그 속

[원주200] 『베단타 수트라』, ii.2.29에 대한 샹카라의 주석. 샹카라가 여기서 다른 한 학파의 견해를 언급하고 있다는 주장이 후기 주석자들에 의하여 제기된다(『베단타 수트라』, i.1.9에 대한 그의 주석). 또한 『베단타 수트라』, iii.2.1~10에 대한 그의 주석을 보라. 샹카라의 견해에 의하면, 심지어 꿈들은 각 개인이 행한 과거의 선과 악에 따라서 즐거움이나 공포를 야기한다(『베단타 수트라』, ii.3.18에 대한 그의 주석). 꿈속의 경험의 토대에 관하여, 때로는 순수 보편 의식(anavacchin-nacaitanya)이 꿈의 토대라고 말해지기도 한다. 그러나 만일 이 견해에 따른다면, 꿈은 에고와 연관되어 있는 의식 외부에서도 일어나야 할 것이지만, 이것은 받아들여질 수 없다. 목격하는 자아는 오직 그것이 공존하는 현상들만 비출 수 있다. 한편, 만일 에고에 의하여 제한된 의식(ahaṁkārādyavacchinnacaitanya)이 꿈의 토대라면, 꿈꾸는 자는 꿈을 자신과 하나로 혹은 자신 속에서 일어나고 있는 것으로 지각해야 할 것이다. 즉 꿈의 토대와 꿈속의 지각은 동일의 관계(tādātmya-saṁbandha) 혹은 장소(location)와 그곳에 놓이는 것(the thing located)의 관계(ādhārādheyasaṁbandha)여야 할 것이다. 그러면 꿈속의 지각은 "나는 코끼리이다" 혹은 "나는 코끼리를 지니고 있다"라는 형태를 취해야 할 것이다. 그러나 사실 꿈꾸는 자는 자신이 산에 있는 코끼리를 보고 있다는 것을 지각하며, 그것이 자신과 다르다거나 그것이 다른 어떤 사람에게 속해 있다는 것을 지각한다. 그럼에도 불구하고 만일 후자의 견해가 받아들여지지 않는다면, 사람마다 각양각색의 꿈을 꾼다는 사실은 설명될 수 없을 것이다. 왜냐하면 보편 의식은 모든 에고에게 공통적이며, 따라서 만일 그것이 꿈들의 토대라면 모든 에고들의 꿈은 동일해야 할 것이기 때문이다.

에서 의식의 분열에 의하여 발생한다. 상키야의 경우와 마찬가지로, 이 이론의 장점은 의식을 순수한 물질적인 변화로 끌어내릴 수 없다는 것을 분명히 인정하고 있다는 점이다. 의식은 반드시 제1의 근본 사실로 받아들여져야 하며, 비의식적인 요소들로 치환되어 설명될 수는 없다. 아드와이타가 즉각적으로 지각된 대상은 인식자의 존재와 독립된 어떤 존재도 지니지 않는다고 말할 때, 그것은 단지 대상을 유지하는 토대가 주체의 토대와 다르지 않다는 것을 의미할 뿐이다.[원주201] 지각되는 모든 대상은 반드시 개체성을 지니기 때문에, 영원한 의식과 순수 무(無)는 지각의 대상이 아니다.

16. 추론

추론은 불변적 수반관계에 대한 지식(vyāptijñāna)에 의하여 이루어진다. 후자는 전자의 도구적인 원인이다. "'저 산에는 연기가 난다'는 명제의 경우처럼 소명사가 그 속성을 지닌다는 지식이 있고, 또한 '연기는 언제나 불에 동반된다'는 형태를 띠는 과거의 직각적인 지식에 기인하는 정신적인 인상에 대한 상기(想起)가 있을 때, '저 산에는 불이 났다'는 추론이 일어난다." '비야프티'(vyāpti)는 중명사(hetu)와 대명사(sādhya) 사이에 존재하는 편충관계(遍充關係)로 정의된다. 대명사는 중명사의 모든 토대, 즉 소명사에 존재한다. 그것은 대명사와 중명사의 불변적 수반관계 혹은 편충관계에 대한 관찰과 그 반대 경우의 부재에 대한 관찰을 통하여 도달된다.[원주202] 적극적인 실례들은 부정적인 증거에 의하여 확인되는 일반화로 귀착된다.

아드와이타에 의하면, 엄격히 말하여 추론은 단지 "연기 있는 곳에

[원주201] Pramātṛsattātiriktasattākatvābhāvaḥ.
[원주202] 『베단타파리바샤』(*Vedāntaparibhāṣā*), ii. Sā ca vyabhicārājñāne sati
     sahacāra darśanena gṛhyate.

불이 있다"는 보편적 긍정 명제로 표현되는 불변적 수반관계로부터 일어난다. "불이 없는 곳에는 연기도 없다"는 보편적 부정 명제로 표현되는 불변적 비(非)수반관계에 대한 지식은 가정에 의한 주장(arthā-patti)으로 인도된다. 엄격히 말하여 순수하게 부정적인 명제 같은 것은 결코 없으며, 한정적인 모든 것들은 그 자체 안에 부정성의 요소를 지닌다. 중명사와 대명사가 개개의 모든 소명사에서 불변적으로 발견되는, 전적으로 긍정적인 관계(kevalānvayi)는 대전제로 허용되지 않는다. 왜냐하면 이러한 관계들에 관해서는 다른 실례(vipakṣa)들이 존재하지 않기 때문이다. 더욱이 모든 속성은 그 자체의 반대에 대한 대립 요소이며, 우리가 경험하는 모든 것에 대한 부정 혹은 반대는 속성이 없는 브라흐만에 있기 때문에, 브라흐만에 관하여 순수하게 긍정적인 속성 같은 것은 없다. 브라흐만은 모든 차별에 대한 일관된 토대이므로, 모든 것에 대한 부정은 존재한다. 바르바라(Barbara)의 입장은 순수 연역적인 추론의 형태를 대변한다. 아드와이타는 자기를 위한(svārtha) 추론과 타자를 위한(parārtha) 추론에 대한 구분을 인정한다. 후자는 3지(三支)를 지니며, 이것은 주장·이유·실례로 구성되거나 실례·적용·결론으로 구성될 수도 있을 것이다.

17. 경전의 증언

경전의 증언은 아드와이타에 의하여 하나의 독립된 지식수단으로 인정된다. 어떤 하나의 문장은 만일 그것의 의미에 의하여 함축된 관계가 다른 지식수단에 의하여 거짓으로 되지 않는다면 타당하다.[원주203]

샹카라는 말에 대한 스포타(sphoṭa) 이론을 비판하며, 오직 철자들

[원주203] Yasya vākyasya tātparyaviṣayībhūtasaṁsargo mānāntareṇa na bā-
dhyate tad vākyam pramāṇam.

만이 말이라는 우파바르샤(Upavarṣa)의 견해에 동의한다. 이 철자들은 사라지지 않는다. "왜냐하면 이 철자들은 새롭게 주어질 때마다 동일한 철자들로 인지되지 때문이다."[원주204] 말은 무수히 있는 개물(vyakti)이 아니라 보편 개념(jāti 혹은 ākṛti)을 가리킨다. 생성, 소멸하는 것은 보편 개념이 아니라 단지 개물일 뿐이므로, 말과 그것에 의하여 가리켜지는 보편 개념의 관계는 상대적으로 영원한 것으로 말해진다. 말은 두 가지 의미, 즉 직접적인(śakya) 의미와 함축적인(lakṣya) 의미를 지닌다. 보편 개념들은 샹카라에 의하여 인정되며, 시작이 없는 것으로 말해진다. 이에 비하여 개물들은 시작이 있다.[원주205] 보편 개념들은 보이고 느껴지는 것의 근저에 그리고 배후에 존속한다. 이 개념들은 지상에 있는 것들의 천계에 있는 원형들이며, 신이 이 세계를 형성한 규범들이다.

　베다는 영원한 지혜이며, 모든 피조물의 영구적인 규범들을 담고 있

[원주204] "어떤 순서와 운율로 뒷받침되는 철자들은 전통적인 관행을 통하여 어떤 명백한 의미와 관련을 맺게 된다. 이 철자들이 채택될 때, (처음에) 이 철자들은 각각 파악되며, 그런 다음에 연속적인 여러 철자들로 이해되어서 마침내는 전체적인 집합체로 이해된다. 이로써 이 철자들은 그 자체의 분명한 의미를 불변적으로 전하게 된다"(『베단타 수트라』, i.3.28에 대한 샹카라의 주석).

[원주205] 후기 아드와이타 학자들은 보편 개념들의 존재를 인정하지 않는다. 왜냐하면 이 개념들은 지각되지도 않고 추론되지도 않기 때문이다. 다양한 개물들에 있는 동일한 형태에 대한 지각은 보편 개념의 존재에 대한 증거가 아니다(Na tāvat gau gaur ity abhinnākāragrāhi pratyakṣaṁ jātau pramāṇam). 여러 경우에서 소를 파악하는 것은 유개념 '소'를 가리키지 않는다. 왜냐하면 여러 그릇에 비친 달에 대한 파악이 어떤 보편적인 달의 실재를 의미하지 않기 때문이다. 우리가 개별적인 모든 소들에서 소의 동일한 성질을 파악한다고 말하는 것은 진실이다. 그러나 설사 그것이 진실이라 할지라도, 그것은 단지 공통적인 속성들이 있다는 것을 의미할 뿐이며, 실재론자들의 의미에서 보편 개념들이 있다는 것을 뜻하는 것은 아니다. 우리는 보편적 본질을 지니는 것으로 어떤 개별적인 소를 지각하지 않는다. 우리는 단지 부분들의 동일한 윤곽과 배치를 지각할 뿐이며, 이러한 것은 보편적 본질과 다르다. 『탓트와프라디피카』(Tattvapradīpikā), p.303을 보라. 유개념의 비실재에 대한 불교의 주장들은 『치트수키』(Citsukhī)에서 반복된다.

다. 베다는 인간의 저작이 아니며(apauruṣeya), 신의 마음을 표현하고 있다.[원주206] 베다의 의미(vedārtha)는 영원하지만, 경전 자체는 그렇지 않다. 왜냐하면 그것은 각 세계 주기의 처음에 이슈와라에 의하여 다시 언명되기 때문이다. 아드와이타는 베다가 철자, 단어, 그리고 문장들의 집합이며, 세계의 창조시에 존재하기 시작해서 세계의 파괴와 더불어 그 존재가 멎는다는 것을 인정한다. 이것은 마치 아카샤(ākāśa, 空) 및 다른 요소들이 일어나고 쓰러지는 것과 같다. "세계 과정의 끊임없이 반복되는 중단에도 불구하고, 필연적인 어떤 일정 불변함(niyatatvam)이 무시(無始)의 윤회 세계에 존재한다."[원주207]

베다는 세계의 이상적인 전형을 구현하고 있으며, 후자는 일정 불변하므로, 베다는 영원하다고 말해진다. 연속적인 세계는 일정 불변의 형태(niyatākṛti)를 지니므로, 베다의 권위성은 연속적인 세계의 새로운 시작에도 손상되지 않고 유지된다.[원주208] 여기서 말하는 원형들은 궁극적 실재가 영원하다는 의미에서 영원한 것은 아니다. 왜냐하면 이 원형들은 결국 원초적인 무지의 산물들이기 때문이다. 말(śabda)로부터 세계의 생성은 마치 브라흐만이 그런 것처럼 세계의 질료인이라는 의미는 아니다. 샹카라는 말한다. "어떤 말—시작을 지니지 않으며 그것이 영원한 관련을 지니는 어떤 의미를 담고 있는—이 있고, 그 말에 의하여 가리켜지기에 적합할 수 있는 어떤 개별적인 생성의 가능성이 있을 때, 이런 의미에서 어떤 말로부터의 생성이라고 말해질 뿐이다."[원주209] 지성과 의욕에서 영원히 자유로운 이슈와라는 이 영원

[원주206] 『베단타 수트라』, i.1.3에 대한 샹카라의 주석. "신의 마음은 우주의 합리적인 질서이다"(713, E, Jowette's version)라고 한 플라톤의 입장과 비교하라.

[원주207] Deussen, *System of the Vedānta*, p.70.

[원주208] "경전(『브리하드아란야카 우파니샤드』, ii.4.10)에 언급된 것처럼, 절대적인 전지와 전능을 지니는, 저 위대한 존재는 마치 인간의 호흡처럼 아무런 노고도 없이 『리그 베다』 및 다른 베다 경전들을 내보냈다. 이 경전들은 신, 인간, 동물, 카스트, 삶의 단계들에 대한 구분의 원천이 되는 모든 지식들의 보고(寶庫)이다"(『베단타 수트라』, i.1.3에 대한 샹카라의 주석).

한 말들을 기억하고 있으며, 세계 순환의 매 주기마다 이 말들을 현시한다. 창조는 영속하는 동일한 말들의 실현이다. 베다의 권위는 니야야 및 미망사 사상가들에 의하여 주장된 것과는 다른 근거에서 옹호된다. 베다는 영원하며 자명하다. 왜냐하면 그것은 신의 속성을 나타내며, 그의 관념들을 나타내기 때문이다. 마치 태양빛이 형태에 대한 우리의 지식의 직접적인 수단이 되는 것과 마찬가지로, 베다의 타당성은 자명하고도 직접적이다.[원주210]

성전서(smṛti)는 절대적인 타당성을 지니지 않는다. 다만 그것의 가르침이 천계서에 일치할 때, 받아들여질 수 있을 뿐이다.[원주211] 천계서는 감관과 생각으로는 알 수 없는 지식을 우리에게 전한다.[원주212] 물질 세계와 그 속성들에 관한 문제에서는 천계서도 과학을 압도할 수 없다.[원주213] 그러나 천계서는 공덕(dharma)과 죄과(adharma)의 문제에 관한 유일한 권위이다. 실재의 본질과 관련하여, 추론과 직관 또한 채택될 수 있을 것이다.[원주214]

18. 주관주의에 대한 비판

상대적으로 지속하는 외부 세계의 구조는 실재에 대한 샹카라의 견해를 손상시키지 않는다. 그는 어떤 의자 혹은 책상에 대한 지각이 정신적 상태에 대한 지각이라고 믿지 않는다. 왜냐하면 그것은 명백한 모든 증거에 정면으로 대립하는 것이며, 물질 세계를 한갓 실체 없는 꿈으로 전락시켜버리고 말 것이기 때문이다. "우리는 자신의 지식 바깥

[원주209] 『베단타 수트라』, i.3.28에 대한 샹카라의 주석.
[원주210] Vedasya hy nirapekṣaṁ svārthe prāmāṇyaṁ raver iva rūpaviṣaye.
[원주211] 『베단타 수트라』, ii.1.1에 대한 샹카라의 주석.
[원주212] 『바가바드기타』, iii.66에 대한 샹카라의 주석.
[원주213] 『베단타 수트라』, i.1.4 ; i.3.7에 대한 샹카라의 주석.
[원주214] 『베단타 수트라』, i.1.2에 대한 샹카라의 주석.

에 있는 대상을 받아들이지 않을 수 없다. 왜냐하면 아무도 기둥 혹은 벽을 단지 지식의 형태에 불과한 것으로 알지 않으며, 누구나 그 기둥 혹은 벽을 지식의 대상으로 알기 때문이다. 그리고 모든 사람이 이것을 안다는 것은, 외부 대상들을 부정하는 사람들이 내적으로 지각된 형태가 마치 바깥에 존재하는 것처럼 보인다고 말할 때, 그들이 이것에 대한 증인이 된다는 사실에 의하여 분명해진다." "지식과 대상은 다르다." 지식의 다양성은 대상들의 다양성에 의하여 결정된다.

우리가 대상들을 지각할 때, 그것이 단지 유령들을 응념(凝念)하는 것일 수는 없다. 정신적인 지각 작용은 대상에 대한 설명이 아니지만, 대상의 본질은 정신 작용의 원인이다. 개별적인 의식에 나타나는 것은 그 자체로 어떤 사물의 실재일 수 없다. 심지어 우리가 고통을 지각하는 경우에도, 그것은 단지 정신적인 감정에 지나지 않는 것이라고 할 수 없다. 그것은 의식의 어떤 대상과 마찬가지로 객관적이며 존재성을 지닌다. 우리는 사물을 있는 그대로 지각한다. 앞으로 우리가 알게 되는 것처럼, 심지어 형이상학적으로 샹카라는 어떤 대상을 상정하지 않을 수 없다. 왜냐하면 의식은 단지 앎 혹은 자각에 불과하기 때문이다. 그것은 어떤 내용이나 상태들도 지니지 않는다. 그것의 본질은 순수, 무형의 투명이다. 색깔, 풍요, 운동, 그리고 격정은 모두 그것의 바깥에 있다. 우리는 감지하는 것, 지각하는 것, 기억하는 것, 상상하는 것, 반성하는 것, 판단하는 것, 논리적으로 추론하는 것, 믿는 것을 구별한다. 왜냐하면 의식의 대상들이 다르기 때문이다. 순수 의식은 결코 주지도 않고 받지도 않는다. 심지어 그릇된 지각의 경우에도 어떤 대상이 있다.

브래들리의 경우처럼, 샹카라에게서 순전한 오류는 결코 없기 때문에, 절대적인 진리들이란 있을 수 없다는 것은 바로 이러한 이유 때문이다.^[원주215] 다만 참된 개념들은 우리의 필요에 부합하며 실재에 대한

[원주215] "더 이상의 설명을 조건으로 하여, 나의 관점에서 모든 진실과 오류는 상대적인 것으로 말해질 수 있을 것이며, 그 둘의 차이는 단지 정도의 차이일 뿐이

우리의 개념 작용에 적합하지만, 이에 비하여 그릇된 개념들은 그렇게 하기를 거부한다. 보이고 느껴지며 맛보여지고 만져지는 세계는 보고 느끼며 맛보고 만지는 사람의 존재와 마찬가지로 실재적이다.[원주216] 한편에는 범주들을 지닌 마음이, 그리고 다른 한편에는 그 범주들을 통하여 추량되는 세계가 함께 결합되어 있다. 모든 관념론의 핵심 전제가 되는 주관과 객관의 본질적인 상관성은 샹카라에 의하여 수용되며, 그는 유물론과 실재론 모두가 경험의 사실들을 설명하기에 부적합한 것으로 격하시킨다. 샹카라는 자신의 입장을 주관적 관념론과 구별하고 있을 뿐만 아니라, 그는 또한 각성상태와 꿈의 구별을 강조한다. 꿈속의 경험들은 각성상태의 경험들과 불일치하지만, 이에 비하여 후자는 경험에 입각한 다른 어떤 상태에 의해서도 부정되지 않는다.[원주217]

샹카라는 세계의 사물들이 우리가 만들어내는 허깨비에 불과하다는 견해를 비판하지만, 그럼에도 불구하고 지식의 대상들도 정신의 측면들(viṣayacaitanya)이라는 형이상학적 관념론을 주장한다. 지식의 내용은 궁극적으로 물질, 운동, 에너지, 혹은 의근(意根)으로 치환될 수 없다. 왜냐하면 이러한 것들 자체가 사유작용의 개념들이기 때문이다. 외부 대상은 단독으로 어떤 존재도 지니지 않으며, 만일 그것이 나 혹은 너의 의식의 내용이 아니라면, 그것은 신의 의식의 내용이다.[원주218] 신의 의식에 세계 체계들은 존재하며, 내용물들 및 그들을 지각하는 자

다"(*Truth and Reality*, p.252). 불교의 주관주의에 대한 샹카라의 비판에 관해서는 『인도철학사 II』, pp.509~512를 보라.

[원주216] 『프라슈나 우파니샤드』를 주석하면서 샹카라는 말한다. "어떤 대상이 존재하지만, 그것은 알려질 수 없다고 말하는 것은 옳지 않다. 그것은 마치 볼 수 있는 대상이 보이지만, 눈이 없다라고 말하는 것과 같다. 지식이 없는 곳에는, 알 수 있는 것도 없다"(vi.2).

[원주217] Naivaṁ jāgaritopalabdhaṁ vastu stambhādikaṁ kasyāṁcid api ava-sthāyāṁ bādhyate(『베단타 수트라』, ii.2.29에 대한 샹카라의 주석).

[원주218] 심지어 대표적인 주관주의자로 비판되는 버클리조차도 우주의 체계를 지각하는, 그리고 이를 통하여 개별적인 사색가의 마음속에 설 자리가 없는 모든 개념들에 대한 본거지를 제공하는 어떤 신을 상정하고 있다.

아들로 가득 차 있다. 신의 지속적인 지각은 영속적인 세계 질서를 설명한다. 그는 내용의 무한함에서 그리고 스스로에 대한 완전한 현시에서 유한한 자아나 대상들보다 탁월하다. 그는 우주를 창조하며 그 내용을 알고 있는 보편 정신이다. 우리가 각기 자신의 개별적인 내용물들을 다루는 것과 마찬가지로, 신은 세계 체계를 다룬다. 광대한 세계와 신의 의식은 모두 단지 부분적으로 자유로울 뿐인 하위의 중심들 속으로 수축된다. 모든 내용물들은 신의 의식에 의하여 유지되며, 후자가 아주 완전하게 알려지면, 그것은 진정한 의식의 바다가 될 것이다.

개아가 삶을 자각하고 자신의 시야를 제한하는 한정자(upādhi)들을 깨부술 때, 그는 마치 바닷물에 소금이 스며 있는 것처럼, 전체 세계가 안팎으로 아트만으로 충만해 있는 것을 깨닫게 될 것이다. 엄격히 말하여, 세계의 모든 내용물들은 그 성격에서 정신적이다.[원주219] 아트만은 파악하는 주관과 파악되는 객관 모두를 초월하는 궁극적인 사실이며, 그 바깥에는 아무것도 존재하지 않는 궁극적 실재이다. 일단 우리가 주관-객관의 대립을 지니게 되면, 아트만은 존재하는 모든 것이 대상인 최고의 주체로 나타나며, 우리는 자신에게 속하는 객관 세계의 일부를 지니는 하위의 주체들이 된다. 물리적인 사실들과 정신적인 형태들이 우리의 얼굴을 빤히 들여다본다고 말하는 것은, 아트만이 모든 것이라는 샹카라의 이론을 반박하는 데 아무런 힘도 발휘할 수 없다. 샹카라는 그것을 부정하지 않는다. 어떤 궁극적인 형이상학적 문제는 경험적인 사실들에 호소함으로써 대답될 수 없다.

엄격히 말하여 샹카라의 진리론은 철저한 실재론이다. 논리적인 진리는 심리학적인 과정들에 독립적이다. 미망사 학자들과는 달리, 샹카라는 이상적인 진리의 추구 혹은 심리학적 평가의 과정은 개인의 자유로운 선택에 달려 있을 수 있지만,[원주220] 평가의 대상은 이 모든 것들에 독립적이라고 주장한다.[원주221] 우리는 진리를 추구하는 행위에 착수할

[원주219] 『타잇티리야 우파니샤드』, ii.1에 대한 샹카라의 주석.
[원주220] Puruṣacittavyāpārādhīnā(『베단타 수트라』, i.2.4에 대한 샹카라의 주석).

수도 있고 그러지 않을 수도 있을 것이다. 이에 대한 선택은 우리에게 달려 있다. 그러나 만일 우리가 이 작업을 시작한다면, 진리의 본질은 우리에 의해서 반드시 받아들여져야 할 것이다.[원주222] 지식은 결코 창조되거나 생산되지 않으며, 언제나 그것은 현시되거나 드러날 뿐이다. 현시된 세계는 시간적인 과정인 반면에, 현시되는 주체는 시간을 벗어나 있다. 지식은 역사를 지니지 않는 반면에, 우리의 정신적인 삶은 역사를 지닌다. 지각과 추론은 경험적인 삶의 한계 속에서 지식의 현시를 위한 수레로 기여한다.

19. 진리의 기준

아드와이타에 의하면, 하나의 정신적인 양태(vṛtti)는 반드시 하나의 대상(viṣaya)을 지닌다. 후자는 양태 자체이거나 또는 다른 어떤 것일 수도 있다. 그것은 자체가 어떤 외부 대상의 형태로 변형될 때 그 대상을 파악하거나, 혹은 그 자체[원주223]를 파악할 것이다. 인식에 대한 인식 같은 것은 결코 없다. 왜냐하면 인식 과정과 이 과정에 대한 인식 사이에서 양자를 중재하는 아무런 정신적 양태도 없기 때문이다. 인식에 대한 직접적이고 즉각적인 의식이 있다. 정신적 양태에 대한 파악에는 직접적인 지적 직관[원주224]이 있다. 인식은 그 자체의 파악의 대상이라는 의미에서 자명한(svaprakāśa) 것으로 말해진다.[원주225] 지식은 직접, 즉

[원주221] Na vastuyāthātmyajñānam puruṣabuddhyapekṣam.
[원주222] 『베단타 수트라』, i.1.4에 대한 샹카라의 주석.
[원주223] Svaviṣayavṛtti.
[원주224] Kevalasākṣivedyatva.
[원주225] 그 자체는 지각되지 않는 인식이 대상을 파악할 수 있다는 밧타(Bhaṭṭa)의
  이론은 결함 있는 것으로 비판된다. 또한 인식은 다른 인식의 대상이 될 수도 없
  다. 왜냐하면 인식은 의식 없는 대상성(對象性)을 지니지 않기 때문이다. 이것은
  또한 프라바카라의 견해이기도 하다. 어떤 불교도들은 인식이 그 자체를 인식하거

그것이 지식으로 알려지는 동일한 도구에 의하여 타당한 것으로 알려진다. 모든 지식은 참된 지식이다.

우리는 참이 아닌 것을 생각할 수 없다. 왜냐하면 우리가 진리에 대한 어떤 기준을 채택하든, 사유작용 자체의 본래적인 결핍을 보충할 수 있는 기준은 없을 것이기 때문이다. 다시 말하여, 진리의 기준에 대한 파악은 그 자체가 사유작용일 수밖에 없을 것이며, 따라서 사유작용의 본질적인 불확실성에서 자유로울 수 없다는 것이다. 그러므로 우리는 참된 생각이 아닌 생각은 결코 없으며, 오류는 단지 지력을 흐리게 하는 인간의 감정과 이해관계에 기인하는 결여일 뿐이라는 것을 인정해야 한다. 심지어 천계서의 권위를 수용하는 것조차도 진리의 개별성과 고유성을 화해시킬 수 없다. 왜냐하면 천계서는 단지 잠정적으로 참인 것으로 받아들여질 수 있는 일종의 경험에 대해서만 언급하고 있을 뿐이기 때문이다.

이같이 모든 지식은 그 자체의 타당성에 대한 즉각적인 증거를 품고 있지만, 그럼에도 불구하고 이러한 자명성은 우리의 심리적인 편견에 의하여 가려져 있으며, 경험적인 지식이 거짓이 아니라는 것을 알기 위하여, 일치성(correspondence), 실제적인 효과성(practical efficiency), 그리고 일관성(coherence) 등과 같은 경험적인 검증 기준들이 또한 채택된다. "어떤 것의 실재에 대한 문제는 인간의 개념에 대하여 독립적이다. 그것은 그 자체에 달려 있다. 어떤 기둥에 대하여 그것이 기둥이라거나 사람이라거나 혹은 다른 어떤 것이라고 말하는 것은 그것에 대한 진실을 언급하는 것이 아니다. 그것이 기둥이라고 말하는 것만이 진실이다. 왜냐하면 그것은 판단의 대상이 되는 사물의 본질과 일치하기 때문이다." 사물들에 관한 진리의 검증 기준은 사물들의 본질과 상응

나 그 자체를 현시할 수 있다고 주장한다. 아드와이타는 인식이 다른 인식에 의하여 파악되거나 현시되는 것은 불가능하다고 주장한다. 만일 어떤 인식이 그 자체를 인식의 대상으로 만들 수 있다면, 그것은 또한 다른 인식의 대상일 수도 있을 것이다.

216

혹은 일치하느냐의 여부이다.[원주226] 샹카라는 참과 오류 모두가 대상들과 관련을 지닌다는 것을 인정한다. 그러나 궁극적인 의미에서는 오직 하나의 실재, 즉 브라흐만이 있을 뿐이며, 그것에 상응하는 어떤 개념도 있을 수 없다. 따라서 우리의 모든 판단은 불완전하다.

부정되지 않음(abādha)의 원리는 샹카라에게서 진리의 검증 기준이다. 부정되지 않는 지식은 진실이다.[원주227] 곧은 나무 막대는 물 속에서 굽어 보인다. 물 속에서 그것의 구부러짐은 촉각에 대하여 그것의 곧음과 마찬가지로 눈에 대하여 실재적이다. 촉각은 눈의 판단을 바로잡아서, 보다 일관된 관계를 드러낸다. 이 정의는 진리의 체계성 혹은 조화성을 강조한다. 그러나 우리는 하나의 통일체로 모든 것을 파악하는 데 성공할 수 있는가? 누가 삶과 세계에 대한 총체적인 지식을 지닌다고 주장할 수 있겠는가? 우리는 지난 과거에 대하여 조금밖에 알지 못하며, 미래에 대해서는 전혀 모른다. 또한 현재는 너무나 광대하기 때문에 그것은 우리의 경험 영역을 초과한다. 어떤 다른 것에 의하여 근본적인 변화를 겪는 것은 그 자체 혹은 그 자체의 실상이 아니다. 꿈의 상태들은 각성상태들에 의하여 부정되며, 후자는 또한 실재에 대한 통찰(brahmānubhava)에 의하여 부정된다. 이것은 궁극적이다. 왜냐하면 그것을 부정할 수 있는 어떤 다른 지식도 없기 때문이다.[원주228] 이러

[원주226] Evam bhūtavastuviṣayāṇām prāmāṇyam vastutantram(『베단타 수트라』, i.1.2에 대한 샹카라의 주석).

[원주227] 『바마티』(Bhāmatī), i.1.4를 참조하라. Abādhitānadhigatāsaṁdigdhabodha-janakatvaṁ hi pramāṇatvam pramāṇānām. 또한 『베단타파리바샤』를 보라. Abādhitārthaviṣayajñānatvam. "인식은 단지 그것이 어떤 대상을 있는 그대로 나타낸다는 이유만으로 타당하다고 할 수 없으며, 또한 단지 인식이 그것을 있는 그대로 나타내지 않는다는 이유만으로 타당하지 않다고 할 수 없다. 인식은 오직 그것의 대상이 (후속하는 다른 인식에 의하여 비실재적인 것으로) 부정되지 않을 때 타당하며, 반대로 그것의 대상이 그렇게 부정될 때 타당하지 않다. 사실 이러한 타당성은 경전을 통하여—어떤 다른 인식에 의해서가 아니라—얻어지는 브라흐만에 대한 지식에만 귀속될 수 있을 뿐이다"(『아드와이타싯디』(Advaita-siddhi), i.12).

한 분석들은 잘해야 경험적일 뿐이라는 것을 분명히 해야 한다.

샹카라에 의하면, 궁극적인 지식은 실재가 그 자체에 대한 직접적인 증인이요 목격자이며, 이것은 아는 자와 알려지는 것이 절대적으로 하나의 실재라는 사실에 의하여 가능하게 된다. 논리적인 입증은 단지 이와 같은 주관과 객관의 궁극적인 하나됨이 무지라는 말로 요약될 수 있는 심리적 장애들에 의하여 애매모호하게 되는 경험 세계에서 일어날 뿐이다. 논리적인 입증은 우리가 이러한 장애 요소들을 제거하고 진리의 자명성을 드러낼 수 있게 한다. 논리 법칙들은 우리가 자신의 편견들을 깨부수는, 부정적 점검으로 기여하는 작업 도구들이다.

20. 경험적 지식의 부적합성

경험적인 지식은 아는 자, 지식, 알려지는 것에 대한 구분들에 빠지지만,[원주229] 이에 비하여 실재는 이러한 모든 구분을 벗어나 있다.[원주230] 만일 실재가 모든 관계를 배제한다면, 관계를 나타내는 생각은 불완전하다. 그것은 무지이다. 왜냐하면 그것은 사물들의 참된 본질(vastus-varūpam)을 드러내지 않기 때문이다. 순수 의식인 참된 자아는 지식의 대상이 아니다. 진아(眞我)는 결코 지식 과정의 주체 혹은 대상이 아니다. 진정한 자의식상태에서 주체는 대상 안에 있는 모든 것이기 때문에, 주체 안에 더 이상 남아 있는 것은 아무것도 없다. 마음의 어떤 상태에서도 주체는 그 자체 앞에 대상으로 있을 수 없다.[원주231] 오직 우

[원주228] Bādhakajñānāntarābhāvāt(『베단타 수트라』, ii.1.14에 대한 샹카라의 주석).

[원주229] Avidyākalpitaṁ vedyaveditṛvedanābhedam(『베단타 수트라』, i.1.4에 대한 샹카라의 주석).

[원주230] 『사르바싯단타사라상그라하』, xii.47. 또한 『아드와이타마카란다』(*Advaita-makaranda*), p.19를 보라. 가우다파다의 『카리카』, iv.67 혹은 이에 대한 샹카라의 주석을 보라.

[원주231] 『타잇티리야 우파니샤드』, ii.1에 대한 샹카라의 주석을 보라.

리가 어떤 것을 시공간 속에 좌표를 지니는 것으로 생각할 때, 그것은 대상이 될 수 있다. 그러나 시공간 속에 자리매김하는 대상뿐만 아니라 시공간 자체 또한 오직 이 요소들을 결합하는 자아와 관련하여 거기에 있을 뿐이다. 그러므로 모든 지식에 대한 보편적 목격자는 현시되지 않으며, 지각될 수 없다.[원주232]

궁극적 실재는 지식의 대상으로 파악되지 않기 때문에, 우리는 모든 지식에서 머나먼 저편에 대한 느낌을 지니게 된다. 지식의 과정은 궁극적 실재의 현현에 지나지 않지만, 그럼에도 불구하고 자의식의 과정에서 그 실재를 파악하는 것은 불가능하다. 아트만은 시공간과 모든 객관성의 토대이기 때문에, 아트만을 그 자체의 산물의 한계 속에 제한하는 것은 가정의 허위를 포함하게 된다. "내가 어떻게 당신을 알겠는가?"라는 질문은 크리토(Crito)가 소크라테스에게 한 "내가 어떻게 당신을 파묻을 수 있겠는가?"라는 질문만큼이나 터무니없다.[원주233] 자의식은 내적 기관에 의하여 한정된 자아와 관련하여 가능할 수 있다.[원주234]

[원주232] Avyaktam anindriyagrāhyaṁ sarvadṛśyasākṣitvāt(iii.2.23).

[원주233] 소크라테스는 크리토가 소크라테스는 시간적이지도 않고 공간적이지도 않으며 따라서 매장될 수 없다는 것을 보여주고자 하는 논증의 타당성을 인정한 직후에 그 질문을 하는 것에 대하여 조롱한다.

[원주234] 또한 이 자아에 대한 인지(認知)가 있을 수 있다. 인지하는 작인(作因)은 내적 기관에 의하여 한정된 자아인 반면에, 인지의 대상은 시간적인 경험들에 의하여 한정된 경험적인 자아이다. 한정자들에게서 차이는 자아가 행위자인 동시에 행위의 대상일 수 있게 만든다. 즉각적인 의식은 "현재의 내가 과거의 나와 동일한 인간이다"라는 형태의 인지에 대하여 보증한다. 이 입장을 칸트의 이론과 비교하라. "'나' 혹은 '그' 혹은 '그것', 즉 생각하는 존재를 통하여 우리의 의식 앞에 갖다 놓일 수 있는 것은 초월적 주사(主辭)=X 외에는 아무것도 없다. 이 초월적 주사는 오직 그것의 빈사(賓辭, 혹은 보다 적절하게 말하여 그것이 다른 것에 빈사로 귀속시키는 것)인 생각들을 통하여 알려지며, 또한 만일 그것이 다른 것들과 분리되지 않는다면, 우리는 그것에 대하여 최소한의 개념도 지닐 수 없을 것이다. 그것을 파악하려는 시도에서, 사실 우리는 무한 순환 논법으로 그것을 맴돌 수밖에 없다. 왜냐하면 우리는 그것에 관한 어떤 판단을 하기 위하여 또한 언제나 그것을 사용하지 않을 수 없기 때문이다. 그러므로 우리는 여기서 막다른 골목에 이르게 된다. 왜냐하면 문제의 의식은 우리에게 어떤 특정의 대상을 구획하는 관념이 아

샹카라는 동물이 지니는 지식과 경험적인 지식의 유사성을 지적하며, 이를 통하여 경험적인 모든 지식의 부적당함을 지지한다.[원주235] "왜냐하면 동물의 경우와 똑같이, 가령 어떤 소리가 귀에 들릴 때 그 소리에 대한 지각이 불쾌한 경우에는 그것으로부터 멀리 달아나며, 그 소리에 대한 지각이 유쾌한 경우에는 그것을 향하여 다가가는 것처럼, 또한 가령 그 동물이 자기 앞에 몽둥이를 치켜들고 서 있는 사람을 보고 '저 사람이 나를 후려칠 것이다'라고 생각할 때, 그 동물은 달아나려고 할 것이며, 먹음직한 풀을 한아름 들고 서 있는 사람을 볼 때는 그에게 다가가는 것처럼, 보다 향상된 지식(vyutpannacittāḥ)을 지닌 사람 또한 마찬가지이다. 사람은 손에 무기를 잡고 있는 무시무시한 외양의 어떤 사람을 볼 때, 그 사람으로부터 돌아서서 반대 방향으로 달아난다. 따라서 지식의 수단 및 대상에 관하여 볼 때, 인간과 동물에서의 과정은 서로 같다. 물론 동물의 경우에 지각 및 이와 유사한 과정들은 이전의 판단(avivekapūrvakaḥ)과는 무관하게 진행된다. 그러나 심지어 문명인의 경우에서도 그 유사점에 의하여 나타나는 것처럼, 그들은 당분간 동일하다."[원주236]

이 모두에서 샹카라는 정신 작용의 선택적인 본질을 염두에 두고 있다. 우리의 현실적인 이해관계는 우리의 전체 사유 과정을 결정한다. 마치 조명을 특정 지점에 국한시키는 두꺼운 볼록 렌즈가 달린 각등(角燈)처럼, 내적 기관은 우리가 의식을 좁은 범위에 집중할 수 있게

니라, 관념이 대상에 관련되는 한, 즉 어떤 것이 관념들을 통하여 생각되는 한, 모든 관념들에 귀속되는 하나의 형상이기 때문이다"(Caird, *Critical Philosophy of Kant*, vol.ii, p.25). 데카르트는 사유작용에서 주관을 추상하고 그것을 모든 한정에서 자유롭게 하는 것이 가능하므로, 그것은 대상들 중의 한 대상으로 존재한다고 생각했다. 논리적인 가능성은 실제로 존재하는 실체로 변형되었다.

[원주235] Paśvādibhiś cāviśeṣāt(『베단타 수트라』에 대한 샹카라의 주석, 서론). Deussen, *System of the Vedānta*, p.57 n.

[원주236] 다윈의 견해와 비교하라. "인간과 고등 동물 사이에 그 마음에서의 차이는, 그것이 아무리 크다 할지라도, 정도의 차이일 뿐이며, 종류의 차이는 아니다"(*Descent of Man*).

한다. 우리는 우리의 목적에 의미를 지니는 그 '무엇'의 측면들을 주목한다. 심지어 우리의 일반적인 법규들도 우리의 계획과 관심이라는 견지에서 확립된다.

샹카라는 산만한 생각은 설사 그것이 아무리 확장된다 할지라도 우리를 실재에 대한 파악으로 인도할 수 없다는 점을 강조한다. 볼테르의 철학적 상상력은 거의 천(千)에 달하는 감관을 지닌 존재들을 생각했지만, 그럼에도 불구하고 이 존재들은 실재의 본질을 파악함에 있어서 단지 오관을 지닌, 외견상 운이 덜 좋은 피조물들보다 더 나을 수 없었다. 과학이 탐구하는 외부 세계에 대한 우리의 지식이 과연 정확히 어느 정도 객관적인가를 아는 것은 어렵다. 우리가 점점 깊이 생각할수록, 경험적 지식의 조건 하에서 우리에게 알려진 세계가 실재 그 자체라고 단정하기가 점점 더 어려워지는 것 같다.

오관을 지니는 사람은 맹인보다 더 많이 안다. 시각을 통하여 알려지는 세계가 촉각을 통하여 알려지는 세계를 능가하는 것처럼, 이와 마찬가지로 실재는 경험적인 개념 이상의 어떤 것일 수 있지 않겠는가? 마치 시각이라는 천부의 재능이 어떤 맹인 종족의 재능을 확장시키는 것처럼, 브라흐만에 대한 직관(brahmānubhava), 혹은 테니슨이 '궁극적이고 가장 포괄적인 감각'이라고 불렀던 어떤 상태는 실재에 대한 우리의 지식을 확장시킬 수 있지 않을까? 이 견해는 과학의 세계와 상식에 관하여 회의론적인 어떤 내용도 포함하지 않는다. 단지 우리가 보다 고차적인 지성을 통하여 얻을 수 있는 어떤 고차원에 도달하지 않는 한, 우리의 결론들은 아주 타당하다. 물론 이러한 결론들이 그 전제들과 동일한 차원에 머물러 있다는 것은 사실이다.

앞으로 우리가 보게 되는 것처럼, 샹카라는 우리의 정신이 사용하는 모든 개념의 불가해성을 보여주고자 하는 치밀한 논리를 통하여 자신의 결론, 즉 모든 생각은 어떤 근본적인 결함에 의하여 손상된다는 견해를 강화한다. 비록 우리가 경험에 관하여 자유롭게 이야기한다 할지라도, 우리가 의식(dṛk)과 의식의 대상들(dṛśya)의 진정한 관계를 이해하는 것은 불가능하다. 의식은 그 자체가 비추는 대상과 모종의 관련을 지닌다고 보지 않을 수 없다. 만일 그렇지 않다면, 언제든지 대상의 본질과 무관한 어떤 종류의 지식이 가능할 것이다. 의식과 그 대상의 관련은 단순한 접촉(saṁyoga)도 아니고 내속(samavāya)의 관계도 아니다. 즉 외적인 관계도 아니고 내적인 관계도 아니다. 객관적 대상성은 쿠마릴라가 주장하는 것처럼 알려짐(jñātatā)이 대상에서 생성된다는 사실에 놓여 있지 않다. 왜냐하면 이 결과는 시인될 수 없기 때문이다.

대상은 실제로 유용한 것이라고 말하는 것은 허용되지 않는다. 왜냐하면 의식의 대상이지만 하늘 등과 같이 쓸모없는 것들이 많이 있기 때문이다. 객관적 대상성은 어떤 것이 사유 기능(jñānakaraṇa)의 대상이라는 것을 의미할 수 없다. 왜냐하면 그것은 오직 지각되는 대상들에만 적용될 수 있으며, 기억된 것이나 추론된 것들에는 적용되지 않기 때문이다. 또한 지각에서 의식의 양태는 대상의 본질에 따라서 형성되는데, 이것은 추론된 대상들에 관한 경우가 아니다. 우리는 자신이 의식하는 대상들과 의식의 관계의 정확한 본질을 이해할 수 없다. 엄격히 말하여, 모든 삶과 움직임은 대상 측에 속해 있으며, 우리는 단지 의식이 알렉산더의 용어로 이 대상 측과 '함께 있다'(compresent)고 말할 수 있을 뿐이며, 이 '함께 있음'은 이해 가능한 것으로 가정된다. 왜냐하면 주체와 대상은 서로 반대되는 것이 아니라, 모두 보편 의식의 영역 안에 있기 때문이다.

모든 사유 작용은 실재를 이해하고 진리를 추구하기 위하여 몸부림친다. 그러나 불행하게도 그것은 단지 실재를 그 자체 이외의 다른 어떤 것과 관련지음으로써 실재를 알고자 할 수 있을 뿐이다. 실재는 참도 아니고 거짓도 아니다. 그것은 단지 있을 뿐이다(is). 그러나 우리의 지식에서 우리는 이런 저런 속성들을 그것에 귀속시킨다. 지각적이든 개념적이든, 모든 지식은 실재 혹은 궁극적 영혼을 드러내고자 시도한다.[원주237]

지각은 그것이 일어나기 이전과 이후에는 존재하지 않는 시간 속의 사건이지만, 그럼에도 불구하고 그것은 시간 속에 있지 않는 어떤 실재의 현현이다. 물론 이 경우에 지각은 그 자체가 현시하고자 하는 실재에 완전히 닿을 수 없다. 실재를 파악함에 있어서 부적합 혹은 불충분함이라는 견지에서 본다면, 모든 지식 수단은 동일한 차원에 있다. 우리가 주사(主辭)에 귀속시킬 수 있는 어떤 빈사(賓辭)도 그것에 적합할 수 없다는 의미에서, 모든 판단은 거짓이다. 우리는 "실재는 실재이다"라고 말하거나, "실재는 X, Y, 혹은 Z이다"라고 말해야 한다. 전자는 사유 작용에서 아무런 쓸모도 없지만, 후자는 사유 작용이 실재로 행하는 것이다. 그것은 실재를 다른 어떤 것, 즉 비실재와 동등시한다. 실재와는 다른 어떤 것을 실재에 귀속시키는 것을 샹카라는 가탁(假託, adhyāsa), 즉 어떤 것에 그것과는 다른 것을 귀속시키는 것이라고 불렀다.[원주238]

가탁은 어떤 것이 그 자체가 아닌 것에 나타나는 것으로 정의된다.[원주239] 빛이 이중으로 나타날 때, 새끼줄이 뱀으로 나타날 때, 우리는 가탁을 지닌다. 유한한 것들에 대한 모든 지식은 어떤 의미에서 순수 존재의 부재이다. 왜냐하면 대상들은 유일 영원한 의식에 가탁되기 때문이다. 이러한 가탁의 가장 현저한 예는 우리가 아트만에 행위, 작인(作因), 그리고 향수(享受)를 귀속시키는, 주체와 대상에 대한 혼동이다.[원주240] 엄격히 말하여, 주체와 다른 것은 아무것도 없다. 왜냐하면 실재의 주체는 우리가 그것에 대하여 가능하게 서술할 수 있는 모든

[원주237] Pratyakṣapramā cātra caitanyam eva(『베단타파리바샤』, i).

[원주238] Adhyāso nāma atasmiṁs tadbuddhiḥ(『베단타 수트라』에 대한 샹카라의 주석, 서론).

[원주239] Smrtirūpah paratraparāvabhāsaḥ.

[원주240] Ātmani kriyākārakaphalādyāropalakṣaṇam. 칸트의 초월적 환각(transcendental illusion)은 가탁의 한 경우이다. 그의 주장에 의하면, 이 경우에 우리는 생각하는 자아에다가 그 자체가 만들어내고 시공간적인 조건 하에서 주어지는 현상들에 적용하는 개념들을 적용하고, 생각하는 자아를 그 자체의 외부에 있는 것들을 지니는 실체로 간주한다.

것을 포함하기 때문이다. 우리가 주체에 귀속시키는 것은 실재 이하의 어떤 것, 즉 그것에 의한 가현이다. "자체의 영역으로 '너'(yuṣmat)의 나타남과 '나'(asmat)의 나타남을 지니는 대상(viṣaya)과 주체(viṣayin)는 어둠과 빛처럼 상반되는 성질을 지닌다. 자체의 영역으로 '너' (또는 非我) 및 그것의 속성을 지니는 대상을, 자체의 영역으로 '나' (또는 自我)에 대한 관념을 지니는 순수 정신적인 주체로 옮기는 것, 그리고 역으로 주체 및 그 속성들을 대상으로 옮기는 것은 논리적으로 거짓이다. 그럼에도 불구하고 우리에게는 참과 거짓을 짝짓는 이 과정—그릇된 지식에 기인하는(mithyājñānanimitta)— 이 자연스러우며, 따라서 우리는 어떤 하나의 존재와 속성들을 다른 하나에 전가한다."[원주241]

무지로 귀착되는 가탁은 "지식의 수단과 지식의 대상들 그리고 영적인 모든 경전들 사이에 이루어지는 실제적인 모든 구분— 일상생활과 베다에서 행해지는— 의 전제 조건이다."[원주242] 지식의 모든 원천들은 단지 궁극적인 진리가 얻어질 때까지만 타당하며,[원주243] 따라서 유한한 이해에서 상대적인 가치를 지닐 뿐이다. 엄격히 말하여 우리의 모든 지식은 비(非)지식(avidyā)이며, 궁극적 의식에 가탁된 모든 것에 대한 배제를 통하여 그것을 확인하는 것이 곧 바른 지식(vidyā)이다.[원주244]

[원주241] 『베단타 수트라』에 대한 샹카라의 주석, 서론. "무지는 육체 등, 즉 자아가 아닌 것에 주어진 자아의 개념에 놓여 있다"(Dehādiṣv anātmasu aham asmīty ātmabuddhir avidyā, 『베단타 수트라』, i.3.2에 대한 샹카라의 주석).

[원주242] "만일 '나'와 '나의 것'이 육체나 감각 등에 놓여 있다는 미혹이 없다면, 어떤 인식자도 있을 수 없을 것이며, 이의 당연한 결과로 어떤 지식 수단의 사용도 불가능할 것이다. 왜냐? 감각 기관의 도움에 호소하지 않는다면 어떤 형태의 지각도 불가능할 것이며, 또한 만일 어떤 토대(육체)가 없다면 감각 기관의 작용은 가능하지 않을 것이다. 또한 자아의 존재(ātman)를 육체로 전이하지 않는다면 어떤 행위나 작용도 불가능할 것이며, 또한 이 모든 것이 일어나지 않는다면 체화된 존재에 대하여 독립적인 자아에게 어떤 지식도 있을 수 없을 것이지만, 아는 행위 없이는 어떤 앎도 불가능하기 때문이다. 따라서 지식의 수단과 지각 등은 무지의 영역 안에 있다"(『베단타 수트라』에 대한 샹카라의 주석, 서론). Deussen, *System of the Vedānta*, p.56 n ; 『사르바싯단타사라상그라하』, xii.85~86을 보라.

[원주243] 『베단타 수트라』, i.1.4에 대한 샹카라의 주석.

샹카라가 주체와 대상, 혹은 아트만과 비아트만으로 나타내고자 하는 것은 초월적 실재와 경험적 존재이다. 여기서 '대상'은 개별적인 행위자, 신체 기관, 그리고 물질 세계 등을 포함한다. 주체는 전체 대상 세계가 의존하는 궁극적 의식이다.[원주245] 그것은 어떤 정신적 상태(vṛtti)를 통하여 의식의 대상들로 현시되지 않고는 결코 나타날 수 없는, 의식의 모든 대상들의 특성이다. 심지어 우리가 경전을 통하여 궁극적 아트만의 본질을 이해할 때조차도 우리는 그것의 참된 본질을 이해하지 못한다. 아트만에 대한 참된 지식은 어떤 형식이나 양태도 지니지 않는다.[원주246]

우리로 하여금 하나의 절대적인 의식을 주체-대상의 관계로 해체하게 하는, 가탁의 개별적인 적용은 바로 인간 정신의 구성 자체에 기인한다. 주체와 대상의 세계를 야기하는 이러한 가탁은 시작도 없고(anādi) 끝도 없으며(ananta), 자연적이며(naisargika), 그릇된 지식의 형태를 지니며(mithyāpratyayarūpaḥ), 개별적인 영혼들의 행위와 향수 원인이며,[원주247] 모두에게 열려 있는[원주248] 것으로 말해진다.

그릇된 지각에 대한 샹카라의 분석은 그의 지식론에 대한 어떤 단서를 우리에게 제공한다. 우리가 새끼줄을 뱀으로 착각하고, "이것은 뱀이다"라고 판단할 때, 우리는 두 가지 요소를 지닌다. 다시 말하여 이 판단은 '이것' 즉 감관들에 나타나는 것과, 뱀 즉 우리가 '이것'에 부과하는 것을 포함한다. 후자는 우리가 주어진 자료를 인식하는 양태 혹은 형식을 말한다. 판단의 오류는 해석의 요소, 즉 우리의 생각이 그 토대

[원주244] 『베단타 수트라』, i.1.1에 대한 샹카라의 주석.
[원주245] 『베단타 수트라』, i.1.1에 대한 샹카라의 주석.
[원주246] 아트만은 대상이 아니며, 따라서 다른 대상들의 속성들은 아트만에 주어질 수 없다는 반대 견해에 대하여, 샹카라는 아트만이 자아의 개념의 대상이라고 대답하며, 또한 대상이 반드시 우리의 감관과 접촉해야 할 아무런 이유도 없다고 본다. 왜냐하면 무지한 자는 군청색을 허공(ākāśa)에 귀속시키는데, 알다시피 허공은 감각적 지각의 대상이 아니기 때문이다.
[원주247] Kartṛtvabhoktṛtvapravartakaḥ.
[원주248] Sarvalokapratyakṣaḥ.

에 가탁하는 것에 기인한다. '이것' 요소, 즉 우리 앞에 실제로 존재하는 것은 심지어 환영이 사라진 이후에도 존속한다. 샹카라는 심지어 정상적인 지각에서도 우리는 자료와 해석이라는 두 가지 요소를 지닌다고 주장하며, 우리의 의식의 모든 대상들에 대한 토대로서 공통된 것은 무엇이냐고 묻는다. 정상적이든 비정상적이든, 참이든 거짓이든, 우리가 지각하는 모든 것에 의하여 공통으로 견지되는 어떤 것이 있는가? 샹카라는 그것은 존재(being)라고 대답한다. 우리가 지각하는 모든 것은 존재하는 것으로 지각된다. 우리의 해석이 지니는 본질이 무엇이든, 그 토대는 존속하며 실재적이다. 우파니샤드의 표현을 빌리자면, 그것은 찰흙으로 만들어진 것들에서 찰흙과 같은 것이며, 금으로 만들어진 장신구들에서 금과 같은 것이다. 그 자체에 각인되는 형태들이 아무리 다양하게 변한다 할지라도, 그것은 지속한다. 무지의 원인은 근본적인 토대[원주249]에 대하여 모르는 것에 놓여 있다.

무지, 즉 가탁에 대한 자연적인 성향은 우리의 존재의 모든 뿌리들에 연루되어 있으며, 사실 그것은 우리의 유한성에 대한 다른 이름이라 할 수 있다. 그것은 언제나 그 자체의 본질로 머문다. 그것은 어떤 설명을 필요로 하는 그 자체의 본질로 머무르지 않는 비실재이다. 무지가 알려질 때, 우리의 속박은 사라진다. 비록 무지가 우리에게 매우 자연스러운 것이라 할지라도, 그것은 필연적이 아니다. 만일 그것이 피할 수 없는 필연적인 것이라면, 우리가 그것을 제거해야 한다는 촉구에는 아무런 의미도 없을 것이다. 우리는 필연적인 것을 없애기 위하여 노력할 수 없다. 우리는 알려질 수 없는 것을 알 수 없다. 무지의 과정을 제어하는 것은 가능하며, 그것은 우리가 실로 자신의 습성보다 위대하다는 것을 보여준다.

지식 수단(pramāṇa)들과 밀접한 관계가 있는, 유한한 의식은 육체적인 상태들이 매우 중요한 역할을 하는 경험의 어떤 종류와 질서로

[원주249] Adhiṣṭhānaviṣaya.

한정된다. 우리의 지력이 그와 같이 이루어져 있으므로, 그것은 사건과 사물들에서 질서와 정상적인 상태를 요구한다. 그것은 우발적인 사고나 무질서를 불쾌하게 여긴다. 대상들의 세계는 철두철미하게 합리적이며, 모든 것에서 질서와 규준에 대한 이성의 요구에 부합한다. 이것은 상식과 과학에 대한 믿음이다. 샹카라는 사물들로부터 생각을 떼어 놓지 않는다. 시공간과 인과율의 범주들을 통하여 자체를 나타내는 마음의 원리들은 생각하는 주체의 본질을 구성하는 결합의 형태들인 동시에, 대상적인 사실의 영역에서 마주쳐야 하는 형태들이기도 하다.

지성의 범주들은 그것에 주어지는 것들에 적용된다. 이 시간·공간·인과율의 세계는 인식하는 주체를 위하여 존재한다. 그 둘, 즉 경험적인 자아와 세계는 서로 의존한다. 이성의 요구에 대한 천지만물의 부합이라는 이와 같은 사실은 어떤 보편적인 정신의 실재를 입증한다. 이 실재는 한편으로 천지만물에 혼을 불어넣으며, 다른 한편으로는 이 실재에 참여하고 협력하는 이성의 원인이다. 질서정연한 세계의 실재는 오직 마음을 위하여 그리고 마음에 의하여 존재할 뿐이다. 복잡·미묘하게 존재하는 전체 세계 과정은 보편적이고도 완전한 어떤 마음, 즉 이슈와라를 전제로 하며, 이슈와라는 우리에 의하여 지각되지 않는 우주의 부분들을 지탱한다. 우리의 현상적인 지식은 경험적인 지식 수단을 통해서 알려지는 어떤 것으로서가 아니라, 사유 작용의 논리적인 필연으로서 본체 혹은 물자체(物自體)를 시사한다. 인간 존재로서 우리는 인간적인 양식으로 사유한다. 보편적 실재는 중심적 인격 혹은 전체 세계를 대상으로 지니는 주체로 간주된다. 이것은 논리를 통하여 도달되는 종합이지만, 그것에 관한 어떤 필연도 없다. 그것은 사유의 직접적인 대상이 아니다. 그것은 우리의 경험에서 있을 수 있는 최상의 종합으로 간주되며, 다른 경험이 동일한 구조와 성격을 지니는 한에서 그것은 유효할 것이다.[원주250]

[원주250] 『베단타 수트라』, ii.1.11.

주체-대상의 관계는 동물계, 인류, 그리고 신들의 세계에 마찬가지로 적용된다. 그러나 경험의 이 두 가지 구성 요소는 서로 상대적이며, 변화와 발전의 동일한 법칙들에 지배된다. 모든 요소들, 즉 주체와 대상, 마음과 육체, 현재와 과거 및 미래가 각기 합당한 곳에 배열되었을 것이라는, 실재에 대하여 완전하게 구성된 견해는 비록 모든 사색의 이상적인 목표라 할지라도 인간의 경험의 대상은 아니다. 그러나 신에 대한 것이든 인간에 대한 것이든, 모든 지식은 주체-대상의 관계를 포함하며, 따라서 궁극적인 것으로 간주될 수 없다. 한정적인 모든 지식은 궁극적 의식이 주체와 양태 및 대상으로 양식화하는 것을 포함하는, 말하자면 일종의 자기 희생(self-abnegation)이다. 망아적인 직관의 경우는 예외로 하고, 인식하는 주체와는 다른 주어진 요소가 있으며, 인식하는 주체는 어떤 양태를 통하여 그것에 도달한다. 사유와 논리는 유한한 삶의 차원에 속하지만, 이에 비하여 궁극적 실재는 생각을 초월한다. 실재는 그 자체에 존재하며, 따라서 그 자체를 생각해야 할 아무런 필요도 지니지 않는다.

21. 완전한 경험

어떤 대상 혹은 개념에 대한 부정이, 자기 모순으로 인식되고 따라서 견지될 수 없는 결과들을 가져올 때, 그 대상은 실재적인 것으로 확립되며, 그 개념은 참인 것으로 입증된다. 이것은 오류에 빠지기 쉬운 지성에 대한 최종적인 검증 기준이 되는 것으로 보인다. 논리적인 입장에서 보면, 아트만의 존재에 대한 가능한 어떤 증명도 있을 수 없다. 아트만의 실재 여부를 묻는 것은 무의미한 질문을 제기하는 것이다. 왜냐하면 모든 삶, 모든 생각, 모든 경험은 이 질문에 대한 영구적인 확증—비록 체계화되고 공식화되지 않는다 할지라도—이기 때문이다 그러나 마음의 도구들을 통하여 실재를 파악하려는 어떤 시도는 우리를 절망적인 모순의 미궁으로 몰아넣는다. 만일 마음이 이 비극적인 운명을 비껴가려 한다면, 그것은 무엇보다도 그 자체를 억제해야 하며, 그러면 장막이 걷힐 것이다. 우리가 자신의 논리적 범주들에 대하여 불만족을 느낀다는 것은, 우리가 자신이 아는 것 이상이며, 우리의 정신적 한계들을 초월하여 진리의 영역으로 나아갈 수 있다는 표시이다.

우리의 지력에서 필연적이지만 통과할 수 없는 것처럼 보이는 한계들은, 우리에게 논리적인 마음 이상의 어떤 고차적인 무한한 토대가 있다는 것을 의미한다. 만일 사유가 실재와 하나가 된다면, 그리고 개별적 주체가 자신의 개체성을 떨쳐버리고 그것의 보편적 본질로 들어올려진다면, 사유의 목적지는 도달될 것이다. 그러나 그것은 더 이상 사유가 아니다. 사유는 경험 속에 숨을 거둔다. 지식이 그 자체를 알려지는 것과 동일한 것으로 알 때, 그것은 지혜——오직 영원한 지식(nityajñāna)으로 아트만이 빛날 뿐인——로 승화된다.[원주251] 이 절대적 지식은 동시에 절대자에 대한 지식이기도 하다. '지식'(jñāna)이라는 말은 그것의 경험적인 연상(聯想)들 때문에 차라리 부적절하다.[원주252] 완전한 경험(anubhava)이라는 말이 보다 나은 의미를 전달한다.

샹카라는 주객의 구분이 사라지고 궁극자에 대한 진리가 실현되는[원주253] 직관적 의식(anubhava)의 실재를 인정한다.[원주254] 그것은 우리의 전 존재를 변형시키고 신성의 존재에 대한 확신을 가져오는, 생각과 언어를 초월하는, 말로 표현할 수 없는 경험이다. 그것은 개아가 자신의 지성을 포함한 모든 유한성을 탈각할 때, 일어나는 의식의 상태이

[원주251] "정신적인 실재를 이해한다는 것—— 이것은 단지 안다는 차원을 훨씬 능가한다——은 그것을 아는 우리 자신과 그것을 동화하는 것이다"(Gentile, *Theory of Mind as Pure Act*, p.10).

[원주252] 마드와(Madhva)의 주장에 의하면, 그것은 지식이 아니다. 왜냐하면 결코 알려지는 대상이 없기 때문이다. "Jñeyābhāve jñāsyāpy abhāvād." 『브리하드아란야카 우파니샤드』, Sacred Books of the Hindu, p.460.

[원주253] 『아트마보다』(*Ātmabodha*), p.41을 보라.

[원주254] 『베단타 수트라』, i.1.2 ; ii.1.4 ; iii.3.32 ; iii.4.15에 대한 샹카라의 주석을 보라.

다. 그것은 러셀이 "진정한 의미의 영적인 환희, 고양, 인간 이상의 존재에 대한 느낌"[원주255]이라고 불렀던 것들을 동반한다. 몰아적인 명상과 심미적인 향수(享受)의 순간에 우리는 그와 같은 지복을 맛본다.[원주256] 그것은 무지가 소멸되고 개아가 범아일여(梵我一如)를 깨닫는 순간에 나타나는 직각(直覺, sākṣātkāra)이다. 그것은 또한 완전한 지식(saṁyagjñāna)[원주257] 혹은 완전한 직관(samyagdarśana)[원주258]이라고 불린다. 전자는 그것에 대하여 필수적인 반성적 준비 과정을 역설하는 반면에, 후자는 궁극적 실재가 명상(dhyāna)뿐만 아니라 직접적 파악(īkṣaṇa)의 대상인 직관의 직접성에 강조점을 둔다.[원주259]

샹카라는 우리가 비실재적인 대상을 명상하는 것은 가능하지만 그것을 경험할 수는 없다고 주장한다. 그러므로 그의 아누바바는 관념화된 공상과 다르다. 요가 수행자는 완전한 정신 집중(samrādhana) 상태에서 신을 볼 수 있다고 말해진다. 샹카라는 이 상태를 경건한 명상에 침잠하는 것이라고 설명한다.[원주260] 샹카라는 인드라(Indra)와 바마데바(Vāmadeva)가 브라흐만과 하나됨을 실현하는 직관지(ārṣajñāna)를 인정한다.[원주261] 심리학적으로 그것은 지각의 성격을 띤다.[원주262] 왜냐

[원주255] *Philosophical Essays*, p.73.
[원주256] 플로티노스는 말한다. "그것은 자신의 존재를 서로 결합하고자 하는 세속적인 연인들의 합일이 하나의 복사판인, 그러한 합일이다"(*Enneads*, vi.7.34). 『브리하드아란야카 우파니샤드』, vi.3.21을 보라.
[원주257] 『베단타 수트라』, i.2.8에 대한 샹카라의 주석.
[원주258] 『베단타 수트라』, i.3.13에 대한 샹카라의 주석.
[원주259] 『베단타 수트라』, i.3.13에 대한 샹카라의 주석.
[원주260] 『베단타 수트라』, iii.2.24에 대한 샹카라의 주석. 또한 『카타 우파니샤드』, iv.1을 보라. 그와 같은 명상 행위가 주관과 객관의 구별을 포함하지 않는가 하는 이견에 대하여 샹카라는 다음과 같이 대답한다. "빛, 허공, 태양 등이 손가락, 용기(用器), 물 등과 같은 대상들 — 이 대상들은 한정하는 요소가 된다 — 을 통하여 구별되는 것처럼 보이지만, 그럼에도 불구하고 사실상 이들(빛, 허공, 태양 등)은 자체의 본질적인 무차별성을 보지한다. 이와 마찬가지로 다양한 자아에 대한 구별은 단지 우유적인 한정자 때문일 뿐이며, 모든 자아의 하나됨은 본래적이다"(『베단타 수트라』, iii.2.25에 대한 샹카라의 주석).

하면 그것은 실재에 대한 직각적인 앎이기 때문이다. 오직 브라흐만만이 시공간 속에 존재하는 본질을 지니지 않는다. 아누바바는 이것 혹은 저것에 대한 의식이 아니다. 그것은 자신 안에서 모든 존재자들의 유(有), 즉 근원적 토대 혹은 심연을 알고 직관하는 것이다. 직각적인 경험, 즉 아누바바는 이 말에 대한 니야야적인 의미에서 외부 세계에 대한 지식의 유일한 수단이며, 불이적 존재에 대한 아누바바는 우리가 알고 있거나 믿고 있는 초감각적 세계에 대한 가장 내밀한 경험이다. 직관의 대상은 인식자의 마음속에 있는 개인적인 공상이거나 주관적인 추상이 아니다. 그것의 실재성은 시공간 속의 개별적인 대상들 — 지각의 흐름에 연루되며 따라서 엄격한 의미에서 실재하는 것으로 간주될 수 없는[원주263] — 의 실재성보다 높은 차원의 것이라 할지라도, 그것은 그 자체에 대한 우리의 이해 혹은 그 반대에 의하여 전혀 영향받지 않는 실재적인(real) 대상이다.[원주264]

학파들의 치밀하고 용의주도한 이론들은 실재를 보았다는 영혼의 증언 앞에 침묵한다. "어떤 사람이 여전히 육체를 지니고 있지만, 그럼에도 불구하고 브라흐만에 대한 지식을 실현했다는 것을 진심으로 느낄 때, 어떻게 그의 확신이 다른 누구에 의하여 부정될 수 있겠는가?"[원주265] 모

[원주261] 그것은 『라트나프라바』(*Ratnaprabhā*)에서 "(경전의 증언을) 들음 등을 통하여 가능해지는 진리에 대한 자연적인 직관"으로 설명된다. Janmāntarakṛtaśra-vaṇādinā asmiñ janmani, svatassiddham, darśanam ārṣam(i.1.30). 또한 『타잇티리야 우파니샤드』, i.10에 대한 샹카라의 주석을 보라.

[원주262] 『베단타 수트라』, i.4.14에 대한 샹카라의 주석.

[원주263] 이 견해와 플라톤의 실재론을 비교하라. 후자에 의하면, 이성은 시공간을 완전히 초월해 있는 실재의 세계, 즉 "무색 · 무형 · 불가해하며 오직 영혼의 주인인 정신에 대해서만 가시적인 어떤 실재"(*Phaedrus*)를 드러낸다. 플라톤은 다수의 본질들을 인정하는 반면, 샹카라는 오직 하나의 본질(브라흐만)을 주장한다.

[원주264] "(브라흐만에 대한 지식은) 직각적인 경험에서 절정에 달하며, 그것은 존재하는 어떤 실체와 관련되기 때문이다"(Anubhavāvasānatvād bhūtavastuviṣayatvāc ca, 『베단타 수트라』, i.1.2에 대한 샹카라의 주석).

[원주265] Katham hy ekasya, svahṛdayapratyayam brahmavedanam, dehadhā-raṇam cāpareṇa pratikṣeptum śakyate?(『베단타 수트라』, iv.1.15에 대한 샹카

든 신앙과 헌신, 모든 학습과 명상은 이러한 경험이 우리에게 일어날 수 있게 하는 수련으로 의도된다.[원주266] 그러나 자아에 대한 직관은 오직 그것을 위하여 준비된 마음에만 일어난다. 그것은 돌연 생겨나는 것이 아니다. 그것은 인간 이성의 가장 고귀한 꽃피움이다. 그것은 지성에 호소하기를 거부하는 순수 공상이 아니다. 참인 것은 그것을 파악할 수 있는 모든 지성에 대하여 참이다. 개인적인 태양 혹은 개인적인 과학이 있을 수 없는 것과 마찬가지로, 개인적인 진리라는 것은 없다. 진리는 어떤 개인, 심지어 신에게조차도 의존하지 않는 본유적·보편적인 본질을 지닌다. 실재를 파악하는 과정은 개인적일 수도 있을 것이지만, 파악되는 대상은 결코 그렇지 않다. 실재는 가끔 여기저기에 실재일 수 없으며, 그것은 언제나 모든 장소에서 실재이다.

칸트는 물자체(物自體)에 대한 지식이 초논리적인 방식으로 얻어질 수 있는 의식의 양태를 가리키기 위하여 지적인 직관을 언급한다. 피히테에 의하면, 지적인 직관은 우리가 자의식에 도달할 수 있게 하며, 그의 철학에서 자의식은 모든 지식의 근본 토대이다. 셸링은 절대자에 대한 의식, 즉 주객의 하나됨을 의미하기 위하여 동일한 용어를 사용하고 있다. 그러나 샹카라에 의하면, 직관의 대상은 칸트가 말하는 다수의 물자체나 피히테의 자아 혹은 셸링의 neutruum이 아니라, 아트만, 즉 보편 의식이다. 플로티노스의 경우와 마찬가지로, 샹카라에게 절대자는 어떤 대상으로 나타나는 것이 아니라, 지식보다 상위에 있는 직접적인 접촉 속에 나타난다.[원주267] 직관지는 다른 어떤 것에 의해서도 부정되지 않으므로, 그것은 최상의 진리이다.[원주268]

라의 주석).

[원주266] 『베단타 수트라』, ii.1.6에 대한 샹카라의 주석. Anubhavāsānam brahma-vijñānam(Deussen, *System of the Vedānta*, p.89 n). Anubhavārūḍham eva ca vidyāphalam(iii.4.15). 지식의 과실(果實)은 직관에 나타난다(『바가바드기타』, ii.21에 대한 샹카라의 주석 ;『브리하드아란야카 우파니샤드, iv.4.19).

[원주267] *Enneads*, vi.9.4.

[원주268] Bādhakajñānāntarābhāvāc ca(『베단타 수트라』, ii.1.14에 대한 샹카라의

아누바바는 연속된 감각의 직접—경험과 파악되는 것의 내용이 분리되지 않는—이 아니다. 그것은 본질적으로 동물적인 지각보다 예술적 통찰에 더 가깝다. 그것은 간접적·반성적인 지식보다 더 고차적이며, 그것보다 낮지 않다. 논증할 수 있는 지식이라는 관점에서 보면, 실재는 분명히 난해하며, 신, 자유, 불멸에 대한 우리의 개념들은 단지 인간의 가치의 가장 심원한 것에 대한 명칭이나 부호에 지나지 않는다. 우리는 이 심원한 깊이를 추구할 수는 있다 할지라도, 우리가 이율배반적인 마음의 부단한 분투를 초월하지 않는 한, 결코 얻어질 수 없다. 직관(anubhava)과 지력(adhyāsa)은 무한한 실재와 유한한 마음의 갈라짐을 가리킨다.

샹카라는 이 아누바바가 모든 사람에게 열려 있지만, 그럼에도 불구하고 오직 극소수만이 그것을 얻는다고 본다.[원주269] 그러나 중요한 점은 그것이 모두에게 열려 있다는 사실이다. 실재는 저기에 객관적으로 항존하며, 그것을 잡을 수 있는 개인의 마음들에 의하여 파악되기를 기다리고 있다. 분명히 샹카라는 궁극적 실재가 의심스러운 꿈과 신비한 음성을 통하여 계몽의 순간에 소수의 선택받은 영혼들에게 그 자체를 드러내 보인다는 견해에 전혀 공감하지 않았다. 어떤 사람들에게는 나타나고 다른 사람들에게는 나타나지 않는 신은 경건한 상상의 허구이

주석). 『샤타슐로키』(*Śataślokī*)에서는 다음과 같이 언급된다. "경전은 브라흐만에 대한 지식을 자기 자신과 결부시키는 경험(svānubhūti)과 결론적인 확신(upa-patti) 두 가지로 말한다. 전자는 육체와 관련하여 일어난다(dehānubandhāt). 이에 비하여 후자는 보편과 관련하여 일어난다(sarvātmakatvāt). 먼저 '나는 브라흐만이다'라는 경험이 일어나고, 그런 다음에 '이 모든 것은 브라흐만이다'라는 결론적인 확신이 일어난다.

[원주269] Dean Inge의 견해와 비교하라. "완전한 지식은 아는 자와 알려지는 것의 완전한 통일이다. 왜냐하면 우리는 결국 단지 우리 자신을 알 수 있을 뿐이기 때문이다. 그러므로 신지(神知)의 과정은 플로티노스가 말하는 것처럼, 누구나 지니고 있지만 극소수가 사용하는 능력, 혹은 케임브리지의 플라톤주의자들이 인간의 영혼 속에 있는 신 같은 본질의 씨앗이라고 부르는 천부적 재능을 활성화하는 것에 놓여 있다"(*Outspoken Essays*, Second Series, p.14).

다. 비록 통찰 혹은 고차원의 정신적 체험은 보편적인 소유라 할지라
도, 사실 그것은 몇몇 사람들에게 국한된다. 이에 비하여 이성은 사고
력이 있는 인류의 절대 다수에게 공통된다. 어떤 능력들은 모든 사람들
에게 잘 발달하는 반면에, 또 어떤 능력들은 모두에게 똑같이 발달하는
것은 아니다. 지금 현재의 진화상태라는 견지에서 본다면, 아누바바는
주관적일 것이며, 그것의 증언은 단지 그것이 이성의 명령과 일치할 때
만 신뢰할 가치가 있는 것으로 받아들여질 수 있을 것이다.

22. 직관, 지력, 경전의 증언

직관적인 경험은 가장 높은 정도의 확신을 내포하지만, 그럼에도 불
구하고 그것은 단지 가장 낮은 정도의 개념적 명료성을 지닐 뿐이다.
바로 이 점 때문에 해석이 필수적이며, 이러한 해석들은 오류 가능성이
있으며, 따라서 끝없는 교정이 요구된다. 지혜(vidyā) 혹은 통찰을 지
닌 사람들은 어떤 언어와 논리든 그것을 말하기 위하여 고안되지 않았
다고 말한다. 실재에 대한 직접적인 통찰을 지니지 못한 사람들은 베다
의 견해들을 받아들이지 않을 수 없다. 베다는 실재를 파악하고자 하는
이 문제와 씨름했던 위대한 사람들의 최상의 경험들을 기록하고 있기
때문이다. 보통 사람들에게 궁극적 의식의 핵심적인 진리는 본질적으
로 계시(啓示)되는 것이며, 지각이나 추론과 같은 어떤 인간적인 증거
에 의하여 확인되지 않는다. 지각이나 추론은 우리에게 단지 머나먼 저
편에 대한 강한 암시를 줄 뿐이며, 어떤 적극적인 증거를 제시하는 것
은 아니다.

샹카라는 진리가 탐구의 대상이라는 것을 인정하며,[원주270] 반대 학파
들을 비판하는 데 모순 없음의 원리를 채택한다. 다른 철학적 개념들,

[원주270] Satyaṁ vijijñāsitavyam(『베단타 수트라』, i.3.8에 대한 샹카라의 주석).

234

특히 불교의 여러 개념에 대한 그의 반대는 그것이 비판의 여지가 있다는 것이라기보다는, 그것이 논리적인 방법의 부적합성 혹은 불충분함을 깨닫지 못했다는 것이다. 그는 베다의 증언이 감각을 통한 증거나 이성적인 결론보다 우월하다고 주장한다. 물론 그것은 지각이나 추론이 가능한 영역에서는 아무 소용도 없다. 수백 권의 경전이라도 불을 차갑게 만들지는 못한다.[원주271] 일상적인 지식 수단에 의하여 도달될 수 없는 지식을 부여하고자 하는 것이 바로 경전의 목적이다.[원주272]

아트만의 통일을 가르치는 것이 베다의 목적이다.[원주273] 샹카라는 베단타의 이와 같은 탐구가 무지로부터의 자유에 대한 원인이 아니라고 말한다. 왜냐하면 주객의 이원성을 내포하고 있는 모든 지식이나 탐구는 브라흐만에 대한 인식에 장애가 되기 때문이다. 그것은 우리가 지혜를 성취하게 한다기보다는, 우리가 어리석음을 벗을 수 있도록 도와줄 뿐이다.[원주274] 마치 새끼줄의 본래 모습을 깨닫는 것은 뱀에 대한 그릇

[원주271] "지식은 타당한 수단을 통하여 일어나며, 또한 그것은 있는 그대로의 대상과 일치한다. 그것은 수백 가지의 명령에 의하여 생겨날 수도 없고, 수백 가지의 금계(禁戒)에 의하여 방해될 수도 없다"(Jñānaṁ tu pramāṇajanyaṁ yathābhūtaviṣayaṁ ca. Na tanniyogaśatenāpi kārayituṁ śakyate, na ca pratiṣedhaśatenāpi vārayituṁ śakyate, 『베단타 수트라』, iii.2.21에 대한 샹카라의 주석 ; 『바가바드기타』, xviii.66에 대한 샹카라의 주석).

[원주272] Pratyakṣādipramāṇānupalabdhe hy viṣaye śrutiḥ prāmāṇyaṁ na pratyakṣādiviṣaya(『바가바드기타』, xviii.66에 대한 샹카라의 주석). Ajñātajñāpanaṁ hy śāstram.

[원주273] "자아의 통일에 대한 지식을 얻기 위하여 베단타(우파니샤드)의 모든 논의가 전개된다"(Ātmaikatvavidyāpratipattaye sarve vedānta ārabhyante, 『베단타 수트라』에 대한 샹카라의 주석, 서론).

[원주274] Avidyākalpitabhedanivṛtti(『베단타 수트라』, i.1.4에 대한 샹카라의 주석). 『바가바드기타』, ii.18에 대한 샹카라의 주석을 보라. 플로티노스의 견해와 비교하라. "신은 말이나 글로 표현될 수 없지만, 그럼에도 불구하고 우리가 그에 대하여 말하거나 글로 표현하는 것은, 우리의 영혼이 그를 향하게 하고 마침내는 생각의 영역에서 통찰의 차원으로 떠오를 수 있게 하기 위한 것이다. 이것은 마치 그를 바라보게 될 사람들이 반드시 걸어가야 하는, 위로 향하는 길을 가리키는 사람과 같다. 우리의 가르침은 단지 그들이 걸어가야 하는 길을 가리키는 한에서만 미칠

된 인식의 제거를 의미하는 것처럼, 이와 마찬가지로 무지를 제거하는 것은 곧 진리를 실현하는 것이다.[원주275] 진리를 실현하기 위하여 어떤 부가적인 수단이나 새로운 지식도 불필요하다.[원주276] "(궁극적인) 지식은 이원성의 소멸 바로 직후의 순간도 기다리지 않는다. 왜냐하면 만일 그렇다면 결과로부터 원인으로의 무한 소급이 불가피할 것이며, 결국 이원성은 결코 소멸될 수 없을 것이기 때문이다. 그 둘은 동시발생적이다."[원주277] 그릇된 견해가 걷히는 순간에 우리는 궁극적 실재에 도달한다.[원주278] 만일 우리가 어떻게 무지에서 지혜로 벗어나는 도움을 받게 되는가에 대하여 질문한다면—지적인 질문이다. 왜냐하면 그릇된 견해가 사라지는 순간에, 자기 충족적인 진리는 저절로 드러나기 때문이다—신의 은총에 그 대답을 돌리는 것보다 더 나은 대답은 불가능할 것이다.[원주279] 순수한 영혼은 자신의 잃어버린 시력이 신의 은총에 의하여 회복되는 장님과 같다.

천계서를 받아들인다는 것은 곧 성현들의 증언을 받아들이는 것이다. 천계서를 무시하는 것은 인류의 경험 가운데 가장 의미심장한 부분을 무시하는 것이다. 물리학의 문제들에서 우리는 각 분야에서 최고의 탐구자들이 진리라고 선언하는 것을 받아들이며, 음악에서 우리는 인정받은 위대한 작곡가들이 만든 명곡들에 귀기울이며, 이를 통하여 음악적 아름다움에 대한 우리의 심미안을 함양하기 위하여 애쓴다. 종교적인 진리의 문제에서 우리는 영적인 탁월함을 성취하기 위하여 믿음과 헌신으로 분투하던 위대한 종교적 천재들의 증언을 경청해야 한다.

수 있을 뿐이며, 통찰 그 자체는 반드시 그들 자신의 성취여야 한다"(*Enneads*, vi.9.4 ; Caird, *Greek Theology*, vol.ii, p.237).

[원주275] 『만두키야 우파니샤드』, ii.7에 대한 샹카라의 주석.

[원주276] 같은 책, 같은 곳.

[원주277] 같은 책, 같은 곳.

[원주278] Ātmaiva ajñānahāniḥ.

[원주279] 『베단타 수트라』, ii.3.41. 『카타 우파니샤드』, ii.22를 보라. 도이센(Deussen)이 샹카라는 신학적인 편견에 연루되어 있다고 평가할 때, 그는 샹카라의 이 입장을 염두에 두고 있다. *System of the Vedānta*, pp.86~87을 보라.

"단지 반성적 사고의 결과에 불과한 것은 신성한 전통에 의하여 알려질 수 있는 것에 반대하여 인용되지 말아야 한다. 왜냐하면 단지 인간의 사색(utprekṣā)에 의존할 뿐인, 전통에 의거하지 않는 반성적 사고의 결과는 지지하기 어렵기 때문이다."[원주280] 만일 우리가 사색에 의존한다면, 우리는 세계를 의심하고, 자신의 존재를 의심하고, 미래를 의심하고, 결국 의심에 찬 삶을 마감할 것이다. 그러나 우리는 자신의 환경에 반작용하거나 그것에 의하여 파멸되어야 하므로, 생의 의지는 우리를 불가피하게 신앙으로 나아가게 한다.

논리의 명령에 압도되기를 거부하는 영적인 충동들이 있다. 어느 누구도 부정으로 삶을 영위할 수 없다. 샹카라의 철학적 작업은 체계적인 철학으로 우리를 미혹에서 벗어나게 하고, 논리 그 자체는 결국 회의론으로 귀착된다는 것을 밝히고자 하는 것이다. 우리는 세계가 합리적이고 정의롭다고 생각한다. 우리는 비록 세계에 대하여 그것이 담고 있는 중요한 의미를 세세하게 다 알지 못한다 할지라도, 그럼에도 불구하고 세계의 일체 혹은 완전을 믿는다. 우리는 그것을 가정이라고 부른다. 왜냐하면 우리는 외견상 무질서의 근저에 놓인 영원한 질서의 발견을 희망할 수 없기 때문이다. 어떤 신성한 정신, 즉 이슈와라의 실재를 받아들임으로써 우리의 삶은 풍요와 안전을 보장받게 된다.[원주281] 더욱이 진리[원주282]는 일치해야 하며,[원주283] 모순되지 않아야 하며,[원주284] 보편적

[원주280] 『베단타 수트라』, ii.1.11에 대한 샹카라의 주석. 이런 이유 때문에, 심지어 카필라(Kapila)나 카나다(Kaṇāda)와 같은 공인된 사상가들도 서로 종종 의견이 엇갈린다. 쿠마릴라의 견해를 참조하라. "논리학자들 — 아무리 이에 정통한 전문가라 할지라도 — 에 의하여 더할 나위 없이 치밀하게 논리적으로 추론된 것도 다른 전문가들에 의하여 완전히 다른 방식으로 설명된다."

[원주281] "직접적인 지식에 의해서나 추론에 의해서도, 인간은 다른 생(生)과 자신의 관계에 대하여 혹은 사후에 자아의 존재에 대하여 어떤 개념도 지닐 수 없다. 그러므로 경전의 계시에 대한 필요가 대두된다"(『브리하드아란야카 우파니샤드』에 대한 샹카라의 주석, 서론).

[원주282] Samyagjñāna.

[원주283] Ekarūpam.

으로 받아들여져야 하지만, 반성적 사고의 산물은 그와 같이 받아들여
지지 않는다.

그러나 "지식의 근원으로서 베다는 영원하며, 그것의 주제는 확고하
게 견지되며, 이로부터 확립되는 완전한 지식은 과거, 현재, 미래의 어
떤 사색에 의해서도 부정될 수 없다." 논리적인 추론은 단지 형식적인
과정일 뿐이다. 그것이 도달하는 결론들은 그것이 출발하는 전제들에
의존할 수밖에 없으며, 샹카라는 경전에 기록된 종교적 체험들은 종교
철학의 문제에서 이성의 토대여야 한다고 주장한다. 샹카라에게 '타르
카'(tarka)는 역사의 검증과 시험을 통하여 정제되지 않은 이성적 지식
을 의미한다. 그와 같은 개별적인 추론은 이해력의 무한한 다양성 때문
에 진리의 확립으로 귀결될 수 없다.[원주285] 천계서는 수많은 사람들의
정신적인 욕구를 만족시켰던 영혼의 진리를 담고 있다. 그것은 사상이
라기보다는 영성의 삶을 구체화하는 민족의 전통적인 신념들을 전하고
있으며, 그 삶을 공유하지 못한 우리에게 기록된 이 경험들은 매우 귀
중한 것일 수밖에 없다.[원주286]

샹카라는 경전의 견해들에 대한 분석과 판단에서 이성의 필요를 인
정한다. 기회 있을 때마다, 그는 합리적인 논증을 통하여 경전의 언급
들을 확인하고자 노력한다.[원주287] 직관(anubhava)의 보조수단으로 역

[원주284] Puruṣāṇāṁ vipratipattir anupapannā.

[원주285] Kasyacit kvacit pakṣapāte sati puruṣamativairupyeṇa tattvāvyavas-
thānaprasaṅgāt(『베단타 수트라』, ii.1.1에 대한 샹카라의 주석).

[원주286] 『베단타 수트라』, ii.1.11 ; ii.3.1 ; i.1.2에 대한 샹카라의 주석.

[원주287] 가우다파다의 『카리카』, iii.27에 대한 샹카라의 주석을 보라. 『카리카』, iii.1
을 주석하면서 샹카라는 다음과 같이 말한다. "아드와이타가 단지 천계서의 증언
에 의거하여 입증되는 것으로 간주되어야 하는가, 그리고 이성은 그것을 증명할
수 없는가에 대한 의문이 제기된다. 이 장(章)은 아드와이타가 어떻게 이성에 의
하여 입증될 수 있는가를 보여주고 있다." 샹카라의 철학에서 이성과 계시의 관계
에 대한 보다 상세한 논의는 *Sanskrit Research*(July 1915)에 발표된 Mr. V.
Subrahmanya Aiyar의 논문 두 편과 Mr. S. Suryanarayanan의 논문 "Critical
Idealism and the Advaita Vedānta"(*Mysore University Magazine*, No-
vember 1919)에서 볼 수 있다.

할하는 논리적인 추론(tarka)은 그에 의하여 권장된다.[원주288] 그에게 이성은 검증되지 않은 가설들에 대한 비판의 무기이며, 진리의 사실들을 선별하고 강조하는 창조적인 원리이다.[원주289] "심지어 판단력이 결여된 사람들조차도 어떤 합리적인 이유 없이 특정한 전통을 무조건 따르지 않는다."[원주290]

직관적 통찰(anubhava)은 오직 상상의 언어를 통하여 전달될 수 있는 중요한 정신적 체험이며, 천계서는 그것을 구체화하는 서물(書物)이다. 만일 경험의 바탕이 없다면, 천계서의 언급들은 단지 의미 없는 공허한 소리에 불과할 것이다.[원주291] 저주나 찬양을 담고 있는, 어떤 독립적인 취지를 지니지 않는 구절들은 단지 명령들(vidhivākyas)을 강화할 뿐이며, 이 구절들은 지각보다 우월하지 않다. 실재의 본질을 묘사하고 있는 구절들은 권위를 지닌다.[원주292] 물론 천계서는 경험에 순응해야 하며, 경험을 무시하고 부정할 수 없다.

바차스파티는 말한다. "수천 권의 경전이라도 항아리로 옷감을 만들 수는 없다."[원주293] 또한 이와 같이 종교적인 논의에서도 경전의 언급들은 직관된 사실들과 부합해야 한다. 최고의 증거는 지각—감각적이든 정신적이든—이며, 어떤 조건들에 따라 우리에 의하여 경험될 수 있다. 천계서의 권위는 그것이 단지 경험의 표현이라는 사실로부터 도출되

[원주288] 『베단타 수트라』, ii.1.6 ; ii.1.11에 대한 샹카라의 주석.

[원주289] 『베단타 수트라』, ii.1.4, 37 ; ii.2.41 ; ii.4.12에 대한 샹카라의 주석.

[원주290] 『베단타 수트라』, ii.1.1에 대한 샹카라의 주석.

[원주291] 단지 (기록에 불과한) 천계서는 지각을 통한 지식보다 우월하지 않다. 그러나 명백한 취지를 지니는 천계서는 그렇지 않다. Tātparyavati śrutiḥ pratyakṣād balavati, na śrutimātram(『바마티』). 『싯단타레샤상그라하』.

[원주292] 『비바라나』(Vivaraṇa)의 저자에 의하면, 독자적인 취지의 존재 유무는 (진리에 대한) 안전하고 확실한 기준이 될 수 없으며, 따라서 그는 『바마티』의 이 견해를 비판하며, 경전은 그 자체의 무오성 때문에(nirdoṣatvāt) 그리고 진리에 대한 확인의 최후 법정으로서의 본질 때문에(paratvāc ca) 다른 어떤 지식 수단의 증언보다 우월하다고 주장한다.

[원주293] Na hy āgamāḥ sahasram api ghaṭam paṭayitum īṣate(『바마티』, 서론).

며, 경험은 그 자체로 이미 명백한 성격을 지니므로, 경험의 표현인 베다는 다른 어떤 증거도 필요로 하지 않는 자명한 것으로 말해진다.[원주294] 그러므로 비록 모든 사람이 베다의 진리를 추구하는 용기와 시간과 여건을 지니는 것은 아니라 할지라도, 베다는 인간이 스스로의 능력으로 발견할 수 있는 진리들을 담고 있다.

23. 높은 지혜와 낮은 지식

높은 지혜(parā vidyā)는 절대적인 진리이다. 그것의 내용은 아트만과 개아의 일원(一元)이다. 만일 논리적인 지식 수단들을 통하여 우리가 궁극적 실재를 묘사하고자 한다면, 우리는 필연적으로 신화와 상징을 사용하지 않을 수 없을 것이다. 베다는 우리에게 진리에 대한 최고의 논리적인 근접을 제공한다. 경험적인 진실, 즉 낮은 차원의 지식(aparā vidyā)은 전적으로 거짓인 것은 아니다. 그것은 경험적 의식의 관점에서 알려지는 진리이다.[원주295] 시공간 속에 펼쳐지고 인과율에 지배되는 세계는 궁극적이 아니라, 우리의 깨달음의 정도에 상대적이다. 그것은 우리의 부분적인 지식에 기인하며, 우리의 지식이 부분적인 한에서 그것의 대상은 추상적이다. 고차원의 불이적(不二的) 통찰과 저급한 다원적 견해들이 똑같은 의미에서 참일 수는 없다. 샹카라는 후자를 고차적인 것으로부터의 일탈에 귀속시킴으로써 난제를 해결한다.

경험적 차원의 낮은 지식은 환영 혹은 기만의 성격을 지니는 것이 아니라, 단지 상대적일 뿐이다. 만일 그렇지 않다면, 낮은 차원의 지식

[원주294] Prāmāṇyam nirapekṣam.

[원주295] 도이센의 견해와 비교하라. "엄격히 말하여, 이 낮은 지식은 경험적 차원의 형이상학에 불과하다. 즉 그것은 무지(avidyā)의 관점에서 볼 때, 진리(vidyā)인 것처럼 보이는 지식이다"(*System of the Vedānta*, p.100).

240

에 대한 샹카라의 정교한 논의는 우스꽝스러운 것으로 전락하고 말 것이다. 그는 낮은 지식이 마침내 우리를 고차적인 지혜로 인도한다는 것을 인정한다. "무지에 의하여 받아들여진 창조에 대한 경전의 이 설명은……궁극적 목적으로 브라흐만이 참된 자아라는 가르침들을 지닌다. 이것은 결코 망각되지 말아야 한다."[원주296] 초월적 절대론이 인간 정신의 분쇄기를 통과할 때, 그것은 경험적 유신론이 된다. 후자는 참된 지식이 일어날 때까지는 참이다. 이것은 마치 꿈의 상태가 각성이 일어날 때까지는 참인 것과 같다.[원주297]

무지 혹은 유한한 생각은 생각을 초월하는 실재에 대한 증거가 된다. 그것은 그 자체의 진리가 상대적이며, 그것은 실재의 본질을 직접 파악할 수 없다는 결론으로 우리를 인도한다.[원주298] 일반적인 신비가는 모

[원주296] Deussen, 같은 책, p.106.

[원주297] 『베단타 수트라』, ii.1.14에 대한 샹카라의 주석.

[원주298] 맥타거트(McTaggart) 박사의 견해와 비교하라. "오성의 요구를 무시하는 신비주의는 의심의 여지없이 파멸로 운명지어질 것이다. 어떤 신비주의자도 논리를 파괴하기 위하여 고심한 적이 없으며, 그런 경우에는 어김없이 논리가 그를 파멸시켰다. 그러나 오성의 관점으로부터 출발하는 신비주의, 즉 오성의 관점 자체가 궁극적이 아니라는 것을 인정하고 그것을 초월하는 어떤 것을 전제로 하지만, 그럼에도 불구하고 오성의 관점으로부터 출발하는 신비주의가 있다. 저급한 차원의 지식을 초월한다는 것은 그것을 무시하거나 부정하는 것이 아니다"(*Hegelian Cosmology*, p.292). 스피노자는 이성(Ratio)과 과학적 직관(Scientia Intuitiva)을 구분한다. 그는 세 유형의 지식이 있다고 믿는다. 1) 첫번째 유형은 단지 견해(opinion)에 불과한 것을 제공하는, 근거가 뚜렷하지 않은 상상(imagination)에 기인하는 지식이며, 부적절하고 혼란스러운 모든 관념들은 여기에 속한다. 그것은 또한 그릇된 지식의 원천이기도 하다. 2) 두번째 유형은 우리에게 상식적인 개념들과 과학의 지식을 제공하는 이성(reason)이다. 그것은 '사물들의 일치와 차이 및 대조를 이해하기 위하여' 노력한다(*Ethics*, vol.ii, p.29, Scholium). 상상은 교육을 받지 않은 사람의 사고를 설명하는 반면에, 이성은 과학적인 사람의 체계적인 지식의 원인이다. 3) 직관(Intuition)은 철학적 재능과 예술적 통찰 및 창조성의 작용을 포함한다. 그것의 대상은 개별적이다. 그러나 샹카라는 유럽의 사상가들 가운데 플라톤을 상기시키는 측면을 현저하게 지닌다. 두 사람은 모두 과거의 주요 경향들을 자신의 사상 속에 종합했던, 위대한 정신적 실재론자들이었다. 또한 그 둘은 모두 지식을 높고 낮은 두 종류로 구분하고 있으며, 이 중에서 높은 차원의

든 차별상을 초월하여 불가지의 구름 속에 자기 자신 및 자신이 추구하는 대상을 잃어버리고자 고심하지만, 이에 비하여 샹카라는 우리에게 어떤 철학적인 난제들을 제시하고, 이러한 것들은 결국 우리에게 보다 탁월한 통찰의 가능성이 있다는 것을 의미한다고 말한다. 샹카라에 의하면, 권위있는 것으로 간주되는 베다는 고차적인 지혜와 낮은 차원의 지식을 담고 있다. 베다는 유일 불이의 브라흐만과 다원적 우주의 비실재에 대한 묘사를 제공한다.

우리는 샹카라의 철학에서 세 가지 차원의 존재, 즉 1) 궁극적(pāramārthika) 실재, 2) 경험적(vyāvahārika) 존재, 3) 환영적(prātibhāsika) 존재를 지닌다. 브라흐만은 첫번째 유형의 존재이며, 시공간 및 인과율에 지배되는 현상 세계는 두번째 유형의 존재이다. 이에 비하여 조가비에서 은조각처럼, 상상에 의하여 야기된 대상들은 세번째 유형의 존재이다.[원주299] 환영적 존재는 그것에 관한 어떤 보편성도 지니지 않는다. 그것은 수시로 일어난다. 그것은 어떤 실제적 효과성도 지니지 않는다. 외견상 분명한 존재에 대한 그릇된 개념은 그와 같은 경험의 토대가 지각될 때 소멸한다. 즉 경험적 존재에 대한 오류는 그것의 토대인 브라흐만을 실현할 때 사라진다. 경험적 세계 과정들은 허구와 꿈의 세계보다 고차적인 진리이다. 그것은 영혼들과 그 환경 및 그들의 주(主)의 세계이지만, 엄격히 말하여 그것은 유일자 브라흐만에 근거하

지식은 궁극적 진리 혹은 이상적인 선(善)과 관련되며, 낮은 차원의 지식은 그림자의 세계와 관련된다. 실재는 표면적인 현현의 배후에, 그것을 초월하여 있다는 점은 일단 인정하지만, 그럼에도 불구하고 그 둘은 그것이 영혼을 그 자체의 자아 속으로 완전히 거두어들임으로써 파악될 수 있다고 말한다. 두 사람은 모두 실재에 대한 초월적인 통찰을 제공하는 직관을 믿는다.

[원주299] 『베단타파리바샤』. 후기의 몇몇 아드와이타 논서들에서 이 구분은 지바(jīva)에도 적용된다. 『드리그드리쉬야비베카』(*Dṛgdṛśyaviveka*)에 의하면, 한정자들에 의하여 한정된 비인격적 의식이 진정한 자아이며, 그것이 자체에 작용과 행위를 할당하고 감관들과 내적 기관에 의하여 한정될 때 그것은 경험적 자아가 되며, 외견상 분명히 존재하는 지바는 꿈속의 몸과 의식 모두가 그 자체에 속한다고 믿는다(『싯단타레샤상그라하』, i).

고 있다.[원주300] 경험적 자아와 경험적 세계가 둘 다 동일한 차원의 실재라는 것을 분명하게 이해할 필요가 있다. 외부 세계는 경험적 에고의 관념들의 투사(投射)에 기인하는 환영이 아니다. 공간 속에 경험적 자아와 그 관념들에 독립적인 외부 세계가 있다. 다수의 자아와 사물이라는 이 두 경험적 영역들은 서로 인과관계에 선다. 경험적 에고로서 우리가 세계 속에서 발견하는 것은, 초월적 주체로서 우리 자신이 거기에 놓여 있다는 것이다.

24. 샹카라의 이론과 몇몇 서양철학적 견해들의 비교

샹카라의 지식론은 종종 칸트의 지식론과 비교되곤 한다.[원주301] 현저한 유사성이 있지만, 그럼에도 불구하고 양립하기 어려운 차이점도 있다. 칸트와 마찬가지로 샹카라는 지식——심지어 자아에 대한 지식——의 가능성의 문제를 체계적으로 논의하고 있으며, 그것을 철학적 탐구의 맨 앞에 부각시킨다. 그 둘은 모두 경험의 세계를 현상적인 것으로 간주하며, 이러한 제한의 원인을 인간 정신의 구조에서 추적한다. 인간의 인식 메커니즘에 대한 검토를 통하여, 칸트는 인간이 초월적 대상들에 대한 지식을 지니는 것은 불가능하다는 결론에 도달한다. 왜냐하면 무엇이든 지식의 대상이 되는 것은 시간과 공간의 형태들 및 오성의 범주들——이 중에서 가장 중요한 것은 인과율이다——속에 갇히기 때문이다. 실재의 존재는 우리에게 파악되지 않으며, 우리가 파악하는 것은 그것에 의하여 나타나는 것일 뿐이다. 샹카라에 의하면, 우리로 하

[원주300] 『만두키야 우파니샤드』에 대한 샹카라의 주석에 관한 아난다기리(Ānanda-giri)의 설명을 참조하라.

[원주301] 플로티노스의 신비적 관념론은 그 내용의 상당 부분이 인도사상의 영향을 받았다고 말해진다. 우리는 플로티노스가 고르디오스 황제의 동방 출정 때 그를 수행했다는 것을 알고 있으며, 그때 그는 인도 관념론의 대표적인 체계들과 접촉했을 수도 있을 것이다.

여금 실로 하나인 것을 여럿으로 보게 하는 것은 우리의 관찰에 연루되는 어떤 괴물 같은 결함이다. 너무나 역설적이게도 우리의 논리적인 추구는 우리와 실재 사이에 그 자체를 끊임없이 시사하는 어떤 현상 세계를 우리에게 강요한다.

샹카라와 칸트는 모두 경험적인 방법보다는 비판적인 방법으로 지식의 조건들에 대한 문제를 해결하고자 한다. 칸트는 경험의 논리적인 함축들보다는 경험의 선험적 조건들을 추구했으며, 따라서 물자체(物自體)의 초경험적 세계의 실재를 주장했다. 한편, 샹카라는 칸트의 이러한 오류를 피했다. 샹카라의 목적은 경험을 초월하는 어떤 세계가 아니라, 경험에 내재하는 원리를 발견하는 것이었다. 그러나 칸트와 샹카라는 만일 논리적인 지력 자체가 실재의 구성 요소로 간주된다면, 그것은 진리 파지(把持)를 위한 수단으로서의 자격을 상실하며, 칸트가 말한 것처럼 단지 환영(幻影)의 기능으로 전락하고 만다는 것을 둘 다 인정하고 있다.

샹카라와 칸트는 유심론을 비판한다. 우리 자신의 존재에 대한 지식 — 직접적이고 의심의 여지없는 — 과 외부 대상들에 대한 지식 — 단지 추론적이고 의심스러운 — 을 구별하는 데카르트의 견해에 반대하여, 칸트는 외부 세계에 대한 우리의 지식이 자아에 대한 지식과 똑같이 직접적이고 확실하다고 주장한다. 그는 『순수이성비판』(제2판)의 '관념론에 대한 비판'이라는 유명한 절(節)에서 버클리의 주관론을 비판한다. "단순하지만 경험적으로 결정되는, 내 자신의 존재에 대한 의식은 공간 속에 있는 외부 대상들의 존재를 입증한다." 그러나 만일 실재란 의식에 독립적으로 존재하며 어떤 지식에 대한 모든 관계에서 벗어나 있는 것을 의미한다면, 샹카라에 의하면, 우리가 익히 알고 있는 경험적 자아나 우리에게 알려지는 세계는 실재가 아니다. 칸트는 경험의 모든 대상들은 물자체가 아니라 현상이라고 말한다.[원주302]

[원주302] 칸트의 *Prolegomena*를 보라. 13, Remark II를 보라.

한편, 만일 우리가 실재라는 말로 의존 가능한 경험의 문제를 의미한다면, 경험적 자아와 외부 세계는 모두 실재적이며, 그 둘은 동일한 발판 위에 서 있다. 유한한 자아와 세계는 실재에 부여되는 의미에 따라서 실재 혹은 비실재이다. 칸트는 다수의 물자체를 믿는 반면에, 샹카라는 단지 하나의 근본적 실재가 있을 뿐이라고 주장한다. 이 문제에서 샹카라는 분명히 칸트보다 철학적이다. 칸트는 아무런 논리적인 근거도 없이 세계를 물자체들의 영역으로 구분하고 있다.

칸트와는 달리, 샹카라는 감각과 오성을 엄격하게 구분하지 않으며, 또한 그는 우리의 지성의 원리들이 구체적인 사실을 나타내는 아무런 힘도 지니지 않는다고 믿지도 않는다. 칸트에 의하면, 지각들의 광상곡—이것은 지식이 아니다—은 우리에게 주어지는 것이며, 외부로부터 필연성과 보편성을 부가하는 범주들을 통하여 우리가 그것을 생각하는 것은 지식이다. 샹카라의 사상에서는 정신적인 구성과 주어진 사실 사이에 아무런 대조나 차이도 없다. 그 둘은 서로 융통된다. 이것은 또한 샹카라와 브래들리 사이의 차이점이기도 하다. 샹카라는 실제적인 느낌으로 우리가 '저것'(that)을 지닌다거나, 생각은 '저것'으로부터 '무엇'(what)을 분리하는 그릇된 추상에 달려 있다고 말하지 않을 것이다. 이와 같은 그릇된 추상은 우리가 순수 관념적 표상을 통하여 '저것'을 다시 회수할 수 없는 결과이다.

또한 샹카라는 플라톤에 대한 아리스토텔레스의 반대, 즉 만일 지각 가능한 것이 이해할 수 없는 것이라면 관념들은 우리가 지각 가능한 세계를 이해하는 데 전혀 도움이 될 수 없다는 견해에도 동의하지 않을 것이다. 비록 샹카라는 이해 가능한 것조차도 실재가 부족하다고 믿는다 할지라도, 그에게서 지각 가능한 것은 이해 가능한 것 이하이며, 후자는 우리가 전자를 파악하는 데 기여한다. 그는 실재를 이해 가능한 것뿐만 아니라 지각 가능한 것과도 구별하며, 이해 가능한 것이 지각 가능한 것보다 훨씬 실재에 근접해 있다고 주장한다.

가끔 샹카라의 이론은 인간에게서 의식의 성장이 있어왔다고 주장하는 베르그송의 이론과 비교되기도 한다. 아메바로부터의 상승은 하나의 장구한 노정이었다. 그러한 존재들 속에 함축된 다양한 종류의 앎 혹은 의식이 인간의 발달 과정을 통하여 도태되었다. 우리는 현재의 우리 존재를 위하여 엄청난 대가를 지불했다. 우리의 논리적인 정신 작용은 현실적인 목적에 유용하지만, 그럼에도 불구하고 현재 상태의 우리가 우리의 전부라고 가정하는 것은 불합리하다. 심지어 이 세계에서도 우리는 비범한 재능이나 통찰을 지닌 사람들을 볼 수 있다. 샹카라는 지력이 생의 흐름을 분쇄한다는 베르그송의 견해, 즉 끝이 없는 역동적 과정이 지력에 의하여 정적(靜的) 또는 기하학적 표상으로 전환된다는 견해에 동의하지 않을 것이다. 지력은 실재를 갈라 자를 뿐만 아니라, 그것을 재구성하려는 시도를 하기도 한다. 그것은 기능에서 분석적인 동시에 종합적이다.

사유 작용은 우연성을 법칙으로 바꾸어놓는다. 그것은 실재를 부분들로 가를 뿐만 아니라, 시공간과 인과율을 통하여 하나의 통일체로 묶기도 한다. 경험의 구체적인 삶에서 우리의 지력은 지극히 합당하다. 만일 샹카라가 지력을 인간 의식의 최고 양태가 아닌 것으로 간주한다면, 그것은 완성된 지력의 세계가 여전히 우리에게 수수께끼를 남기기 때문일 것이다. 완성된 논리의 세계는 삶과 경험의 완전한 세계가 아니다. 이런 이유 때문에 샹카라는 그것을 궁극적인 것으로 간주하지 않는다. 그에게서 그것은 추상 작용으로 이루어지는 수학일 뿐만 아니라 또한 역사, 예술, 윤리 이론, 그리고 종교 등의 모든 지식이기도 하다. 왜냐하면 이 모든 것들은 이원적 관점을 전제로 하기 때문이다. 샹카라는 지력이 분석과 추상을 사용하기 때문에 그것을 비난하는 것은 아니다. 그는 그것의 구체성을 수용하지만, 그럼에도 불구하고 그것이 불완전하다고 생각한다.

우리가 단순한 요소들로부터 복합적인 범주들로 나아가서 논리적으로 지고한 인격(Īśvara)의 개념에 도달할 때, 샹카라는 우리의 논리가 구체성을 증장했다고 생각한다. 사유 작용의 승리는 구상적 관념의 승리이다. 그러나 가장 구체적인 사유는 그것이 실재 자체를 있는 그대로 파악할 수 없다는 의미에서 추상적이다. 우리의 생각이 구체화될수록 우리는 점점 더 잘 알게 될 것이지만, 그럼에도 불구하고 최상의 생각이라도 그것은 완전한 진리가 아니다. 지성을 도구로 실재에 대한 탐구를 추구하는 데 있어, 우리는 외견상 완전하고 심원한 실재, 즉 이슈와라의 실재에 도달한다. 이슈와라는 브라흐만이 유한한 사유 작용의 차원에서 보일 수 있는 유일한 통로이다. 그러나 이슈와라는 최상의 브라흐만이 아니다. 왜냐하면 신의 통일은 지성으로 이해할 수 있는 것이 아니기 때문이다.

　서양 사상가들 가운데 브래들리는 샹카라에 가장 근접한다. 물론 그 둘 사이에 근본적인 차이점이 없는 것은 아니다. 『현상과 실재』(*Appearance and Reality*)의 첫부분에서 브래들리는 제1속성과 제2속성, 실체와 속성, 속성과 관계의 구별에 대한 신랄하고 일관된 비판을 통하여 인간 지식의 한계들에 대한 이론을 전개하고 있다. 사유 작용은 결코 실재를 합당하게 취급할 수 없다는 것이 그의 심사숙고된 확신이다. '무엇'과 '저것'을 분리해서는 목적지에 도달할 수 없다. 즉 실재에 대한 비밀을 파지할 수 없다. 브래들리에 의하면, 가령 우리가 푸른색에 대한 감각을 지닐 때, 우리는 실제로 존재하는 '저것'과 '무엇', 즉 그것이 구별되는 특수한 속성을 지닌다. 직각적인 파악에서 우리는 그 두 측면의 구분을 의식하지 않는다. 그것은 '이것-무엇'이다. 그것은 '무엇'으로부터 '이것'의 구분이 의식 속에 들어오지 않는, 하나의 과정-내용이다. 판단에서 우리는 그 둘, 즉 주사(主辭)로부터 빈사(賓辭)를 구분하며, 후자를 전자에 귀속시킨다. 이것은 모든 판단의 실상이다.

　삶 혹은 실재는 '저것'과 '무엇'이 분리될 수 없는 느낌이지만, 이에 비하여 논리적인 반성 작용은 그것의 본질 자체가 과정으로부터 내용의 정신적 분리에 놓여 있다는 의미에서 항상 추상적이다. 샹카라는 '무엇'으로부터 '저것'의 분리를 브래들리가 취하는 의미에서의 논리의 본질적인 결함으로 간주하지 않으며, 또한 판단의 주사를 구성하는 실재가 감각 사실 그 자체로 우리에게 주어진다고 말하지도 않을 것이다. 지식에서 개념은 심리적 이미지가 아니라 관념적 내용이라는 것을 인정한다 해도, 또한 관념적 내용은 실재계(實在界)에 대한 판단에 언급된다는 것을 인정한다 해도, 샹카라는 관념적 내용이 특징짓는 경향이 있는 실재는 특정 개인의 감각 경험이 아니라 독립적인 실재라고 말할 것이다. 지식은 객관적인 속성들을 통하여 그것에 대한 어떤 느낌 혹은 어떤 외연이 아니라, 내 자신 혹은 나의 느낌에 무엇이 일어나든 항상 저기에 있는 항구적인 실재를 특징짓고자 시도한다.

우리가 개인적인 경험의 본질을 탐구하고 있는 한에서, 우리는 어떤 논리적인 노력이 아니라 심리학적인 탐색에 몰두하고 있다. 브래들리의 '느낌'이라는 말의 사용에 기인하는 모호함은 샹카라에게 없다. 그러나 그는 모든 판단의 참된 주사는 실재 그 자체이며, 빈사는 우리가 그것에 귀속시키는 속성이라는 것을 인정할 것이다. 물론 여기서 속성은 실재의 정도가 낮다. 이러한 방식으로 주사와 빈사는 실재와 현상에 상응한다. "모든 판단에서 진정한 주사는 실재이며, 그것은 빈사를 초월해 있으며, 빈사는 그것의 형용사이다." '무엇'이 '저것'과 일치할 때까지 우리는 결코 진리를 지니지 않으며, 그것이 일치할 때, 우리는 생각을 지니지 않는다. 이에 브래들리는 말한다. "만일 당신이 다른 것을 단언한다면, 당신은 주사가 아닌 것을 주사에 귀속시키게 될 것이며, 만일 당신이 다르지 않은 것을 단언한다면, 당신은 전혀 아무것도 말하지 않은 결과가 될 것이다." 우리가 사유 작용을 지니는 한, 빈사는 주사 이하이며, 현상은 실재 이하이다.

샹카라에 의하면, 모든 판단은 무효이다. 그 이유는 그것이 '무엇'으로부터 '저것'을 분리하기 때문이 아니라, 빈사가 실재인 주사와 다르기 때문이다. 만일 차별이 없다면 결코 사유 작용은 있을 수 없다. 그러나 만일 차별이 있다면 실재는 없다. 브래들리는 실재란 조화로운 것이라고 믿으며, 따라서 진리는 하나의 조화이다. 자기 완전과 일관됨은 실재의 특징적인 표식이다. 샹카라는 가능한 빈사들에 대한 평가에서 이 기준들

248

을 채택한다. 공간, 시간, 인과 관계 등은 자기 완전성을 지니지 않으며, 또한 시종일관하는 것도 아니다. 이러한 것들은 자기 모순적이다. 샹카라의 보다 엄격한 관점에서 볼 때, 심지어 조화된 진실조차도 실재가 아니다. 우리는 실재란 조화라고 말할 수 없다. 왜냐하면 후자는 하나의 전체 속에 상호 관련된 수많은 부분들을 의미하기 때문이다. 부분과 전체라는 이 구분은 우리가 초월적 실재에 귀속시키는 경험적인 구분이다. 조화 혹은 일치로서의 진리는 우리가 이슈와라에 대한 절대적인 경험을 가정하도록 요청한다. 이 경험은 유한한 모든 주체와 유한한 모든 대상들을 하나의 체계적인 통일체로 포함한다. 샹카라는 우리가 가정하는 통일체는 이해할 수 없는 통일체이기 때문에, 그것 또한 현상 혹은 비실재의 표식을 지닌다고 주장한다. 브래들리는 이 점에서 명백하다. 우리의 모든 생각에서 '저것'과 '무엇'은 서로 갈등하며 사이가 나쁘다. (양자의) 통일을 회복하는 것은 불가능하다. 합리적인 논리는 세계의 모든 측면들이 하나의 전체에 속하며, 불일치들은 외견상의 것이며, 빈사들은 모두 주사와 하나라고, 즉 현상들은 실재와 하나라고 가정한다.

브래들리는 논리의 영역에는 너무 불완전하여 충분한 변형을 지니는 실재로 간주될 수 없는 것은 아무것도 없다고 주장한다. 그러나 그는 변형의 범위나 정도에 대해서는 분명하게 언급하지 않는다. 판단의 주사가 실재인 한에서 어떤 판단도 능히 참일 수 없다고 말할 때, 그는 완전히 논리적이며, 샹카라는 그의 견해에 동의할 것이다. 브래들리는 말한다. "내가 도달하는 결론은 관계적인 사유 방식——용어들과 관계들의 기계 장치에 의하여 움직이는——은 진리가 아니라 현상을 제공할 수밖에 없다는 것이다. 그것은 지극히 필수적인 그러나 결국에는 가장 옹호하기 어려운 일시적 미봉책, 방편, 혹은 현실적인 타협이다." 이로부터 판단할 때, 심지어 조화 혹은 일치로서의 실재에 대한 표상조차도 "지극히 필수적인 그러나 결국에는 가장 옹호하기 어려운 방편, 혹은 현실적인 타협"에 불과하다는 결론이 된다. 브래들리에서와 마찬가지로, 샹카라에게 논리의 약점은 아는 자와 알려지는 것의 구분에 대한

가정이다. 모든 이원성은 정신적인 것이다.[원주303]

샹카라의 논리는 불가지론과 신비주의의 요소들 모두를 지닌다. 절대자는 유한한 지성이 도달하려고 애쓰는, 도달하기 어려운 목표이며, 그것이 완전한 경지에 도달할 때, 사유 작용은 더 이상 우리의 경험적인 삶에서 존재하는 차원의 사유 작용이기를 그만두며, 그것과 그 대상이 더 이상 구분될 수 없는, 보다 고차적이고 직접적인 파악의 형태로 바뀐다. 논리적인 추구는 우리로 하여금 사유 작용이 필연적으로 빠지게 되는 오류를 극복하도록 돕는다. 샹카라의 지식론이 머물러 만족할 수밖에 없는 불일치와 불완전은 그의 논구(論究)에 포함된 어떤 결함에 기인하는 것이 아니라, 사실들의 깊이로 침잠하려 하는 철학의 불가피한 불완전에 기인한다. 그에게 지식은 지극히 중요한 문제이며 또한 오류는 치명적이기 때문에, 그는 만일 어떤 것이 논리의 철두철미한 검증에 합격하지 않는다면, 어떤 것도 참으로 인정하지 않을 것이다.

25. 객관적인 접근 : 공간, 시간, 원인

사실들에 대한 외견상의 관찰에서 오는 불만족은 모든 형이상학의 어머니이다. 상식은 표면적인 현상들을 실재로 받아들이는 반면에, 비판적 성찰은 최초의 관찰에서 얻어진 견해가 궁극적인 것으로 받아들여져야 하는가에 대하여 의문을 제기한다. 비실재로부터 실재를 분별하고 무상한 것으로부터 영원한 것을 구분하는 것은 철학의 가장 중요한 기능이다. 종교의 문제가 신이 존재하는가 하는 문제로 공식화되었을 때, 샹카라는 핵심적인 문제는 존재하는(existent) 것에 반대되는 것으로서 실재(real)와 관련된다고 말했다. 존재하지 않는 것이 실재일 수 있는 반면에, 존재하는 것이 실재가 아닐 수 있을 것이다. 실재가

[원주303] Dvaitaṁ sarvam manas.

존재하는 것은 불가능하다. 이 구분은 물리학과 구별되는 것으로 형이상학에 대한 정당화이며, 동서양의 모든 철학적 사색에 편재해 있다. 아일랜드 사람들의 '물질', 엠페도클레스와 아낙사고라스의 '요소', 피타고라스의 '수', 레우키포스와 데모크리토스의 '원자', 플라톤의 '이데아', 그리고 아리스토텔레스의 'entelechies'는 현상의 배후에 놓인 실재에 대한 탐구의 결과이다.

중세는 본질(essence) 대 존재(existence)의 문제로 부산했으며, 데카르트와 스피노자는 이 문제에 사로잡혀 있었다. 울프(Wolff)와 칸트는 용어를 바꾸어서, 물자체(noumenon)를 현상(phenomenon)에 대립시켰다. 헤겔은 존재로부터 유(有, being)를 구분했다. 현대 과학자들은 우리가 지각하는 것은 실재의 현상들이라고 생각한다. 여기서 실재는 전기를 띠는 에너지이다. 비록 이러한 사상가들 사이에 현격한 차이가 있다 할지라도, 지속적인 공통 요소는 실재를 자존하는 것과 파생적인 것으로 나누고 있는 점이다.

샹카라에게 철학은 궁극적 실재의 영원한 본질 혹은 세계의 가장 내밀한 본체에 대한 논구이다. 그것은 브라흐만에 대한 지식(Brahma-vidyā)이다. 그에게서, 존재하는 것은 실재가 아니다. 사건의 발생과 그것에 가치를 부여하는 것은 별개의 문제이다. 우리가 어떤 것을 지각한다는 사실은 그것이 참이라는 것을 의미하지 않는다. 만일 발생하는 모든 것 혹은 우리가 지각하는 모든 것이 참이라면, 어떤 그릇된 경험도 없어야 할 것이다. 심지어는 기만적인 꿈조차도 내면적인 삶의 사건이다. 단순한 사건들로서, 모든 경험들은 동일한 차원에 있으며, 참도 아니고 거짓도 아니다.[원주304] 합리적인 논리는 이 경험들 가운데서 모

[원주304] 브래들리의 견해와 비교하라. "내가 현실에서, 세계에서, 혹은 내 자신에서 어떤 것을 발견한다는 사실은 어떤 것이 존재한다(exist)는 것을 보여주며, 그 이상을 보여줄 수 없다……. 물론, 주어진 것(所與)은 주어진 것이다. 그것은 인정되어야 하며 부정될 수 없다. 그러나 어떤 감각자료(datum)를 인정한다는 것과 무조건 그것의 내용을 실재(reality)로 받아들이는 것 사이에는 현격한 차이가 있다"(*Appearance and Reality*, pp.206~207).

든 지성이 공통으로 파악할 수 있는 것은 참으로, 그리고 순수하게 개인적인 것들은 거짓으로 간주한다.

샹카라는 시공간과 인과율에 의하여 한정되는 모든 것은 실재가 아니라고 주장한다. 우리의 경험은 그 일반적인 형태로 공간을 지니지만, 실재는 비(非)공간적이며, 불가분적이다. 왜냐하면 무엇이든 공간적인 것은 나누어질 수 있으며, 후자는 언제나 생성된 어떤 결과이며, 불생(不生) 불가분(不可分) 비(非)공간적인 실재가 아니다.[원주305] 공간의 편재성(vibhutva)은 단지 상대적일 뿐이다. 공간 속에 제한되는 모든 것은 또한 시간 속에 제한된다.[원주306] 시간은 그 자체를 초월하려는 본유적인 경향을 지닌다. 그럼에도 불구하고 그것은 결코 그렇게 하지 않는다. 그것은 경험의 세계에서 실재적이다.[원주307] 경험 세계의 영역에서 시간은 보편적인 범위를 지닌다. 그러나 세계의 끝없는 지속은 그 자체로 완전한 것이 아니다. 시간적인 것은 실재가 아니다.

인과율은 경험의 핵심 범주이므로, 샹카라는 이 개념의 부적절함을 보여주기 위하여 이에 대한 철저한 비판을 가하고 있다. 사건들이 하나의 체계로 상호 연관되어 있다는 것은 상식과 과학의 가정일 뿐이다.

샹카라는 결과가 원인 속에 포함되어 있지 않은 어떤 것이라는 니야야 바이세쉬카의 견해를 비판한다. 그는 결과가 반드시 그것의 현현 이전에 원인으로 선재해야 한다고 주장한다. 왜냐하면 어떤 것이 이미 선재하지 않는 곳에서 그것은 일어날 수 없기 때문이다. 모래에서 기름을 짜낼 수는 없는 것이다. 만일 결과가 원인 속에 선재하지 않는다면, 어떤 작용이나 행위도 원인에서 그것을 가져올 수 없을 것이다. 작인(作

[원주305] 『베단타 수트라』, ii.3.7에 대한 샹카라의 주석.

[원주306] Yad dhi loka iyattāparicchinnaṁ vastu ghaṭādi tad antavad dṛṣṭam (『베단타 수트라』, ii.2.41에 대한 샹카라의 주석).

[원주307] 어떤 푸라나 문헌들은 시간을 영원한 것으로 간주한다. Prakṛtiḥ puruṣaś caiva nityau kālaś ca sattama(『비슈누 푸라나』(Viṣṇu Purāṇa)). 그러나 비디야라니야(Vidyāraṇya)가 지적한 것처럼, 푸라나 문헌들의 관점은 경험 세계에 대한 것이다.

因)이 행하는 전부는 원인을 결과의 형태로 전환시키는 것이다. 만일 결과가 그것의 현현 이전에 존재하지 않는다면, 그것에 관한 작인의 행위는 아무런 대상도 없는 행위일 것이다. 만일 우리가 결과를 원인에 의한 결과 자체를 초월하는 어떤 것으로 간주한다면, 그것은 결과가 이미 거기에 있으며, 새롭게 생겨나는 것이 아니라는 것을 의미할 것이다. 만일 결과가 원인 속에 이미 선재한다면 원인적 작인의 행위는 아무런 목적도 없을 것이라는 비판에 대하여, 샹카라는 작인의 행위는 "그것이 원인적 실체를 결과의 형태로 배열하는 한에서 목적을 지니는 것으로 간주될 수 있을 것"이라고 대답한다.

원인과 결과는 연속적이다. 즉 원인이 불변으로 지속하는 시간의 흐름은 없다. 왜냐하면 만일 원인이 당분간 이와 같이 불변으로 지속하다가 어느 순간에 갑자기 변화한다면, 이와 같은 돌발적인 변화에 대한 이유가 반드시 있어야 할 것이며, 우리는 이것을 알 수 없기 때문이다. 그러므로 원인은 끊임없이 결과로 변화한다고 말해진다. 만일 인과 관계가 연속적이라면, 원인과 결과는 각기 다른 두 가지 실체가 아닐 것이며, 우리는 하나가 다른 하나로 된다고 말할 수 없을 것이다. 원인은 그 자체 속에 결과에 대한 어떤 지향성(atiśaya),[원주308] 즉 그것이 결과로 현현하게 하는 힘을 지닌다는 주장이 있다.

이에 대하여 샹카라는 말한다. "만일 '지향성'이라는 말로 당신이 결과의 어떤 선재 조건을 의미한다면, 당신은 결과가 원인 속에 선재하지 않는다는 이론을 버려야 할 것이다. 만일 그것으로 당신이 오직 한정된 하나의 결과가 원인으로부터 생겨난다는 사실을 설명하기 위한 목적으로 말해지는, 원인의 어떤 힘을 의미한다면, 당신은 오직 그 힘이 원인 및 결과와 다르지 않거나 비존재가 아닐 경우에만 그것이 특정 결과를 한정할 수 있다는 것을 인정해야 할 것이다. 왜냐하면 만일 그것이 원인 및 결과와 다르거나 혹은 비존재라면, 그것은 비존재 혹은 원인 및

[원주308] 『베단타 수트라』, ii.1.18에 대한 샹카라의 주석.

결과 이외의 다른 어떤 것과 다르지 않을 것이다(그렇게 되면, 특정한 결과를 생성하는 것은 불가능할 것이기 때문이다). 그것은 그 힘은 원인의 자아와 동일하며, 결과는 그 힘의 자아와 동일하다는 결론이 된다". 또한 원인은 단지 결과에 선재하기만 하는 것이 아니라, 결과가 일어나게 만든다. 만일 원인이 결과 속에 존속하지 않는다면, 후자는 지각될 수 없을 것이다. 찰흙은 질그릇 속에 존속하며, 실은 옷감 속에 존속한다. 원인과 결과는 마치 말과 소처럼 서로 다른 독립적인 두 실체로 간주될 수 없다. 현현 이전의 결과와 그 이후의 결과 사이에는 단지 상대적인 차이가 있을 뿐이다.

원인과 결과는 동일한 실체의 두 단계를 나타내며, 실로 동일한 본질을 지닌다.[원주309] 두 실체의 형태들이 현현과 해체로 변형될 때, 그 둘은 동일한 본질을 지니는 것으로 볼 수 없다는 주장이 있다. 이에 대하여 샹카라는 말한다. "씨앗에서 싹이 돋아나는 것처럼, 현현은 이미 존재하던 것이 입자와 같은 것들의 축적에 의하여 조건지어짐으로써 볼 수 있게 되는 것에 불과하다. 이와 마찬가지로 해체는 이들 동일한 입자들의 사라짐에 기인하는, 보이지 않게 됨이다. 만일 우리가 그 둘 사이에 비존재에서 존재로 그리고 존재로부터 비존재로의 전이를 인정한다면, 태아는 그 후에 태어나는 사람과 다를 것이며, 젊은이는 나중에 그가 성장한 흰수염의 노인과 다를 것이며, 전자의 아버지는 후자의 아버지가 아닐 것이다."[원주310] 하나의 실체는 외양의 변화에 의하여 바뀌지 않는다. 팔을 벌리고 있든 팔짱을 끼고 있든, 데바닷타(Deva-datta)는 동일하다. "실체 자체는 존속한다. 즉 우유는 산유(酸乳) 등으로 그 존재를 지속한다. 산유 등은 결과로 불리며, 설사 수백 년 동안 애쓴다 해도 우리는 결과를 원인과 다르다고 생각할 수 없을 것이다. 배우가 자신에게 가능한 모든 역할을 맡는 것처럼, 최후의 결과에

[원주309] 『베단타 수트라』, ii.1.17에 대한 샹카라의 주석.
[원주310] 『베단타 수트라』, ii.1.18에 대한 샹카라의 주석. Deussen, *System of the Vedānta*, pp.258~259.

이르기까지 이런 저런 결과로 나타나는 것은 바로 원인 자체이기 때문에, 결과는 원인 속에 선재하며 원인과 동일하다는 것은 논리적으로 입증된다."[원주311]

샹카라는 옷감을 예로 자신의 견해를 설명한다. 옷감이 두루마리 형태로 보관되어 있는 한, 우리는 그것이 옷감인지 혹은 다른 어떤 것인지 알 수 없으며, 설사 그것이 보인다 할지라도 그 폭이나 길이는 알 수 없다. 그러나 그것이 펼쳐질 때, 우리는 그것이 무엇인지뿐만 아니라 그 길이와 폭을 알 수 있다. 두루마리 형태로 보관된 옷감과 펼쳐진 옷감은 다르지 않으며, 이와 마찬가지로 원인과 결과는 다르지 않다.[원주312] 하나의 실체는 어떤 다른 측면으로 나타난다고 해서 그 본질이 손상되거나 다른 실체가 되지 않는다. 모든 변화는 어떤 것의, 그리고 어떤 것 안에서의 변화일 뿐이다. 어떤 공통된 본질에 의해서도 결합되어 있지 않은, 무관한 내용들의 단순한 연속은 결코 변화라고 볼 수 없다. 발생하는 모든 것은 형태의 변화이다. 응유(凝乳) 속에 우유의 실체의 지속, 혹은 나무 속에 씨앗의 실체의 지속은 그것이 전자의 경우처럼 지각할 수 있는 것이든 후자의 경우처럼 지각할 수 없는 것이든 간에 인정되어야 한다. 심지어 원인만이 유일한 실재이며, 결과는 단지 현상에 불과하다고 주장될 수도 있을 것이다.[원주313] 샹카라는 원인과 결과가 다르지 않다[원주314]는 이론을 채택한다. 그는 원인들로부터 결과들로의 전이——실재의 역동적인 전개 과정의 근저에 놓인——를 논리적·이론적인 관련의 어떤 양태들로 특징지어지는 정태적인 연속의 관계로 만든다.[원주315]

[원주311] 『베단타 수트라』, ii.1.18에 대한 샹카라의 주석.
[원주312] 『베단타 수트라』, ii.1.19에 대한 샹카라의 주석.
[원주313] 같은 책, 같은 곳.
[원주314] Kāryakāraṇābheda, 혹은 tādātmya, 혹은 ananyatva. 『베단타 수트라』, ii.1.14 및 i.4.14에 대한 샹카라의 주석 ; 가우다파다의 『카리카』, iii.15를 보라. 수레슈와라, 『바룻티카』(*Vārttika*), p.258.
[원주315] 오늘날 몇몇 과학자들은 힘이나 에너지와 같은 역동적인 개념의 필요성을

인과 관계에 대한 설명은 완전할 수 없다. 어떤 주어진 수의 연쇄들의 전후에 또한 수많은 연쇄들이 있다. 개개의 모든 사건은 그것이 일어난 조건들로 소급된다. A는 B의 원인이라고 말하는 것은 B를 설명하는 것이 아니다.[원주316] 제1원인을 상정하는 것은 자의적이다. 왜냐하면 그것은 인과적 연쇄들을 위하여 시작을 상정하는 것, 다시 말하여 시간을 위하여 시작을 상정하는 것이 되기 때문이다. 제1원인은 그 이전의 원인을 지니거나, 만일 그렇지 않다면 인과 관계의 전체 체계는 비논리적이다. 그러나 만일 제1원인이 없다면, 인과 관계에 대한 설명은 불완전하다. 우리는 연속적인 자연을 과거, 현재, 미래로 분절할 수밖에 없다. 우리에게 끊임없는 흐름으로 다가오는 것이 불연속적인 연쇄들로 된다. 우리는 다른 하나의 사건 B로 이어지는 어떤 사건 A로 시작하며, 그 둘 사이에 인과적 관련을 확립하기 위하여 노력한다.

만일 우리가 현상들 중의 하나가 아닌 궁극적 원리와 관계없이, 원인과 결과를 서로에 대한 그 둘의 관계에 의하여 완전히 결정되는 것으로 간주하는 한, 인과의 범주는 고작해야 현상들을 설명할 수 있을 뿐이다. 원인과 결과는 하나의 관계이며, 모든 관계는 궁극적으로 이해할 수 없다는 것이 인정되어야 한다. 만일 인과 법칙이 궁극적이라면, 인과적 연쇄는 어느 단계에서 갑자기 뚝 끊어질 수 없을 것이다. 그러나 여러 경전들은 우리가 인과 법칙의 지배 하에서 벗어날 수 있다는 것을 분명히 밝히고 있다.[원주317]

느끼지 않으며, 궁극적인 인과 관계의 설명에 대한 어떤 함축도 없는, 단지 묘사적인 법칙으로 만족한다.

[원주316] 캠벨(Campbell)은 말한다. "인과 관계의 법칙을 사용한다는 것은 불완전한 지식에 대한 고백이다"(*Physics. The Elements*, p.67).

[원주317] 샹카라는 어떻게 결과 — 부분들로 이루어진 실체이다 — 가 그것의 원인, 즉 그것이 구성되는 물질적 부분들 속에 들어 있다고 주장될 수 있는가에 대하여 문제를 제기한다. 결과는 하나로 결합되는 모든 부분들 속에 존재하는가, 아니면 개별적인 각 부분 속에 존재하는가? "만일 당신이 결과는 모든 부분에 동시에 존재한다고 말한다면, 그것은 모든 부분들이 지각의 기관들과 접촉되는 것은 불가능하므로, 전체 그 자체가 지각될 수 없다는 결론이 된다…… 또한 전체가 단지 부분

가우다파다의 논증들은 샹카라에 의하여 재확인된다.[원주318] 원인과 결과는 동일하므로, 변화나 인과 관계는 단지 현상일 뿐이다. 인과의 개념은 인간 지성의 근저에 뿌리내리고 있기 때문에, 우리는 어떤 사건들을 규정하기 위하여 이에 선행하는 다른 어떤 사건들을 끌어오는 인과의 범주를 사용하지 않을 수 없다. "인과의 불이(不二)를 가정하는 근거는 (우리의) 이해가 원인과 결과에 의하여 공동으로 영향받는다는 사실이다."[원주319] 이에 대하여 주석하면서, 아난다기리(Ānandagiri)는 말한다. "우리는 하나의 존재가 다른 하나의 존재에 의존한다는 현실적인 삶에 의거해서뿐만 아니라, 정신적인 삶이라는 부차적인 토대, 즉 하나의 의식이 다른 하나의 의식 없이는 존재할 수 없다는 의식에 의

들을 통하여 파악된다고 주장될 수도 없다. 왜냐하면 다수성은 그 토대들에 동시에 존재하며, 따라서 단지 이 토대들의 일부만 파악되는 한에서는 그 다수성이 파악될 수 없기 때문이다. 만일 전체가 부분으로 이루어진 중재적인 집합체들의 매개를 통하여 모든 부분들에 존재한다고 가정된다면, 우리는 처음의 본래적인 부분들 외에 또한 다른 부분들을 상정할 수밖에 없을 것이다. 왜냐하면 오직 이와 같은 다른 부분들을 통하여 전체는 처음의 부분들 속에 존재할 수 있기 때문이다……. 예를 들어, 칼은 칼집의 부분들과는 다른 부분들에 의하여 칼집에 편재한다. 이것은 무한 소급으로 귀결된다. 왜냐하면 어떻게 전체가 어떤 주어진 부분들에 존재하는가를 설명하기 위하여 우리는 언제나 그 이상의 다른 부분들을 상정해야 하기 때문이다. 만일 우리가 두번째 대안, 즉 전체는 개별적인 각 부분에 존재한다는 입장을 취한다면……다수의 전체들을 인정해야 하는 결과가 될 것이다. 만일 반대자가 마치 암소의 부류적 속성이 각각의 개별적인 암소에 완전하게 존재하는 것처럼 전체는 각 부분에 완전히 존재할 수 있다고 응답한다면, 우리는 암소의 부류적 속성들은 각각의 개별적인 암소에서 명백히 지각될 수 있지만, 전체는 그와 같이 각 부분에서 지각되지 않는다고 말할 것이다. 만일 전체가 각 부분 속에 완전하게 존재한다면, 전체는 그 부분들의 어떤 것과 무관하게 그 결과를 생산하게 되는 결과가 될 것이다. 예를 들어, 암소는 그 뿔이나 꼬리에서 우유를 생산할 수 있을 것이다. 그러나 이와 같은 일의 발생은 관찰되지 않는다." 원인과 결과를 묶는 내속(samavāya)의 관계에 대한 비판에 관해서는 『베단타 수트라』, ii.1.18에 대한 샹카라의 주석을 보라.

[원주318] 『카리카』, iv.11~20 ; iv.40에 대한 샹카라의 주석을 보라.
[원주319] 『베단타 수트라』, ii.1.15에 대한 샹카라의 주석 및 이에 대한 아난다기리의 복주(復註)를 보라.

거해서 원인과 결과의 근거를 가정한다.” 만일 우리가 자기 모순을 피하고자 하는 방식으로 인과의 원리를 말해야 한다면, 우리는 인과의 원리가 동일의 원리와 하나가 될 때까지 변형되지 않으면 안된다는 것을 발견하게 될 것이다. 이때 그것은 더 이상 과학과 상식에 어떤 도움도 되지 않는다. 그것이 참으로 공식화될 때, 그것은 쓸모없는 것이 된다. 한편, 그것이 유용할 때, 그것은 참이 아니다.

모든 유한자는 그것이 유한, 즉 그 자체에 한정될 뿐만 아니라, 또한 그것이 다른 어떤 것에 달려 있다는 의미에서 상대적이라는 모순을 나타낸다. 어떤 경험의 대상도 자기 결정적이거나 자기 충족적일 수 없다. 모든 대상은 그 자체를 넘어서 그 외의 다른 어떤 것으로 나아가려는 성향을 지닌다. 유한자는 끝없이 그 자체를 초월하려고 노력하는 무상한 존재이다. 세계의 이와 같은 속성은 가현 혹은 마야(māyā)로서 그 본질을 나타내기에 충분하다. 변화는 비실재적이다. 왜냐하면 그것은 불안정과 결핍 및 불완전함을 내포하기 때문이다. 변화는 바꾸어 고치는 것, 즉 충돌과 투쟁이다. 변화하는 모든 것은 자체를 고집하여 삶을 분리와 불일치의 장(場)으로 만드는 부분들을 지닌다. 플라톤은 변화를 단순한 경과로, 그리고 아리스토텔레스는 그것을 현실화에 대한 지향으로 간주하지만, 그 둘은 모두 실재를 불변으로 본다. 아리스토텔레스가 신을 운동 혹은 에너지로 간주하는 것은 사실이다. 그러나 이 운동은 아무런 변화도 모르며, 에너지는 아무것도 하지 않는다. 샹카라에게 실재는 불변이며, 유(有)로 충만해 있기 때문에 그것은 언제나 존재하며 영원히 정지해 있다. 그것은 부족함이나 필요로 하는 것도 없으며, 따라서 변화나 투쟁도 모른다. 브래들리에게서, “무엇이든 완전하게 실재적인 것은 결코 움직이지 않는다.”

우리의 경험은 자기 모순적이며 실재적이 아니다. 왜냐하면 실재는 적어도 그 자체로 일관된 것이어야 하기 때문이다. 샹카라의 용어를 빌리자면, 실재는 유일, 불이(不二)임에 틀림없다. 그러나 우리의 경험은 다양하며 일치하지 않는다. 실재는 감각들에 의하여 지각될 수 있는 것이 아니다. 그것은 바른 지식의 내용이 아니다. 왜냐하면 지식은 실재의 개념과 별개로 타당한 것으로 이해될 수 없기 때문이다. 그것은 변경될 수 없는 절대자이며, 경험 속에 나타나는 그 자체의 모든 현현들을 통하여 동일성을 잃지 않는 불변자이며, 모든 현상들의 근거요 토대이다. 경험의 세계는 이름과 형태로 구성되어 있으며,[원주320] 끊임없이 자멸하는 시공간 및 인과의 관계들에 의하여 한정된다. 어떤 하나의 사건을 고려할 때, 그것은 끝없는 과거와 끝없는 미래로 소급 혹은 연장될 수 있으며, 이러한 과정은 결코 끝날 수 없다. 그것을 비실재로 특징짓는 이와 같은 애타는 무한함은, 우리 인간이 절대자로 향하는 길을 재촉하게 한다.

26. 브라흐만

"시간은 빠르게 질주하며, 삶은 나는 듯이 지나가며, 모든 것은 변한다." 머물러 있는 것은 아무것도 없으며, 모든 것은 흐른다. 초월하려는 노력, 실재를 추구하고 진리를 알고자 하는 분투는 이 덧없는 흐름이 전부가 아니라는 것을 의미한다. 논리적인 논증, 우주론적인 논증, 도덕적인 논증, 이 모든 것들은 유한자 이상의 어떤 존재를 가리킨다. 유한자의 한계에서 벗어나려는 노력은 유한자 자체는 실재가 아니라는 것을 의미한다. 느낌으로 파악되는 사유의 필연은 우리가 절대적인 실재를 인정하지 않을 수 없게 만든다. 데카르트가 주장한 것처럼, 무한히 완전한 존재에 대한 개념은 우리 자신의 유한성에 대한 인정을 전제로 한다.[원주321] 진실로 부정적인 어떤 판단도 단지 부정적일 수만은 없다. "우리가 어떤 것을 비실재라고 부정하는 어떤 경우라도, 우리는 실재적인 어떤 것과 관련하여 그렇게 한다."[원주322] 우리는 어떤 적극적

[원주320] 『베단타 수트라』, i.3.41에 대한 샹카라의 주석.
[원주321] *Meditations*, p.iv.

인 것 때문에 부정적인 것을 배제한다. 어떤 것이 존재하지 않는다는 것은, 어떤 것이 존재한다는 것을 의미한다. 만일 우리가 비실재뿐만 아니라 실재도 배제한다면, 우리는 허무주의에 떨어지고 말 것이다.

샹카라는 모든 존재가 변한다는 불교의 견해에 동의하면서도, 다른 한 편으로 그는 변화의 세계에 존재하지 않는 초감각적 실재를 요구한다. 우리는 다른 어떤 것의 지지나 도움을 필요로 하지 않는 어떤 것의 실재를 필요로 한다. 설사 우리가 전체 우주를 단지 생각의 산물에 불과한 것으로 간주한다 할지라도, 이 모든 상상의 토대가 되는 어떤 것이 있음에 틀림없다.[원주323] 심지어 상상된 실체들조차도 허공에 아무런 토대도 없이 둥둥 떠다닐 수는 없는 것이다. 만일 그와 같은 실재가 없다면, 다시 말하여, 심지어 우리가 실재로 간주하는 것조차도 하나의 생성된 결과에 지나지 않는다면, 이 세계에 혹은 그 바깥에도 실재적인 것은 아무것도 없다 해야 할 것이다.[원주324] 베다에 기록된 종교 체험은 적어도 불생 불사의 어떤 실재를 보증하고 있다. "인도인들은 결코 존재론적 증명의 덫에 걸린 적이 없다"[원주325]는 도이센의 언급은 전적으로 잘못된 것이다.

샹카라의 저술에서 브라흐만에 대한 어떤 논리적인 증명을 찾아볼 수 있는 한, 그것은 의심의 여지없이 존재론적 증명이다. 우리는 어떤 절대적인 실재를 상정하지 않을 수 없으며, 만일 그렇게 하지 않는다면, 지식과 경험의 전체 체계가 전복되고 말 것이다. 방법상의 절차에서, 샹카라는 놀라운 독창성을 보여준다. 흔히 신학적 철학자들이 행하는 것과는 달리, 그는 위대한 제1원인이나 조물주의 존재를 증명하기 위하여 사용되는 논증들에 대하여 무관심하며, 심지어는 비판적인 입장을 보이기도 한다. 그에게서 완전한 경험, 즉 아누바바(anubhava)

[원주322] 『베단타 수트라』, iii.2.22에 대한 샹카라의 주석.
[원주323] Sarvakalpanāmūlatvāt(『베단타 수트라』, iii.2.22에 대한 샹카라의 주석).
[원주324] 『베단타 수트라』, ii.3.7에 대한 샹카라의 주석.
[원주325] Deussen, *System of the Vedānta*, p.123.

는 근본적인 사실이다. 그것은 최고의 종교적인 통찰이다. 그것은 영적인 실재에 대한 인간적 앎의 증거—만일 증거가 그것에 대한 이름이라면—를 제공한다. 브라흐만은 모든 사람에게 존재하며, 삶의 보편적인 사실이다. 만일 어떤 논리적인 증거가 필수적이라면, 샹카라는 상대적인 세계에 머물러 있는 마음의 불능, 즉 브라흐만에 대한 가정이 없다면 경험은 설명될 수 없다는 사실을 지적할 것이다.

인과 관계에 대한 설명에서 샹카라는 원인을 본질(svabhāva) 또는 보편자(sāmānya)로 규정하는 반면에, 결과는 조건, 상태(avasthā), 혹은 특수자(viśeṣa)로 간주한다.[원주326] “세계에는 의식적이거나 비의식적인 특수자들을 지니는 다수의 보편자들이 있다. 이 모든 보편자들은 점차 보다 상위의 보편자들에 귀속되는 과정을 통하여 하나의 위대한 보편자, 즉 지혜의 결정체인 브라흐만의 본질 속에 포함 · 파악된다.”[원주327] 이 보편적 실재의 본질을 이해하는 것은 그 속에 포함된 개별적인 모든 것들을 아는 것이다.[원주328]

브라흐만이 실재라는 것은 그것이 현상적인 것, 공간적인 것, 시간적인 것, 그리고 감각적인 것과 다르다는 것을 의미한다.[원주329] 비록 브라흐만은 결코 실체(substance)가 아니라 할지라도, 그것은 근본적인 것으로 상정된다.[원주330] 비록 그것은 모든 곳에 있는 것으로 말해진다 할지라도, 그것은 공간의 어떤 점에도 존재하지 않는다. 왜냐하면 모든 것은 그것을 함축하며 또한 그것에 의존하고 있기 때문이다. 그것은 어떤 구체적인 사건이나 사물이 아니므로 다른 어떤 것과 공간적인 관련

[원주326] 『베단타 수트라』, ii.3.9에 대한 샹카라의 주석.

[원주327] Anekā hi vilakṣaṇāś cetanācetanarūpāḥ sāmānyaviśeṣāḥ ; teṣām pāram-paryagatyā ekasmin mahāsāmānye antarbhāvaḥ prajñānaghane……(『브리하드아란야카 우파니샤드』, ii.4.9에 대한 샹카라의 주석). 플라톤 철학에서, 모든 다른 이데아들의 토대로서 지고선의 이데아(Idea of Good)와 비교하라.

[원주328] Sāmānyasya grahaṇenaiva tadgatā viśeṣā gṛhītā bhavanti(『브리하드아란야카 우파니샤드』, ii.4.7에 대한 샹카라의 주석).

[원주329] 『베단타 수트라』, iv.3.14에 대한 샹카라의 주석.

[원주330] 『베단타파리바샤』, i.

을 지닐 수 없으며, 따라서 어디에도 존재하지 않는다. 그것은 원인이 아니다. 왜냐하면 만일 그렇다면, 그것은 비시간적인 브라흐만에 시간적인 관계들을 적용하는 것이 되기 때문이다.[원주331] 그것의 본질은 표현될 수 없다. 왜냐하면 우리가 그것에 대하여 어떤 것을 말할 때, 우리는 그것을 특수한 어떤 것으로 만들기 때문이다. 비록 우리는 그것을 적절하게 묘사하거나 그것에 관한 어떤 논리적인 지식을 지닐 수 없다 할지라도, 우리는 그것에 관하여 말할 수는 있을 것이다.[원주332]

만일 유한한 인간이 브라흐만을 파악할 수 있다면, 우리의 이해가 무한하거나 아니면 브라흐만이 유한할 것이다. "어떤 것을 가리키기 위하여 사용되는 모든 용어는 어떤 유개념, 혹은 행위, 혹은 속성, 혹은 관계의 양태와 연관된 것으로서 그것을 가리킨다."[원주333] 브라흐만은 어떤 유개념도 지니지 않으며, 어떤 속성도 지니지 않으며, 행위하지 않으며, 다른 어떤 것과도 관련되지 않는다. 그것은 동종(同種)의 어떤 것이나 이종(異種)의 어떤 것도 지니지 않으며, 내적인 다양성도 지니지 않는다.[원주334] 예를 들어, 한 그루의 나무는 잎, 꽃, 과실 등과 같은 내적인 다양함을 지니며, 다른 나무들과 상사(相似)의 관계를, 그리고 바위 등과 같이 다른 종류의 대상들에 대하여는 상위(相違)의 관계를 지닌다.[원주335] 브라흐만은 그것과 유사한 어떤 것도 지니지 않으며, 그

[원주331] 『베단타 수트라』, iii.3.36에 대한 샹카라의 주석을 참조하라. "(초기 브라흐마나 문헌에서는) 인과를 초월한 자아의 실재가 설해지며, 후기 문헌에서는 바로 그 자아가 상대적인 속성을 초월하는 특징을 지니는 것으로 말해진다."

[원주332] 『베단타 수트라』, iii.2.23에 대한 샹카라의 주석.

[원주333] 『바가바드기타』, xiii.12에 대한 샹카라의 주석.

[원주334] Sajātīyavijātīyasvagatabhedarahitam.

[원주335] 『베단타 수트라』, i.3.1 ; ii.1.14에 대한 샹카라의 주석을 보라. 『판차다쉬』, ii.20. Rudolf Otto, *The Idea of the Holy*, E.T., p.25. 플라톤은 존재와 생성의 세계 너머에 선(善)을 상정하고 있으며, 플로티노스는 주객으로 분리되지 않은, 따라서 모든 다양성을 초월해 있는 절대자에 대한 파악을 추구했다. "이 절대자는 그것을 원천으로 생겨나는 것 가운데 어떤 것도 아니며, 그것의 본질은 어떤 경우에도 적극적으로 표현될 수 없다 — 존재가 아니며, 본질이 아니며, 생명이 아니다 — 왜냐하면 그것은 이 모든 것들을 초월해 있는 '저것'(That)이기 때문이

것과 다른 어떤 것도 지니지 않으며, 내적인 어떤 차별상도 지니지 않는다. 왜냐하면 이 모든 것들은 경험적인 분별들이기 때문이다. 그것은 경험적인 모든 존재에 반대되기 때문에, 적극적으로 알려질 수 있는 모든 것에 대한 부정으로 우리에게 주어진다.

샹카라는 심지어 그것을 일자(一者)— 제2의 것이 없다는 의미에서의 일자(一者)는 예외로 하고— 로 특징짓는 것도 거부하며, 그것을 불이(不二, advaitam)라고 부른다. 그것은 '절대 타자'이지만, 비존재는 아니다.[원주336] 비록 사용되는 용어는 부정적이라 할지라도, 의미하는 것은 지극히 적극적이다. 부정은 단지 부재에 대한 긍정일 뿐이다. 브라흐만은 우리가 경험의 세계에 귀속시키는 유(有)가 아니라는 의미에서 비유(非有)이다. 그러나 이것은 브라흐만이 단지 무(無)에 불과하다는 것을 의미하지 않는다. 왜냐하면 부정적인 것은 오직 긍정적인 것과 관련하여 그 의미를 지니기 때문이다. 샹카라뿐 아니라 우파니샤드[원주337]는 브라흐만이 경험 세계에서 우리에게 익숙한 존재의 유형도 아니고 비존재의 유형도 아니라고 주장한다. 우리는 고작해야 브라흐만이 아닌 것을 말할 수 있을 뿐이며, 브라흐만인 것에 대해서는 아무 말도 할 수 없다. 그것은 영원과 변화, 전체와 부분, 상대와 절대, 유한과 무한의 대립을 초월한다. 이러한 것들은 모두 경험의 대립들에 기인한다.

유한자는 항상 그 자체의 범위를 넘어서 변화하지만, 무한자가 탈바꿈해갈 것은 아무것도 없다. 만일 무한자가 다른 어떤 것으로 탈바꿈해

다……." "일단 당신이 '선'(善)이라고 발설하기만 하면, 그것에 더 이상 다른 생각을 부가하지 말아야 한다. 어떤 부가를 통하여, 그리고 부가한 그만큼, 당신은 오히려 결핍을 부른다"(*Enneads*, iii.8.10, E.T., McKenna, vol.ii, pp.134~135). 알렉산드리아의 클레멘트(Clement of Alexandria)는 궁극자가 그것인 것에 의해서가 아니라 그것이 아닌 것에 의하여 인식될 수 있는 지점에 도달한다.

[원주336] "브라흐만이 언어와 마음을 초월한다는 것은, 그것이 비존재라는 것을 의미하지 않는다"(Vāṅmanasātītatvam api brahmaṇo nābhāvābhiprāyenābhidhī-yate, 『베단타 수트라』, iii.2.22에 대한 샹카라의 주석).

[원주337] 『프라슈나 우파니샤드』, iv.1에 대한 샹카라의 주석.

간다면, 그것은 더 이상 무한자가 아닐 것이다. 만일 우리가 그것을 무한자라고 부른다면, 그것은 단순히 유한자의 부정과 동일시될 수 없을 것이다. 우리가 형식적이고 유한한 모든 것을 떠나 보내지 않는 한, 우리는 브라흐만의 본질을 이해할 수 없다. 인격성은 비아(non-ego)의 한정 조건 하에서만 실현될 수 있으므로, 절대자는 하나의 인격이라고 할 수 없다. 만일 우리가 인격성이라는 말을 다른 의미, 즉 그것이 타자에 대한 어떤 의존도 필요로 하지 않는다는 의미로 사용한다면, 그것은 적합한 사용일 것이다. 절대자는 무속성(nirguṇa)이라고 말해질 때, 이것은 단지 그것이 초경험적이라는 것을 의미할 뿐이다. 왜냐하면 속성들은 프라크리티(prakṛti)의 산물이며, 절대자는 그것보다 우월하기 때문이다. 속성들은 대상적인 것을 한정하며, 절대자 신은 어떤 대상이 아니다. 대상들은 일어나고 스러지지만, 궁극적 실재는 모든 변화의 한가운데 있는 영원자로 지속한다. 그러므로 그것은 속성들 혹은 현상적 존재를 초월한다. 이 때문에 절대자는 순전한 공백으로 간주될 수 없다.

브라흐만은 본질적으로 궁극적 의식이지만, 그럼에도 불구하고 아무것도 모른다. 왜냐하면 경험적 인식은 내적 감관의 변형이기 때문이다.[원주338] 또한 지식은 그것의 본질이며, 그것의 속성이 아니다.[원주339] 그것은 파르메니데스의 움직이지 않는 존재, 즉 플라톤이 『소피스트』(*Sophist*)[원주340]에서 비웃는 "무심(無心) 부동의 비품"처럼 시간을 통

[원주338] 이와 같은 맥락에서 스피노자는 다음과 같이 말한다. "신의 본질을 구성하는 지성은 우리의 의지나 지성과 전혀 다르며, 명칭이 같은 것을 제외하고는 어떤 점에서도 일치하지 않으며, 여기에는 전체로서의 개(犬) 자리와 짖는 동물로서의 개가 다른 것만큼이나 현격한 차이가 있다"(*Ethics*, i.17, Scholium).

[원주339] 라마누자와 니야야 학자들은 '진리 지식 무한의 브라흐만'(satyaṁ jñānam anantam Brahma)에서 지식(jñānam)을 '지식의 토대'로 해석한다. Nityaṁ vi-jñānam ānandam Brahma ityādau vijñānapadena jñānāśraya evoktaḥ(비슈와나타(Viśvanātha), 『싯단타무크타발리』(*Siddhāntamuktāvali*), p.49).

[원주340] p.249.

하여 불변으로 지속한다는 의미에서 영원한 것이 아니라, 절대적인 무시간과 불변이라는 의미에서 영원하다. 그것의 완전이 시간과 무관하기 때문에 그것은 영원하다.[원주341] 시간 체계 속에서 사물과 사물 혹은 사건과 사건을 묶는 인과적 연쇄는 브라흐만에게 아무런 의미도 없다. 그것은 모든 시간 관계들이 부적합한 영속이다. 그것은 오직 부정적으로 묘사될 수 있을 뿐이다. 그것이 실재(sat)라는 것은, 그것이 비실재(asat)가 아니라는 것을 의미한다. 그것이 의식(cit)이라는 것은, 그것이 비의식이 아니라는 것을 의미한다.[원주342] 그것이 환희(ānanda)라는 것은, 그것이 고통의 본질(duḥkhasvarūpa)을 지니지 않는다는 것을 의미한다. 그것은 확실한 존재를 지니는 실재이다.

그것은 자체의 실재를 보지하기 위하여 어떤 것에도 의존하지 않으므로, 그것은 결코 있지 않은 것일 수 없다. 그것은 외부로부터 어떤 것도 취하지 않는다. 왜냐하면 만일 그렇게 되면, 그것은 비존재를 포함하는 것이 되기 때문이다. 그것은 시작도 없고 끝도 없다. 그것은 펼쳐지거나 표현되지 않으며, 전개되거나 현현되지 않으며, 성장하거나 변화하지 않는다. 왜냐하면 그것은 일관되게 자기 동일성을 유지하기 때문이다. 그것은 부분들을 포함하는 전체로 간주될 수 없다. 왜냐하면 그것은 본질적으로 한결같기 때문이다.[원주343] 그것은 실재이지만, 그럼에도 불구하고 세계의 본질이 없다.[원주344] 물론 이와 같은 존재는 물리

[원주341] 스피노자의 견해와 비교하라. "영원은 시간에 의하여 정의될 수 없으며, 또한 그것은 시간과 어떤 관계도 지닐 수 없다"(*Ethics*, v.1, Scholium). 쿠사의 니콜라스(Nicholas of Cusa)는 신의 무한(infinitum)과 세계의 영속(interminatum)을 구별한다.

[원주342] Jaḍatvarāhityam. 도이센은 의식(caitanyam)을 "자연에서 모든 운동과 변화의 근저에 놓인 힘"으로 정의하고 있으며, "따라서 그것은 식물에도 내재해 있다. 이런 점에서 그것은 외부의 영향에 대한 반응력이라기보다는, 그 최상의 발달 형태에서 인간의 지성, 즉 영혼으로 나타나는 어떤 힘이다"(*System of the Vedānta*, p.59).

[원주343] 『베단타 수트라』, i.3.1에 대한 샹카라의 주석.

[원주344] Niṣprapañcasadātmakatvam(『베단타 수트라』, ii.1.6에 대한 샹카라의 주석).

적이거나 양적인 존재가 아니며, 단편적인 존재도 아니다. 아무런 결핍도 없는 영원한 존재는 의식(cit)을 본질로 한다. 이와 같이 확실한 존재와 의식으로 충만한 그것은 자유의 환희이다.[원주345] 인간의 모든 지복은 브라흐만의 지복의 한 측면이다.[원주346] 그것은 최고의 진리, 완전한 존재, 무상(無上)의 자유이다.

아트만과 브라흐만은 존재, 의식, 편재, 그리고 환희라는 동일한 특성들을 지닌다. 아트만은 브라흐만이다. 순수 주관은 또한 순수 객관이다. 인간 지성의 눈에 마치 아트만이 순전히 추상적인 주관성으로 보이는 것과 마찬가지로, 브라흐만은 순전히 추상적인 존재인 것처럼 보인다. 우리가 절대자에서 모든 장막을 벗길 때, 우리는 그것이 정제되어 거의 무(無)로 증발해버린다는 것을 알 수 있다. 우리가 어떻게 이 잔여(殘餘), 이 비실체를 세계의 궁극적 실재로 가정할 수 있는가? "그러면 브라흐만은 비존재인가? 아니다. 왜냐하면 심지어 상상된 것들조차도 토대가 되는 어떤 것이 있을 것임에 틀림없기 때문이다."[원주347] 만일 어떤 것이 존재한다면, 브라흐만은 틀림없이 실재일 것이다. 공허한 것처럼 보이는 것은 브라흐만 자체가 아니라 브라흐만에 대한 우리 인간의 개념이다.

끊임없이 계속되는 '아니다'── 예를 들어, "조대한 것이 아니며, 미세한 것이 아니며, 긴 것이 아니며, 짧은 것이 아니며,"[원주348] "들리는 것이 아니며, 느껴지는 것이 아니며"[원주349]──를 통하여 도달하는 무차별의 브라흐만은 미결정의 공백 혹은 불안한 무(無)의 밤과 혼동되기

[원주345] 『베단타 수트라』, i.1.12 및 iii.3.11∼13에 대한 샹카라의 주석 ; 『타잇티리야 우파니샤드』, ii.7.
[원주346] 『브리하드아란야카 우파니샤드』, iv.3.32.
[원주347] "Śūnyam eva tarhi tat, na, mithyāvikalpasya nirnimittatvānupapatteḥ"(가우다파다의 『카리카』에 대한 샹카라의 주석).
[원주348] 『브리하드아란야카 우파니샤드』, iii.8.8. 아우구스티누스의 견해와 비교하라. "우리는 신이 아닌 것을 알 수 있지만, 신인 것은 알지 못한다"(*Trinity*, viii.2).
[원주349] 『카타 우파니샤드』, iii.15.

쉽다. 헤겔은 모든 빈사들을 배제하는 순수 존재는 비존재와 다르지 않다고 주장했다. 라마누자와 니야야 학자들은 이와 같이 무차별적 브라흐만은 알려질 수 있는 어떤 실재가 아니라고 생각하는 점에서 헤겔의 견해에 동의한다.[원주350] 샹카라는 그의 반대자들과 마찬가지로 그것을 알고 있다. 이것은 그의 언급에서 쉽게 짐작할 수 있다. "공간, 속성, 운동, 응보를 벗어나 있으며, 궁극적인 의미에서 유(有)이며, 제2의 것이 없는 브라흐만은 마음의 쇼(show)이며, 비존재에 지나지 않는다."[원주351]

비록 신비가는 모든 것이 알려진다고 설명할 수 있다 할지라도, 우리는 모든 것이 상실된 브라흐만을 얻게 되는 것처럼 보인다. 신의 유한화를 피하려는 사유의 위로 향한 도주는 세속적인 마음의 우리에게는 오히려 신을 무(無)로 만드는 결과가 되는 것처럼 보인다. 그럼에도 불구하고 위대한 모든 종교의 현자들은 절대자에 대한 개념적인 규정을 부정한다.[원주352] 대다수의 인류를 위하여, 경전은 브라흐만을 적극적인 술어로 정의하고 있다.[원주353] 왜냐하면 "경전이 고려하는 것은, 우선 그들이 존재의 도상에 있는 자신을 발견하게 하고, 그런 다음에 나는 점차 그들을 궁극적인 의미의 존재로 인도할 것이다."[원주354] 우파니샤

[원주350] Nirviṣayasya jñānatve mānābhāvāt(비슈와나타, 『싯단타무크타발리』, p.49).

[원주351] Digdeśaguṇagatiphalabhedaśūnyaṁ hi paramārthasad advayam brah-ma mandabuddhīnām asad iva pratibhāti(『찬도기야 우파니샤드』, viii.1.1에 대한 샹카라의 주석).

[원주352] 루돌프 오토(Rudolf Otto)의 견해를 참조하라. "이 부정의 신학은 신앙이나 느낌을 흩뜨려버리고 그것을 무로 치환해버리는 것을 의미하지 않는다. 오히려 그것은 자체 속에 헌신의 가장 고귀한 정신을 담고 있으며, 크리서스톰(Chrysostom)이 가장 엄숙한 고백과 기도를 한 것도 바로 이 부정의 속성들로부터이다……. 부정적인 형태의 개념은 종종 가장 적극적인 의미의 내용—만일 절대로 언표될 수 없는 것이라면—에 대한 상징이 될 수 있을 것이다……. 부정의 신학은 순전히 그리고 진정으로 종교의 근저, 즉 깨달음의 체험으로부터 일어날 수 있으며, 또한 일어나야만 한다"(*The Idea of the Holy*, p.189).

[원주353] 『찬도기야 우파니샤드』, i.6.6 ; iii.14.2.

[원주354] Sanmārgasthās tāvad bhavantu, tataḥ śanaiḥ paramārthasad api grā-

드에 대한 주석자로서, 샹카라는 브라흐만에 대한 부정적인 형태의 묘사와 적극적인 형태의 묘사를 조화시키지 않을 수 없었다.[원주355] 브라흐만에 대한 공간적 개념을 주석하면서, 샹카라는 그것이 다른 것들에 대한 우리의 관념을 전달하거나[원주356] 또는 숭배의 목적에 기여하기 위한 것[원주357]이라고 말한다.

우리는 우리 자신과 관련하여 궁극적인 존재, 즉 우주의 창조자요 유지자인 이슈와라를 통하여 그 자체로 궁극적인 존재, 즉 브라흐만으로 떠오른다. 브라흐만은 속성이 없지만, 그럼에도 불구하고 존재, 의식, 환희 등은 그것의 본질적 측면들(svarūpalakṣaṇas)이라 할 수 있을 것이며, 이에 비하여 창조성 등은 우유적인 측면들(taṭasthalakṣaṇas)이라고 할 수 있을 것이다.[원주358] 샹카라는 존재, 의식, 환희(saccidānanda)로서의 브라흐만에 대한 정의는,[원주359] 비록 가능할 수 있는 최상의 것이라 할지라도, 그것은 불완전하다는 것을 알고 있다. 인간의 정신적인 역량은 그 자체의 한계를 인식하기에 충분할 정도로 위대하다. 브라흐만에 대한 완전한 직관(Brahmānubhava)은 브라흐만에 대한 최상의

---

hayiṣyāmīti manyate śrutiḥ(『찬도기야 우파니샤드』, viii.1.1에 대한 샹카라의 주석).

사다난다(Saḍānanda)는 자신의 『베단타사라』(*Vedāntasāra*, ii)에서, 우리가 먼저 어떤 속성들을 브라흐만에 귀속시키고 그런 다음에 이 속성들을 부정하는 방법(adhyāropāpavāda)을 서술한다.

[원주355] 『베단타 수트라』, i.1.1~31 ; i.2 여러 곳 ; i.3.1~18, 22~25, 39~43 ; i.4.14~22 ; iii.3.35~36에 대한 샹카라의 주석을 보라. 또한 Deussen, *System of the Vedānta*, p.102, pp.206~210을 보라.

[원주356] Upalabdhyartham.

[원주357] Upāsanārtham. 『찬도기야 우파니샤드』, viii.1.1에 대한 샹카라의 주석 ; 『베단타 수트라』, i.1.20, 24, 31 ; i.2.11, 14 ; iii.2.12, 33에 대한 샹카라의 주석.

[원주358] 우리가 데바닷타의 집을 '까마귀가 앉아 있는 곳'이라고 정의할 때, 우리는 그것의 본질을 정의하고 있는 것이 아니라, 우연히 그것에 적용하는 어떤 측면을 언급할 뿐이다. 그것은 데바닷타의 집에 대한 간접적인 정의이다. 브라흐만이 창조자 혹은 우주의 원인으로 정의되는 것도 이와 마찬가지이다.

[원주359] 『느리싱홋타라타파니 우파니샤드』(*Nṛsiṁhottaratāpanī Upaniṣad*).

통찰을 부여하며, 그것을 지니는 자는 침묵이나 부정적인 상징들을 통하여 브라흐만의 본질에 대한 모든 문제에 답한다.

지식(vidyā)은 존재, 의식, 환희와 브라흐만을 동등하다고 생각함으로써 브라흐만에 대한 최상의 적극적·개념적인 설명을 부여한다. 무지(avidyā) 혹은 낮은 차원의 지식은 우주에 대한 창조나 유지 등과 같은, 관계를 함축하는 속성들을 적용한다.[원주360] 그래서 궁극자에 대한 두 가지 관점, 즉 높은 차원의 관점과 낮은 차원의 관점이 있다. "무지에 귀속되는 이름이나 형태 등의 차이들을 버림으로써, 브라흐만이 조대하지 않다는 등의 부정적인 표현들에 의하여 지시되는 경우에,[원주361] 그것은 높은 것(param)이다. 그러나 반대로 정확이 바로 그 실재가 숭배의 목적을 위하여 이런 저런 차이에 의하여 분별되는 것으로 묘사될 경우에, 그것은 낮은 것(aparam)이다."[원주362]

논리의 틀을 통하여 주조된 브라흐만이 이슈와라이다. 이슈와라는 궁극의 실재가 아니다. 왜냐하면 그것은 존재와 내용이 더 이상 분리되지 않는 궁극의 경험에 대하여 아무런 의미도 지니지 않기 때문이다. 그럼에도 불구하고 그것은 우리의 현재 지식상태 하에서 가능한 진리에 대한 최상의 이미지이다. 유속성(saguṇa) 브라흐만은 단지 열망하는 정신의 자기 투사 혹은 부유하는 기포(氣泡)에 불과한 것은 아니다. 관념적인 표상은 영원한 실재가 우리 인간의 정신에 나타나는 방식이

[원주360] 『라트나프라바』(*Ratnaprabhā*)를 참조하라. "Vidyāviṣayo jñeyaṁ nirguṇaṁ satyam avidyāviṣaya upāsyaṁ saguṇaṁ kalpitam"(i.1.1). 스콜라 학자들의 유추적인 지식, 즉 그 자체의 불완전함을 알고, 이에 대한 인정을 통하여 그것을 바로잡는 지식과 이 견해를 비교하라. 플로티노스의 견해를 참조하라. "만일 우리가 그것을 지고선(至高善)이라 부른다면, 우리는 그것 속에 있는 속성에 대한 어떤 공식적인 긍정을 의도하고자 하는 것이 아니다. 우리는 단지 그것이 모두가 열망하는 목표라는 것을 의미할 뿐이다. 우리가 그것의 존재를 단언할 때, 우리는 그것이 비존재의 영역에 있지 않다는 것 이상을 의미하지 않는다. 그것은 유(有)라는 특성조차도 초월한다"(McKenna's E.T., vol.i, p.118).

[원주361] 『브리하드아란야카 우파니샤드』, iii.8.8.

[원주362] 『베단타 수트라』, i.31 ; iv.3.14에 대한 샹카라의 주석.

다.[원주363] 이론적인 일관성에 대한 요청은 우리가 이런 저런 부정적 표현들을 통하여 절대자를 묘사하게 한다. 이러한 맥락에서 브래들리는 그것을 "인간적인 것도 아니고 윤리적인 것도 아니며, 아름답지도 않고 참도 아닌 것"으로 말한다. 부정적 설명의 불가피한 결과는 우리로 하여금 절대자가 경험의 고차적인 측면들과 무관하거나 무관심하다는 것을 믿게 만드는 것이다. 정교한 형이상학의 이러한 부정적 공리들이 그 대상을 유명무실하게 만들어버릴 때, 우리는 자신의 종교적인 필요를 위하여 형이상학적 추구의 결과와는 다른 어떤 측면을 역설하는 경향이 있다.[원주364]

그러나 브라흐만은 한정적인 동시에 비한정적이거나 유속성인 동시

[원주363] Deussen, *System of the Vedānta*, p.103. 불가해한 신성(Godhead)과 역사하고 창조하는 신(God)을 구분하는 에크하르트의 견해를 참조하라. "그 자체로의 그는 신이 아니며, 오직 창조물과 관련해서 그는 신이 된다. 나는 신을 벗어나기를 열망한다. 다시 말하여, 나는 신이 자신의 은총으로 나를 본질—신보다 상위에 있으며 모든 구분을 초월하여 있는—속으로 데려가기를 간구한다. 나의 간구가 실현될 때, 나는 모든 시간 이전에 나의 것이었던 저 영원한 통일 속으로 혼융될 것이며, 가감을 초월한 상태 속으로 혼융될 것이며, 그것으로 인하여 모든 것이 움직이는 부동(不動) 속으로 혼융될 것이다"(Hunt, *Essay on Pantheism*, p.179에 인용됨). 플로티노스는 말한다. "우리는 지적인 원리 위에 비치는 그것의 이미지로부터 그것의 확실한 존재에 대한 개념을 형성한다. 그것을 정관(靜觀)하는 지성에게 그것은 자체에 대한 이 이미지를 전달했다. 그래서 모든 노력은 지성 측에 있으며, 지성은 영원히 노력하는 자이며 영원히 획득하는 자이다. 그 (확실한) 존재는 결핍을 느끼지 않으므로 어떤 노력도 벗어나 있으며, 또한 그것은 아무런 노력도 지니지 않으므로 획득하는 것도 전혀 없다"(*Enneads* ; Mckenna's E.T., vol.ii, p.135). 브래들리의 견해를 참조하라. "절대자의 존재를 완전히 실현하는 것은 유한 존재에게 불가능하다……. 그러나 그것의 주요 측면들에 대한 어떤 개념—비록 추상적이고 불완전하다 할지라도, 참인 개념에 관한 한—을 얻는 것은 별개의 시도이다……. 그런데 이것은 실로 절대자에 대한 지식을 결여하고 있다. 그것은 당연히 사실과는 현격한 차이가 있는 지식이다. 그럼에도 불구하고 그것이 그 자체의 한계들을 존중하는 한, 그것은 참이다. 그리고 그것은 유한한 지성에 의하여 완전하게 획득될 수 있는 것처럼 보인다"(*Appearance and Reality*, p.159).

[원주364] Bradley, *Truth and Reality*, p.431을 참조하라.

에 무속성일 수는 없다.[원주365] 두 측면을 지니거나 두 가지 방식으로 경험될 수 있는 실재는 궁극적 실재가 아니다. 우리가 존재의 원천에 닿는 순간에 그 측면들은 녹아 없어진다. 우리가 절대자를 바깥에서 바라볼 때, 그것의 측면들을 파악한다. 본질적으로 절대자는 측면이 없으며, 형태가 없으며, 이원성 혹은 속성들의 어떤 요소도 지니지 않는다. 형태나 인격성 등의 이러한 속성들은 지식, 즉 경험의 세계에서 의미를 지닐 뿐이다. 궁극의 브라흐만에는 상대적인 모든 것들의 자연적인 소멸이 있다. 그것은 대립되는 요소들을 일치시키는 끝없는 과정을 통하여 성취될 수 있는 어떤 체계나 전체가 아니다.[원주366] 무한자는 철학에 의하여 구성되는 대상이 아니며, 그것은 항구적으로 존재하는 하나의 사실이다. 샹카라는 절대자를 생각하려는 모든 시도에 반대한다. 우리가 그것을 생각하는 순간에 그것은 경험 세계의 한 부분이 되고 만다.[원주367]

[원주365] "똑같은 것은 본질적으로 형태 등과 같은 차이들에 의하여 영향받을 수 없으며, 그와 같은 것들에 의하여 영향받지 않는다. 왜냐하면 이것은 자기 모순이기 때문이다……. 한정들과 관련됨으로써 한 종류의 어떤 것이 다른 본질을 띨 수 없다. 왜냐하면 투명한 수정석이 적색 등과 같은 한정들과 관련됨으로써 불투명해지는 것은 아니기 때문이다. 오히려 불투명함이 그것 속에 스며들었다는 것은 오해(bh-rama)이다……. 어떻게 특징지어지든 브라흐만은 모든 차이들로부터 항상 자유로운 것으로 간주되어야 하며, 그 역(逆)은 아니다"(Deussen, 앞의 책, pp.102~103).
[원주366] 엄격한 논리는 브래들리가 어떤 유사한 입장을 선택하도록 요구하지만, 그럼에도 불구하고 그는 여전히 흔들리고 있으며, 어떤 궁극적인 의문들을 품는다. 엄격히 말하여 절대자는 적극적이거나 부정적인 모든 측면들을 배제하며, 우리는 논리를 통하여 그것에 도달할 수 없다. 왜냐하면 우리는 상대적인 것을 통하여 상대적인 것으로부터 벗어날 수 없기 때문이다. 한정에서 한정으로 끝없이 나아가는 우리의 논리적인 이해는 궁극적인 것에 도달할 수 없다. 우리가 스스로의 유한성을 초월할 때, 우리는 형식적이고 유한한 모든 요소들이 소멸하는 절대자 자체에 이른다.
[원주367] 라마누자의 주장에 의하면, 신의 통찰은 확장된 인간의 견해이다. 인간의 이해와 신의 통찰 사이에 있는 차이는 범위의 차이일 뿐이며, 성격의 차이가 아니다. 인간의 견해는 약간의 관계들을 내포하는 반면에, 신의 통찰은 모든 관계들을 포함한다. 그러나 샹카라는 다른 입장을 보인다. 만일 우리가 상대적인 것들의 세계

27. 이슈와라 혹은 인격신

샹카라에 의하면, 이슈와라는 지고의 인격으로 간주되는 유속성 브라흐만이다. 샹카라는 신의 존재에 대한 질문은 터무니없는 질문이라고 믿는다. 만일 신이 존재한다면, 그는 다른 대상들이 존재하는 것과 똑같이 존재할 것임에 틀림없을 것이며, 이것은 신을 유한자의 차원으로 강등시키는 것, 즉 그를 단지 무수히 많은 대상들 가운데 한 단위에 불과하게 만드는 것이거나, 아니면 실제로 무신론과 구분하기 어려울 범신론에서 존재의 총체 속에 그를 병합하는 것에 지나지 않을 것이다. 존재라는 이름으로 신의 문제를 언급하는 것은, 그것을 해결할 수 있는 모든 가능성을 미리 배제하는 것이나 다름없다. 만일 이성적인 추론의 엄격함이 진리 파지(把持)에 대한 어떤 담보가 될 수 있다면, 우리는 이미 오래 전에 그것에 도달했어야 할 것이다. 그러나 사실상 우리는 각기 논리적이라고 자부하는 여러 학파들이 서로 갈등하는 것을 본다. 먼 훗날 칸트가 하게 되는 것처럼, 샹카라는 이른바 신의 존재에 대한 인식론적 증명, 우주론적 증명, 물리 신학적 증명 등을 검토하면서, 이러한 논증들의 쓸모없음을 밝히고 있다.

논리의 이상은 우리가 모든 존재들이 하나의 대상으로 관련되는 어떤 완전한 주체를 가정하게 만든다. 체계적인 조화로서의 진리는 어떤 신성한 체험의 실재를 의미한다. 사건들이 하나의 체계 속에 상호 관련되어 있다는 것은 상식과 과학의 가정이며, 이러한 가정은 비록 결코 온전히 그대로 실현되지는 않는다 할지라도, 경험에 의하여 점차로 확인된다. 알다시피 우리의 경험에 직접 파악되지 않는 것은 많이 있다.

속에 잠겨 있다면, 상대성을 완전히 탈각하는 것은 불가능하다. 상관되는 요소들이 끝없이 나누어질 수 있을 때, 그 관계들이 무한히 치환될 수 있을 때, 상관되는 요소들과 관계들에 대한 완전한 견해는 불가능하다. 단지 현상들을 결합하고 모으는 것만으로 우리가 진리에 도달하는 것은 불가능하다. 실재는 현상들을 초월하며, 진리는 생각을 초월한다.

설사 제한된 이 영역에서조차도 우리의 지식은 불완전하다 할지라도, 우리는 많은 것을 알고 있는 것처럼 보인다. 오직 전체로서 실재에 대한 완전한 파악만이 신이 존재한다는 가정이나 신은 세계의 창조주라는 가정을 정당화할 수 있다.

우리 인간의 경험은 세계를 온전히 그대로 파악할 수 없으며, 더욱이 끊임없이 변화하는 무수히 많은 존재들과 순수 존재의 조화를 성취한다는 것은 불가능하다.[원주368] 우리가 아무리 무수한 우리의 경험을 단순화하고 정리하여 그것의 복잡한 측면들을 하나의 프라크리티로 줄인다 할지라도, 푸루샤 혹은 주체는 공간과 역사를 통하여 외로운 비행을 하는 관찰자의 바깥에 여전히 머물러 있을 것이다. 만일 우주가 우리의 작은 마음이 낱낱이 밝혀낼 수 있을 정도로 협소하다면, 만일 우리가 그것이 어디서 일어나서 어디로 가고 있는가를 알 수 있으며, 그것의 기원과 본질과 운명을 이해할 수 있다면, 우리는 유한하지 않을 것이며, 어떤 무한자를 필요로 하지도 않을 것이다. 모든 사실들은 하나의 체계에 속하며 신의 마음을 표현한다는 논리적인 믿음은 단지 하나의 개념에 불과하다.

우주론적 증명은 원인의 개념을 도입한다.[역주13] 그러나 이 개념은 심지어 경험 세계에서도 부적합하며, 우리가 경험의 세계를 궁극적 실재에 관련시키려고 시도할 때는 전혀 쓸모없는 것으로 밝혀진다. 현상적인 연쇄들에서 별개의 선들은 서로를 설명할 수 없다. 우리는 현상 세계 속에 원인 없는 원인(uncaused cause)을 인정할 수 없다. 현상적인 연쇄들, 즉 상사라(saṃsāra)의 궁극적 시작에 대한 문제는 자기 모순적인 문제이다. 그것을 추구하는 것은 시간 속에서 시간의 존재 자체

[원주368] "왜냐하면 오직 신만이 드높이 앉아서
  심히 넓고 깊게 사색하기 때문이다."

[역주13] 우주론적 논증은 경험 세계에서 모든 존재자가 인과관계로 규정되어 있다는 사실에 의거하여, 인과관계의 연쇄를 소급해 올라가 궁극에는 제1원인 또는 자기 원인으로서의 절대적 필연적 존재에 도달하고, 이를 최고 완전자, 즉 신으로 보는 사고방식이다.

의 조건인 것을 추구하는 것이다. 상사라는 시작을 지니지 않는다는 것이 바로 상사라의 본질이다. 우리가 단지 유한자에 대한 부정을 통하여 긍정되는 무한자는 설명을 필요로 하는 다른 또 하나의 개념에 불과하다. 변화하는 현상들의 세계에 그 타당성이 국한되는 인과율로부터의 증명이 궁극적 실재에 적용될 때, 후자는 지식의 대상으로 취급되고 있으므로, 그것은 잘못 이해되게 마련이다.

우리가 세계의 원인으로 추론하는 것은 또한 경험의 세계에 속한다. 설사 우리가 결과는 반드시 원인을 지닌다[원주369]는 보편적인 원리를 가정한다 할지라도, 우리는 단지 유한한 세계로부터 유한한 창조자를 추론할 수 있을 뿐이다. 제1원인은 경험의 대상들과 동일한 존재 차원의 일자(一者)임에 틀림없다. 왜냐하면 후자는 그것과 관계를 지니게 되기 때문이다. 만일 이슈와라가 세계의 원인이라면, 그는 시공간의 체계 속에 있는 광대하게 확대된 인간——그의 자의식은 우리 자신의 것과 비슷한 몸과 마음의 도구에 의하여 정의된다——일 것이다. 만일 그와 같은 존재가 있다면, 인간 지식의 어떤 예견 가능한 확장도 우리가 자신의 본질과 존재를 결정할 수 있게 하지 못할 것이다. 더욱이 인간의 것과 비슷한 도구들을 통하여 역사하는 그와 같은 신은 무한하지도 않고 전능하지도 않을 것이다.

사물의 정황이 인간의 영혼에 응용되며 자비로운 신의 기능을 보여주는 도덕적 증명은 매우 불만족스럽다. 아무리 그 문제가 이런 저런 형태로 모습을 바꾼다 할지라도, 실재의 세계에서 죄와 악의 책임은 신에게 떨어진다.[원주370] 만일 우리가 신은 악에 대하여 책임이 없다는 것

[원주369] Yat kāryaṁ tat sakartṛkam.

[원주370] 죄와 악의 문제에 대한 유대인 선지자의 "나는 빛을 만들며 어둠을 창조한다. 나는 평화를 만들며 악을 창조한다. 나, 거룩한 주(主)는 이 모든 것들을 행한다"라는 언급은 우파니샤드의 어떤 구절들을 연상하게 한다. "그는 자신이 이 세계로부터 구제하고자 하는 사람에게는 그 사람이 선행을 하도록 만들며, 아래로 끌어내리고 싶은 사람에게는 그 사람이 악행을 하도록 만든다. 그는 세계의 보호자이며, 그는 세계의 통치자이며, 그는 세계의 주인이다"(『카우쉬타키 우파니샤

을 보여주기 위하여 페르시아의 신화와 같은 어떤 것을 받아들이고, 그것에 대하여 책임이 있는 사탄(Satan)을 만들어낸다면, 신의 유일성은 사라지며, 우리는 신과 사탄의 이원론을 도입해야 할 것이다. 또한 만일 영혼이 신의 한 부분이라면, 신 또한 틀림없이 영혼의 고통을 느낀다고 해야 할 것이다. 이것은 마치 육체의 한 부분이 고통을 겪을 때, 몸 전체가 고통을 느끼는 것과 마찬가지이다. 그것은 신의 고통이 개별적 영혼들의 고통보다 훨씬 크다는 결론이 되며, 따라서 우리가 신의 차원으로 떠올라서 전체 세계의 모든 고통을 짊어지기보다는 오히려 우리의 제한된 고통만을 지니는 자폐된 개체로 남는 것이 나을 것이다.

완전한 신은 자신의 만족을 위하여 세계를 필요로 하지 않는다. 만일 세계는 그의 향수(享受)를 위하여 있다고 말해진다면, 신은 결코 신일 수 없으며, 단지 윤회를 겪는 자에 지나지 않을 것이다. 만일 우리가 신은 인격성, 완전 등과 같은 한정이나 속성들을 지닌다고 말한다면, 어떻게 이러한 것들이 절대성과 공존할 수 있는가를 상상하는 것은 어렵다. 인격성(guṇa)과 절대성(Brahman)을 동시에 보지하려는 시도는 논리상 전혀 불가능한 것처럼 보인다.

이와 같이 부적절하게 시도되는 신의 존재에 대한 증명으로부터 샹카라가 도출하는 가르침은, 이 물음은 사실상 전혀 무의미하며 단지 경험의 세계 안에서 일어날 뿐이라는 것이다. 우리가 세계의 상대성을 깨닫게 될 때, 우리는 창조의 문제와 이에 대한 대답 모두는 우리의 논리적인 세계에 속하는 것일 뿐이며 실재 그 자체에 속하는 것은 아니라는 것을 알게 될 것이다. 이와 같은 논증들을 부정하는 것은 이슈와라의 존재를 부정하는 것은 아니다. 샹카라의 요점은 인격적 궁극자로서 신의 존재에 대한 순수하게 합리적인 어떤 논증도 궁극적으로 수용할 수 없다는 것이다. 논증들은 고작해야 우리에게 신은 하나의 가능성이라는 것을 말해줄 수 있을 뿐이다. 신의 존재는 우리의 이해뿐만 아니

____

드』, iii.8).

라 합리적인 사고력의 범위를 초월한다.[원주371] 단지 우리가 경전에 기록된 것으로서 현자들의 영적인 통찰에 의존한다면, 우리는 신을 확신할 수 있다.

샹카라의 철학에서 이슈와라의 실재는 자명한 원리가 아니다. 그것은 논리적인 진리가 아니라, 실천적으로 유용한 경험적 가정일 뿐이다. 천계서는 그것에 대한 근거이다.[원주372] 이슈와라는 모든 것을 알고(sarvajña) 모든 힘을 지닌(sarvaśaktisamanvitam) 지고한 영혼이다. 그는 천지만물의 영혼이요 우주의 원리이며, 우주에 생명을 불어넣는 호흡이며 모든 존재 양태들의 원천이요 목적이다. 경전의 증언에 의거한 것이 반드시 이성에 반대될 필요는 없다. 천계서를 받아들인다는 것은 ── 비록 이에 대한 적절하고 충분한 증거는 없다 할지라도── 아무런 반증도 없다는 믿음을 받아들이는 것이다. 우리가 직관으로 떠오르기 전에, 우리는 천계서에 의존해야 한다. 이슈와라의 창조주 자격에 관하여, 경전은 우리의 유일한 지식 수단이다.[원주373]

경전은 다음과 같이 말한다. "이름과 형태로 펼쳐져 있고 수많은 행위자와 향수자를 포함하며, 행위들의 과실(果實)── 특히 시공간과 인

[원주371] 슈바이처(Schweitzer)의 견해를 참조하라. "만일 우리가 세계를 있는 그대로 취한다면, 인간의 행위 혹은 인간성이라는 목적에 대하여 의미를 줄 수 있는 어떤 방식으로 그것을 설명하는 것은 불가능하다. 우리는 세계에서 우리의 행위에 중요한 의미를 부여할 만한 적극적인 발달의 어떤 흔적도 발견할 수 없다"(Preface, xii, *Civilization and Ethics*, pt.ii).

[원주372] 비록 칸트는 유럽에서 논리적인 증명들의 무용성을 확립한 최초의 철학자로 간주된다 할지라도, 이미 플라톤이 그것을 인정했다고 말하는 것이 공정한 판단일 것이다. "그러므로 창조주와 이 전체 우주의 아버지를 알아내고, 그에 대한 앎을 모든 사람이 알 수 있도록 언어로 표현하는 것은 불가능한 일이다"(*Timaeus*, 28, C.). 고어(Charles Gore) 주교의 견해를 참조하라. "나는 인간의 이성이 독자적인 노력으로 신과 창조주에 대한 개념에 도달할 수 있었을 것이라고 믿지 않으며"(*Belief in God*, p.152), 따라서 그(神)는 우리가 계시에 의존할 것을 요구한다. 성(聖) 토마스 아퀴나스도 이와 같은 입장이다. 『케나 우파니샤드』, i.4에 대한 샹카라의 주석을 참조하라.

[원주373] 『베단타 수트라』, i.1.3에 대한 샹카라의 주석.

과에 따라서 결정되는—을 담고 있는 세계, 심지어 우리의 마음에도 상상 불가능한 정돈과 배열 이후에 형성되는 어떤 세계의 기원, 유지, 파괴가 (나타나는) 원인, 이 전지 전능한 원인이 곧 브라흐만(즉 이슈와라)이다."[원주374] 형이상학적이든 도덕적이든 모든 완전함이 그에게 귀속된다. 그는 모든 악을 초월하는 것으로 말해진다.[원주375] 그는 객관적인 세계와 주관적인 세계에 두루 편재하는, 인간의 눈(주체) 속에뿐만 아니라 태양(객체) 속에서도 보이는 내재적 영혼(antaryāmin)이다.[원주376] 그는 우주를 창조, 유지, 파괴하는 자이다.[원주377]

이슈와라의 실재가 일단 경전으로부터 확인될 때, 샹카라는 그것이 이성의 요구에 부합될 수 있다는 것을 증명하기 위하여 고심한다. 우리는 단지 결과를 지각할 뿐이므로, 세계가 그것의 원인으로 이슈와라와 관련되는지 아니면 다른 어떤 것과 관련되는지에 대하여 단정적으로 주장할 수 없다. 왜냐하면 동일한 하나의 결과는 다른 원인들을 지닐 수 있기 때문이다. 그러므로 우리는 이슈와라가 세계의 원인이라는 경전의 언급을 인정해야 한다. 이슈와라는 제1원인이다. 왜냐하면 그는 기원을 지니지 않기 때문이다(asambhava). 순수 존재(sanmātram)로서 이슈와라는 순수 존재로부터 생겨났을 수 없다. 왜냐하면 원인과 결과의 관계는 원인에서의 어떤 우위 없이 존재할 수 없기 때문이다.[원주378]

이슈와라는 구별된 존재로부터 생겨났을 수 없을 것이다. 왜냐하면 경험은 차이들이 무차별적인 것으로부터 일어나며 그 반대는 아니라는 것을 말해주기 때문이다. 그는 비존재로부터 생겨났을 수 없을 것이다.

[원주374] 『베단타 수트라』, i.1.2에 대한 샹카라의 주석.
[원주375] 『찬도기야 우파니샤드』, i.6 ;『베단타 수트라』, i.1.20에 대한 샹카라의 주석.
[원주376] 『베단타 수트라』, i.1.20에 대한 샹카라의 주석 ;『브리하드아란야카 우파니샤드』, iii.7.9.
[원주377] 『베단타 수트라』, i.1.18~20, 22 ; i.3.39, 41 ; 1.2.9~10에 대한 샹카라의 주석을 보라.
[원주378] 이슈와라보다 우월한 어떤 것도 상상할 수 없으므로, 이슈와라는 원인 없이 존재한다. 이 견해와 데카르트의 존재론적 증명을 비교하라.

왜냐하면 그것은 본질이 없기 때문이다. 경전 또한 이 견해를 부정한다. 왜냐하면 그것은 "어떻게 존재가 비존재로부터 나올 수 있겠는가?"라고 묻고 있기 때문이다. 또한 이슈와라는 어떤 변형일 수도 없다. 왜냐하면 이것은 우리를 무한 소급의 어려움으로 인도하기 때문이다.[원주379] 이슈와라는 생성되지 않으며, 원인을 지니지 않으며, 결코 결과가 아니다. 만일 이슈와라가 결과라면, 아카샤(ākāśa, 에테르) 이하의 모든 결과물들은 실체 없는 것이 되며, 우리는 허무주의에 떨어질 것이기 때문이다.[원주380] 모든 변형들에 실재성을 부여하는 것은 바로 이슈와라이다.

모든 결과는 원인을 지닌다는 원리를 인정한다 할지라도, 원자들, 혹은 프라크리티, 혹은 비존재, 혹은 개별 행위자, 혹은 자발성이 세계의 궁극적인 원인일 수 있겠는가?[원주381] 샹카라는 이 모든 가능성들을 반박하고 부정한다. 자연은 죽어 있는 것이 아니라, 살아 있으며 내부로부터 활력을 얻는다. 자연이라는 무대는 영적인 삶의 드라마에 잘 적응된다. "이 세계에서, 의식 없는 어떤 존재도 의식적인 존재의 안내 없이 그 자체로부터 인간의 한층 더한 주어진 목적에 기여하는 산물들을 생산할 수 없다. 예를 들어, 집, 호화 저택, 침대, 의자, 유쾌한 정원 등은 지성을 지닌 예술가에 의하여 적절한 시기에 즐거움을 얻고 고통을 피하려는 목적을 위하여 삶 속에 설계된다. 그것은 이 전체 세계와 정확히 동일하다. 왜냐하면 예를 들어 우리가 어떻게 땅이 온갖 노고의 결실을 향수하려는 목적에 기여하는가를 볼 때, 또한 어떻게 내외의 육체가 다양한 용도에 적합하게 된 각 부분들의 주어진 배치가 이런 저런 노력의 과실을 향수하기에 적합하도록 구성되어 있는가를 보게 될 때……어떻게 이 용의주도한 배치가 의식 없는 원물질(pradhāna)로부터 나올 수 있겠는가?……또한 예를 들어, 경험이 말하는 것처럼, 찰흙

[원주379] 『베단타 수트라』, ii.3.9에 대한 샹카라의 주석.
[원주380] 『베단타 수트라』, ii.3.7에 대한 샹카라의 주석.
[원주381] 『베단타 수트라』, i.1.2에 대한 샹카라의 주석.

은 오직 옹기장이에 의하여 인도되는 한에서만 여러 형태로 형성된다. 이와 똑같은 방식으로 물질은 반드시 다른 어떤 지적인 힘에 의하여 안내되지 않으면 안될 것이다."[원주382]

창조의 목적은 이전의 존재들이 행한 행위들에 대한 응보의 장(場)으로 기여할 수 있게 하기 위한 것이다. 의식 없는 프라크리티는 자연에 대한 설명 혹은 세계의 주관적인 측면이나 카르마의 법칙의 작용에 대한 설명이 될 수 없다. 의식과 작용은 반드시 세계의 원인에 포함되어야 한다.[원주383] 세계의 질서와 순응(racana)은 어떤 의식적인 감독자를 시사한다. 하나의 목적을 위한 여러 수단들의 상호 협력이라는 사실 또한 동일한 결론으로 인도한다.[원주384] 샹카라는 인간이 자기 행위의 과실을 거두는 방식을 설명하는 것이 신이 아니라 신득력(apūrva)이라는 푸르바 미망사의 이론을 잠깐 다루고 있다. 그는 신득력이 비의식적이며, 만일 그것이 의식적인 어떤 것에 의하여 동인(動因)이 부여되지 않는다면 작용할 수 없다는 근거에거 이 이론을 비판한다. 니야야 바이세쉬카의 세계 외적인 신은 부적절하다. 왜냐하면 그는 세계의 질료인이 아니기 때문이다. 만일 개인이 창조자라면, 그는 생로병사와 같은 불리한 성질의 것들이 아니라, 자신에게 유익한 것을 생산했을 것이다. 왜냐하면 "우리는 자유로운 어떤 사람도 스스로를 위하여 감옥을 짓고 그 속에 자신을 가두지 않는다는 것을 알기 때문이다."[원주385] 우

[원주382] 『베단타 수트라』, ii.2.1에 대한 샹카라의 주석.

[원주383] 마치 자석이 쇠붙이를 끌어당기는 것처럼, 단순히 브라흐만의 존재 자체가 세계를 움직이기에 충분하다면, 푸루샤들의 단순한 근접도 프라크리티의 활동을 위하여 충분하지 않겠는가? 또한 무지(avidyā)는 있는 그대로 창조의 경향이 있으며, 아무런 목적도 필요로 하지 않는다. "Avidyā ca svabhāvate eva, kāryonmukhī na prayojanam apekṣate"(『바마티』, ii.1.33).

[원주384] 『베단타 수트라』, i.3.39에 대한 샹카라의 주석.

[원주385] Na hi kaścid aparatantro bandhanāgāram ātmanaḥ kṛtvā'nupraviśati(ii.1.21). 데카르트의 견해를 참조하라. "만일 내 자신이 내 존재의 창조자라면, 나는 내가 개념으로 가지고 있는 모든 완전함을 내 자신에게 부여했을 것이며, 이로써 나는 신이 되었을 것이다"(*Meditations*, p.iii).

연, 원자, 프라크리티, 그리고 니야야의 신은 경전이 규정하는 요구 조건에 전혀 부합되기 어려운 측면을 지닌다. 그러므로 전지, 전능, 영원, 편재의 이슈와라가 세계의 원인이다.[원주386]

이슈와라는 세계의 동력인일 뿐만 아니라 질료인인 것으로 말해진다. 우리의 경험에서 질료인들은 지식을 지니지 않는다는 반대에 대하여 샹카라는 다음과 같이 대답한다. "여기서 그것은 경험에서와 동일한 것일 필요는 없다. 왜냐하면 이 주체는 추론이 아니라 계시에 의하여 알려지기 때문이다." 우리가 경전의 언급들에 의존할 때, 우리가 반드시 경험에 일치해야 할 필요는 없다.[원주387] 니야야 철학에 의하면, 어떤 것의 지식, 욕망, 그리고 노력이 어떤 산물의 생성에 필수적일 때, 그것은 동력인이다. 그러나 베단타 학자들은 니야야가 인정하는 세 가지 중에서 단지 그 자체로 충분한 지식만을 인정하며, 욕망과 노력은 포함시키지 않는다. 왜냐하면 욕망과 노력은 선재하는 욕망과 선재하는 노력을 무한 소급으로 상정해야 한다고 보기 때문이다.

원인과 결과 사이에 본질의 차이(vilakṣaṇatvam)가 있으므로, 이슈와라는 세계의 원인일 수 없다는 주장이 있다. 한덩어리의 금은 질그릇의 원인일 수 없다. 이와 마찬가지로 순수하고 정신적인 이슈와라는 세계의 원인일 수 없다. 왜냐하면 전자와 달리 후자는 부정하고 물질적이기 때문이다.[원주388] 이 견해에 대하여 샹카라는 의식적인 인간에게서 머리카락이나 손톱이 자라나는 것과 같이, 비의식적인 대상들이 종종 의식적인 존재에서 생겨난다고 대답한다. 생명 없는 쇠똥에서 생명 있는 장수풍뎅이가 나온다. 만일 이 경우들에서 외견상의 차이에도 불구하고 이 두 가지 모두가 흙에서 생겨나므로 근본적인 동일성이 있다고 주장한다면, 샹카라는 이슈와라와 세계가 유(有, sattā)라는 공통성을

[원주386] 『베단타 수트라』, ii.1.22 ; iv.1.23 및 24에 대한 샹카라의 주석.
[원주387] Na avaśyaṁ tasya yathādṛṣṭam eva sarvam abhyupagantavyam. 또한 Deussen, *System of the Vedānta*, pp.92~93을 보라.
[원주388] 『베단타 수트라』, ii.1.4에 대한 샹카라의 주석.

지닌다고 대답한다. 그 둘은 완전히 다른 것은 아니며, 만일 이슈와라가 어떤 우월함(atiśaya)을 지닌다면, 그것은 전혀 놀라운 일이 아니다. 왜냐하면 어디서나 원인은 이러한 측면을 지니기 때문이다.[원주389]

만일 세계가 이슈와라에서 흘러나오고 다시 귀입한다면, 그러면 이번에는 물질성, 혼합성, 비(非)지성, 유한성, 부정(不淨) 등과 같은[원주390] 세계의 속성들이 이슈와라를 오염시킨다고 해야 한다는 또 다른 하나의 반대 견해가 있다. 이에 대하여 샹카라는 마치 금으로 만든 장식품을 다시 용광로에 넣고 녹이는 경우처럼, 결과가 그 원인으로 귀입할 때, 결과는 그것의 특수한 속성을 상실하고 원인 속으로 돌아간다고 대답한다. 만일 결과가 그 원인으로 귀입할 때 그것의 속성들을 그대로 보지한다면, 그것은 진정한 귀입이 아닐 것이다.[원주391] 세계는 그 특수한 성질들을 상실하고 이슈와라 속으로 혼융되기 때문에, 그것이 향수자들과 향수되는 대상들—우리가 새로운 세계 주기가 시작될 때마다 지니게 되는—로 차별화되어서 다시 나와야 할 아무런 이유도 없을 것이라고 말한다면, 샹카라는 이 반대 의견에 대하여 비유로 대답한다. "숙면상태나 명상에 잠긴 영혼이 잠정적으로 그 본래의 합일상태로 돌아가지만, 그것이 근본적인 무지에서 벗어나지 않는 한, 이러한 상태에서 깨어나는 순간에 그것이 다시 개별 존재로 돌아가는 것처럼, 이와 마찬가지로 그것은 이슈와라로 귀입했다가 다시 돌아오기도 한다."[원주392]

세계가 이슈와라 속으로 거두어들여질 때, 차별화의 잠재력은 비록 현현된 상태는 아니라 할지라도 이슈와라 속에서 잠재적으로 유지된다. 세계가 현존의 양태로 거듭 발현하게 되는 것은, 응보를 필요로 하는 전생의 행위들 때문이다. 해탈된 자들은 다시 돌아오지 않는다. 왜

[원주389] 『베단타 수트라』, ii.1.6에 대한 샹카라의 주석.
[원주390] Sthaulya, sāvayavatva, acetanatva, paricchinnatvāśuddhyādi.
[원주391] 『베단타 수트라』, ii.1.9에 대한 샹카라의 주석.
[원주392] 『베단타 수트라』, ii.1.9에 대한 샹카라의 주석.

냐하면 재생의 조건, 즉 그릇된 지식이 그들의 경우에는 없기 때문이다.[원주393] 윤회는 시작도 없고 끝도 없으므로, 엄격히 말하여 창조란 결코 없다. 창조와 파괴는 영원에서 영원으로 이어지는 윤회 과정의 단계들이다. 세계 주기(kalpa, 겁)가 시작될 때마다, 우리는 모든 유형과 범위에 걸치는 다양함을 담고 있는 본래적인 복합체의 해체를 지닌다. 과거와 현재, 파괴의 상태와 이에 연속하는 창조의 상태 사이에는 연속이 있다. 만일 지고한 이슈와라와 지바(jīva, 개아)가 전체와 부분으로 관련되어 있다면, 지바가 고통을 겪을 때마다 이슈와라 또한 고통을 당해야 할 것이다. 이러한 난점을 극복하기 위하여, 전체와 부분은 본체와 반영의 관계로 해석된다. 반영에 가해지는 어떤 손상은 본체에 아무런 영향도 미치지 않는다.

신은 어떤 사람들은 잘 대접되고 어떤 사람은 홀대되는 세계의 원인일 수 없다. 자신의 피조물들에게 그와 같이 온갖 다양한 운명들을 부여하는 그는 부당하고 무자비하다고 주장된다.[원주394] 이 난점은 업의 법칙을 인정함으로써 해소된다. 신은 자의적으로 역사하는 것이 아니라, 전생에서 각 피조물들이 행한 선악의 행위에 따라서 그들을 주관한다. 신은 사람들의 행위에 적합하도록 창조를 일으킨다. 세계는 단지 이전 존재의 행위들에 대한 응보의 장에 불과하므로, 창조자로서 신의 역할은 부차적인 것이다. 우리는 식물의 생명력에 기인하는 것을 정원사의 것으로 돌릴 수 없다. 샹카라는 신을 식물이 자라도록 돕는 비에 비유한다. 알다시피, 식물이 자라나는 것은 비가 아니라 씨앗의 본질에 달려 있다. 각 개인의 새로운 생(生)은 그의 행위의 도덕적 성격에 의하여 결정된다.[원주395]

그러나 다음과 같이 물을 수 있을 것이다. 왜 신은 각 개인에게 공덕도 없고 죄과도 없는 태초에 고통과 슬픔이 없는 세계를 창조하지 않

[원주393] 『베단타 수트라』, ii.1.9에 대한 샹카라의 주석.
[원주394] 『베단타 수트라』, ii.1.34에 대한 샹카라의 주석.
[원주395] 『베단타 수트라』, i.3.39에 대한 샹카라의 주석.

왔는가? 이것은 순환 논법으로 귀결된다. 샹카라는 말한다. "만일 공덕과 죄과가 없다면, 아무도 존재할 수 없을 것이며, 또한 개아가 없다면, 어떤 공덕이나 죄과도 존재할 수 없을 것이다. 그러므로 시작을 지니는 세계에 대한 교의에 의한다면, 우리는 논리적인 시소에서 벗어날 수 없게 된다."[원주396] 세계는 무시(無始, anādi)이다.[원주397] 각 존재는 어떤 선행 존재에 그 본질을 빚지고 있다. 심지어는 주기적인 세계의 창조와 귀입에서도 업의 법칙은 그대로 유효하며, 미세하거나 조대한 형태의 윤회는 신의 본질 속에 머문다. 결코 결과가 아니며 따라서 모든 결과들에 대하여 우월한[원주398] 프라크리티 혹은 세계의 본체는 신 속에 존재한다. 세계의 생성은 이슈와라의 바깥에 있는 어떤 원천도 지니지 않으며, 따라서 마야(māyā) 혹은 프라크리티는 신의 본질의 일부를 형성한다. 이슈와라, 즉 프라크리티와 관련된 브라흐만은 세계의 동력인인 동시에 질료인이다. 이슈와라의 결과로서 세계는 마치 그것이 그의 힘을 통하여 창조 속에 존속하는 것처럼, 심지어 그것이 원인적 자아(kāraṇātmanā)의 형태로 창조되기 이전에도 존속한다.[원주399] 창조 이전에도 이름과 형태(nāmarūpa)는 이슈와라의 지식의 대상이다.[원주400]

우파니샤드는 신의 내재를 믿는다. 우파니샤드는 신이 개별 영혼과 분리되는 것이 아니라, 그것에 의하여 그 자신이 자연 속으로 들어갔다고 언명한다. "완전히 순수한 자로서 그는 불순한 육체를 자신의 자아로 받아들이지 않을 것이다. 설사 그가 그렇게 했다 할지라도, 그는 자기 자신이 그것을 만들었다는 것을 기억하면서 그것을 떨쳐버릴 것이다. 마술사가 자신에 의하여 만들어진 미인을 마음대로 거두어들이듯

[원주396] 『베단타 수트라』, ii.1.36에 대한 샹카라의 주석.
[원주397] 『베단타 수트라』, ii.3.42에 대한 샹카라의 주석.
[원주398] Sarvasmād vikārāt paro yo 'vikāraḥ(『베단타 수트라』, i.2.22에 대한 샹카라의 주석).
[원주399] 『베단타 수트라』, ii.1.6에 대한 샹카라의 주석. 『카타 우파니샤드』, iii.11 ; 『찬도기야 우파니샤드』, viii.14.1에 대한 샹카라의 주석을 보라.
[원주400] 『베단타 수트라』, i.1.5에 대한 샹카라의 주석.

이, 이와 마찬가지로 체화된 영혼 또한 마음대로 이 세계를 거두어들일 수 있을 것이다. 그러나 이것은 일어나지 않으며, 그것은 세계가 무엇이 자신에게 유익한가를 아는 정신적인 존재에 의하여 창조되지 않는다는 결론이 된다."[원주401] 샹카라는 하나의 원인에서 다양한 결과가 생성될 수 있다는 사실을 지적함으로써 이 반대 견해에 대답한다. 하나의 동일한 흙은 흔한 조약돌뿐만 아니라 다양한 종류의 돌이나 값진 보석을 생기게 한다. 이와 마찬가지로 하나의 신으로부터 다양한 유형의 영혼들과 결과들이 나온다.[원주402]

이슈와라는 아무런 도구 없이 창조한다. 그는 자신의 위대한 힘을 통하여 스스로를 여러 가지의 결과들로 변형할 수 있다.[원주403] 자신 속에 모든 필수적인 힘을 완전하게 구비하고 있는 신에게는 어떤 외적인 협력도 요구되지 않는다. 신과 리쉬는 외적인 어떤 것의 도움 없이 단지 명상의 힘만으로 많은 것들을 창조할 수 있다고 말해진다.[원주404] 그의 창조 작업은 인간의 행위와 다른 범주에 속한다.[원주405] 자신의 본질에 내재한 특성을 통하여 그는 마치 우유가 응유로 변화되는 것처럼 자신을 세계로 변형시킨다.[원주406] 다양한 세계가 이슈와라로부터 일어나므로, 후자는 다양하게 만드는 힘을 지니고 있는 것으로 간주된다.[원주407] 만일 이슈와라가 본질적으로 자유롭다면, 그는 반드시 창조해야 할 어떤 강제성 하에 놓일 수 없다. 신은 어떤 불완전함이나 결핍도 있을 수 없으며, 실현되지 않은 욕망도 없다. 신에게 어떤 동기(prayo-jana)를 부여하는 것은 그의 완전함과 모순된다.[원주408]

[원주401] 『베단타 수트라』, ii.1.21에 대한 샹카라의 주석.
[원주402] 『베단타 수트라』, ii.1.23에 대한 샹카라의 주석.
[원주403] Paripūrṇaśaktikam(『베단타 수트라』, ii.1.24에 대한 샹카라의 주석).
[원주404] 『베단타 수트라』, ii.1.25, 31에 대한 샹카라의 주석.
[원주405] 『베단타 수트라』, i.4.27에 대한 샹카라의 주석.
[원주406] Kṣīravad dravyasvabhāvaviśeṣāt(『베단타 수트라』, ii.1.24에 대한 샹카라의 주석). 우유의 비유는 부적합하다. 왜냐하면 우유에서 응유로 변화하는 과정은 온기(溫氣)의 연합을 필요로 하기 때문이다.
[원주407] 『베단타 수트라』, ii.1.30에 대한 샹카라의 주석.

만일 세계가 어떤 목적을 위하여 창조된다면, 그것은 궁극자에게 결핍감 혹은 불완전함이 있다는 것을 은연중에 드러내는 것이 된다. 만일 어떤 분명한 목적 없이 창조했다면, 그의 행위는 어린아이의 행위보다 낫다고 할 수 없을 것이다. 만일 신이 유일한 원인이라면, 전체 결과는 일시에 존재했어야 할 것이다. 그러나 사실 우리는 여러 단계들에 대한 여러 가지 원인들을 시사하는 것처럼 보이는, 점진적으로 진행된 발달을 지닌다. 이 견해에 대하여, 행위는 반드시 외부로부터 결정될 필요는 없다고 대답된다. 그것은 행위 그 자체에 본래부터 내재하는 동기들에 의하여 결정될 수도 있을 것이다. 그러므로 "주(主)의 행위는 어떤 목적과 무관하게 그 자신의 본질로부터 나오는, 순수한 유희(līlā)로 생각될 수 있을 것이다"[원주409]라고 말해진다. 이슈와라의 창조 행위는 그의 완전함의 욕망되지 않은 흘러넘침이며, 그의 완전함은 아무런 결과도 낳지 않은 채로 멈추어 있을 수 없다. '유희'의 개념은 수많은 함축을 담고 있다. 창조의 행위는 어떤 이기적인 관심에 의하여 유발되지 않는다. 마치 숨을 들이쉬고 내쉬는 것은 인간의 본질인 것처럼, 창조 행위는 신의 본질(svabhāva)의 자발적인 흘러넘침이다.[원주410] 신은 창조할 수밖에 없다. 세계의 일은 우연의 결과가 아니라, 다만 신의 본질의 산물일 뿐이다. 자신의 충만한 환희 때문에 그는 생명과 힘을 바깥으로 흩뿌린다.[원주411]

샹카라는 무한자를 먼저 존재하고 그런 다음에 스스로 유한자 속으로 나아가야 할 필연성을 느끼는 어떤 것으로 간주하지 않는다. 그는 환희의 충만에서 그리고 도덕의 요구를 수행하기 위하여 창조한다. 창조를 궁극자가 탐닉하는 우주적 놀이로 간주함으로써, 샹카라는 창조가 견지되는 목적성, 합리성, 용이함, 힘들이지 않음을 분명히 하고 있

[원주408] Nityaparitṛptatvam(『베단타 수트라』, ii.1.32~33). 브라흐만은 실현된 목적을 지닌 자이며, 따라서 유한한 의식의 목적론은 그에게 적용될 수 없다.
[원주409] 『베단타 수트라』, ii.1.33에 대한 샹카라의 주석.
[원주410] 『베단타 수트라』, ii.1.33에 대한 샹카라의 주석.
[원주411] 플로티노스의 '흘러넘치는 완전'으로서 영혼의 개념과 이 견해를 비교하라.

다. 해탈한 자는 이슈와라의 환희를 공유한다. 유한 존재들은 전체로부터 구분될 수 있는 것이 아니라 전체 속에서 분별될 수 있을 뿐이며, 전체는 또한 각각의 자아가 성취해야 하는 이상이기도 하다. 심지어 비(非)정신적이고 불합리한 것처럼 보이는 것들도 전체에 속한다. 이슈와라의 생명은 모든 것을 통일하고 포함하면서 모든 부분들 속에 두루 퍼져 있다. "브라흐마로부터 풀 한 포기에 이르기까지 모든 생물은 나의 몸으로 간주된다."[원주412]

이슈와라와 세계, 원인과 결과는 동일하다. 그 둘은 형태나 변형으로서 동일한 것이 아니라, 이 둘 속에 있는 브라흐만의 근본적인 본질이라는 점에서 동일하다. 창조 상태의 세계는 이름과 형태로 전개되는 반면에, 그것은 귀입되어서는 미전개상태로 있다. 창조는 이미 신 속에 존재하던 것이 시공간적인 차원에서 표현되는 것이다.[원주413] 세계 주기(kalpa)가 끝날 때마다, 이슈와라는 세계를 거두어들인다. 즉 물질적인 세계는 무차별적 프라크리티에 혼융되며, 당분간 한정자들(upādhis)과의 실제적인 관련에서 자유로운 개별 영혼들은 말하자면 깊은 잠에 든다. 그러나 아직 그들의 행위가 남긴 여력이 완전히 소멸되지 않은 결과로, 그들은 이슈와라가 새로운 물질 세계를 창조하자마자 다시 체화되어야 한다. 그러면 이전의 세계 주기에서 완전히 소멸하지 않은 태어남과 행위와 죽음 등이 새롭게 시작된다.[원주414]

[원주412] 『우파데샤사하스리』(*Upadeśasāhasrī*), ix.4 ;『다크쉬나무르티 스토트라』(*Dakṣiṇāmūrti Stotra*), p.9.

[원주413] 에밀리 브론테(Emily Bronte)의 시를 참조하라.
> "설사 땅과 사람들이 사라지고
> 항성들과 우주들이 존재를 그만둔다 할지라도,
> 그럼에도 당신은 홀로 남으며,
> 모든 존재는 당신 속에 존재할 것입니다."

[원주414] 유일 지고한 주(主)는, 전체 우주를 창조, 유지 혹은 파괴하는 기능에 따라서 브라흐마(Brahmā), 비슈누(Viṣṇu), 쉬바(Śiva)라고 불린다. 창조(sṛṣṭi)는 삿트와(sattva)에 둘러싸인 이슈와라, 즉 브라흐마의 기능이다. 해체 혹은 거두어들임(pralaya)은 타마스(tamas)에 둘러싸인 이슈와라, 즉 쉬바의 기능이다. 한편, 유

서로 다른 개별 영혼들은 이슈와라의 부분들로 간주되지만, 이들은 혼동되지 않는다. 죽음의 순간에 그 원천으로 귀입되고 다시 새로운 존재로 나오는,[원주415] 다양한 영혼들의 행위와 응보는 서로 뒤섞이지 않는다.[원주416] 물질적인 육체와 동일시되는 개별 영혼은 지바(jīva) 혹은 체화된 자(dehin)이다. 이 모든 지바들의 통일체, 즉 각성상태에 있는 집합적 혹은 우주적 자아는 비라즈(Virāj) 혹은 바이슈와나라(Vaiś-vānara)이다. 꿈의 상태에서처럼, 미세신(微細身)과 동일시되는 개아는 표식을 지닌 자(liṅgin) 혹은 타이자사(taijasa)이다. 모든 타이자사 혹은 미세한 자아들의 통일체는 히란야가르바(Hiraṇyagarbha) 혹은 수트라트만(Sūtrātman)이다.[원주417] 끝으로 원인신(原因身, kāraṇaśarīra)과 동일시되는 개아는 프라갸(prajña)이며, 모든 프라갸의 통일체는 이슈와라이다.

숙면상태에 있는 개아는 여전히 이원성의 요소를 지닌다. 그는 붓디, 생각의 일어남과 의지 작용을 지닌다. 물러남의 상태에 있는 이슈와라는 숙면상태(suṣupti)의 지바와 같으며, 비록 미현현상태이기는 하지만 이원성의 원리와 관련되어 있다. 이슈와라는 순수 붓디 속에 둘러싸인 브라흐만이다. 그는 세 구나(guṇa)를 지니지만, 또한 그것을 초월한다고 말해진다. 그는 투명한 몸 혹은 순수한 삿트와를 띠고 있는 것으로 말해진다. 이슈와라로부터 비라즈로, 숙면상태로부터 각성상태로, 프라갸로부터 육체를 지닌 자로 나아가는 것이 창조(sṛṣṭi) 혹은 점진적인 물질화의 순서이며, 그 반대 방향은 귀입(pralaya) 혹은 점진적인 관념화의 순서이다. 샹카라는 비록 브라흐만에 대한 세계의 관계를 가리키기 위하여 가현(vivarta)의 개념을 사용한다 할지라도, 그는 현상 세계에서 실제적인 변형(pariṇāma)을 인정한다.

지(sthiti)는 라자스(rajas)에 둘러싸인 이슈와라, 즉 비슈누의 기능이다.
[원주415] 『찬도기야 우파니샤드』, vi.10.
[원주416] 『베단타 수트라』, ii.3.49에 대한 샹카라의 주석.
[원주417] 『베단타 수트라』, ii.3.15에 대한 샹카라의 주석.

질료인은 원인과 다르지 않은 어떤 산물을 생성하는 것이다.[원주418] 세계는 브라흐만과 다르지 않으며, 후자는 존재로서(sadrūpeṇa) 변화를 겪는 것처럼 보인다. 그것은 또한 무지(avidyā)와 다르지 않다. 후자는 의식 없는 것으로서(jaḍena) 변화를 겪는다. 그러므로 세계는 브라흐만과 마야(māyā)의 혼합이다. 샹카라는 이슈와라가 우주의 질료인인 동시에 동력인이라는 것을 분명히 하고 있지만,[원주419] 후기 아드와이타에서 이와 다른 견해들이 제기된다. 『베단타파리바샤』에 의하면, 세계 전개의 원인은 브라흐만이 아니라 마야이다.[원주420] 바차스파티는 브라흐만이 원인이지만, 마야는 보조적인 것(sahakāri)이라고 주장한다. 마야에 의하여 미혹된 개별 영혼들에 의하여 대상으로 간주된 브라흐만은 비(非)의식적인 세계이며, 그것의 원인으로 말해진다.[원주421] 그러나 이 견해는 개별 영혼들에 영향을 미치는 마야를 당연한 것으로 생각한다. 세계의 비의식성은 순수 단일한 브라흐만 이외의 다른 어떤 것에 기인함에 틀림없으며, 유한성과 무한성 모두를 지니는 세계는 브라흐만-마야에 기인한다고 말하는 것이 나을 것이다.

우리는 브라흐만에 대한 세계의 관계를 설명하는 처지에 있지 않으므로, 브라흐만이 마야의 산물인 세계의 토대라고 말할 수 있을 것이다. 이 견해는 『파다르타탓트와니르나야』(*Padārthatattvanirṇaya*)에 의하여 채택된다.[원주422] 『싯단타무크타발리』(*Siddhāntamuktāvali*)의 저자는 어떤 종류의 관계에 브라흐만을 적용시키는 것에 매우 부정적이며, 따라

[원주418] Svābhinnakāryajanakatvam upadānatvam.

[원주419] 이 견해는 『비바라나』(*Vivaraṇa*)에서 지지되고 있다.

[원주420] Prapañcasya pariṇāmy upādānam māyā na brahmety, siddhāntaḥ.

[원주421] Vācaspatimiśrās tu, jīvāśṛtamāyāviṣayīkṛtam brahma svata eva jā-dyāśrayaprapañcākāreṇa vivartamānatayopādānam iti māyāsahakārimātram (『싯단타레샤상그라하』, i).

[원주422] Prapañce ubhayor api māyā brahmaṇor upādānatvam ; tatra ca pari-ṇāmitayā māyayā upādānatvam ; adhiṣṭhānatayā ca brahmaṇa upādāna-tvam. Brahmavivartamānatayā, avidyāpariṇāmamānataya upādānam(『싯단타레샤상그라하』, i에 대한 주석).

288

서 오직 마야만이 세계의 원인이라고 주장한다. 『상크셰파샤리라카』
(Saṁkṣepaśārīraka)의 저자는 절대적인 브라흐만을 세계의 질료인으
로 간주한다. 왜냐하면 존재하는 모든 것은 반드시 하나의 실재에 속
해야 하기 때문이다. 어떤 유형의 관계를 브라흐만에 귀속시키는 경향
이 있는 사람들은 이슈와라, 즉 마야와 관련된 브라흐만을 질료인으로
간주한다.[원주423] 만일 질료인이 절대적인 브라흐만에 귀속된다면, 그것
은 단지 우연한 것일 뿐이다(taṭasthatayā).

비디야라니야(Vidyāraṇya)의 주장에 의하면, 세계로 변화하는 원인
은 마야이지만,[원주424] 세계의 토대는 마야에 의하여 한정되는 순수 의
식이다.[원주425] 조대한 대상적 세계는 이슈와라의 마야의 결과이며, 마
음, 감각 등의 미세한 세계는 신의 마야에 의하여 도움받는 개별적 지
바의 산물이라고 주장하는 사상가들이 있다.[원주426] 주관적인 세계를
무지의 힘에 귀속시키고, 이슈와라의 마야에는 단지 요소적인 세계만
을 할당하면서, 이슈와라의 마야의 협력에 대한 아무런 필요성도 느끼
지 않는 사상가들이 또한 있다. 우리가 이 문제를 두 가지 다른 관점,
즉 객관적인 관점과 주관적인 관점에서 고찰할 때, 브라흐만은 객관적
인 세계가 부과되는 토대이며, 이에 비하여 아트만은 주관적인 세계가
부과되는 토대이다. 궁극적 실재는 감각과 행위의 실제적인 전체 세계
에 대한 질료인인 반면에, 지바는 가현적인 것들의 세계와 꿈의 세계
에 대한 질료인이다. 이 모든 견해들은 세계를 개별적인 주체 혹은 지
바의 산물로 간주하는 것을 반대하지만, 지바가 모든 것의 질료인, 즉

[원주423] 『비바라나』, 이 문헌의 저자는 『베단타 수트라』, i.1.20 ; i.2.1에 의거한 입장
　　을 보인다.
[원주424] Pariṇāmyupādānatā.
[원주425] 가현의 질료인(vivartopādānatā)은 마야에 의하여 한정되는 의식(māyo-
　　pahitacaitanyam)에 귀속된다.
[원주426] Viyadādiprapañca īśvarasṛṣṭamāyāpariṇāma iti, tatra īśvara upādānam ;
　　antaḥkaraṇādikaṁ tu, īśvarāśṛtamāyāpariṇāma mahābhūtopaśṛṣṭajīvāvidyā-
　　kṛtabhūtasūkṣmā kāryam iti, tatrobhayor upādānatvam(『싯단타레샤상그라
　　하』, i).

그것이 스스로 꿈의 세계를 투사하는 것처럼, 그 자체 속에 이슈와라로부터 그 이하에 이르는 것들의 전체 체계를 투사한다는 견해를 피력하는 몇몇 사상가들이 있다.[원주427]

28. 이슈와라의 현상성

우리가 논리의 틀에 던져진 브라흐만은 경험의 세계라고 말하든, 아니면 그것은 이슈와라라고 말하든 아무래도 좋다. 이슈와라는 지극히 포괄적이며, 존재하는 모든 것, 즉 해체(pralaya)의 상태에서는 잠재적으로 존재하고 창조에서는 실제적으로 존재하는 모든 것을 자신 안에 담고 있다. 샹카라가 한편으로 현상 세계로부터 무차별의 브라흐만을, 그리고 다른 한편으로는 이슈와라로부터 무차별의 브라흐만을 신중하게 구분하지 않았다는 도이센의 관찰은 그다지 중요한 의미를 담고 있지 않은 것처럼 보인다. 그는 말한다. "이 무차별의 브라흐만은 두 가지 반대 명제를 지닌다. 하나는 한정자들에 의하여 조건지어진 브라흐만이 나타나는, 현상 세계의 형상들(forms of the phenomenal world)이며, 다른 하나는 불완전한 표상적 개념들(figurative ideas)이다. 우리는 신성을 우리의 이해와 숭배에 보다 가깝게 가져오기 위하여 후자를 사용하여 신성을 만든다. 무차별적 브라흐만의 이 두 가지 반대 명제 사이에는 본질적으로 현격한 차이가 있지만, 이상하게도 샹카라는 그 둘 사이에 어떤 뚜렷한 구분을 만들지 않는다. 어떤 구절에 따르면, 설사 마치 그가 현상적 형상들(phenomenal forms)에서 관념 형상들(presentation forms)의 토대(ālambanam)를 보는 것처럼 여겨진다 할지라도, 그럼에도 불구하고 그 둘에 대한 지속적인 뒤섞임으로 볼 때……우리의 저자

[원주427] 압파야 디크쉬타(Appaya Dīkṣita)는 그들의 입장을 다음과 같이 기술한다. "Jīva eva svapnadraṣṭṛvat svasminn īśvarādisarvakalpakatvena sarvakāraṇam ity api kecit."

(샹카라)는 그 둘 사이의 차이를 결코 분명하게 의식하고 있지 않다는 결론이 된다."[원주428]

도이센은 샹카라가 한 구절에서 이 구분을 언급하고,[원주429] 그것을 무의미한 것(vyartha)으로 간단히 처리해버린다는 것을 인정한다. 전체 현상 세계는 브라흐만의 가현이다. 모든 것이 의존해 있는 브라흐만은 현상적인 형태들로 구체화될 때, 모든 것을 포함하는 이슈와라가 된다. 무한한 이슈와라와 개별 영혼들의 구별은 한 전체의 다른 구성 요소들에 대한 구분이다. 비유하자면, 동일한 세계에 속해 있는 마가다(Magadha) 왕국과 바이데하(Vaideha) 왕국의 구분과 같은 것이다.[원주430] 궁극적 실재인 브라흐만이 경험적 존재(saṁsāra)인 브라흐만으로 생각될 때, 신(Īśvara), 인간(jīva), 그리고 세계(prapañca)는 중심 요소들이 된다.

절대적 자아라는 제1원리로부터 존재의 세계를 연역하는 작업에 관심을 두는 이론 철학은 동양과 서양을 막론하고 자기 표현의 어떤 원리(māyā) 혹은 객관성의 어떤 원리(prakṛti)를 수용할 수밖에 없다. 유럽 철학에서 칸트는 통각 작용의 초월적 통일과 별개로 어떤 경험도 있을 수 없다고 주장했지만, 그럼에도 불구하고 그는 이것을 순전히 형식적으로 만들었으며, 따라서 그는 그것으로부터 전체 경험을 도출하는 데 실패했다. 경험을 통각 작용의 초월적 통일과 물자체들의 상호작용으로 간주함으로써, 그는 자신의 철학체계에 비합리적인 우연성의 요소를 초래했다.

피히테는 칸트로부터 모든 경험은 어떤 주체를 위하여 있다는 핵심 진리를 수용하며, 그것으로부터 전체 경험을 전개시키려고 시도한다. 그는 주체의 발달에서 어떤 외래적인 요소의 개입도 있을 수 없으며, 모든 진전은 그 자체의 내부에서 결정된다고 주장한다. 절대적인 주체는 바로 자기 상정(self-positing)의 행위에서 그 자체에게 '타자'를 부

[원주428] Deussen, *System of the Vedānta*, pp.205~206.
[원주429] 『베단타 수트라』, iii.2.21에 대한 샹카라의 주석.
[원주430] 『베단타 수트라』, iii.2.31에 대한 샹카라의 주석.

여한다. 자아는 그 자체로부터 비아(not-self)를 대립시키거나 구별하지 않고서는 그 자체를 긍정하거나 상정할 수 없다. 타자성의 요소는 자아의 존재 자체 내에서 생겨난다. 점차로 우리는 절대적인 자아의 차별화를 지닌다. 즉 우리는 그것을 다수의 유한한 에고들 — 절대적인 자아와 다르면서도 또한 그것의 양태들이기도 하다 — 로 차별화한다. 그러므로 피히테의 자아는 그 자체로부터 방해 요소 혹은 비아를 던져 올려야 하며, 이러한 요소는 자아가 스스로의 행위를 자각하게 되는 조건이다. 아무리 이해하기 어렵다 할지라도, 제1의 근본 의식에 대한 자기 한정, 혹은 자아가 그 자체를 깨뜨리는 장애 요소의 발생이 가정되어야 한다. 이와 마찬가지로, 우리는 절대적인 브라흐만 외에 객관성의 요소(prakṛti) 혹은 자기 표현의 요소(māyā)를 지닌다.

　우리가 인간적인 한계로부터 출발할 때, 우리는 생성의 세계에 대한 어떤 설명을 고려하지 않을 수 없다. 그것은 브라흐만에 기인할 수 없다. 브라흐만은 불변이기 때문이다. 만일 브라흐만 자체가 변화한다면, 그것은 브라흐만이기를 포기해야 할 것이다. 만일 그것이 결코 그 자체이기를 그만두지 않는다면, 즉 결코 변화하지 않는다면, 우리가 경험하는 변화는 설명되지 않은 채로 남는다. 변화하는 세계는 프라크리티에서 그 원인을 추적할 수 없다. 왜냐하면 프라크리티는 의식이 없기 때문이다. 브라흐만은 존재를 나타내는 반면에, 프라크리티는 생성을 나타낸다. 그러나 궁극적 범주로서 브라흐만의 곁에 프라크리티를 상정하는 것은 브라흐만의 본질에 대한 한정이 될 것이다. 왜냐하면 브라흐만은 제2의 것을 지니지 않으며, 바깥에 아무것도 지니지 않는다. 그러나 제2의 어떤 것도 상정되지 않는다면, 세계에 대한 설명은 어렵게 될 것이다. 유일한 방법은 유속성 브라흐만 혹은 변화하는 브라흐만, 즉 자신 속에 존재와 생성, 무집착의 브라흐만과 비의식적인 프라크리티의 본질들을 동시에 지니는 이슈와라를 인정하는 것뿐이다.

　생각에 대하여 비한정적인 것이 자기 한정자로 된다. 최초의 근본적인 통일은 그 자체로부터 나아가서 그것에 상대적으로 독립적인 어떤 현현을 생산한다. 순수, 단일, 자존의 절대자는 인격신, 세계 속에 존재의 원리가 된다. 브라흐만은 주관과 객관 모두를 초월한 것이다. 그것이 대상과 관련되면서 주체로 될 때, 우리는 이슈와라, 로고스, 혹은 일자-다자를 지닌다. 백지상태의 객체(프라크리티)는 주체(신)의 힘을 통하여 전체 세계를 전개한다. 단독으로 프라크리티 혹은 객체는 아무런 존재나 의미를 지니지 않는다. 그것은 의식을 지니지 않으며, 따라서 의식적인 영혼의 도움 없이 어떤 것을 야기할 수 없다. 그것은 단지 주체의 타자일 뿐이며, 세계는 이슈와라, 즉 자의식적 브라흐만의 객체이다. 이슈와라는 브라흐만과 프라크리티의 두 원리들을 결합한다. 그는 순수 의식(caitanya)이 아니라, 자의식적 인격이다. "그는 생각했다(aikṣata). '나는 다자(多者)가 되고 싶다. 나는 생겨나게 할 것이다.'"[원주431] 오직 대상들이 존재할 때만, 지식, 자의식, 그리고 인격성이 가능하다.

전지(全知, sarvajñatva)는 신의 특징적 속성이다. 물론 그것의 가능성은 여러 방식으로 설명된다.[원주432] 브라흐만의 본질은 지식(jñāna)이다. 이것은 알려지는 대상에 의하여 한정될 때 결과의 형태를 띠게 된다. 그 대상과 관련하여 브라흐만은 지식의 주체(Vijñātṛ)로 알려진다. 다시 말하여 지식을 본질로 하는 브라흐만이 알려지는 대상과 직면될 때, 그것은 아는 자가 된다.[원주433] 비아(not-self)는 인격성의 필수

[원주431] 『찬도기야 우파니샤드』, vi.2.3. 또한 『아이타레야 우파니샤드』, i.1.1 ; 『프라슈나 우파니샤드』, vi.3.4 ; 『문다카 우파니샤드』, i.1.9를 보라.

[원주432] 바라티티르타(Bhāratītīrtha)는 이슈와라가 모든 피조물의 마음속의 미세한 인상들에 머물러 있는 마야에 의하여 조건지어진다고 이해한다. 『프라카타르타』(Prakaṭārtha)의 저자는 이 견해에 동의하며, 마야는 과거, 현재, 미래의 현상 세계와 공존하기 때문에, 그것은 그 소유자가 완전히 포괄적인 지식을 지니게 할 수 있다고 말한다. 『탓트와슛디』(Tattvaśuddhi)의 저자는 신의 지식이 항상 직접적일 필요는 없다고 본다. 현재 세계의 전체는 신에 의하여 직접 인식되지만, 그는 과거를 기억하고 미래를 내다볼 것이다. 『카우무디』(Kaumudī)의 저자는 브라흐만의 특성을 지니는 신은 모든 대상들을 비추는 자라고 주장한다. 『베단타 수트라』, i.4.9에 대한 샹카라의 주석 및 『싯단타레샤』(Siddhāntaleśa), i을 보라.

불가결한 요소로 남는다고 생각한다는 점에서 샹카라는 라마누자와 헤겔의 입장과 일치한다. 다만 라마누자와 헤겔은 인격의 개념을 궁극적인 것으로 간주하는 반면에, 샹카라는 우리가 비아에 대한 의식을 지니는 한에서 우리는 현상의 세계에 있다고 언명한다. 궁극적 실재에 도달하기 위하여, 우리는 이 구별을 초월해야 한다. 순수 존재가 관계적인 존재로 될 때, 그것의 첫 관계는 존재와 다른 어떤 것임에 틀림없다. 존재와 다른 것, 그것은 비존재이다.[원주434]

브라흐만과 다른 이슈와라, 즉 손상되지 않은 빛의 에너지는 어둠 속에서 그리고 어둠을 통하여 그 자체를 긍정하는 빛이다. 그는 혼돈의 질서를 창조하는 진리의 본체이며, 물의 표면에서 곰곰이 생각하는 신의 영혼이다.[원주435] 어둠은 언제나 빛을 압도하고 집어삼키려 하며, 빛은 언제나 어둠을 몰아내느라 분주하다. 브라흐만과 어둠, 이슈와라와 어둠 사이에는 본질적인 대립이 있지만, 투쟁 그리고 어둠에 대한 빛의 궁극적인 승리가 있다. 그래서 이슈와라는 브라흐만과 세계의 본질을 동시에 지니면서 그 둘을 매개하는 원리이다. 그는 브라흐만과 하나이지만, 그럼에도 불구하고 대상 세계와 관련된다. 샹카라는 심지어 창조 이전에도 이슈와라가 "존재 혹은 그 반대로도 정의될 수 없는 이름과 형태—— 진화에 대한 지향성을 지니고 있지만, 그럼에도 불구하고 진화되지 않은—— 로 규정된 어떤 대상을 지닌다고 주장한다."[원주436] 우리는 여기서 비아(non-ego)를 그 자체의 대상으로 숙고하는, 에고로 간주되는 궁극적 영혼을 지닌다. 이슈와라에게 불변성과 비활동은 불가능

[원주433] 이것은 바차스파티의 견해이기도 하다.

[원주434] "그 빛이 어둠 속에서 비치고 있다"(『신약성서』, 「요한복음」, i.5). 웨스트코트(Westcott) 주교는 이 구절을 주석하면서 다음과 같이 말한다. "빛과 나란히 어둠은 돌연히 그리고 아무 준비 없이 나타난다"(*The Gospel according to St. John*, p.5).

[원주435] 『바가바드기타』에 대한 샹카라의 주석, 서론을 보라.

[원주436] 『베단타 수트라』, i.1.5에 대한 샹카라의 주석. "Anirvacanīye, nāmarūpe avyākṛte vyācikīrṣite."

하다. 경험적 의미의 실재로서, 그는 끊임없이 움직이지 않을 수 없으며, 자신을 찾기 위하여 자신을 상실하며, 세계로 나아가는가 하면 또한 세계를 통하여 자신으로 다시 돌아가야 한다.

아무것도 하지 않으며 세계에 초연한 자는 결코 신이라고 할 수 없으며, 더욱이 사랑의 신은 아니다. 사랑은 슬픔——비록 악행이나 죄악은 아니라 할지라도——과 바른 삶의 환희를 나타내면서, 그 대상들의 삶 속에 머문다. 다른 많은 철학자들의 경우와 마찬가지로, 샹카라에게 전혀 대상을 지니지 않는 자의식적 존재, 혹은 자체의 대립물을 지니지 않으며 그것에 의하여 자체의 통일을 확인하지 않는 자의식적 존재는 불가능하다. 자의식적 인격이 살고 움직이며 그 자체의 존재를 지니는 것은 바로 그 자체의 현상들 혹은 대상들을 통해서이다. 그럼에도 불구하고 그것은 대상의 변화들에 의하여 전혀 영향받지 않는다는, 견지하기 어려운 명제를 주장하는 것이 필수적이다. 자연의 사건들과 영혼들의 변화는 이슈와라의 본질에 변화를 야기한다. 『베단타파리바샤』는 살아 있는 존재들의 행위가 이슈와라의 한정자(upādhi) 혹은 몸인 마야의 다양한 변형들을 만들어낸다고 주장한다.[원주437]

세계의 나타남과 사라짐은 신의 본질이 변화 및 수축과 팽창을 겪는다는 것을 보여준다. 창조와 파괴가 신의 삶 속에 일어나는 실재적인 변동인 한에서 후자는 시간을 초월해 있는 것이 아니라, 시간에 지배된다. 그러므로 창조와 파괴가 경험 세계에 속하는 것과 똑같이 이슈와라는 그것에 속한다. 우리는 어떤 영원한 것을 전제로 하는 변화의 범주

[원주437] 창조되는 피조물들의 카르마 때문에, 지고한 이슈와라의 한정자인 마야에서 의식 상태들의 변화들이 있다. 이러한 변화들은 '이것이 지금 창조되어야 한다. 이것이 지금 유지되어야 한다. 이것이 지금 파괴되어야 한다'는 형태로 일어난다. 그리고 시작을 지니는 이러한 심리상태들 때문에, 거기에 비친 의식 또한 시작을 지니는 것으로 말해진다(Sṛjyamānaprāṇikarmavaśena parameśvaropādhibhūta-māyāyāṁ vṛttiviśeṣā idam idānīṁ sraṣṭavyam, idam idānīṁ pālayitavyam, idam idānīṁ saṁhartavyam tyādyākārā jāyante, tāsāṁ ca vṛttīnāṁ sā-ditvāt tatpratibimbitacaitanyam api sāditi ucyate, i).

를 사용하며, 이슈와라는 자신의 몸에서 이러한 변화가 적용되는, 바로 그 영원한 토대라고 주장한다.[원주438] 이슈와라는 전개되지 않은 미세한 몸을 지닌다. 이 몸은 이름과 형태들을 위한 근거지를 형성하며, 주(主)를 위한 토대로 기여하며, 다만 그 자신에 귀속되는 한정자일 뿐이다.[원주439] 신과 영원히 공존하는 무형의 물질을 인정하는 것은 명백히 신의 무한성에 대한 한정들을 포함하는 결과가 된다. 한정들이 외적인 것이 아니라고 말하는 것은 우리에게 큰 도움이 되지 않는다.

유속성 브라흐만은 변화하지만, 그럼에도 불구하고 그것은 여전히 본래적인 관념 속에 머물러 있으며, 따라서 변화들은 모두가 우유적인 것일 뿐 본질적인 것은 아니라고 주장된다. 이슈와라의 통일은 다자(多者) 속에 자기 표현에 의하여 손상되지 않는다.[원주440] "환영(māyā)은 비실재이므로, 마술사가 자신이 만든 환영에 의하여 영향을 받지 않는 것처럼, 이와 마찬가지로, 지고한 주(主)는 상사라(saṃsāra, 현상 세계)의 환영에 의하여 영향받지 않는다."[원주441] 그러므로 샹카라는 자신의 이슈와라 개념 속에 유한자에 대한 부정의 개념과 유한자의 전제에 대한 개념을 결합하고자 시도한다.

절대자를 무차별적 존재의 백지상태로 상정하고 있으면서, 또한 수시로 그것을 자기 한정적 신으로 변형시킨다는, 스피노자에 대한 비판은 샹카라에게 적용되지 않는다. 샹카라는 그와 같이 터무니없는 모순

[원주438] 『베단타 수트라』, ii.1.4에 대한 샹카라의 주석. 『다크쉬나무르티 스토트라』는 말한다. "이 우주에서 움직이거나 움지이지 않는 모든 것—지, 수, 화, 풍, 공, 태양, 달, 영혼—은 단지 그의 8종 형태에 불과하며, 지고한 주(主) 이외의 다른 어떤 것도 없다."

[원주439] Avyākṛtaṃ nāmarūpabījaśaktirūpam, bhūtasūkṣmam īśvarāśrayam, tasyaivopādhibhūtam(『베단타 수트라』, i.2.22에 대한 샹카라의 주석).

[원주440] 『찬도기야 우파니샤드』, viii.14.1 ; vi.3.2 ; 『타잇티리야 아란야카』, iii.12.7 ; 『슈웨타슈와타라 우파니샤드』, vi.12.

[원주441] 『베단타 수트라』, ii.1.9에 대한 샹카라의 주석. Yathā svayaṃprasāritayā māyayā māyāvī triṣv api kāleṣu na saṃspṛśyate 'vastutvāt, evam paramātmāpi saṃsāramāyayā na saṃspṛśyata iti.

을 받아들이지 않기 때문이다. 그는 유한자의 모든 한정들에 대한 부정이 우리에게 단지 그것이 있다는 것 이외에는 아무것도 말해질 수 없는 추상적인 존재를 줄 수 있을 뿐이라는 것을 분명하게 의식하고 있다. 우리가 논리의 방법들을 사용하고 있는 한, 궁극적 실재는 무차별적 브라흐만이 아니라, 세계의 모든 변화의 원천인 차별적 이슈와라이다. 그러나 샹카라의 철학 전반을 통하여 논리의 적합성과 그 이상(理想)의 궁극성에 대한 현저한 선입견이 있으며, 따라서 우리는 그의 견해에 따르면 이 유속성 브라흐만의 개념은 지나치게 자기 모순과 불일치 투성이이므로 그것은 궁극적 실재로 간주될 수 없다는 것을 발견한다.

이슈와라가 모든 유한 존재의 토대이며, 세계의 질료인인 동시에 동력인이라는 것은 하나의 가정이다. 구체적인 보편자는 보편과 특수의 실재를 결합한다고 말하는 것은 아주 쉽다. 그러나 어떻게 그것이 가능한가 하는 것은 불가사의이다. 만일 동일과 차이, 영원과 변화의 관계가 경험의 세계에서 이해할 수 없는 것이라면, 그것이 이슈와라에 적용될 때, 이해할 수 있는 것이 될 수 없다. 샹카라는 자신의 견해가 추상적 동일이라는 비판의 여지가 있다는 것을 알고 있지만, 그럼에도 불구하고 그는 동일과 차이가 논리적으로 관련될 수 없다는 것을 믿는다. 그는 '어떻게' 그 둘이 공존할 수 있는가에 대해서는 알 수 없다고 생각한다.[원주442]

구체적인 전체로서 이슈와라는 경험에 대한 설명이라기보다는 문제

[원주442] 샹카라는 특수의 실재와 함께 보편의 실재에 대한 실재론자들의 이론에서 큰 도움을 얻지 못했을 것이다. 왜냐하면 실재론자들의 보편은 무한성을 주장하지 않기 때문이다. 보편은 비록 특수와는 다른 위상을 지닌다 할지라도, 유한한 실재이며, 만일 신이 이러한 특성의 어떤 보편이라면, 단지 그가 유한하다는 이유 때문에, 그는 여러 방식으로 자신을 여실히 보여줄 수 있을 것이다. 만일 그가 무한하다면, 그는 오직 하나의 방식으로 행위할 수 있을 것이다. 아니면 샹카라는 차라리 그가 전혀 행위할 수 없다고 말할 것이다. 그는 오직 존재일 뿐이며 생성일 수는 없을 것이며, 그의 행위나 현현에 대한 문제는 전혀 있을 수 없다.

의 재언급이다. 우리의 경험은 그 자체 안에 동일과 차별 혹은 영원과 변화의 두 측면들을 지닌다. 우리는 자신의 경험, 즉 영혼들과 사물들의 복합체이며 영원과 변화로 특징지어지는 복합체가 설명될 수 있는가를 물으며, 우리는 이슈와라가 경험에 대한 설명이라고 대답한다. 이슈와라는 이 두 측면들을 종합하며, 그와 유기적으로 관련된 영혼들과 사물들의 세계를 지닌다고 보기 때문이다. 영혼들과 사물들이 이슈와라의 몸을 구성한다고 말하는 것은 경험을 설명하는 것이 아니다. 우리는 경험에 대한 일반적인 개념을 형성하고, 그것을 이슈와라라고 부른다. 경험된 세계에 대한 설명은 전칭명사로 이슈와라라고 불리는 세계 자체이다.

라마누자와 헤겔은 궁극적 실재가 다자(多者)를 포함하는 일자(一者)라고 주장한다. 그들에게서 합리적인 것은 실재이다. 신과 세계는 모두 실재이다. 직관의 무한정성과 실재의 신비는 그들에게 큰 관심의 대상이 되지 못한다. 그들은 실재 그 자체가 아니라, 사유 작용에서의 실재에 관심이 있다. 후자는 그 자체 안에 부정의 요소를 지닌다. 사유 작용의 과정은 마음을 통하여 그 자체의 서로 어긋나고 조화되지 않는 부분들을 동화하고 초월하는 것에 놓여 있다. 그러므로 모든 정신적인 삶은 조화시키기 힘든 요소들과의 끊임없는 투쟁이다. 신성한 삶은 영원한 행위로 간주된다. 세계를 하나의 논리적인 통일체 혹은 단일 체계로 간주하는 것은 그것을 완전하게 한정적인 유일 원리—자체 안에 무수한 세부 사항을 담고 있는—의 현현으로 생각하는 것이다. 그러나 우리는 구체적인 보편 혹은 유한자와 무한자의 결합으로서 이와 같은 궁극자의 개념에 연루되는 난점들을 간과해서는 안될 것이다.

샹카라는 창조에 대한 경전의 설명은 브라흐만과 세계의 동일을 확립하기 위한 것이라고 믿는다.[원주443] 만일 세계가 신과 동일하지 않다

[원주443] Evam utpattyādiśrutīnām aikātmyāvagamaparatvāt(『베단타 수트라, iv.3. 14에 대한 샹카라의 주석). 또한 『베단타 수트라, ii.1.33에 대한 샹카라의 주석을 보라.

면, 만일 그가 세계를 자신과 별개의 실체로 창조했다면, 그는 동기의 영향 하에서 노력을 시도했다고 비난받을 수 있는 결함을 지니게 될 것이다. 다시 말하여 그는 도무지 신이 아니다.[원주444] 만일 그가 카르마의 법칙에 준하여 행위한다면, 그는 그것에 의하여 제한될 것이다. 우리는 자체를 파괴함으로써 자의식이 되는 피히테의 자아 개념을 언급한 적이 있다. 여기서 자아의 파괴는 그것이 어떤 대립물에 직면하여 되비쳐 돌아옴으로써, 즉 이 대립물로부터 그 자체에 반영됨으로써 일어난다. 그와 같은 자아는 비록 그 대립물의 원천이며 토대로 말해진다 할지라도, 그것은 실로 그것의 대립물에 의존적이다. 자아는 세계에 선재할 수 없으며, 또한 그것은 세계보다 더 오래 존속할 수도 없다. 만일 우리가 비아를 소멸시킨다면, 이것은 동시에 자아를 소멸시키는 것이다. 피히테가 이와 같은 논리적인 필연을 막연히 의식하게 될 때, 그는 "주체도 아니고 객체도 아니며, 그 둘 모두의 토대"인 실재의 개념에 도달한다.

샹카라는 피히테가 암중 모색 중이었던 것, 즉 주체와 객체는 논리적인 구분이며, 우리가 모든 논리의 원천에 대하여 말할 때는 전혀 아무런 의미도 지니지 않는다는 것을 누구보다도 분명하게 인식하고 있다. 절대자는 지식을 지니는 자도 아니고 지식의 대상도 아니며, 지식 자체(jñānam)이다. 만일 세계가 신의 사유의 객체화라면, 다시 말하여 신이 영원히 자기 자신을 대상에 대한 자의식적인 존재로 남아 있도록 하기 위하여 존재하는 것이 세계라면, 그와 같은 신은 단지 상대적일 뿐이며 절대적이 아닐 것이다.[원주445] 왜냐하면 "절대자는 거울 속에 있는 그 자체에게 추파를 보내거나, 혹은 다람쥐 쳇바퀴 돌리듯 그 자체에 본래부터 있는 완전의 원을 돌리려 하지는 않을 것이기 때문이다."[원주446] 간단히 말하여, 인격적 존재는 우주의 궁극적인 범주가 아니

[원주444] 『베단타 수트라』, ii.2.37에 대한 샹카라의 주석.
[원주445] Māyopādhir jagadyoniḥ sarvajñatvadilakṣaṇaḥ(『바키아브릿티』(Vākya-urtti), p.45).

다. 플로티노스는 말한다. "자의식과 자기 사고를 지니는 모든 것은 파생적이다."[원주447] 그러므로 인격적 이슈와라를 초월하여 브라흐만, 즉 모든 자기 구분들(self-divisions)에서 자유롭고, 절대 의식의 파괴되지 않는 결합으로 절대적인 객관과 주관을 함께 지니는 절대자가 있다.

직관된 브라흐만과 생각된 브라흐만 사이에 틈새가 있다. 전자는 결코 논리적인 한정들을 지니지 않는 반면에, 후자는 차이를 설명하는 동시에 그것을 극복하는 생산력을 지닌 원리이다. 아무런 한정도 지니지 않는 브라흐만 자체는 마치 모든 색깔이 먹빛으로 되는 어둠처럼, 논리적인 지성인 것처럼 생각될 것이다. 만일 그것이 유한자에 대한 설명으로 조금이라도 기여해야 한다면, 그것은 유한자의 형상을 절대자의 가슴속으로 도입하지 않고는 불가능할 것이다. 만일 우리가 순수 존재를 생각하고자 시도한다면, 우리는 동시에 비존재를 생각하며, 그 둘의 상호 작용으로부터 우주의 생성이 뒤따른다. 엄격히 말하여, 심지어 신조차도 존재하게 된다(becomes).

존재-비존재의 모순은 그 자신의 내적 본질에 나타난다. 아마 이슈와라 자신이 존재하게 되는 것은 아니겠지만, 그럼에도 불구하고 그는 끝없는 생성의 과정 속에서 자신의 의미를 분명하게 드러낸다. 존재와 생성은 하나의 동일한 실재의 두 측면이며, 동일한 실재의 적극적인 실체와 소극적인 그림자이다. 샹카라는 아무것도 말해질 수 없는 무속성 브라흐만과 모든 경험을 포함하고 통일하는 유속성 브라흐만 사이에 건널 수 없는 깊은 틈을 남겼다는 비판은 관점의 혼동에 기인한다. 생각은 주관과 객관의 분별을 뛰어넘을 수 없으며, 따라서 생각에서 궁극자는 그 속에 객체를 지니는 절대적인 주체이다. 그러나 주체와 객체의 배후에서 우리는 브라흐만을 지닌다.

[원주446] *Appearance and Reality*, p.172.
[원주447] *Enneads*, iii.9.3, McKenna's E.T., vol.ii., p.141.

29. 세계의 현상성

브라흐만과 세계 모두, 혹은 일자와 다자가 동등하게 실재적일 수는 없다. "만일 일자와 다자 모두가 실재라면, 설사 어떤 사람이 경험적 존재의 영역 안에 있다 할지라도, 우리는 그가 비실재와 결합되어 있다고 비난할 수 없을 것이며……'지식을 통하여 해탈이 일어난다'고 주장할 수도 없을 것이다. 더욱이 그 경우에 다자에 대한 지식은 일자에 대한 지식에 의하여 초월될 수 없다."[원주448] 실재에 대한 검증 기준들에 의하여 판단된다면, 경험의 세계는 현상적 특성을 나타내 보인다. 대상으로서 개별적인 모든 사실과 사건은 인식하는 주체에 대립하여 선다. 지식의 모든 대상은 파괴를 면할 수 없다.[원주449] 샹카라는 실재와 외관, 실체와 나타남의 구분이 주체와 대상의 구분과 동일하다고 주장한다. 지각되는 대상들은 비실재인 반면에, 그 자체는 지각되지 않지만 지각하는 아트만은 실재이다.[원주450] 각성상태의 대상과 꿈속의 대상을 구별하지만, 그럼에도 불구하고 샹카라는 그 둘 모두가 의식의 대상인 한에서 비실재라고 주장한다.[원주451]

실재는 자기 모순이 없는 것이다. 그러나 세계는 모순들로 가득 차 있다. 시공간과 인과율에 지배되는 세계는 자명하지 않다. 유한 세계에서 자체의 문제들이 단독으로 해결되는 조화의 원리는 결코 없다. 모든 존재의 형태를 규정하는 시공간과 인과 법칙은 궁극적인 것이 아니다. 궁극적 실재는 이러한 것들에 의하여 은폐되고 모호해진다. 만일 우리가 장소에 대한 구분이나 시간에 대한 구분 혹은 사건들에 대한 구분을 넘어설 수 있다면, 다양성의 세계는 무너져내려 한 단위로 혼융된다

[원주448] 『베단타 수트라』, ii.1.14에 대한 샹카라의 주석.
[원주449] Yad dṛśyaṁ tan naśyam.
[원주450] "보이는 것은 무상하다. 이에 비하여 보이지 않는 것은 영원하다."
[원주451] Dṛśyatvam asatyatvaṁ ca aviśiṣṭam ubhayatra(가우다파다의 『카리카』, ii.4에 대한 샹카라의 주석).

고 말해진다.[원주452] 시공간과 인과 법칙의 거푸집 속에 형성되는 경험
은 단지 현상적일 뿐이다. 실재는 항상 존재하는 것이다.[원주453] 그것은
언제나 존재했고, 존재하며, 존재할 것이다.[원주454] 실재는 오늘 존재하
다가 내일 사라질 수 없다. 경험의 세계는 언제나 존재하는 것은 아니
며, 따라서 그것은 실재가 아니다. 실재에 대한 통찰이 획득될 때, 경험
의 세계는 초월된다. 세계는 진정한 지식에 의하여 부정되어 사라지므
로, 실재가 아니라고 말해진다.[원주455] 고차원적인 것에 대한 인식은 낮
은 차원의 실재를 부정한다. 세계의 대상들은 변화 가능하다. 그들은
존재하는 것이 아니라, 언제나 생성 중에 있다. 무엇이든 변화하는 것
은 결코 실재가 아니며, 실재는 영원한 초월적 존재이다.

　샹카라는 말한다. "영원한 것은 시작을 지닐 수 없으며, 시작을 지니
는 것은 무엇이나 영원하지 않다."[원주456] 우리의 이해는 변화하는 대상
들로 만족하지 않으며, 오직 변화하지 않는 것들만 실재이다.[원주457] 실
재인 것은 존재하지 않을 수 없다. 만일 어떤 것이 윤회 세계에서 실재

[원주452] Asti bhāti priyaṁ rūpaṁ nāma cety aṁśapañcakam, Ādyaṁ trayaṁ
　　　brahmarūpaṁ jagadrūpaṁ tato dvayam. 압파야 디크쉬타(Appaya Dīkṣita)의
　　　『싯단타레샤』(Siddhāntaleśa), ii를 보라.
[원주453] Traikālikādyabādhyatvam.
[원주454] Kālatrayasattāvāt. 『비슈누 푸라나』를 참조하라. "Yat tu kālāntareṇāpi
　　　nānyasaṁjñām upaiti vai, Pariṇāmādisaṁbhūtaṁ tad vastu……"(ii.13.95).
　　　실재는 심지어 시간의 경과에 의해서도 형태의 변화 등으로부터 도출되는 다른
　　　명칭을 얻지 않는 것이다. 기독교의 기도서에 나오는 구절과 비교하라. "끝없는
　　　세계가 태초에 있었던 것처럼, 그것은 지금도 있으며, 장차에도 있을 것이다."
[원주455] Jñānaikanivartyatvam. "우리에게 불이(不二)에 대한 의식이 일어나자마자,
　　　개별 영혼의 윤회상태와 이슈와라의 창조성은 즉각 사라지며, 그릇된 지식에 의하
　　　여 일어난 다양한 현상 전체는 완전한 지식에 의하여 부정된다"(『베단타 수트라』,
　　　iii.2.4에 대한 샹카라의 주석 ;『아트마보다』(Ātmabodha), vi 및 vii).
[원주456] Nahi nityaṁ kenacid ārabhyate, loke yad ārabdhaṁ tad anityam(『타잇
　　　티리야 우파니샤드』에 대한 샹카라의 주석, 서론).
[원주457] Yadviṣayā buddhir na vyabhicarati tat sat ; yadviṣayā buddhir vya-
　　　bhicarati tad asat. 또한 『베단타 수트라』, i.1.4에 대한 샹카라의 주석 ;『타잇티
　　　리야 우파니샤드』, ii.1을 보라.

라면, 그것은 해탈에서 실재가 아닐 수 없다. 이러한 의미에서 변화하는 세계는 실재가 아니다. 세계는 순수 존재도 아니고 순수 비존재도 아니다. 순수 존재는 어떤 현존이 아니며, 세계 과정의 한 품목도 아니다. 순수 비존재는 타당한 개념이 아니다. 왜냐하면 만일 그것이 그렇다면 절대적인 무(無)는 어떤 실체(entity)일 것이며, 가정에 의하여 모든 존재에 대한 부정인 그것은 당연히 존재로 받아들여져야 할 것이기 때문이다. 존재하지 않는 것은 어떤 것이 아니다. 존재하는 것은 유(有)도 아니고 비유(非有)도 아닌 생성(becoming)이다. 왜냐하면 그것은 결과들을 생산하기 때문이다.[원주458] 어떤 지점에서도 세계는 생성을 멈추고 존재에 도달할 수 없다. 세계는 무한자가 되기 위한 투쟁의 과정에 깊이 관련된다. 그러나 그것은 결코 무한성을 얻은 적이 없다.

언제나 창조된 세계 이상의 어떤 것이 있다.[원주459] 아트만의 실현은 모든 세속적 행위들의 궁극적인 목적(avasāna)이며,[원주460] 그것은 세계가 세계로 지속하는 한, 도달되지 않는다. 환영의 세계와 이슈와라의 관계는 무시(無始, anādi)이다. 존재와 비존재의 관계는 모순의 배제 관계이며, 존재는 비존재를 극복하기 위하여, 즉 존재로 전환시키는 과정을 통하여 그것을 부정하기 위하여 노력한다. 이것은 이슈와라에 의하여 주관되는 생성의 과정의 목적이며, 이슈와라는 존재에서 비존재를 밀어내고, 그것으로부터 존재의 영원한 진행을 도출하는 일에 분주하다. 그러나 논리적인 차원에서, 비존재를 동치(同値)의 존재로 강제하는 것은 불가능하다. 세계 과정은 이 끝없는 작업에 열중한다. 처음부터 끝까지 그것은 항상 어둠의 영역을 침범하는 빛의 문제이다. 우리는 그것을 점점 더 멀리 밀어낼 수는 있을 것이다. 그러나 그것은 단지

[원주458] Arthakriyākāri. 수레슈와라의 견해를 참조하라. "순수 비실체(nonentity)는 실체와 분리된 것으로 혹은 실체와 동일한 것으로 증명받을 여지가 없다. 그러므로 오직 실체만이 실행할 수 있다"(『바룻티카』, p.927).
[원주459] 『베단타 수트라』, iv.3.14에 대한 샹카라의 주석
[원주460] 『바가바드기타』, xviii.50에 대한 샹카라의 주석.

감소할 뿐이며, 결코 완전히 사라지지는 않는다.

유한 세계에서 존재와 비존재의 관계는 배제의 관계가 아니라 양극적 대립의 관계이다. 이 두 개념들은 정반대인 동시에 상관적이다. 그 둘 가운데 어떤 것도 다른 하나와의 대립을 통하지 않고서는 현존을 얻지 못한다. 하나가 아무리 많은 정도로 다른 하나를 침투하거나 혹은 그것에 의하여 침투된다 할지라도, 그 둘에 대한 구분과 대조는 항상 거기에 있으며, 따라서 세계의 모든 존재는 불안정하며 덧없는 운명에 처해 있다. 심지어 세계 과정에서 최고의 원리, 즉 인격신조차도 자신 안에 비존재의 그림자를 지닌다. 오직 브라흐만이 순수 존재, 즉 모든 존재 속에 실재적인 모든 것을 지니며, 무상한 존재들의 한계나 비존재의 요소를 전혀 지니지 않는 존재이다. 브라흐만과 다른 것은 무엇이나 비실재이다.[원주461]

경험 세계의 본질은 언제나 그 자체가 아닌 것이 되는 것, 즉 그 자체에 대한 초월을 통하여 자체를 변형시키는 것이다. "세계는 있는 것도 아니고 없는 것도 아니며, 따라서 그것의 본질은 설명할 수 없다."[원주462] 그것은 존재와 다를 뿐만 아니라 또한 비존재와도 다르지만,[원주463] 그럼에도 불구하고 그 둘 모두의 속성을 지닌다.[원주464] 플라톤이 지적한 것처럼, 모든 유한 존재들은 존재와 비존재로 이루어져 있다.[원주465] 갈피를 못 잡게 하는 다양한 현상 세계는 실재에 속하지 않으면 안된다. 왜냐하면 그것이 있을 수 있는 그 외의 다른 어떤 것도 없기 때문이다. 그럼에도 불구하고 그것은 실재가 아니다. 그러므로 그것은 실재의 현상 혹은 가현으로 말해진다.[원주466] 보상케(Bosanquet)의

[원주461] Brahmabhinnaṁ sarvam mithyā brahmabhinnatvāt(『베단타파리바샤』).

[원주462] Tattvānyatvābhyām anirvacanīyā……플로티노스, *Enneads*, iii.6, 7, Mckenna's E.T., vol.ii, p.78.

[원주463] Sadasadvilakṣaṇa.

[원주464] Sadasadātmaka.

[원주465] Satyānṛte mithunīkṛtya(『베단타 수트라』에 대한 샹카라의 주석, 서론).

[원주466] Vikalpo na hi vastu(『바가바드기타』, iv.18에 대한 샹카라난다의 주석).

표현에 의하면, 모든 유한 존재는 "유한·무한적 본질의 위대한 궁극적 모순"이다. 천국과 지상은 사라지며, 우리의 육체는 썩어 문드러진다. 우리의 감각들은 변화하며, 우리의 경험적 에고는 우리의 눈앞에 확립된다. 그러나 이 가운데 어느 것도 궁극적으로 실재가 아니다. 세계의 이 현상성에 대한 추상적 표현이 곧 마야(māyā, 환영)이다.

30. 마야 이론

아드와이타 철학의 주요 특징인 마야[원주467] 이론의 의미를 살펴보자. 세계는 앞 절에서 언급한 이유 때문에 실재로 간주될 수 없으므로, 그

[원주467] 『리그 베다』에서 마야라는 말은 자주 나타나고 있으며, 일반적으로 신들(gods), 특히 바루나(Varuṇa), 미트라(Mitra), 그리고 인드라(Indra)에 귀속되는 초자연력을 가리키기 위하여 사용된다. 고대의 수많은 찬가들에서, 마야는 세계를 유지하는 힘으로 찬양된다(『리그 베다』, iii.38.7 ; ix.83.3 ; i.159.4 ; v.85.5). 허위와 기만이라는 의미에서의 마야는 아수라들(asuras)——신들(devas)과 끊임없이 전쟁을 행하는—— 의 특권이다. 우리는 『리그 베다』의 한 구절(vi.47.18)에서 어떤 다른 의미를 발견한다. 여기서 인드라는 자신의 초자연력을 통하여 여러 형태를 띠는 것으로 말해진다. "여러 형상으로 그는 생각되었으며, 이 모든 것들은 단지 그의 형상으로 간주될 뿐이다. 인드라는 자신의 마야, 즉 놀라운 힘들을 통하여 여러 형태로 돌아다닌다. 그의 천 마리 말들은 마구가 채워졌다"(Rūpaṁ rūpam pratirūpo babhūva, Tad asya rūpam praticakṣaṇāya, Indro māyābhiḥ puru-rūpa īyate, Yuktā hyasya harayaḥ śatā daśa). 마야는 자기 자신을 변형하거나 다른 형태를 띠는 힘을 의미한다. 『리그 베다』, x.54.2에서는 다음과 같이 언급된다. "오 인드라여, 육체적인 형상을 통하여 충만해졌을 때, 당신은 자신의 강력함을 선언하며 사람들 사이를 돌아다녔습니다. 그런데 사람들이 말하기를, 당신의 모든 전투들은 단지 산물, 즉 마야의 창조였다고 합니다. 왜냐하면 당신은 여태껏 지금이나 과거 어느 때에도 결코 적(敵)을 본 적이 없었기 때문입니다." 인드라의 행위들은 유희적 충동의 산물이었다. 『프라슈나 우파니샤드』(i.16)에서 마야라는 말은 거의 환영이라는 의미로 사용된다. 『슈웨타슈와타라 우파니샤드』(iv.10)와 『바가바드기타』(iv.5~7 ; xviii.61)에서 우리는 마야의 힘을 지닌 인격신의 개념을 지닌다.

것은 마야로 간주된다. 실재적인 브라흐만과 비실재적인 세계의 관계는 무엇인가? 샹카라에게 이 질문은 합당하지 않은 질문이며, 따라서 대답될 수 없다. 우리가 절대적인 브라흐만을 직관할 때, 세계의 본질에 대한 질문이나 브라흐만과 세계의 관계에 대한 질문은 일어나지 않는다. 왜냐하면 모든 논의를 무력하게 만드는 진리가 하나의 사실로 통찰되기 때문이다. 만일 우리가 논리적인 입장에 선다면, 세계와의 관련을 필요로 하는 순수 브라흐만은 있을 수 없다. 그 문제가 일어나는 것은 우리가 논의의 과정에서 관점을 바꾸기 때문이다. 가상의 어려운 문제에 대하여 어떤 실재적인 해결은 있을 수 없다. 또한 하나의 관계는 구별되는 두 개별자를 전제로 하며, 만일 브라흐만과 세계가 관련된다면, 그 둘은 구별되는 것으로 간주되어야 하지만, 아드와이타는 세계가 브라흐만과 다르지 않다고 주장한다. 샹카라는 인과율(kāryakā-raṇatva)의 과학적 원리와 불이(不二, ananyatva)라는 철학적 원리를 구분한다. 브라흐만과 세계는 다르지 않으며,[원주468] 따라서 그 둘의 관계에 대한 질문은 허용될 수 없는 질문이다. 세계는 브라흐만 속에 그 자체의 토대를 지닌다.[원주469]

그러나 브라흐만은 세계와 동일하지만, 또한 동일하지 않다. 그것은 세계가 브라흐만과 분리되어 있지 않기 때문이며, 브라흐만이 세계의 지배에 지배되지 않기 때문인 것은 아니다. 만일 우리가 브라흐만과 세계를 분리한다면, 우리는 느슨하게, 부자연스럽게, 그리고 외적으로 외

[원주468] "전체 세계는 브라흐만으로부터의 창조이며 또한 브라흐만과 다르지 않으므로"(Ataś ca kṛtsnasya jagato brahmakāryatvāt tad ananyatvāt, 『베단타 수트라』, ii.1.20에 대한 샹카라의 주석).

[원주469] 스피노자의 인과론과 이 견해를 비교하라. 그는 신을 세계의 유한한 존재 전체에 대한 내재적 원인으로 간주함으로써, 인과 관계를 실체와 속성의 관계로 만들었다. 신이 세계에 대하여 지니는 관계는, 기하학적 도형이 그것으로부터 도출될 수 있는 다양한 추론적 도형들에 대하여 지니는 관계에 비유된다. 스피노자에게 신과 세계는 삼각형에서 세 각의 동등함 혹은 세 변의 동등함과 마찬가지로 서로 관련되어 있다.

에는 그 둘을 결합할 수 없을 것이다. 브라흐만과 세계는 하나이며, 실재와 현상으로 존재한다. 유한자는 어떤 장애 때문에 우리의 시야에서 가려져 있는 무한자이다. 만일 브라흐만이 알려진다면, 세계에 대한 모든 의문들이 사라지므로, 세계는 브라흐만이다. 이러한 의문들은 단지 유한한 정신이 경험의 세계를 실재 그 자체로 보기 때문에 일어난다. 만일 우리가 절대자의 본질을 안다면, 모든 유한한 형태들과 한계들은 사라질 것이다. 세계는 마야이다. 왜냐하면 그것은 브라흐만의 영원한 실재에 대한 본질적인 진리가 아니기 때문이다.

샹카라는 논리적인 범주들을 통하여 브라흐만과 세계의 관계를 설명하는 것은 불가능하다고 주장한다. "궁극적 실재는 결코 비실재와 어떤 관련을 지니는 것으로 알려지지 않는다."[원주470] 세계는 아무튼 존재하며, 브라흐만에 대한 그것의 관계는 설명될 수 없다(anirvacanīyā). 샹카라는 그것을 설명하려는 여러 가지 시도들을 검토하고, 이러한 시도들이 모두 부적합하며 불만족스럽다는 것을 밝힌다. 무한한 브라흐만은 유한한 세계의 원인이며, 그것을 창조했다고 말하는 것은, 무한자가 시간의 한정들에 지배된다는 것을 인정하는 것이다. 원인과 결과의 관계는 브라흐만과 세계의 관계에 적용될 수 없다. 왜냐하면 원인은 단지 연속이 있는 존재의 유한한 양태들과 관련하여 의미를 지닐 뿐이기 때문이다. 우리는 브라흐만은 원인이며 세계는 결과라고 말할 수 없다. 왜냐하면 이것은 브라흐만을 세계와 구별하고, 그것을 다른 어떤 것과 관련된 어떤 것으로 만들기 때문이다. 또한 세계는 유한하며 조건지어진다. 그런데 어떻게 무조건적인 무한자가 그것의 원인이 될 수 있는가?

만일 유한자가 한정된 것 혹은 일시적인 것이라면, 유한자에 대한 한정으로서 무한자는 그 자체로 무한한 것이 아니라 유한할 것이다. 무한자는 부득이 유한자가 되지 않을 수 없어서 시간의 특정한 순간에

[원주470] Na hi sadasatoḥ saṁbandhaḥ(『문다카 우파니샤드』, ii.7에 대한 샹카라의 주석).

나타나는가? 샹카라는 가우다파다의 불생설(ajātivāda)을 지지한다. 세계는 전개되거나 생성된 것이 아니며, 한정적인 시야 때문에 다만 그렇게 보일 뿐이다. 세계는 브라흐만과 다르지 않으며(ananya), 브라흐만에 의존적(avyatirikta)이다. "결과는 에테르(ākāśa)로 시작하는 현현된 세계이며, 원인은 최고의 브라흐만이다."[원주471] 그것은 동일 혹은 경험적인 용어로 영원한 공존의 경우이며, 힘으로 규정되는 원인만이 사건들의 순서를 결정하는 시간적인 연속이 아니다. 세계의 가장 내밀한 자아가 곧 브라흐만이다. 만일 그것이 브라흐만에 대하여 독립적인 것처럼 보인다면, 우리는 그것이 그와 같이 나타나는 것은 아니라고 말해야 할 것이다.[원주472] 또한 우리는 행위를 무한자에 귀속시킬 수 없다. 왜냐하면 모든 행위는 실현되어야 하는 목적, 즉 성취되어야 하는 대상을 함축하기 때문이다.

만일 절대자가 유한자에 그 자신을 현현한다고 주장된다면, 샹카라는 유한자가 절대자를 현현한다고 주장하는 것은 옳지 않다고 말할 것이다. 마치 태양이 언제나 빛나고 있는 것처럼, 절대자는 유한자가 있든 없든 항상 그 자체를 현현하고 있다. 만일 우리가 가끔 태양빛을 보지 못한다면, 그것은 태양의 결함이 아니다. 절대자는 언제나 그 자체의 본질을 지속한다. 우리는 절대자의 존재와 그것의 표현 사이에 어떤 구분도 만들 수 없다. 전자는 곧 후자이기 때문이다. 나무의 형태로 그 자체를 발현하는 씨앗의 비유는 적용할 수 없다. 왜냐하면 유기적인 성장과 발전은 시간적인 과정들이기 때문이다. 시간적인 범주들을 영원자에게 적용하는 것은 그것을 경험적 대상 혹은 현상의 차원으로 끌어내리는 것이다. 신을 자기 표현을 위하여 창조에 의존하는 자로 나타내는 것은, 그를 오로지 내재적인 자로 나타내는 것이다.

[원주471] "Kāryam ākāśādikam bahuprapañcam jagat, kāraṇam param brahma, tasmāt kāraṇāt paramārthato 'nanyatvam vyatirekeṇābhāvaḥ kāryasyā-vagamyate"(『베단타 수트라』, ii.1.14에 대한 샹카라의 주석).
[원주472] 『베단타 수트라』, ii.1.14 ; ii.3.30 ; ii.3.6에 대한 샹카라의 주석.

샹카라는 전변(轉變, pariṇāma)에 대한 견해를 받아들이지 않는다. 브라흐만의 전체 혹은 일부가 세계로 전변되는가? 만일 그것이 전체라면, 브라흐만은 우리 눈앞에 세계로서 놓여 있을 것이며, 우리가 추구해야 할 초월적인 어떤 것도 없을 것이다. 만일 세계로 전변되는 것이 일부라면, 그러면 브라흐만은 분할될 수 있어야 할 것이다. 만일 어떤 것이 부분들, 차별의 요소들을 지닌다면, 그것은 영원하지 않다.[원주473] 경전은 브라흐만이 부분을 지니지 않는다(niravayava)고 주장한다.[원주474] 일단 브라흐만이 부분적으로 혹은 전체적으로 세계의 실체가 되는 순간에, 그것은 더 이상 그것의 실체가 아니며, 더 이상 독립적이지 않다. 만일 절대자가 역사적인 생성 과정의 진화에 따라 성장·발전한다면, 만일 우리의 행위에 의하여 어떤 공헌이 절대자의 삶과 성장에 주어진다면, 절대자는 상대적이 될 것이다. 그럼에도 불구하고 만일 절대자가 모든 차이와 구분을 폐지하고 생성의 세계를 완전히 없애버린다면, 세계에서 질과 양에 대한 결정이나 측정은 삶에 아무런 의미도 지닐 수 없을 것이다.

브라흐만과 세계의 관계는 나무와 그 가지, 바다와 파도, 찰흙과 그것으로 만들어진 옹기의 관계에 비유될 수 없다. 왜냐하면 이 모든 관계들은 전체와 부분 혹은 실체와 속성이라는 지적인 범주들을 사용하고 있기 때문이다. 브라흐만과 영혼들——양자 모두 부분을 지니지 않는다——의 관계는 외적인(saṃyoga) 것일 수도 없고, 내적인(sama-vāya) 것일 수도 없다. 영혼들이 브라흐만에 본래부터 내재하는가 아니면 브라흐만이 영혼들에 내재하는가? 브라흐만을 생성의 세계와 관련지으려는 모든 시도는 실패로 끝난다. 유한한 세계와 무한한 영혼의 관계는 인간의 이해에 하나의 신비이며 수수께끼이다. 모든 종교체계는 유한자가 무한자에 근원되며, 그 둘 사이에는 어떤 틈새도 없다고

[원주473] 『베단타 수트라』, ii.1.26에 대한 샹카라의 주석.
[원주474] 『슈웨타슈와타라 우파니샤드』, vi.19 ; 『문다카 우파니샤드』, ii.1~2 ; 『브리하드아란야카 우파니샤드』, ii.4.12 ; iii.8.8.

주장하지만, 그럼에도 불구하고 지금까지 어떤 종교체계도 그 둘의 관계를 논리적으로 분명하게 표현하지 못했다.[원주475] 우리는 현상들의 영역이 절대자와 관련되는 방식을 설명할 수 없다. 지식에서의 진전은 우리가 객관 세계를 구성하는 현상들을 보다 상세하고 정확하게 설명할 수 있게 만들 수 있을 것이다.

그러나 무한자의 품으로부터 유한 세계의 일어남, 즉 역사적인 경험 세계의 과정에 대한 설명은 우리의 능력 바깥에 놓여 있다. 논리적인 추론의 연쇄가 아무리 길게 이어진다 해도, 우리는 설명이 멈추는 곳, 즉 더 이상의 연역이 불가능하다는 사실을 받아들이는 것 이외에는 아무런 여지도 없는 지점에 도달하게 된다. '마야'라는 말은 우리의 유한성을 가리키며, 우리의 지식에 있는 결함과 단절을 의미한다. 마술사는 무(無)로부터 우리 앞에 나무를 만들어낸다. 비록 우리는 그 나무를 설명할 수 없다 할지라도, 그것은 거기에 있으며, 그래서 우리는 그것을 마야라고 부른다. 빈번하게 남용되는 새끼줄과 뱀의 비유는 세계 문제

[원주475] 『베단타 수트라』, ii.1.24~26에 대한 샹카라의 주석. "어떻게 그리고 왜 이 세계가 있으며, 그 결과로 유한 존재가 그것에 속하는가를 분명하게 보여주는 것은 전적으로 불가능하다. 그것은 단지 부분에 대하여 실행할 수 있는 것이 아니라, 전체에 대한 이해일 것이다." "경험은 유한 존재들에서 일어나야 하며, 유한한 'thisness'의 형태들을 띠어야 한다는 것은 결국 설명할 수 없다." "어떻게 우리가 이해할 수 없는 현상과 같은 것이 있을 수 있겠는가"(*Appearance and Reality*, p.204, p.226, p.413). 그린(Green)에 의하면, 본질적으로 무시간적이며 완전한 어떤 의식, 그리고 불완전하고 시간적인 여타의 유한한 의식들이 있다. 그린은 그 둘의 관계가 설명될 수 없다는 것을 인정한다. 왜 완전한 의식이 무수히 많은 자신의 불완전한 모조품들을 계속해서 만들어야 하는가를 묻는 것은, 실재는 왜 실재인가에 대한 물음, 즉 당연히 대답될 수 없는 질문이다. 또한 『인도철학사 I』, pp.260~261을 보라. 실러(Schiller)의 견해를 참조하라. "(창조에 대한) 모든 질문은 너무 많이 묻기 때문에, 그것은 부적절하며 쓸모없다고 마땅히 주장될 수 있을 것이다. 그것은 적어도 어떻게 실재가 존재하게 되었는가, 혹은 사실이 어떻게 절대적으로 되는가 하는 것 이상을 알아야 의미있는 질문이 된다. 그리고 이것은 어떤 철학이 성취할 수 있는, 혹은 시도할 필요가 있는 이상의 어떤 것이다" (*Studies in Humanism*).

310

의 어려운 점을 설명하기 위하여 샹카라에 의하여 사용된다. 새끼줄에 대한 수수께끼는 세계에 대한 수수께끼이다. "왜 새끼줄이 뱀으로 나타나는가?" 하는 것은 초등학생들이 제기하고 철학자들이 대답하지 못하는 질문이다. 세계로서 브라흐만의 나타남에 대한 질문은 더욱 어렵다. 우리는 단지 마치 새끼줄이 뱀으로 나타나듯이 브라흐만은 세계로 나타난다고 말할 수 있을 뿐이다.[원주476] 브라흐만과 이슈와라의 관계는 브라흐만과 세계의 관계에 관한 일반적인 문제의 특수한 적용이다.

샹카라는 결과를 생성함에 있어서 원인 자체가 전변한다고 보는 전변설(轉變說, pariṇāmavāda)로부터, 원인이 어떤 변화도 겪지 않으면서 결과를 생성한다는 가현설(假現說, vivartavāda)을 구분함으로써, 비록 세계는 브라흐만에 달려 있다 할지라도, 그것은 브라흐만에 전혀 영향을 미치지 않는다는 것을 분명히 한다. '가현'(vivarta)은 문자적으로 '변절' 혹은 '왜곡'을 의미한다. 가현이 공간 등의 세계인 것이 브라흐만이다. 가현은 절대적인 브라흐만이 시공간의 상대적인 세계로 나타나는 것을 의미한다. 그러나 본체는 브라흐만이며, 세계는 그것을 시공간의 차원에 바꾸어놓은 것으로 간주될 수 있을 것이다. 가현은 우리를 위하여 만들어진 것이기 때문에, 본체는 그 자체의 존재를 위하여 가현에 의존하지 않는다.

다양성의 세계는 궁극적 실재 자체를 위한 것이 아니라, 궁극적 실재가 우리를 위하여 취한 한 측면이다. 우유가 응유로 변화될 때, 우리는 전변을 지니며, 새끼줄이 뱀으로 나타날 때, 우리는 가현을 지닌다.[원주477] 원인에 대한 결과의 일방적인 의존을 설명하고 원인의 완전함을 보지하기 위하여, 새끼줄과 뱀, 조가비와 은조각, 사막과 신기루 등의 다양

[원주476] "뱀 등으로 나타나는 새끼줄의 경우에서처럼, 이와 같이 세 상태들을 통하여 동일한 궁극적 자아의 나타남은 단지 가탁(假託)일 뿐이다(Māyāmātram hy etad yat paramātmano 'vasthātrayātmanāvabhāsanaṁ rajjvā iva sarpādibhāvena……, 『베단타 수트라』, ii.1.9에 대한 샹카라의 주석).
[원주477] 『베단타 수트라』, ii.1.28에 대한 샹카라의 주석.

한 예들이 샹카라에 의하여 사용된다. 전변의 경우에 원인과 결과는 실재의 동일한 차원에 속하지만, 가현의 경우에 결과는 원인과는 다른 존재의 차원에 속해 있다.[원주478] 뱀의 환영이 새끼줄에 존재한다고 말해지는 것과 똑같이, 세계는 브라흐만에 존재한다.

아드와이타 논서들에서 보게 되는 가현설에 대한 다른 해석들이 있다.[원주479] 마야는 제2의 것을 지니지 않는 브라흐만과 다를 수 없다. 세계는 실재의 어떤 다른 원천으로부터 브라흐만에 대한 어떤 부가에 기인하지 않는다. 왜냐하면 이미 완전한 것에 부가될 수 있는 것은 아무 것도 없기 때문이다. 그러므로 그것은 비존재에 기인한다. 세계의 과정은 실재의 점진적인 상실에 기인한다. 마야는 분할하는 힘, 즉 잴 수 없는 것을 재어서 나누고 형태 없는 것에서 형태들을 만들어내는 유한화의 원리에 대한 명칭이다.[원주480] 이 마야는 중심 실재의 한 측면이며, 그것과 동일하지도 않고 다르지도 않다. 마야에 독립적인 지위를 부여하는 것은 근본적인 이원론을 수용하는 결과가 될 것이다. 우리가 경험의 세계에서 의식하는 차이와 분립을 영원자에 기인하는 것으로 간주하는 것은 불합리하다. 우리가 브라흐만과 마야를 결합하려고 노력하는 순간에, 전자는 이슈와라로 변형되며, 마야는 이슈와라의 에너지(śakti)를 가리킨다.

그러나 이슈와라는 결코 자신의 마야에 의하여 영향받지 않는다. 만일 마야가 존재한다면, 그것은 브라흐만에 대한 한정 요소가 될 것이

[원주478] Pariṇāmo nāma upādānasamasattākakāryāpattiḥ ; vivarto nāma upādāna-viṣamasattākakāryāpattiḥ(『베단타파리바샤』, i).

[원주479] 『타잇티리야 우파니샤드』, ii.6에 대한 샹카라의 주석을 보라. Nāsadrūpā na sadrūpā māyā naivobhayātmikā, Sadasadbhyām anirvācyā mithyābhūtā sanātanī(『수리야 푸라나』(*Sūrya Purāṇa*), 『바가바드기타』, i.26에 대한 샹카라의 주석에 인용됨).

[원주480] Eka eva parameśvaraḥ kūṭasthanityo vijñānadhātur avidyayā mātayā māyāvivad anekathā vibhāvyate, nānyo vijñānadhātur asti(『베단타 수트라』, i.3.19에 대한 샹카라의 주석).

며, 만일 그것이 존재하지 않는다면, 심지어 세계의 가현도 설명될 수
없을 것이다. 그것은 세계를 생성할 정도로 충분히 실재적이지만, 브라
흐만에 대한 한정 요소가 될 정도로 충분히 실재적이지는 않다. 그것은
브라흐만과 동일한 정도로 실재적이지 않을 뿐만 아니라, 공중꽃처럼
비실재적인 것도 아니다.[원주481] 우리가 그것을 환영으로 부르든 실재라
고 부르든, 그것은 우리의 경험적인 삶을 설명하는 데 필수적이다. 그
것은 신의 영원한 힘이다. 『상크세파샤리라카』(*Saṃkṣepaśārīraka*)의
저자는 브라흐만이 마야의 개입을 통하여 세계의 질료인이며, 마야는
본질적인 작용 조건이라고 주장한다. 그러나 마야는 브라흐만의 산물
이며, 브라흐만의 행위의 양태이다. 그것은 본질적으로 세계 내에 있으
며(anugata), 세계의 존재를 규정한다(kāryasattāniyāmikā). 마야는
실체(dravyam)가 아니며, 따라서 질료인(upādānam)으로 간주될 수
없다. 그것은 질료인(Brahman)으로부터 나와서 물질적인 산물, 즉 세
계를 만들어내는 일종의 매개인(媒介因, vyāpāra)이다.[원주482] 이 저자
에 의하면, 마야는 브라흐만에 속하는 유한화 과정이며, 진리를 은폐하
고(āvaraṇa) 거짓을 투사하는(vikṣepa) 두 가지 속성을 지닌다.[원주483]
이 둘 중에서 전자는 단지 지식에 대한 부정에 불과한 반면에, 후자는
오류의 적극적인 생성이다. 우리는 절대자를 지각하지 못할 뿐만 아니
라, 그곳에서 그것이 아닌 다른 어떤 것을 파악한다. 마야는 이름과 형
태의 다양한 세계를 전개한다. 그것은 또한 이와 같은 이름과 형태로
이루어진 세계 아래에 영원한 브라흐만을 감춘다.

　마야는 실재를 감추고 비실재를 투사하는 두 가지 기능을 지닌다.
다양함의 세계는 우리를 실재로부터 가려 막는다.

　어떤 사람들은 그를 나타내 보이고자 창조가 있다고 생각하지만,

[원주481] 『베단타 수트라』, i.4.3에 대한 샹카라의 주석.
[원주482] Tajjanyatve sati, tajjanyajanako vyāpāraḥ.
[원주483] 『베단타사라』(*Vedāntasāra*), iv를 보라.

나는 그것이 그를 가리고 숨기기 위한 것이라고 말하리라.[원주484]

마야는 그 성격상 기만적이므로,[원주485] 무지 혹은 그릇된 지식이라고 불린다. 그것은 단순히 파악의 부재가 아니라, 적극적인 오류이다. 이 행위가 브라흐만에 귀속될 때, 후자는 이슈와라가 된다. "움직임이 없고 조건지어지지 않은 일자(一者)는 그 자체의 마야의 힘을 통하여 창조자로 알려지는 것이 되었다."[원주486]

마야는 이슈와라의 에너지이며, 잠재적인 세계를 실제적인 세계로 변형시키는, 그에게 고유한 힘이다. 그의 마야는 그 자체를 두 가지 양태, 즉 욕망(kāma)의 양태와 의지 작용(saṁkalpa)의 양태로 변형시킨다. 그것은 영원한 신의 창조력이며, 따라서 영원하다. 그것을 통하여 지고한 주(主)는 세계를 창조한다. 마야는 별개의 어떤 거소(居所)를 지니지 않는다. 불(火)에 있는 열처럼, 그것은 이슈와라에 있다. 마야가 존재한다는 것은 그것의 결과들로부터 추론된다.[원주487] 마야는 미전개 상태로 이슈와라에 내재하는 이름 및 형태들과 동일시되며, 이런 의미에서 그것은 프라크리티와 같은 뜻을 나타낸다.[원주488] 이슈와라는 절대적 존재보다 덜한 실재성을 지니며, 다른 대상들은 실재성의 점증적인 상실을 나타낸다. 실재성의 정도를 재는 척도의 밑바닥에서 우리는 상실될 수 있는 아무런 적극적인 내용을 지니지 않는 어떤 것, 즉 더 이상 아무것도 탈각될 수 없는 것, 한마디로 말하여, 있으나 비존재로 있는 것, 실재가 끝나는 텅 빈 벽처럼 일어나는 무(無)에 도달한다. 그것

[원주484] Browning, *Bishop Blougram's Apology*.

[원주485] 기만 혹은 허위로서의 마야에 대하여, 『밀란다』(*Milanda*), iv.8.23을 보라.

[원주486] Aprāṇaṁ śuddham ekaṁ samabhavad atha tan māyayā kartṛsaṁ-jñam(『샤타슐로키』(*Sataśloki*), p.24). 『판차다쉬』(*Pañcadaśi*), x.1을 참조하라.

[원주487] Nistattvā kāryagamyāsya śaktir māyāgniśaktivat(『판차다쉬』).

[원주488] Īśvarasya māyāśaktiḥ prakṛtiḥ(『베단타 수트라』, ii.1.14에 대한 샹카라의 주석). 또한 『슈웨타슈와타라 우파니샤드』, iv.10 ; 『바가바드기타』, vii.4에 대한 샹카라의 주석, 서론 ; 『상키야프라바차나 바쉬야』(*Sāṁkhyapravacana Bhāṣya*), i.26을 보라.

은 세계 전개의 일부 혹은 산물이 아니라, 다양함과 상실의 미현현 원리이며, 그것은 모든 세계 전개의 토대가 된다.

이슈와라는 창조의 과정에서 무형 무차별의 원질에 자신 속에 있는 형태와 속성들을 부여한다. "전개되지 않은 상태로 있는 이 원리는 때로는 아카샤(ākāśa, 허공)라는 말로 지칭되고,[원주489] 때로는 불멸자(akṣara)라는 말로 지칭되며,[원주490] 또한 때로는 마야라는 말로 지칭된다."[원주491] 그것은 세계의 창조에서 물질적인 토대[원주492]이다. 그것은 변화를 겪음으로써 질서정연하게 세계를 생성시킨다. 그것은 이슈와라의 원인신(原因身)을 구성한다. 상키야의 프라다나(pradhāna, 原物質)와는 달리, 그것은 신에 대하여 독립적이지 않다.[원주493] 그것은 이슈와라가 자신에게 부과하는 한정이다. 마치 미래에 생겨날 나무의 잠재력이 씨앗 속에 담겨 있는 것처럼, 프라크리티 속에 세계의 가능성이 집중된다. 3구나를 지니는 이 프라크리티는[원주494] 이슈와라의 자아로 혹은 그것과 다른 것으로도 묘사될 수 없다. 그것은 심지어 우주의 파괴(pra-

---

[원주489] 『브리하드아란야카 우파니샤드』, iii.8.11.

[원주490] 『문다카 우파니샤드』, ii.1.2.

[원주491] 『슈웨타슈와타라 우파니샤드』, iv.1. 『베단타 수트라』, i.4.3에 대한 샹카라의 주석을 보라. "무지로 이루어진 이 잠재적인 힘은 미현현자(avyakta)라는 말로 언급되며, 이것, 즉 미현현자는 경전에서 언급된 것처럼, 가끔 허공이라는 말로 지칭되며, 때로는 불멸자라는 말로 지칭되며, 때로는 마야라고 불리기도 한다"(Avidyātmikā hi bījaśaktir avyaktaśabdanirdeśyā, tad etad avyaktaṁ kvacid ākāśaśabdanirdiṣṭaṁ kvacid akṣaraśabdoditaṁ kvacin māyeti sūcitam). Avyaktanāmni parameśaśaktir anādyavidyā triguṇātmikā parā, Karyānumeyā sudhiyaiva māyā yayā jagat sarvam idam prasūyate(『비베카추다마니』, p.108).

[원주492] 토마스 아퀴나스 철학의 *materia prima*와 비교하라.

[원주493] Na……svatantram tattvam(『베단타 수트라』, i.2.22에 대한 샹카라의 주석).

[원주494] 그 속에 현저한 타마스(tamas)를 지니는 나야(nāyā)로부터 5요소들이 생성된다고 말해지며, 그 속에 현저한 삿트와(sattva)를 지니는 나야로부터 5지각기관이, 또한 그 속에 현저한 라자스(rajas)를 지니는 나야로부터 내적 기관이 일어난다. 5행동기관으로부터, 그리고 이들의 결합으로부터 5종의 생기(prāna)들이 생겨난다. 그리고 이 모든 것들은 표식신(標識身, liṅga śarīra) 혹은 미세신(微細身, sūkṣma śarīra)을 구성한다.

laya)에서도 종자력(種子力, bījaśakti)으로 존재한다.

푸라나 문헌들에서 마야 혹은 프라크리티는 이슈와라의 사랑스런 배우자 및 창조 행위의 주요 도구가 된다.[원주495] 마야의 세계는 자신을 끊임없이 유한한 형상으로 성형하기를 갈망하는 모든 존재의 어머니의 유희이다.[원주496] 그것은 이슈와라, 즉 항상 대상과 관련해 있는 주체에게 세계는 필수적이라는 결론이 된다. 신은 세계를 필요로 한다. 헤겔의 표현을 빌리자면, 세계는 신의 자기 실현의 필수적인 단계이다.

우리는 마야라는 말이 아드와이타 철학에서 사용되는 다양한 의미들을 정리해볼 수 있을 것이다. 1) 세계가 자명하지 않다는 것은 그것의 현상적 속성을 보여주며, 그것은 마야라는 말로 의미된다. 2) 브라흐만과 세계의 관계에 대한 문제는 직관적인 관점으로부터 브라흐만의 순수 존재를 받아들이고 세계와 그것의 관계——우리가 논리적인 관점에서 보는——에 대한 설명을 요구하는 우리에게 의미를 지닌다. 우리는 궁극적 실재가 어떻게 다양성의 세계와 관련되는지 이해하는 것은 불가능하다. 왜냐하면 그 둘은 이질적이며, 설명하려는 모든 시도는 실패하게 마련이기 때문이다. 이 불가해성은 마야라는 말을 통하여 표현된다. 3) 만일 브라흐만이 세계의 원인으로 간주된다면, 그것은 단지 브라흐만은 세계에 의하여 전혀 아무런 영향도 받지 않는 반면에, 세계는 브라흐만에 의존한다는 의미에서 그렇게 말해질 뿐이다. 그리고 브라흐만에 의존하는 세계는 마야라고 불린다. 4) 브라흐만의 가현을 설명하기 위하여 상정되는 원리 또한 마야라고 불린다. 5) 만일 우리의 관심을 경험 세계에 국한시키고 변증법적 논리를 사용한다면, 우리는 완전한 인격, 즉 이슈와라의 개념에 도달한다. 이슈와라는 자기 표현의 힘을 지니며, 이 힘 혹은 에너지는 마야라고 불린다. 6) 이슈와라의 이 힘은 한정, 즉 모든 존재가 생겨나는 미현현의 물질(avyākṛta prakṛti)로 변형된다. 그것은 지고한 주체 이슈와라가 세계를 전개시키는 대상이다.[원주497]

[원주495] 또한 『브리하드아란야카 우파니샤드』, i.4.3을 보라.
[원주496] Tvam asi parabrahmamahiṣi(『아난다라하리』(Ānandalaharī)).

31. 무지

마야의 개념은 무지(avidyā)의 개념과 밀접하게 관련되어 있다. 경험의 세계는 무지의 힘에 기인한다는 샹카라의 언급들이 있다. 세계의 가현에 대한 원인은 브라흐만의 본질이 아니라, 지력(intellect)의 본질에서 추구되어야 한다는 것이다. 브라흐만은 가장 미세한 대상 속에 완전하게 존재하며, 다양성의 세계가 나타나는 것은 시공간과 인과율에 따라서 작용하는 지력 때문이다. 『브라흐마 수트라』에 대한 주석의 서론에서, 샹카라는 어떻게 무지가 우리를 환영의 삶으로 내보내는 힘이 되는지에 대하여 언급하고 있다. 초월적 관점과 경험적 관점을 혼동하는 경향, 즉 가탁(假託, adhyāsa)은 인간의 마음에 선천적이다. 그것은 우리의 인식 메커니즘의 결과이다.[원주498] 우리가 감관을 통하여 소리와 색깔을 지각하지만, 사실상 실재는 단지 진동에 불과하다. 이와 마찬가지로, 우리는 다양성의 세계를 브라흐만의 실재로 착각한다. 경험의 주관적인 측면에 대한 검토를 통하여, 샹카라는 우리가 무지 혹은 논리적인 사유 양태에 지배되는 한, 실재에 대한 지식을 얻을 수 없다고 주장한다.

무지는 직관으로부터의 추락이며, 신을 수많은 단편들로 분할하는 유한한 자아의 정신적 불구이다. 어둠은 빛의 상실이다. 무지는 도이센이 "우리의 지식의 본래적인 암흑화"[원주499]라고 부르는 것이며, 마음이

[원주497] 현상적 세계의 전체 영역에 대한 종자를 구성하며, 무지에 의하여 현현되는 이름과 형태는 이슈와라와 다르지 않다. 그들은 실재로 혹은 비실재로도 규정될 수 없으며……베다와 성전서들에서는 이슈와라의 마야라고 불리는 힘으로, 혹은 프라크리티(원물질)로 불리기도 한다(Īśvarasyātmabhūte ivāvidyākalpite nāmarūpe tattvānyatvābhyām anirvacanīye saṁsāraprapañcabījabhūte……īśvarasya māyā śaktiḥ prakṛtir iti ca śrutismṛtyor abhilapyete, 『베단타 수트라』, ii.1.14에 대한 샹카라의 주석). 또한 『베단타 수트라』, i.4.3 ; ii.2.2에 대한 샹카라의 주석을 보라.
[원주498] 『베단타 수트라』에 대한 샹카라의 주석, 서론.
[원주499] *System of the Vedānta*, p.302.

시공간과 인과율의 구조를 통하지 않고는 어떤 것을 보지 못하게 하는, 마음의 비틀림이다. 그것은 의식적인 위장이 아니라, 세계의 불완전한 기준으로 사는 유한한 마음의 무의식적 성향이다. 그것은 우리를 자신의 신성한 존재로부터 소외시키고 차단하는 부정적인 힘이다. 뱀으로서 새끼줄의 가현이 결함있는 감관들에 기인하는 것처럼, 세계로서 브라흐만의 가현은 우리의 무지에 기인한다. 우리가 브라흐만의 실재를 보는 순간, 세계의 가현은 사라질 것이다. 심원한 경험을 통하여 실재가 아닌 것으로 입증된 것은, 관점의 혼동을 통하지 않고는 실재와 관련될 수 없다. 가현들은 절대자 속에 변형되어 있다. 만일 우리가 뱀의 이미지와 새끼줄의 실재를 관련지어야 한다면, 우리는 존재하는 것과 존재하지 않는 것 사이에 아무런 관련도 있을 수 없다고 말할 것이다. 우리는 단지 뱀이라는 이미지에 대하여 시각을 탓할 수 있을 뿐이다. 우리가 새끼줄을 새끼줄로 바로 볼 때, 문제는 끝나며, 우리는 새끼줄이 뱀으로 나타났다고 말한다.

상대성은 결함 있는 통찰 이외에 아무런 원인도 지니지 않는다. 그것은 우리가 어떤 것을 보는 이상으로 작용하지 않으며, 단지 순수 의식(caitanya)이 있을 뿐이다. 무지는 지식의 부재 혹은 의심스럽고 그릇된 지식이다. 그것은 단지 부정적인 것이 아니라, 또한 적극적인 성격(bhāvarūpa)을 띤다. 샹카라가 무지의 존재는 모두에게 열려 있다고 주장할 때, 그는 단지 유한성의 사실이 있다는 것을 의미할 뿐이다. 모든 사람은 자신이 모든 것을 알지는 못한다는 느낌을 지닌다고 말해진다.[원주500] 모든 유한한 마음들이 그와 같은 결핍을 공유하므로, 그것의 존재에 대한 증거는 그 범위에서 보편적이다.

우파니샤드에서 아비디야(무지)는 개별적인 주체에 의하여 소유되는 지식과 구별되는 것으로서의 무지이다.[원주501] 샹카라에게 무지는 사유

[원주500] Aham ajña ityādyanubhavāt. 『베단타사라』, p.iv를 보라.
[원주501] 『찬도기야 우파니샤드』, i.1.10 ;『브리하드아란야카 우파니샤드』, iv.3.20 및 iv.4.3을 보라.

의 논리적인 방식이며, 이것은 인간 정신의 유한성을 구성한다. 그것은 나타나며 우리 모두에 의하여 경험되므로, 그것은 석녀(石女)의 아들과 같은 비실체라고 할 수 없지만, 그럼에도 불구하고 그것은 직관적인 지식에 의하여 부정되고 소멸되므로 실재적이고 절대적인 실재라고 할 수도 없다. 만일 그것이 비존재라면, 그것은 아무것도 생성할 수 없을 것이다. 만일 그것이 존재라면, 그것이 생성시키는 것 또한 현상이 아니라 실재여야 할 것이다. "그것은 실재도 아니고 비실재도 아니며, 실재인 동시에 비실재라고 할 수도 없다."[원주502] 비록 그것의 기원과 해명은 우리의 능력 바깥에 있다 할지라도, 정신적 범주들을 통한 그것의 작용의 조건과 상황은 인식할 수 있다.

무식과 죄와 불행의 원천인 이 근원적 무지는 도대체 어디로부터 오는가? 무지는 개체의 원인일 수 없다. 왜냐하면 그것은 만일 개체들이 없다면 존재할 수 없기 때문이다. 만일 그것이 개체들의 원인이라면, 그것은 후자에 독립적으로 존재해야 할 것이다. 즉 그것은 유일 궁극의 실재 브라흐만에 속해야 할 것이다. 그러나 그것은 브라흐만에 속할 수 없다. 왜냐하면 브라흐만의 본질은 무지와 양립할 수 없는 영원한 빛의 본질이기 때문이다.[원주503] 사르바갸트마무니(Sarvajñātmamuni)가 주장하는 것처럼, 그것은 브라흐만 속에 머무를 수 없으며, 바차스파티가 믿는 것처럼, 그것은 개별자 속에 머무를 수도 없다.[원주504] 변형된 브라흐만이 무지의 자리라고 말하는 것은 무의미하다. 왜냐하면 문제는 어떻게 브라흐만이 무지와 별개로 변형될 수 있는가 하는 것이기 때문이다.

라마누자는 우리가 각 영혼에 대한 각기 다른 무지를 상정해야 한다

[원주502] 『비베카추다마니』(*Vivekacūḍāmaṇi*), p.3.

[원주503] "하나님은 빛이시며, 그에게는 전혀 어둠이 없으시니"(『신약성서』, 「요한1서」, v ; 「고린도후서」, vi.14).

[원주504] 슈리다라(Śrīdhara)의 『니야야칸달리』(*Nyāyakandalī*) 및 『베단타 수트라』, ii.1.15에 대한 라마누자의 주석을 보라.

고 주장한다. 왜냐하면 만일 그렇지 않다면 한 영혼의 해탈은 다른 모
든 영혼의 해탈을 의미해야 할 것이기 때문이다. 그것은 무지가 영혼들
의 구별을 고려한다는 결론이 되지만, 알다시피 무지는 영혼들의 원인
이 될 수 없으며, 따라서 그들을 설명할 수 없다. 여기서 우리는 순환
논법에 빠진다.[원주505] 샹카라는 무지는 설명할 수 없는 것이라고 언명
함으로써 이 난점을 회피한다. 이 문제는 샹카라의 형이상학에서 무의

[원주505] 그러므로 파르타사라티 미슈라(Pārthasārathi Miśra)는 다음과 같이 이의
를 제기한다. "이 무지는 오해인가, 아니면 오해를 야기하는 다른 어떤 것인가?
만일 전자라면, (이 무지는) 누구의 것인가? 그것은 브라흐만의 것일 수는 없다.
왜냐하면 브라흐만의 본질은 순수 지식이기 때문이다. 태양에는 어둠의 여지가 전
혀 없는 것과 마찬가지다. 그것은 영혼들에 속할 수도 없다. 왜냐하면 그들은 브
라흐만과 다르지 않기 때문이다. 무지는 존재할 수 없기 때문에, 원인 자체로부터
나오는 제2의 것은 더 이상 있을 수 없다. 더욱이 오해 혹은 그것의 원인을 브라
흐만에 부수적인 어떤 것으로 간주하는 자들에게, 불이(不二)는 사라진다. 어디로
부터 브라흐만의 무지가 일어났는가? 브라흐만이 유일 무이한 실체이므로, 결코
다른 어떤 것도 있을 수 없다. 만일 그것이 브라흐만에 본래부터 내재하는 것이라
고 말해진다면, 어떻게 무지가 지식을 본질로 하는 브라흐만의 본질이 될 수 있겠
는가?"(Kim bhrāntijñānam? kiṁ vā bhrāntijñānakāraṇabhūtaṁ vastvanta-
ram? yadi bhrāntiḥ sā kasya? na brahmaṇas tasya svacchavidyārūpatvāt,
na hi bhāskare timirasyāvakāśaḥ saṁbhavati ; na jīvānām ; teṣām brahmā-
tirekeṇābhāvāt. Bhrāntyabhāvād eva ca, tatkāraṇabhūtaṁ vastvantaram apy
anupapannam eva. Brahmātirekeṇa bhrāntijñānaṁ tatkāraṇaṁ cā'bhyupagac-
chatām advaitahāniḥ, kiṁkṛtā ca brahmaṇo 'vidyā, na hi kāraṇāntaram asti.
Svābhāvikīti cet, katham vidyāsvabhāvam avidyāsvabhāvaṁ syāt?, 『샤스트라
디피카』, pp.313~314 ; 또한 p.113).

쿠마릴라는 아드와이타의 입장에 다음과 같이 이의를 제기한다. "만일 브라흐만
이 자명하며 순수 형태라면, 그것 이외에는 아무것도 있을 수 없을 것이다. 그러
면 몽환과 유사한 무지의 작용을 야기하는 것은 무엇인가? 만일 당신이 다른 어
떤 것이 그것을 야기한다고 말하거나, 그것은 브라흐만과 다르다고 말한다면, 불
이론(不二論)은 사라질 것이다. 만일 그것이 브라흐만의 본질이라면, 그것은 결코
소멸될 수 없을 것이다(Svayaṁ ca śuddharūpatvād abhāvāc cānyavastunaḥ,
Svapnādivad avidyāyāḥ pravṛttis tasya kimkṛtā, Anyenopaplave 'bhīṣṭe
dvaitavādaḥ prasajyate, Svābhāvikīm avidyāṁ tu nocchettuṁ kiñcid arhati,
『슐로카바룻티카』, Saṁbandhākṣepaparihāra, 84~85).

미하다. 우리는 경험적인 범주를 초월적으로 사용할 수 없다. 우리는 무지가 있다는 것을 알고 있으며, 마치 유한한 영혼의 생성에 대한 질문이 그런 것처럼, 그것의 원인에 대한 질문은 무의미하다.

만일 우리가 무지에 대한 아트만의 관계를 알 수 있으려 한다면, 우리는 반드시 그 둘을 초월한 곳에 있어야 할 것이다.[원주506] 또한 만일 무지가 아트만의 본질적인 속성이라면, 무지는 결코 제거될 수 없을 것이다. 그러나 아트만은 결코 다른 어떤 것을 수용하거나 버리지 않는다. 그것은 신이든 인간이든 어떤 유한 존재에 속할 수 없다. 왜냐하면 신이나 인간은 자신의 무지가 가능할 수 있기 위하여, 먼저 창조되어야 하기 때문이다. 그러므로 그의 창조는 그 혹은 다른 누구의 무지에 기인할 수 없다. 브라흐만의 개별화, 즉 유한한 영혼들의 일어남은 유한한 삶을 특징짓는 무지에 기인할 수 없다. 그것은 신의 행위에 기인한 발생이다.

그러나 브라흐만과 무지가 어떻게 공존할 수 있는가 하는 것은 여전히 우리에게 아무런 해법도 지니지 못한 채 문제로 남는다. 샹카라는 말한다. "우리는 브라흐만이 무지의 산물이 아니라는 것, 혹은 브라흐만이 착각된다는 것을 인정한다. 그러나 우리는 무지의 생산자일 수 있는, (브라흐만 이외의) 다른 어떤 착각된 의식적 존재가 있다는 것은 인정하지 않는다."[원주507] 『상크세파샤리라카』에 의하면, "차별화되지 않은 절대 지성은 무지의 토대(āśraya)인 동시에 대상(viṣaya)이다."[원주508] 도

[원주506] 『바가바드기타』, xiii.2에 대한 샹카라의 주석.
[원주507] 『브리하드아란야카 우파니샤드』, i.4.10에 대한 샹카라의 주석. 락슈미다라 (Lakṣmīdhara)는 자신의 『아드와이타마카란다』(*Advaitamakaranda*)에서 말한다. "어떻게 무지가 자명한 영혼을 건드릴 수 있겠는가? 그것은 불가능하다. 왜냐하면 오직 영혼의 빛에 의하여 '나는 빛나지 않는다'는 말이 야기될 수 있기 때문이다. 그럼에도 불구하고 의식의 하늘에 이러한 안개, 즉 반사광의 부재 때문에 일어났다가 반사광을 지닌 태양이 솟아오를 때까지 지속하는 어떤 것이 나타난다"(16~17).
[원주508] i.319. Āśrayatvaviṣayatvabhāginī nirvibhāgacitir eva kevalā.

이센은 말한다. "사실상 오직 브라흐만 이외에는 아무것도 없다. 만일 우리가 그의 변형(vikāra)이나 그의 나누어짐(bheda)을 지각한다고 생각한다면, 이것은 무지에 기인한다. 그러나 어떻게 이것이 일어나는가? 우리가 사실상 오직 브라흐만이 있는 곳에서 어떤 변형과 분할을 보는 착각에 빠지는 것을 어떻게 설명할 것인가? 이 문제에 대하여 우리의 저자(샹카라)는 아무런 언급도 하지 않는다."[원주509]

단지 어떤 정보도 불가능하다는 이유 때문에, 그들은 우리에게 아무런 정보도 제공하지 않는다. 비판가들은 아무런 거리낌없이 다음과 같이 말한다. "모든 것은 설명을 초월한다고 말하는 이 철학체계에서, 불합리하다는 것은 전혀 이의 제기가 아니다."[원주510] 무지라는 이 당혹하게 하는 힘, 즉 거짓 가치들의 창조자인 이 무지의 발생에 대하여 어떤 설명도 불가능하다는 것은 사실이다. 그것은 본래적으로 자존하는 브라흐만의 영원, 양도 불가능의 청정함에도 불구하고, 아무튼 현상적 존재가 되었다.[원주511]

[원주509] Deussen, *System of the Vedānta*, p.302.

[원주510] 파르타사라티 미슈라. "Atrānirvacanīyavāde nā'nupapattir dūṣaṇam."

[원주511] 『상크셰파샤리라카』, 『비바라나』, 『베단타무크타발리』, 『아드와이타싯디』(*Advaitasiddhi*), 그리고 『아드와이타디피카』(*Advaitadīpikā*)의 저자들은 무지가 그것의 토대(āśraya)와 대상(viṣaya)으로 브라흐만을 지닌다고 주장한다. 이것은 마치 어둠이 그 자체가 은폐하는 집 속에 깃들여 있는 것과 같다. 바차스파티는 무지가 그것의 토대로 지바를, 그것의 대상으로 브라흐만을 지닌다고 생각한다. 후자의 견해에 의하면, 심지어 이슈와라조차도 개별적 영혼(jīva)의 무지의 산물이며, 따라서 지바들의 수와 동일한 수로 이슈와라들이 있어야 함에 틀림없다. 이 밖에도 상호 의존, 즉 지바는 무지에 의존하고 무지는 지바에 의존한다는 이론이 있다. 그러므로 무지는 브라흐만에 그 토대를 지니며, 브라흐만은 무지에 반대되지 않는다고 말해진다. 『비드완마노란자니』(*Vidvanmanorañjanī*)의 저자는 숙면 상태에서 개별 영혼은 브라흐만에 귀입한다는 아드와이타 이론의 관점에서 이 문제를 논의하며, 만일 무지가 틀림없이 존재한다면, 그것은 단지 브라흐만에 머물 수 있다고 주장한다. 『판디트』(*Paṇḍit*), September 1872를 보라. 순수 의식(śuddhacaitanya)은 무지의 정반대가 아니라, 단지 경험적 의식(vṛtticaitanya)일 뿐이다. 비디야라니야(Vidyāraṇya)가 언급하는 것처럼, 아트만의 형태를 띠는 내적 기관의 변형을 통하여, 아트만 속에 있는 무지는 부정되어 소멸된다.

32. 세계는 환영인가

주관적인 색채가 농후한 아비디야의 교의는 현상 세계의 본질에 대한 그릇된 견해, 즉 세계는 마음의 산물이며 환영에 지나지 않는다는 오해를 시사한다. 샹카라는 종종 이슈와라를 포함한 다양한 현상 세계 전체를 무지에 기인하는 것으로 간주한다.[원주512] 그러나 단지 우리의 불완전한 지식이 브라흐만의 본질을 그와 같은 것으로 여긴다는 이유만으로, 브라흐만의 본질 자체가 영향받는 것은 결코 아니다. 단지 시각에 장애가 있는 사람들이 하늘에서 두 개의 달을 본다는 이유 때문에, 달 자체가 두 개로 되는 것은 아니다. "존재 혹은 비존재로도 정의될 수 없으며, 이름과 형태를 지니는 경험적 실재 전체는 무지에 달려 있다. 이에 비하여 궁극적 실재라는 의미에서 존재 자체는 변화 혹은 변형 없이 존속한다. 단지 언어에 의존하고 있는 변화는 실재의 나눌 수 없음에 전혀 아무것도 바꿀 수 없다."[원주513]

창조의 난점과 신의 유한화 문제에 직면하여, 샹카라는 말한다. "'그대가 바로 그것이다'와 같은 문장들을 통하여 분리되지 않음에 대한 가름침에 의하여, 분리되지 않음의 의식이 일깨워진다. 그러면 영혼의 윤회와 신의 창조 기능은 멈춘다. 왜냐하면 세계를 분별하는 모든 성향은 그릇된 지식에 기인하며, 완전한 지식에 의하여 제거되기 때문이다. 그렇다면 어디로부터 창조는 일어나는가? 오직 선(善)만을 생산하지 않은 책임은 누구에게 돌려져야 하는가? 왜냐하면 선악의 행위를 특징으로 지니는 윤회 세계(saṁsāra)는 무지에 의하여 야기된 한정의 무분별에 의하여 만들어진 오해이며, 이러한 오해는 마치 생과 사에 대한

[원주512] 단일성만이 절대적인 진리이며, 다수성은 그릇된 무지에 의하여 나타난 것이다(Ekatvam……pāramārthikam mithyājñānavijṛmbhitam ca nānātvam, 『베단타 수트라』, ii.1.14에 대한 샹카라의 주석).
[원주513] 『베단타 수트라』, ii.1.31 ; ii.1.14 ; ii.3.46 ; ii.1.27에 대한 샹카라의 주석을 참조하라.

구분과 분리에 대한 집착처럼, 절대적인 의미로 존재하지 않기 때문이다."[원주514] 또한 "이름과 형태로 특징지어지며, 전개되지 않을 뿐만 아니라 전개되기도 하며, 존재하는 것으로나 존재하지 않는 것으로도 정의될 수 없는 무지의 산물인 다수성의 요소를 통하여, 브라흐만은 변화하는 이 전체 세계의 토대가 되지만, 그럼에도 불구하고 그것의 참된 본질에서 그것은 현상 세계를 초월하여 불변으로 남는다."[원주515]

이 견해는 극단적으로 강조될 때 개아의 무지와 별개로 어떤 다수성도 있을 수 없다는 것을 시사한다. 모든 변화와 운동, 모든 성장과 진화, 모든 과학과 사색은 꿈 혹은 그림자로 전락하며, 그 이상 아무것도 아니다. 세계의 원인으로서 브라흐만에 대한 설명은 의심을 확실하게 한다. 브라흐만은 세계의 변화에 전혀 영향받지 않는다는 것을 보여주려는 열망에서,[원주516] 샹카라는 마치 뱀이 새끼줄에 가탁되는 것처럼, 세계는 브라흐만에 가탁된다[원주517]고 말한다. "어떤 사람이 어둠 속에서 새끼줄을 뱀으로 착각하고 두려움에 떨면서 달아날 수도 있을 것이다. 그 후 즉시 다른 어떤 사람이 그에게 '두려워하지 마시오. 그것은 뱀이 아니라, 새끼줄에 불과합니다'라고 말하면, 그는 상상된 뱀에 의하여 야기된 두려움을 떨쳐버리고 더 이상 달아나지 않을 것이다. 그러나 그럼에도 불구하고 그가 새끼줄을 뱀으로 착각하는 그릇된 개념의 존재와 이에 후속하는 부재는 새끼줄 자체에 아무런 변화도 가져오지 않는다."[원주518] 비록 밤하늘의 별들은 반짝거리는 것처럼 보인다 할지라도, 사실상 그렇지 않다. 별들이 발사하는 빛은 지극히 한결같지만, 단지 대기 속에서 산란(散亂)되기 때문에 우리의 시각이 영향을 받게

[원주514] 또한 『베단타 수트라』, i.3.1에 대한 샹카라의 주석을 참조하라. "결과들의 세계는 무지의 산물이다"(Avidyākṛtaṁ kāryaprapañcam).
[원주515] 『베단타 수트라』, ii.1.27에 대한 샹카라의 주석.
[원주516] 『베단타 수트라』, ii.1.28 ; ii.1.9에 대한 샹카라의 주석.
[원주517] Adhyāropitam.
[원주518] 『베단타 수트라』, i.4.6에 대한 샹카라의 주석. 또한 『카타 우파니샤드』, iii.1 4 ; iv.11에 대한 샹카라의 주석을 보라.

되며, 이의 결과로 반짝거리는 것처럼 보일 뿐이다. 이와 마찬가지로 브라흐만에게서 외견상의 변화는 단지 우리의 왜곡된 시각에 의하여 야기된 망상에 지나지 않는다.[원주519]

샹카라에 의하여 사용된 몇몇 예들은 문자적으로 해석될 때, 모든 구별과 차이는 단지 인간의 상상에 의하여 만들어지는 신기루에 불과하다는 것을 시사한다. 차이들은 마치 프리즘처럼 순수 단일을 차이로 분할하는 인간 사유의 만들어진 믿음이다. 사실상 여기서 다양함과 그것을 아는 마음은 모두가 비실재이다. 그러나 비유가 담을 수 있는 것 이상으로 그것을 강조하는 것은 잘못이며, 샹카라는 사용된 예들이 완전한 동일이 아니라 단지 어떤 유사점들을 시사하기 위하여 의도된 것이라고 주장한다.[원주520]

다수의 후기 아드와이타 사상가들은 세계에 대한 주관론적 해석을 채택하고 있다. 바차스파티의 주장에 의하면, 무지는 인식하는 주체에 속하며, 그것은 마치 눈을 가리고 있는 필름처럼, 대상의 본질을 은폐한다.[원주521] 마두수다나 사라스와티(Madhusūdana Sarasvatī)는 무지가 이 가현적 세계의 원인이며, 바로 이 무지에 의하여 우리는 브라흐만을 세계의 질료인으로 간주한다고 주장한다.[원주522] "현상적 세계는 마음(citta) 속에 그 뿌리를 지니며, 마음이 소멸할 때, 그것 또한 존재하지 않는다."[원주523] 『치트수키』(Citsukhī), 『아드와이타싯단타무크타발리』(Advaitasiddhāntamuktāvali), 『요가바쉬슈타』(Yogavāśiṣṭha)는 극단적인 유아론(唯我論)의 입장을 보이고 있으며, 우리의 의식이 세계를 생성시

[원주519] 『베단타 수트라』, ii.3.46에 대한 샹카라의 주석.
[원주520] 『베단타 수트라』, iii.21.17~19에 대한 샹카라의 주석.
[원주521] Jīvāśrayam brahmaviṣayam. 그는 브라흐만에 가탁된 다양한 형태들이 내적 기관의 변형에 기인하며, 따라서 변형들과 다른 대상들의 존재를 받아들여야 한다고 주장한다.
[원주522] Asya daityendrajālasya yad upādānakāraṇam, Ajñānaṁ tad upāśritya brahma kāraṇam ucyate(『아드와이타싯디』, p.238).
[원주523] Cittamūlo vikalpo 'yam cittābhāve na kaścana(『비베카추다마니』, p.407).

키며, 세계는 주관적-객관적 의식의 지멸과 함께 비존재로 떨어진다고 주장한다.[원주524]

　서양의 비판가들이 세계에 대한 아드와이타 교의의 의사(擬似) 견해를 채택한 것은 조금도 이상하지 않다. 케어드(Edward Caird)는 세계에 대한 이러한 해석을 염두에 두고 있었다. "브라흐만 종교는 단지 무(無)세계론으로서의 범신론으로 떠오를 뿐이었다. 즉 사물들의 온갖 차이들에서 질서의 원리가 아니라, 단지 모든 차이가 상실되는 심연으로서의 통일로 떠올랐다."[원주525] 삶을 비극적인 익살로 전락시키는 이 견해는 경험의 세계에 대한 샹카라의 여러 언급들을 무의미하게 만들며, 합당한 해석의 모든 기준에 위반하므로, 우리는 여기서 세계의 환영적 성격에 반(反)하는 현상적 성격을 뒷받침하는 어떤 고려 사항들을 검토해볼 필요가 있을 것이다.

　무지는 단독으로 세계의 원인일 수 없다. 왜냐하면 그것은 상키야의 프라다나(pradhāna, 원물질)와 마찬가지로 의식 없는 것이기 때문이다. 세계 창조에 대한 상키야의 견해를 비판하는 샹카라가 무지에 의한

[원주524] 또한 『사르바싯단타사라상그라하』, xii.17~19를 보라. 단지 세계는 지각되는 한에서만 존재한다고 주장하는, 지각이 곧 창조라는 교설(dṛṣṭisṛṣṭivāda)은 『요가바쉬슈타』에 의하여 주장된다. "생물·무생물의 모든 세계는 마나스(manas, 意根)의 대상이다. 그것에 대한 제어를 통하여 모든 이원성이 지각되지 않게 된다"(Manodṛśyam idaṁ sarvaṁ yat kiñcit sacarācaram, Manaso hy unmanībhāvād dvaitaṁ naivopalabhyate). 또한 『요가바쉬슈타사라』(Yoga-vāśiṣṭhasāra)에서 생해탈(生解脫, jīvanmukti)에 대한 장(章)을 보라. 또한 『상크세파샤리라카』를 참조하라. "Tava cittam ātmatamasā janitam parikalpayaty akhilam eva jagat." 또한 『느리싱하타파니 우파니샤드』(Nṛsiṁhatāpaṇī Upaniṣad, ii.1.7), "cid dhīdam sarvam"; 『링가 푸라나』(Liṅga Purāṇa), "Tasmād vi-jñānam evāsti na prapañco na saṁsṛtiḥ"(『상키야프라바차나바쉬야』, i.42에 인용됨)를 보라. 이러한 구절들은 비갸나비크슈의 견해("Etenādhunikānāṁvedānti-vruvānāṁ api mataṁ vijñanavādatulyayogakṣematayā nirastam, 『상키야프라바차나바쉬야』, i.43)를 정당화한다.

[원주525] *Evolution of Religion*, vol.i, p.263. 서양의 사상가들이 제기하는 이와 유사한 다른 비판들에 관하여는 Kirtikar, *Studies in Vedānta*, ch.ii를 보라.

세계 창조의 이론을 지지했다고 보는 것은 무리다. 우리는 또한 무지로 시작되는 불교의 연기법에 대한 샹카라의 비판을 기억해야 한다. "무지는 의식적인 주체의 정신적 허구이다. 그것은 12연기의 첫 고리이며, 따라서 그것은 몸과 마음의 결합들을 당연한 것으로 받아들인다고 간주되어야 하지만, 그 둘이 어떻게 함께 결합되는가에 대해서는 설명되지 않는다."[원주526] 샹카라는 모든 것이 다만 순간적이라는 이론(kṣaṇa-bhaṅgavāda)뿐만 아니라,[원주527] 물질이든 정신이든 아무것도 존재하지 않는다는 이론(śūnyavāda)을 부정한다.[원주528] 불교의 주관주의 이론(vijñānavāda)에 대한 논박은 생각하는 주체에 대한 세계의 외계성 문제를 분명하게 한다.

존재는 우리의 정신적 양태들에 독립적이다. 세계가 지식의 형태(jñā-nasvarūpa)로 말해질 때, 형이상학적 진리가 설명된다. 마찬가지로, 샹카라는 각성상태의 경험을 꿈의 차원으로 강등시키는 모든 시도를 거부한다.[원주529] 그는 세계가 단순한 무지의 산물이라는 것을 인정하지 않는다. 샹카라에게 무지는 순수 주관적인 힘이 아니라, 객관적인 실재를 지닌다.[원주530] 그것은 모두에게 공통적인(sarvasādhāraṇa) 전체 물질 세계(pṛthivyādiprapañca)의 원인이다. 무지는 적극적인 속성을 지니며, 객관적인 힘이며, 시작이 없으며,[원주531] 조대한 형태 및 미세한

[원주526] 『베단타 수트라』, ii.2.19에 대한 샹카라의 주석.
[원주527] 『베단타 수트라』, ii.2.18~21 및 26에 대한 샹카라의 주석.
[원주528] 『베단타 수트라』, ii.2.31에 대한 샹카라의 주석.
[원주529] 후기 아드와이타 학자들은 마치 그 둘 사이에 아무런 차이도 없는 것처럼 서술한다. 스와얌프라카샤(Svayamprakāśa)는 락슈미다라(Lakṣmīdhara)의 『아드와이타마카란다』(Advaitamakaranda)에 대한 자신의 주석에서 다음과 같이 말한다. "꿈의 세계가 환영에 의하여 내 속에 투사되는 것처럼, 각성상태의 세계 또한 환영에 의하여 나에게 투사된다." 『판디트』, October 1873, p.128을 보라.
[원주530] 『싯단타라트나말라』(Siddhāntaratnamālā)에 인용된 유명한 한 구절은 다음과 같이 언급한다. "영혼, 신, 순수 의식, 영혼과 신의 차이, 무지, 그리고 순수 의식과 무지의 관련, 우리의 이 여섯 가지는 시작이 없는 것으로 말해진다"(Jīva īśo viśuddhā cit vibhāgaś ca tayor dvayoḥ, Avidyā taccitor yogaḥ ṣad asmā-kam anādayaḥ).

형태로 존재한다.[원주532] 사실상 아비디야, 마야, 프라크리티는 동일시된다.[원주533]

샹카라는 브라흐만의 지고한 실재는 세계의 토대라고 주장한다. 만일 브라흐만이 세계와 완전히 다르다면, 만일 아트만이 각성, 몽면, 숙면의 상태들과 완전히 다르다면, 세계 혹은 세 가지 상태들의 실재에 대한 부정은 우리를 진리의 획득으로 인도하지 못할 것이다. 우리는 허무주의를 끌어안고 모든 가르침을 무의미한 것으로 다룰 수밖에 없을 것이다.[원주534] 가현적인 뱀은 무(無)로부터 생겨나지 않으며, 또한 가현이 교정될 때, 그것이 무(無)로 사라지는 것도 아니다. 가현의 근원은 논리적이고 심리적인 것이며, 형이상학적인 것은 아니다. 다양성의 세계는 판단의 오류이다. 오류의 교정은 견해의 변화를 의미한다. 새끼줄이 뱀으로 나타난다. 그리고 가현이 사라질 때, 뱀은 새끼줄로 되돌아간다. 이와 마찬가지로, 경험의 세계는 브라흐만에 대한 직관을 통하여 변형된다.

세계는 부정된다기보다는 재해석된다. 생해탈(jīvanmukti)의 개념, 점진적 해탈(kramamukti)의 관념, 가치들에 대한 구분, 진실과 오류의 구별, 덕목과 죄악의 구분, 경험 세계를 통한 해탈의 가능성은 현상들 속에 궁극적 실재가 있다는 것을 의미한다. 브라흐만이 세계로 있는 것은 아니라 할지라도, 그것은 세계 속에 있다. 만일 경험의 세계가 단순한 환영이며, 브라흐만과 무관하다면, 사랑과 지혜, 그리고 고행은 우리에게 고매한 삶을 마련하지 못할 것이다. 샹카라가 우리는 덕행의

[원주531] Anādibhāvarūpam yad vijñānena vilīyate, Tad ajñānam iti prājña lakṣaṇam saṃpracakṣate(『치트수키』, i.13).

[원주532] Ātmany avidyā sānādiḥ sthūlasūkṣmātmanā sthitā(『사르바싯단타사라 상그라하』, xii.19).

[원주533] 로카차리야(Lokācārya), 『탓트와트라야』(Tattvatraya), p.48, Chowkhamba ed.

[원주534] Yadi hi tryavasthātmavilakṣaṇaṃ turīyam anyat, tatpratipattidvārā-bhāvāt śāstropadeśānarthakyam śūnyatāpattir vā(『만두키야 우파니샤드』, ii.7 에 대한 샹카라의 주석).

328

실천을 통하여 절대자를 실현할 수 있다는 것을 인정하는 한, 그는 그것에 대하여 중요한 의미를 부여한다. 세계는 비실재적이라 할지라도, 그것은 환영이 아니다. 경험적 자아(jīva)는 비실체가 아니다. 왜냐하면 해탈은 아트만의 본질에 반대되는 거짓된 자아에 대한 부정을 통하여 결과되기 때문이다. 이와 같은 취지에서 비디야라니야는 다음과 같이 말한다. "만일 개별적 자아가 완전히 절멸한다면, 해탈은 나에게 전혀 유익하지 않을 것이다."

만일 브라흐만이 없다면, 우리는 경험적 존재나 환영도 지닐 수 없을 것이다. 이에 샹카라는 말한다. "석녀는 실제로나 환영적으로도 아이를 낳는다고 말해질 수 없다."[원주535] 만일 세계가 토대 없는 것으로, 즉 어떤 실재에 근원되지 않고 비존재에 그 기원을 지니는 것으로 간주된다면, 우리는 모든 실재를 부정해야 할 것이며, 심지어는 브라흐만의 실재 또한 부정하지 않을 수 없을 것이다.[원주536] 세계는 그 자체의 토대로 실재를 지닌다. 왜냐하면 "심지어 신기루조차도 어떤 토대 없이 존재할 수 없기 때문이다."[원주537] 신이 창조하는, 신이 실체인 그와 같은 종류의 몽환은 전혀 몽환이 아니다.[원주538] 만일 우리가 이 세계를 통하여 실재를 간통할 수 있다면, 그것은 현상의 세계가 그 안에 영원자에 대한 흔적들을 담고 있기 때문일 것이다. 만일 그 둘이 상반된다면, 그 둘을 실재와 현상의 관계로 간주하는 것조차도 불가능할 것이다. 세계는 비록 절대자에 토대를 두고 있다 할지라도, 그 자체는 절대

[원주535] 가우다파다의 『카리카』, i.6에 대한 샹카라의 주석. 또한 iii.28을 보라.

[원주536] Yadi hyasatām eva janma syād brahmaṇo 'sattvaprasaṅgaḥ.

[원주537] Na hi mṛgatṛṣṇikādayo 'pi nirāspadā bhavanti(『바가바드기타』, xiii.14에 대한 샹카라의 주석). 또한 『찬도기야 우파니샤드』, vi.2.3 ; 『만두키야 우파니샤드』, i.7에 대한 주석을 보라.

[원주538] 후기 아드와이타에서, 세계를 하나의 꿈에 비유하는 경향은 극도에 달하게 되었다. 『아드와이타마카란다』(Advaitamakaranda)는 말한다. "자아에 관한 무지의 이 위대한 잠에서 투사되는, 이 오랫동안 지속되는 꿈, 즉 세계에서, 천계, 해탈 등에 대한 일별이 번쩍 비친다"(Ātmājñānamahānidrā jṛmbhite 'smiñ jagan-maye, Dīrghasvaapne sphuranty ete svargamokṣādivibhramāḥ, 18).

자가 아니다. 실재에 의거하는 것, 즉 실재 자체가 아닌 것은 단지 실재의 나타남 혹은 현상이라 불릴 수밖에 없다. 비록 세계는 브라흐만의 본질적 진리는 아니라 할지라도, 그것은 브라흐만의 현상적 진리, 즉 우리가 실재를 그것이 우리의 유한한 경험 내에 스스로를 나타내는 것으로 간주하게 하는 양태이다. 그러나 이 모든 것은 세계의 경험적인 실재성의 문제에 아무런 영향도 미치지 못한다.[원주539]

해탈에 대한 샹카라의 견해들은 세계에 대한 이 견해를 분명하게 한다. 그는 해탈이 세계의 사라짐을 의미하지 않는다고 주장한다. 왜냐하면 만일 그렇다면 해탈의 첫 경우가 발생했을 때, 세계는 사라졌어야 하기 때문이다. 만일 해탈이 다양한 세계의 절멸을 수반한다면, 그것을 실현하는 바른 방법은 지혜로 무지를 몰아내는 것이 아니라, 세계를 파괴하는 것이어야 할 것이다.[원주540] 샹카라는 생해탈과 사해탈(死解脫, videhamukti), 즉 살아 있는 동안에 얻는 해탈의 상태와 육체를 벗어버리는 순간에 얻는 해탈을 구분한다. 다시 말하여, 육체의 유무는 해탈의 상태에 아무런 차이도 가져오지 않는다. 해탈은 그 본질에서 육체로부터의 해방이 아니라, 세속적인 속박으로부터의 자유이다. 해방의 상태는 다수(多數)의 존속 혹은 소멸에 놓여 있는 것이 아니라, 다수의 세계가 우리를 미혹하지 못하는 데 놓여 있다. 생해탈자에게 분명히 자신의 육체를 포함한 다수의 세계는 사라지지 않으며, 단지 그는 그것에 대한 바른 조망을 지닐 뿐이다. 해탈의 상태에서 다수의 세계는 사라지

[원주539] 어떤 다른 문제와 관련하여 버클리가 언급한 것은 샹카라에게도 타당하다. "그러므로 해와 달 그리고 별들은 어찌되는가? 가옥과 강, 산과 나무, 바위, 아니 심지어 우리 자신의 육체에 대해서는 우리가 어떻게 생각해야 하는가? 이 모든 것들은 단지 망상의 산물들 혹은 환영들에 불과한 것인가?……나는 대답한다. 전제된 원리들에 의하여 우리는 자연 속에 있는 어떤 하나도 박탈당하지 않는다. 우리가 보고, 느끼고, 듣는 것, 혹은 어떤 현자(賢者)가 생각하고 이해하는 모든 것은 변함없이 남아 있으며, 변함없이 실재적이다. *rerum natura*가 있으며, 실재들과 망상들 사이의 구분은 분명하게 보지된다"(*Principles of Human Knowledge*, p.34).

[원주540] 『베단타 수트라』, iii.2.21에 대한 샹카라의 주석.

는 것이 아니라, 다른 본질의 빛에 의하여 비추어질 뿐이다.

더 이상 욕망의 소산인 맹목, 즉 윤회의 순환 속에서는 발견될 수 없는 것을 위하여 헛되이 추구하는 불행한 희생을 시작하고 지속하는 일은 없다. 자아들과 대상들 및 그들의 행위들의 독립에 대한 그릇된 개념은 자아와 브라흐만의 하나됨이 실현될 때, 완전히 와해된다.[원주541] 무지는 망상의 소산이라기보다는, 실재와 현상에 대한 구별의 실패(a-viveka)이다. 샹카라는 우리가 자신에 대하여 인식하고, 느끼고, 결단하는 개별자인 것처럼 보인다는 명백한 사실을 부정하지 않는다. 그러나 그는 수많은 유한 자아가 실재적인 주체라는 이러한 사실 위에 세워진 이론을 부정한다. 실재는 현상을 수용한다. 현상들은 실재에 속한다. 이것은 아드와이타에 의하여 주창된 불이(不二, ananyatva)에 대한 가정에 의하여 시사되는 진리이다. 그러므로 라마누자는 다음과 같이 이 입장을 비판한다. "그러나 결과가 비실재라는 근거에서 결과와 원인의 불이를 주장하는 자들은 그들이 입증하고자 하는 불이를 확립할 수 없다. 왜냐하면 참인 것과 거짓인 것 사이에는 아무런 동일성도 있을 수 없기 때문이다. 만일 그것이 그들이 주장하는 것과 같다면, 브라흐만이 비실재이든가 아니면 세계가 실재일 것이다."[원주542]

샹카라는 모든 변화에서 벗어나 있는 브라흐만이 그 자체로 변화하는 세계와 동일하다고 주장하지 않는다. 또한 그는 변화하는 세계를 유지하는 브라흐만이 세계와 마찬가지로 비실재적이라고 말하지도 않는다. 그는 현상 세계가 비실재, 즉 브라흐만과 분리된 어떤 실재적인 존재도 지니지 않는다고 주장한다. 불이는 샹카라에 의하여 원인과 다른 어떤 것의 비존재로 해석된다.[원주543] 바차스파티는 자신의 『바마티』(*Bhāmatī*)에서 불이는 동일을 단언하는 것이 아니라 단지 차이를 부

[원주541] Brahmātmadarśinam prati, samastasya kriyākārakaphalalakṣaṇasya vyavahārasyābhāvam(『베단타 수트라』, ii.1.14에 대한 샹카라의 주석).
[원주542] 『베단타 수트라』, ii.1.15 ; ii.1.19에 대한 라마누자의 주석.
[원주543] Tadvyatirekeṇābhāvaḥ(『베단타 수트라』, ii.1.14에 대한 샹카라의 주석).

정할 뿐이라고[원주544] 설명함으로써 그 의미를 보다 분명히 하고 있다. 인과 관계에 대한 문제와 그 둘의 동일에 대한 형이상학적 진리를 논의하면서, 샹카라는 결과는 원인과 동일하지만, 원인은 결과와 동일하지 않다고 말한다.[원주545] 일원론(ekatvam)은 모든 구분과 차이를 통째로 삼켜버리지만, 이에 비하여 불이론에서 상대적인 것과 절대적인 것의 심연은 어떤 포괄적인 긍정 속에서 극복된다. 찰흙의 변형들은 그 자체의 실재로 찰흙을 지닌다는 우파니샤드의 구절에 대한 샹카라의 주석은 세계가 실질적으로 브라흐만이며 그것에 의존한다는 진리를 보다 분명하게 한다. 결과의 실재성을 부정할 때마다, 그는 '브라흐만과 다른' 혹은 '원인과 다른'[원주546]이라는 어구로써 자신의 부정을 규정한다. 어느 경우에도 그는 우리의 삶이 순전히 몽환이라거나 우리의 지식이 허깨비라고 말하지 않는다.

　샹카라는 궁극적인 범주로서 구체적인 세계의 개념을 부정하기 때문에, 그는 세계를 완전히 무의미한 것으로 전락시킨다는 오해를 샀다. 어떤 타자나 그 자체로 독립적인 어떤 것도 지니지 않는 샹카라의 브라흐만은 순수 추상적 통일, 즉 들어가는 모든 것이 사라지는 일종의 사자굴 같은 것처럼 보인다. 샹카라는 우리가 논리적인 방법으로 브라흐만과 세계의 관계를 해석하는 것은 불가능하다고 주장한다. 그러나 그는 어떤 존재라도 궁극적인 실재와 별개로 실재일 수 없다는 점에서는 구체적인 세계의 이론에 대한 어떤 옹호자 못지 않게 일관된 입장

[원주544] Na khalv ananyatvam ity abhedam brūmaḥ kiṁ tu bhedaṁ vyā-sedhāma(『바마티』, ii.1.14). 이와 동일한 취지로 티카카라(Ṭīkākāra)는 말한다. "세계는 브라흐만과 동일하지 않다. 그것은 단지 그것의 근저에 놓인 원인과 별개로 혹은 독립적인 어떤 개별적 존재도 지니지 않을 뿐이다"(Kāraṇāt pṛthak sat-tāśūnyatvaṁ sādhyate, na tv aikyābhiprāyeṇa).
[원주545] 『베단타 수트라』, ii.1.7에 대한 샹카라의 주석.
[원주546] Brahmavyatirekeṇa 혹은 Kāraṇavyatirekeṇa(『베단타 수트라』, ii.2.3 ; ii.1.14에 대한 샹카라의 주석, 그리고 가우다파다의 『카리카』, i.6에 대한 샹카라의 주석).

을 견지한다. 비록 세계와 브라흐만은 하나의 전체 속에 있는 상호 보완적인 요소들로 간주되지 않는다 할지라도, 그 둘이 절대적인 반대의 관계에 놓이지는 않는다. 그럼에도 불구하고 다수의 학자들은 그의 견해를 이 결론으로 몰아갔던 것이 사실이다.[원주547] 실재와 현상의 관계에 대한 문제가 유한한 우리에게 하나의 수수께끼로 남는다는 샹카라의 견해는 사유의 위대한 성숙에 따른 결과이다. 설사 인간의 지혜가 모든 궁극적인 시작들을 덮고 있는 장막을 걷어 올릴 수 없다 할지라도, 우리는 인간의 지혜를 환영이라고 비난할 필요가 없다.

문제는 우리가 참된 실재로 나아가기 위하여 관통해야 하는 현상들이, 비록 단지 파생적이고 부차적인 유형의 존재를 지닌다 할지라도, 실재의 실제적인 상태들인가, 아니면 유한한 인간 정신이 그 자체의 본질에 따라서 참된 실재를 생각하는 관념들에 불과한가 하는 것이다. 다시 말하여, 상대적인 존재는 본원적 실재의 참된 변형인가, 아니면 그것은 인간의 유한한 이해에 의한 참된 존재의 왜곡인가? 전자는 라마누자의 견해이며, 이것은 또한 상대적인 세계를 절대자의 자기 표현으로 간주하는 헤겔의 이론과 가깝다. 스피노자 철학의 한 견해는 이 입장을 수용하고 있다.[원주548] 후자의 견해는 유가행파(Yogācāra) 불교도들에 의하여 대변되며, 이들은 칸트 혹은 보다 철저하게는 쇼펜하우어와 마찬가지로, 경험 세계를 의식 속에서 시공간과 인과율의 범주에 따라 구체화되는 주관적인 현상으로 간주한다. 샹카라의 저술들에는 우리로 하여금 그가 세계를 단지 참된 실재에 대한 인간의 관념에 불과한 것으로 간주하는 경향이 있다고 생각하게 하는 구절들이 있다. 또한 어떤 구절에서 그는 경험의 세계를 유한한 자아에 대하여 객관적이고 독립

[원주547] 도이센의 해석은 유명하다. 막스 뮐러는 말한다. "내가 여기서 설명하고자 하는 것처럼, 베단타 철학의 전체적인 틀 속에는 사실상 심리학이나 우주론, 아니 심지어는 윤리에 대한 여지가 거의 없다는 것은, 그것의 참된 의미를 파악한 사람들에게는 분명히 나타날 것이다"(*Six Systems of Indian Philosophy*, p.170).

[원주548] 판디트 코킬레슈와라 샤스트리(Pandit Kokileśvara Śāstri)는 어떤 유사한 견해를 샹카라에게 귀속시킨다. 그의 *Advaita Philosophy*를 보라.

적인 것으로 해석하는 경향도 보인다. 샹카라의 입장을 보다 분명하게 이해하기 위하여, 우리는 무지와 마야의 관계를 살펴볼 필요가 있다.

33. 마야와 아비디야

객관적인 측면에서 문제를 고찰할 때 우리는 마야를 말하며, 주관적인 측면에서는 아비디야(avidyā, 무지)를 말한다.[원주549] 브라흐만과 아트만이 동일한 것과 마찬가지로, 마야와 아비디야는 동일하다. 사실상 하나인 것을 마치 여럿인 것처럼 보는 인간의 정신적인 성향이 아비디야이다. 그러나 이것은 모든 개인들에게 공통적이다. 왜냐하면 샹카라가 아비디야를 말할 때, 그는 너의 것을 의미하거나 나의 것을 의미하지도 않기 때문이다. 그것은 그 자체를 우리의 개별적인 의식들에 나누어주는, 일종의 비인격적 힘이다. 왜냐하면 우리의 인식 메커니즘은 이미 창조된 것들, 즉 우리가 지각하지만 창조하지는 않는 것들에 작용하기 때문이다. 세계는 경전들에 언급된 순서로 신에 의하여 창조되고 우리에 의하여 파악된다.[원주550]

마야는 주관적인 동시에 객관적이며, 개별적인 동시에 보편적이며, 그것으로부터 지성의 조건지어진 형태들과 객관적인 존재들이 생겨난다. 만일 비실재인 세계가 그 자체를 실재로 나타낸다는 이유로, 마야가 순전히 주관적인 것이라면, 그것은 단지 망상에 불과하며, 세계의 질료인으로 진지하게 취급될 수 없을 것이다. 한편, 만일 그것이 세계

[원주549] "비정상적인 결과들을 생산하는 힘과 작인(作因)의 의지에 지배된다는 사실을 염두에 둘 때, 우리는 마야를 말하며, 이에 비하여 그것의 은폐하는 힘과 독립을 염두에 둘 때, 우리는 아비디야를 말한다"(『비바라나프라메야상그라하』(*Vivaraṇa-prameyasaṁgraha*), i.1 ; *Indian Thought*, vol.i, p.280).

[원주550] Śrutidarśitena karmeṇa parameśvareṇa sṛṣṭam ajñātasattāyuktam eva viśvaṁ tadtadviṣayapramāṇāvataraṇe tasya tasya dṛṣṭisiddhiḥ(『싯단타레샤』(*Siddhāntaleśa*), ii).

의 질료인, 즉 상키야의 프라크리티와 같은 어떤 것으로 간주된다면, 그것은 단순히 개별적인 무지는 아닐 것이다. 그 둘, 즉 개인의 아비디야와 브라흐만의 프라크리티는 함께 일어나며, 그 둘 가운데 어떤 것도 다른 하나와 별개로 생각될 수 없으며, 따라서 심지어 아비디야도 궁극적 실재에 의존적이다.[원주551] 현상적인 자아와 현상적인 세계는 상호 연루되는 사실들이다.[원주552] 아비디야와 프라크리티는 영원히 공존하며, 경험의 세계에 속한다.[원주553] 시공간과 인과율의 세계는 아비디야를 통하여 우리에게 주어지는 실재관이다.

샹카라는 유심론과 유물론을 비켜간다. 자연이 우리 의식의 현상이 아닌 것은, 현상적 자아가 자연의 산물이 아닌 것과 같다. 객관적인 경험의 가능성에 대한 조건들은 또한 논리적인 자아 혹은 자아 의식의 가능성에 대한 조건들이다. 왜 우리의 마음은 이와 같이 그릇된 방식으로 작용하는가? 왜 아비디야가 있는가? 왜 우리는 시공간과 인과율의 세계를 지니는가? 왜 마야가 있는가? 풀리지 않는 동일한 문제를 말하는 다양한 방법들이 있다. 순수 존재인 브라흐만이 시공간과 인과율의 세계로 바뀌는 것과 똑같이, 순수 지식인 아트만은 아비디야의 상태에 빠진다. 경험 세계를 통하여 우리가 브라흐만에 도달하는 것처럼, 아비디야를 통하여 우리는 비디야(vidyā, 지혜)에 도달한다. 왜 이 세계와 원초적인 타락이 있는가 하는 문제는 우리가 말할 수 있는 것 이상이지만, 그럼에도 불구하고 우리는 우리의 논리적인 마음이나 그것이 파악하는 세계는 환영이 아니라고 주장해야 한다. 현상은 망상이 아니다. 아비디야와 마야는 하나의 근본적인 경험의 사실에 대한 주관적인 측면과 객관적인 측면이다. 그것은 아비디야라고 불린다. 왜냐하면 그것

[원주551] 칸트의 견해를 참조하라. 또한 물질의 질료성은 인간 의식의 지성과 함께 존재하게 된다는 베르그송의 견해도 참조하라. 지성과 현상적인 세계는 함께 생겨나며, 서로를 포함한다.

[원주552] 『비슈누 푸라나』를 참조하라. Avidyā pañcaparvaiṣā prādurbhūtā mahāt-manaḥ(i.5.5).

[원주553] 『아드와이타싯디』, p.595.

은 비디야를 통하여 해소할 수 없기 때문이다. 그러나 객관적인 연쇄들은 마야라고 불린다. 왜냐하면 그것은 지고한 인격과 영원히 공존하기 때문이다.

샹카라는 파괴(pralaya)의 상태에서도 그것의 존재를 인정한다. 자신의 마야를 통제하는 전지자 이슈와라는 결코 아비디야를 지니지 않으며, 만일 샹카라가 여기저기서 어떤 다른 이론의 편을 든다면, 그것은 이슈와라가 개체 속에 있는 아비디야로 인도하는 힘을 지닌다는 비유적인 의미에서 그렇게 할 뿐이다. 상키야의 사상가들은 어떤 이슈와라의 존재를 인정하지 않지만, 경험 세계는 무시(無始)로 말해지는 아비디야에 기인한다. 아비디야는 붓디(buddhi, 통각작용)의 한 속성이며, 따라서 그것은 붓디에 머문다고 볼 수밖에 없으며, 결국 아비디야의 무시성(無始性) 또한 붓디에 그 토대가 있다고 해야 논리적이다. 그러므로 붓디는 프라크리티의 현현, 근원적 대상, 혹은 근본 실체가 된다. 이와 같이 아비디야의 객관성은 확보된다. 『비바라나프라메야상그라하』는 말한다. "아비디야가 불이의 표상을 방해하고 이원성의 표상을 야기하는 한에서, 의심의 여지없이 그것은 의식 속에 어떤 결함을 구성한다. 그러나 한편 그것은 탁월함의 구성요소가 되기도 한다. 왜냐하면 그것은 질료인을 형성하며, 이로써 브라흐만에 대한 인식을 가능하게 하기 때문이다."[원주554] 우리가 무한자에 도달하기 이전에 유한성은 필수적이다.

샹카라는 아비디야와 마야를 아무런 구별 없이 사용하고 있지만,[원주555]

[원주554] *Indian Thought*, vol.ii, p.177. 우리가 아비디야를 통하여 죽음을 건넌다고 말하는 『이샤 우파니샤드』를 참조하라.

[원주555] 제이콥(Jacob) 대령은 마야와 아비디야를 동일시하는 것을 반대한다. 『베단타사라』, v를 보라. 다양성의 세계는 아비디야의 산물이다. 유한한 마음의 핵심적인 형태들, 즉 시간과 공간 및 인과율 또한 현상 세계의 토대들이다. 아비디야는 경험 세계가 생성되는 이름들과 형태들이라는 마야를 생성한다고 말해진다. Avidyāpratyupasthāpitanāmarūpamāyāveśavaśena(『베단타 수트라』, ii.2.2에 대한 샹카라의 주석). 본래의 프라크리티(mūlaprakṛti)는 마야인 반면에, 은폐(āva-

후기 아드와이타 학자들은 그 둘을 구분한다. 마야는 이슈와라에 대한 한정자인 반면에, 아비디야는 개아에 대한 한정자이다. 비디야라니야에 의하면, 순수한 삿트와로 만들어진 마야에 브라흐만의 반영은 이슈와라이며, 이에 비하여 삿트와뿐만 아니라 라자스와 타마스 또한 존재하는 아비디야에 브라흐만의 반영은 개아(jīva)이다.[원주556] 샹카라는 이 입장을 취한다. 이에 그는 말한다. "궁극의 브라흐만은 순수한 한정자와의 관련을 통하여 하위의 이슈와라가 된다."[원주557] 아비디야의 산물들은 또한 이슈와라의 힘들이다. 세계는 신의 본질의 표현이며, 그것은 또한 인간의 논리적인 마음에 상대적이다. 세계의 존재들은 신의 마음의 관념들인 동시에 인간의 지식의 표상들이다. 이슈와라는 세계의 원인으로 주장되지만,[원주558] 그럼에도 불구하고 이슈와라의 자아 자체에 속하는 세계는 또한 아비디야에 의하여 구체화된다고 말해진다.[원주559]

---

raṇa)와 투사(投射, vikṣepa)라는 그 결과는 아비디야라고 말해지기도 한다. 또 어떤 경우에는 순수한 삿트와(sattva)를 지니는 원래의 프라크리티는 마야이며, 이에 비하여 불순한 삿트와에 의하여 규정되는 프라크리티는 아비디야라고 주장되기도 한다. 투사하는 힘에 의하여 지배되는 근본 실체(vikṣepaśaktipradhā-na-mūlaprakṛti)는 마야이며, 이에 비하여 은폐하는 힘에 의하여 지배되는 근본 실체(āvaraṇaśaktipradhāna-mūlaprakṛti)는 아비디야이다. 아드와이타에 관한 어떤 저술들에서 아비디야는 삿트와, 라자스, 타마스의 세 가지 속성들을 지니며, 이슈와라에 대한 한정자를 구성한다고 말해진다. 이 견해는 동의하기 어렵다. 만일 이슈와라가 라자스와 타마스의 속성을 지닌다면, 그와 지바(jīva)를 구별하는 것은 불가능할 것이다. 『스칸다 푸라나』(*Skanda Purāṇa*)를 참조하라. 여기서 아비디야는 지바의 한정 요소로 간주되며, 마야는 브라흐마, 비슈누, 마헤슈와라(Mahe-śvara, 쉬바)로 나타나는 궁극자에 대한 한정자로 간주된다. Avidyopādhiko jīvo na māyopādhikaḥ khalu, Māyākaryaguṇacchannā brahmaviṣṇumaheśvaraḥ.

[원주556] 『판차다쉬』, 16~17.

[원주557] 『찬도기야 우파니샤드』, iii.14.2에 대한 샹카라의 주석. "순수한 한정자와의 관련을 통하여"(viśuddhopādhisaṁbandhāt).

[원주558] 『베단타 수트라』, i.1.2에 대한 샹카라의 주석.

[원주559] "무지로 구성되는 이 종자력(種子力)은 미현현자라는 말로 언급되며, 지고한 이슈와라의 마야이다"(Avidyātmikā hi sā bījaśaktir avyaktaśabdanirdeśyā pa-rameśvarāśrayā māyā, 『베단타 수트라』, i.4.3에 대한 샹카라의 주석). 또한 『베단타 수트라』, ii.1.14 ; i.3.19에 대한 샹카라의 주석을 보라.

브라흐만과 마야는 세계에 존재하며, 세계의 질료인을 구성한다. 그 둘은 실재와 그것에 토대를 둔 현상으로서 함께 엮여 하나의 실이 된다.

34. 자연계

샹카라는 실재에 대한 단순한 기술로 멈추는 것이 아니라, 자신의 이론의 전체적인 입장에서 현상들의 영역을 검토하고, 부적절한 개념들이 담고 있는 진리를 명확히 조직적으로 말하며, 진리에 대한 다양한 근접의 정도에 따라 다양한 현상들을 체계화한다. 그는 각각의 현상이 어떻게 그 토대인 실재의 속성을 나타내는가를 보여주기 위하여 시도한다. 무진장한 브라흐만은 모든 존재의 근저에 놓여 있기 때문에, 점점 더 고차원적인 표현들이 끊임없이 세계에 나타난다.[원주560] "인간에서 풀잎으로 하강하는 존재들의 연쇄—— 비록 이들은 모두 생명이 주어진다는 공통의 속성을 지닌다 할지라도—— 에서 지식, 힘 등의 연속적인 감소가 관찰되는 것처럼, 인간으로부터 히란야가르바(Hiraṇya-garbha, 황금알)에까지 확장되는 상승하는 존재들의 연쇄에서, 지식, 힘 등의 점증적인 현현이 일어난다."[원주561]

[원주560] "비록 모든 존재—— 움직이거나 움직이지 않는—— 속에 감추어져 있는 것은 동일한 자아라 할지라도, 그럼에도 불구하고 경전에서 우리는 비록 자아 그 자체는 불변이며 영원히 자기 동일성을 유지한다 할지라도, 장려함과 힘을 나타내는 정도에서 차이가 있는 자아에 대한 언급을 본다. 이와 같은 차이는 그것이 조건지어지는 마음들의 등급에 기인한다(Yady apy eka evātmā sarvabhūteṣu sthāvara-jaṅgameṣu gūḍhas tathāpi cittopādhiviśeṣataratamyād ātmanaḥ kūṭasthanitya-syaikarūpasyāpy uttarottaram āviṣṭasya tāratamyam aiśvaryaśaktiviśeṣaiḥ śrūyate, 『베단타 수트라』, i.1.11에 대한 샹카라의 주석).

[원주561] 『베단타 수트라』, i.3.30에 대한 샹카라의 주석. Yathā hi prāṇitvāviśeṣe 'pi manuṣyādistambaparyanteṣu jñānaiśvaryādipratibandhaḥ pareṇa pareṇa bhū-yān bhavan dṛśyate, tathā manuṣyādiṣv eva hiraṇyagarbhaparyanteṣu jñā-naiśvaryābhivyaktir api pareṇa pareṇa bhūyasī bhavati. 또한 『베단타 수트

우리는 현상 세계에서, 1) 이슈와라, 2) 연장(延長)을 지니는 자연(nā-marūpaprapañca), 그리고 3) 다수의 개별 영혼들을 구분할 수 있다. 이슈와라는 응보를 나누어주는 자이며, 자연은 응보의 무대가 되는 이름과 형태의 세계이다. 한편, 개별 영혼들은 개별성의 한정에 지배되며, 새로운 존재에서 전생의 행위들에 대한 응보를 겪는다. 다양성의 세계는 향수자와 향수되는 것, 혹은 행위자와 그 무대라는 두 요소들로부터 일어난다. 물질적인 세계는 장(場, kṣetra)이라고 불린다. 왜냐하면 그것은 개별 영혼들이 스스로의 욕망을 실현하고 지난 업의 과실을 거두며 행위할 수 있는 환경이기 때문이다.[원주562] 그것은 5요소들로 구성되는, 무기성(無機性)의 자연이다. 유기성의 자연은 위의 5요소들에 들어가서 식물, 동물, 인간, 그리고 신으로 윤회하는 영혼들이 깃들이는 몸들로 구성된다.[원주563] 윤회의 세계는 온갖 양태를 지니는 다양한 존재 체계들과 존재들의 경험에 필수적인 조건들에 상응하는 다양한 세계들로 구성된다. 이러한 존재들은 등급적으로 배열되며, 이 중에서 최하의 등급은 경험들이 가장 많이 제한되는 것들로 구성된다. 한편, 최고의 등급은 초감각적 영역의 신들로 구성된다.[원주564]

우주의 진화 혹은 전개는 어떤 질서를 따른다.[원주565] 프라크리티, 즉 객관의 요소로부터 먼저 아카샤(ākāśa, 에테르), 즉 공간과 물질의 전제조건이 생겨난다. "전체 세계는 이슈와라로부터 일어난다. 아카샤가 먼저 생겨나고, 이어서 다른 요소들이 순차적으로 생성된다."[원주566] 단일, 무한, 불가량(不可量), 부동(不動), 편재의 본질을 지니는 아카샤는

라』, i.1.1에 대한 샹카라의 주석을 보라.
[원주562] Phalopabhogārtham……sarvaprāṇikarmaphalāśrayaḥ(『문다카 우파니샤드』, iii.1.1에 대한 샹카라의 주석).
[원주563] 베다의 신들 또한 우주적 과정에 속한다(『베단타 수트라』, i.2.17 ; i.3.33에 대한 샹카라의 주석).
[원주564] 『베단타 수트라』, i.3.10에 대한 샹카라의 주석 및 『브리하드아란야카 우파니샤드』, i.4.10에 대한 샹카라의 주석.
[원주565] 『베단타 수트라』, ii.1.24~25에 대한 샹카라의 주석.
[원주566] 『베단타 수트라』, ii.3.7에 대한 샹카라의 주석.

최초의 산물이다.[원주567] 그것은 공간과 모든 공간에 충만한 극도로 미세한 물질 모두를 나타낸다. 아카샤가 아무리 미세하고 희박한 실체라 할지라도, 그럼에도 불구하고 그것은 풍, 화, 수, 지의 요소들과 동일한 차원에 있다. 그래서 샹카라는 아카샤가 부정적인 실체, 즉 단지 장애들의 부재[원주568]에 불과하다고 보는 불교의 견해를 비판한다. 그는 부정적인 결과는 그것의 적극적인 본질[원주569]에서 나오는 것이라고 주장한다.

아카샤로부터 상승적인 순서로 다른 미세한 요소들(sūkṣmabhūtas)이 생겨난다.[원주570] 우파니샤드의 설명에 따라서,[원주571] 샹카라는 아카샤로부터 풍(風) 요소가 일어난다고 주장한다, 풍으로부터 화(火)가 일어나며, 화로부터 수(水)가, 그리고 수로부터 지(地)가 나온다. 이 다섯 요소들은 이들의 변형들보다 상대적으로 보다 영속적이므로, 이 요소들은 불멸이라고 불린다.[원주572] 아카샤는 소리의 속성을 지니고, 풍은 가촉성 및 압착성을 지니며, 화는 빛과 열의 속성을 지니며, 수는 맛, 그리고 지는 냄새의 속성을 지닌다. 요소들에 대한 속성들의 관계는 식물에 대한 씨앗의 관계이다. 소리 본질(śabdatanmātra)은 아카샤를 생성하며, 이번에는 아카샤가 소리의 외형을 생성시킨다. 탄마트라(tanmātra, 본질)는 그 자체 속에 요소뿐만 아니라 그것의 속성도 담고 있다. 우리는 또한 요소들에 대한 등급화된 척도가 있다는 것을 살펴보았다. 모든 요소들이 아카샤 탄마트라 속에 포함되어 있는 것처럼 보인다. 전체 세계는 아카샤 혹은 소리로부터 발생한다.

세계의 조대한 물질들(mahābhūtas)은 이 미세한 근본 원리들의 다

[원주567] 『베단타 수트라』, i.1.22 ; i.3.41에 대한 샹카라의 주석. 또한 『찬도기야 우파니샤드』, iii.14.3 ; viii.14를 보라.
[원주568] āvaraṇābhāva(『베단타 수트라』, ii.2.22에 대한 샹카라의 주석).
[원주569] vastubhūtam.
[원주570] 『베단타 수트라』, ii.3.8~13에 대한 샹카라의 주석.
[원주571] 『타잇티리야 우파니샤드』, ii.1 ; 『찬도기야 우파니샤드』, vi.2.2~3.
[원주572] 『찬도기야 우파니샤드』, iv.3.1 ; 『브리하드아란야카 우파니샤드』, i.5.22.

양한 조합들로 만들어진다.[원주573] 조대한 아카샤 실체는 소리를 나타내고, 조대한 풍(風)은 소리와 압착성을 나타내며, 화(火)는 이 두 가지 속성 외에 빛과 열을 지닌다. 수(水)는 화의 네 가지 속성 외에 맛의 속성들을 지니며, 지(地)는 수의 속성 외에 향(香)이라는 그 자체의 독특한 성질을 지닌다. 모든 대상은 소리, 가촉성, 형태, 맛, 냄새의 속성들을 지닌다. 미세한 요소들은 원자적 구조를 지니지 않는 물질의 동질적·연속적인 형태들이다. 조대한 요소들 또한 미세한 요소들과 마찬가지로 연속적이며 어떤 원자적 구조도 지니지 않는 것으로 말해지지만, 그럼에도 불구하고 조대한 요소들은 복합체이다.[원주574] 조대한 요소들은 변형(pariṇāma)을 통하여 여러 사물들을 생성시킨다. 물질은 끊임없이 상태의 변화를 겪는다. 변화들은 외부로부터 유인될 것이다.

샹카라는 우주적 진동[원주575]에 대하여 언급한다. 이 모든 요소들은 의식을 지니지 않으며, 스스로 그 자체의 전개를 야기할 수 없다. 이 모든 요소들 속에 신의 내재가 상정된다.[원주576] 만일 여러 요소들의 작용들이 가끔 베다의 여러 신들의 것으로 돌려진다면, 그것은 전혀 아무런 차이도 초래하지 않을 것이다. 왜냐하면 후자는 단지 이슈와라의 기능들을 상징화하고 있기 때문이다.

[원주573] 비록 다른 비율이라 할지라도, 각각의 조대한 실체에서 미세한 5요소 모두가 발견된다. 미세한 5요소가 세계의 조대한 실체들로 되는 결합의 과정은 흔히 오분결합(五分結合, pañcīkaraṇa)이라고 불린다. 샹카라는 오분결합을 언급한 적이 없지만, 이것은 후기 아드와이타에서 큰 중요성을 지니게 된다. 『베단타사라』를 보라. 그는 삼분결합(三分結合, trivṛtkaraṇa), 즉 미세한 세 요소들의 혼합을 채택한다. 이것은 또한 바차스파티의 견해이기도 하다.

[원주574] 아드와이타 베단타에서 원자(aṇu)는 물질의 궁극적·불가분적·추상적 구성요소가 아니라, 생각할 수 있는 가장 작은 물질의 양이다.

[원주575] sarvalokaparispandanam.

[원주576] 이러한 요소들의 자아로서 존재하는 지고한 이슈와라는 자신의 심오한 명상을 통하여 결과들을 생산한다(Parameśvara eva tena tenātmanāvatiṣṭhamāno 'bhidhyāyaṁs taṁ taṁ vikāraṁ sṛjati(『베단타 수트라』, ii.3.13에 대한 샹카라의 주석). 라마누자는 신의 의지(saṁkalpa)가 변화의 모든 경우에 필수적인 것은 아니라고 주장한다. 그것은 단지 아카샤의 발생 이전에 한 번 일어날 뿐이다.

창조의 순서는 해체 혹은 파괴의 경우에 역으로 된다.[원주577] 해체의 순간에 지(地)는 다시 수(水)가 되며, 수는 화(火), 화는 풍(風), 풍은 아카샤가 되며, 아카샤는 이슈와라 속으로 다시 들어간다.

내적 기관과 같은 심리 기관들은 샹카라에 의하여 물질적인 요소들과 유사한 본질이 되는 것으로 가정된다. 인간 유기체는 다른 것들처럼 지(地), 수(水), 화(火)의 세 요소들로 이루어져 있다.[원주578] 내적 기관, 생기(prāṇa), 언어(vāk)는 각각 지(地), 수(水), 화(火)에 상응한다.[원주579] 샹카라는 내적 기관 등의 이 세 가지가 가끔 물질적인 요소들과 다른 종류로 간주되며, 물질적인 요소들 이전 혹은 이후에 생성되는 것으로 간주되기도 한다는 것을 알고 있다. 아무튼 물질적인 요소들뿐만 아니라, 내적 기관 등의 세 가지는 그 자체로 생명 없는 것이며, 목적을 위한 수단으로 생성된다. 무기물은 그것을 초월하여 있는 어떤 목적에 기여한다(parārtha).[원주580] 유기물의 세계에는 본질의 균일성이 있다.[원주581]

우리가 유기물의 자연으로 관심을 돌릴 때, 우리 앞에는 전혀 새로운 원리, 즉 어떤 것들 속에 내재하는 이상을 실현하는 힘 혹은 생명력이 나타난다. 이러한 것들은 생명력을 통하여 보다 위대한 완전을 실현할 수 있다. 바위는 살아 있지 않다. 왜냐하면 그것은 완전하게 되는 성향을 지니지 않으며, 그 자체를 석주(石柱) 혹은 석상(石像)으로

[원주577] 『베단타 수트라』, ii.3.14에 대한 샹카라의 주석. 도이센의 언급을 참조하라. "이 견해는 요소들의 점진적인 진화와 귀입에 대한 과학적인 동기에 어떤 단서를 던져줄 것 같다. 사실 우리는 이에 대하여 아무런 정보도 갖고 있지 않다. 고체가 물 속에서 용해되고, 물이 열을 통하여 수증기로 변하며, 불꽃이 명멸하며 공기 속으로 사라지고, 공기가 고도에 따라서 점점 희박해지고 마침내는 진공상태가 되는 등의 관찰은, 우리로 하여금 세계의 점진적인 해체 과정을 추측하게 하며, 또한 이러한 과정의 역(逆)은 세계의 창조를 짐작하게 한다"(Deussen, *System of the Vedānta*, p.237).
[원주578] 『찬도기야 우파니샤드』, vi.2.2~3.
[원주579] 『베단타 수트라』, ii.4.20 ; iii.1.2에 대한 샹카라의 주석.
[원주580] 『바가바드기타』, xiii.22에 대한 샹카라의 주석.
[원주581] 『타잇티리야 우파니샤드』, ii.8에 대한 샹카라의 주석.

전환시키는 내적인 경향 혹은 힘을 지니지 않기 때문이다. 그러나 풀은 살아 있다. 만일 적절한 상황에 놓인다면, 그것은 성장하고 잎을 내며, 꽃을 피우고 열매를 맺는 힘을 발현할 것이다. 또한 동물은 식물보다 더 완전한 삶을 실현할 수 있다. 그것은 보고 듣고 느끼며, 또한 장차 어떻게 될 것인가를 어렴풋이 알고 있다. 그것은 좋은 조건 하에서 번성할 뿐만 아니라, 그와 같은 조건들을 적극적으로 찾아 나서기도 한다. 그것은 목적을 위하여 움직이지만, 식물은 그렇지 않다. 인간은 훨씬 더 고차적인 삶을 영위한다. 그는 오성과 의지를 지니는, 샹카라가 반성적 존재(vyutpannacitta)라고 부르는 고등 존재이다. 그는 식물의 생장력과 동물의 활동력 및 감각력을 지닐 뿐만 아니라, 우주의 진리를 통찰하고 영원한 것과 무상한 것을 분별하며, 선악을 선택할 수 있는 힘을 지닌다. 스스로의 향상심을 실현한 사람들은 곧 신들(gods)이다. 그러므로 우리는 유기물의 범주 하에 신, 인간, 동물, 그리고 식물의 네 종류를 지닌다.[원주582]

우파니샤드의 정신과 같은 맥락에서, 샹카라는 식물이 향수(享受)의 장소이며, 살아 있는 영혼들을 지니는 것으로 간주한다.[원주583] 청정하지 못한 행위의 결과로 영혼들은 식물에 깃들인다. 비록 식물은 즐거움과 고통을 지각할 수 없다 할지라도, 그것은 전생의 행위에 대한 응보를 받고 있는 것으로 말해진다. 그럼에도 불구하고 샹카라는 대체로 세 종류의 체화된 영혼들, 즉 다수의 신, 인간, 동물을 인정하고 있다. 신에게는 무한한 즐거움의 상태가 할당되며, 인간의 운명은 행복과 고통의 혼합이다. 이에 비하여 동물의 운명은 무한한 고통이다.[원주584] 체화된 상태에서 영혼들은 생기 및 미세신과 더불어 존재하며, 그들이 해탈될 때까지 이러한 상태는 지속된다. 마치 불꽃이 불로부터 나오는 것처럼, 영혼들은 브라흐만으로부터의 방사(放射)이다. 단지 그들은 브라흐만으로

[원주582] 『베단타 수트라』, iii.1.24에 대한 샹카라의 주석.
[원주583] 『베단타 수트라』, iii.1.24에 대한 샹카라의 주석.
[원주584] 『베단타 수트라』, ii.1.34에 대한 샹카라의 주석.

다시 귀입하지만, 이에 비하여 불꽃은 불로 되돌아가지 않는다.[원주585]

35. 개아

베단타의 목적은 우리를 인간 자아에 대한 분석으로부터 유일한 절대적 자아의 실재로 인도하는 것이다. 베단타의 논의는 이와 같은 이중적인 추구의 과정을 반영하고 있다.[원주586] 개아는 기억과 관계, 욕망과 혐오의 체계이며, 선택과 목적의 체계이다. 비록 우리가 이 전체 체계에 대한 일별을 얻는 것은 가능하지 않다 할지라도, 그것의 일반적인 조직과 현저한 요소들은 우리의 탐구 대상이 될 수 있다. 개아라는 이 체계는 변화에 지배되는 지식아(知識我, vijñānātman)인 반면에, 최고아(最高我, paramātman)는 모든 변화에서 자유롭다.[원주587] 개아(jīva)는 본질상 아트만과 동일하다. 그대가 바로 그것이다.[원주588] "상반되는 속성들을 지니는 것들은 동일할 수 없다는 이의 제기는 아무런 설득력도 없다. 왜냐하면 속성들이 상반된다는 사실 자체가 거짓으로 밝혀질 수 있기 때문이다."[원주589]

샹카라는 모든 경험 속에 함축되는 자아와 내적 성찰의 관찰된 사실인 자아, 형이상학적 주체 혹은 주격의 '나'(I)와 심리학적 주체 혹은

[원주585] 『문다카 우파니샤드』, ii.1.1 ;『카우쉬타키 우파니샤드』, iii.3.4.20 ;『브리하드 아란야카 우파니샤드』, ii.1.20. 『베단타 수트라』, iii.1.20~21에 대한 샹카라의 주석 및 『아이타레야 우파니샤드』, iii.3을 보라. 또한 『찬도기야 우파니샤드』, vi.2.2를 보라.

[원주586] 『베단타 수트라』, ii.3.25에 대한 샹카라의 주석.

[원주587] 『베단타 수트라』, i.3.24에 대한 샹카라의 주석. 또한 『카타 우파니샤드』, iii.1 ;『문다카 우파니샤드』, iii.1.1 ;『슈웨타슈와타라 우파니샤드』, iv.6.7을 참조하라.

[원주588] 이 견해와 퀘이커교의 유명한 교의를 비교하라. 후자에 따르면, 모든 인간의 가장 내밀한 존재 속에 내면의 빛, 즉 모든 도그마와 교의들이 이를 통하여 판단되는 광채가 있다.

[원주589] 『베단타 수트라』, iv.1.3에 대한 샹카라의 주석.

목적격의 '나'(me)를 주의깊게 구분한다. 자의식의 대상(ahampratya-yaviṣaya)은 순수 자아(sākṣin)가 아니라, 객관적인 속성들을 지니는 활동적이며 향수하는 개아(kartṛ)이다. 심리학자들이 자아를 말할 때, 이들은 그것을 내성(內省)의 대상으로 취급한다. 아트만은 순수하게 인식적인 반면에,[원주590] 우리의 개별적인 의식은 본질적으로 어떤 목적을 향한 활동적인 노력이다. 활동감은 우리 각자에게 가장 친숙한 경험이다. 이 경험적인 자아는 모든 행위의 작인이다.[원주591] 만일 행위(kartṛtva)가 영혼의 본질적 속성이라면, 마치 불이 열(熱)로부터 분리될 수 없는 것처럼, 영혼은 행위로부터 해방될 수 없을 것이며, 인간이 행위로부터 자유로울 수 없는 한, 그는 자신의 궁극적인 목적을 얻을 수 없을 것이다. 왜냐하면 행위는 본질적으로 고통이기 때문이다. "영혼의 행위성은 단지 그것에 귀속되는 한정자들(upādhis)의 속성들에 의존할 뿐이며, 그 자체의 본질에 의존하는 것은 아니다."[원주592] 개별 영혼은 본질적으로 행위자이다. 만일 그렇지 않다면, 베다의 명령 등은 전혀 무의미한 것이 되고 말 것이다.

우파니샤드에는 영혼에 행위성을 귀속시키고 있는 다수의 구절들이 있다.[원주593] 행위성은 실로 오성(vijñāna)이라는 한정자에 머문다. 개아는 주체와 대상, 자아와 비아, 실재와 현상이다. 그것은 대상에 의하여 한정 혹은 개별화된 아트만으로 구성된다.[원주594] 그것은 무지와 연관되

[원주590] 『베단타 수트라』, ii.3.40에 대한 샹카라의 주석.

[원주591] 『베단타 수트라』, i.1.4에 대한 샹카라의 주석.

[원주592] Tasmād upādhidharmādhyāsenaivātmanaḥ kartṛtvaṁ na svābhāvi-kam(『베단타 수트라』, ii.3.40에 대한 샹카라의 주석). 또한 『카타 우파니샤드』, iii.4에 대한 샹카라의 주석을 보라. 아드와이타와 상키야는 모두 아트만 혹은 푸루샤를 행위자의 행위에 의하여 조건지어지지 않는 것으로 간주한다. 그것은 개별성의 한정자들과 혼동될 때, 행위자로 간주된다. 이와 같은 혼동 혹은 무분별은 아드와이타에서는 무지의 작용, 그리고 상키야에서는 프라크리티의 작용에 기인한다고 본다.

[원주593] 『브리하드아란야카 우파니샤드』, iv.3.12 ; 『타잇티리야 우파니샤드』, iii.5. 또한 『베단타 수트라』, ii.3.33에 대한 샹카라의 주석을 보라.

어 있는 아트만이다. 에머슨(Emerson)의 표현을 빌리자면, "모든 인간은 바보의 역할을 하는 신이다."[원주595] 아비디야 혹은 논리적인 지식은 경험적 자아의 개별성에 대한 의식을 야기한다. 개별 영혼의 특성은 오성(buddhi)과 그것의 연관에 따른 것이며, 윤회가 완전한 지식에 의하여 끝나지 않는 한, 오성은 지속된다.[원주596] 붓디와 영혼의 관련은 심지어 죽은 후에도 계속된다. 그것은 오직 자유의 획득을 통하여 파괴된다. 죽음과 숙면상태에서 이 관련은 잠재적이며, 이에 비하여 각성상태에서, 그리고 다시 태어날 때, 그것은 실제적이 된다. 만일 우리가 이러한 유형의 잠재적인 연속을 가정하지 않는다면, 인과 법칙은 손상될 것이다. 왜냐하면 어떤 주어진 원인 없이 일어날 수 있는 것은 아무것도 없기 때문이다.[원주597]

인간의 심리 · 물리적 기관은 죽음의 순간에 영혼이 탈각하게 되는 조대한 요소들로 이루어진 유기적인 육체,[원주598] 생명 기관들(prā-nas),[원주599] 그리고 미세신[원주600]으로 구성된다. 미세신은 육체의 종자

[원주594] 『베단타 수트라』, ii.3.40에 대한 샹카라의 주석.

[원주595] 수레슈와라는 개아(jīva)를 농부에게 끌려가 시골에서 양육되는 왕자에 비유한다. 그는 자신이 왕족 출신이라는 것을 알게 되었을 때, 자신의 다른 직업을 버리고 왕족으로서의 신분을 회복한다(『싯단타레샤상그라하』). 또한 『브리하드아란야카 우파니샤드』, ii.1.20에 대한 샹카라의 주석 ;『브리하드아란야카 우파니샤드』, ii.1.507~516에 대한 수레슈와라의 『바룻티카』를 보라.

[원주596] 『베단타 수트라』, ii.3.20에 대한 샹카라의 주석.

[원주597] 죽음 및 숙면상태에서 영혼들은 브라흐만 자체 속으로 들어간다고 주장되기도 하지만, 그럼에도 불구하고 또한 영혼과 붓디의 관련이 잠재적일 때, 붓디와 관련된 영혼들은 이슈와라 속에 산다고 말해지기도 한다(『찬도기야 우파니샤드』, vi.8 ;『베단타 수트라』, ii.3.31에 대한 샹카라의 주석).

[원주598] Deha, sthūlaśarīra, annamayokośa.

[원주599] 생명 기관들은 두 종류로 나누어진다. 1) 5지각기관(buddhīndriyāṇi), 5행동기관(karmendriyāṇi), 그리고 지각과 행위를 통제하는 마나스(manas) 등과 같은 의식적인 생명 기관들, 2) 무의식적인 생명 기관들이 있다. 생기의 중심이 되는 중심 생명 기관(mukhyaprāṇa)은 호흡, 영양 작용 등의 다양한 기능들에 기여하는 5종의 생명 기관들로 나누어진다. 비록 어떤 제한된 크기를 지닌다 할지라도, 그것은 더 이상 나누어질 수 없다(『베단타 수트라』, i.4.13에 대한 샹카라의 주석).

(種子)를 형성하는 요소들의 미세한 부분들로 이루어진다.[원주601] 미세신[원주602]은 17종 요소들, 즉 5지각기관, 5행동기관, 5생기(生氣), 마음, 그리고 지력으로 구성된다.[원주603] 이 미세신은 비록 물질적이라 할지라도 또한 투명하며, 따라서 개아(jīva)가 옮겨다닐 때는 보이지 않는다. 미세신과 생기들은 해탈 이전까지 영혼의 영속적인 요소로 지속된다 할지라도, 도덕적 결정(karmāśraya)의 다양한 요소들이 있다. 이 요소들은 이전에 존재하지 않았던 새로운 형태로 각 생(生)에서 영혼에 수반한다.[원주604]

개별성의 토대는 아트만 혹은 한정자들(upādhis)에서 추적되는 것이 아니라, 지식(vidyā)과 행위(karma)와 경험(prajñā)의 결합인 도덕적 결정에서 추적되어야 한다.[원주605] 윤회가 지속되는 한, 생기는 이것을 보지하는 미세신과 마찬가지로 계속하여 존재하며, 설사 그것이 식물 속으로 들어간다 할지라도 영혼에 불가분적으로 수반한다. 알다시피 식물의 경우 내적 기관과 감관들은 당연히 그 자체를 나타내지 않는다. 윤회는 시작이 없기 때문에 윤회하는 영혼은 이 생기들의 장치를 영겁으로 지니고 있었을 것이다. 원인신(原因身, kāraṇa-śarīra)은 가끔 언급되며, 무시(無始)의 정의 불가능한 아비디야와 동일시된다. 원인적 자아(kāraṇa-ātmā)는 상대적으로 영속적인 인간의 자아이며, 카르마의 법칙에 의하여 결정되는 연속적인 재생을 통하여 지속한다. 인간의 심리·물리적 기관에 대한 이 설명은 5종의 생기에 대한 부분을 제외한다면 상키야의 설명과 동일하다.

[원주600] sūkṣmaśarīra, liṅgaśarīra, bhūtāśraya.

[원주601] dehabījāni, bhūtasūkṣmāṇi.

[원주602] 그것은 상키야의 표식신(標識身, liṅgaśarīra)에 상응한다.

[원주603] Kartṛtvabhoktṛtvaviśiṣṭajīvo manomayādipañcakośaviśiṣṭaḥ. 그것의 요소들은 기계적인 인과 관계에 의하여 결정된다. 『브리하드아란야카 우파니샤드』, i.4.17에 대한 샹카라의 주석을 보라.

[원주604] 『베단타 수트라』, ii.4.8~12에 대한 샹카라의 주석 ; Deussen, *System of the Vedānta*, pp.325~326.

[원주605] 『브리하드아란야카 우파니샤드』, iv.4.2를 보라.

5지각기관과 5행동기관 및 마나스는 창조된 대상들이며,[원주606] 미세하며(aṇu 혹은 sūkṣma), 제한적이다(paricchinna). 이 기관들은 원자적인 크기(paramāṇutulya)가 아니다. 왜냐하면 만일 그렇다면 이 기관들이 몸 전체에 편재하는 것은 이해될 수 없을 것이기 때문이다. 이 기관들은 미세한 것으로 간주된다. 왜냐하면 만일 이 기관들이 미세하지 않다면, 죽음의 순간에 빠져 나가는 것이 보여야 할 것이기 때문이다. 그것은 무한한 것이 아니라, 제한된 크기를 지닌다. 왜냐하면 무한한 것에는 사라짐이나 출현 혹은 다시 돌아옴이 있을 수 없기 때문이다.

샹카라는 이 전체의 설명에서 감각 기능들을 염두에 두고 있으며, 이러한 기능들의 물질적 상대물을 염두에 두고 있는 것은 아니다. 감관들은 편재적인 것이 아니라, 이 기관들이 작용하는 육체적인 영역과 동일한 범위를 지닌다.[원주607] 여러 기관들은 대개 다양한 요소들에서 추적되며,[원주608] 그 요소들을 통제하는 신들은 또한 감관들을 통제하는 것으로 말해진다. 중심 생명 기관(mukhyaprāṇa)은 생명을 유지하고 활력을 부여하는 원리이다. 심지어 심리 기관들도 그것에 의존한다. 감관들은 중심 생명 기관에 의하여 유지되며, 따라서 생기들이라고 불린다.[원주609] 한정자들 속에 싸인 아트만이 지바이며, 지바는 즐거움과 고통을 향수하고(bhoktṛ) 행위한다(kartṛ). 이에 비하여 최고아는 향수하고 행위하는 조건들에서 자유롭다.[원주610]

[원주606] 『베단타 수트라』, ii.4.1~4에 대한 샹카라의 주석.
[원주607] 『베단타 수트라』, ii.4.8, 13에 대한 샹카라의 주석.
[원주608] 『베단타 수트라』, ii.4.14~16에 대한 샹카라의 주석 ; 『브리하드아란야카 우파니샤드』, i.3.11 ; iii.2.13 ; 『아이타레야 우파니샤드』, i.2.4.
[원주609] 『베단타 수트라』, ii.4.1~6에 대한 샹카라의 주석.
[원주610] Param brahma……apahatapāpmatvādidharmakam, tad eva jīvasya paramārthikaṁ svarūpam……itarad upādhikalpitam(『베단타 수트라』, i.3.19에 대한 샹카라의 주석). 플라톤은 이와 유사한 견해를 보이고 있으며, 그는 이것을 바닷속 깊은 곳으로 뛰어드는 글라우쿠스(Glaucus)의 비유로써 설명한다. 만일 우리가 거기서 그를 본다면, 우리는 그를 알아볼 수 없을 것이다. 왜냐하면 그는 무성하게 자란 해초와 섭조개 혹은 다른 해산물들로 뒤덮여버렸기 때문이다. 개별

개아는 육체와 감관들을 지배하며, 행위의 과실(果實)들과 관련된다. 그것의 본질이 아트만이므로, 그것은 원자적(aṇu)이 아니라 편재적(vi-bhu)이라고 말해진다. 만일 그것이 원자적이라면, 그것은 육체의 전체 범위에 걸치는 감각들을 경험할 수 없을 것이다.[원주611]

영혼이 원자적이라고 주장하는 사람들[역주14]은 무한한 영혼이 움직일 수는 없지만, 하나의 육체를 떠나서 다른 하나의 육체로 돌아오는 것이 관찰된다고 말한다. 샹카라에 의하면, 이와 같은 전이는 영혼 자체가 아니라 단지 그것의 한정들과 관련을 지닐 뿐이다.[원주612] 만일 영혼이 원자적이라면, 그것은 육체의 어느 한 곳에 있을 것이며, 따라서 육체 전체를 통하여 지각할 수 없다는 반대는 전단향의 실례에 의하여 논박된다. 다시 말하여, 한 조각의 전단향 나무가 몸 전체를 상쾌하게 하는 것과 마찬가지로, 비록 영혼이 오직 한 점에서 몸과 닿는다 할지라도, 원자적인 영혼은 몸 전체에 퍼져 있는 촉각을 통하여 몸 전체를 느낄 수 있다는 것이다. 샹카라 또한 실례를 들어 이 견해를 비판한다. 그의 주장에 의하면, 비록 우리가 가시를 밟을 때, 그 고통은 몸 전체가 아니라 발바닥에만 느껴진다 할지라도, 우리가 밟는 가시는 또한 전체의 감관과 관련된다. 영혼에 대한 원자적 견해를 지지하는 사람들은 원자적인 영혼이 의식(caitanya)의 특성에 의하여 몸 전체에 편재한다고 주장한다. 이것은 마치 한 곳에 놓아둔 등불의 빛이 그곳으로부터 방 전체에 미치는 것과 같다고 한다.

이에 대하여 샹카라는 속성은 실체를 넘어서 연장될 수 없다고 단언한다. 등불의 불꽃과 그것의 빛은 실체와 속성으로 관련되지 않는다.

적인 각 영혼은 일종의 잃어버린 영혼이며, 우리가 윤회의 바다로부터 그것을 회복하고, 그것을 뒤덮고 있는 무성한 해초와 조개 혹은 끈적끈적한 진흙을 제거할 때까지, 우리는 그것의 참된 본질을 인지할 수 없다.

[원주611] 『베단타 수트라』, ii.3.29에 대한 샹카라의 주석.

[역주14] 베단타를 유신론적으로 해석하는 라마누자와 마드와 등은 영혼이 원자적인 크기를 지닌다고 말한다.

[원주612] 『베단타 수트라』, ii.3.29에 대한 샹카라의 주석.

그 둘 모두는 불의 실체들이다. 다만 불꽃에서는 그것을 구성하는 부분들이 긴밀하게 결합되어 있는 반면에, 방 전체에 퍼져 있는 빛의 경우에는 그 부분들이 넓게 분산되어 있다는 차이가 있을 뿐이다. 만일 의식의 속성이 몸 전체에 편재한다면, 영혼은 원자적일 수 없다. 영혼을 원자라고 언급하는 우파니샤드의 구절들[원주613]은 아트만이 아니라 오성과 마음이 지니는 속성들의 핵심들을 염두에 두고 있다. 이 구절들은 단지 지각에 포착되지 않는 아트만의 미세함을 나타내기 위한 것일 뿐이다.[원주614] 마나스 등에 의하여 속박된 경험적 자아는 무한하지 않은 반면에, 궁극적 실재는 무한하다는 것이 받아들여진다.[원주615] 만일 영혼이 원자적이라고 말해진다면, 그것은 영혼이 경험적으로 붓디와 관련되기 때문일 것이다.[원주616] 영혼이 심장 속에 살고 있다는 것에 관한 모든 언급은 심장 속에 붓디가 있다는 이론에 기인한다. 또한 비록 한 곳에 한정되어 있는 것은 모든 곳에 있을 수 없지만, 모든 곳에 있는 것은 분명히 한 곳에 있을 수 있다.[원주617] 이와 같은 방식으로 샹카라는 영혼의 공간적인 한정을 언급하는 우파니샤드의 모든 구절들을 설명한다.[원주618]

종교적인 의무의 전체적인 삶은 경험적인 에고의 상대적인 실재 위에 확립된다. 공덕과 죄과의 체계, 명령과 금계(禁戒), 천계에서의 지복과 지옥에서의 고통에 대한 조망 등을 담고 있는 실존의 장(場) 전체는 모두가 자아와 육체, 감관 및 그것을 둘러싸고 있는 다양한 조건들의 동일함을 가정하고 있다. 삶의 모든 연속에서, 그것은 아트만이 아니라, 그것의 그림자이다. 이 그림자는 세계라는 무대에서 슬퍼하고 불평하며 음모를 실연한다. 한정자들로부터 분리될 때까지, 영혼은 즐거

[원주613] 『문다카 우파니샤드』, iii.19 ; 『슈웨타슈와타라 우파니샤드』, v.8~9.
[원주614] 『베단타 수트라』, ii.3.29에 대한 샹카라의 주석.
[원주615] 『베단타 수트라』, ii.3.19~32에 대한 샹카라의 주석을 보라.
[원주616] 『베단타 수트라』, ii.3.29에 대한 샹카라의 주석.
[원주617] 『베단타 수트라』, ii.1.7 ; ii.3.49에 대한 샹카라의 주석.
[원주618] 『베단타 수트라』, i.3.14~18 ; i.2.11~12에 대한 샹카라의 주석을 보라.

350

움과 고통에 지배되며, 개별 의식[원주619]에 사로잡혀 있다.

샹카라는 영혼의 여러 상태들에 대하여 설명한다. 각성상태에서는 전체의 지각 메커니즘이 작용하며, 우리는 마음과 감관들을 통하여 대상들을 파악한다. 몽면상태에서 감관들은 작용하지 않으며, 다만 마음이 활동하고 있을 뿐이다. 각성상태에 의하여 감관들에 남겨진 잠재 인상들을 통하여, 그것은 대상들을 안다. 몽면상태의 자아는 궁극적인 정신이 아니며, 한정자들에 의하여 제한된 정신이다. 우리가 자의로 꿈을 꿀 수 없는 것은 바로 이런 이유 때문이다. 만일 우리가 그렇게 할 수 있다면, 악몽을 꾸는 사람은 아무도 없을 것이다.[원주620] 숙면상태에서는 마음과 영혼들이 완전히 정지하고 있으며, 영혼은 이른바 그 자체의 자아 속에 귀입되어 그것의 참된 본질을 회복한다.

샹카라는 자아의 연속에 대한 논거로서 카르마의 연속을 언급한다. 또한 기억이 있다. 인간으로서 자기 동일성(ātmānusmaraṇa)에 대한 의식은 잠자리에 든 동일한 영혼이 아침에 일어난다는 것을 입증한다. 경전에서 이러한 사실이 언급되고 있으며, 만일 숙면이 자아의 연속을 교란한다면, 경전의 언급은 의미를 상실할 것이다. 만일 어떤 사람이 A로 잠자리에 들고 B로 깨어난다면, 그 행위들 사이에 아무런 연속성도 없을 것이다. 심지어 해탈한 영혼조차도 잠에서 깨어날 것이다. 사후(死後)의 상태와 마찬가지로, 숙면상태에서도 개체의 핵심들은 지속된다. 그렇지 않다는 이런 저런 언급들에도 불구하고, 숙면상태에서도 지바를 윤회하게 하는 제한들이 잠재적으로 존재한다는 것이 받아들여진다. 만일 해탈상태에서처럼 숙면상태에서는 특수한 인식이 완전히 부재한다면, 잠자고 있는 사람은 어떻게 그리고 어디서 무지의 씨앗을 간직했다가 각성이 일어나는 순간에 다시 그것을 발현할 수 있는가? 샹카라는 숙면상태에서 브라흐만과의 일시적인 합일을 해탈에서의 영원한 합일과 구별한다. "숙면상태의 경우에, 한정자(upādhi)가 존재한

[원주619] viśeṣavijñāna.
[원주620] 『베단타 수트라』, iii.2.6에 대한 샹카라의 주석.

다. 그러므로 그것이 존재하기 시작하는 순간에 지바 또한 존재하기 시작하지 않을 수 없다."[원주621] 해탈상태에서 무지의 씨앗들은 완전히 소멸된다.[원주622]

기절상태에 대해서는 별도로 언급된다. 왜냐하면 감관들이 대상들을 더 이상 지각하지 않는 한에서 그것은 각성상태와 다르기 때문이다. 이와 같은 방식의 대상 세계에 대한 무관심은 다른 대상들에 대한 관심의 집중으로 일어나는 결과가 아니다. 어떤 의식도 수반되지 않는다는 점에서 그것은 몽면상태와 다르며, 육체에 생명이 남아 있다는 점에서 본다면 죽음의 상태와도 다르며, 또한 육체에 이상 혹은 불편함이 있다는 점에서는 숙면상태와도 다르다. 기절한 사람은 잠자고 있는 사람처럼 쉽게 깨어날 수 없다. 기절상태는 숙면과 죽음의 중간 상태로 말해진다. "죽음의 문턱인 한에서, 그것은 죽음에 속한다. 만일 영혼의 (응보를 받지 않은) 어떤 행위가 남아 있다면, 말과 마음이 정신을 잃은 사람에게 다시 돌아올 것이며, 만일 그와 같은 아무런 행위도 남아 있지 않다면, 호흡과 체온은 그를 떠날 것이다."[원주623]

모든 사람은 본질적으로 궁극의 실재이며, 따라서 변하지 않고 변형을 겪지 않으며 부분이 없다. 그럼에도 불구하고 우리는 영혼의 생성과 성장을 말한다. 왜냐하면 한정들이 생성되고 해체될 때, 자아가 생성하거나 소멸한다고 말해지기 때문이다.[원주624] 부가적인 한정들은 세계의 다양한 영혼들에게 개별성을 부여한다.[원주625] 이러한 한정들은 육체의 특징, 개아의 카스트, 수명 등을 결정한다.[원주626] 영혼들은 이러한 한정들 때문에 서로 다르며, 행위들과 그것으로 인한 결과들에 혼동이 없다.[원주627] 설사 개별 영혼은 마치 수면에 비친 태양처럼 단지 반영

[원주621] 『베단타 수트라』, iii.2.9에 대한 샹카라의 주석.
[원주622] 가우다파다의 『카리카』, iii.14에 대한 샹카라의 주석을 보라.
[원주623] 『베단타 수트라』, iii.2.10에 대한 샹카라의 주석.
[원주624] 『베단타 수트라』, ii.3.17에 대한 샹카라의 주석.
[원주625] 『베단타 수트라』, iii.2.9에 대한 샹카라의 주석.
[원주626] 수레슈와라, 『바룻티카』, pp.110~113.

(ābhāsa)에 불과한 것으로 간주된다 할지라도, 영혼들의 개별성은 손상되지 않는다.[원주628]

36. 목격자 자아와 개별적 자아

각각의 개별적 자아에서 우리는 인식적·감정적·의욕적인 경험 외에 목격자 자아(sākṣin)를 지닌다. 영원한 의식은 내적 기관이 그것에 대한 한정자로 작용할 때, 그리고 그것이 대상들을 비출 때, 목격자 자아라고 불린다. 이 한정자의 존재는 궁극적 의식을 목격자 자아로 전화시키기에 충분하다. 비록 이 목격하는 의식은 대상에 대한 경험과 더불어 일어난다 할지라도, 그것은 경험에 기인하는 것이 아니라, 그것에 의하여 필요 조건으로서 우선 인정된다. 내적 기관이 개체로 들어가서 그것으로부터 기관의 구성 요소가 될 때, 우리는 개아(jīva)를 지닌다.

목격자로서의 자아와 개아의 관계는 무엇인가? 후기 아드와이타 논서들에서 그것은 여러 가지로 정의되었다. 비디야라니야는 목격자 자아를 불변의 의식으로 정의한다. 그것은 조대신과 미세신의 결과들에 아무런 영향도 받지 않으면서 그 결과들을 감시하는, 이러한 몸들의 현상들에 대한 토대인 불변의 의식이다.[원주629] 향수하는 에고의 행위가

[원주627] 『베단타 수트라』, ii.3.49에 대한 샹카라의 주석.

[원주628] "태양의 반영된 어떤 이미지가 떨릴 때, 이것 때문에 다른 어떤 반영된 이미지 또한 떨리는 것은 아니다. 이와 같이 한 영혼이 행위 및 그 결과와 관련될 때, 이것 때문에 다른 어떤 영혼이 그와 같이 관련되는 것은 아니다. 그러므로 행위들과 이로 인한 결과들에서 아무런 혼동도 있을 수 없다"(『베단타 수트라』, ii.3.50에 대한 샹카라의 주석).

[원주629] 『판차다쉬』, viii. 『싯단타레샤』(제1장)에서 비디야라니야의 견해는 다음과 같이 기술된다. "Dehadvayādhiṣṭhānabhūtaṁ kūṭasthacaitanyaṁ svāvacche-dakasya dehadvayasya sākṣād īkṣaṇān nirvikāratvāt sākṣīty ucyate."

멎을 때, 두 몸들에 대한 조명은 이 목격자 자아에 기인한다. 이 목격자 자아는 심지어 향수하는 에고가 그 기능을 멈출 때도, 그것의 부수물로 있는 두 종류의 몸들을 즉각 의식한다. 목격자 자아의 시종일관된 존재는 에고와는 다른 어떤 것에 관한 일련의 정신적 관념들에서 관자(觀者)의 자기 동일성이 유지될 수 있도록 기여한다. 비디야라니야는 목격자 자아가 삶과 사건들에 관여하는 개아와 동일시될 수 없다는 것을 분명히 한다. 우파니샤드는 그것이 무속성자요 순수 방관자이며, 응보를 향수하는 자가 아니라고 언명한다.[원주630]

다른 곳에서 비디야라니야는 그것을 무대 위의 등불에 비유한다. 무대 위의 등불은 무대 감독, 배우, 그리고 관중을 동등하게 비추며, 심지어는 이들이 없어도 혼자 빛난다.[원주631] 이 비유는 목격자 자아가 경험적 에고(jīva), 내적 기관, 그리고 외부 대상들을 동등하게 비추며, 이 모든 것들이 부재하는 숙면상태에서도 스스로 빛난다는 것을 지적하고 있다.[원주632] 수동성 혹은 비활동성은 이슈와라와는 다른 목격자 자아의 특성이다. 『탓트와프라디피카』(Tattvapradīpikā)에서 목격자 자아는 순수 브라흐만으로 정의되며, 따라서 그것은 모든 피조물의 보편적 자아이며, 또한 각 개별 영혼의 토대이기 때문에 지바들의 수만큼 많은 것처럼 보인다. 목격자 자아는 제한된 브라흐만인 이슈와라와 동일시될 수 없다. 왜냐하면 그것은 절대적이며 속성이 없는 것으로 정의되기 때문이다. 또한 목격자 자아는 지바와 동일시될 수 없다. 왜냐하면 지바는 행위자이며 행위와 그 결과들을 향수하는 자이기 때문이다.[원주633]

[원주630] 『슈웨타슈와타라 우파니샤드』, vi.11을 참조하라. "목격자, 인식자, 유일자, 무속성자"(Sākṣī, cetā kevalo, nirguṇaś ca).

[원주631] Nṛtyaśālāsthito dīpaḥ prabhuṁ sabhyāṁś ca nartakīm, Dīpayed aviśeṣeṇa tadabhāve 'pi dīpyate(『판차다쉬』, x.11).

[원주632] 같은 책, x.12.

[원주633] Tattvapradīpikāyām api, māyāśabalite, saguṇe parameśvare, 'kevalo nirguṇa' iti viśeṣaṇānupapatteḥ sarvapratyagbhūtam, viśuddham brahma jīvād bhedena, sākṣīti pratipādyata ity uditam(『싯단타레샤』, i).

354

『판차다쉬』와 『탓트와프라디피카』에서 주장된 견해는 샹카라의 지지를 받는다.

『카우무디』(*Kaumudī*)는 목격자 자아가 이슈와라의 특수한 형태라고 가르친다. 이 논서의 저자는 이슈와라를 목격자로 간주하는 『슈웨타슈와타라 우파니샤드』에 의거한다. 그는 지바의 행위와 그것의 중지를 의식하고 있지만, 그럼에도 불구하고 그는 결코 이러한 것들에 영향 받지 않는다.[원주634] 그는 자신의 아비디야나 이와 관련된 모든 것을 비추며, 지바 속에서 작용한다. 숙면상태에서처럼, 모든 행위들이 거두어 들여질 때, 그는 지혜(prājña)로 알려진다.[원주635] 『탓트와슛디』(*Tattva-śuddhi*)의 저자는 이 견해에 동의한다. 이슈와라가 목격자 자아라는 것은 첫번째의 견해를 묘사하는 종교적 혹은 경험적인 방식이다. 우리는 샹카라의 저술들에서 그것에 대한 지지를 발견한다. 같은 나무에 앉아 있는 두 마리 새를 묘사하는 우파니샤드의 유명한 구절[원주636]을 주석하면서, 샹카라는 다음과 같이 말한다. "그와 같이 앉아 있는 두 마리 가운데, 미세신을 점유하고 있는 개아(ksetrajña)는 무지 때문에 행복과 불행으로 특징지어지는 카르마의 과실들을 먹고 있다. 한편, 다른 한 마리, 즉 영원 청정하고, 의식을 지니며, 본질적으로 자유로우며, 모든 것을 알며, 삿트와(sattva)로 충만한 주(主)는 먹지 않는다. 왜냐하면 그는 먹는 자와 먹는 대상 모두를 감독하는 자이기 때문이다." "왕의 경우처럼, 단지 그가 바라보기만 한다 해도 그것은 감독하는 것과 똑같다."[원주637]

다른 어떤 사람들은 무지에 의해 조건지어진 지바가 목격자 자아라고 한다. 왜냐하면 그는 본질적으로 행위자가 아니라 방관자이기 때문

[원주634] Parameśvarasyaiva rūpabhedaḥ kaścit jīvapravṛttinivṛttyor anumantā svayam udāsīnaḥ sākṣī nāma(『싯단타레샤』, i).
[원주635] 『베단타 수트라』, i.3.42를 보라.
[원주636] 『문다카 우파니샤드』, iii.1.1.
[원주637] Paśyaty eva kevalaṃ darśanamātreṇa hi tasya prerayitṛtvaṃ rājavat (『문다카 우파니샤드』, iii.1.1에 대한 샹카라의 주석).

이다. 그가 행위자 및 향수자가 되는 것은 단지 그가 자신을 내적 기관과 잘못 동일시할 때뿐이다.[원주638] 그러므로 지바는 두 측면, 실재의 측면과 비실재의 측면을 지닌다. 전자는 수동적인 관조자(sākṣin)이며, 후자는 활동적인 행위자인 동시에 향수자(abhimānin)이다. 만일 편재적인 무지가 목격하는 지바의 조건으로 간주된다면, 후자는 자기 자신의 마음뿐만 아니라 다른 피조물들의 마음까지도 비출 수 있어야 한다는 것은 이 견해에 반대된다. 그러나 이것은 우리의 경험에 의하여 확인되지 않는다. 따라서 자체의 조건으로 내적 기관(antaḥkaraṇa)을 지니는 지바는 목격자 자아이며, 이것은 다양한 자아들에서 다르다. 숙면 상태(suṣupti)에서 그것은 미세한 형태로 존재한다고 가정되며, 따라서 그것은 세 가지 상태 모두에서 존재한다.

경험적인 에고와 목격자 자아의 차이는, 전자의 경우에는 내적 기관이 그것의 속성인 반면에, 후자의 경우에는 내적 기관이 단지 그것의 조건 혹은 한정일 뿐이라는 점에 있다.[원주639] 이것은 『베단타파리바샤』(*Vedāntaparibhāṣā*)의 견해이며, 표방된 다른 견해들과 모순되지 않는다. 왜냐하면 그것은 궁극적 의식이 개별적 주체 속에서 작용할 때, 목격자 자아라고 불린다는 것을 의미하기 때문이다. 영원한 의식 혹은 아트만이 우주 전체에서 작용할 때, 그것은 이슈와라사크쉬(Īśvara-sākṣi)라고 불리는 것처럼, 영원한 의식이 개별적 주체 속에서 작용할 때는 그것에게 지바사크쉬(jīvasākṣi)라는 이름이 주어진다. 이 두 경우에서 한정자들은 다른 이름들을 정당화한다. 후자에서 한정자는 내적 기관, 육체 등이며, 전자에서 한정자는 존재의 세계 전체이다. 이슈와라는 우주의 영혼인 반면에, 지바는 개별적 영혼이다.

[원주638] Kecid avidyopādhiko jīva eva sākṣād draṣṭṛtvāt sākṣī ; jīvasyān-taḥkaraṇatādātmyāpatyā kartṛtvādyāropabhāk tv epi svayam udāsīnatvāt (『싯단타레샤』, i).

[원주639] Antaḥkaraṇopadhānena jīvaḥ sākṣī……antaḥkaraṇaviśiṣṭaḥ pramātā (『싯단타레샤』, i).

37. 아트만과 지바

우리는 개별적 에고에게 실체성 혹은 단일성을 귀속시킬 수 없다. 그것은 어떤 원자적 단위가 아니라 매우 복합적인 구조이다. 그것은 특정한 개별 주체의 의식적 경험들의 체계적인 통일이며, 특정한 개별 주체는 처음부터 육체적인 유기체와 다른 조건들에 의하여 정의되고 규정된다. 육체와 감관 등은 그것의 경험에 가담하며, 그것 속으로 일종의 통일성 혹은 연속성을 들여온다. 인간이라는 유기체와 결합되어 있는 의식은 순전히 유한한 의식이며, 의식의 내용의 일부로서 육체적인 상태들을 포함한다. 육체가 점진적으로 성장하는 것과 마찬가지로, 그것의 의식적인 경험 또한 그와 같다. 유한한 자아는 자신의 의식의 궁극적 원인이 아니다. 에고는 시간 속에 전개되고 있는 경험적 의식의 느껴지는 통일체(felt unity)이다. 그것은 관념적 구성물 혹은 개념적 사유 작용의 대상이다.[원주640] 그것은 동일한 개체 속에서 바뀌고 있으며, 따라서 불변의 본질과 동일시될 수 없다. 경험적 자아들의 근저에 놓인 토대인 아트만은 어떤 변화도 겪지 않으며, 어떤 감정도 경험하지 않는다.

아트만은 비록 상상할 수도 없는 초월적인 것이라 할지라도, 그것은 개인의 생애와 전혀 무관하다. 항상 계속하는 목격자로 상정되는 아트만은 단지 정신적인 사실들이 역할하는 스크린 혹은 토대로 기여할 뿐이다. 우리는 정신적인 사실들이 그것에서 생성되었다고 말할 수 없다. 왜냐하면 실재는 그 자체와 혼동된 것에 의하여 영향받지 않기 때문이다. 단지 우리가 어떤 사물들을 바르게 이해하지 않는다는 이유만으로, 그 사물들이 자체의 본질을 바꾸는 것은 아니다. 어떻게 불변의 아트만이 제한되는 것처럼 보이는가? 지성의 영원한 빛은 모든 관계를 벗어나 있는데, 어떻게 그것은 어떤 행위에 의하여 어둠에 물들게 되는가?

[원주640] Ward, *Psychological Principles*, pp.361~382를 참조하라.

어떻게 실재가 현상이 되는가 하는 것은 오래된 질문이다. 아트만의 현상성을 설명하는 것은 육체, 감관, 마음, 그리고 감각 대상들로 이루어지는 한정자들에 대한 아트만의 관계이다. 그러나 아트만과 심리학적 자아의 이 관계는 설명할 수 없으며, 마야(māyā), 즉 불가사의이다. 만일 아트만이 영원한 자유요 순수 의식이며, 아무것도 필요로 하지 않으며, 아무것도 행하지 않는다면, 어떻게 그것은 체화된 자아에 있는 운동과 욕망의 원천일 수 있는가? "그 자체는 운동이 없는 것이, 그럼에도 불구하고 다른 것들을 움직일 수 있을 것이다. 자석 자체는 움직임이 없지만, 그럼에도 불구하고 그것은 쇠붙이를 움직인다."[원주641] 우리가 유한한 자아들과 무한한 아트만의 관계에 대하여 말할 때, 우리는 유한한 범주들을 사용하지 않을 수 없으며, 이러한 범주들은 전혀 적합하지 않다.

샹카라는 『브라흐마 수트라』에 언급된 개아와 브라흐만의 관계에 대한 다양한 견해들—가령 아슈마라티야(Āśmarathya), 아우둘로미(Auḍulomi), 카샤크리트스나(Kāśakṛtsna)의 견해들—을 논의한다. 아슈마라티야는 개별적 자아들과 절대자의 관계를 불꽃들과 불의 관계에 비유하는 우파니샤드 본문의 입장을 취한다. 불에서 흘러 나오는 불꽃들은 그 불의 본질에 관여하므로, 그 둘은 완전히 다르다고 할 수 없으며, 또한 그 둘은 전혀 다르지 않다고 할 수도 없다. 왜냐하면 만일 그렇다면 불꽃들은 불과 구별할 수 없을 뿐만 아니라, 불꽃 상호간에도 구별이 불가능해야 할 것이기 때문이다. 이와 마찬가지로 개별 영혼들은 궁극적 실재와 완전히 다르다고 할 수 없다. 왜냐하면 만일 그렇다면 그들은 의식의 본질을 지닌다고 말해질 수 없을 것이기 때문이다. 또한 완전히 동일하다고 할 수도 없다. 왜냐하면 그렇게 되면 그들은 서로 다르지 않아야 할 것이기 때문이다. 그러므로 아슈마라티야는 개별 영혼들이 브라흐만과 다르면서 또한 다르지 않다고 결론짓

[원주641] 『베단타 수트라』, ii.2.2에 대한 샹카라의 주석.

는다.[원주642]

아우둘로미는 육체, 감관, 마음 등의 한정들에 의하여 속박된 개별 영혼들이 비록 지식과 명상을 통하여 육체를 벗어나 궁극적 실재와 하나될 수 있다 할지라도, 그것은 브라흐만과 다르다는 견해를 보인다. 그는 속박된 개아와 브라흐만의 절대적인 차이를 받아들이며, 또한 해탈된 영혼과 브라흐만의 완전한 동일을 인정한다.[원주643] 샹카라는 카샤크리트스나의 견해를 받아들인다.[원주644]

라마누자가 생각하는 것처럼, 개별적 에고는 절대적 영혼의 부분일 수 없다. 왜냐하면 시공간을 초월하는 절대자는 부분을 지니지 않기 때문이다. 마드와(Madhva)가 주장하는 것처럼, 그것은 절대자와 다를 수 없다. 왜냐하면 제2의 것을 지니지 않는 절대자와 다른 것은 아무 것도 있을 수 없기 때문이다.[원주645] 발라바의 견해처럼, 그것은 절대자의 변형일 수 없다. 왜냐하면 절대자는 변화를 겪지 않기 때문이다. 우리는 개별적 영혼을 신의 창조로 볼 수 없다. 왜냐하면 화(火) 등의 다른 요소들의 창조를 말하고 있는 베다가 개별 영혼들의 창조를 말하지 않기 때문이다. 지바는 절대적인 아트만과 다르지도 않고, 그것의 부분도 아니며, 그것의 변형도 아니다. 그것은 아트만 그 자체이다. 우리는 그것의 본질을 명확히 이해할 수 없다. 왜냐하면 그것은 한정들에 의하여 덮여 있기 때문이다.[원주646] 만일 그것이 궁극적 자아와 동일하지 않다면, 그것의 불멸성을 입증하는 경전 구절들이 무의미해질 것이기 때문이다. 아슈마라티야의 가르침을 언급하면서, 샹카라는 말한다. "만일 개아가 최고아와 다르다면, 최고아에 대한 지식은 개아에 대한 지식을 의미하지 않을 것이며, 따라서 우파니샤드에 언급된 약속, 즉 유일한

[원주642] 『베단타 수트라』, i.4.20에 대한 샹카라의 주석.
[원주643] 『베단타 수트라』, i.4.21에 대한 샹카라의 주석.
[원주644] 『베단타 수트라』, i.4.22에 대한 샹카라의 주석.
[원주645] 『베단타 수트라』, iv.3.14에 대한 샹카라의 주석.
[원주646] 『문다카 우파니샤드』, ii.2.1 ; 『카타 우파니샤드』, ii.2.1에 대한 샹카라의 주석을 보라.

실재에 대한 지식을 통하여 모든 것이 알려진다는 약속은 이루어질 수 없게 될 것이다."[원주647] 『타잇티리야 우파니샤드』를 주석하면서 샹카라는 말한다. "어떤 것이 이와 완전히 구별되는 다른 어떤 것과 하나됨을 얻을 수 있다는 것은 전혀 불가능하다."[원주648] 또한 우파니샤드는 브라흐만을 아는 자는 브라흐만이 된다고 말하고 있으므로, 그 아는 자는 브라흐만과 하나임에 틀림없다.

궁극적 아트만과 개별적 지바의 형이상학적 동일은 허용될 수 있을 것이다. 그러나 그것은 지바가 그 자체의 참된 본질에 대한 지식에 도달한 이후의 일이며, 그 이전에는 그것이 궁극자와 지바의 관계에 대한 문제의 어떤 해결이 될 수 없다. 우리의 경험적 에고들은 한정들의 무거운 짐에 억눌린 상태로 살아간다.[원주649] 절대자와 개아의 관계에 대한 앎은 논리적인 표현을 불허한다 할지라도, 그럼에도 불구하고 샹카라는 어떤 비유들을 제시하고 있으며, 이 비유들은 후기 아드와이타 학자들에 의하여 다양한 이론들로 전개된다.

어떤 아일랜드 사람이 무한한 허공을 묘사하라는 요청을 받았을 때, 그는 "허공은 뚜껑과 밑바닥과 측면들을 없애버린 상자와 같다"고 대답했다. 제한과 경계를 지니는 상자는 허공이 아닌 것처럼, 마음과 감관들에 의하여 묶여 있는 인생들은 브라흐만이 아니다. 우리가 유한한 개별성의 측면들과 밑바닥을 없애버릴 때, 우리는 브라흐만과 하나가 된다. 한정의 이론은 여러 곳에서 사용된다.[원주650] 샹카라는 하나의 우

[원주647] 『베단타 수트라』, i.4.20에 대한 샹카라의 주석.
[원주648] 『타잇티리야 우파니샤드』, ii.8.15에 대한 샹카라의 주석.
[원주649] 자의식(ahaṁkāra)이 그 자체에 반영되는 아트만에 근접함으로써 인식자가 된다고 주장될 때, 라마누자는 말한다. "의식이 자의식의 반영이 되는가, 아니면 자의식이 의식의 반영이 되는가? 전자의 경우는 용납되지 않는다. 왜냐하면 그대들은 의식에 인식자로서의 속성을 허용하지 않을 것이기 때문이다. 후자의 경우 또한 용납될 수 없다. 왜냐하면 의식 없는 자의식은 결코 인식자가 될 수 없기 때문이다"(『베단타 수트라』, i.1.1에 대한 라마누자의 주석).
[원주650] avacchedyāvacchedaka. 『베단타 수트라』, i.3.7 ; i.2.6 ; i.3.14~18 ; i.2.11~12 ; ii.1.14, 22 ; ii.3.17 ; iii.2.34에 대한 샹카라의 주석.

360

주적 공간과 부분적인 공간들에 대한 비유를 사용한다. 왜냐하면 그것은 브라흐만과 개별적 자아들의 관계에 대한 어떤 측면들을 잘 나타내고 있기 때문이다. 항아리 등에 의하여 야기되는 제한들이 제거될 때, 제한된 공간들은 하나의 우주적 공간 속에 혼융된다. 이와 마찬가지로, 시공간과 인과율의 제한들이 제거될 때, 개별적 자아들은 절대적 자아와 하나가 된다. 또한 하나의 항아리에 둘러싸인 공간이 먼지나 연기 등에 오염되더라도 다른 항아리 속의 공간이 이에 영향받지 않는 것과 마찬가지로, 하나의 지바가 기쁨이나 고통을 겪을 때, 다른 지바들이 그것에 영향받지 않는다.

하나의 공간은 그것의 한정자들 때문에 여러 이름들이 주어지지만, 그럼에도 불구하고 그 공간 자체는 불변이다. 절대자가 이 한정들에 잠기게 될 때(upādhi-antarbhāva), 브라흐만의 본질은 가려지며(svarūpa-tirobhāva), 절대자의 본래적인 전지(全知)는 제한을 겪는다(upādhi-paricchinna). 이와 같은 제한들과의 접촉(upādhisampraka)은 붉은 바탕 위에 놓인 수정이 붉게 보이는 것과 흡사하다.[원주651] 공간은 물체들과 더불어 타거나 그릇으로 옮겨지지 않는다.[원주652] 항아리 속의 공간은 무한한 공간의 부분 혹은 그것의 변형으로 간주될 수 없으며, 이와 마찬가지로 지바는 아트만의 부분 혹은 그것의 변형이 아니다. 어린 아이에게 공간은 먼지 등으로 더럽혀지는 것으로 보이는 것처럼, 무지한 자에게 아트만은 속박되거나 죄악으로 오염되는 것처럼 보인다. 항아리가 만들어지고 부서질 때, 그 속의 공간이 생성되거나 파괴되지 않는 것처럼, 아트만은 태어나지도 않고 죽지도 않는다. 후기 아드와이타의 몇몇 학자들은 이 견해를 채택하며, 지바는 내적 기관에 의하여 한정된 보편적 영혼이라고 주장한다.

한정의 이론에 대하여, 하나의 개아가 자신이 쌓은 공덕의 힘으로 천계에 갈 때, 천계에서 그것에 의하여 한정된 지성적 존재는 지상에

[원주651] 『베단타 수트라』, iii.2.15에 대한 샹카라의 주석. 『아트마보다』, p.16.
[원주652] 『베단타 수트라』, i.2.8에 대한 샹카라의 주석.

있을 때 그것에 의하여 한정되었던 지성적 존재와 다르다고 주장된다. 이것은 불만족스러운 도덕적 결과들을 지니게 될 것이다. 예를 들어, 우리의 업에 대한 보상들이 소멸된다거나 행위자에 의하여 행해지지 않은 행위의 과실들을 얻게 되는 결과가 초래될 수도 있을 것이다. 우리는 한정된 동일한 지성적 존재가 천계로 간다고 말할 수 없다. 왜냐하면 그것은 편재적인 것에 운동을 귀속시키는 결과가 될 것이기 때문이다. 우리가 항아리를 옮길 때마다, 허공이 항아리와 함께 움직이는 것은 아니다.

향수(享受)하는 자아의 동일을 확립하기 위하여, 그것은 제한된 지성적 존재가 아니라, 반영된 지성—반영하는 것, 즉 마음과 불가분적으로 관련되어 있는—으로 간주된다.[원주653] 『브리하드아란야카 우파니샤드』에 대한 주석에서,[원주654] 샹카라는 반영의 이론을 제시한다. 수면에 비친 태양이나 달은 결코 실재가 아니라 단지 반영일 뿐이며, 투명한 수정에 비친 붉은색은 결코 실재가 아니라 단지 붉은 꽃의 반영에 지나지 않는다. 왜냐하면 물을 제거하는 순간에 오직 태양과 달만 남으며, 또한 붉은 꽃을 치워버리는 순간에 오직 수정의 투명함만 불변으로 남아 있기 때문이다. 이와 마찬가지로, 요소들과 개별 영혼들은 무지(avidyā)에 비친 유일한 실재의 반영들일 뿐이며 결코 실재 자체가 아니다. 무지가 제거되는 순간에 반영들은 사라지고 오직 실재만 남는다.

절대자는 본래적인 실체(bimba)이며, 세계는 반영(pratibimba)이다. 또한 온갖 양상의 세계는 브라흐만이라는 태양을 여러 방식으로 반영하는 바다와 같으며, 샹카라는 그것의 시사적인 가치 때문에 이 견해를 지지한다. 즉 그것은 본체가 반영의 불순함들에 의하여 흐려지거나 더럽혀지지 않는다는 것을 잘 나타내고 있다. 반영들의 차이는 거울들에

[원주653] 『베단타 수트라』, ii.3.50에 대한 샹카라의 주석. 가우다파다의 『카리카』, i.6에 대한 샹카라의 주석.
[원주654] 『브리하드아란야카 우파니샤드』, ii.4.12에 대한 샹카라의 주석. 또한 『브라흐마빈두 우파니샤드』(*Brahmabindu Upaniṣad*), p.12를 보라.

기인하는 것처럼, 제2의 것이 없는 절대자는 내적 기관들 속에 그것의 반영들을 통하여 다양한 개별자들로 나타난다. 반영이 비치는 수면이 일렁거릴 때, 반영 자체가 일렁거리는 것처럼 보인다. 한정 이론을 주장하는 사람들은 무지—내적 기관의 형태를 띠는 미세한 물질로 간주되는—가 한정(avacchedaka) 혹은 개아의 본질적 부분(viśeṣaṇa)—이것 없이 개아 자체는 존재할 수 없다—이라고 주장한다. 이에 비하여 반영 이론을 지지하는 사람들은 내적 기관—순수 지성의 반영을 받으며, 따라서 그것에 나타나는 물질로 간주되는—을 한정(upādhi)으로 간주하며,[원주655] 그것은 본질적 속성으로 개아에 속하는 것은 아니라고 본다.

몇몇 후기 아드와이타 학자들은 반영 이론을 채택하고 있으며, 경험적 개아를 내적 기관에 비친 보편적 영혼의 반영으로 간주한다.[원주656] 만약 세계가 하나의 그림자라면, 브라흐만은 그림자를 던지는 실체이다. 반영 이론은 여러 가지 근거에서 비판된다. 형태를 지니지 않는 것은 어떤 반영도 던질 수 없다. 하물며 그것이 형태 없는 반영자에 어떤 반영을 던진다는 것은 더욱 있을 수 없는 일이다. 순수 지성과 무지는 둘 다 형태를 지니지 않는다. 만일 개아가 하나의 반영에 지나지 않는다면, 반영되는 것은 틀림없이 반영하는 것의 바깥에 있다고 볼 수밖에 없으며, 본래적인 실재는 우주 혹은 창조된 대상들의 총체를 초월하여 놓여 있음에 틀림없다. 이것은 아드와이타에서 주장하는 브라흐만의 세계 내재 개념과 반대된다. 반영 가설은 한정 이론의 난점들에서 자유롭지 못하다. 각 마음의 반영은 그것에 인접한 지성에 기인하며, 따라서 그것은 동일한 마음속에 비친 반영들이 다양한 장소들에서 변한다

[원주655] '비세샤나'(viśeṣaṇa)는 산물, 즉 정의되는 것에 본래부터 내재하는, 그리고 그것과 공존하는 본질적 속성인 반면에, '우파디'(upādhi)는 정의되는 것의 본질적 속성이 아니다. 색깔은 채색된 사물의 '비세샤나'이지만, 이에 비하여 옹기 그릇은 그것이 한정하는 공간의 '우파디'이다.

[원주656] Antaḥkaraṇeṣu pratibimbaṁ jīvacaitanyam(『베단타파리바샤』, i).

는 결론이 된다.

이 비판은 지성의 균일한 본질을 간과하고 있다. 만일 개아가 브라흐만의 반영이라면, 그것은 후자와 다를 것이며, 따라서 실재가 아닐 것이다. 『비바라나』(*Vivaraṇa*)의 저자는 이 난점에서 벗어나는 길을 제시한다. 눈에서 나아가는 광선들은 반영되는 것에 맞부딪치고, 되돌아와서 지각 가능한 실제의 외양을 만든다. 그러므로 반영은 최초의 원형 그 자체이다. 그러나 원형과 반영의 불이를 주장하는 이 이론(bim-bapratibimbābheda vāda)은 수용되지 않는다. 만약 비유가 글자 그대로 엄밀하게 받아들여진다면, 우리는 빛을 내는 몸, 그림자가 던져지는 다른 하나의 몸, 그리고 그 빛을 가로막는 제3의 몸을 필요로 할 것이다. 반영은 투사(投射)와 떨어져서 실제로 존재하는 어떤 매개물을 필요로 할 수밖에 없지만, 이것은 브라흐만의 불이와 모순된다. 한정 이론과 반영 이론 모두를 부정하는 사람들은[원주657] 개아가 자체의 본질을 망각한 불변의 브라흐만이라고 주장한다. 샹카라는 이 견해에 가까우며, 수레슈와라 또한 이와 같다. 인간의 의식은 브라흐만의 설명할 수 없는 표상이다.[원주658] 개아는 나타난다. 그러나 우리는 그것이 어떻게 나타나는지 알 수 없다.

38. 이슈와라와 개아

만일 이슈와라가 브라흐만이라면, 만일 개아 또한 형이상학적으로 브라흐만과 하나라면, 그리고 만일 그 둘 모두가 제한들을 겪는다면, 신과 개아의 차이는 것의 없는 것처럼 보일 것이다. 샹카라의 주장에 의하면, 이슈와라는 전지, 전능, 편재하지만, 이에 비하여 개아는 무지하고 작으

[원주657] 이 이론들에 대한 비판은 『상키야프라바차나 바쉬야』, i.152 및 153에서 볼 수 있다.

[원주658] 『브리하드아란야카 우파니샤드』, ii.1에 대한 샹카라의 주석을 보라.

며, 약하다. "수승한 제한들(niratiśayopādhi)[원주659]을 지니는 주(主)는 열
등한 제한들(nihīnopādhi)을 지니는 영혼들을 지배한다."[원주660] 이슈와라
는 영원히 무지로부터 자유롭다.[원주661] 이슈와라의 제한들은 그의 지식
에 아무런 영향도 미치지 않는다. 이슈와라의 마야는 그 자신에게 지배
되며, 따라서 이슈와라의 본질에 대한 은폐는 있을 수 없다. 대상들을
덮고 있지만 그 속성을 가리지 않는 투명 유리처럼, 이슈와라의 마야는
그의 속성들을 감추지 않는다. 이슈와라의 제한인 마야는 순수한 실체
(śuddhatattva)로 이루어져 있으며, 무지 혹은 내적 기관(antaḥkaraṇa)
을 생성하지 않는다. 그것은 그의 통제 하에 있으며, 그가 세계를 창조
하고 파괴하는 일을 돕는다.

이슈와라에게 있는 이 마야, 즉 다양성의 세계를 생성시키는 자기
표현의 힘은 개아를 미혹시켜, 그가 세계와 그 속에 있는 영혼들의 독
립이라는 그릇된 믿음을 지니게 한다. 무지(avidyā)는 마야(māyā)의
산물이다. 브라흐만의 순수 의식이 이런 의미의 마야와 연합될 때, 이
슈와라라고 불리며, 무지와 연합될 때, 개아라고 불린다. 이슈와라는
세계 창조에서 전혀 이기적인 욕망이나 이기심을 지니지 않으므로 무
위자(akartṛ)라고 불리며, 이에 비하여 개아는 행위자(kartṛ)이다. 이슈
와라는 숭배되는 자이며, 그는 업에 따라 응보를 나누어주며, 브라흐만
과 자신의 하나됨을 알고 있으며, 따라서 항상 그의 마음속에 지복이
넘친다. 개아는 숭배하는 자이며, 자신의 신적인 기원을 모르고 있으며,
따라서 윤회에 지배된다. 종교에서 우리는 주인과 종의 관계(svāmi-
bhṛtyayoḥ)를 지닌다.[원주662] 이밖에도 유한한 자아들은 마치 불의 불
꽃들처럼, 이슈와라의 부분(aṃśa)들이라고 말해진다.[원주663]

후기 아드와이타에서는 이슈와라와 개아의 관계에 관한 여러 견해들

[원주659] 『베단타 수트라』, ii.3.45에 대한 샹카라의 주석.
[원주660] 『베단타 수트라』, ii.3.43에 대한 샹카라의 주석.
[원주661] Nityanivṛttāvidyatvāt(『베단타 수트라』, iii.2.9에 대한 샹카라의 주석).
[원주662] 『베단타 수트라』, ii.3.43에 대한 샹카라의 주석.
[원주663] 『베단타 수트라』, ii.3.43에 대한 샹카라의 주석.

이 제시되고 있으며, 여기서는 간략하게 살펴보고자 한다. 『프라카타르타비바라나』(*Prakaṭārthavivaraṇa*)는 말한다. "시작이 없으며, 설명할 수 없으며, 유기적 세계의 원천이며, 오직 지성과 연관되어 있는 마야에 비친 지성의 반영이 이슈와라이다. 은폐와 투사(投射)의 두 기능을 지니며 무지로 알려지는 마야의 수많은 부분들에 비친 반영이 개아이다."[원주664] 이 저자에 의하면, 마야와 아비디야는 전체와 부분들이다. 마야는 이슈와라의 제한이며, 아비디야는 개별적 자아들의 제한이다.

동일한 견해가 『상크셰파샤리라카』(*Saṁkṣepaśārīraka*)에서 채택되고 있으나, 다소의 차이가 있다. 여기서는 전체와 부분들의 관계가 아비디야와 내적 기관의 관계로 말해지며, 아비디야는 원인인 반면에 내적 기관은 결과이다.[원주665] 이 저자는 반영 이론을 지지하므로, 전체와 부분들의 구분을 찬성하지 않는다. 『판차다쉬』는 그것과 비슷한 구별을 채택한다. 3구나로 구성된, 근본적 비지성적 원리인 물라프라크리티(*mūlaprakṛti*)는 두 가지 형태를 지닌다. 삿트와가 라자스와 타마스에 종속되는 것이 아니라, 그 둘을 압도하는 형태의 물라프라크리티는 마야라고 불리며, 그것은 이슈와라의 한정이다. 이에 비하여 삿트와가 나머지 두 구나에 의하여 압도되는 형태의 물라프라크리티는 아비디야이며, 그것은 개아의 한정이다. 여기서 마야와 아비디야의 차이는 단지 양적인 것이 아니라 질적인 것이다. 그것은 『판차다쉬』의 다른 구절에서도 언급된다. 여기서 현저하게 투사(投射)의 힘을 지니는 프라크리티는 마야라고 불리며, 현저하게 은폐의 힘을 지니는 프라크리티는 아비디야라고 불린다.[원주666]

[원주664] Anādir anirvācyā, bhūtaprakṛtiś cinmātrasaṁbandhinī māyā ; tasyāṁ citpratibimba īśvaraḥ. Tasyā eva paricchinnānantapradeśeṣv āvaraṇavik-ṣepaśaktimatsvavidyābhidhāneṣu citpratibimbo jīva iti(『싯단타레샤』, i).

[원주665] 아비디야에 비친 지성은 이슈와라이며, 내적 기관에 비친 지성은 개아이다 (Avidyāyāṁ cit pratibimba īśvaraḥ ; antaḥkaraṇe citpratibimbojīvaḥ, 『싯단타레샤상그라하』).

『판차다쉬』[원주667]에서 비디야라니야는 아카샤(ākāśa)를 1) 항아리에 의하여 한정된 아카샤(ghaṭākāśa), 2) 항아리에 담긴 물에 구름, 폭풍우 등과 함께 비친 아카샤, 혹은 항아리의 물에 속하는 아카샤(jalā-kāśa), 3) 무한한 아카샤(mahākāśa), 4) 물보라를 닮은 물의 입자들에 비친 아카샤(meghākāśa)로 구분한다. 이와 마찬가지로 4종의 지성인 1) 물질적인 몸들과 미세한 몸들에 의하여 한정된 불변의 지성(kūṭas-tha), 2) 불변의 지성에 가탁(假託)된 마나스에 반영된 지성(jīva), 3) 무한한 지성, 4) 브라흐만에 걸린 구름 같은 마야에 존재하는 모든 피조물들의 마음의 미세한 인상들[원주668]에 반영된 지성(Īśvara)이 있다. 이 설명으로 볼 때, 개아는 마나스들에 반영된 지성인 반면에 , 이슈와라는 모든 피조물들의 미세한 인상들로 물든 마야에 반영된 지성이다. 『판차파디카비바라나』(*Pañcapādikāvivaraṇa*)의 저자는 개아를 이슈와라의 반영으로 간주한다.[원주669] 때로는 개아가 마야의 영향 하에 있는 이슈와라라고 말해지기도 한다.

39. 단일 영혼 이론과 다수 영혼 이론

샹카라는 마치 아비디야가 하나인 것처럼, 마야에 의하여 한정된 개아가 하나라는 견해를 지지하지 않는다. 왜냐하면 만일 모든 영혼들이 하나의 지바라면, 해탈의 첫 경우가 발생할 때, 경험 세계의 존재는 끝나야 할 것이지만, 사실은 그렇지 않기 때문이다. 아비디야의 소산인

[원주666] 『판차다쉬』, i.
[원주667] 같은 책, vi.
[원주668] dhīvāsanā.
[원주669] 이 견해들은 『브리하드아란야카 우파니샤드』, vi.7의 「안타르야미 브라흐마나」(Antaryami Brāhmaṇa), 그리고 『바가바드기타』의 "오 아르주나여, 주는 모든 존재의 가슴속에 있다"(Īśvaras sarvabhūtānāṁ hṛddeśe 'rjuna tiṣṭhati, XVIII.61) 와 같은 구절의 입장을 따르고 있다.

다양한 내적 기관들에 의하여 한정된 브라흐만은, 말하자면 다수의 개별적 영혼들로 나누어진다. 그러나 브라흐만에 대한 마야 및 아비디아의 관계에 대한 난점들은 후기 아드와이타에서 여러 이론들의 형성으로 귀착되었으며, 이 가운데서 중요한 두 가지가 바로 단일 영혼 이론(ekajīvavāda)과 다수 영혼 이론(anekajīvavāda)이다.

오직 하나의 지바와 하나의 물질적인 육체가 있다. 이 하나의 개별적 의식은 실재이다. 이에 비하여 꿈에 보이는 몸들과 같은 다른 몸들은 개별적 의식을 지니지 않는다. 각양각색의 세계는 하나의 지바의 아비디아에 의하여 잘못 상상된 것이다. 그러나 이와 같은 유형의 단일 영혼 이론은 『브라흐마 수트라』, ii.1.22, ii.1.33 및 i.2.3과 모순된다. 세계의 창조자는 지바가 아닌 이슈와라이며, 그의 창조 행위는 순수 유희에 기인한다. 왜냐하면 그의 모든 욕망은 실현되어 있으므로, 그는 창조에서 어떤 동기도 지닐 수 없기 때문이다. 그러므로 이 저자들은 제1위의 한 지바, 즉 히란야가르바(Hiraṇyagarbha)가 있다고 주장한다. 히란야가르바는 브라흐만의 반영이며, 다른 지바들은 단지 의사(擬似) 지바, 즉 히란야가르바의 반영에 불과하다. 속박과 해탈은 이러한 의사 지바들과 관련된 사건들이다. 각각 비실재적인 지바들을 담고 있는 다수의 물질적인 몸들이 존재한다는 조건으로, 이 저자들은 지바의 단일 혹은 통일에 관한 이론을 인정한다.

단일 영혼 이론의 세번째 유형은 다수의 육체들에 각기 살고 있는 하나의 지바가 있다고 주장한다. 의식의 개별성은 물질적인 몸들의 수적인 구별에 달려 있다. 마치 한 사람이 자기 몸의 이런저런 부분들이 손상될 때, 여러 가지로 의식하는 것과 마찬가지로, 하나의 지바는 그것이 살고 있는 수적으로 다른 모든 물질적인 몸들에 속하는 즐거움과 고통을 동시에 의식해야 한다는 이의 제기는 이 견해의 옹호자들에게 큰 의미를 지니지 않는다. 왜냐하면 그들은 우리가 전생의 즐거움과 고통을 의식하지 않는다는 사실은 그와 같은 의식을 방해하고 저지하는 것은 바로 물질적인 몸들의 수적인 구분이라는 것을 입증한다고 말하기 때문이다. 그들은 지바와 무수한 몸들의 통일에 대한 교의를 채택한다.

아비디야에 대한 다양한 개념들에 기인하는 여러 형태의 다수 영혼 이론들이 있다.

1) 지바 자체에 본질적인 것은 내적 기관의 형태를 띠는 아비디야의 존재이다. 만일 아비디야 등이 지바를 구성하는 조건들이라면, 그리고 만일 이 기관들이 다수라면, 그것은 지바가 다수라는 결론이 된다.

2) 어떤 다른 유형의 다수 영혼 이론에 따르면, 비록 브라흐만의 토대로서 그것에 머무르는, 그것을 은폐하는 아비디야는 하나라 할지라도, 비록 궁극적인 해탈은 이 아비디야의 소멸에 불과하다 할지라도, 그럼에도 불구하고 아비디야는 부분들을 지니며, 아비디야의 어떤 부분(다른 말로 표현하면, 그것의 투사하는 힘)은 생해탈을 얻은 자의 경우에는 존재하는 것으로 인정되지 않을 수 없다. 다시 말하여, 브라흐만에 대한 지식이 일어났을 때, 이 아비디야는 부분에, 즉 어떤 하나의 한정 조건 혹은 다른 한정 조건에 관하여는 더 이상 존재하지 않지만, 다른 부분들에서, 즉 남아 있는 다른 한정 조건들에 관하여는 계속하여 존재한다. (유여해탈상태에서 개아는 잠재 인상(saṃskāra) 형태로 자기 몸에 대한 의식을 이전과 마찬가지로 보지한다. 이 잠재 인상은 아비디야의 미세한 형태이다. 무여해탈상태에서 몸에 대한 의식이 완전히 소멸한다.)

3) 위의 견해와 유사한 제3의 다수 영혼 이론은 속박은 아비디야와 지성의 관계에 있으며, 궁극적 해탈은 이 관계의 소멸에 있다고 주장한다. 내적 기관(manas)은 지성에 대한 아비디야의 관계를 결정한다. 브라흐만에 대한 직관의 발생이 내적 기관을 끝낼 때, 아비디야는 지성의 특정한 그 부분에 관해서만 소멸하며, 지성의 나머지 부분들에 관하여는 이전과 마찬가지로 지속한다.

4) 아비디야는 하나의 전체이며, 각각의 지바로부터 브라흐만을 감추면서 각각의 지바에 전체로 존재한다. 궁극적인 해탈은 아비디야가

어떤 하나의 지바를 방면하는 순간에 있다.

5) 아비디야는 각 지바에게 분배된 부분들로 구성된다. 어떤 한 지바의 해탈은 그것에 속한 아비디야의 소멸에 놓여 있다. 전체 세계는 모든 아비디야들에 집합적으로 그 기원을 지닌다. "마치 한 폭의 옷감이 그것을 이루고 있는 모든 실들에 집합적으로 그 기원을 지니며, 또한 그 실들 가운데 하나가 끊어지면 그 존재를 상실하고, 그와 동시에 남아 있는 나머지 실들로부터 새로운 옷감이 생성되는 것처럼, 이 세계는 모든 아비디야로부터 집합적으로 생성되며, 그것은 지바들 가운데 하나가 해탈을 얻을 때 소멸하며……그 순간에 남아 있는 아비디야들로부터, 남아 있는 지바들에 공통되는 새로운 세계가 생겨난다."

6) 아비디야의 각 부분은 분리되고 구별되는 세계를 생성한다. 감각과 행위의 전체 세계는 각 개인에 제한되며, 특정한 그 개인에 있는 아비디야에 의하여 생산된다. 이것은 마치 (조가비에서 지각되는) 단지 가현적인 은조각이 각 관찰자에게서 다르며, 각 관찰자들에 있는 아비디야에 의하여 만들어지는 것과 같다……. 그러나 이 다수의 세계들이 하나인 것처럼 보이는 것은 "나 또한 당신이 보았던 것과 똑같은 은조각을 보았다"는 말에서 나타나는 것과 유사한, 순전한 오해에 불과하다.

7) 또한 다수 영혼 이론을 주장하는 다른 어떤 사람들의 주장에 의하면, 단지 하나의 세계가 있으며, 그것의 질료인은 이슈와라에 있는 마야이며, 이 마야는 지바들에 있는 아비디야의 집합과 다르다. 한편, 이 아비디야들은 부분적으로 브라흐만을 감추는 기능을 지니는가 하면, 또한 부분적으로 마치 조가비에서 지각되는 가현적인 은조각이나 꿈속에 나타나는 대상들처럼 단지 가현에 불과한 대상들을 투사하는 기능을 지니기도 한다.[원주670]

[원주670] 『싯단타레샤』를 보라.

40. 윤리

우주의 모든 존재 가운데, 오직 인간이라는 개체만이 윤리적인 주체이다. 그는 자신이 유한, 무한의 두 세계와 관련을 지니고 있다는 것을 안다. 유한자 속에 무한자의 작용은 단지 시적인 환상에 불과한 것이 아니라, 냉철한 철학의 진리이다. 무한자는 유한자 속에 살고 있으며, 인간은 이 사실을 의식한다. 비록 그는 과거에 의하여 기계적으로 규정되는 한 유기체에 묶여 있다 할지라도, 진선미의 무한한 이상들은 그 속에서 작용하고 있으며, 그가 스스로 선택하고 이러한 절대 가치들의 위대한 발현을 위하여 노력할 수 있게 한다. 인간이 윤리적이고 논리적인 행위를 할 자격이 있는 것은, 무한한 브라흐만이 인간 속에 광범위하게 그 자체를 드러내고 있기 때문이다.[원주671] 개아가 이러한 이상들을 추구하고 아직 그것을 실현하지 못한 상태에 있는 한, 그는 속박 속에 있다. 그가 무한자에 도달하는 순간에 내적인 긴장은 풀어지며, 자유의 희열이 그의 영혼에 충만한다. 브라흐만을 실현하는 것은 모든 행위의 궁극 목표이다. 왜냐하면 브라흐만은 단지 존재 혹은 의식에 불과한 것이 아니라, 또한 환희(ānanda)이며, 따라서 모든 노력의 목적이기 때문이다.[원주672]

무한한 실재와의 동일(梵我一如, Brahmātmaikatva)의 실현은 삶의 궁극 목적이며, "모든 영혼의 진정한 음식이며,"[원주673] 유일의 지고한 가치이다. 그것이 실현될 때까지, 유한한 영혼은 긴장과 불안 속에 있을 수밖에 없다. "삼계(三界)의 모든 존재는 행복의 원천을 추구하며, 고통의 원천을 추구하지 않는다."[원주674] 모든 인간은 최상을 추구하며,

---

[원주671] Pradhānyāt······karmajñānādhikāraḥ(『타잇티리야 우파니샤드』, ii.1에 대한 샹카라의 주석).

[원주672] Prayojanasūcanārtham ānandagrahaṇam(『베단타파리바샤』에 대한 『쉬카마니』(Śikhāmaṇi), 서론).

[원주673] *Phaidros*, p.247.

[원주674] 『샤타슐로키』(*Śataślokī*), p.15.

브라우닝(Browning)이 말하는 것처럼, 궁극의 이상을 지향한다.

> 일말의 고결함을 지니는 모든 존재는
> 스스로의 온갖 결함에도 불구하고, 나약하지만 위로 위로 나아가
> 려 한다
> 마치 한 번도 해를 본 적이 없는 동굴 속의 풀처럼,
> 그러나 그를 꿈꾸며, 그가 있는 곳을 마음에 그리며,
> 기어올라 그에게 닿기 위하여 온 힘을 다한다.

우리가 삶의 나무(saṁsāra)에서 거둘 수 있는 최상의 열매들은 입 속의 재처럼 불쾌한 것이 된다. 최고의 즐거움은 흥미가 없어지고, 심지어 천계(svarga)에서의 삶조차도 덧없이 사라져간다. 단지 선을 행하거나 기분좋은 선율을 즐기는 것, 혹은 명상에 의한 통찰은 일시적으로 우리를 편협한 개별성으로부터 고양시키는 것처럼 보이지만, 그럼에도 불구하고 그것은 우리에게 영원한 만족을 주지 못한다. 우리에게 영원한 만족을 줄 수 있는 유일한 것은 브라흐만에 대한 체험(brahmānubhava)이다. 그것은 개아의 진전에서 환희와 평화와 완전의 궁극상태이다.[원주675] 불행하게도 우리의 불행은 우리가 세계에 집착하고 세계의 환영들에 대한 믿음을 소중히 하기 때문에 일어나며, 설사 우리가 유한한 만족들에 도달한다 해도, 이러한 것들은 무상하기 때문에 금방 사라져버리므로 또한 좌절과 실망을 경험하게 된다. "개아가 자신의 몸이 아트만이라고 믿는 한, 그는 죄악과 슬픔에 떨어진다. 그러나

[원주675] "해탈(mokṣa)의 본질은 무한한 기쁨과 고통의 완전한 소멸이다. 인간이 언제나 그 두 가지를 바란다는 것은 의심의 여지없이 명백하기 때문에, 언제나 해탈에 대한 바람이 있다"(『상크셰파샤리라카』, i.67). 스피노자는 말한다. "우리의 모든 행복과 불행은 오직 우리의 관심과 사랑이 집중되어 있는 대상의 질에 달려 있다.……그러나 영원 무한한 어떤 대상에 대한 관심과 사랑은 우리의 마음에 전혀 슬픔에 물들지 않은 순수한 기쁨을 부여한다"(*De Intellectus Emendatione*, p.9 및 p.10).

그가 자신이 모든 존재의 자아와 하나라는 것을 깨닫는 순간에 그의 슬픔은 끝난다."[원주676] 우리는 실재를 우리의 마음속에 있는 어떤 관념과 일치하도록 조작할 수 없으며, 다만 그것을 인지해야 할 뿐이다. 샹카라에게 철학은 당위(what ought to be)의 산물이 아니라, 이미 있는 것(what is)에 대한 파악이다. 실재로서 무한자에 대한 영적인 지각은 평화와 환희로 귀결된다.

모든 윤리적인 미덕은 분별의 세계와 관련되어 있으므로 목적에 대한 수단으로서의 가치를 지닌다. 자아 실현은 절대적인 선(善)인 반면에, 윤리적인 미덕들은 단지 상대적으로 선일 뿐이다. 어떤 행위가 윤리적으로 선하다는 것은, 그것이 무한자의 실현에 기여한다는 것이며, 윤리적으로 악하다는 것은 그 반대 경우이다.

올바른 행위는 진리를 구체화하는 행위이며, 그릇된 행위는 거짓을 구체화하는 행위이다.[원주677] 무엇이든 보다 나은 미래의 존재로 인도하는 것은 선이며, 무엇이든 존재의 보다 나쁜 형태를 초래하는 것은 악이다. 개아는 자신의 무한한 본질을 실현하기 위하여 노력하며, 이를 통하여 점점 더 신적인 존재로 된다. 경험의 세계에서 이슈와라는 최고의 실재이며, 세계는 그의 피조물이다. 신을 믿는 자는 그의 산물인 우주 전체를 사랑해야 한다. 참된 평화와 윤리적인 미덕은 자기 주장이나 자기 자신의 선을 위한 개인적인 분투에 있는 것이 아니라, 자신을 우주의 참된 존재에 대한 재물로 바치는 데 있다. 이기주의는 가장 큰 악이며, 사랑과 자비는 가장 위대한 선이다. 우리 자신과 사회적인 선을 동일시함으로써, 우리는 실로 자신의 진정한 목적을 얻을 수 있다. 모든 개인은 자기 주장에 이바지하는 자신의 감각을 제어해야 한다. 자만은 겸손으로 대체되어야 하며, 분노는 용서로, 그리고 가족에 대한 편협한 애착은 보편적인 박애로 승화되어야 한다. 가치있는 것은 행위 자

[원주676] 『문다카 우파니샤드』, iii.1.2에 대한 샹카라의 주석.
[원주677] "악을 행하는 모든 사람은 빛보다 어둠을 더 사랑한다"(『신약성서』, 「요한복음」, iii.19).

체라기보다는 자신의 이기적인 의지를 억제하고 사회의 의지를 주장하는 의지이다. 의무들은 자신의 개별적인 자아를 제어하고 우주적인 자아로 성장하고자 하는 사람에게 주어지는 기회들이다.

샹카라는 당시의 규범들을 수용하며, 경전들에서 금지된 악행을 삼가야 한다고 주장한다. 베다의 학습, 희생제의, 보시, 고행, 그리고 단식은 지식의 수단들이다.[원주678] 이러한 덕목들은 선한 품성을 강화하고, 영혼을 정화하며, 통찰을 깊게 한다. 비록 극소수의 사람들은 즉각 진리를 파악할 수 있다 할지라도, 보통 사람들에게는 시간과 노력이 요청된다. 삶의 일상적인 의무들과 가주자(家住者)의 경건에 대한 요청을 완수하는 것은[원주679] 자아 실현에 유익한 심리 구조를 생성한다.[원주680] 정확하고 철저하게 드려진 베다의 제사들은 윤회 세계 내에서의 영적인 진전(abhyudaya)을 가능하게 하지만, 궁극적인 해방(niḥśreyasa)으로 귀결되지는 않는다.[원주681] 궁극적 실재의 본질에 대한 영적인 통찰은 그 결과로 해탈을 지니지만, 이에 비하여 이런 저런 형태의 신에 대한 숭배는 비록 윤회 세계에 국한되는 것이라 할지라도 여러 가지 결과를 가져온다.[원주682] 이러한 것들은 우리가 이기적인 욕망과 증오 및 태만에서 벗어나게 하며, 마음의 평온과 화평 그리고 인내를 가능하게 한다.

마음속에서 우러나는 명상은 바른 지식에 대한 수단이다. 박티(bhakti, 신애)는 갸나(jñāna, 지식)를 돕는다. 참된 지혜는 오직 고된 수행을 통하여 준비된 정신을 소유한 자들에 의해서만 실현된다. 그것은 결여된 어떤 종류의 지식을 마음에 쏟아붓는 문제가 아니다. 진리는 영혼의 중심에 있다. 그것을 빛나게 하려면, 우선 마음이 무상한 세계로부터 멀어져야 한다. 우리의 이해는 마치 남포의 유리처럼 투명해져야 한

[원주678] 『브리하드아란야카 우파니샤드』, iv.4.22.
[원주679] 『베단타 수트라』, iii.4.26에 대한 샹카라의 주석.
[원주680] 『베단타 수트라』, iv.1.4에 대한 샹카라의 주석.
[원주681] 『문다카 우파니샤드』에 대한 샹카라의 주석, 서론.
[원주682] 『베단타 수트라』, i.1.24에 대한 샹카라의 주석. 또한 『베단타 수트라』, iii.2.21에 대한 샹카라의 주석을 보라.

다. 오직 남포의 유리가 투명할 때만, 그 안에 있는 불이 있는 그대로 빛날 수 있다. "비록 아트만은 언제나 그리고 모든 존재 안에 있다 할지라도, 그것이 모든 존재 속에서 빛나는 것은 아니다. 마치 반영은 잘 닦여 윤이 나는 표면들에만 나타나는 것처럼, 그것은 오직 오성을 통해서만 빛난다."[원주683] 샹카라는 철학적 지혜를 매우 강조하고 있으며, 그것은 미덕의 실천을 통하여 얻어질 수 있다고 본다.

지혜(jñāna)는 해탈로 인도하지만, 이에 비하여 다른 수단들은 간접적으로 그것의 실현을 돕는다.[원주684] "브라흐만을 직관하고자 하는 의욕은 오직 마음이 청정한 사람, 모든 욕망에서 벗어난 사람, 그리고 이 생이나 전생에서 행한 행위들에서 자유롭고 목적과 수단의 덧없는 잡동사니들에 대한 집착을 끊은 사람들에게만 일어난다."[원주685] 샹카라는 요가 수행의 원리를 받아들인다. 요가 수행은 샹카라가 완전한 만족(saṁrādhana)이라고 부르는, 삼매(三昧, samādhi)를 주요 목적으로 지니며, 삼매는 외적인 모든 것으로부터 감각을 거두어들이고 그것을 자신의 본질에 온통 집중하는 데 놓여 있다. 아드와이타는 제계(制戒, yama), 내제(內制, niyama) 등의 요가 수행 단계를 외적인 수단(bahiraṅgasādhana)으로, 그리고 응념(凝念, dhāraṇa)과 선정(禪選, dhyā-

---

[원주683] Sadāsarvagato 'py ātmā, na sarvatrāvabhāsate. Buddhyāvevāvabhā-seta, svaccheṣu pratibimbavat(『아트마보다』, p.17).

[원주684] 『베단타 수트라』, iv.1.1에 대한 샹카라의 주석 ;『타잇티리야 우파니샤드』, i.3에 대한 샹카라의 주석. 플라톤은 철학자들에게 지혜의 추구를 권고한다. 지혜는 궁극적으로 지고선의 관념에 대한 통찰을 가져온다. 한편, 그는 다른 사람들에게는 자신의 지위와 그 의무에 한정되는 바른 견해를 권장한다. *Phaidros* 및 *Republic*을 보라. 이와 마찬가지로 아리스토텔레스는 보통 사람들에게 '윤리적인 덕행들'을 권하고 있으며, 이와 같은 행위들은 결단코 '인간적인 일들'(human affairs)이다. 이에 비해 불멸을 추구하는 사람들에게는 "고귀하고 신성한 것들을 파악하는" 이성의 훈련을 권한다(『니코마코스 윤리학』(*Nichomachean Ethics*), x.8).

[원주685] 『케나 우파니샤드』에 대한 샹카라의 주석, 서론. 또한『찬도기야 우파니샤드』에 대한 샹카라의 주석, 서론 및 viii.5.1에 대한 주석 ;『브리하드아란야카 우파니샤드』, iv.4.22 및 『카타 우파니샤드』, i.2.15에 대한 샹카라의 주석을 보라.

na)을 내적인 수단(antaraṅgasādhana)으로 받아들인다.[원주686] 내적인 자격 요건들은 또한 영원한 것과 무상한 것의 분별, 현세나 내세를 위한 이기적인 시도로부터 초연함, 침착(śama), 자제(dama), 포기(upa-rati), 관용(titīkṣā), 정신 집중(samādhi), 그리고 신념(śraddhā) 등의 함양, 그리고 마지막으로 해탈에 대한 강렬한 열망으로 언급된다. 이러한 것들은 참된 지식을 일깨운다.[원주687]

진리의 보다 광범위한 개념을 추구하는 사상가는 당시의 일반적인 믿음들로부터 완전한 단절을 도모하지는 않는다. 비록 카스트 제도의 효능이 샹카라에게 생명력을 상실한 것으로 판단되었다 할지라도, 그는 그것에 대한 믿음의 여지를 인정한다. 어떤 특정한 카스트에 태어나는 것은 우연의 문제가 아니라 전생에서 행한 행위에 대한 필연적인 귀결이라는 전통적인 이론은, 샹카라로 하여금 베다를 학습하는 배타적인 권리가 오직 상층 계급들과 신들 및 리쉬들에 국한된다는 주장을 받아들이게 만든다.[원주688] 샹카라는 어떤 계급의 사람이라도 최고의 지식을 얻을 수 있다고 주장하지만,[원주689] 그럼에도 불구하고 바라문적 삶의 규범을 따르는 사람들은 카스트의 의무들과 삶의 단계들을 준수해야 한다는 것을 인정한다. 바라문은 베다를 공부하여 지혜를 얻을 수 있을 것이지만, 또한 다른 사람들은 숭배 등에 의지하여 브라흐만에 대한 지식(brahmajñāna)이라는 동일한 목표를 실현할 수 있을 것이다.[원주690] 우

[원주686] 베단타의 슈라바나(śravaṇa, 들음)와 마나나(manana, 숙고)는 응념 및 그것에 이르는 단계들에 해당하며, 니디디야사나(nididhyāsana, 명상)는 선정에, 그리고 다르샤나(darśana, 觀)는 삼매에 해당한다.

[원주687] 『베단타 수트라』, iii.4.27에 대한 샹카라의 주석.

[원주688] 라이크와(Raikva)에 의하여 슈드라로 불렸으나 그로부터 베다를 배웠던 자나슈루티(Jānaśruti, 『찬도기야 우파니샤드』, iv.1.2)나 사티야카마 자발라(Satya-kāma Jābāla)의 경우들은 슈드라가 윤회의 길에서 보다 상위의 카스트로 승격되지 않는 한, 그는 해탈의 지식을 지닐 자격이 없다는 것을 구실로 해명하여 비껴 간다.

[원주689] 『베단타 수트라』, iii.4.38에 대한 샹카라의 주석.

[원주690] Puruṣamātrasambandhibhir japopavāsadevatārādhanādibhir dharma-

리가 브라흐만에 대한 지식을 얻을 수 있는 것은 오직 베다의 학습을 통해서라는 주장은 샹카라에게서 근거를 발견하기 어렵다.

자신의 철학에서와 마찬가지로, 힌두교인의 종교적인 가르침(Hindu Dharma)에 대한 자신의 견해에서도 그는 대립되는 주장들을 조화시키기 위하여 노력한다. 카스트나 신조와 무관하게, 최고의 지식 혹은 브라흐만에 대한 지식의 실현 가능성을 신성한 인간의 얼굴(puruṣamātra)을 지닌 모든 사람들에게 열어놓음으로써, 그는 자신의 근본적인 인류애를 보여주고 있을 뿐만 아니라, 자신의 윤리적인 견해가 아드와이타 철학의 논리적인 함축과 확고하게 일치한다는 것을 보여준다. 그러나 그는 최상의 지혜를 얻었던 비두라(Vidura)와 같은 슈드라들이 그와 같이 할 수 있었던 것은 전생에 지은 덕행 때문이라는 바라문 전통의 믿음을 용인한다. 만일 어떤 슈드라가 현재 진리를 이해할 수 있는 능력을 지니고 있다면, 우리는 그가 아마 전생에서 베다를 공부했다고 이해할 수 있을 것이다. 이와 같이 샹카라는 해탈에 대한 상층 계급들의 배타적인 믿음의 토대를 암암리에 침식한다. 그는 영적인 통찰을 지닌 사람들이라면 누구든 자신의 정신적인 스승으로 간주하기를 꺼리지 않았다. "불이(不二)의 관점에서 현상 세계를 통찰할 수 있는 자는, 최하층 계급의 천민(caṇḍāla)이든 재생족(dvija)이든, 그는 나의 참된 스승이다. 이것은 나의 확신이다."[원주691]

인생의 단계들(āśramas)에 대한 규범들 또한 수용된다. 해탈을 얻기 위하여 우리가 반드시 유행자(遊行者, saññyāsin)가 될 필요는 없다. 『브리하드아란야카 우파니샤드』와 『찬도기야 우파니샤드』에서는 가주자(家住者, gṛhastha)들이 브라흐만에 대한 지식을 얻고 또한 다른 사람들에게 가르친다. 그러나 유행자는 그것을 하기에 가장 적합한 자격을 지닌다. 왜냐하면 그들은 활동적인 숭배, 가주자로서의 의무 혹

viśeṣair anugraho vidyāyās saṁbhavati.
[원주691] 『마니샤판차카』(*Manīṣapañcaka*). 또한 『카우피나판차카』(*Kaupīnapañca-ka*), p.3 및 p.5를 보라.

은 베다의 제사를 수행하는 것이 요구되지 않으므로, 브라흐만에 대한 지식을 얻는 것이 다른 사람들보다는 더욱 용이하기 때문이다. 샹카라는 인생의 단계들에 대한 규범들을 따르는 자들은 해탈을 얻기 전에 반드시 유행자가 되어야 한다고 주장한다. 그러나 이 규범을 고수하지 않는 자들에게는 그와 같은 의무가 요구되지 않는다. 유행자는 브라흐만에 대한 지식에 전념하는 것(brahmasaṁsthā)에 토대를 둔다. "그와 같은 상태는 다른 세 계급에 속하는 사람들에게는 불가능하다. 왜냐하면 경전에서 언급되는 것처럼, 그들은 자신들의 삶의 단계에서 명령되는 제사를 수행하지 않음으로써 손실을 겪기 때문이다. 이에 비하여 유행자들은 그것을 수행하지 않아도 손실을 겪지 않을 수 있다."[원주692] 또한 "비록 지식은 어떤 삶의 체계에 있든, 모두에게 허용된다 할지라도, 궁극의 자유로 인도하는 것은 행위(karma)와 결합된 지식이 아니라 오직 유행자에 의하여 얻어진 지식뿐이다."[원주693]

샹카라는 힌두교인들의 생활에서 체계적인 수련과 공통된 기준의 결여를 느꼈으며, 따라서 수행체계들을 재확립하고 이를 통하여 불교 교단이 지니는 수행상의 이점들을 힌두교에 도입하고자 하였다.[원주694] 정규 교단에 여자 수행자를 허용했던 불교 승단이 보여준 교훈을 경계한 나머지, 샹카라는 자신의 수행 단체들에서 여자를 배제했다. 그가 세운 수행 단체들은 청빈과 삶의 엄격한 내핍, 그리고 세속의 속박으로부터의 자유를 추구하는 자들을 위한 학습과 거처를 위한 장소였다. 샹카라

[원주692] 『베단타 수트라』, iii.4.20에 대한 샹카라의 주석.

[원주693] 『문다카 우파니샤드』에 대한 샹카라의 주석, 서론. Saññyāsaniṣṭhaiva brahmavidyā mokṣasādhanam na karmasahiteti.

[원주694] 샹카라 이후 비디야라니야(『아이타레야 우파니샤드』에 대한 주석, 서론을 보라)는 구도자의 운수행(雲水行, vividiṣāsaññyāsa)과 해탈한 자의 운수행(vidvatsaññyāsa)을 구분한다. 전자는 선택적인 반면에, 후자는 지혜의 성취에 따른 필연적인 결과이다. 만일 어떤 사람이 전자를 선택한다면, 그것은 정통적인 방식으로 수행되어야 한다. 이에 비하여 후자는 그것을 속박하는 어떤 규정도 지니지 않는다. 『지반무크티비베카』(*Jīvanmuktiviveka*)를 보라.

는 자신이 세운 수행 단체에서 카스트의 구분을 무시했다.

카스트 및 인생의 네 단계에 대한 규범들은 힌두교인들에게 구속력을 지닌다. 왜냐하면 이 규범들은 공동체의 보다 고매한 정신을 나타내고 있기 때문이다. 이 규범들은 단지 공동체를 위하여 존재하지 않는 개인들에게 외적으로 부과되는 것으로 간주되어서는 안된다. 개인의 도덕적 가치가 전적으로 공동체에 대한 그의 공헌에 달려 있는 것은 아니다. 인간은 타자로부터 성형되는 한덩어리의 찰흙과는 다르다. 그는 내면으로부터 납득될 필요가 있다. 경전들은 사람들에게 이것 혹은 저것을 하라고 강요하는 것이 아니라, 단지 그들에게 종족의 집단적인 체험을 상기시킬 뿐이다.[원주695] 일반적인 원칙들과는 별개로, 관습들은 장소에 따라서 바뀐다.[원주696] 도덕적인 삶은 우리가 점점 더 높이 고양됨에 따라 깊어진다.[원주697] 관습상의 윤리는 끊임없이 성장하는 어떤 것이다. 삶에 대한 베다의 규범은 지혜를 얻기 위한 필수불가결의 수단이 아니다. 심지어 그것을 행할 자격이 없는 사람들도 최상의 목표를 얻었다. 가난한 자들과 하층 천민들은 기도와 숭배를 통하여, 단식과 희생을 통하여 신의 은총을 입어 동일한 목적을 달성한다.[원주698]

궁극의 목적을 실현하는 자가 곧 참된 바라문(Brahmin, 사제), 즉 브라흐만을 아는 자이다. 바라문의 삶을 묘사하기 위하여 샹카라는 다음의 구절을 인용한다.

아무도 그를 높은 계급의 태생으로 혹은 천한 계급의 태생으로 알지 못하며,

아무도 그를 박식한 사람으로 혹은 그렇지 않은 사람으로 알지 못하며,

[원주695] Jñāpakaṁ hi śāstraṁ, na kārakam. 또한 『브리하드아란야카 우파니샤드』, ii.1.20에 대한 샹카라의 주석을 보라.
[원주696] 『베단타 수트라』, i.1.4에 대한 샹카라의 주석.
[원주697] 같은 책, 같은 곳.
[원주698] 『베단타 수트라』, iii.4.36~39에 대한 샹카라의 주석.

아무도 그를 선을 행하는 자로 혹은 악을 행하는 자로 알지 못하는
그가 실로 바라문이다.
훌륭하게 수행된 의무들이 감추어지도록 내버려두며
아무도 모르게 그의 모든 삶이 흘러가도록 한다.
그는 마치 귀머거리나 소경 혹은 감각을 상실한 자와 같기 때문에,
그러므로 실로 현명한 자는 세상이 그를 스쳐 지나가게 한다.[원주699]

그것은 온화함과 평화, 거룩함과 환희로 충만한 정신으로 영위되는
삶이며, 사색의 무기력상태로 꺼져내리는 것이 아니다. 그의 행위는
그를 속박하지 않는다. 그의 카르마는 일반적인 의미의 카르마가 아니
다.[원주700] 해탈을 이룬 어떤 자들은 삶을 영위하기 위한 최소한의 행위
를 하는 반면에, 또한 어떤 자들은 세속의 일에 몰두하기도 한다.[원주701]
해탈자의 이와 같은 행위는 이기적인 관점에서 이루어지는 것이 아니
며,[원주702] 따라서 개인을 윤회의 순환에 속박하는 것으로 간주될 수 없
다.[원주703] 스스로의 노력으로 자신을 구제한, 자유로워진 영혼들은 그들

[원주699] Yaṁ na santam na cāsantam, nāśrutam na bahuśrutam

     Na suvṛttaṁ na durvṛttaṁ veda kaścit sa brāhmaṇaḥ.

     Gūḍhadharmāśrito vidvān ajñātacaritaṁ caret

     Andhavaj jaḍavac cāpi mūkavac ca mahīṁ caret.

    (『베단타 수트라』, iii.4.50에 대한 샹카라의 주석 ; Deussen, *System of the Vedānta*, p.144).

[원주700] Viduṣaḥ kriyamāṇam api karma paramārthato'karmeva(『바가바드기타』, iv.20에 대한 샹카라의 주석).

[원주701] 『바가바드기타』, iv.19에 대한 샹카라의 주석.

[원주702] 『베단타 수트라』, iv.1.13에 대한 샹카라의 주석.

[원주703] "깨어 있다 할지라도, 마치 깊은 잠을 자고 있는 것처럼 있으며, 주객의 이원(二元)을 보지 않는 자, 혹은 설사 그것을 본다 할지라도 그것을 이원으로 보지 않는 자, 설사 행위한다 할지라도 그 결과에 집착하지 않는 자, 오직 그만이 의심의 여지없이 자아를 아는 자이다"(『우파데샤사하스리』(*Upadeśasāhasrī*), p.45). "행위 중에 있든 아니면 정지하고 있든, 자신의 에고를 자신의 행위와 연관짓지 않아서 자신의 마음이 영향받지 않게 하는 자, 그야말로 진정한 생해탈자로 일컬어진다." "비록 모든 것들과 깊이 관련하고 있다 할지라도, 마치 다른 사람의 일

자신의 실례를 통하여 세계를 구제한다.

베다의 명령들과 윤리 규범들은 윤회의 순환에 연루되어 있는 자들에게 필수적이지만, 욕망의 모든 영역을 뒤로 하고 다양성의 윤회 세계를 초월한 자들에게는 아무런 의미도 지니지 못한다.[원주704] 해탈한 영혼은 그가 원하는 모든 것을 할 수 있는가에 대한 의문이 제기된다. 샹카라는 해탈한 영혼에게는 행위를 야기하는 이기적인 욕망이 없으므로, 그는 전혀 행위하지 않는다고 대답한다.[원주705] 무지에서 야기되는 행위는 참된 지식의 소유자와 공존할 수 없다.[원주706] 이와 같은 설명은 해탈자에게 모든 행위를 부정하는 것처럼 보인다 할지라도, 그럼에도 불구하고 샹카라의 저술들에는 모든 이기적인 욕망을 여읜 해탈자가 결과에 집착하지 않고 행위한다는 것을 설명하는 구절이 여럿 있다.[원주707] 악행은 심리학적으로 그에게 불가능하다. 윤리 규범으로부터의 자유는 영광스러운 것,

---

을 수수방관하는 것처럼 항상 냉철하고 무관심하며, 평화와 만족으로 충만한 자, 그를 일컬어 진정한 생해탈자라고 한다." 라마(Rāma)가 바쉬슈타(Vaśiṣṭha)에게 묻는다. "마치 오랜 망아상태에서 깨어난 사람처럼, 세속에 뒤섞여 산다 할지라도 항상 고요함에 머무르는 자와 어떤 외진 곳에서 망아상태로 남아 있는 자 중에서 누가 더 훌륭합니까?" 그러자 라마의 스승 바쉬슈타가 대답한다. "망아상태는 이 세계와 그것을 만들어내는 구나(guṇa)들을 모두 비아(not-self)로 간주하는 데서 오는 내적인 고요함일 뿐이다. '나는 외계의 물질과 전혀 아무런 관련도 지니지 않는다'는 확신으로부터 내면에 이 법열의 고요함을 얻으면, 요가 수행자는 세속에 남아 있거나 아니면 세속과 인연을 끊고 오직 명상에 몰입할 수도 있을 것이다. 오 라마여, 만일 모든 욕망의 점염이 내면에서 잠잠해졌다면, 그 둘 모두가 똑같이 훌륭하다"(『요가바쉬슈타』(Yogavāśiṣṭha), 『지반무크티비베카』, i 및 iv에 인용됨).

[원주704] Nistraiguṇye pathi vicaratāṁ ko vidhiḥ ko niśedhaḥ?

[원주705] "만일 해탈자가 경전에 명해진 모든 의무들을 초월한다면, 그는 차라리 자의적으로 행하는 것이 낫다고 주장될 수 없다. 왜냐하면 어디서든 행위를 불러일으키기 위하여 나타나는 것은 (육체 등과) 자아를 동일시하는 것이지만, 해탈자의 경우에는 결코 이와 같은 자기 동일시가 없기 때문이다"(Na ca niyogābhāvāt saṁyagdarśino yatheṣṭaceṣṭāprasaṅgaḥ……sarvatrābhimānasyaiva pravartakatvāt, abhimānābhāvāc ca samyagdarśinaḥ, 『베단타 수트라』, ii.3.48에 대한 샹카라의 주석).

[원주706] 『타잇티리야 우파니샤드』에 대한 샹카라의 주석, 서론을 보라.

[원주707] 『바가바드기타』, iv.21에 대한 샹카라의 주석.

혹은 해탈의 상태에 광채를 더해주는 것으로 언급되지만, 그것의 위반을 조장하지는 않는다. 어떤 경우에도 그것은 도덕 규범에 대한 무시를 의미하는 것으로 간주되어서는 안된다. 자유를 얻은 영혼은 죄를 짓는 것이 불가능한 절대 영혼과의 관계로 고양된다. 그는 실로 모든 죄악에서 벗어나 있다.

샹카라의 입장은 도덕률 폐기론자(Antinomian)에 의하여 가끔 취해지는 입장과 혼동되어서는 안된다. 해탈한 영혼은 "모든 것을 성취했으므로, 그가 얻고자 하는 것은 아무것도 없다"는 것은 사실이지만,[원주708] 그럼에도 불구하고 그는 세계의 복지를 위하여 행위한다. 더욱이 샹카라는 도덕적 '의무'(obligation)가 해탈자에게는 아무런 의미도 없다고 말하지만, 그는 덕행이 해탈자에 의하여 포기되어야 한다고 말하지는 않는다.[원주709] 윤리적 완성은 윤리의 파멸이 아니라 윤리적 개인주의의 소멸로 귀결된다. 우리가 자신 속에 있는 야만성을 몰아내며 보다 높은 차원으로 나아가기 위하여 몸부림치는 한, 행위의 규범들은 그 의미를 지닌다. 이러한 규범들은 우리가 잘못에 빠질 위험이 있을 때, 우리를 바로잡아주는 역할을 한다. 개화된 사람들에게는 살인이나 강도에 대한 규범들이 전혀 근심의 대상이 되지 않는 것처럼, 영적으로 고양된 사람들은 관습적인 도덕률에 무관심하다.

41. 샹카라의 윤리에 대한 비판

샹카라의 윤리적 견해들은 수많은 비판을 받아왔으며, 우리는 여기

[원주708] 『바가바드기타』, v에 대한 샹카라의 주석, 서론.
[원주709] 수레슈와라는 말한다. "궁극자에 대한 실현이 일어난 자비 및 다른 성품들은 어떤 노력도 필요로 하지 않는 자연스러운 기질일 것이다. 이러한 성품들은 더 이상 의식적인 어떤 노력으로 얻어지는 덕목들이 아니다"(『나이슈카르미야싯디』(*Naiṣkarmyasiddhi*), iv.69).

서 여러 비판들을 간략하게 살펴보고자 한다.[원주710] 만일 존재하는 모든 것이 브라흐만이라면 그리고 만일 다양성의 세계가 단지 그림자에 불과하다면, 선과 악에 대한 실재적인 구분은 있을 수 없을 것이다. 만일 세계가 실재가 아니라 그림자라면, 그 속에서 일어나는 죄악 또한 그림자에 불과할 것이다. 죄악이란 단지 그림자에 불과한데, 왜 인간은 죄를 짓지 말아야 하며 악을 멀리해야 하는가? 만일 우리가 야수들과 싸우며 몽환의 삶 속에서 덕행을 추구하는 가운데 우리의 이기심을 불사른다면, 과연 그것이 우리에게 무슨 이득이 되겠는가? 만일 윤리적 선악의 구분이 타당하다면, 삶은 실재이며, 만일 삶이 비실재라면, 선악의 구분은 무의미하다. 이 비판은 만일 우리가 세계의 순전한 환영적 본질을 받아들이지 않는다면 완전히 실패해버린다. 덕행과 죄악은 궁극적인 목적을 위한 윤리적인 중요성을 지닌다.

개아와 절대자의 형이상학적 동일이라는 관점에서 볼 때, 윤리에 대한 어떤 정당한 근거도 있을 수 없다는 비판이 제기된다. 만일 브라흐만이 전부라면, 어떤 도덕적 노력도 요청되지 않을 것이다. 이 비판은 실재(reality)와 존재(existence), 영원한 것과 무상한 것의 혼동에 의거한다. 샹카라는 본질적으로 불완전한 시간적 사건들의 연쇄가 참되고 무시간적인 브라흐만과 동일하다고 말하지 않는다. 유일한 브라흐만에 대한 진리는 결코 경험적 차원에서 윤리적인 구분의 타당성을 손상하지 않는다.

샹카라는 말한다. "불은 오직 하나이지만, 그럼에도 불구하고 우리는 시체를 화장한 불을 멀리하며, 어떤 다른 불을 멀리하지는 않는다. 태양은 오직 하나이지만, 그럼에도 불구하고 우리는 청정하지 못한 땅에 쏟아지는 부분의 빛을 멀리하며, 청정한 땅에 쏟아지는 빛을 멀리하는 것은 아니다. 금강석이나 녹주석(綠柱石)처럼, 흙으로 이루어진 어떤

[원주710] 아드와이타 베단타의 윤리에 대한 엄격한 비판 및 이에 대한 도이센의 재확립에 대하여, Hogg 교수의 논문 "Advaita and Ethics"(*Madras Christian College Magazine*, December 1916)을 보라.

것들은 우리가 바라는 대상이 되지만, 마찬가지로 흙으로 이루어져 있지만 시체처럼 우리가 바라지 않는 것도 있다.”[원주711] 이와 마찬가지로, 모든 것은 궁극적으로 브라흐만이라 할지라도, 피해야 하는 어떤 것들이 있는가 하면 또한 바랄 만한 어떤 것들도 있다. “나는 브라흐만이다”(aham brahmāsmi)라는 언급은 활동적인 자아와 궁극적인 브라흐만의 직접적인 동일[원주712]을 의미하는 것이 아니라, 단지 가탁(假託)이 제거될 때, 브라흐만과 진정한 자아의 동일[원주713]을 의미할 뿐이다.

영혼의 무한성과 그것이 입고 있는 유한한 외형 사이에 끊임없는 투쟁이 있기 때문에, 윤리적인 문제가 일어난다. 인간의 본래적인 상태는 청정함이지만, 부정한 현재의 상태는 한정들(upādhis)의 힘에 의하여 그것으로부터 타락한 결과이다.[원주714] 만일 우리가 실재를 보는 관점으로 떠오른다면, 우리가 불완전과 싸우는 것은 아무런 의미도 지니지 못할 것이다. 그 싸움은 무한자로부터의 분리가 완전히 사라질 때까지 계속될 것이다. 유한한 영혼 자체가 곧 브라흐만이라는 것을 깨달을 때까지, 그것은 불안한 상태에 있으며, 본향에 대한 향수를 느낄 것이다. 우리 각자는 유한한 행위자로서 의무와 운명을 지닌다. 각 개인은 자신의 행위에 책임이 있으며, 어떤 한 사람에 의하여 행해진 행위는 다른 어떤 사람에 의하여 완성될 수 없다.[원주715]

샹카라의 윤리는 주지주의적이라고 말해진다. 왜냐하면 무지 혹은 무분별이 속박의 원인이기 때문이다.[원주716] 개아의 그릇된 지식(mithyā-jñāna)은 모든 경험과 행위의 근원이며, 동일에 대한 지식(saṁyag-

---

[원주711] 『베단타 수트라』, ii.3.48에 대한 샹카라의 주석.
[원주712] mukhyasāmānādhikaraṇya.
[원주713] Bādhaasāmānyādhikaraṇya.
[원주714] 에크하르트(Eckhart)는 묻는다. “만일 그가 왕이면서도 그것을 모른다면, 그것이 인간에게 무슨 소용이 있겠는가?” 천국은 잃어버린 나라이다.
[원주715] 『베단타 수트라』, iii.3.53에 대한 샹카라의 주석. 또한 『베단타 수트라』, iii.2.9에 대한 샹카라의 주석을 보라.
[원주716] 『베단타 수트라』, ii.3.48에 대한 샹카라의 주석.

384

jñāna)은 자유로 인도한다.[원주717] 최고아와 개아의 구별은 그릇된 지식이므로,[원주718] 우리는 참된 지식을 통하여 그것을 제거할 수 있다. 이 모든 것은 우리로 하여금 해탈이란 윤리적인 완전이 아니라 형이상학적 통찰의 결과라는 것을 확신하게 한다. 도이센은 아드와이타 베단타의 이러한 측면을 '근본적인 결핍'으로 간주한다. 그는 말한다. "정당한 입장에서, 베단타는 존재 그 자체, 즉 우리 자신의 '자아'(I)에 대한 파악을 우리가 참된 지식에 이를 수 있는 유일한 원천으로 인정하고 있다. 그러나 그것은 심지어 모든 지적인 장치를 제거해버리고, 그것을 비아(非我), 즉 현상 세계에 귀속시킨 후에도 인식자로서 우리의 의식에 직접 호소하는 형태에서 멈추는 잘못을 범하고 있다."[원주719] 만일 일자이며 유일하게 존재하는 브라흐만이 이미 완전하다면, 그리고 만일 우리가 해야 하는 전부가 그것의 실재를 단언하고 그 외의 다른 모든 것의 실재를 부정하는 것이라면, 윤리적인 행위에 대한 아무런 동기도 있을 수 없을 것이다. 만일 유한의 죄악을 벗어나는 유일한 길이 단지 그것을 부정하는 것이라면, 진지한 윤리에 대한 어떤 여지도 없을 것이다. 우리는 증오를 제어하고 우리의 성품을 바꾸는 일에 심각해야 할 아무런 필요도 없다.

그러나 우리는 샹카라의 형이상학에서 무지(avidyā)는 주로 논리적인 개념이라 할지라도, 그것은 삶의 전체적인 입장 혹은 자세를 의미한다는 사실을 명심할 필요가 있다. "무지는 자아(I)가 육체적인 본질

[원주717] 『베단타 수트라』, i.2~8에 대한 샹카라의 주석. 또한 『베단타 수트라』, iii. 2.25 ; iv.2.8 및 i.3.19에 대한 샹카라의 주석을 보라.

[원주718] "개아와 이슈와라의 분별은 오직 무지로부터 일어나며, 물(物)자체들로부터 일어나는 것은 아니다"(Mithyājñānakṛta eva jīvaparameśvarayor bhedo na vastukṛtaḥ, 『베단타 수트라』, i.3.19에 대한 샹카라의 주석). 또한 가우다파다의 『카리카』에 대한 샹카라의 주석, 서론을 보라. "분별 혹은 무분별의 사실로부터"(Vivekāvivekamātreṇaiva, 『베단타 수트라』, i.3.19에 대한 샹카라의 주석). 또한 『아파로크샤누부티』(*Aparokṣānubhūti*), p.14를 보라.

[원주719] Deussen, *System of the Vedānta*, p.59.

에 놓여 있다는 독단이며, 이로부터 정염 그 자체인 육체에 대한 애착과 그것에 대한 경멸, 즉 증오가 일어난다. 그것에 손상이 가해진다는 생각은 공포 등을 불러일으킨다."[원주720] 그릇된 지식은 모든 이기적인 욕망과 행위의 토대이다.[원주721] 무지는 유한한 개아가 욕망과 투쟁의 삶—브라흐만과 유한한 자아 자신의 동일에 대한 무지의 결과로 생겨나는—을 영위하게 하는, 유한한 개아의 유한성이다. 성품의 결함들은 단순히 어리석음이나 오류가 아니라, 의지의 도착(倒錯)이며, 신의 음성에 대한 거부이다.

샹카라는 '무지-욕망-행위'(avidyākāmakarma)[원주722]라는 복합어를 자주 사용하고 있으며, 여기서 무지는 다양한 개체들을 실재로 간주하는 인식상의 오류를 나타내며,[원주723] 욕망은 대상에 대한 감정적인 반응을 나타내며, 행위는 그 대상을 취할 것인가 아니면 피할 것인가 하는 실제적인 행동을 나타낸다. 윤회의 순환으로 인도하는 것은 실재와 비실재의 혼동에 의거한 이기적인 행위에 연루되는 이 모든 자세이다.[원주724] 욕망은 무지의 소산이며, 행위는 욕망의 결과이다. 해탈의 상태는 인식적인 오류의 제거, 참된 욕망의 회복, 그리고 모든 이기적인 노력의 억제[원주725]라고 말해진다. 윤리적인 삶의 수련은 이기적인 행위의 억제, 참된 욕망의 증장, 그리고 경험적인 개인주의의 극복을 포함

[원주720] Dehādiṣv anātmasv, aham asmīty ātmabuddhir avidyā ; tatas tatpūja-nādau rāgaḥ ; tatparibhavādau dveṣaḥ ; taducchedadarśanād bhayam, etc (『베단타 수트라』, i.3.2에 대한 샹카라의 주석).

[원주721] Saṃsārabījam ajñānaṃ kāmakarma pravṛttikāraṇam(『케나 우파니샤드』에 대한 샹카라의 주석, 서론). 또한 "Avidyākāmakarmalakṣaṇaṃ saṃsāra-bījam"(『케나 우파니샤드』, iv.9에 대한 샹카라의 주석).

[원주722] 『문다카 우파니샤드』, iii.1.1에 대한 샹카라의 주석.

[원주723] Avidyākalpitaṃ lokaprasiddhaṃ jīvabhedam(『베단타 수트라』, ii.1.14 ; i.3.19에 대한 샹카라의 주석).

[원주724] Anātmadarśino hy anātmaviṣayaḥ kāmaḥ ; kāmayamānaś ca karoti karmāṇi ; tatas tatphalopabhogāya śarīrād upādānalakṣaṇas saṃsāraḥ(『타잇티리야 우파니샤드』, i.11에 대한 샹카라의 주석).

[원주725] Sarvavāsanākṣayaṃ sarvakāmavināśaṃ sarvakarmapravilayam.

한다. 궁극적인 해탈이 일어날 때까지, 우리는 본질적으로 완전해지지 않는다. 우리는 아마 자신의 욕망을 억제하고 세계의 복지를 위하여 행위할 수 있을 것이다. 그러나 우리가 살아가면서 다른 어떤 순간에 그릇된 욕망 혹은 이기적인 행위의 유혹에 굴복당하지 않는다는 보장이 없다. 우리가 갈애와 편협한 이기심을 근절할 때까지, 무지가 완전히 사라질 때까지, 우리는 자신이 개별성을 여읜 참된 깨달음의 자리에 들 수 있을 것이라고 확신할 수 없다. 도덕적인 인간은 우연히 사심 없는 상태가 된다. 그러나 성자는 자신의 깨달음 덕분에 사심 없는 경지에 머문다.[원주726]

샹카라는 간접적인 지식(parokṣajñāna)과 직접적인 직관(aparok-ṣajñāna 혹은 anubhava)을 구분한다. 전자는 우리가 책이나 스승으로부터 얻는, 최고아와 개아가 하나라는 논리적인 지식이며, 후자는 자신의 개별성을 제압하고 궁극자와 자신의 하나됨을 깨달은 현자(seer)의 경험이다.[원주727] 샹카라에 의하면, 전자는 우리를 속박에서 해방시킬 수 없다. 『브리하드아란야카 우파니샤드』[원주728]를 주석하면서, 샹카라는 우리가 단순한 배움(pāṇḍityam)의 상태에서 한걸음씩 나아가 어린아이 같은 단순함(bālyam)의 상태에 이르고,[원주729] 이로부터 침묵의 성자의 상태로 나아가고, 결국 참된 바라문의 상태, 즉 브라흐만과 다른

[원주726] *Proceedings of the Indian Oriental Conference*(Poona, vol.ii)에서, 이 문제에 관한 히리야나(M. Hiriyanna) 교수의 매우 시사적인 논문을 보라. 참된 깨달음과 심미적 환희의 구분에 대하여 언급하면서, 그는 다음과 같이 말한다. "샹카라의 용어를 빌리자면, 영속적으로 순환하는 욕망(kāma)과 행위(karma)의 연쇄들이 삶을 구성한다. 그 둘의 원인인 무지가 잠재적인 형태로 지속하는 동안에 욕망과 행위의 지멸은 심미적인 입장(aesthetic attitude)을 특징짓는다. 그러나 이 잠재적인 형태의 무지조차도 소멸하는 것은 신성한 입장(saintly attitude)이다.

[원주727] 『바라하 우파니샤드』(*Varāhopaniṣad*)를 참조하라. Asti brahmeti ced veda parokṣajñānam eva tat, Aham brahmeti ced veda sākṣātkāras sa ucyate.

[원주728] iii.8.10. 또한 『찬도기야 우파니샤드』, iv.1.7을 보라.

[원주729] 『신약성서』, 「마태복음」, xviii.3을 참조하라. "너희가 생각을 바꾸어 어린이와 같이 되지 않으면 결코 하늘 나라에 들어가지 못할 것이다."

모든 소유와 즐거움을 완전히 포기하는 자가 되어야 한다고 말한다. 아드와이타는 철학인 동시에 종교이다. 깨달음은 직접적이고 분명한 경험으로 귀결된다.[원주730] 그것은 멀리 떨어진 이상의 추구가 아니다.

동일한 취지에서, 마음의 정화(cittaśuddhi)는 영적인 실현을 위한 필수적인 전제 조건이라고 주장된다. 이것은 삿트와 속성의 점증적인 지배와 라자스 및 타마스의 제압을 포함한다. 그것은 사심없는 행위와 정신 수행을 통하여 일어난다. 그것은 윤리를 배제하는 것이 아니라, 내포한다. "'나'(aham)라는 말로 나타나는 개별적인 자아 개념과 '나의 것'(mama)이라는 말로 나타나는 개별적 소유 개념이 완전히 소멸할 때, 그는 아트만을 아는 자이다."[원주731] 이기적인 욕망(kāma)이 완전히 제압되기 전에는 무지가 근절될 수 없다. '갸나'(jñāna)는 흔히 영어로 'knowledge'(지식)라고 번역되지만, 전자는 후자보다 광범위한 의미를 담고 있다. 그것은 참된 지혜이며, 또한 절정에 달한 삶이다.[원주732] 그것은 기성의 도그마에 대한 수용이 아니라 살아 있는 체험이며, 지적인 파악은 단지 그것의 외적인 상징에 불과하다. 샹카라는 추상적인 지성을 대단한 것으로 찬미하지 않는다. 그의 견해에 의하면, 최상의 지성은 지성만으로는 충분하지 않다는 지식에 있다. 목적지가 무지의 제거라는 것은 사실이지만, 우리는 단지 그것의 실재에 대한 부정을 통하여 무지를 근절할 수 없다. 우리가 단지 브라흐만의 존재에 대한 사색적인 개념을 지닌다는 이유만으로, 우리는 브라흐만을 안다고 말할 수 없다. 브라흐만에 대한 지식은 우리 자신이 영원자에 근원된다는 것, 즉 영원자가 바로 우리 존재의 영속적인 일부라는 것을 영적으로 실

[원주730] "어느 정도의 시간이 지난 후에 과실(果實)이 되는 행위의 결과와는 달리, 지식의 결과는 직접적 · 즉각적인 경험의 문제이다"(Anubhavārūḍham eva ca vidyāphalaṁ na kriyāphalavat kālāntarabhāvi, 『베단타 수트라』, iii.4.15에 대한 샹카라의 주석).

[원주731] 『우파데샤사하스리』, xiv.29. 또한 xiv.141을 보라. 또한 『케나 우파니샤드』에 대한 샹카라의 주석, 서론을 보라.

[원주732] 플라톤의 *Timaeus*, p.90 ; 아리스토텔레스의 『니코마코스 윤리학』, x.7을 보라.

현하는 것이다.

샹카라가 도덕적 가치들을 궁극적으로 실재하는 것으로 간주하지 않는 것이 샹카라 철학의 약점이라고 주장된다. 윤리적인 선악의 구분들은 단지 우리의 경험적인 자아가 공간에서 그것의 육체 바깥에 놓인 모든 것 그리고 시간에서 그것의 경험을 초월하는 곳에 놓인 모든 것과 뚜렷이 구분될 때만 어떤 의미를 지닌다. 구성원들의 분리와 독립을 전제로 성립되는 윤리의 영역은 가현들의 세계에 속한다. 명령된 의무들과 그것의 이행을 촉구하는 언명들은 개별자들의 개인적인 일들인 것 같다. 명령과 언명은 유한한 개별자들의 가정된 독립에 토대를 두고 있다. 우리가 개인주의적 윤리론의 관점에서 벗어나지 못하는 한, 우리는 온갖 위험과 고난으로 점철된 윤회의 세계에 있다. 윤리적인 성숙은 개인주의적 관점의 점진적인 교정이며, 그 교정이 완전해질 때, 윤리 자체는 끝을 맺는다. 윤리가 존재하는 한, 이상은 미실현상태로 있을 수밖에 없다. 윤리의 목적은 우리가 자신의 개별성을 완전히 탈각하고 우주의 비인격적 혼과 하나되게 하는 것이다. 그러나 윤리 주체에 일말의 개별성이라도 남아 있다면, 이와 같은 고양은 단지 부분적일 수밖에 없다.

유한자를 기초로 하여 무한자와 하나된다는 것은 분명히 불가능한 일이다. 이상을 실현하려면, 우리는 윤리적인 삶을 초월하여 유한한 분투와 노력의 삶이 초월되는 영적인 실현으로 떠올라야 한다. 그러므로 샹카라는 완전의 이상에 관한 한, 윤리적인 선(善)과 유한한 노력의 부적절함 혹은 불충분함에 대하여 거듭 역설하고 있다. 행위는 해탈로 인도할 수 없다. 유한 존재로서의 유한자는 반드시 초월되어야 한다. 모든 유한한 삶의 토대인 무지는 반드시 극복되지 않으면 안된다. 우리는 무지, 집착, 행위로 이루어지는 윤회의 순환을 끊고, 지고한 영혼과 우리의 하나됨을 깨달아야 한다. 우리가 아무리 윤리적이라 할지라도, 단순한 선(善)이 우리로 하여금 유한의 영역을 벗어나게 하지 않는 한, 완전은 우리와 거리가 멀다. 그러므로 샹카라는 아무리 많은 노력을 통해서도 우리는 해탈을 얻을 수 없다고 주장한다. 왜냐하면 베다의 제사든 신에 대한 헌신이든 모든 유형의 행위는 단지 유한자가 유한자로 머무를 수 있게 할 수 있을 뿐이며, 우리를 윤회에서 벗어나게 하지는 못하기 때문이다.

이 윤회의 순환으로부터의 해방은 지식(jñāna), 즉 우리를 자신의 개별성에서 벗어나서 무한자와 하나되게 하는 통찰이다.[원주733] 윤리성은 끊임없이 발달해가는 속성을 지니지만, 자존하는 진리의 실현으로 인도할 수는 없다. 만일 윤리적인 진전이 인생의 핵심 측면이라면, 우리가 목적을 실현하고 자신의 본질을 회복했다고 말할 수 있는 단계는 결코 없을 것이다. 만일 신이 인간의 본질이라면, 어떤 사람이 "나는 신이다"라고 말할 수 있을 때, 도덕적 진전에는 아무런 의미도 없을 것이다. 윤리 규범에 따르는 사람은 그가 자신의 자아를 실현했다고 느끼는 것은 불가능하다. 만일 윤리적인 삶이 전부라면, 가장 탁월한 생애라도 쓸모없기는 마찬가지일 것이며, 사랑은 단지 덧없는 환영이며, 행복은 끊임없이 도망치는 목표일 것이다.

사도 바울은 율법을 통한 구원의 불가능성을 주장한다.[원주734] 우리가 무엇을 하든, 만일 우리의 이기심이 제압되지 않는다면, 우리는 구원될 수 없다. 우리는 아마 이기적인 동기에서 도덕률을 준수할 수 있을 것이다. 그러나 그것은 아무런 도덕적 가치도 지니지 않는다. 우리의 본질에서 타락성—샹카라는 이것을 무지라고 부른다—을 제거하기 위

[원주733] 이 문제에 대한 고(故) 보상케(Bosanquet) 교수의 입장은 샹카라의 입장과 유사하며, 믿음에 의하여 의롭다고 규정되는 것(justification)에 대한 그의 해석은 샹카라가 주장하는 지식을 통한 해탈관과 비슷하다. "우리는 행위에서가 아니라 믿음을 통하여 전체와 하나된다. 여기서 우리의 '부족함'은 사라진다. 이것이 바로 '구원의 체험들'(saving experiences)이 지니는 의미이다. 우리는 보편자의 은총에 자기 자신을 던지며, 그것과 하나됨 속에서 '충분함'—유한한 존재로서 우리에게는 자기 모순인—을 발견한다"(*The Meeting of Extremes in Contemporary Philosophy*, p.173). 또한 *Mind*, N.S., vol.xxx, p.98을 보라.

[원주734] 『신약성서』, 「로마인들에게 보낸 편지」, iii, viii, x, xiii, 그리고 「갈라디아인들에게 보낸 편지」, ii 및 iii.

하여, 바울은 믿음을 그리고 샹카라는 지식을 요구한다. 이들에 의하면, 우리가 자신의 유한성을 탈각하고 죄의 가능성으로부터 완전히 초월할 수 있는 것은 오직 믿음 혹은 지식뿐이다. 구원은 새로운 어떤 발명이나 건설이 아니라, 원래부터 있는 것의 발견 혹은 드러냄이다. 윤리는 언제나 그 자체 너머의 어떤 것을 지향하지만, 지식 혹은 순수 직관 혹은 실현은 그 자체로 완전하다. 그것은 어떤 결핍도 없으며, 따라서 아무런 목적도 지니지 않는다. 천계서의 언급에 의하면, 자존 영원의 자유는 행위를 통해서는 성취될 수 없다.[원주735]

만일 우리가 정상적인 해석의 기준, 즉 어떤 종교적인 정칙의 참된 의미에 도달하는 최선의 방법은 그것이 부정하고자 하는 이설(異說)들을 고려하는 것임을 기억한다면, 우리는 해탈의 실현에서 행위의 길(karmamārga)의 무용성에 대한 샹카라의 불필요한 강조가 지니는 의미를 짐작할 수 있을 것이다. 그는 극단적인 형식주의로 치닫는 미망사 학파를 염두에 두고 있었다. 당시의 미망사 학파는 단지 베다의 제의식만으로 영혼의 자유를 얻기에 충분하다고 주장함으로써 지나치게 행위의 측면을 강조하는 경향을 보였다. 행위는 해탈의 궁극적인 수단이 될 수 없다는 그의 주장은, 베다의 제사를 지나치게 강조하는 미망사 학자들의 입장에 대한 반발이다. 궁극적인 자유는 단지 무지(ajñāna)의 제거일

[원주735] "무위(無爲)는 행위를 통하여 존재하지 않는다"(Nāsty akṛtaḥ kṛtena). 샹카라는 이 구절을 "무위는 해탈이며, 행위를 통해서는 업이 소멸되지 않는다"고 주석한다. 또한 『타잇티리야 우파니샤드』에 대한 샹카라의 주석, 서론을 보라. 또한 "행위는 존재하는 것들의 본질에 독립적인 동시에 어떤 사람의 마음의 에너지에 의존적인 것으로 명령되며……지식은 인식 수단들—그 대상으로 존재하는 것들을 지니며, 베다의 언급들이나 인간의 마음이 아니라 전적으로 존재하는 것들에 의존하는—의 산물(pramāṇajanyam)이다"(『베단타 수트라』, i.1.4에 대한 샹카라의 주석). 또한 『베단타 수트라』, i.4.22에 대한 샹카라의 주석을 보라. 중관론자들(Mādhyamikas)은 지혜의 구족(jñānasaṁbhāra)을 법신(法身, dharmakāya)에 이르는 것으로, 그리고 공덕의 구족(puṇyasaṁbhāra)을 응신(應身, saṁbhogakāya)에 이르는 것으로 간주한다(『마디야미카바타라』(*Mādhyamikāvatāra*), iii.12). Keith, *Buddhist Philosophy*, p.277을 보라.

뿐이다. "궁극자의 실현은 다만 무지의 제거에 지나지 않는다."[원주736] "브라흐만의 본질에 대한 무지를 제거하는 순간에, 우리는 자기 자신의 본질에 머무르며, 궁극적인 목적을 실현한다."[원주737]

브라흐만을 실현한다는 것은 우리가 지니고 있지 않았던 어떤 대상을 얻는 것이 아니라, 우리가 알지 못했던 자신의 참된 본질을 깨닫는 것이다. 무지가 제거될 때, 지식은 저절로 빛난다.[원주738] 이것은 마치 새끼줄이 뱀이라는 그릇된 개념이 부정될 때, 새끼줄이 저절로 드러나는 것과 같다.[원주739] 단지 일시적인 결과를 가져올 뿐인 행위(karma)만으로, 우리는 영원한 자유에 이를 수 없다. 행위는 무지를 몰아낼 수 없다. 왜냐하면 그 둘은 상반되지 않기 때문이다. 지식은 행위에 선행한다고 말해질 때, 그것은 궁극의 영적인 통찰이 아니라, 이런 저런 대상에 대한 외적인 지식이다. 행위는 언제나 욕망의 성취를 위하여 수행된다. 해탈은 욕망의 존재와 양립할 수 없다. 만일 개아가 자신이 행위자라는 믿음을 지니지 않는다면, 그리고 만일 그가 자신을 대상과 구별하지 않는다면, 행위는 아무런 의미도 지니지 않을 것이다.[원주740]

그러나 이와 같은 구별이 지속하는 한, 해탈은 실현될 수 없다. "해탈은 차별에 대한 지각과 공존할 수 없으며, 행위는 그것에 대한 지각 없이 불가능하다."[원주741] 행위는 아래의 결과들 중 하나를 산출하도록 기대된다. 즉 그것은 "새로운 어떤 것의 생산(utpatti), 상태의 변화(vikāra), 정화(淨化, saṃskāra), 그리고 획득(āpti)"을 위하여 행해지지만, 해탈은 이 가운데 어느 것도 아니다.[원주742] 행위는 준비의 가치를

[원주736] 『문다카 우파니샤드』, i.5에 대한 샹카라의 주석. Avidyāpaya eva hi parāprāptiḥ. Avidyānivṛttir eva mokṣaḥ.
[원주737] 『타잇티리야 우파니샤드』에 대한 샹카라의 주석, 서론. Avidyānivṛttau svātmany avasthānam paraprāptiḥ.
[원주738] 『베단타 수트라』, iii.2.21에 대한 샹카라의 주석.
[원주739] 『베단타 수트라』, ii.1.14에 대한 샹카라의 주석.
[원주740] 『찬도기야 우파니샤드』에 대한 샹카라의 주석, 서론.
[원주741] 『케나 우파니샤드』에 대한 샹카라의 주석, 서론.
[원주742] 『타잇티리야 우파니샤드』, ii.11에 대한 샹카라의 주석.

지니지만, 그것은 본질적으로 부분적인 견해에 의거하고 있으며, 따라서 그 자체만으로 우리를 궁극의 목적에 이르게 할 수 없다. 영적인 통찰(jñāna)은 해탈의 유일한 방법이다.[원주743] 샹카라는 가끔 이 사실을 필요 이상으로 강조한다. "행위, 행위자, 그리고 그 결과 등에 대한 모든 구별이 사라지는, 브라흐만에 대한 지식이 그것의 실현에서 보완적·부수적인 도움으로 어떤 외적인 것을 필요로 한다는 것은 있을 수 없다. 그것의 결과인 해탈 또한 그와 같은 어떤 것을 필요로 하지 않는다. 그러므로 지식은 그것의 부수적인 도움 혹은 보충하여 완전하게 하는 것으로 행위를 필요로 한다는 것은 결코 있을 수 없다."[원주744]

어떤 특정한 목적을 바라는 사람들은 그것의 성취를 위하여 행위에 호소할 수도 있겠지만, 이에 비하여 샹카라는 의무적인 행위들의 수행이 우리가 과거에 지은 죄의 결과들을 상쇄하는 데 도움이 된다는 것을 인정하고 있다. 이 두 가지 유형의 행위는 모두 당분간 갈애와 욕망을 지닌 개아를 만족시키겠지만, 그러나 이 둘 모두는 그를 영원한 삶에 이르게 할 수는 없다. 미망사 학자들은 만일 우리가 이기적이거나 금지된 행위들을 피하고, 이미 작용하기 시작한 업의 과실(果實)들을 받아 완전히 없애며, 일상적인 의무의 수행을 통하여 죄악에 빠지는 것을 삼간다면, 다른 어떤 노력 없이도 해탈은 실현된다고 주장한다.

이에 대하여 샹카라는 아직 작용이 시작되지 않은 수많은 업이 있으며, 이러한 업의 결과는 하나의 생애에서 남김없이 소진될 수 없기 때문에 우리는 윤회하지 않을 수 없으며, 또한 이로부터 새로운 업이 계속하여 축적될 수밖에 없다고 말한다. 우리가 업을 야기하는 욕망을 제거할 때까지, 우리에게는 희망이 없다. 이 욕망들은 무지에 기인하며, 따라서 오직 무지를 근절하는 지식만이 우리를 업의 손아귀에서 벗어나게 할 수 있다.[원주745] 브라흐만에 대한 지식은 이와 같은 외적인 의식

[원주743] 『아트마보다』, p.203.
[원주744] 『케나 우파니샤드』에 대한 샹카라의 주석을 보라.
[원주745] 『베단타 수트라』, i.1.4에 대한 샹카라의 주석. 플라톤은 말한다. "철학 혹은

(儀式)이나 관습의 토대 자체를 제거한다.[원주746] 중요한 것은 외적인 행위가 아니라 내적인 삶이다. 내적인 삶의 고통스러운 문제들은 외적인 규범들에 의거해서 풀릴 수 있는 성질의 것이 아니다. 우리의 내밀한 마음, 우리의 기도와 명상은 우리가 삶의 문제를 해결하는 데 도움이 된다. 그러므로 최상의 윤리는 올바른 정신을 함양하는 일에 놓여 있다. 윤리적인 삶의 진수는 인간 의식의 영화(靈化) 혹은 정화(淨化)에 있다. 윤리적인 삶은 정신적인 통찰의 필연적인 결과이다. 후자가 실현될 때까지, 윤리 규범들은 외적인 양식에 따른다.

어떤 의미에서 윤리적인 의무들은 개인의 상태에 대하여 상대적이라 할 수 있다. 현대 사회에서 윤리는 사회적 가치들과 혼동된다. 그러나 후자는 가치의 전부가 아니다. 사회에 대한 우리의 견해뿐만 아니라, 신에 대한 우리의 생각 또한 중요하다. 프라이데이(Friday)조차도 없는 무인도에 혼자 사는, 로빈슨 크루소 같은 사람이라 할지라도 가치들을 마음속에 소중하게 품을 수 있다.

샹카라는 내적인 자아에 대한 지식이 행위에 반대되며, 심지어 꿈에서도 그것과 공존할 수 없다고 주장한다. 만일 행위를 행하는 가주자(家住者)가 신성한 지혜를 지니고, 그것을 제자들에게 전수했다는 것이 경전들에 기록된 경우들이 있다면, 샹카라는 이러한 언급들이 어떤 명백한 사실을 뒤엎을 수 없다고 반박할 것이다. 왜냐하면 "빛과 어둠의 공존은 수백 가지의 규범들에 의해서도 일어날 수 없으며, 하물며 이와 같은 지적들에 의해서는 도무지 일어날 수 없는 일이다."[원주747] 이

이성이 결여된 습관이나 실천에서 오는 대중적·사회적인 미덕을 행한 사람들은 윤회의 영역에서는 가장 행복하다. 왜냐하면 그들은 꿀벌이나 말벌 혹은 개미들의 본성과 같은, 유순하고 사회적인 본성을 지닌 존재로 다시 태어나거나, 혹은 인간의 몸 속에 태어나서, 이들로부터 가치있는 시민들의 사회를 형성할 것 같기 때문이다. 그러나 철학자 혹은 지혜를 사랑하는 자 이외에는 그 누구도 신족(神族)의 일원이 되는 것이 허용되지 않는다"(*Phaidros*, p.82).

[원주746] Idānīṃ karmopādānahetuparihārāya brahmavidyā prastūyate(『타잇티리야 우파니샤드』에 대한 샹카라의 주석, 서론).

전체 논의는 '카르마'라는 말의 양의적인 용법에 의하여 새로운 의미를 지니게 된다. 만일 카르마가 이런 저런 사적인 목적의 성취를 위하여 개아에 의하여 행해지는 행위를 의미한다면, 그것은 정신적인 통찰과 부합할 수 없을 것이다. 한편, 전체적인 목적을 위한 통찰을 추구하는 개아에 의하여 수행되는 사심없는 행위는 행위자를 속박하지 않으며, 그를 윤회의 순환 속에 연루시키지 않는다. 카르마는 전자의 의미에서 정신적인 통찰과 양립할 수 없다.[원주748]

만일 지식과 행위가 빛과 어둠처럼 반대되는 것이라면, 그것은 이기적인 행위라는 의미의 카르마와 사심없는 지혜라는 의미의 갸나(jñāna)일 것이다. 샹카라에 의하면, 해탈자가 행하는 것은 행위라고 불릴 수 없다. 전체 세계(lokasaṁgraha)를 위한 해탈자의 행위는 엄격히 말하여 행위가 아니다. "자아(Ātman) 안에서 노닐고, 자아 안에서 즐거워하며, 자아 안에서 일상의 삶을 영위하는 자, 그가 브라흐만을 아는 자들 가운데 으뜸이다"[원주749]라는 『문다카 우파니샤드』의 구절을 주석하면서, 샹카라는 행위와 지식의 결합이 이 경전에 의하여 허용된다는 견해는 단지 '무지한 자의 쓸데없는 말'[원주750]이라고 언급한다. 어떤 종류의 행위가 받아들여진다는 것은 부정될 수 없다. 샹카라가 인정하는 모든 것은 그것이 우리가 일반적으로 카르마라고 부르는 행위가 아니라는 것이다. 왜냐하면 카르마는 이기주의에 토대를 두고 있기 때문이다.[원주751] 다른 구절에서 그는 또한 말한다. "진정한 앎을 지닌 자

[원주747] Vidyā karmavirodhāc ca na hibrahmātmaikatvadarśanena saha karma svapne 'pi saṁpādayituṁ śakyam……yat tu gṛhastheṣu brahmavidyā sampradāyakartṛtvādiliṅgam na tat sthitanyāyam bādhitum utsahate ; na hi vidhiśatenāpi tamaḥprakāśayor ekatrasaṁbhavas śakyate kartum. Kimuta liṅgaiḥ kevalair iti(『문다카 우파니샤드』에 대한 샹카라의 주석, 서론).
[원주748] 『이샤 우파니샤드』, 18에 대한 샹카라의 주석을 보라.
[원주749] iii.1.4.
[원주750] Asatpralapitam evaitat. 또한 『찬도기야 우파니샤드』에 대한 샹카라의 주석, 서론을 보라.
[원주751] Karmahetuḥ kāma syāt(『타잇티리야 우파니샤드』에 대한 샹카라의 주석,

의 경우에, 설사 그가 전체 생애를 통하여 행위한다 할지라도, 지식의 위대함 덕분에 어떤 행위도 달라붙지 않을 것이다.”[원주752]

카르마는 윤회의 순환에서 존재의 지속으로 인도하는 모든 행위에 대한 이름이며, 이것은 참된 지식과 상반된다. 다른 유형의 행위는 카르마라고 불릴 수 없다. 왜냐하면 그것은 이기적인 욕망에 기인하지 않기 때문이다. 자유롭게 된 자는 자신의 이기적인 욕망들을 제압했다. 한편, 그의 주된 관심이 윤회의 장애와 속박으로부터 해탈한 영혼의 자유를 주장하고자 하는 데 있는 어떤 구절들에서, 그는 모든 행위는 결과적으로 고통스러우므로 해탈자에게는 어떤 행위도 불가능하다고 주장하기도 한다.[원주753]

금욕주의는 샹카라의 윤리에 대하여 자주 제기되는 비판이다. 샹카라는 경험적인 삶에서 추구할 만한 가치가 있는 것은 아무것도 없다는 것을 거듭 강조하고 있다.[원주754] 만일 오늘이 아니라면 내일, 우리에게 그리고 우리가 사랑하는 사람들에게 질병이나 죽음이 들이닥칠 것이며, 우리가 지상에서 사랑하는 모든 것은 사라질 것이며, 다만 재와 먼지만 남을 것이다. 지상의 어떤 것도 인간의 영혼을 위한 확고한 발판을 제공할 수 없다. 윤회 세계와 그것에 대한 집착의 쓸모없음은, 쫓아오는 야수를 피하기 위하여 마른 우물 속으로 들어가는 여행자에 대한 유명한 우화에서 잘 드러난다. 우물의 밑바닥에는 그를 집어삼키기 위하여 입을 쩍 벌리고 있는 용이 있다. 그는 야수가 두려운 나머지 우물

서론).

[원주752] 『베단타 수트라』, iii.4.14에 대한 샹카라의 주석. 또한 『찬도기야 우파니샤드』, ii.23.1에 대한 샹카라의 주석을 보라.

[원주753] 『베단타 수트라』, ii.3.40에 대한 샹카라의 주석.

[원주754] “여러분은 세상이나 세상에 속한 것들을 사랑하지 마십시오. 세상을 사랑하는 사람에게는 그 마음속에 아버지를 향한 사랑이 없습니다. 세상에 있는 모든 것, 곧 육체의 쾌락과 눈의 쾌락을 좇는 것이나 재산을 가지고 자랑하는 것은 아버지로부터 나온 것이 아니고 세상에서 나온 것입니다. 세상도 가고 세상의 정욕도 다 지나가지만 하나님의 뜻대로 사는 사람은 영원히 살 것입니다”(『신약성서』, 「요한1서」, ii.15~17).

바깥으로 나갈 수 없으며, 또한 우물 바닥에 있는 용이 두려워서 감히 내려갈 수도 없다. 그래서 급한 나머지 우물의 갈라진 틈새에서 자라나는 나뭇가지에 매달렸다. 그는 점점 힘이 빠지기 시작하고, 곧 죽고 말 것이라고 생각한다. 비록 아래와 위 양쪽에서 죽음이 죽음을 기다린다 할지라도, 그는 여전히 나뭇가지를 잡고 있다. 그러나 보라! 나뭇가지를 갉아먹고 있는 검고 흰 두 마리의 생쥐가 있다. 나뭇가지는 곧 부러질 것이며, 그는 죽음의 아가리를 벗어날 수 없다.[역주15]

이와 마찬가지로, 윤회의 순환을 따라 여행하고 있는 우리는 삶의 도처에 있는 유혹과 함정을 알고 있으며, 또한 우리가 집착하는 모든 것들이 불가피하게 소멸한다는 것을 알고 있지만, 그럼에도 불구하고 우리는 나뭇가지에 떨어져 있는 몇 방울의 꿀을 발견하고, 그것을 핥아 먹느라 분주하다. 우리는 죽음의 용이 우리를 기다리고 있다는 것을 알고 있지만, 우리는 검은 쥐와 흰 쥐가 밤낮없이 우리가 매달려 있는 나뭇가지를 갉아먹고 있다는 것을 알고 있지만, 그럼에도 불구하고 우리는 여전히 나뭇가지에 매달려서라도 삶을 연장하고픈 유혹을 뿌리치지 못한다. 죽음의 용은 거기에 있지만, 중요하지 않다. 우선 꿀이 달기 때문이다. 우리는 그 나무를 우리가 살 수 있는 유일한 진리로 착각하며, 윤회의 삶 속에서 인간에게 내재한 무한성을 만족시킬 수 있는 것은 아무것도 없다는 가공할 사실을 애써 외면하며 직시하지 않으려 한다.

샹카라는 최고의 완성은 최고의 포기에 대한 결과이며 보상이라고 말한다. 그것은 욕망의 불이 꺼지고, 즐거움과 고통이 똑같이 스러졌을 때 도달된다. 가장 완전한 미덕 혹은 가장 고결한 지적 견해라도 영적인 완전의 목적을 위해서는 부적절하며 또한 부족하다. 샹카라는 자기 희생의 삶을 강조하며, 우리가 육체에 대한 집착에서 벗어나야 한다고 촉구한다. 영혼의 적은 육체 자체가 아니라, 육체에 굴종하는 것, 그리고 나의 것이라는 소유 의식이다.[원주755] 생해탈을 성취한 자는 죽기 전

[역주15] 불교의 『빈두설경』에도 이와 비슷한 우화가 소개된다.
[원주755] 『샤타슐로키』, p.15.

에 육체를 지니지만, 그것의 존재는 영혼의 자유와 모순되지 않는다. 우리가 영혼의 삶이 물질적인 육체와의 결합에 의하여 방해된다고 주장하는 샹카라를 발견하게 되는 것은, 보통의 개인에게 육체는 영혼의 자유로운 성장에 수많은 장애를 제공하기 때문이다. 금욕주의의 외양은 정염과 욕망으로 가득 찬 육체를 극도로 억눌러야 한다는 거듭된 권유와 훈계에 기인한다.

샹카라의 세계를 부정하는 철학에는 사회 생활이나 시민의 의무에 대한 의식이 전혀 있을 수 없다고 말해진다. 만일 세계가 허구에 불과하다면, 우리가 그것에 관심을 가져야 할 아무런 필요도 없을 것이다. 샹카라는 세계의 구원이 아니라 세계로부터의 구원을 주장할 뿐이라고 말해진다. 그는 세계의 변화를 요구하는 것이 아니라, 세계로부터 벗어나라고 우리에게 촉구한다. 현실적인 사회제도들을 개선해야 할 아무런 유인도 없다. 그러나 사실은 외견상 그렇게 보이는 것만큼 나쁘지 않다는 것은 샹카라의 삶을 통하여 분명하게 확인된다. 그의 삶은 여러 가지 제도를 지니는 현실의 세계 질서는 단지 벗어나야 할 대상일 뿐이라는 비판에 대한 확고부동한 반증이다. 그의 철학체계 전체는 개별성이 분리에 달려 있다는 가정을 반박한다. 인간은 세계의 오염들로부터 자신을 정화하며, 무가치한 모든 것을 두고 나아가야 한다. 그는 아집과 정염과 감각의 노예상태로부터 벗어나야 한다. 인간적인 모든 감각들의 용의주도한 제어, 명백히 무가치한 것의 자발적인 탈각, '독존을 향한 독존의 비행(飛行)'은 영원한 삶을 의미한다.

샹카라에게서 강조는 세계로부터의 은거가 아니라, 아집의 포기 혹은 부정이다. 세속에서 달아나는 것은 아집을 버리는 것보다 쉽다. 샹카라는 우리에게 자신의 이기심을 제압해야 한다고 촉구하며, 만일 독거나 은거가 요구된다면, 이것은 목적에 대한 수단으로 권장될 뿐이다. 이기심을 완전히 탈각한 자는 자유로 세상의 일에 관여할 수 있다. 그의 입장은 세상을 추구하는 것 혹은 세상에서 달아나는 것이 아니라, 세상을 구제하는 것이다. 완전한 인간은 자신을 위해서가 아니라 인류를 위하여 살고 죽는다. 샹카라가 우리에게 세계 속에 있어야 한다고 촉구하는 것은 사실이지만, 세계에 순응하라고 말하지는 않는다. 이것은 마치 물방울이 연(蓮)의 잎에 섞이지 않고 그 위에 있는 것과 같다. 지혜의 힘은 우리가 뜬눈으로 꿈을 꿀 수 있게 하며, 세계에 대한 적대감정 없이 세계로부터 초연할 수 있게 만든다.[원주756]

만일 우리가 해탈을 평온과 침묵의 천계, 즉 모든 생명이 잠잠하고 의식과 인격이 제압된 상태로 해석한다면, 우리는 오직 인간이기를 그만둘 때 그것을 얻을 수 있을 것이라는 비판은 우리를 무한자와 유한자의 관계라는, 보다 광범위한 문제로 데려간다. 왜냐하면 윤리는 유한한 것들의 체계에 속하기 때문이다. 논리적으로 그것은 직관과 지력의 관계, 즉 정신적인 통찰과 논리적인 지식의 관계에 대한 문제이다. 후자는 전자에 의존하지만, 우리는 그 둘이 정확히 어떻게 관련되는가 하는 것은 알지 못한다. 경험 세계는 브라흐만에 의존하며, 우리는 어떻게 그 둘이 서로 관련되는가에 대해서는 말할 수 없다. 또한 이와 마찬가지로 윤리적인 삶과 정신적인 해탈이 관련되어 있지만, 우리는 어떻게(how)에 대해서는 알 수 없다. 만일 하나를 다른 하나로부터 분리한다면, 즉 지력으로부터 직관을, 세계로부터 브라흐만을, 윤리적인 삶으

[원주756] "우파니샤드의 공부는 내 삶의 위안이었으며, 또한 내 죽음의 위안일 것이다"라는 쇼펜하우어의 언급을 거론하면서 막스 밀러는 말한다. "쇼펜하우어는 결코 닥치는 대로 글을 쓸 것 같지 않은 사람, 혹은 이른바 신비적이고 이해할 수 없는 생각을 즐기며 엑스터시에 자신을 내던질 가능성이 가장 적은 사람이었다. 나는 내 자신이 베단타에 대한 그의 열정을 공유하며, 내가 나의 삶을 헤쳐 나감에 있어서 도움이 되었던 많은 것들이 그것 덕분이라 생각한다고 말하는 것이 두렵거나 부끄럽지 않다. 나라를 지키거나 통치를 하는 일에서든, 부를 축적하거나 석수장이로 돌을 깨는 일에서든, 결국 모든 사람이 다 삶에 활동적인 공헌을 하도록 요구되는 것은 아니다. 인간이 사색적이고 조용한 삶에 익숙해지도록 인도함에 있어서, 나는 베단타보다 더 훌륭한 것이 있다고 생각하지 않는다. 아마 어떤 사람은 플라톤주의자처럼 냉철한 이성의 소유자이지만 그럼에도 불구하고 선량한 시민이요 정직한 기독교인일 수 있을 것이다. 나는 베단타를 따르는 사람에 대해서도 이와 똑같은 이야기를 하지 않을 수 없다"(*Six Systems of Indian Philosophy*, p.193).

로부터 종교적인 실현을 분리한다면, 샹카라에게서 세계는 환영이고 우리의 지식은 거짓이며 우리의 도덕적인 삶은 웃음거리에 불과하다는 비판은 정당하다.

그러나 알다시피 샹카라는 세계가 브라흐만에 그 토대를 둔다는 점을 거듭하여 강조한다. 현상 세계 너머에 도달하기 위하여, 우리는 반드시 그것을 관통하지 않으면 안된다. 궁극적 실재에 이르는 길은 현상 세계를 통하여 가로놓여 있는 것과 마찬가지로, 완전에 이르는 길은 윤리적인 삶을 통하여 가로놓여 있다. 비록 궁극의 목적은 윤리가 초월되는 어떤 것이라 할지라도, 그것은 영적인 것이 윤리적인 것과 무관하다는 결론이 되지 않는다. 구도자는 어디에서도 세속의 의무 혹은 신에 대한 헌신을 포기하도록 고무되지 않는다. 윤리적인 상황의 비실재성은 단지 윤리의 기능이 완성될 때 일어난다. 비록 지금 여기에서 윤리적인 노력은 오류와 실패의 실상이라 할지라도, 궁극의 선(善)은 지금 여기와 단절된 피안이 아니다. 그것은 지금 여기에서 실현될 수 있다. 윤리적인 노력이 상대적이라고 말하는 것은, 그것 속에 있는 이상(理想)의 요소를 인정하는 것이다. 선악의 구분이 우리의 유한한 차원에 상대적이라는 고려는 실제 세계에서 그것의 준수를 쓸모없게 만들지 않는다. 구분의 비실재는 이기심의 사슬에 속박되어 유한한 존재의 고통과 슬픔을 지속하고 있는 사람들에게 아무런 의미도 지니지 못한다. 샹카라는 결코 윤리 규범을 무가치한 것으로 내던지지 않으며, 자유에 대한 접근은 윤리 규범의 문을 통하여 놓여 있다고 주장한다. 지력은 직관에 근거를 두며, 윤리적인 삶은 영적인 자유에 근거를 두고 있다. 그것은 완전의 꽃이 피어나는 배아(胚芽)이다.

42. 카르마

카르마의 법칙은 샹카라에 의하여 당연한 것으로 간주된다. 개별성은 무지의 산물인 카르마에 기인한다.[원주757] 우리가 태어나는 세계의 종류는 단지 행위자에게 행위들의 회귀이다.[원주758] 개별적인 유기체는 행위들과 그것의 결과인 고통이나 행복의 형태로 그 보답을 생성하도록 의도되는 공작 기계 장치이다.[원주759] 때로는 단일 존재의 행위들이 연속적인 여러 존재들을 통하여 보상되어야 하는 경우도 있다. 심지어는 과거의 행위에 대한 응보가 완료될 때, 또한 새로운 카르마가 축적된다. "풀어지고 있는 응보의 시계 태엽은 항상 그 자체를 되감는다."[원주760]

윤리적인 삶은 끊임없는 활동으로 이루어져 있다. 인간이 영위하는 삶의 다양한 요구 때문에, 그것은 끝없는 형태들을 띤다. 완전한 지식이 얻어질 때까지, 이 과정은 영원히 계속되며, 완전한 지식은 카르마의 씨앗을 소멸시켜 윤회를 불가능하게 만든다. 카르마의 법칙에 대한 종속으로부터의 자유는 인간으로서의 삶의 끝이다. 무지를 제거하는 것은 카르마의 법칙에서 벗어나는 것이다. 그러나 개아가 유한 존재로 머무르는 한, 그는 카르마의 법칙에 지배된다. 즉 그는 결코 도달할 수 없는 이상을 얻으려고 애쓰고 있다. 윤리는 멈추는 끝점이 아니라, 디딤돌이다. 보상에 대한 기대로 행해지는 모든 행위는 카르마의 법칙에 따라 그 결과를 받지만, 이에 비하여 사심 없는 행위 혹은 신에 대한 봉헌으로 행해지는 행위는 마음을 정화한다.

그러나 그것은 우리가 자신의 지난 카르마의 줄들에 의하여 조종되는 꼭두각시처럼 움직인다는 것을 의미하지 않는다. 각 개인은 자신의 행위에 책임이 있으며, 신은 단지 그의 행위들의 결과를 갈무리했다가 다시 나누어주는, 보조적인 매개자일 뿐이라는 것은 이미 언급한 바 있다.[원주761] 신은 어떤 사람이 이것 혹은 저것을 하라고 강요하지 않는

[원주757] 『베단타 수트라』, iii.2.9에 대한 샹카라의 주석.
[원주758] kriyākārakaphalam.
[원주759] kāryakāraṇasaṁghāta.
[원주760] Deussen, *System of the Vedānta*, p.354.
[원주761] 『베단타 수트라』, ii.3.42에 대한 샹카라의 주석.

다. 심지어 우리가 속박되어 있는 성향들 또한 의지의 힘을 통하여 극복될 수 있다.[원주762] 『요가바쉬슈타』(*Yogavāsiṣtha*)에서 바쉬슈타는 라마에게 "자유로운 노력을 통하여 우리를 속박하고 있는 사슬을 끊어야 한다"고 말한다.[원주763] 개아는 자신이 좋아하고 싫어하는 것에 의하여 어떤 충동적인 기질을 지니게 된다.[원주764] 만일 어떤 사람이 태어날 때의 기질 그 자체에 의해서만 인도된다면, 그는 완전히 자신의 충동에 따라 움직일 것이다. 그의 행위들이 이러한 충동에 의하여 결정되는 한, 그 행위들은 자유롭지 않다. 그러나 인간은 단순히 자신의 충동들의 총체에 불과한 존재가 아니다. 그 속에 무한자가 있다. 원인적인 힘으로서 자아는 경험적 연쇄들의 바깥에 놓여 있으며, 자아는 이 연쇄들을 결정한다. 인간의 생애는 꼭두각시 놀음이 아니다. 그것은 창조적인 진화이다.

43. 해탈

해탈은 비록 우리의 시야로부터 숨겨져 있다 할지라도, 그것은 영겁으로 존재하는 어떤 것에 대한 직접적인 실현의 문제이다. 한정들이 제거될 때, 영혼은 해방된다. 그것은 그 자체로, 그리고 모든 것의 제1원리로 영원히 있었던 것으로 남아 있다. 그것은 세계가 주거나 빼앗을 수도 없는 평화이며, 궁극이며 지복이다. "절대적인 의미에서 실재이며, 불변 영원이며, 아카샤처럼 편재하며, 모든 변화를 여의어 있으며, 완전한 만족, 불가분이며, 본질이 그 자체의 빛이며, 선도 없고 악도 없으며, 결과도 없고 과거나 현재 혹은 미래도 설 곳이 없는 것, 이 무형의 것은 해탈이라고 불린다."[원주765]

[원주762] 『바가바드기타』, iii.3.4에 대한 샹카라의 주석.
[원주763] 『지반무크티비베카』, ch.i을 보라.
[원주764] 『바가바드기타』, viii.18 ; iii.33에 대한 샹카라의 주석.

402

무지가 사라질 때, 참된 영혼은 스스로 그 자체를 드러낸다. 이것은 마치 불순물에 오염되어 빛을 잃은 금붙이가 불순물을 제거했을 때 다시 그 본래의 빛을 발하는 것과 같다.[원주766] 스스로가 만든 모든 속박으로부터 인간의 해방, 전적으로 우리의 생각을 초월해 있는 장려함, 우리의 모든 노력의 목적 자체인 평화는, 우리의 가장 가까운 의식보다 더 가까이 있다. 샹카라는 세속의 삶과 완전히 별개로 있는 어떤 천계가 아니라, 만일 우리가 그것을 볼 수만 있다면, 항상 지금 여기에 있는 천계를 보여주고 있다. 그것은 상상된 미래 속에 있는 어떤 것, 즉 현재의 삶 이후에 오는 세계에서 존재의 어떤 연속이 아니라, 지금 여기의 실재와 동일의 상태이다.[원주767]

해탈을 얻은 영혼은 자신의 참된 자아의 형태(svātmanyavasthā-nam)라고 가정한다.[원주768] 자유는 자아의 소멸이 아니라, 의식의 확장과 깨침을 통하여 자아의 무한성과 절대성을 실현하는 것이다. 치트수카차리야(Citsukhācārya)는 해탈이란 모든 지복의 실현이라고 말한다.[원주769] 자아의 본질적 속성인 지복은 고통에 의하여 가려지고 무지에 의하여 흐려지며, 무지의 소멸과 함께 고통이 사라지고 순수한 지복으로서 자아의 본질이 나타난다. 해탈의 실현은 우리가 전체 세계를 무효화하고자 하는 객관적인 과정이 아니다. 그것은 버터를 불 위에 얹어

[원주765] Idaṁ tu pāramārthikaṁ, kūṭasthaṁ, nityaṁ, vyomavat sarvavyāpi, sarvavikriyārahitaṁ, nityatṛptaṁ niravayavaṁ svayaṁjyotissvabhāvaṁ, yatra dharmādharmau sahakāryeṇa kālatrayaṁ ca nopāvartate tad aśarīram mokṣākhyam(『베단타 수트라』, i.1.4에 대한 샹카라의 주석).

[원주766] 『베단타 수트라』, i.3.19에 대한 샹카라의 주석.

[원주767] 나가르주나(Nāgārjuna)의 견해와 비교하라. 그의 『마디야미카 카리카』(Mādhyamika Kārikā, xxv.19)에 의하면, 열반(nirvāṇa)은 시작도 없고 끝도 없으며, 일(一)도 아니고 다(多)도 아니며, 운동도 아니고 정지도 아니며, 영원하지도 않고 멈추지도 않으며, 그것은 윤회 세계와 하나다.

[원주768] 『베단타 수트라』, iv.4.1~3에 대한 샹카라의 주석. Ātmany evāvidyānivṛttiḥ(『아드와이타브라흐마싯디』(Advaitabrahmasiddhi)).

[원주769] Anavacchinnānandaprāpti(『싯단타레샤상그라하』).

서 버터의 딱딱함을 없애는 것과 다르다.[원주770] 어떤 한 개인이 세계를
무화(無化)하는 것과 같이 어마어마한 일을 한다는 것은 불가능하다.
만일 해탈의 의미가 세계의 소멸이라면, 어떤 사람이 최초로 해탈을 얻
을 때, 전체 세계는 소멸되어야 했을 것이다.[원주771] 진리의 실현은 다자
(多者)의 폐지가 아니라, 다자(多者)라는 느낌 혹은 관념의 제거를 의
미한다.[원주772] 그것은 세계의 국면을 바꾸고 "모든 것을 새롭게 만드는"
통찰이다. 이와 같은 통찰, 삶에 대한 이와 같이 변화된 입장, 그리고
그것의 일어남은 해탈의 조건이라기보다는 해탈 그 자체이다.[원주773] 세
계의 끝없는 진행 과정은 계속되지만, 그것에 대한 해탈한 영혼의 집착
은 끝난다.

　무지라는 말은 집착을 떨쳐버린 상태의 본질을 나타내기 위한 것이
다. 해탈을 얻는 순간에 세계에는 아무것도 일어나지 않으며, 단지 세
계에 대한 우리의 관점이 바뀔 뿐이다. 세계의 온갖 덧없는 것들은 더
이상 해탈자를 괴롭히지 못한다. 고통의 원인은 단지 그릇된 지식의 오
류일 뿐이며,[원주774] 이 오류에서 벗어남으로써 고통으로부터의 해방이
온다. 그러므로 해탈은 세계의 해체가 아니라, 단지 그릇된 관점의 소
멸일 뿐이다. 해탈된 영혼이 다시 현상 세계로 떨어질 가능성은 전혀
없다는 것을 나타내고자 하는 강한 열망에서, 샹카라는 해탈이란 모든

[원주770] 『베단타 수트라』, iii.2.21에 대한 샹카라의 주석. 또한 『브리하드아란야카 우
　　파니샤드』, iv.5.13을 보라.
[원주771] Ekena cādimuktena pṛthivyādipravilayaḥ kṛta itīdānīm pṛthivyādi śū-
　　nyam jagad abhaviṣyat(『베단타 수트라』, iii.2.21에 대한 샹카라의 주석).
[원주772] Jñāte dvaitam na vidyate.
[원주773] Śuddhabrahmāśrayaviṣayam ekam eva jñānam tannāśa eva ca mok-
　　ṣaḥ. 『싯단타레샤』를 주석했던 크리슈나난다(Kṛṣṇānanda)는 해탈이란 의식의 그
　　릇된 인식 관계가 바르게 확립되는 것이며, 그 관계 자체가 소멸되는 것은 아니라
　　고 말한다(Caitanyasyājñānasambandho bandhas tadasambandho mokṣo na
　　tu tannivṛttiḥ). 파드마파다(Padmapāda)에 의하면, 해탈은 그릇된 지식의 부재
　　이다(Mithyājñānanivṛttimātram mokṣaḥ).
[원주774] Mithyābhimānabhramanimitta eva duḥkhānubhavaḥ(『베단타 수트라』,
　　ii.3.46에 대한 샹카라의 주석).

경험적 범주들과 주관-객관의 구분의 완전한 소멸에 놓여 있다는 것을 자주 언급한다.[원주775]

세계는 단지 환영에 불과하다는 비판은, 영혼들과 사물들과 이슈와라의 구분을 지니는 경험의 세계가 범아일여(梵我一如)를 증득한 그에게서 사라진다는 견해에서 그 근거를 발견한다.[원주776] 샹카라의 저술들에는 마치 새끼줄에 대한 바른 지각의 순간에 뱀에 대한 그릇된 지각이 사라지듯이, 혹은 꿈속의 사물들이 꿈에서 깨어나는 순간에 사라지듯이 윤회의 세계는 해탈을 증득하는 순간에 사라진다고 명시하는 수많은 구절들이 있다. 세계가 우리의 제한된 시각에 나타나는 양식은 브라흐만과 자아의 동일이 실현되는 순간에 전혀 다른 차원으로 바뀐다. 우리가 현실 생활에서 환경의 내용으로 알고 있는 것들은, 말하자면 절대자에게는 존재하지 않는다.[원주777] 샹카라는 세계가 우리에게 존재하는 것과 같은 방식으로 절대자에게 존재하지 않는다는 것을 강조한다.

샹카라와 마찬가지로, 브래들리는 현상들의 세계가 절대자 속에 잔존하지 않는다고 확신한다. 그의 표현을 빌리자면, 현상들은 아무튼 절대자 속에서 변형된다. 어떻게 이 모든 것들이 궁극적 실재로 환원되는가 하는 것은 브래들리의 경우에는 '아무튼'(somehow)이며, 샹카라의 경우에는 '설명할 수 없음'(anirvacanīya)이다. 샹카라는 브래들리가 사용하는 의미에서 '변형'(transmutation)이라는 말의 사용을 반대할 것이다. 이 말이 시사하는 불완전함의 의미가 아무리 적다 할지라도, 그것은 절대자의 불변적인 완전함과 부합하지 않는다고 보기 때문이

[원주775] 수레슈와라는 말한다. "무한의 빛이 직관적으로 실현될 때, 브라흐마로부터 최하위의 식물에 이르기까지 모든 피조물들이 마치 꿈처럼 환영으로 사라진다(『마나솔라사』(*Mānasollāsa*), i).

[원주776] 자아의 하나됨이 실현되는 순간에 실로 속박이나 해탈 등의 개념들을 포함하는 경험적인 모든 관계들이 끝날 것이다(Gṛhīte tv ātmaikatve bandhamok-ṣādisarvavyavahāraparisamāptir eva syāt(『베단타 수트라』, i.2.6에 대한 샹카라의 주석).

[원주777] 『베단타 수트라』, i.2.12 ; i.2.20에 대한 샹카라의 주석.

다. 샹카라로 하여금 아무튼 오해의 소지가 있는 언급들을 하게 만든 것은, 논리적인 정확성에 대한 그의 지나친 집착이며, 그의 언급들은 세계는 무(無)라는 의미로 해석되는 결과로 귀착된다. 궁극적 실재 속에서 현상들의 '변형' 혹은 영원한 조화 속에서 개별적인 음율들의 '혼융'을 말할 때, 우리는 지적인 범주들을 사용하고 있다.

샹카라의 견해에 의하면, 이 모든 것들은 다양성과 경험적인 구별들을 절대자의 가슴속으로 도입하려는 시도이며, 여기에는 아무런 형이상학적 근거나 보증도 없다. 궁극적 실재는 모든 유형의 관계들에 우선한다. 절대자는 우리의 용어로 전환시킬 수 없는 어떤 것으로 남아 있다. 상대적인 것은 상대적이기 때문에 절대자와 양립할 수 있는 여지가 전혀 없다. 절대자를 상대적으로 만드는 것이 소멸할 때, 남는 것이 바로 절대자이다. 『만두키야 우파니샤드』를 주석하는 과정에서 샹카라는 제4위(turīya)는 각성, 몽면, 숙면의 다른 세 가지 의식상태들이 그것 속에 혼융됨으로써 실현된다고 언급한다. 최상의 궁극자는 하위의 나머지 모두를 포함하지만, 그럼에도 불구하고 그것을 초월한다.[원주778] 샹카라가 사용하는 '프라판초파샤맘'(prapañcopaśamam)이라는 어구는 세계의 부정이 아니라 브라흐만 속에 세계의 녹아듦을 의미한다. 우리는 진리의 체계들에 감응할 수 있는 역량을 지니고 있으며, 세계의 전체적인 성격을 변화시킬 수 있다. 우리가 제4위의 상태에 도달할 때, 우리는 다른 입장에서 그리고 다른 빛에 의하여 조명되는 실재를 지닐 것이며, 오직 이 입장과 이 빛만이 절대적이다. 우리가 이 입장에서 실재를 파악할 때, 우리는 현실의 세계가 브라흐만 자체라는 것을 알게 된다.[원주779] 우리가 부정하는 것은 가현적인 틀이며, 남는 것은 실재 그 자체이다.[원주780]

[원주778] Trayāṇāṁ viśvādīnām pūrvapūrvapravilāpanena turīyasya pratipattiḥ. 프라빌라야(Pravilaya)는 부정(negation, nirākaraṇa)이 아니라 혼융(merging)을 제시한다.

[원주779] 『베단타 수트라』, i.3.1에 대한 샹카라의 주석.

[원주780] 『만두키야 우파니샤드』, ii.7에 대한 샹카라의 주석.

은폐하는 힘으로서 마야는 해탈을 얻은 영혼에 대해서는 아무런 힘도 발휘하지 못한다. 직각(直覺)을 통하여 범아일여의 진리가 증득될 때, 우리를 외적인 형태들에 묶는 매듭이 끊어지며, 외적인 형태들은 더 이상 우리에게 매력적인 대상들이 아니다. 감관들이 살아 있고 지력이 작용하는 한, 외적인 형태들은 남아 있을 수 있으며, 또한 남아 있을 것이다. 그러나 직관된 브라흐만과 이 외적인 형태들을 관련지어야 하는 아무런 필요도 없다. 신기루의 환영이 과학적 지식에 의하여 해명될 때, 비록 그것은 더 이상 우리를 미혹하지 않는다 할지라도, 환영적 현상은 남아 있다. 우리는 동일한 현상을 보지만, 그것에 다른 가치를 부여한다. 환영의 환영성이 지각될 때, 그것은 더 이상 환영이 아니다. 외적인 형태들이 무형으로 해체되든 단지 브라흐만의 가현에 불과한 것으로 나타나든, 두 경우 모두에서 세계는 순수 환영이 아니다.

샹카라는 해탈의 본질은 브라흐만과의 합일상태이며,[원주781] 브라흐만이 경험의 모든 범주들을 초월하여 있는 것과 똑같이 해탈의 상태 또한 우리의 지식에 의하여 묘사될 수 없다는 것을 자주 언급하고 있다. 우리의 지식은 시간과 공간, 원인과 결과, 사람과 사물, 행위와 고통 등의 구분들을 다루고 있기 때문에, 이런 구분들 가운데 어느 것도 완전한 자유의 상태에 적용될 수 없다고 말해진다. 해탈자들은 천국(svarga) 혹은 브라흐마의 세계(brahmaloka)라고 불리는 어떤 지리적인 영역에서 산다고 주장될 수 없다. 또한 그들이 끝없는 시간 동안 지속한다고 말할 수도 없다. 왜냐하면 샹카라는 "끝없는 지속은 보다 더한 선(善)을 성취할 수 없으며, 백색은 보다 더한 어떤 백색을 달성할 수 없다"[원주782]는 아리스토텔레스의 입장에 동의하기 때문이다.

우리는 해탈의 상태를 계속적인 작용이나 활동으로 간주할 수 없다. 그것은 모든 지적 작용이 초월되고 심지어 자의식도 지멸되는 최상의 경험이다. 영혼은 성쇠(盛衰)와 생사의 영속적인 리듬으로 운행되는

[원주781] Brahmaiva hi muktyavasthā.
[원주782] 『니코마코스 윤리학』, i.6.

윤회의 수레바퀴(saṃsāracakra)를 벗어나며, 보에티우스(Boethius)가 "단 한순간에 무한한 삶을 모두 그리고 완전하게 소유하는 것"으로 정의하는, 영원에 대한 체험을 성취한다.[원주783] 완전한 자유는 보편적 영혼의 상태(sarvātmabhāva), 혹은 경험 세계의 모든 구별들을 초월하여 있는 브라흐만의 본질에 도달하는 것에 놓여 있다.[원주784] 해탈의 상태는 "브라흐만으로서 자기 자신의 고유한 본질에 지나지 않으며, 천국과 같은 어떤 획득된 상태가 아니다. 어떤 경우에도 브라흐만은 동질이며, 브라흐마(Brahmā)에 의해서 얻어지든 혹은 인간에 의해서 얻어지든, 해탈이 동일한 종류라는 것은 여러 경전들에서 설해지며, 우리의 이성에도 부합한다.

브라흐만과 동일한 세계에 사는 것(sālokya) 그리고 다른 여러 가지 특수한 유형의 자유는 얻어진 결과들이며, 따라서 숭배의 질에 따른 탁월함의 등급들이 인정되고 있지만, 해탈은 그러한 본질의 상태가 아니다."[원주785] 브라흐만은 "모든 곳에, 모든 것 속에 있으며, 모든 것의 자아이므로……그것이 어떤 나아가는 과정의 목표가 되는 것은 전혀 불가능한 일이다. 왜냐하면 우리는 이미 도달한 것으로 나아갈 수 없기 때문이다. 경험은 어떤 사람이 그와는 다른 어떤 것으로 나아간다는 것을 우리에게 말해준다."[원주786] 인격신을 숭배하는 사람들은 브라흐마의 세계로 갈 것이다. 그러나 해탈을 얻은 자들은 그렇지 않다.[원주787]

해탈은 밤도 없고 낮도 없으며, 시간의 흐름이 정지되고, 태양과 별들이 하늘에서 모두 사라지는 자유의 상태로서 부정적으로 묘사된다. 지식의 분별들은 해탈에서 아무런 힘도 지니지 못한다.[원주788] 그것은

[원주783] Evelyn Underhill, *Jacopone de Todi*, p.245에서 인용됨.
[원주784] Sa sarvātmabhāvaḥ sarvasaṃsāradharmātītabrahmasvarūpatvam eva (『타잇티리야 우파니샤드』, ii.1에 대한 샹카라의 주석).
[원주785] 『베단타 수트라』, iii.4.52에 대한 샹카라의 주석.
[원주786] 『베단타 수트라』, iv.3.14에 대한 샹카라의 주석. 또한 『베단타 수트라』, iii.3.31에 대한 샹카라의 주석을 보라.
[원주787] 『베단타 수트라』, iv.3.7~8에 대한 샹카라의 주석.

기독교의 천국, 즉 영원히 소멸하지 않는 불후의 거처와 같다. 그러나 그것은 해탈이 완전한 공백상태라는 것을 의미하지 않는다. 해탈한 영혼은 다른 어떤 것을 보는 것이 아니라, 모든 것 속에서 그 자신을 본다.[원주789] 브라흐만이 우리의 경험적인 관점에서 볼 때 단지 무(無)에 불과한 것처럼 보이듯이, 이와 마찬가지로 해탈의 상태는 완전한 소멸, 심연의 망각 속으로 떨어짐, 빛을 상실하고 순수 비존재로 혼융되는 상태처럼 보인다. 엘리엇(George Eliot)은 『주발의 전설』(*Legend of Jubal*)에서 이에 대하여 다음과 같이 노래한다.

필멸자의 운명을 놓아버리는, 물에 적셔진 듯 스러진 태양광선,
창조된 모든 현존은 그의 무덤을 위하여 있다.

샹카라에 의하면, 마음이 굳건하지 못한 사람에게 브라흐만은 단지 비존재인 것처럼 보이지만, 실상은 그렇지 않은 것과 마찬가지로, 우리의 경험적인 관점에서 볼 때, 궁극적 전체와의 합일이 단지 완전한 소멸로 보이지만, 그럼에도 불구하고 그것은 그렇지 않다. 심지어는 해탈을 얻는 순간에 의식이 있다고 주장하는 구절들도 있다. 이러한 취지에서 샹카라는 절대자와의 합일에서 개별적 의식(viśeṣavijñāna)이 사라질 뿐이며, 전체 의식이 사라지는 것은 아니라고 주장한다. 아트만의 순수 본질(vijñānaghanātmā)은 그대로 남는다.[원주790] 또한 그는 해탈 상태에서 소멸되는 것은 단지 한정들뿐이며, 아트만 그 자체가 소멸하는 것은 아니라고 주장한다.[원주791]

[원주788] Darśanādivyahahārābhāva(『베단타 수트라』, i.3.9에 대한 샹카라의 주석).

[원주789] Muktasyāpi sarvaikatvāt samāno dvitīyābhāvaḥ(『찬도기야 우파니샤드』, viii.12.3에 대한 샹카라의 주석).

[원주790] 『베단타 수트라』, i.4.22에 대한 샹카라의 주석. 그는 또한 『베단타 수트라』, i.3.19에 대한 주석에서 『브리하드아란야카 우파니샤드』, iv.3.30을 인용하고 있으며, 그것은 "의식 자체의 소멸이 아니라, 단지 개별적 의식의 소멸을 의미할 뿐이다"라고 주석한다.

해탈은 무(無)로 사라지는 것이 아니다. 한정된 관점을 지닌 우리에게 몸, 감관, 마음, 그리고 통각기능에 제한되어 있는 영혼은 실재인 반면에, 보편적 자아와 합일을 실현하고 시간을 정복하며, 영원한 삶에 도달한 해탈을 이룬 영혼은 오히려 비실재인 것처럼 보인다. 우리는 자기 동일성을 유지하는 개별 존재라는 의미에서 영원한 삶을 요구한다. 샹카라는 몸과 감관과 마음을 초월하지 않은 관점을 지닌 영혼에게 그것을 인정한다. 다만 그는 그와 같은 영혼을 단지 개별자에 불과한 것, 즉 일어나고 스러지는 현상들 중의 한 현상에 불과한 것으로 간주한다. 그러나 유한자를 유한한 것으로 특징짓는 모든 것이 사라질 때, 유한성의 상징인 육체가 탈각될 때, 즉 유한자가 무한자의 차원으로 떠오를 때, 우리는 심지어 지금 여기에서도 참된 지복의 상태에 도달한다. 그것의 내용이 무엇인가에 대한 적극적인 묘사는 어렵다. 그것은 눈으로 볼 수 있는 것도 아니고 귀로 들을 수 있는 것도 아니다. 그럼에도 불구하고 만일 해탈이 우리에게 어떤 의미를 지닐 수 있으려면, 우리는 시간의 언어로 불멸의 개념을 표현해야 하며, 그것을 가장 완전한 자아 상태(sarvātmabhāva)라고 부른다.[원주792]

또한 샹카라가 개아의 참된 본질은 지고한 주의 본질이라고 주장하는 구절들도 있다. "지고한 주의 자아는 체화된 영혼의 실제 본질이며, 체화된 상태는 한정하는 요소들 때문이다."[원주793] "상상된 뱀이 무지의

[원주791] Upādhipralayam evāyam nātmapralayam(『베단타 수트라』, ii.1.14에 대한 샹카라의 주석).

[원주792] Sarvātmabhāvo mokṣa uktaḥ(『브리하드아란야카 우파니샤드』, iv.4.6에 대한 샹카라의 주석).

[원주793] Pārameśvaram eva hi śarīrasya pāramārthikam svarūpam, upādhi-kṛtam tu śarīratvam(『베단타 수트라』, iii.4.8에 대한 샹카라의 주석). 또한 그는 말한다. "개별적 영혼과 지고한 주(主)의 차이는 단지 무지에서 일어나는 것이며, 물(物)자체들에 기인하는 것이 아니다. 왜냐하면 그 둘은 모두 집착이나 분별을 벗어나 있기 때문이다(Evam mithyājñānakṛta eva jīvaparameśvarayor bhedo na vastukṛto vyomavad asamgatvāviśeṣāt(『베단타 수트라』, i.3.19에 대한 샹카라의 주석). 또한 『이샤 우파니샤드』, 14에 대한 샹카라의 주석을 보라.

410

제거 이후에 새끼줄이 되는 것처럼, 행위와 향수, 사랑과 미움, 그리고 다른 불완전한 요소들에 의하여 오염되며, 온갖 악에 지배되는 외견상의 개아는 지혜를 통하여 이 모든 불완전함에 반대되는 지고한 신의 결함 없는 본질로 변형된다.ʺ[원주794] 압파야 디크쉬타(Appaya Dīkṣita)는 이 구절을 인용하고 있으며, 이로 판단할 때 샹카라는 해탈을 이슈와라와 하나됨으로 간주하는 견해—압파야 디크쉬타 자신이 채택하고 있는—를 지지하는 것이 분명하다[원주795]고 주장한다.[원주796]

해탈한 영혼은 최고아와 구별될 수 없다(avibhaga)고 말해진다. 그 둘의 구별 불가능성은 여러 가지로 해석된다. 자이미니(Jaimini)[원주797]는 해방된 영혼을 죄악으로부터의 자유 및 개념의 진실함에서 전지 전능에 이르기까지 온갖 속성을 지니는 것으로 간주한다. 아우둘로미(Audulomi)는 이 견해에 이의를 제기하며, 해탈된 영혼은 단지 의식적인 에너지(caitanyam)라는 적극적인 속성과 죄악으로부터의 자유라는 소극적인 속성을 지닐 뿐이라고 주장한다.[원주798] 그의 견해에 의하면, 자이미니가 해탈된 영혼에 귀속시키는 다른 속성들은 한정들에 기인한다. 바다라야나(Bādarāyaṇa)는 이 두 견해 사이에 아무런 모순도 없

[원주794] Yad avidyāpratyupasthāpitam apāramārthikaṁ jaivaṁ rūpaṁ kartṛtvabhoktṛtvarāgadveṣādidoṣakaluṣitam anekānarthayogi tadvilayanena, tadviparītam, apahatapāpmatvādiguṇakam parameśvaraṁ svarūpaṁ vidyayā pratipādyate, sarpādivilayaneneva rajjvādīn(『베단타 수트라』, i.3.19에 대한 샹카라의 주석). 또한 그것에 대한 『칼파타루』(*Kalpataru*) 및 『파리말라』(*Parimala*)를 보라.

[원주795] Bhāṣyakāro 'py atispaṣṭam muktasya saguṇeśvarabhāvāpattim āha.

[원주796] 『싯단타레샤』, iv를 보라. 다수 영혼 이론(anekajīvavāda)에 의하면, 해탈은 모든 영혼이 해탈할 때까지 이슈와라와 하나됨이며, 이때 그것은 브라흐만과 동일하게 된다. 『싯단타레샤』, iv 및 이에 대한 크리슈나난다의 『비야키야』(*Vyākhyā*)를 보라.

[원주797] 『베단타 수트라』, iv.4.5에 대한 샹카라의 주석. 또한 『찬도기야 우파니샤드』, viii.1.6 ; viii.7.1을 보라.

[원주798] 『베단타 수트라』, iv.4.6에 대한 샹카라의 주석. 또한 『브리하드아란야카 우파니샤드』, iv.5.13에 대한 샹카라의 주석을 보라.

다고 본다.[원주799] 샹카라는 바다라야나의 견해에 동의한다. 아우둘로미는 우리에게 경험적 범주들로 체계화될 수 없는 형이상학적 진리를 설하고 있지만, 만일 우리가 경험적인 묘사를 고집한다면, 자이미니의 견해가 받아들여져야 할 것이다. 그러므로 자이미니와 아우둘로미는 동일한 자유의 상태에 대하여 각각 지적인 설명과 직관적인 설명을 시도하고 있다.

바다라야나는 해탈한 영혼에게 귀속되는 거의 무한한 힘과 지식을 언급한 후에, 그럼에도 불구하고 우주를 창조, 주관, 파괴하는 힘을 지닐 수 있는 자는 신 이외에 아무도 없다고 주장한다. 왜냐하면 그것은 오직 신에게만 속하기 때문이다.[원주800] 이것은 마드와(Madhva)의 견해와 일치한다. 마드와는 하위의 영혼들이 신의 무한한 힘과 절대적인 독립을 얻는 것은 불가능하다는 것을 인정한다. 브라흐만에 있어서 내적인 차이, 그리고 해탈된 영혼과 신의 영원한 차이를 인정하는 라마누자는 아무런 어려움도 느끼지 않는다. 샹카라는 라마누자의 견해가 우파니샤드의 거듭된 언급, 즉 해탈자는 '순수 절대자와 완전한 동일'을 얻는다는 입장과 모순된다고 본다. "그(해탈자)는 세계의 창조자가 된다." 그럼에도 불구하고 바다라야나는 그가 세계의 주관자가 되는 것은 불가능하다고 주장한다.

샹카라는 궁극적인 해탈의 상태에서는 주체도 없고 대상도 없으며, 자아도 없고 세계도 없으며, 따라서 주관이나 창조의 문제는 일어나지 않는다고 말한다. 그의 견해에 의하면, 우리가 이슈와라와 영혼들 및 세계의 차원에 있는 한에서, 절대적인 의미에서 해탈은 실현되지 않으며, 그러므로 이 차원에서 해탈된 영혼이 창조 등의 힘을 제외한 이슈와라의 다른 모든 속성들을 지닌다는 것은 사실이다.[원주801] 샹카라에

[원주799] 『베단타 수트라』, iv.4.7에 대한 샹카라의 주석.
[원주800] 『바이셰쉬카 수트라』, iv.4.17.
[원주801] 바다라야나와 우파니샤드의 언급들 간에 보이는 외견상의 모순, 그리고 바다라야나의 언급들 자체에 나타나는 모순(『베단타 수트라』, iv.2.13과 16, 그리고 iv.4.17과 21)은 샹카라에 의하여 해소된다.

의하면, 영적인 통찰을 지니는 자는 브라흐만과 하나됨을 실현한다. 그러나 이 상태는 단지 신과의 동일로 묘사될 수밖에 없다. 그러나 영적인 통찰을 지니지 못하고 단지 인격적인 이슈와라를 숭배하는 자들은 완전히 무지를 제거하지 못한 자들이며, 따라서 브라흐마의 세계(brahmaloka)에서 세계의 창조 및 주관에 필요한 힘들을 제외한 다른 모든 힘을 얻는다. 비록 그들은 신의 영혼으로 충만해 있다 할지라도, 이슈와라에 독립적인 그들 자신의 개별성을 보존한다.

해탈, 즉 윤회의 속박에서 벗어난 상태는 세계에 대한 일과 일관되는가? 샹카라는 이 물음에 대하여 부정적인 대답을 하고 싶을 것이다. 왜냐하면 우리가 익숙한 모든 행위는 이원성에 대한 의식을 전제로 하며, 따라서 불이(不二)에 대한 진리와 일관되지 않기 때문이다. 그럼에도 불구하고 생해탈자에 관한 한, 행위가 인정된다. 그것은 행위 그 자체가 불이의 진리와 모순되는 것은 아니라는 결론이 된다. 해탈자는 심지어 살아 있는 동안에도 이기심을 초월해 있으며, 따라서 카르마의 법칙에 지배되지 않으며, 그는 최고 차원의 통찰에 충만하여 행위한다. 행위와 자유 사이에 어떤 본질적인 대립이나 모순이 있는 것은 아니다.

또한 해탈자가 새로운 어떤 존재로 다시 지상으로 돌아올 가능성에 대한 문제가 논의된다.[원주802] 아판타라타마스(Apāntaratamas) 등과 같은 현자들은 비록 최상의 지혜를 지녔다 할지라도, 체화된 존재로 다시 돌아오는 것으로 말해진다. 샹카라는 그들이 세계의 복지를 위한 임무(adhikāra)를 완수하기 위하여 그렇게 한다고 말한다. 그러나 심지어 궁극적 실재에 대한 통찰을 증득한 이후에도 세계에 관심을 지닐 수 있다는 것은 분명하다. 물론 이 경우에 세계로 다시 돌아오는 것은 거주가 아니라 단지 방문의 성격을 지닐 뿐이다. 그러나 샹카라는 해탈의 상태가 윤회의 상태에 반대된다고 주장한다. 행위는 후자의 일반적 특징이므로, 그것은 전자에는 존재하지 않는다.

[원주802] 『베단타 수트라』, iii.3.32에 대한 샹카라의 주석.

후기 아드와이타에서, 해탈에 대한 다양한 견해들이 나타난다.[원주803] 단일 영혼 이론을 주장하는 자들은 해탈이란 브라흐만에 혼융됨, 그리고 신과 인간을 포함한 현상 세계의 전폐라고 말한다.[원주804] 다수 영혼 이론을 받아들이는 자들은 현상 세계의 원인을 각 영혼의 무지에서 추적한다. 비록 이 세계는 무지의 소멸과 동시에 스러진다 할지라도, 그것은 해탈하지 못한 다른 영혼들의 눈에는 계속하여 존재한다. 신과 다수의 개아 모두가 단지 브라흐만의 반영들에 불과하다는 이론에 의하면, 해탈은 반영하는 모든 거울의 파괴 그리고 본체 그 자체로 혼융됨을 의미한다. 또한 궁극의 순수 영혼은 이슈와라와 지바 모두의 근저에 놓여 있지만, 그럼에도 불구하고 후자는 이슈와라의 반영의 일종이라고 주장된다. 이 견해에서 본다면, 해탈은 해탈하지 못한 지바들이 있는 한, 브라흐만과의 합일이 아니라 이슈와라와의 합일이다. 어떤 하나의 얼굴이 다수의 거울에 반영될 때, 어떤 한 거울의 제거는 그것에 비친 반영이 본체로 흡수되어 사라지게 하는 원인이 된다. 하지만 모든 거울이 파괴될 때까지 얼굴은 원물(元物, bimba)로서 그 성격을 그만두지 않을 것이다. 따라서 해탈하지 못한 영혼들이 있는 한, 해탈은 이슈와라와 하나됨을 의미한다. 모든 영혼들이 해탈을 이룰 때, 이슈와라는 원물로서의 그 특성을 상실하고 브라흐만으로 돌아가며, 이로써 해탈한 모든 영혼들과 브라흐만의 합일이 확립된다. 그러나 정통 아드와이타에 의하면 윤회 세계의 끝이란 없으므로, 해탈은 이슈와라와 하나됨을 의미한다.

해탈을 가져오는 지식의 본질에 관한 하나의 흥미로운 질문이 제기된다. 지식이 있는 한, 해탈은 실현되지 않는다. 그러나 우리가 브라흐만에 대한 지식을 얻기 전에는 해탈이란 있을 수 없다. 후자의 이 지식은 아무튼 지식이기 때문에 궁극적인 과실(果實)과 모순된다고 해야

[원주803] 『싯단타레샤』, iv.

[원주804] Ekajīvavāde tadekājñānakalpitasya jīveśvaravibhāgādikṛtsnabheda-prapañcasya tadvidyodaye vilayān nirviśeṣacaitanyarūpeṇaivāvasthānam.

하지 않겠는가? 궁극적인 상태에서는 아무런 지식도 있을 수 없다는 것이 인정되며, 최상의 지식 자체의 사멸은 여러 비유를 통하여 설명된다. 더러운 물에 던져지는 카타카(kataka) 과일의 분말이 모든 더러움을 흡수하고 그 자체도 함께 바닥으로 가라앉는 것처럼, 붉게 달구어진 쇠공에 던져지는 물방울이 쇠공의 열을 흡수하는 동시에 그 자체도 사라지는 것처럼, 타오르는 불이 한 더미의 목초를 태운 후에 그 자체도 함께 스러지는 것처럼, 브라흐만에 대한 지식은 우리의 무지를 소멸시키는 동시에 그 자체도 소멸된다.[원주805]

샹카라는 점진적 해탈(kramamukti)의 가능성을 인정한다. '옴'(om)에 대한 명상을 논의하는 『프라슈나 우파니샤드』의 한 구절을 주석하면서, 샹카라는 그와 같은 명상이 브라흐마의 세계, 즉 우리가 점차 완전한 지식을 얻는 곳으로 인도한다고 말한다.[원주806] 또한 그는 인격신 이슈와라에 대한 숭배가 그 목적으로 죄의 정화(duritakṣaya), 이슈와라의 힘을 획득함(aiśvaryaprāpti), 혹은 점진적 해탈을 지닌다고 주장한다.[원주807] 브라흐마의 세계에서 영혼은 자체의 개별적인 인격성을 보지한다. 모든 신비가들의 경우와 마찬가지로, 샹카라에게 천국, 즉 영혼이 신에 몰입하는 차원은 이상적인 단계에 미치지 못한다. 천국에 있는 영혼은 신을 직접 대면할 것이며, 신의 존재로 충만할 것이지만, 그럼에도 불구하고 영혼과 그 대상의 구별이 여전히 있다. 영혼은 그 자체가 보는 대상이 아니며, 그것의 유한하고 파생적인 특성은 그 자체가 대상이 되는 것을 가로막는다.

영원한 삶은 육체적인 죽음에 뒤따르는 어떤 존재상태가 아니라는 것은 생해탈에 대한 샹카라의 설명에서 분명해진다. 지금 여기에서 삶을 유지하고 있는 중에도 궁극자에 대한 통찰이 밝아오면 해탈은 완성된다. 죽을 때까지 육체의 지속은 미혹을 야기하지 않는다. 옹기장이의

[원주805] 『싯단타레샤』, iii을 보라.
[원주806] 『베단타 수트라』, i.3.13에 대한 샹카라의 주석.
[원주807] 『베단타 수트라』, iii.2.21에 대한 샹카라의 주석.

물레 위에 얹힌 옹기가 완성된 후에도 당분간 물레가 계속하여 돌아가는 것처럼, 육체적인 삶 또한 해탈 이후에도 당분간 지속된다. 왜냐하면 그것은 이미 얻어진 운동력을 정지시켜야 할 아무런 원인도 포함하고 있지 않기 때문이다.[원주808] 샹카라는 또한 눈에 있는 어떤 결함 때문에 두 개의 달을 보는 사람의 비유를 든다. 설사 그 사람이 실로 달은 하나뿐이라는 것을 안다 할지라도, 그는 자신이 달을 두 개로 보는 것을 피할 수 없다.[원주809] 해탈된 영혼에게 모든 행위들은 브라흐만에서 일어나는 것으로 이해된다.[원주810]

44. 내생

오직 진리를 깨우친 자만이 영원한 삶을 얻는다. 영원한 삶은 단지 살아 남는 것과는 다르며, 후자는 진리를 알지 못하는 모든 영혼들의 운명이다.[원주811] 영원한 삶이 실현될 때까지, 우리의 생(生)들은 윤회(samsāra), 즉 끝없는 생성의 수레바퀴에 속박되어 있다. 윤회는 시간 과정에 대한 표현이며, 개별 영혼들은 영적인 통찰을 통하여 시간으로부터 영원한 삶으로 떠오를 때까지, 이 영원한 순환 속에서 존재를 지속하도록 운명지어져 있다. 영원의 실재는 시간 속에서 끝없는 지속으로 나타난다. 플라톤의 『티마에우스』에 나오는 유명한 구절을 빌리자

[원주808] 『베단타 수트라』, iv.1.15에 대한 샹카라의 주석.

[원주809] 『베단타 수트라』, iv.1.15에 대한 샹카라의 주석.

[원주810] 생해탈에 대하여 후기 아드와이타에서는 여러 견해가 제시된다. 1) 생해탈상태에서 근본 무지(avidyā)는 그 자체의 투사력을 다소 완화한다. 2) 근본 무지의 잠재인상은 그 자체의 소멸을 당분간 지연시킨다. 3) 근본 무지는 불에 탄 옷감처럼 생명 없이 존재한다. 4) 육체 등을 포함하는 세계는 생해탈자에 대하여 소멸한다. 『싯단타레샤』, iv를 보라.

[원주811] 『브리하드아란야카 우파니샤드』, i.1.1에 대한 샹카라의 주석. 다른 모든 아드와이타 학자들은 생해탈의 개념을 인정하고 있지만, 사르바갸트마무니(Sarva-jñātmamuni)는 그것을 받아들이지 않는다.

416

면, "시간은 영원의 움직이는 이미지이다." 영원한 삶의 진실을 입증하기 위한 어떤 새로운 논증도 샹카라에 의하여 제시되지 않는다. 육체적인 몸이 소멸될 때, 어떤 새로운 유기체를 야기하는 종자(種子)가 그 뒤에 남겨진다고 말해진다.

샹카라는 개별적 영혼이란 단지 육체일 뿐이며 육체의 소멸과 함께 영혼도 사라진다는 유물론자들의 견해를 비판한다.[원주812] 영혼은 육체에 대하여 독립적이며, 그것의 자기 동일성은 기억 등을 가능하게 만든다.[원주813] 우리의 육체가 한줌의 재로 흩어진다 할지라도, 여전히 잔존하는 어떤 것이 우리 속에 있으며, 우리의 내생을 결정하는 것은 바로 이것이다. 우리가 얻은 지식, 우리가 형성한 기질과 성향은 다른 생(生)들을 통하여 우리를 따라다닌다.[원주814] 윤리적이고 경건한 삶을 영위하는 자들은 보다 높은 차원으로 고양될 것이며, 그렇지 못한 자들은

[원주812] 만일 육체가 존속하는 한 자아의 속성들이 존속한다는 사실로부터, 그 속성들이 육체의 속성들이라는 것이 추론된다면, 설사 육체가 존속한다 할지라도 죽음 이후에는 그 속성들이 존속하지 않으므로, 육체의 속성들이 아니라고 주장될 수 있을 것이다. 우리는 어둠 속에서 어떤 것에 대한 지각이 등불을 필요로 한다고 해서 지각이 등불의 속성이라고 말할 수 없다. 등불과 마찬가지로, 육체는 단지 수단에 불과한 것이다. 더욱이 육체와의 협력이 언제나 필수적인 것은 아니다. 왜냐하면 우리는 육체가 잠들어 있는 중에도 여러 가지를 지각하기 때문이다. 외양 등과 같은 육체의 속성들과 자아의 속성들 사이에 차이가 있다. 전자는 모든 사람들에 의하여 지각되지만, 후자는 그와 같이 지각되지 않는다. 육체의 존재로부터 의식적인 속성들의 존재가 입증될 수 있다는 것은 사실이지만, 그럼에도 불구하고 육체의 비존재로부터 의식 자체에 대하여 말할 수 있는 것은 아무것도 없다. 의식은 다른 하나의 몸에 들어가서 지속할 수도 있을 것이다. 만일 의식이 물질적인 요소들과 그 산물들의 속성이라면, 물질적인 요소들이나 그 산물들은 의식의 대상일 수 없을 것이다. 물질적인 요소들과 그 산물들의 존재는 이러한 것들이 지각된다는 사실로부터 추론되므로, 우리는 지각이 이러한 요소들이나 산물들과는 다르다고 결론짓지 않을 수 없다.
[원주813] 『베단타 수트라』, iii.3.54에 대한 샹카라의 주석.
[원주814] 『베단타 수트라』, iii.4.11에 대한 샹카라의 주석 및 『브리하드아란야카 우파니샤드』, iv.4.2에 대한 샹카라의 주석. 또한 『베단타 수트라』, iii.1.5~6에 대한 샹카라의 주석을 보라.

더욱 낮은 차원으로 떨어질 것이다. 내생의 성격과 종류는 지난 생의 윤리적인 질에 달려 있다. 태어나고 죽는 것은 단지 개별 영혼과 육체의 결합 혹은 분리를 의미할 뿐이다.[원주815]

샹카라에 의하면, 심지어 베다의 신들도 불멸을 누리지 않는다. 왜냐하면 "신들의 불멸은 단지 오랜 기간을 통한 존재를 의미할 뿐이기 때문이다. 이것은 마치 주(主)로서 그들의 힘이 자존적인 것이 아니라, 단지 이슈와라의 선물인 것과 같다."[원주816]

샹카라는 사후에 영혼의 떠남에 대하여 상세하게 묘사하고 있다. 『리그 베다』에서 선한 영혼들은 사후에 빛으로 이루어진 야마(Yama)의 천계로 가며, 이곳에서 그들은 조상들(pitaraḥ)과 함께 복된 삶을 영위한다.[원주817] 한편, 사악한 영혼들은 야마의 천계로 가는 것이 허락되지 않으며, 저급하고 어두운 명부(冥府)로 떨어진다.[원주818] 우파니샤드에서 우리는 현자들이 신도(神道, devayāna)를 따라 점점 높이 고양되어 마침내 브라흐만에 이르며, 이 경우에는 다시 돌아옴이 없다는 언급을 본다. 선행을 실천한 자들은 조도(祖道, pitṛyāna)를 따라서 월계(月界)의 빛나는 영역으로 올라가며, 거기서 이들은 선행들에 대한 응보를 향수한 후에, 지난 삶의 성격에 따라 결정되는 새로운 생을 받아서 다시 태어난다. 궁극의 진리를 얻지도 못하고 선행도 행하지 않은 자들은 제3의 장소로 가게 되며, 이들은 월계의 지복을 맛보지 못하는 동물이나 식물과 같은 저급한 존재로 태어난다.[원주819] 샹카라는 이 세 가지 차원을 윤회의 세 단계로 간주하며, 해탈은 이 세 단계와는 다른 어떤 것으로 본다. 조도는 다시 지상의 존재로 돌아오는 결과로 귀착되는 반면에, 신도는 브라흐마의 세계(brahmaloka)로 인도하며, 여기서는 돌아옴이 없다. 『찬도기야 우파니샤드』의 설명[원주820]에는 단지 신도

[원주815] 『베단타 수트라』, ii.3.16~17에 대한 샹카라의 주석.
[원주816] 『베단타 수트라』, i.2.17에 대한 샹카라의 주석.
[원주817] .x14.10.
[원주818] x.152.4.
[원주819] 『브리하드아란야카 우파니샤드』, vi.2 ; 『카타 우파니샤드』.

418

와 조도 두 길이 언급되며, 궁극의 진리를 증득하지 못한 자들은 선행
자든 악행자든 모두 조도를 따라 월계로 간다.

샹카라는 베다의 견해와 우파니샤드의 견해를 조화시키기 위하여,
저 세상과 새로운 존재에 적용되는 이중적인 응보에 관한 이론을 채
택한다.[원주821] 저 세상에서 어떤 보상의 원인이 되는 베다의 제의식과
지상에서 겪는 경험에서 윤리적인 삶을 구별하려는 어떤 시도가 있었
다.[원주822] 참된 지식 없이, 단지 관습적인 윤리를 준수하고 희생제의 등
을 행하는 자들은 월계의 흐린 영역을 통하여 조도를 따라가며, 거기에
서 각자가 지은 지난 업의 과실을 향수한 후에 새로운 존재로 이 세계
에 다시 돌아온다. 한편, 인격신을 숭배하고 바른 지식에 입각하여 행
위를 한 자들은 신도를 따라서 점점 높이 올라가 태양을 거쳐서 마침
내 브라흐마의 세계에 이른다.[원주823] 인격신을 숭배하는 자는 신의 힘
과 권능을 나누어 갖는다. 그러나 "그의 어둠은 여전히 사라지지 않은
채로 남아 있으며," 그의 근본 무지는 아직 소멸되지 않는다. 저급한
신들을 숭배하는 자들 또한 이에 상응하는 과보를 받는다. 물론 이러한
행위가 그들을 궁극의 해탈로 인도하는 것은 아니다.[원주824] 불멸의 삶
을 영위하는 자들은 하강할 수도 있지만,[원주825] 이들 가운데 어느 누구
도 신의 품으로부터 추방되거나 폐허의 무(無)로 내던져지는 경우는
없다.[원주826]

[원주820] v.3.10. 또한 『베단타 수트라』, iii.1.12~21에 대한 샹카라의 주석을 보라.
[원주821] 『베단타 수트라』, iii.1.8에 대한 샹카라의 주석.
[원주822] 『베단타 수트라』, iii.1.9~11에 대한 샹카라의 주석.
[원주823] 『베단타 수트라』, iv.3.1~6에 대한 샹카라의 주석.
[원주824] 『베단타 수트라』, iv.1.4 ; iv.3.15~16에 대한 샹카라의 주석.
[원주825] 『찬도기야 우파니샤드』에 대한 샹카라의 주석, 서론. 또한 『베단타 수트라』,
    iii.1.1~7에 대한 샹카라의 주석을 보라.
[원주826] 신도를 통하여 브라흐마의 세계로 들어간 자들의 상태에 대하여 흥미있는
    질문이 제기된다. 바다리(Bādari)는 그들이 몸을 지니지 않는다고 주장하는 반면
    에, 자이미니는 그들이 몸을 지닌다고 생각한다. 바다라야나는 이 두 견해를 조화
    시키기 위하여, 주(主)의 권능을 부여받은 자들은 몸의 형태를 지니거나 그렇지

죽음의 순간에 감관들은 의근(意根) 속으로 흡수되고, 의근은 생령(生靈, mukhyaprāṇa) 속으로 귀입하며, 또한 생령은 영혼의 윤리적 매개물에 의하여 미세신 속으로 흡수된다. 자체의 한정들로 근본 무지, 업, 그리고 이전의 존재를 지니는 영혼은 육체를 떠난다.[원주827] 이 미세한 몸이 미세한 것으로 일컬어지는 것은, 그것이 정맥들을 통하여 떠나는 것으로 말해지기 때문이다. 그것은 연장(延長, tanutvam)을 지니며, 이동(saṁcāra)과 투명함(svacchatva)을 가능하게 하며, 이를 통하여 그것은 이동에서 아무런 장애도 겪지 않으며, 어느 누구에 의해서 보이지도 않는다.[원주828] 이 미세신은 해탈이 실현될 때까지 소멸하지 않는다.

45. 종교

흔히 샹카라의 아드와이타는 비록 지성이 일구어낸 걸작이라 할지라도 종교적인 경건을 불러일으키지는 못한다고 말해진다. 그의 절대자는 인간의 영혼에 열정적인 사랑과 숭배의 감정에 불을 지피지 못한다. 우리는 아무도 본 적이 없고 볼 수도 없는, 아무도 접근할 수 없는 빛 속에 머무르는 절대자를 숭배할 수 없다. 무형(nirākāram)의 절대자는 숭배의 목적을 위하여 형태를 지니는(ākāravat) 자로 상정된다. 신에 대한 숭배는 거짓과 의도적으로 제휴하는 것이 아니다. 왜냐하면 신은 절대자가 유한한 마음에 의하여 상상될 수 있는 유일한 형태이기 때문이다. 궁극의 실재는 수많은 완전함을 지니는 자신의 본질과 그 자신의 하나됨을 깨닫지 못한 개아에게 나타난다.[원주829] 인격신의 개념은 최상

않은 두 경우 모두에서 지복의 상태에 머무를 수 있다고 주장한다(『베단타 수트라』, iv.4.8~22에 대한 샹카라의 주석).
[원주827] 『베단타 수트라』, ii.2.1~5에 대한 샹카라의 주석.
[원주828] 『베단타 수트라』, iv.2.9~11에 대한 샹카라의 주석.

420

의 논리적인 진리와 가장 심원한 종교적 확신의 연합이다. 이와 같은 인격신은 진정한 숭배와 공경의 대상이며, 인간의 필요와 두려움에 무관심한 비윤리적인 신이 아니다. 그는 세계를 창조, 주관, 심판하는 자이며, 힘과 정의, 자비, 편재, 전지, 전능 등의 속성을 지니는 것으로 간주된다. 거룩함과 윤리적인 아름다움은 샹카라의 인격신에 현저하게 강조되는 측면이다. 그는 인간 영혼을 주관하며, 그와 인간 영혼은 사랑하는 자와 사랑받는 자, 주인과 하인, 아버지와 아들, 친구와 친구의 관계에 있다. 샹카라가 신의 다양한 속성들을 역설할 때, 형이상학적 추상의 엄격함은 완화된다.

샹카라에게 종교는 교의나 의식이 아니라, 삶과 체험의 장이다. 그것은 무한자에 대한 의식에서 시작하여 무한자가 되는 것으로 끝난다. 궁극적 실재에 대한 직관(Sākṣātkāra)은 종교의 끝이다. 진정한 박티(bhakti, 신애)는 자기 자신의 참된 본질을 추구하는 것이다.[원주830] 우파니샤드에서 설해지는 다수의 관법(觀法)이 있으며,[원주831] 각 개인은 이들 중에서 자신의 성향에 알맞은 하나를 선택해야 한다.[원주832] 비록 접근하는 양태는 다양하다 할지라도, 목적에서는 동일하다. 종교적인 숭배는 크게 두 가지 형태, 즉 유속성 브라흐만으로서 인격신에 대한 숭배와 상징들(pratīka)에 대한 숭배로 분류된다.[원주833] 숭배자가 신을 자신에 대하여 외적인 것으로 간주할 때, 그의 숭배는 상징적이다.

숭배하는 사람과 숭배의 대상 사이에 존재하는 관계는 그 둘의 구별 혹은 차이를 의미한다.[원주834] 최상의 숭배는 우리를 브라흐마의 세계로 인도하며, 여기서도 개별자와 궁극자 사이에 구별이 여전히 존재한다.

[원주829] 『베단타 수트라』, iii.3.12에 대한 샹카라의 주석.
[원주830] Svasvarūpānusaṁdhānam bhaktir ity abhidhīyate(『비베카추다마니』, p.31).
[원주831] 『베단타 수트라』, iii.3.5에 대한 샹카라의 주석.
[원주832] 『베단타 수트라』, iii.3.59에 대한 샹카라의 주석.
[원주833] 『베단타 수트라』, iv.1.3에 대한 샹카라의 주석.
[원주834] Upāsyopāsakabhāvo 'pi bhedādhiṣṭhāna eva(『베단타 수트라』, i.2.4에 대한 샹카라의 주석).

단지 점차적으로 그 상태로부터 해탈이 실현될 뿐이다. 본래적인 의미에서 종교는 초월되는 어떤 것이다. 그것은 불완전한 경험이며, 단지 우리가 궁극적 실재에 대한 참된 파악으로 떠오르지 못하는 한 존재할 뿐이다. 그것은 마침내 사멸되어야 하는 것으로 운명지어져 있다. 왜냐하면 "완전한 것이 일어날 때, 그러면 부분적으로 있는 것은 폐지되어야 하기 때문이다."

샹카라는 영혼과 아트만의 동일을 선언하는, 최고 차원에 이른 종교적 현자들의 언급들을 인용한다. "오 거룩한 신이여, 실로 나는 당신이며, 당신은 나입니다."[원주835] 모든 종교 철학은 "나는 브라흐만이다"(aham brahmāsmi), "그것이 바로 당신이다"(tat tvam asi)와 같은 언명들에 대한 어떤 설명을 시도하게 마련이다. 이와 같은 언급들에서는 피조물과 창조자 사이의 차이와 구별이 초월된다. 샹카라는 분별을 지니는 종교적 의식(意識)이 그것의 궁극적인 목적을 실현할 때, 분별 자체가 사라지게 된다고 말함으로써 그와 같은 언명들을 설명한다. 인격신은 단지 실제적인 종교적 의식(意識)에 대해서만 의미를 지닐 뿐이며, 최상의 통찰에 대해서는 무의미하다.[원주836]

무지의 장막에 의하여 눈이 먼 유한한 개아에게 절대자는 한정적이고 그 자신에 대하여 외적인 것처럼 보인다. 속박과 해방은 유한한 개아에 대하여 어떤 의미를 지닌다. 유한한 개아의 의식은 자신의 저급한 속성에 의하여 속박되고 억압된다. 만일 개아에 대하여 외적인 인격신

[원주835] Tvaṁ vā aham asmi bhagavo devate, aham vai tvam asi bhagavo devate(『베단타 수트라』, iv.1.3에 대한 샹카라의 주석).

[원주836] 브래들리는 말한다. "나에게서 절대자는 신이 아니다. 나에게 신은 종교적인 의식(意識)의 범위를 초월하는, 어떤 의미도 지니지 않으며, 종교적인 의식은 본질적으로 실제적이다. 나에게 절대자는 신일 수 없다. 왜냐하면 결국 절대자는 무(無)와 관련되며, 그것과 유한한 의지 사이에는 어떤 실제적인 관계도 있을 수 없기 때문이다. 당신이 절대자 혹은 우주를 숭배하기 시작하고, 그것을 종교의 대상으로 만들 때, 당신은 이미 그 순간에 그것을 변형시켰다"(*Truth and Reality*, p.428).

이 최상의 궁극자라면, 신비 체험들은 이해할 수 없는 것이 되며, 우리는 유한한 신으로 만족하며 남아 있어야 할 것이다. 만일 신이 전체가 아니라면, 그는 결코 신이라 할 수 없을 것이며, 만일 그가 전체라면, 종교적인 경험은 궁극적인 것이 아니다.[원주837] 만일 신의 본질이 완전하다면, 인간의 불완전한 본질이 그것에 대하여 있는 한, 그것은 완전하다 할 수 없을 것이며, 만일 그것이 불완전하다면, 그것은 신의 본질이 아니다. 이와 같이 종교적인 경험에는 근본적인 모순이 있으며, 이것은 종교적인 경험 자체가 무지의 영역에 속한다는 것을 여실하게 보여준다.

제사편(祭祀篇, karmakāṇḍa)에 대한 수용은 당연히 베다의 신들에 대한 인정을 전제로 한다. 베다의 신들은 전통적인 견해에 동의하는 샹카라에 의하여 단지 자연의 요소들에 불과한 것이 아니라, 자연력에 대한 의인화로 간주된다. "아디티야(Āditya) 등과 같은 신의 이름들은 설사 빛 등을 가리킨다 할지라도, 우리가 (요소들에) 상응하고 지배력(aiśvarya)을 지니는 영적인 존재들을 가정하지 않을 수 없게 만든다. 왜냐하면 이와 같은 신의 이름들은 찬가들과 브라흐마나 문헌들에서 사용되기 때문이다."[원주838] 이 신들은 삶의 다양한 기능들에 대한 주재(主宰)하는 작인(作因, adhiṣṭhātṛ)들로 행위한다.[원주839] 아그니(Agni)는 인간의 말을 돕는 것으로, 바유(Vāyu)는 호흡을 그리고 아디티야는 눈을 돕는 것으로 말해진다. 신들은 개별 영혼들의 경험에 영향받지 않는다.[원주840] 죽음의 순간에 신들은 생명 기관들과 함께 떠도는 것이 아니라, 단지 이 기관들의 보조하는 힘을 거두어들일 뿐이다.

절대자는 각자의 공덕과 죄과에 따라서 신들과 인간 및 축생들을 창조한다. 그러나 신들의 불멸은 상대적인(āpekṣikam) 불멸이다. 신격들

[원주837] Bradley, *Truth and Reality*, pp.436 ff를 보라.
[원주838] Deussen, *System of the Vedānta*, pp.65~66을 보라.
[원주839] 『아이타레야 우파니샤드』, i.2.4.
[원주840] 오직 개별 영혼만이 향수자(bhoktṛ)이며, 이에 비하여 신들은 타자의 향수를 돕는 자(bhogopakāraṇabhūta)들이다.

은 윤회에 연루되며, 무상성에 지배된다.[원주841] 그들은 해탈의 지식을 필요로 하며, 지고한 주에게 의존한다. 우리는 경전들에서 브라흐만에 대한 지식(brahmavidyā)을 배우는 신들의 경우를 본다. 만일 이 신들이 개별자들이라면 그들은 출생과 죽음을 겪을 것이며, 이 사실은 베다의 영원성에 영향을 줄 것이라는 이의 제기는, 베다의 단어들은 개별자들이 아니라 보편적 개념들을 가리킨다는 근거에서 반박된다. '인드라'라는 단어는 어떤 개체를 가리키는 것이 아니라, 존재들의 위계에서 어떤 한 지위(sthānaviśeṣa)를 가리킬 뿐이다. 누구든 그 지위를 차지하는 자는 모두 그 이름을 지닌다. 신들은 희생제의에서 보이지 않으므로 그들의 개별성은 실재일 수 없으며, 또한 개별자는 여러 곳에 동시에 있을 수 없으므로 그들의 개별성은 불가능하다는 반대 견해에 대하여, 샹카라는 신들이 보이지 않는 것은 그들이 스스로를 보이지 않게 만드는 힘을 지니고 있기 때문이며, 그들은 마치 요가 수행자들이 행하는 것처럼 수많은 몸으로 나타날 수도 있다고 대답한다.

샹카라의 영성 신앙은 어떤 외적인 사원이나 제의식도 필요로 하지 않지만, 그럼에도 불구하고 그는 이와 같은 외적인 요소들을 필요로 하는 사람들에게는 그것을 권하는, 충분한 역사 의식을 지니고 있었다.[원주842] 베단타의 다른 여러 주석자들과는 다르게, 샹카라는 종교의 문제들에서 신학적인 입장과는 구별되는 철학적 입장을 취한다. 신학자는 일반적으로 어떤 특정의 지배적인 토대 위에서 자신의 사상을 전개한다. 특정 종교 공동체의 구성원으로서, 그는 자신이 속한 종파의 교의들을 체계화하고 방어하려고 노력하게 마련이다. 그는 자기가 속해 있는 종교의 존폐가 달려 있는 신조를 비판적인 검토 없이 진리로 받아들인다. 한편, 철학자는 자신이 철학자인 한, 어떤 한 종파에 자신

[원주841] 『베단타 수트라』, i.3.28에 대한 샹카라의 주석.
[원주842] 샹카라는 죽음을 맞이하는 기도에서 자신이 여러 사원들을 지녔던 것에 대한 용서를 구했다고 전해진다. 이것은 그가 여러 사원들을 소유함으로써 자신이 마치 신의 편재를 부정하는 것처럼 보였기 때문이다.

을 국한시키지 않으며, 자신이 속해 있고 자신이 받아들이는 종교가 유일하게 참된 종교라는 가정 없이, 종교 그 자체를 자신의 영역으로 삼는다.

샹카라의 사상에서 우리는 인도 종교의 포괄적이고 관용적인 성격에 대한 가장 위대한 해석의 전형을 발견한다. 이와 같은 관용의 자세는 미신의 잔재도 아니고 타협의 수단도 아니며, 그것은 그의 실천적 철학의 본질적인 부분이다. 그는 모든 신조와 신앙 형식들의 한계들을 인정했으며, 이와 같은 외적인 요소들 속에 전능자를 눌러 억압하는 것을 거부했다. 분별이 있는 사람이라면, 아무도 자신의 종파가 신을 객관적으로 파악하고 판명했다고 말하지 않을 것이며, 단지 과정적인 결과에 불과한 것을 그 자체의 오류 없는 신조로 표방하지는 않을 것이다. 모든 신조는 신념의 모험(adventure of faith)이며, 경험에 대한 접근(approach to experience)이다. 그것은 살아 있는 종교 경험으로 인도하는 도구이다. 만일 종교 경험의 실재가 이런 저런 특수한 방식으로 진지하게 신을 추구하는 개인을 위하여 어떤 의미를 획득한다면, 우리가 그에게 자신의 신조를 바꾸라고 요구하는 것은 부적절하고 주제넘은 일이다.

샹카라는 신애를 통하여 신과 직접적인 접촉을 지닌다고 말하는 사람들의 종교 경험들을 의문시할 만큼 광신적이지는 않았다. 만일 극단적으로 다른 신념을 지닌 사람들이 도덕적인 부활, 마음의 평안, 그리고 중심된 영적 실재와의 친교라는 동일한 결과들을 확보할 수 있다면, 그는 이들이 각기 자신의 견해를 견지해도 무방하다고 보았다. 그러므로 세계의 가장 위대한 종교적 천재 중의 한 사람은 말한다. 그들의 신앙 형식들에 의해서가 아니라, "그 결과들에 의하여 그들이 이해되어야 한다." 우리가 신의 마음과 헌신의 열정으로 충만해 있는 한, 우리가 숭배하는 신의 이름이 무엇이냐 하는 것은 문제가 되지 않는다. 하나의 궁극적 실재는 온갖 형태의 인간 정신에 따라서(matibhedāt) 다양하게 말해진다.[원주843] 현상들을 초월하여 있는 것을 표현하고자 시

도할 때, 우리는 자신의 필요를 가장 적절하게 구체화하는 상징들을 고
안해낸다.

샹카라는 종교적 미망들로부터 벗어나 있었고, 또한 뿌리깊은 인류애
를 지니고 있었으며, 이것은 그가 사람들의 꿈들을 소중하게 생각하도록
했으며, 이러한 꿈들은 마야의 세계에서 가치있는 유일한 것들로 보인다.
그는 자신의 종교적인 호소력을 확장하기 위하여 결코 포교사로 변신하
거나 자신의 철학적인 기준을 낮추지도 않았다. 샹카라가 이해하는 차원
의 힌두교는 그 자체의 울타리 안에 모든 다양한 형태의 사색과 경향에
대한 여지를 허용한다. 그는 여섯 가지 종교적 신조들[원주844]을 확립한 스
승으로 일컬어진다. 종교적인 문제들에서, 지상의 현실적인 모든 사실
들을 무시하면서 고공 비행하는 관념론적인 노선을 취하는 것은 쉬우
며, 또한 모든 관념들을 거부하는 철저하게 실재론적인 노선을 취하는
것도 마찬가지로 쉽다. 그러나 명민한 실재론과 관념에 대한 확고부동
한 충직을 결합하는 것은 쉽지 않으며, 샹카라가 하고자 했던 것은 바
로 이것이었다. 종교적인 스승이 각기 다른 여섯 가지 종교체계들을 정
당화하는 것은 매우 드문 현상이며, 오직 힌두교의 인도에서나 가능할
수 있는 현상이다.

비디야라니야(Vidyāraṇya)가 말하는 것처럼, 사람들은 내재하는 영
혼으로부터 초목에 이르기까지 모든 대상들을 신과 동일시해왔다.[원주845]
비슈누교, 쉬바교, 샤크티 종교 등을 추종하는 자들은 서로 논쟁하며
갈등했지만, 샹카라는 이 대중적인 신앙체계들을 순전한 논쟁의 자욱
한 먼지로부터 영원한 진리의 맑은 공기로 승화시켰다. 그는 유행하는

[원주843] *Haristuti*, p.18.

[원주844] 쉬바를 섬기는 종파(Saiva), 비슈누를 섬기는 종파(Vaiṣṇava), 수리야(Sū-
　　　 rya)를 섬기는 종파(Saura), 샤크티(Śakti)를 섬기는 종파(Śākta), 가네샤(Gaṇe-
　　　 ṣa)를 섬기는 종파(Gāṇapatya), 그리고 고대 탄트라교의 일종인 카팔리(Kāpāli)
　　　 의 신조 등을 말한다.

[원주845] Antaryāminam ārabhya sthāvarānteśavādinaḥ(『판차다쉬』, vi.121). 또한
　　　 vi.206~209를 보라.

신앙 형태들에 공통된 토대를 제공하고, 그들 모두를 중심된 동등 개념에 관련지었다. 그는 내적 영성에 뿌리내린 진리의 종교를 강조했다. 모든 종교들에 의하여 의도되는 진리는 아트만이며, 우리의 자아가 곧 궁극적 실재, 즉 이 모든 불완전한 특징지음을 초월하는 실재 자체라는 것을 깨달을 때까지, 우리는 다겁생래로 윤회하지 않을 수 없을 것이다. 자신의 철학적인 관점으로부터, 그는 비록 절대자가 여러 방식으로 보이게 된다 할지라도 근저에 놓인 실재는 동일하다고 주장한다. 비록 진리의 등급들, 즉 우리가 실재를 파악하는 다양한 방식들은 있을 수 있다 할지라도, 실재의 등급이란 있을 수 없다.

그는 결코 신이 없다는 결론으로 비약하지 않았다. 왜냐하면 만일 있다면, 사람들은 그에 대한 자신들의 개념에 차이가 없을 것이기 때문이다. 이와 같은 차이는 사람들의 한계에 기인한다.[원주846] 이와 같이 그는 회의론과 광신적인 입장 모두로부터 자유로웠다. 그는 여러 신들에 대한 찬가들을 지음으로써 자신의 신념에 대한 정직을 보여주었다. 그러나 이것은 그가 모든 형태의 미신과 우상 숭배를 정당화했다는 것을

[원주846] 『베단타 수트라』, i.1.20에 대한 샹카라의 주석. 바론 폰 휘겔(Baron von Hügel)의 최근 저술에는 이 문제에 대한 샹카라의 입장을 시사하는 한 구절이 있다. "하나의 전체적인 종교체계와 다른 하나의 전체적인 종교체계, 심지어 하나의 마음과 하나의 마음 사이에 동시에 존재하는 외견상의 무수한 변형들, 혹은 하나의 동일한 종교, 심지어는 하나의 동일한 마음에 연속적으로 나타나는 외견상의 무수한 변형들은, 위대한 초주관적·초인적 실재(a great trans-subjective superhuman Reality)가 그와 같이 다양하고 불충분하게 표현되고 있지만, 그럼에도 불구하고 그것은 사실상 그와 같은 공동체들과 사람들에 의하여 파악된다는 입장에 부정적이지 않다. 세계 속에 존재하고 작용하며, 모든 인간의 마음과 영혼 자체에 작용하는 궁극적 실재는, 실로 신에 대한 인간의 오랜 추구 및 계속적인 재발견의 대상인 동시에 원인으로 간주될 수 있다. 또한 그것은 인간의 종교적인 파악의 깊이와 섬세함에서 점진적인 성장을 가능케 하고, 자신의 완전한 평안과 종교 체험에서의 견고한 토대와 확신을 발견하는 사람의 목적인 동시에 원인이며, 또한 진실로 체험된 이 실재를 표현하는 모든 인간적인 범주들과 정의들의 가능한 최고 형태뿐만 아니라, 동시에 그 한계를 또한 끊임없이 깨달아가는 사람들의 목적인 동시에 원인이다"(*Philosophy of Religion*, pp.44~45).

의미하지는 않는다. 그는 종교와 연합하게 된 몇몇 유해한 실천 수행법들을 강하게 비판했다. 아드와이타 교의에 대한 가르침과 설득을 통하여, 그는 사람들이 영적인 가치로 신을 이해할 수 있도록 도왔다. 만일 우리가 자신이 지닌 최상의 빛을 지속적으로 발휘한다면, 샹카라는 인간의 정신력이 궁극의 진리를 파악할 수 있다고 확신했다.

당시의 종교들에 대한 그의 입장은 호의적인 동시에 비판적이었다. 샹카라는 힌두교를 그 본래의 고유한 메시지를 보존하고, 심지어는 그 이전보다 더 명료하게 주장하는 형태로 해석하고자 했다. 이 광범위한 의도 속에서 우리는 나라의 모든 사람들을 통일하려는 그의 생각을 발견할 수 있을 것이다. 그러나 그는 엄격한 외적인 조직이나 내적인 믿음체계들에 대한 주장을 통하여 이와 같은 통일을 이루려하지 않았다. 그는 보다 폭넓은 이해와 포용으로 그것을 실현하고자 했다. 종교 경험의 인격적 특성에 대한 강조를 통하여, 그는 힌두교를 확장하고 영성을 불어넣었다. 힌두교 사상을 해석하면서 그는 가끔 그 속에서 명백히 자신의 견해들과 불일치하는 요소들에 대한 여지를 발견하기도 했다.

논쟁과 비판이 난무하는 폭풍노도의 시대 이후에, 합리적인 신념의 설득력과 본질적인 냉철함을 구비한 샹카라의 아드와이타가 왔다. 그것은 명령하거나 독단적인 주장을 하지도 않으며, 그것의 견고하고 성숙된 언명들은 진지한 열정과 정통한 성찰의 무게를 전한다. 그것은 종교적 실재를 인간 의식의 중심에 놓는다. 인간의 유일한 영적 사명은 일시적인 목적들에 소용되는 어떤 것을 추구하는 것이 아니라, 궁극적인 실재를 발견하는 것에 있다. 이와 같은 발견은 이기적이고 인간 중심적인 관점들의 완전한 단멸을 요구하며, 인간의 헛되고 무절제한 자만의 완전한 굴복을 필요로 한다. 우리는 자신의 유한한 지식과 경험으로 신을 직시하려는 모든 시도들을 그만두어야 한다. 신은 우선 무엇보다도 그 자신을 위하여 존재하며, 단지 우리를 위하여 존재하는 것은 아니다. 우리의 논리와 윤리는 신을 우리의 목적을 앞당겨 실현하기 위한 도구로 만든다. 인간 자신의 하찮은 계획을 진척시키기 위하여 인간의 나약한 마음에 의하여 만들어진, 이와 같은 도구적인 신관은 인간에게 면목을 세워줄 수 있을지는 모르지만, 그것은 신에 대한 찬사는 아니다. 어떤 점에서 샹카라는 참으로 신을 사랑하는 사람은 신이 그 대가로 그를 사랑해주기를 바랄 수 없다는 스피노자의 언명에 동의할 것이다.

만일 샹카라의 아드와이타가 우리에게 매우 추상적으로 보인다면, 그것은 우리가 자신에게 가능할 수 있는 최상의 차원 이하에서 머무는 것으로 만족하기 때문일 것이다. 신인동형동성론에 대한 샹카라의 반감은 그의 종교가 다소 차갑게 보이도록 만들었다. 만일 우리가 절대 정신에 대하여 의지와 지식을 부정한다면, 그것은 절대자에 대한 어떤 제한이라기보다는 절대자의 완전에 대한 논리적인 필연이다. 종교적 감성은 결코 샹카라의 사상에 결여된 측면이 아니다. 그것은 샹카라의 저술들에서 흔히 잔잔하고 암묵적인 형태로 나타나지만, 때로는 아주 열정적인 형태로 나타나기도 한다. 그러나 우리의 대중적인 종교적 견해들은 그의 논리적인 비판에서 제외되지 않으며, 신에 대한 우리의 관점들은 우리 자신과 마찬가지로 불안정하고 덧없는 것으로 나타난다.

종교에 대한 샹카라의 견해를 종합적으로 볼 때, 우리는 샹카라가 신성한 것들에 대한 지적인 통찰과 신비적 명상의 정신을 결합했다는 것을 발견하게 된다. 이와 같이 우리가 샹카라의 경우를 목격한다면, 지성의 역할이 신비적인 명상에 장애가 된다고 말하는 것은 불가능할 것이다. 그는 또한 외적인 직분에서 벗어나는 것이 명상적인 삶에 필수적인 요소는 아니라는 것을 보여준다. 그는 종교의 인격적 혹은 신비적인 요소, 제도상의 혹은 권위적인 요소, 지적인 혹은 철학적인 요소들을 서로 조화시킨다.

46. 결론

우파니샤드는 철학과 종교의 두 목소리로 말한다. 그것은 궁극의 실재를 절대자와 신, 브라흐만과 파라메슈와라(Parameśvara, 大自在神)로 나타낸다. 그것은 구원을 신의 도성에 사는 것으로 말하고 있을 뿐만 아니라, 브라흐만과의 합일로 표현하기도 한다. 우파니샤드에서 발견되는 브라흐만에 대한 부정적인 묘사뿐만 아니라 적극적인 특징지음 또한 모든 위대한 종교 문헌들에서 발견된다. 신비주의, 유대교, 기독교, 그리고 이슬람교는 인간의 언설이 미칠 수 없는 하나의 어둠을 우리에게 전하며, 다른 종교 전통들은 우리에게 신의 충만을 말한다. 사상가나 신비주의자들은 신의 무한성을 강조하는 반면에, 종교적인 헌신자들은 신을 친구, 도움을 주는 자, 혹은 구세자로 간주한다. 모든 종교 철학은 모든 종교 경험들의 이와 같은 이중성을 고려하지 않을 수 없으며, 이에 대한 논리적인 해명을 시도해야 한다.

샹카라가 제기했던 문제는, 비록 그것은 우파니샤드에 기록된 종교 경험이라는 제한된 상황에서 일어났다 할지라도, 보편적인 관심을 지니며, 그가 도달했던 해결 방법은 만족할 만한 것으로 보인다. 그것은 본질적으로 철학적인 해결 방법이다. 왜냐하면 샹카라는 삶의 다양한 측면을 조화시키고 고결하게 할 수 있는 사고력을 통하여 우리를 환희와 평화의 이상으로 고양시키기 때문이다. 그가 사유 작용은 모든 문제를 해결할 수 없다는 것을 인정하고, 궁극적 실재에 대한 직관적인 파악을 필요로 하고 있다는 것은 사실이다. 샹카라는 삶의 신비 앞에 기꺼이 순종하지만, 그럼에도 불구하고 신비를 위한 신비를 갈망하거나 동경하지 않는다. 샹카라 철학의 중심에 창조에 대한 영원한 신비, 즉 삶의 모든 순간과 세계의 모든 원자가 함축되는 신비가 있다.

만약 세계를 우리가 충분하고 적절하게 설명할 수 없는 생성에 대한 어떤 것으로 간주하는 대신에, 몇몇 후기 아드와이타 학자들의 안내를 따라서, 아무튼 우리를 괴롭히기 위하여 일어난 우주적인 환영으로 간단히 처리해버린다면, 그의 철학체계는 불만족스러운 것으로 될 것이다. 그러나 그와 같은 견해는 샹카라에 대한 정당한 입장이 아니다.

샹카라의 철학체계는 형이상학적 깊이와 논리적인 역량에서 타의 추종을 불허한다. 아드와이타 철학이 완전한 체계로 나타날 때까지, 사상은 자연히 잇따라온다. 그것은 일원론적 관념론의 위대한 본보기이다. 우리가 이성의 빛보다 직관을 더욱 선호하는 샹카라의 입장에 공감하고 싶어할 때, 그는 시와 종교에서 최상의 순간들에 받아들일 수 있는 삶에 대한 통찰을 표방한다. 이와 같이 높은 차원에 머물러 있는 한, 그는 대답할 수 없다. 그러나 서성대며 남아 있는 의문은 대다수의 사람들을 억압한다. 이와 같이 고양된 차원들에 이를 수 있는 사람은 극히 드물다. 그들은 자신들이 살고 움직이며 스스로의 존재를 지니는 세계를 그와 같이 심한 모멸감을 지닌 채 떠난다는 것은 불공평하다고 생각하며, 그것을 무지 혹은 어둠으로 격하시킨다. 이와 같은 무지는 단지 비위에 거슬리는 모든 현상들은 영원한 빛 속에서 신속하게 사라질 것이라는 위안을 제공할 뿐이다. 그들에게 모든 것을 변형시키는 절정의 빛은 단지 날조된 허위일 뿐이며, 그들은 샹카라의 철학이 사실에 대한 신비적 무관심의 하나라고 선언한다.

인간의 원초적 고통이 치유되리라는 것, 전체 세계는 가엾은 신기루처럼 사라지리라는 것, 우리의 모든 문제는 우리 자신에게 그 원인이 있다는 것, 그리고 세계의 종말에 모든 사람들이 모든 마음들을 충족시키고 모든 분개를 가라앉히며 모든 죄가 속죄되는 절대적인 하나됨을 발견하게 된다는 것은 대부분의 사람들에게 단지 경건한 가정들에 지나지 않는 것처럼 보인다. 신성함이 어린 무아지경은 보통 사람들에게는 거의 받아들여지기 어려운, 현실적인 삶에 대한 지독한 무관심을 포함한다. 샹카라는 이 모든 것을 알고 있으며, 따라서 우리에게 지적 능력을 경시하지 않고, 시대의 지혜를 무시하지 않으며, 동시에 진리에 대한 최상의 지적 설명을 담고 있는 논리적 유신론을 제시한다.[원주847]

샹카라는 직관의 절대론과 논리의 경험적 유신론의 관계가 무엇인가에 대하여 우리에게 분명한 입장을 밝히지 않는다. 왜냐하면 괴테가 다음과 같이 지혜롭게 언급하고 있는 이유와 같기 때문이다. "인간은 우주에 대한 문제를 풀기 위하여 태어난 것이 아니라, 단지 문제가 시작되는 곳을 발견하고, 그런 다음에 파악할 수 있는 것의 한계들 속에서 자제하기 위하여 태어났기 때문이다." 샹카라는 우리가 지적 능력으로 관통할 수 없는 어떤 영역이 있으며, 지혜로운 불가지론이야말로 유일하게 합리적인 입장이라는 것을 인정한다. 샹카라의 철학이 이룬 위대함은 궁극적 실재에 대한 추구가 행해지는 사유의 남다른 강도와 탁월함, 신학적인 결과들과 무관하게 삶의 어려운 문제들과 싸우는 차원 높은 영적 관념론, 그리고 인간의 삶에 신의 영광을 앉히는 절정의 시야에 달려 있다.

철학자요 논사로서 지고무상이며, 냉철한 판단과 관용을 지닌 인간으로 위대한 샹카라는 진리를 사랑하고, 이성을 존중하고 삶의 목적을 실현하라고 가르친다. 이미 열두 세기가 흘렀지만, 그럼에도 불구하고 그의 영향력은 아직도 현저한다. 그는 오래된 수많은 도그마를 논파했다. 이러한 과정에서 그는 난폭하게 그것을 공격하는 것이 아니라, 보다 합리적이고 또한 보다 영적인 어떤 것을 제시하고자 했다. 그는 방대한 분량의 중요한 지식과 근본적인 개념을 널리 유포시켰다. 이러한 것들은 비록 우파니샤드에 담겨 있다 할지라도, 사람들에게 잊혀진 것들이며, 따라서 그의 철학적 작업은 우리를 위한 먼 과거의 재창조라 할 수 있다. 그는 꿈꾸는 이상주의자가 아니라 철학자였으며, 또한 우리가 웅대한 스케일의 사회적 관념론자라고 부를 수 있는, 실천적인 사

[원주847] 플라톤의 견해를 참조하라. "신들과 우주의 생성에 관한 여러 견해들이 난무할 때, 설사 우리가 모든 점에서 우리의 모든 개념들을 서로 일관되게 하고 분명하게 할 수 없다 할지라도, 전혀 놀랄 필요가 없다. 만일 우리가 다른 어떤 설명에 못지 않은 설명을 할 수 있다면, 그것으로 충분하다. 왜냐하면 말하는 나와 내가 말하는 것을 판단하는 당신은 모두가 무상한 인간이며, 따라서 이 주제들에 대하여 우리는 그럴 법한 이야기에 만족해야 하며 그 이상을 요구하지 말아야 한다는 사실을 명심해야 하기 때문이다"(『티마에우스』, p.27, E.).

람이었다. 심지어 삶에 대한 그의 일반적인 입장에 동의하지 않는 사람들조차도 그에게 불멸자들 가운데 한 자리를 허용하는 것을 주저하지 않을 것이다.

제9장

라마누자의 유신론

1. 서론

철학은 인간의 실제적인 필요에 그 뿌리를 둔다. 만일 어떤 사상체계가 인간의 근본적인 욕구를 적절하게 해명하지 못하고 종교의 심원한 영성을 해석하지 못한다면, 그것은 일반적으로 수용되기 어려울 것이다. 우리의 번뇌와 고통에 위안이 되지 못하는 철학적인 사색들은 진지한 사상이 아니라, 단지 지적인 유희에 지나지 않는다. 엄밀하고 전혀 움직임이 없으며, 자발성이나 작용이 전혀 없는 샹카라의 절대자는 우리의 숭배를 고무시킬 수 없다. 타지 마할(Taj Mahal)은 사람들의 온갖 찬미를 불러일으키지만, 그럼에도 불구하고 그 자체는 그들의 찬미를 의식하지 못하는 것처럼, 절대자는 숭배자들의 경외와 사랑에 무관한 채로 남아 있으며, 종교의 목표를 철학의 목표로 간주하는 사람들, 즉 신을 아는 것은 곧 궁극적 실재를 아는 것이라고 믿는 사람들에게 샹카라의 견해는 학구적인 오류의 완성된 전형처럼 보일 것이다. 그들은 그것이 훈련된 지성에 대해서와 마찬가지로 자연적인 본능에 대해서도 불만족스럽다고 생각한다. 세계는 하나의 현상으로 말해지며, 신은 잔광(殘光)을 지닌 냉혹한 절대 어둠으로 간주된다. 나약하고 죄 있는 인간 존재들이 끝없는 심연으로부터 부를 때, 도움을 주는 은총의 손길이 불가해한 자로부터 뻗어나온다는 사실이 무시된다. 샹카라는 숭배자들이 자신들의 고통스러운 삶 속에서 지니는 생동하는 친교감을 정당하게 다루지 않는다. 그는 우리 자신을 구원하는 것이란 곧 불가해한 자의 심연에 우리 자신을 상실하는 것이라고 말한다. 인간적인(personal) 가치들이 비인간적인 가치들에 종속된다.

그러나 유신론자들은 진·선·미란 자존하는 추상들로서 아무런 실재성도 지니지 않는다고 단언한다. 진리와 아름다움과 완전은 우리에게 그 자체의 경험 속에 이러한 가치들이 영원히 실현되어 있는 어떤 원초적인 정신의 존재를 나타낸다. 신 자신은 궁극의 가치일 뿐만 아니라 궁극의 실재이다. 더욱이 신의 가장 내밀한 본질은 영원한 진리의 실현 혹은 완전한 아름다움의 향수일 뿐만 아니라, 또한 타자를 위하여 자신을 희생하는 완전한 사랑이기도 하다. 우주의 혼(the Spirit of the universe)에 대한 유한한 세계의 가치는 우주의 혼이 개별 영혼들로 하여금 그 자신의 이미지로 스스로를 만들 수 있는 역량을 부여했던 개별 영혼들에 놓여 있다. 개별 영혼 자신들은 신의 입장에서 보아 어떤 가치를 지니며, 단지 추상적으로 평가되는 그들 자신의 지성 혹은 미덕의 어떤 정도에서 가치를 지니는 것만은 아니다. 이것은 그들이 단지 파괴되어 내던져지기 위하여 만들어지는 것은 아니라는 결론이 된다.

라마누자는 신에 대한 세계의 관계에 자신의 모든 관심을 집중시키며, 신은 실로 실재이며 독립적이다. 그러나 비록 개별적 자아들의 실재성은 전적으로 신에게 의존한다 할지라도, 그럼에도 불구하고 그들 또한 실재이다. 그는 세계의 토대에 놓여 있는 영적인 원리를 믿으며, 이것은 단지 환영으로 취급될 수 없다고 본다. 그는 해탈된 영혼들의 계속적인 개별성을 주장한다. 비록 물질의 세계와 개별적 영혼들은 그들 자신의 실재적인 존재를 지닌다 할지라도, 이들 가운데 아무도 브라흐만과 본질적으로 동일하지 않다. 왜냐하면 브라흐만은 영원히 모든 불완전함에서 자유로운 반면에, 물질은 의식이 없으며, 개별 영혼들은 무지와 고통에 지배되기 때문이다. 그럼에도 불구하고 물질과 영혼들은 단지 신의 몸으로서 존재를 지니므로, 그들은 모두 하나의 통일체를 형성한다. 다시 말하여, 그들은 단지 브라흐만이 그들 자신의 영혼이며 통제하는 힘이라는 이유 때문에 존재하며 그들 자신일 수 있다.[원주1] 브라흐만과 별개로, 그들은 아무것도 아니다. 비록 개별 영혼과 의식 없는 물질은 그와 별개로 아무런 존재도 지닐 수 없으며, 그에 대한 헌신 이외에 아무런 목적도 지니지 않는다 할지라도, 그들은 본질적으로 그와 다르다. 그러므로 라마누자의 이론은 비록 어떤 제한(viśeṣa)을 지닌다 할지라도, 즉 그것은 다수성을 인정한다 할지라도, 불이론(advaita)이다. 이와 같이 그의 이론이 다수성을 받아들이는 것은, 지고한 영혼은 개별 영혼들과 물질로서 온갖 형태로 존재한다고 보기 때문이다. 그러므로 그것은 한정불이론(Viśiṣṭādvaita)이라고 불린다.

　윤리에서 또한 샹카라의 추종자들에 의하여 선호되었던 지성 편중 경향과 미망사 학자들의 제사지상주의에 대한 반발이 있었다. 심지어 이미 『리그 베다』 시대에도, 우리는 신들이 때로는 기도에 의하여 탄원되거나, 때로는 제사에 의하여 강제되는 것을 목격할 수 있었다. 희생제의는 언제나 지고한 자에 대한 헌신적인 숭배—— 원래는 숲속에서 그리고 나중에는 사원에서 상징을 통하여 이루어지던—— 와 갈등하지 않을 수 없었다. 베다의 제의 종교에서, 제사를 집전하는 제관은 신보다 더욱 중요하다. 그러나 여격(與格)은 아픈 가슴에 아무런 위안도 주

[원주1] "개별적 영혼들이든 물질적인 것들이든, 이 세계의 모든 것은 지고한 영혼의 몸을 형성한다. 따라서 상기(上記)한 것은 아무런 한정 없이 몸을 지닌다(nirupā-dhikaśarīra-ātmā)고 말해질 수 있다. 이런 이유 때문에, 능력 있고 자격 있는 사람들은 브라흐만을 그 주제로 지니는 가르침(śāstra)들의 주요부(body)를 '샤리라카'(śārīraka)라고 부른다."

436

지 않는다. 더욱이 불교의 해체로 야기된 공허와 혼돈의 상황에서 안정
된 사회를 확립하기 위하여 노력했던, 브라흐민 개척자 쿠마릴라는, 단
지 상위의 세 계급만 희생제의의 수행이 허용되는 반면에 대부분의 사
람들은 그들 자신의 헌신적인 숭배에 남겨질 수밖에 없는 어떤 체계
속에 견고하고 강력한 카스트 제도를 확립함으로써 바라문적 제의식을
강화하고자 했다. 이와 같은 미망사 학자들의 경향에 대한 반발은 비슈
누교, 쉬바교, 샤크티 종교 등과 같은 유신론적 종교의 발달로 귀결되
었다. 이러한 종교들은 대개 카스트나 종족 혹은 사회적인 지위에 대한
고려를 거의 강조하지 않았다. 유신론은 그 안에 사회적인 기대와 소망
을 지닌다. 공통의 아버지 혹은 어머니의 자녀들로서, 우리는 모두 동
일한 자손이다. 높은 신분이든 낮은 신분이든, 모든 사람은 부모의 입
장에서는 똑같이 귀하다.

  비록 샹카라는 지식(jñāna)이라는 말로 이론적인 가르침을 의미하지
는 않았다 할지라도, 일단의 그의 제자들 가운데는 종교를 지적인 것보
다 정적인 것 혹은 의지적인 것으로 파악하려는 경향이 있었다.[원주2]
그들은 사악한 영혼뿐만 아니라, 그릇된 영혼도 영원한 삶으로부터 배
제시킨다. "나는 브라흐만이다"라는 문구의 기계적인 반복은 지적인 헌
신에 대한 유감스러운 대용물이다. 그러므로 비슈누교의 네 학파[원주3]를
포함하는 유신론적인 철학체계들에 의하여 박티(신애)에 대한 강조가
일어났다. 교설에서의 차이에도 불구하고, 이들은 마야의 개념을 부정
하고, 신을 인격적인 것으로 간주한다는 점에서, 그리고 영혼은 양도할
수 없는 개별성을 지니며, 절대자와의 혼융이 아니라 단지 그와의 친교
에서 영혼의 참된 의미를 추구한다는 점에서 입장을 같이한다.

[원주2] Vākyārthajñānamātrād amṛtam iti(『탓트와무크타칼라파』(*Tattvamuktā-
    kalāpa*), ii.45).
[원주3] 라마누자의 슈리상프라다야(Śrīsaṃpradāya), 마드와(Madhva)의 브라흐마상
    프라다야(Brahmasaṃpradāya), 비슈누스와민(Viṣṇusvāmin)의 루드라상프라다
    야(Rudrasaṃpradāya), 그리고 님바르카(Nimbārka)의 사나카디상프라다야(Sa-
    nakādisaṃpradāya)를 말한다.

2. 아가마 문헌들

인도의 토착민들이 차츰 아리아인들의 영향 아래로 편입됨에 따라, 인도 종교의 방대한 확장이 있었다. 높은 수준의 드라비다인들과 저급한 원주민들 모두는 고대 베다의 희생제의가 사원 숭배와 대중적 축제를 수용하는 형태로 탈바꿈하는 데 일조했다. 새로운 종족들이 흡수될 때, 새로운 종파들이 형성되었으며, 각 종파들은 그 자체의 상징(tilaka), 입문식(dīkṣā), 정신적인 스승(guru), 찬가(mantra), 그리고 경전(śāstra)을 지닌다. 힌두교 역사의 매우 초기에,『판차라트라 상히타』(*Pañcarātra Saṁhitā*),『샤이바 아가마』(*Śaiva Āgama*), 그리고『탄트라』(*Tantra*)를 각각의 소의경전으로 지니는 비슈누교, 쉬바교, 그리고 샤크티 종교의 중요한 제식(祭式)들이 형성되었다.

하나의 아가마(āgama)는 대체로 철학적 교설(jñāna), 명상적 실천 수행(yoga), 사원 건축 및 성상(聖像) 안치와 관련된 행위(kriyā), 그리고 숭배의 방식(carya)에 대한 네 가지 주제를 다룬다.[원주4] 아가마들이 성상 숭배를 받아들이는 종교를 다룬다는 것은 분명하다. 왜냐하면 이 문헌들은 사원의 건축과 봉헌에 관한 규범들을 상세하게 설명하고 있기 때문이다. 샤크티 종교의 신자들은 사실상 쉬바교도와 하나지만, 단지 그들이 어떤 유형의 원시적인 실천법을 고수하고 쉬바의 배우자인 샤크티(Śakti)를 숭배한다는 점에서 차이가 있을 뿐이었다. 배우자와 자식을 지니는 신 개념은 필연적으로 신인동형동성론으로 나타날 수밖에 없는 원시적인 사유의 하나이다. 푸루샤와 프라크리티에 대한 상키야의 사상은 생명(life)과 발현(expression)의 원리인 샤크티에 대한 철학적인 정당성을 제공했다. 쉬바는 불가지(不可知)의 절대자이고, 접근할 수 없으며, 전혀 움직임이 없기 때문에, 그와 하나인 샤크티는 끊임없이 활동적이며, 신의 은총의 원천이 되었다.

[원주4]『파드마 상히타』(*Padma Saṁhitā*), i.2.6 ; ii.1.3 ; iii.1.6 ; iv.1.1.

날라디야르(Nālaḍiyār), 쉴랍파티카람(Śilappathikāram), 마니메갈라이(Maṇimeghalai), 그리고 쿠랄(Kural) 등의 타밀(Tamil)어 문헌들을 통하여 볼 때, 불교와 자이나교는 서력 기원 초기 시대 남인도에서 상당한 영향력을 지니고 있었다는 것이 분명하다. 쉴랍파티카람(1세기)에 의하면, 카베리파트남(Kāveripatnam)이라는 도시에는 비슈누교 사원들, 불교 승원(Vihāra)들, 그리고 자이나교 사원들이 있었다. 아쇼카(Aśoka) 왕은 기원전 3세기경에 포교사들을 파견했으며, 전승에 따르면, 거의 동시대에 바드라바후(Bhadrabāhu)는 마우리야(Maurya) 왕조의 찬드라굽타(Candragupta) 왕과 함께 자이나교도들의 이주를 남인도로 인도했다. 그러나 불교와 자이나교는 열정적인 신애를 받고 이에 대한 응보를 줄 수 있는 어떤 신을 갈망하는 드라비다인들의 종교적인 심성을 만족시킬 수 없었다. 비슈누교와 쉬바교의 일신교적인 숭배 형태들이 널리 성행하게 되었으며, 두 종파의 성자들은 각각의 아가마들에 의하여 큰 영향을 받았다.

3. 푸라나 문헌들

푸라나 문헌들은 철학파의 시대에 형성된 종교적인 시가(詩歌)들이며, 신화와 설화, 상징과 비유를 통하여 신과 인간, 우주론과 사회체계에 대한 전통적인 견해를 나타낸다. 이 문헌들은 만일 가능하다면 당시의 외도들의 교설을 논파하기 위한 목적으로 저술되었다. 또한 이 문헌들은 철학적인 이론과 대중적인 신앙을 혼합하고 있다는 점에서 절충적인 성격을 지닌다. 비야사(Vyāsa)는 푸라나 문헌들의 저자로 일컬어진다.[원주5] 이 문헌들은 그 자체를 베다의 전통을 계승하는 것으로

[원주5] 이 문헌들 가운데 일부는 비슈누(Viṣṇu)의 저작으로 알려지기도 한다. 『파드마 푸라나』, i.62.18을 보라.

간주한다.[원주6] 푸라나 문헌들[원주7]은 비록 철학적인 교설들을 언급하고 있다 할지라도, 체계적인 전개를 시도하지는 않는다. 이 문헌들의 주요 목적은 고대 사상가들의 가르침들, 특히 베단타와 상키야의 가르침들을 전하고자 하는 것이다. 이 문헌들의 이름 자체가 고대의(purāṇa) 전통들을 보존하기 위하여 의도된다는 것을 뜻한다.

이 문헌들은 모두 유신론적인 성격을 띠며, 물질과 영혼과 신의 구별을 인정한다. 삼신(三神, trimūrti) 개념이 현저해진다. 그러나 각각의 푸라나는 삼신 가운데 특히 어떤 한 신(神), 즉 비슈누 혹은 쉬바의 지고함을 강조하는 데에 관심을 보인다. 비슈누의 지고함을 주장하는 어떤 한 푸라나에서, 쉬바와 브라흐마는 비슈누를 숭배하며, 심지어 비

[원주6] 『바유 푸라나』(*Vāyu Purāṇa*), i.11.194, 202.

[원주7] 주요 푸라나 문헌들은 18종이다. 이 중에서 『비슈누』, 『바가바타』(Devī Bhā-gavata보다는 Śrīmad Bhāgavata가 더 중요하다), 『나라디야』(*Nāradīya*), 『가루다』(*Garuḍa*), 『파드마』, 『바라하』(*Varāha*)는 비슈누교 계통의 푸라나 문헌들이며, 이에 비하여 『쉬바』, 『링가』(Liṅga), 『스칸다』(*Skanda*), 『아그니』(혹은 다른 설명에 의하면, 『바유』), 『마트시야』(*Matsya*), 『쿠르마』(*Kūrma*)는 그 강조점에서 쉬바교 계통이다. 이 외에 『브라흐마』(혹은 『사우라』), 『브라흐만다』(*Brah-māṇḍa*), (크리슈나를 찬양하고 있는) 『브라흐마바이바르타』(*Brahmavaivarta*), 『마르칸데야』(*Mārkaṇḍeya*), 『바비쉬야』(*Bhaviṣya*), 그리고 『바마나』(*Vāmana*)는 브라흐마를 다룬다. 이 문헌들은 또한 각각 삿트비카(Sāttvika), 타마사(Tāmasa), 그리고 라자사(Rājasa)라고 불리기도 한다. 『마트시야 푸라나』, 52를 보라. 위에서 언급한 문헌들은 대(大)푸라나(Mahāpurāṇa)들이며, 이 밖에도 우파푸라나(Upapurāṇa)라고 불리는 부수적인 푸라나들이 있다. 각 푸라나는 우주의 창조(sarga), 우주의 파괴(pratisarga), 신과 성선(聖仙)의 계보(vaṁśa), 최초의 인간 마누(Manu)에서 시작되는 인류의 시대(manvantara), 미래 왕조의 계보에 대한 전승(vaṁśānucarita)을 다루는 것으로 말해진다. 푸라나 문헌들은 서사시들보다 후기에 속하며, 이 문헌들 가운데 초기의 것들은 비록 후대에 상당할 정도로 변경되었다 할지라도, 서력 기원 이전에 이미 있었다. 이 문헌들은 "적어도 기원전 5세기 초엽에 존재했음에 틀림없으며, 만일 보다 이전의 어떤 연대가 『아파스탐바』(*Āpastamba*)에 주어진다면, 이 하한은 150년에서 200년 정도 더 앞으로 당겨져야 할 것이다"(Pargiter, *Ancient Indian Historical Tradition*, p.51). 다른 문헌들 중에서 『찬도기야 우파니샤드』, iii.4.1 ; 『샤타파타 브라흐마나』, xi.5.6.8 ; 『아르타샤스트라』(*Arthaśāstra*), i.5는 푸라나 문헌들에 대하여 언급한다.

440

슈누를 숭배하는 자들은 쉬바와 브라흐마 자신들에게도 소중하다고 선언한다.[원주8] 『바가바타 푸라나』에 의하면, 쉬바가 프라체타스(Prace-tas)에게 말한다. "나에게 소중한 자는 비슈누에게 인정을 받은 자이다."[원주9] 신은 세계의 유일한 원천이요 유지자이며, 또한 파괴하는 자이다.[원주10] 푸라나 문헌들은 어떤 이름으로 불리든 최고의 신에게 상상 가능한 모든 완전함을 부여한다. "우리의 감각에 의하여 파악되지 않으며, 모든 존재 가운데 으뜸이요, 지고무상의 영혼이며, 자존자이며, 카스트 등과 같은 외양에서의 모든 특성을 여의어 있으며, 출생·변천·죽음·성쇠로부터 자유로우며, 항상 그리고 홀로 존재하며, 모든 곳에 존재하며, 또한 모든 것은 그 속에 존재하며, 따라서 바수데바(Vāsudeva)라고 불리는 그를 누가 말로 표현할 수 있겠는가?"[원주11]

프라크리티는 지고한 영혼의 의지에 순종한다는 유보 조건을 붙여서, 프라크리티와 그것의 전개에 대한 상키야의 설명이 수용된다. 프라크리티는 가끔 아버지 신(Father God)의 사랑스러운 배우자로 신격화되기도 한다. 『비슈누 푸라나』 제3장의 처음에서 마이트레야(Mai-treya)가 파라샤라(Parāśara)에게 "어떻게 창조의 작인(作因)이 순수 브라흐만에게 귀속될 수 있는가"를 질문하고 있으며, 이에 대하여 마치 열이 불에 있는 것처럼, 전체 세계는 그(브라흐만) 속에 있다고 대답된다.[원주12] 푸라나 문헌들은 세계의 실재성을 인정하며, 마야의 개념은 단지 세계 자체의 불완전함을 비난하기 위하여 언급된다.[원주13]

종교에서 우리는 기도와 희생제의로 구성되는 베다의 제사로부터 성

[원주8] 『비슈누 푸라나』, i.2.2. Śaktayo yasya caikasya brahmaviṣṇuśivātmi-kāḥ(i.9). 또한 『바가바타 푸라나』, i.2.23을 보라.

[원주9] Bhagavantaṁ vāsudevam prapannaḥ sa priyo hi me(iv.24.28). 또한 iv.24.30을 보라.

[원주10] 『비슈누 푸라나』, i.2.4.

[원주11] 같은 책, i.2.10.

[원주12] i.3.

[원주13] 『파드마 푸라나』, vi.263~270.

상 숭배와 박티로 완전히 전이하는 것을 분명히 알 수 있다. 푸라나 문헌들에 나타나는 윤리는 전통적인 윤리와 다르지 않다. 그것은 업과 윤회의 교의를 받아들이며, 덕행과 지혜를 통하여 해탈을 얻을 수 있다고 본다. 도그마에 대한 동의가 아니라, 신에 대한 열렬한 헌신은 박티의 본질이며, 그것은 지금 우리가 살고 있는 칼리(Kali) 시대[역주1]에 가장 효과적인 해탈 방법으로 말해진다.[원주14] 박티는 산을 움직일 수 있으며, 그것으로 불가능한 것은 아무것도 없다.[원주15]

드루바(Dhruva)[역주2]는 자신의 어머니로부터 선하고 경건해야 하며, 우호적이어야 하고, 생명 있는 모든 것에 대하여 친절을 베풀어야 한다는 권고를 듣는다.[원주16] "자기가 속한 카스트의 의무를 저버리지 않고, 친구와 적을 동등한 입장에서 대하며, 자기 것이 아닌 어떤 것도 취하지 않으며, 어떤 존재도 상해하지 않으며, 청정한 마음을 지닌 자, 그가 바로 진정으로 비슈누에게 헌신을 바치는 자임을 알아라."[원주17] 소유가 신분상의 지위를 결정하고, 부(富)가 덕행의 유일한 원인이 되며, 애욕이 남자와 여자가 결합하는 유일한 동기가 되며, 거짓이 삶에서 성공의 유일한 원천이 되며, 성교가 유일한 향락 수단일 때, 외적인 장식들이 내적인 정신으로 오해될 때, 사회는 부패하고 쇠퇴한다.[원주18] 그와 같

[역주1] 우주의 역사를 크게 4과정(yuga)으로 구분하고 이러한 과정이 무한히 순환한다고 보는 유가설에 대하여, 『인도철학사 I』, p.159의 [역주34]를 보라.

[원주14] 『바가바타 푸라나』, xii.3.52. 『바가바타 푸라나』는 박티의 여러 단계들을 구분한다. Śravaṇaṁ kīrtanaṁ viṣṇoḥ smaraṇam pādasevanam, Arcanaṁ vandanaṁ dāsyaṁ sakhyam ātmanivedanam(vii.5.23).

[원주15] 『바가바타 푸라나』, i.12.

[역주2] 『비슈누 푸라나』에 나오는 리쉬이다. 그는 크샤트리야 계급이지만, 스스로의 힘으로 리쉬가 되었으며, 이 과정에서 어머니 수니티(Sunīti)의 교육과 조언이 크게 작용했던 것으로 전해진다

[원주16] 『비슈누 푸라나』, i.11.

[원주17] 『비슈누 푸라나』, iii.7.

[원주18] Artha evābhijanahetuḥ dhanam eva aśeṣadharmahetuḥ, abhirucir eva dāṁpatyasaṁbandhahetuḥ, anṛtam eva vyavahārajayahetuḥ, strītvam evo'- pabhoga hetuḥ……brahmasūtram eva vipratvahetuḥ, liṅgadhāraṇam eva

은 사회의 상태는 구세자를 필요로 한다. 해탈은 신과 동등함(īśvara-sādṛśyam)이다.[원주19] 라마누자의 믿음은 『비슈누 푸라나』와 『바가바타 푸라나』에 의해서 많은 영향을 받았다.

4. 라마누자의 생애

라마누자는 1027년 슈리페룸부두르(Śrīperuṁbudūr)에서 태어났다.[역주3] 그는 어린 시절에 아버지를 여의었던 것으로 보인다. 그가 속한 계층의 아이들에게 주어지는 일반적인 교육을 받은 후에, 그는 콘지바람(Conjeevaram)의 야다바프라카샤(Yādavaprakāśa) 문하에서 베단타의 교의를 배웠지만, 모든 점에서 야다바프라카샤의 해석에 동의할 수 없었다. 슈리랑감(Śrīrangam) 사원의 유명한 책임자였던 알라반다르(Āḷavandār)는 라마누자의 학문에 깊이 감명받았으며, 그를 슈리랑감 사원의 사제직에 앉히려고 생각했다. 알라반다르가 임종에 가까워졌을 때, 그의 제자들은 페리아남비(Perianambi)를 보내서 라마누자를 불러 오게 했다. 라마누자가 도착했을 때, 알라반다르는 이미 이 세상 사람이 아니었다.

전통에 의하면, 라마누자가 알라반다르의 시체로 다가갔을 때, 그는 셋을 가리키는 알라반다르의 오른손을 보았다고 한다. 제자들은 이것을 알라반다르가 이루지 못한 세 가지 소망이 있었다는 것을 가리킨다고 해석했다. 이 중에서 가장 중요한 것은 『브라흐마 수트라』에 대한

āśramahetuḥ……(『비슈누 푸라나』, iv.24.21~22).

[원주19] 아가마 문헌들에서 박티가 강조된다. 욕망의 실현이 보다 자유롭게 허용되며, 만트라와 얀트라(yantra, 신비적 도형) 및 요가 수행이 큰 주목을 받는다.

[역주3] 본문에서는 라마누자의 출생연대를 1027년으로 잡고 있으나, 일반적으로 받아들여지는 그의 출생연대는 1017년이다. 그의 사망연대에 대해서는 다소의 이견이 있다. 라마누자의 생애에 대하여, J. B. Carman, *The Theology of Rāmānuja*, New Haven and London : Yale University Press, 1974, pp.24~48을 보라.

알기 쉬운 주석이었다. 라마누자는 콘지바람으로 돌아가서 신에 대한 자신의 신애(信愛)를 계속했다. 고뇌에 잠겨 있던 어느 날, 그는 자신의 미래에 관한 신의 뜻을 확인하기 위하여 사제에게 물었다. 신의 뜻은 다음과 같은 취지의 시로 표현되었다. "나는 지고한 실재이며, 나의 견해는 수승하다. 자복(自服, self-surrender)은 해탈의 확고부동한 원인이며, 개인의 노력은 해탈에 본질적인 것이 아니며, 해탈은 결국 실현될 것이다. 페리아남비는 스승들 가운데 최상이다."[원주20] 신은 이와 같이 말했으며, 혹은 라마누자가 그 음성을 들었다. 그는 신의 뜻을 따르기로 결심했다. 그는 마두란타캄(Madhurāntakam)에서 페리아남비를 만났으며, 그로부터 베단타의 비의를 전수받았다.

위대한 사람들은 그들 자신에게 적합한 여성을 발견할 수 없는 경우가 많다. 라마누자는 그의 이상을 성취하고자 노력하고, 이를 통하여 그의 힘을 증장시켜줄 아내를 얻지 못했다. 결혼에 어울리지 않음은 숨기기 어려우며, 붓다와 샹카라, 플라톤과 사도 바울이 그랬던 것처럼, 라마누자는 곧 이욕(離慾)과 독신의 삶(renunciation)이 궁극적인 완전의 실현 혹은 신에게 다가가는 데 필수적인 조건이라고 생각했다. 그가 산야신(saññyāsin, 遊行者)이 되었을 때, 그는 큰 명성을 얻었으며, 세상 사람들은 그를 고행자들의 왕(Yatirāja)이라고 불렀다. 라마누자는 슈리랑감에 정착했으며, 티루바이모이(Tiruvāymoyi)의 모든 지식을 전수받았다. 자신의 제자인 쿠랏탈바르(Kūrattaḷvār)——『보다야나브릿티』(Bodhāyanavṛtti)를 암송하고 있었다——의 도움으로, 라마누자는 『베단타사라』(Vedāntasāra)와 『베다르타상그라하』(Vedārthasaṃgraha) 및 『베단타디파』(Vedāntadīpa)를 저술했으며, 『브라흐마 수트라』

[원주20] Śrīmān paraṁ tattvam aham, matam me bhedaḥ, prapattir nirapāyahetuḥ, Nāvaśyakī ca smṛtir antyakāle mokṣo mahāpūrṇa ihāryavaryaḥ. 모든 사람은 마침내 해탈을 얻는다는 것은 판차라트라(Pañcarātra) 종교의 핵심적인 측면이다. 베단타 데쉬카(Vedānta Deśika)의 『판차라트라라크샤』(Pañcarātrarakṣā)를 보라.

와 『바가바드기타』에 대한 위대한 주석을 썼다. 비슈누교도들 가운데 학식있는 사람들은 『브라흐마 수트라』에 대한 라마누자의 주석을 따랐으며, 그것은 결국 비슈누교도들을 위한 정통적인 주석(*Śrībhāṣya*)으로 자리매김한다. 라마누자는 남인도를 순례하며 다수의 비슈누교 사원들을 재건했으며, 수많은 사람들이 비슈누교의 가르침을 받아들이게 했다.

위대한 사상가는 당대의 대변자이며, 자신에게 전해진 고대의 지혜를 자신의 삶 속에서 다시 구체화한다. 라마누자가 교제하던 여러 성자들과 스승들은 종교적인 삶과 경신(敬神)의 영역에서 그에게 큰 영향을 주었다. 알바르(Āḷvār, 詩聖)들의 찬가들은 신으로 충만된 영혼의 분출이었으며, 그들에게 신은 모든 존재의 창조자일 뿐만 아니라, 친근하고 인간적인 친구요 안내자였다. 라마누자의 종교적인 심성은 하나의 인격으로서 구체적인 신 개념에 사로잡힌다.

샹카라와 라마누자는 둘 다 베단타 학파의 위대한 해석자들이었다. 그들의 마음은 동일한 문제들을 지향했고, 그들의 소의 경전은 사실상 동일했으며, 그들의 방법 또한 동일한 가정들에 의거했지만, 그럼에도 불구하고 그들이 도출해낸 결과는 현격한 차이를 보였다. 그들의 결론들은 그들 자신의 시각과 진리에 대한 각자의 파악을 보여준다. 라마누자는 종교적인 본능을 확고하게 신뢰하며, 창조를 통하여, 신의 현현들을 통하여, 예언자들을 통하여, 화신(化身)들을 통하여 인간에게 신을 드러내는 지극히 종교적인 견해를 확립한다. 알바르들에 대한 그의 연구와 아차리야(ācārya)들에 의한 그의 학습은, 그가 만일 그렇지 않았더라면 우파니샤드와 『브라흐마 수트라』에 단지 잠재적으로만 남아 있을 수밖에 없었던 요소들을 발현시킬 수 있게 했다. 그는 결코 한순간도 그가 자기 자신의 철학을 설하고 있다고 생각하지 않았으며, 그는 단지 모든 시대의 현자들의 지혜를 설하고 있을 뿐이었다.

5. 역사와 문헌

비슈누교 운동은 거의 서사시 시대의 처음부터 하나의 지속적인 역사를 유지해왔다. 『리그 베다』에서 비슈누는 최고의 천계에 거소를 지니는,[원주21] 우주를 덮는 자로 간주되는 태양신 계통의 신이다. 바루나의 개념은 지극히 일신론적인 성격을 띤다. 우리는 또한 베다에서 상서로운 축복을 부여하는 신, 바가(Bhaga)의 개념을 지닌다. 그것은 곧 선(善)의 힘을 나타내게 되었으며, 그 힘을 지닌 자는 바가반(Bhagavān)이라고 불렸다. 바가반(혹은 Bhagavat)이 숭배의 대상인 종교는 바가바타(Bhagavata)교이다. 우리는 『마하바라타』에서 바가바타교에 대한 여러 언급들을 본다. 비슈누교는 비슈누를 바가반과 동일시하는 바가바타교의 발전이다. 비슈누교의 독특한 측면들은 『마하바라타』에서 언급되는 판차라트라(Pañcarātra)교에서 발견된다.[원주22] 그러나 『마하바라타』에서 비슈누는 자신과 대등한 경쟁자로 쉬바를 지니지만, 『비슈누 푸라나』에서 비슈누는 지고무상의 신이다. 『하리방샤』(*Hari-vaṁśa*)[역주4]는 비슈누에 대한 숭배를 강화한다. 『바가바타 푸라나』(A.D. 900)는 크리슈나를 중심에 두는 바가바타 숭배를 강조한다. 여기서 언급되는 박티는 지극히 감성적인 형태를 지니며, 신과 영혼의 관계는 사랑하는 남녀의 관계로 상정된다.

나나가트(Nanaghat) 명문으로 미루어볼 때, 바가바타교가 서력 기원 1세기 초엽 이전 어느 시기에 이미 남인도로 진출했다는 것은 분명하다. 『바가바타 푸라나』는 칼리 시대 남인도에 나라야나(Nārāyaṇa)를 숭배하는 자들이 많을 것이라고 말한다.[원주23] 알바르라고 불리는 시성들—이들 가운데 12명의 알바르들은 역사적인 인물로 인정된다—의

[원주21] Viṣṇoḥ paramam padam. 『리그 베다』, i.22.20.
[원주22] 『인도철학사 II』, pp.325~328.
[역주4] 『인도철학사 I』, p.148의 [역주30]을 보라.
[원주23] xi.5.38~40.

찬가들은 일반적으로 날라이라 프라반담(Nālāyira Prabandham)[원주24]으로 알려진다. 알바르들 중에는 한 명의 여성과 여럿의 슈드라 및 한 명의 왕자가 있다. 그들은 아차리야(ācārya)라고 불리는 일군의 종교 철학자들에 의하여 계승되며, 아차리야들의 주요 목적은 인격신에 대한 숭배와 그 신의 구원 은총의 믿음에 대한 철학적인 근거를 확립하는 것이었다.

라마누자 이전에 활동했던 스승들 가운데 중요한 인물은 나타무니(Nāthamuni)와 알라반다르 혹은 야무나차리야(Yāmunācārya)이다. 알바르들 가운데 마지막 인물의 제자였던 나타무니는 알바르들의 구전 찬가들을 편집했던 것으로 전해진다. 또한 그는 『니야야탓트와』(*Nyāya-tattva*) 및 『요가라하시야』(*Yogarahasya*)의 저자로 알려진다.[역주5] 야무나차리야는 비슈누교의 아가마 문헌들을 변증하고자 고심했으며, 이 문헌들이 베다와 동일한 목적을 지닌다고 해석한다. 『아가마프라마니야』(*Āgamaprāmāṇya*), 『마하푸루샤니르나야』(*Mahāpuruṣanirṇaya*), 『싯디트라얌』(*Siddhitrayam*), 『기타르타상그라하』(*Gītārthasaṁgraha*), 『차툿슐로키』(*Catuśślokī*), 그리고 『스토트라라트나』(*Stotraratna*) 등은

[원주24] 4,000송(nālāyiram)으로 이루어진 이 구전 찬가집은 네 부분으로 나누어진다. 무달라이람(Mudalāyiram)이라 불리는 첫 부분은 페리알바르(Periāḷvār)와 여성 알바르 안달(Āṇḍāḷ) 등의 언급들을 담고 있다. 페리아티루모이(Periatirumoyi)라고 불리는 두번째 부분은 티루만가이(Tirumangai)의 저작이다. 세번째 부분은 남말바르(Nammāḷvār)의 유명한 『티루바이모이』(*Tiruvāymoyi*)이다. 네번째 부분, 즉 이야르파(Iyarpa)는 첫번째 부분과 마찬가지로 잡다한 찬가들의 모음이다. 남말바르의 『티루바이모이』는 베다 문헌의 타밀어 개작(改作)으로 말해진다. 『티루바이모이』는 다섯 가지 주제(arthapañcakam), 즉 궁극적 실재, 개별 영혼, 궁극자에 대한 개별 영혼의 관계, 바람직하지 못한 것의 제거, 그리고 바람직한 것의 실현에 대한 설명을 주된 목적으로 하고 있다.
[역주5] 나타무니의 이 두 문헌은 우리에게 전해지지 않는다. 다만 『니야야탓트와』의 몇몇 구절들이 베단타 데쉬카(Vedānta Deśika)의 『니야야 싯단자나』(*Nyāya Siddhāñjana*)에서 인용되어 전해질 뿐이다. 베단타 데쉬카는 나타무니보다 약 4세기 후의 인물로 흔히 라마누자 이후에 가장 탁월한 슈리 바이슈나바 종파의 스승으로 평가된다.

그의 저술들이다. 비슈누교도들의 거룩한 문헌은 흔히 우바야(Ubhaya, 二重) 베단타라고 불린다. 왜냐하면 그것은 타밀어로 된 프라반담(Prabandham)뿐만 아니라, 범어로 된 3종의 근본 경전(prasthānatraya)[역주6]을 포함하기 때문이다.

알바르들의 찬가들이 베다의 문헌들에 일치한다는 전통은 아주 오래 전부터 널리 인정되어왔다. 샹카라의 단호한 불이론은 라마누자로 하여금 베다의 유신론적인 견해를 되풀이하지 않을 수 없게 만들었다. 라마누자는 단지 보다야나(Bodhāyana)의 『브릿티』(Vṛtti, 주석)에 담긴 견해들을 해석하고 있을 뿐이라고 언명하며,[역주7] 그의 사상이 힘입은 탕카(Ṭaṅka), 드라미다(Dramiḍa),[원주25] 구하데바(Guhadeva), 카파르딘(Kapardin), 바루치(Bhāruci) 등의 스승들을 언급한다.[원주26] 샹카라는 라마누자에 의하여 강조되는 유신론적 전통이 매우 오래 전부터 있었다는 것을 인정한다. 따라서 우리는 유신론적인 몇몇 우파니샤드들, 『마하바라타』의 일부(Nārāyaṇīya 부분 포함), 『바가바드기타』, 『비슈누 푸라나』, 비슈누교 아가마 문헌들, 알바르들과 아차리야들의 저술들을 라마누자의 철학의 배경으로 간주할 수 있을 것이다. 라마누자 자신의 주요 저술들은 우파니샤드와 『바가바드기타』 및 『브라흐마 수트라』의 가르침을 비슈누교 성자들의 신앙과 조화시키고자 하는 의도를 지닌다. 비록 그의 독창성과 독립의 정확한 범위를 결정하는 것은 쉽지 않다 할지라도, 『슈리바쉬야』(Śrībhāṣya)에 나타난 그의 시도는 "『브라흐마 수트라』에서 일신론에 대한 근거를 찾으려는 그 이전의 어떤 노력보다 실질적인 공헌과 완성도에서 훨씬 탁월하였다"[원주27]고 평가되지 않을 수 없다.

[역주6] 우파니샤드, 『바가바드기타』, 『브라흐마 수트라』를 가리킨다.
[역주7] 『브라흐마 수트라』, i.1.1에 대한 라마누자의 주석.
[원주25] 아난다기리(Ānandagiri)에 의하면, 샹카라는 『찬도기야 우파니샤드』, iii.10.4에 대한 자신의 주석에서 드라미다를 언급하고 있다.
[원주26] 『베다르타상그라하』(Vedārthasaṃgraha).
[원주27] Keith, *Encyclopaedia of Religion and Ethics*, vol.x, p.572.

라마누자의 믿음은 그의 선배 사상가들뿐만 아니라 후배 사상가들의 믿음보다 더욱 철학적이고 절제된 것이었다. 그는 베다의 제의식이나 의무 규정들을 부정하기 위한 어떤 열망도 보이지 않았으며, 푸라나 문헌들의 신화를 많이 인용하지도 않았다. 그의 주요 목적은 박티를 통한 해탈의 교의를 확립하고, 그것이 우파니샤드와 『바가바드기타』 및 『브라흐마 수트라』의 중심된 가르침이라는 것을 입증하는 것이었다. 수다르샤나 밧타(Sudarśana Bhaṭṭa)의 『슈루타프라카쉬카』(Śrutaprakā-śikā)는 라마누자의 『슈리바쉬야』에 대한 유명한 용어해설집이다.

13세기 무렵 비슈누교 내부에서 남인도의 텐갈라이(Tengalai) 학파와 북인도의 바다갈라이(Vaḍagalai) 학파 사이의 구분이 현저해진다. 전자는 타밀어로 된 프라반담을 정전(正典)으로 간주하며, 범어 전승에 대해서는 무관심하다. 이에 비하여 바다갈라이 학파는 그 둘 모두를 똑같이 권위있는 것으로 받아들인다. 텐갈라이 학파는 이른바 신이 죄악을 즐긴다는 위험한 교의(doṣabhogyavāda)를 채택한다. 죄악은 신이 자신의 은총을 보다 광범위하게 나타낼 수 있는 여지를 제공한다고 보기 때문이다.[원주28] 바다갈라이 학파는 타밀어 문헌보다 범어 문헌을 더 많이 사용하며, 락슈미(Lakṣmī)의 개념에 샤크티 종파의 신학적 요소들을 사용한다.[원주29]

필라이 로카차리야(Piḷḷai Lokācārya)는 텐갈라이 학파를 대표하는

[원주28] 오스카 와일드(Oscar Wilde)의 *De Profundis*를 보라. "예수 그리스도는 자신 속의 신적인 어떤 본능을 통하여 인간 속에 내재해 있는 완전에 가장 가깝게 다가갈 수 있는 존재로서 죄인을 사랑했던 것이 아닌가 생각된다.……미지의 어떤 방식으로, 그는 죄와 고통을 그 자체로 아름답고 거룩한 것들로 그리고 완전의 양태들로 간주했다."

[원주29] 바다갈라이 종파는 비슈누의 배우자 여신(女神)이 그와 마찬가지로 무시(無始)이며, 은총을 부여하는 자로 똑같이 숭배되어야 한다고 믿는다. 이에 비하여 텐갈라이 종파는 배우자 여신을 창조된 존재이며, 비록 신이라 할지라도 다만 주(主)의 은총이 전해지는 매개자 혹은 경로에 불과한 것으로 간주한다. 고빈다차리야 스와민(Govindācārya Svāmin)의 『아슈타다샤베다스』(*Aṣṭādaśabhedas*), *Journal of the Royal Asiatic Society*, 1910을 보라.

중심 인물이다. 그의 가르침에 의하면, 신의 은총은 저항할 수 없으며, 그것을 단순히 능동적인 신앙(bhakti)에 의해서가 아니라, 수동적인 복종(prapatti)을 통하여 맞이해야 한다고 가르친다. 정신적인 교사(ācāryābhimāna)의 안내에 대한 전적인 순종이 이 학파에 의하여 강조된다.[역주8] 물론 이것이 라마누자에 의하여 설해졌던 능동적이고 지적인 박티와 완전히 동일한 신앙 형태인 것은 아니다. 로카차리야는 비전(秘傳, Rahasya)들이라 불리는 18권의 저술을 남겼으며, 이 중에서 가장 중요한 것은 『아르타판차카』(*Arthapañcaka*)와 『탓트와트라야』(*Tattvatraya*)이다. 마나발라 마하무니(Maṇavāḷa Mahāmuni)는 텐갈라이 학파 최고의 성자이다.

라마누자의 가장 위대한 후계자 중에 하나로 꼽히는 베단타 데쉬카 또는 벵카타나타(Veṅkaṭanātha, 13세기)는 바다갈라이 학파의 창시자이다. 콘지바람이 고향이었지만, 그는 슈리랑감에서 생애의 대부분을 보냈다. 그는 여러 주제에 대한 많은 저서를 남겼으나, 그의 가장 중요한 철학서는 타밀어로 된 두 권의 저서인 『파람아타방가』(*Paramatabhaṅga*)와 『라하시야트라야사라』(*Rahasyatrayasāra*)이다. 그의 『판차라트라라크샤』(*Pañcarātrarakṣā*)와 『삿차리트라라크샤』(*Saccaritrarakṣā*)는 판차라트라 학파의 철학적 원리들과 실천 수행법을 기술하고 있다. 그는 라마누자의 『슈리바쉬야』 및 『바가바드기타』에 대한 주석의 해설서로 전자에 대한 『탓트와티카』(*Tattvaṭīkā*)와 후자에 대한 『탓트파리야찬

[역주8] 텐갈라이 학파가 신의 은총을 '무조건적'(nirhetu)인 것으로 본다는 점에서 바다갈라이 학파와 가장 큰 차이점을 보인다. 신의 은총을 '조건적인'(sahetu) 것으로 보는 바다갈라이 학파는 텐갈라이 학파에 비하여 인간의 노력을 강조한다. '바다갈라이'(타밀어로 vaḍa-kalai)라는 말은 '원숭이 유형'이라는 의미를 지니며, 마치 원숭이 새끼가 어미를 따라가기 위해서는 스스로의 힘으로 어미의 목에 매달려야 하는 것처럼, 신의 은총을 얻기 위하여 인간 스스로의 노력이 필요하다는 것을 나타낸다. 이에 비하여 '텐갈라이'(타밀어로 teṉ-kalai)라는 말은 '고양이 유형'이라는 의미를 지니며, 마치 고양이 어미가 새끼를 입에 물고 다니는 것처럼, 인간은 신에게 무조건 의지하고 따르기만 하면 된다는 의미를 함축한다.

드리카』(*Tātparyacandrikā*)를 각각 저술했다. 그의 『세슈와라 미망사』(*Seśvara Mīmāṁsā*)는 푸르바 미망사와 웃타라 미망사를 전체의 두 부분으로 간주하며, 신의 작인(作因)과 무관하게 행위(karma)가 그것의 결과를 생산하는 것은 있을 수 없다고 주장한다. 그의 『니야야싯단자나』(*Nyāyasiddhāñjana*)와 『탓트와무크타칼라파』(*Tattvamuktākālāpa*) 및 이에 대한 주석서인 『사르바르타싯디』(*Sarvārthasiddhi*)는 매우 유용한 저술들이다. 그의 『샤타두샤니』(*Śatadūṣaṇī*)는 아드와이타 철학에 대한 비판을 담고 있는 매우 논쟁적인 저서이며, 이에 대하여 『찬다마루타』(*Caṇḍamāruta*, 17세기)라고 불리는, 똑같이 논쟁적인 한 권의 주석서가 있다.

슈리니바사차리야(Śrīnivāsācārya)의 『야틴드라마타디피카』(*Yatīndra-matadīpikā*)는 17세기의 귀중한 문헌이다. 압파야 디크쉬타는 쉬바교도였음에도 불구하고 비슈누교의 여러 논서들을 주석했다.[원주30] 랑가라마누자(Raṅgarāmānuja, 18세기)는 라마누자의 유신론을 위하여 우파니샤드에·대한 주석서들을 저술했다. 라마누자의 영향은 후기의 힌두교 역사를 통하여 현저하게 나타난다. 마드와, 발라바, 차이탄야(Caitanya), 라마난다(Rāmānanda), 카비르(Kabīr)와 나나크(Nānak), 그리고 브라흐마 협회의 개혁 운동들은 라마누자의 유신론적 관념론에 크게 영향을 받는다.

6. 바스카라

바스카라(Bhāskara)는 900년경에 『바스카라바쉬야』(*Bhāskarabhā-*

[원주30] 콘지바람에서 열린 판디트(Pandit, 梵學者)들의 모임에서, 그는 쉬바와 비슈누 사이에 어떤 차이도 볼 수 없으며, 따라서 그는 쉬바에게 매달린다고 말했다. Māheśvare vā jagatām adhīśvare, Janārdane vā jagadantarātmani, Na vastubhedapratipattir asti me, Tathāpi bhaktis taruṇenduśekhare.

ṣya)라고 불리는, 『브라흐마 수트라』에 대한 주석을 썼다.[원주31] 그것은 어떤 종파적인 저술이 아니며, 샹카라의 견해들을 선호하는 것도 아니고, 판차라트라 비슈누교의 견해들에 호의적인 것도 아니다. 바스카라는 일자(一者)와 다자(多者) 모두가 똑같이 실재라고 보는 불일불이론(不一不二論, bhedābhedavāda)을 주장한다.[원주32] 브라흐만은 순수 의식의 무차별적 실체가 아니라, 모든 완전함을 지닌다. 브라흐만의 원인적 상태는 단일로 간주되는 동시에, 그것의 전개된 상태는 다수의 양태를 지니는 것으로 간주된다.[원주33] 모든 존재는 그 원인적·보편적 측면에서 무차별이며, 결과들로서 또는 개별자들로서 다르다. 마치 불이 마른 풀을 태워 없애는 것처럼, 무차별이 차별을 흡수하여 없애버리는 것은 아니다. 그 둘은 동등하게 실재적이다. 바스카라는 실재적인 전변(轉變, pariṇāma)을 믿는다.[원주34]

그는 환영론(幻影論)을 비정통적인 것으로 간주하며, 그것을 불교의 영향에 기인하는 것으로 본다.[원주35] 그는 비록 물질의 세계가 브라흐만과 본질적으로 동일하다 할지라도, 그것은 실재적인 존재를 지닌다고 주장한다. 물질이 브라흐만에 작용할 때, 그것은 육체나 감각 등의 형태로 브라흐만을 한정하는 역할을 하며, 개별 영혼들의 생성을 초래한다. 그는 한정자(upādhi)들의 실재성을 인정하며, 이러한 한정자들이 무지에 기인하는 것으로 간주하지 않는다. 개아(jīva)는 본질적으로 브라흐만과 동일하지만, 브라흐만과 그것의 차이는 한정자들

[원주31] 그의 견해는 우다야나(Udayana)의 『쿠수만잘리』(*Kusumāñjali*, A.D. 980)에서 논박된다.

[원주32] 이에 대한 비판은 『베단타 수트라』, i.1.4에 대한 라마누자의 주석에서 다루어진다.

[원주33] Kāryarūpeṇa nānātvam, abhedaḥ kāraṇātmanā(『베단타 수트라』, i.1.4에 대한 바스카라의 주석).

[원주34] Bāskarīyās tu cidacidaṁśavibhaktam brahmadravyam acidaṁśena vikriyate(『사르바르타싯디』(*Sarvārthasiddhi*), iii.27).

[원주35] Mahāyānikabauddhagāthitam māyāvādam(『베단타 수트라』, i.4.25에 대한 바스카라의 주석).

에 기인하다.[원주36] 개별적 자아들과 브라흐만의 관계는 불꽃들과 불의 관계에 비유된다. 윤회의 삶은 브라흐만과 한정자들 사이의 혼동 때문에 일어난다. 덕행과 경신(敬神)을 통하여 우리는 그 둘을 분별할 수 있으며, 이로써 우리는 구제된다. 바스카라는 브라흐만이 실제로 개별적 영혼들의 고통과 재생을 겪는다고 생각한다. 그의 견해에 의하면, 행위(karma)는 해탈을 가져오는 지식에 대한 하나의 중요한 수단(aṅga)이다. 그의 견해는 라마누자의 입장과 동일하다 할 수 있지만, 보다 정확히 말하여 행위와 지식의 결합(jñānakarmasamuccaya)을 추구한다.

7. 야다바프라카샤

한때 라마누자의 스승이었으며, 11세기 콘지바람에 살았던 야다바프라카샤(Yādavaprakāśa)는 『브라흐마 수트라』에 대한 독자적인 주석을 썼으며, 그의 주석은 아드와이타의 해석을 따르는 경향이 짙다. 그는 브라흐만의 전변에 대한 이론(Brahmapariṇāmavāda)을 채택한다. 그는 브라흐만이 실제로 영혼(cit), 물질(acit), 그리고 신(Īśvara)으로 전변한다고 주장한다. 만일 이슈와라가 영혼과 마찬가지로 의식적인 존재라는 범주에 귀속된다면, 의식적인 영혼들과 비의식적인 물질은 다른 실체들이 아니라, 단지 동일한 실체의 다른 상태들에 지나지 않는다. 그의 이론은 브라흐만과 세계가 동일한 동시에 다르다고 보는 불일불이론의 입장이다. 브라흐만은 전변을 겪지만, 그럼에도 불구하고 그것은 자체의 순수성을 상실하지 않는다. 야다바는 어떤 하나의 존재가 그 자체와 다른 동시에 다르지 않을 수 있다고 말하는

[원주36] Jīvaparayoś ca svābhāviko 'bheda aupādhikas tu bhedaḥ(『베단타 수트라』, iv.4.4에 대한 바스카라의 주석). 또한 『베단타 수트라』, iv.4.15 ; ii.3.18에 대한 바스카라의 주석을 보라.

데 전혀 아무런 모순도 발견하지 않는다. 그는 모든 존재가 항상 두 가지 다른 측면들을 동시에 나타낸다고 말한다. 원인적 실체(kāraṇa)와 유적(類的) 속성들(jāti)에 관한 한 이들은 무차별을 나타내며, 결과적 상태들(kārya)과 개별적인 특성들(vyakti)에 관한 한 이들은 차이를 나타낸다. 이와 같이 브라흐만과 세계는 다르면서 또한 동시에 다르지 않다.[원주37]

바스카라는 브라흐만이 다소 유한한 영혼들의 경험들을 직접 겪는다고 믿는 반면에, 야다바는 브라흐만이 그 자체의 본래적인 고귀한 상태로 남아 있다고 주장한다.[원주38] 만일 우리가 신, 영혼, 물질이라는 세 가지의 실체가 브라흐만의 전변들이 아니라, 궁극적 실재들이라고 믿는다면, 우리는 오해하고 있는 것이다. 오직 브라흐만만이 실재이며, 다른 모든 것은 브라흐만으로부터 생겨난다. 야다바에게 차이들은 동일과 마찬가지로 실재적이다. 이에 비하여 바스카라에게 차이들은 실재인 한정자(upādhi)들에 기인하는 것이지만, 동일은 궁극적인 진리이다. 윤회는 영혼과 물질 및 이슈와라가 궁극적으로 다르다는 그릇된 지식에 의거한 삶에 지나지 않는다. 이 그릇된 인식을 제거하는 데 행위와 지식 모두가 유용하다.

라마누자는 브라흐만과 이슈와라에 대한 구분이 근거 없는 것이라는 이유로 야다바의 견해를 논박한다. 이슈와라를 능가하는 다른 어떤 존재도 있을 수 없으며, 이슈와라는 단지 브라흐만의 변형에 불과한 것으로 간주되지 말아야 한다.[역주9] 신과 영혼들과 물질의 힘들(śaktis)과 이 셋의 토대, 즉 브라흐만과의 관계는 분명하지 않다.[원주39]

[원주37] 『사르바르타싯디』, iii.27.
[원주38] 『베단타 수트라』, i.1.17에 대한 바스카라의 주석.
[역주9] 이 점에서 유신론적 베단타 학자들과 샹카라의 차이가 가장 극명하게 드러난다.
[원주39] 『탓트와무크타칼라파』(Tattvamuktākalāpa), iii.28.

8. 바른 지식의 원천들

라마누자는 지각, 추론, 그리고 경전의 증언을 바른 지식의 원천들로 받아들이며, 그 외의 다른 것들에 대해서는 무관심하다. 그의 추종자들은 이 세 가지에다 하나나 둘을 보태기도 한다. 지각은 그 자체의 대상으로 그것의 형태를 구성하는 일반적 특성을 지니는, 차이에 의하여 구별되는 것을 지닌다.[원주40]

라마누자는 한정적 지각과 비한정적 지각의 차이를 인정한다. 비한정적 지각은 완전히 무차별적인 대상 혹은 순수 존재에 대한 파악도 아니고, 한정자들과 무관한 어떤 한정된 대상 혹은 한정된 대상과 무관한 어떤 한정자들에 대한 파악도 아니다. 비한정적 지각은 전자일 수 없다. 왜냐하면 분별의 모든 요소들을 결여한 대상들을 파악하는 것은 불가능하기 때문이다. 의식의 본질적인 측면은 분별이며, 우리는 어떤 대상의 특수한 측면들에 대한 파악 없이 그것을 파악할 수 없다. 모든 지식은 어떤 특수한 속성에 의하여 규정되는 대상에 대한 파악에 놓여 있다.[원주41] 왜냐하면 심지어 한정적 지각의 경우에도 단지 비한정적 지각에서 파악된 속성들이 기억되고 인지되기 때문이다. 그 둘의 차이는 여기에 있다. 즉 비한정적 지각에서 우리는 어떤 개체를 처음으로 지각하며, 비록 우리가 그것의 유적 속성을 파악한다 할지라도, 우리는 그 속성이 그 부류에 속하는 개체들에 공통된다는 사실을 알지 못한다.[원주42] 우리가 어떤 개체를 두번째 혹은 세번째 지각할 때, 우리는 전체 부류에 공통적인 유적 속성을 인식한다.

라마누자에게는 오직 개별자들만이 실재적이다. 비록 개별자들 사이

[원주40] 외적인 특성들은 지각되기 쉽다. 우리가 어떤 소리를 들을 때, 청각의 변형 (vṛtti)이 바깥으로 나아간다. 공기는 감각들의 대상이다. 빛은 비록 냄새는 없다 할지라도, 촉각과 시각을 통하여 지각된다.

[원주41] Saviśeṣavastuviṣayatvāt sarvapramāṇānām(『베단타 수트라』, i.1.1에 대한 라마누자의 주석).

[원주42] 『탓트와무크타칼라파』, iv.32.

에 어떤 유사—부분들의 배열과 같은—는 있다 할지라도, 개별자들에 존재하는 어떤 유적 본질(class essence)은 결코 없다. 우리는 유사의 사실로부터 유적 본질의 개념을 짜맞춘다. 동일한 단어의 사용에 대한 근거는 바로 유사이다.[원주43] 베단타 데쉬카는 차이(bheda) 그 자체는 결코 그것이 구별하는 것에 대하여 상대적인 것이 아니라고 주장한다. 따라서 지각은 사실에 대한 지식뿐만 아니라, 그것의 구별되는 특성을 인식하게 한다.[원주44] 이 둘은 서로를 규정하는 것이 아니며, 상호 의존적인 것도 아니다. 그 둘에 대한 결합이 추구될 때, 그 둘은 마치 서로를 규정하는 것처럼 보인다. 그러나 설사 우리가 이 모든 것을 사실로 친다 할지라도, 어떻게 아무것도 구별짓지 않는 차이가 있을 수 있는가를 이해하는 것은 어렵다.[원주45]

요가의 지각은 라마누자의 추종자들에 의하여 지식의 독자적인 수단으로 인정되지 않는다. 각 감각은 그 자체의 개별적인 대상 영역을 지니며, 그것이 아무리 잘 훈련된 경우라 할지라도 다른 감각들에 속한 대상들을 파악하는 것은 불가능하다. 귀는 볼 수 없으며, 눈은 들을 수 없다. 만일 요가의 지각이 감각들을 통하여 작용한다면, 그것은 감각적 지각과 다르지 않으며, 만일 그것이 모든 경험에 대하여 독립적이라면, 그것은 타당한 지식이 아니다.

기억(smṛti)은 타당한 것으로 간주되며, 어떤 독자적인 영역이 주어진다. 우리는 모든 기억된 지식이 단지 지각을 전제로 한다는 이유만으로 그것을 지각의 범주 아래 둘 수 없다. 왜냐하면 만일 그렇게 되면, 지각을 전제로 하는 추론 또한 지각의 범주 아래 두어야 하기 때문이다.

추론은 보편적 원리로부터 도출되는 지식이다. 사실 단 하나의 사례

[원주43] 자이나교의 견해와 이 견해를 비교하라.
[원주44] 『사르바르타싯디』, v.14.
[원주45] 어떤 것의 비존재(abhāva)는 다른 어떤 곳에 그것의 존재를 의미하므로, 비존재는 지각의 대상으로 말해진다. 비지각(非知覺, anupalabdhi)을 통하여, 우리는 의식이 언제나 그것이 관련되는 대상들을 지닌다는 것을 안다(i.1.1).

혹은 경우도 보편적 원리를 시사한다. 다수의 사례들은 단지 우리의 의혹을 제거하는 데 도움을 줄 뿐이다. 간접적 논증(tarka)을 통하여, 그리고 긍정적인 실례와 부정적인 실례 모두를 사용하여, 우리는 비본질적인 것들을 제거하고 보편적 원리를 확립한다.[원주46] 삼단논법은 3지(三枝), 즉 니야야의 5지(五枝) 논법의 첫 3지 혹은 마지막 3지를 지닌다. 비교(comparison)는 독립적인 지식 수단으로 인정되지 않는다. 왜냐하면 그것은 기억이나 추론의 경우 가운데 하나이기 때문이다. 가정(arthāpatti)[역주10]과 포함(saṁbhava)[역주11] 또한 추론의 범주에 속하는 것으로 간주된다.

라마누자는 경전의 증언을 바른 지식의 원천으로 인정한다. 세계의 유일한 원인인 궁극적 실재는 다른 지식 수단의 대상이 아니라, 오직 경전들(śāstras)을 통하여 알려진다.[원주47] 브라흐만은 지각의 대상이 아니다.[원주48] 경험으로부터의 일반화는 결코 브라흐만의 실재를 입증할 수도 없으며, 그것의 반증을 들 수도 없다.[원주49] 지성이 가리키는 그것의 실재는 유한한 지성에 의하여 실제로 관찰되거나 이해될 수 있는 영역을 초월하여 있다. 비록 이성이 경전을 뒷받침하기 위하여 사용된다 할지라도, 경전은 초감각적 문제들에 관한 유일한 지식 수단이다.[원주50]

[원주46] 『사르바르타싯디』, iv.47.

[역주10] 다른 어떤 것을 가정함으로써 어떤 것을 이해 가능하게 만드는 지식 수단을 말한다. 미망사와 아드와이타는 이것을 독자적인 지식 수단으로 인정한다.

[역주11] 어떤 것이 이미 알려진 다른 어떤 것 속에 포함되어 있기 때문에, 직접적인 방법이 아니라 간접적으로 그것을 아는 과정을 의미한다.

[원주47] 『베단타 수트라』, i.2.1에 대한 라마누자의 주석.

[원주48] 『베단타 수트라』, i.1.3에 대한 라마누자의 주석.

[원주49] 『베단타 수트라』, i.2.23에 대한 라마누자의 주석.

[원주50] 『베단타 수트라』, ii.1.12에 대한 라마누자의 주석. 야무나차리야는 라이벌 관계에 있는 학파의 교의를 다루는 데 철저하게 합리적인 입장을 견지한다. 반대자의 주장에 대한 수용을 거부하면서 그는 말한다. "이 모든 가르침은 무조건 믿는 자들에게는 설득력이 있을지도 모른다. 그러나 우리는 경솔히 무비판적으로 믿지 않으며, 따라서 우리는 자신을 확신하게 할 논리를 필요로 한다"(『싯디트라야』 (Siddhitraya), p.88).

베다는 영원하다. 왜냐하면 세계의 신기원이 시작될 때마다 이슈와라는 단지 그것을 말하기만 할 뿐이기 때문이다. 성전서(smṛti)들과 서사시들은 베다에 담긴 개념들을 설명하고 있으며, 따라서 또한 권위를 지닌다. 판차라트라 학파의 아가마 문헌들 또한 타당한 것으로 받아들여질 수 있을 것이다. 왜냐하면 이 문헌들은 신성한 바수데바(Vāsudeva)에 그 기원을 두고 있기 때문이다.[원주51] 전통(aitihya)은 그것이 진실일 때, 경전적 지식(āgama)의 한 경우이다.[원주52]

라마누자는 사유가 그 자체만으로 우리를 실재와 대면하게 할 수 없다는 것을 인정한다. 심지어 베다조차도 우리에게 단지 간접적인 지식을 제공할 뿐이다. 단순히 경전의 언급들을 이해하는 이상의 어떤 것이 요구된다. 궁극적 실재에 대한 논리적인 지식이 아닌, 그것에 대한 직관(sākṣātkāra)은 오직 신애(信愛)의 특성을 띠는 명상 속에서 가능하다.[원주53] 바마데바(Vāmadeva)와 그 밖의 사람들은 물질적·비물질적인 대상들을 그 자체의 특징적인 양태들로 지니는 유일한 브라흐만을 보았다.[원주54] 이 최상의 지식은 영혼에 속한 비인식적 요소들의 작용을 포함한다. 마음은 실재의 본질을 파악하는 다른 방식들을 지니며, 이 모든 방식들은 그 자체의 궁극적인 목적 및 제1원천에 닿아 있다. 진리를 깨달으려면, 마음은 그 자체의 모든 힘과 수단을 발휘해야 하며, 최상의 차원에서 작용하지 않으면 안된다. 최상의 차원으로 끌어올려진 마음은 이성뿐만 아니라 느낌으로 충만해 있다.

그릇된 인식이 있는 것과 마찬가지로, 그릇된 느낌이 있을 수 있다는 것은 틀림없는 사실이다. 인식들이 격리되어 있는 것과 똑같이, 저급한 차원에서 느낌들도 격리되어 있을 수 있다는 것 또한 사실이다. 그러나 인식들이 체계화될 수 있는 것과 마찬가지로, 느낌들도 변형·

[원주51] 『탓트와무크타칼라파』, iv.121.
[원주52] 거짓일 때, 그것은 경전적 지식의 단순한 가현(āgamābhāsa)의 경우이다.
[원주53] 『베단타 수트라』, iii.2.23에 대한 라마누자의 주석.
[원주54] 『베단타 수트라』, iii.2.24에 대한 라마누자의 주석.

훈련되어 합리적으로 될 수 있다. 직관되는 대상은 직접적으로 현시되지 않으므로, 직관의 본질은 성격상 간접적인 것으로 말해진다. 그럼에도 불구하고 그것의 즉시성과 명료함에 관한 한, 그것은 결코 지각에 의한 지식보다 열등하지 않다.[원주55] 우리가 앞으로 살펴보게 되는 것처럼, 이 지식은 매일의 예배와 기도에 대한 응답으로 내려지는 신의 은총을 통하여 일어난다. 이것은 종교적인 체험 혹은 무한자에 대한 즉각적인 앎이다. 이 경우에 개별 영혼은 궁극적 실재와 친교상태에 있다.

만일 모든 지식이 실재적이라면,[원주56] 우리의 지식이 때로는 사실에 부합하지 않는 것은 어떻게 된 것인가? 그릇된 지각에서 나타나는 대상은 환영이 아니라 실재이다. 왜냐하면 오분결합설(五分結合說, pañciīkaraṇa)[역주12]에 따르면, 물질 세계의 모든 대상들은 5요소들을 다양한 비율로 담고 있는 복합적인 실체들이기 때문이다. "하나는 '은조각'이라 불리고 다른 하나는 '조가비'라고 불리는 것은, 어떤 하나의 요소 혹은 다른 하나의 요소가 그 둘 속에 상대적으로 현저하게 나타나기 때문이다. 우리는 조가비와 은조각이 비슷하다는 것을 관찰한다. 그러므로 지각 자체는 후자의 어떤 요소들이 전자 속에 실제로 존재한다는 것을 알려준다." 유사하다는 것은 어떤 점에서 실체의 부분적인 동일을 의미한다. 단지 물은 빛의 입자들 및 흙의 입자들과 관련하여 존재한다는 이유 때문에, 우리는 신기루에서 물을 지각한다. 백색의 조가비가 황달에 걸린 눈을 지닌 사람에 의하여 황색으로 보일 때, 눈의 누르스름함은 눈빛을 따라서 그 조가비에 흘러 들어가며, 그 결과로 조가비의 백색은 가려진다. 이 이론이 아무리 비과학적인 것으로 보인다 할지라도, 그것은 지식에 대한 라마누자의 입장, 즉 모든 지식은 실재적이라는 견해를 포기하지 않는 그의 단호함을 보여주고 있다.

[원주55] 『베단타 수트라』, iii.4.26에 대한 라마누자의 주석.

[원주56] Sarvaṁ vijñānajātaṁ yathārtham(『베단타 수트라』, i.1.1에 대한 라마누자의 주석).

[역주12] 『인도철학사 III』, p.289의 [역주6]을 보라.

심지어 꿈에서도, 신은 각 개인의 공덕과 죄과에 따라서 그의 즐거움 혹은 고통을 위한 대상들을 창조한다.[원주57] 신은 "개별적 영혼들의 공덕과 죄과에 따라서 그들이 그 결과를 향수하는 대상으로 전체 세계를 창조하는 가운데, 의식의 공통적인 대상이 되는 어떤 것들을 창조하는가 하면, 또한 단지 특정한 사람들에 의해서만 지각되고 제한된 시간 동안에만 지속하는 것들을 창조하기도 한다. 이른바 '부정하는 것들'(things sublating)과 '부정되는 것들'(things sublated)을 구분짓는 것은, 일반적인 의식의 대상인 것들과 그렇지 않은 대상들에 대한 이 구분이다."[원주58] 어떤 인식들은 그 대상으로 참된 것들을 지니며 다른 어떤 인식들은 거짓된 것들을 지닌다고 생각하는 것은 잘못이다.

라마누자의 견해는 모든 오류를 해명하여 정당화하는 것처럼 보인다. 사실 그는 모든 지식이 실재적이라고 주장하지만, 그럼에도 불구하고 그는 지식이 실재 전체에 대한 완전한 것이라고 말하지는 않는다. 우리의 지식은 일반적으로 불완전하며 부분적이다. 우리가 조가비를 은조각으로 착각할 때, 우리는 어떤 측면들을 파악하는 동시에 다른 어떤 측면들을 놓치고 있다. '황색' 조가비에 대한 그릇된 지각에서 우리는 조가비의 백색 측면들을 간과한다. 꿈속의 경험에서 우리는 그 대상들이 꿈을 꾸고 있는 사람에게 국한되는, 개인적인 것이고 다른 사람들이 아니라 오직 그에게 고유한 것들이라는 사실을 간과한다. 심지어 일반적으로 참된 지식으로 받아들여지는 것에서도, 우리는 실제적인 목적들을 위하여 꼭 필요하지 않은 많은 것들을 무시한다. 참된 지식이든 그릇된 지식이든 모두 불완전하기는 마찬가지라 할 수 있지만, 그럼에도 불구하고 전자는 고려 중인 관심사들에 대하여 필수적인 측면들을 언급하며, 우리의 실천적인 필요에 기여한다. 이에 비하여 후자는 고려 중인 목적의 성취에 실패한다. 참된 지식은 삶에 유용하다. 신기루가 그릇된 지식인 이유는, 물의 요소가 그것 속에 존재하지 않기 때문이

[원주57] 또한 『베단타 수트라』, iii.2.5 및 6에 대한 라마누자의 주석을 보라.
[원주58] 『베단타 수트라』, i.1.1에 대한 라마누자의 주석.

아니라, 그것 속에 있는 물이 우리의 갈증을 해소할 수 없기 때문이다. 참된 지식은 실재를 있는 그대로 나타내는 것(yathārtha)이며, 또한 실제로 유용한 것(vyavahārānuguṇa)이다.[원주59]

모든 지식은 실재의 어떤 측면들을 나타내고 있다 할지라도, 그것이 실재 전체를 포괄할 때까지 그것은 완전한 것으로 간주될 수 없다. 오류의 가능성은 우리의 지식이 포괄적이고 완전하게 되기 전까지, 그리고 개별적인 인식자가 모든 결함에서 벗어날 때까지, 사라지지 않고 여전히 남아 있다. 윤회의 세계에서 비록 이에 대한 열망은 있다 할지라도, 그것은 불가능하다.

라마누자는 지식의 본질 속에 작용하는 어떤 내재적인 필연의 힘을 믿는다. 비한정적 지식이 한정적 인식으로 넘어갈 수 있게 하는 것은 바로 이 필연의 힘이다. 처음부터 끝까지, 우리의 판단들은 주체들을 보다 광범위한 전체에 관련지으려고 시도한다. 지식이 그것의 최고 상태에 있을 때, 즉 그것이 그 자체의 목적에 도달했을 때, 우리는 각기 고유한 기능들을 지니는 수많은 부분들을 포함하는 하나의 유기적인 경험을 지니게 될 것이다. 그와 같은 하나의 전체에서 각 구성 요소는 그 자체의 위치와 기능에 의하여 특징지어지며, 그것은 비록 유한하지만, 그렇다고 해서 개별적이거나 단지 그것에만 국한되지는 않을 것이다. 해탈의 순간에, 개아는 완전한 지식의 이상을 실현한다.

샹카라라는 아무런 규정성도 띠지 않는 순수한 동일은 사유작용에 의하여 파악되지 않지만, 그럼에도 불구하고 사유작용이 불가능한 것을 실현하지 못한다고 해서 비난될 필요는 없다고 생각하며, 이것은 의심의 여지없이 타당하다. 만일 주사(主辭)가 단순한 자기 동일의 측면만 지닌다면, 'S는 P이다'를 주장하는 판단은 참이 아닐 것이다. 왜냐하면 우리는 단지 'S는 S이다'를 말할 수 있을 뿐이기 때문이다. 의미있는 서술은 거짓이며, 동어반복적 판단은 쓸모없다. 그러나 라마누자는 비

[원주59] 『야틴드라마타디피카』(*Yatīndramatadīpikā*).

록 모든 판단은 주사와 빈사(賓辭)의 동일을 언명하는 것이라 할지라도, 똑같이 중요한 다른 하나의 요소, 즉 주사와 빈사는 다르다는 측면이 있다고 주장한다. 만일 어떤 사실의 다른 측면들을 통하여 그 자체를 유지하는 어떤 동일이 없다면, 아무런 판단도 있을 수 없을 것이지만, 그럼에도 불구하고 이와 같은 동일은 반드시 차이 속에 그 자체를 나타내고, 그것을 지양하지 않으면 안된다. 동일은 하나의 관계이며, 모든 관계는 반드시 관계되는 두 요소들을 필요로 한다. 만일 그 두 요소들이 서로 구별되지 않는다면, 그 둘은 관련될 수 없다. 모든 차이에 대한 부정은 심지어 동일의 관계조차도 불가능한 것으로 만든다. 절대적인 자기 동일의 경우에는 동일에 대한 어떤 언급도 있을 수 없다. 심지어 우리가 'S는 S이다'라고 말할 경우에도, 우리는 단지 함축된 어떤 차이에 응하여 그와 같은 명제를 구성한다.

샹카라는 우리가 "너가 바로 그것이다"라고 말할 때, 그 둘 사이에는 단지 외견상의 차이가 있을 뿐이며, 이 판단은 그 둘의 실재적인 동일을 주장한다고 말한다. 그러나 라마누자는 동일과 차이가 실재의 똑같은 차원에 있는 항목들에 적용된다고 주장한다. 모든 동일은 차이 속에서 그리고 차이를 통한 동일이며, 개개의 모든 판단들은 그것에 대한 하나의 예시이다. "하늘은 푸르다"라는 판단에서, '하늘'과 '푸름'은 완전히 동일한 것은 아니며, 그렇다고 해서 그 둘이 완전히 다른 것도 아니다. 비록 판단의 대상과 푸름의 속성은 서로 다른 의미를 지닌다 할지라도, 그 둘은 함께 존재한다. 사유작용에 대한 상관적인 견해는 실재의 본질에 대한 설명에서 가장 적합하다. 왜냐하면 실재는 그 자체의 내용들에 의하여 규정되는 동시에 또한 그 자체의 내용들을 규정하는 하나의 완전한 체계이기 때문이다. 사유작용의 합리성을 어떤 결함으로 간주하는 것은 이해할 수 있음에 대한 그릇된 기준이다. 지식이 지식일 수 있으려면, 그것은 반드시 그 자체의 존재를 나타내는 관계들의 체계를 전개해야 한다. 실제적이고 살아 있는 원리는 내적으로 그 자체를 구별하지만 그럼에도 불구하고 그와 같은 구별 과정에서 벗어나 자유롭게 남아 있는 어떤 것이다.

샹카라는 관계들의 체계는 무한 소급의 어려움에 떨어질 수밖에 없다고 주장한다. 하나의 관계는 관계 자체와 함께 셋을 이루는 두 항목들을 포함하며, 만일 우리가 이 항목들에 또한 서로에 대한 이들 상호간의 관계들을 더한다면, 우리는 무한 소급으로 내몰리게 된다. 라마누자는 이 견해를 부정하고 역동적인 실재를 주장한다. 라마누자에게 실재는 그 속에 자기 현시의 가능성을 지닌다. 그는 동일이 있는 곳에 관계들이 있을 수 없으며, 관계들이 있는 곳에는 동일이 있을 수 없다는 것을 믿지 않는다. 지식의 대상이 되는 세계는 규칙적이고 정돈된 하나의 세계이며, 단일의 원리가 세부적으로 전개된 것 혹은 자기 표현된 것이다. 신과 세계는 둘 다 실재적이며, 하나는 반드시 다른 하나를 통하여 실재적일 수 있다. 그리고 이것은 오직 우리가 그 체계를 인간적인 형태의 단일 경험으로 간주할 때만 가능하다. 사유는 자의식적 지성인 신에 대한 완전한 파악을 실현한다. 실재는 그 요소들이 보다 더 작은 개별자들인 한 개별자이다.

9. 원인과 실체

라마누자는 인중유과설(因中有果說, satkāryavāda)을 받아들인다. 모든 결과는 어떤 선재하는 질료인을 함축한다. 상태의 변화는 인과 관계의 의미이다.[원주60] 실은 옷감의 원인이다. 왜냐하면 옷감은 단지 실들을 가로 세로로 배열해놓은 것에 지나지 않기 때문이다.[원주61] 존재와 비존재는 한 실체의 다른 측면들이다. 비존재는 단지 상대적이며 절대

[원주60] Avasthāntarāpattir eva hi kāryatā(『바가바드기타』, xiii.2에 대한 라마누자의 주석).
[원주61] 『베단타 수트라』, ii.1.19~20에 대한 라마누자의 주석. 또한 『베단타 수트라』, ii.1.16에 대한 라마누자의 주석을 보라.

적이 아니다.

무엇이든 속성을 지니는 것은 실체(dravya)이다. 토대(ādhāra)는 실체이며, 그것에 의존하는 것(ādheya)은 비실체(adravya)이다. 사물들은 실체인 반면에, 속성들과 관계들은 비실체들이다. 등불은 실체이며, 빛(prabhā) 또한 실체이지만, 후자는 또한 속성(guṇa)이기도 하다. 붓디(buddhi, 통각작용)는 확장 및 수축의 속성을 지니므로 실체라 할 수 있지만, 그것은 또한 자아의 속성이기도 하다.[원주62] 비록 세계는 그 자체의 요소들과 속성들로서 실체와 비실체들을 담고 있다 할지라도, 이슈와라의 관점에서 볼 때, 신에 대한 한정자(viśeṣaṇa)로서 전체 세계는 비실체적이다. 어떤 한정자는 지식(jñāna)처럼 하나의 실체일 수도 있을 것이다. 실체들은 질료인으로 기여할 수 있지만, 비실체들은 그렇게 할 수 없다.[원주63]

실체에는 물질(prakṛti), 시간(kāla), 순수 물질(śuddhasattva), 속성지(屬性知, dharmabhūtajñāna), 개아(jīva), 그리고 신(Īśvara)이 있다.[원주64] 이 중에서 앞의 세 가지는 비의식적이고, 신과 영혼은 의식적이며, 지식은 두 측면 모두를 지닌다. 그것은 자체와 외적인 대상들을 현시한다는 점에서 비의식적인 것 같지 않다. 그러나 지식은 결코 그 자체를 위하여 있는 것이 아니며, 언제나 타자, 즉 자아를 위하여 존재한다. 지식은 자아에 대한 독특한 한정자이며, 속성지라고 불린다. 속성지가 이런 저런 감각을 통하여 나아가서 어떤 대상과 접촉하게 될 때, 자아는 이런 저런 대상을 알게 된다. 주체와 대상은 상호 독립적으로 존재하며, 속성지를 통하여 서로 관련지어지는 것으로 상정된다.

성, 촉, 색, 미, 향의 다섯 가지 속성들, 점착성(粘着性), 양(量), 수(數), 크기, 개체성, 결합, 구별, 의욕, 혐오, 즐거움, 고통, 그리고 의지와 이해는 비실체들이다.

[원주62] 『탓트와무크타칼라파』, iv.7.
[원주63] 같은 책, v.2.
[원주64] 같은 책, i.6.

10. 자아와 의식

샹카라는 주체와 대상의 구분이 상대적인 것이라고 믿는다. 실재는 오직 유일 무차별의 브라흐만뿐이라고 생각하기 때문이다. 라마누자는 이 견해를 반박하며, 의식의 본질은 어떤 영원한 사유의 주체뿐만 아니라 이와 구별되는 대상의 존재에 대한 증거가 된다고 주장한다.[원주65] 지식은 언제나 차이에 대한 지각을 포함한다. 우리로 하여금 순수 무차별의 존재를 파악할 수 있게 하는 어떤 지식의 원천도 없다. 설사 있다 할지라도, 그것은 브라흐만을 대상의 위치에 둘 것이며, 따라서 그것을 무상한 영역에 포함할 것이다. 순수 의식 같은 것은 결코 있을 수 없다. 이것은 입증되거나 그렇지 않을 수도 있을 것이다. 만일 순수 의식이 실재라고 판명된다면, 그것은 순수 의식이 속성들을 지닌다는 결론이 될 것이다. 만일 그것이 그렇지 않다면, 그것은 공중꽃과 마찬가지로 비존재일 것이다.[원주66] 심지어 샹카라도 의식에 영원, 자명 등과 같은 속성들을 귀속시킨다. 지식이 자명하다(svayaṁprakāśa)는 것은 분명하지만, 그럼에도 불구하고 그것은 또한 어떤 지식의 대상이기도 하다. 알려지는 모든 것은 반드시 비의식적인(jaḍa) 대상일 필요는 없다.

만일 지식이 전혀 아무런 한정도 지니지 않는다면, 그것의 대상 또한 그래야 할 것이다. 그러나 이것은 우리의 경험에 부합하지 않는다. 지식이 숙면상태 혹은 이와 유사한 상태들에서 모든 대상들을 결여한 순수 지식으로 존재한다고 생각하는 것은 오해이다. "왜냐하면 숙면에서 깨어난 사람은 자신이 자고 있는 동안의 의식상태를 '나는 모든 이기심에서 자유롭고 본질적으로 다른 모든 것들에 반대되는 순수 의식이었다'고 표현하지 않기 때문이다. 그가 생각하는 것은 단지 '나는 잘

[원주65] Na ca nirviṣayā kācit saṁvid asti.

[원주66] Saṁvit siddhyati vā na vā, siddhyati cet sadharmatā syāt, na cet tuccatā gaganakusumādivat(『베단타 수트라』, i.1.1에 대한 라마누자의 주석).

잤다'는 것뿐이다. 이와 같은 형태의 회상으로부터 판단할 때, 심지어 숙면상태에서도 자아, 즉 '나'는 인식의 주체였으며, 즐거움을 지각했던 것으로 보인다. 자아가 그 자체는 '아무것도 의식하지 않았다'고 말하는 경우에도, 그것은 지속된 인식 주체를 의미하며, 부정되는 것은 단지 인식의 대상들이다."[원주67]

지식은 오직 어떤 대상과의 관계 속에서 알려지며, 숙면상태에서 그것은 작용하지 않는다. 왜냐하면 이 상태에서는 아무런 대상도 없기 때문이다. 숙면상태에서 자아는 지식과 함께 그 본래의 자의식상태로 머물러 있으며, 이 순간에 지식은 아무런 작용도 없다. 자아는 언제나 지식의 주체로서의 에고이며, 결코 순수 의식이 아니다. 샹카라가 자아는 숙면상태에서도 존재한다고 말할 때, 비록 아만(我慢, amaṁkāra)의 기관이 사라지고 없다 할지라도, 그는 보편적 무지의 목격자(sākṣin)를 인정하는 것이나 다름없다. 다시 말하여 인식하지 않는 것은 목격자일 수 없으며, 따라서 순수 지식은 목격자가 아니다. 목격자는 아는 자, 즉 인식 주체이다. 이 주체는 숙면상태에서도 존재하며, 단지 그것이 타마스(tamas)에 의하여 압도되기 때문에 우리가 그것을 의식하지 못할 뿐이다. 만일 그것이 숙면상태에서 존재하지 않았다면, 잠에서 깨어난 후에 우리는 자신이 잘 잤다는 것을 기억할 수 없을 것이다. 만일 이 영원한 자아가 없다면, 기억은 불가능할 것이며, 우리는 어제 보았던 어떤 것으로 오늘 그것을 인식할 수 없을 것이다.

설사 의식이 의식적인 주체와 동일시되고, 영원한 것으로 인정된다 할지라도, 인식의 현상은 쉽게 설명될 수 없을 것이다. 왜냐하면 그것은 단지 의식 자체가 아니라, 선행 순간에서 후속 순간으로 지속하는 의식적인 주체를 전제로 하기 때문이다.[원주68] 자아는 자명한 지식이

[원주67] 『베단타 수트라』, i.1.1에 대한 라마누자의 주석. 또한 『베단타 수트라』, ii.3.31에 대한 라마누자의 주석을 보라.

[원주68] Pratisaṁdhānaṁ hi pūrvaparakālasthāyinam anubhavitāram upasthāpayati, nānubhūtimātram(『베단타 수트라』, i.1.1에 대한 라마누자의 주석).

아니라, 다만 그것의 주체일 뿐이다. 우리는 "나는 의식이다"[원주69]라고 말하는 것이 아니라, "나는 의식적이다"[원주70]라고 말할 뿐이다. 지식의 자명한 특성은 자아, 즉 인식자로부터 도출된다. 지식의 존재와 그것의 자명한 특성은 자아와 그것의 관련에 의존한다.[원주71] 주체가 대상의 편에 속한다고 주장하는 것은 "자신의 어머니가 석녀(石女)라고 주장하는 것과 다를 바 없다." 우리는 프라크리티의 비의식적인 산물인 아함카라에 인식성을 귀속시킬 수 없다. 자아는 지식을 본질로 하며, 또한 그 속성으로 지식을 지닌다.[원주72] 그것은 인식자이며, 단지 빛에 불과한 것이 아니다.[원주73]

우리는 인식자가 되는 것은 본질적으로 변화하는 것이라고 생각할 필요가 없다. 왜냐하면 인식자가 된다는 것은 지식이라는 속성의 토대가 된다는 것을 의미할 뿐이기 때문이며, 인식하는 자아가 영원하므로, 그것의 속성인 지식 또한 영원하다. 다만 이 영원한 지식이 항상 그 자체를 나타내지는 않을 뿐이다. 원래 그 자체로는 아무런 한정도 지니지 않는(svayam aparicchinnam) 지식은 수축·확장할 수 있다. 카르마(업)의 영향 때문에, 그것이 다양한 일에 관여하고 여러 감각들에 의하여 이런 저런 형태로 규정될 때, 그것은 수축된다. 감각들에 기인되는 이와 같은 적응과 관련하여, 그것은 일어나고 사라지는 것으로 말해진다. 비록 그것이 일생을 통하여 다소 한정된 방식으로 작용한다 할지라도, 그것은 결코 소멸하지 않는다. 그러나 적응성은 본질적인 것이 아니며, 행위에 의하여 야기되므로, 자아는 본질적으로 불변하는

[원주69] Anubhūtir aham.
[원주70] Anubhavāmy aham.
[원주71] 『베단타 수트라』, i.1.1에 대한 라마누자의 주석. 또한 『베단타 수트라』, ii.3.18에 대한 라마누자의 주석을 보라.
[원주72] Cidrūpa……caitanyaguṇaka.
[원주73] Jñātaiva na prakāśamātram. 또한 『브리하드아란야카 우파니샤드』, iv.3.7 및 14 ; iv.5.15 ; 『찬도기야 우파니샤드』, viii.12.3 및 4 ; viii.26.2 ; 『프라슈나 우파니샤드』, iv.9 ; vi.5 ; 『타잇티리야 우파니샤드』, ii.4를 보라.

것으로 간주된다.^[원주74]

라마누자는 의식이란 결코 대상이 될 수 없다는 견해를 반박한다. 비록 그것이 다른 것들을 비출 때는 대상이 아니라 할지라도, 그것은 대상이 될 수 있으며, 자주 대상이 된다. 왜냐하면 우리가 다른 어떤 사람의 호의나 악의로부터 어떤 것을 추측할 때, 혹은 과거의 의식상태들이 현재 인식의 대상들이 되는 경우처럼, 우리의 일상적인 관찰은 어떤 사람의 의식이 다른 어떤 사람의 인식의 대상이 된다는 것을 보여준다. 의식은 단지 그것이 다른 의식의 대상이 된다는 이유만으로 그 자체의 본질을 상실하지 않는다. 우리는 의식이 자기 입증된다고 말할 수 없다. 라마누자에게 의식의 본질적 속성은 현재 순간에 그 자체의 존재를 통하여 그것의 토대에 그 자체를 현시함, 혹은 그 자체의 존재를 통하여 그 자체의 대상을 입증함에서 도구적이 된다는 것에 놓여 있다.^[원주75] 의식 없는 어떤 것이 현시될 때, 그것은 그 자체를 통하여 현시되지 않는다. 원자적인 연장(延長), 영원 등, 그리고 과거의 의식상태들과 같은 자아의 다른 속성들은 그 자체를 통하여 현시되는 것이 아니라, 그 자체와는 다른 인식 작용을 통하여 현시된다.^[원주76]

11. 신

라마누자의 지식론으로 볼 때, 실재는 순수 동일일 수 없다는 결론이 된다. 그것은 한정된 전체(a determinate whole), 즉 차이들 속에서 그리고 차이들을 통하여 그 자체의 동일을 유지하는 전체이다. 라마

[원주74] 『베단타 수트라』, i.1.1에 대한 라마누자의 주석.
[원주75] Anubhūtitvaṁ nāma vartamānadaśāyāṁ svasattayaiva svāśrayam pratiprakāśamānatvaṁ, svasattayaiva svaviṣayasādhanatvaṁ vā(『베단타 수트라』, i.1.1에 대한 라마누자의 주석).
[원주76] 『슈루타프라카쉬카』(Śrutaprakāśikā)를 보라.

누자는 절대적인 자아가 존재한다는 것을 분명히 하고 있지만, 또한 그
는 개개의 모든 유한한 실재가 이 자아의 자기 표현이라는 것을 분명
히 말하고 있다. 다수의 존재자들 사이에 상호 작용이 가능할 수 있으
려면, 세계 전체의 구성 요소들은 반드시 통일과 상호 의존으로 묶는
공통된 결속 요소를 지녀야 하며, 그것은 반드시 정신적인 원리여야 한
다. 논리뿐만 아니라, 종교적인 경험도 유한자의 보존과 인격적 존재로
서 무한자의 수용을 요청한다. 신과의 인격적인 친교에 대한 느낌은 어
떤 타자, 즉 신성한 인격과의 실재적인 친교를 포함한다. 우리의 사심
없는 헌신이나 고통과 무관하게 냉담한 눈으로 우리를 응시하는 무속
성 브라흐만은 종교적 통찰의 신이 아니다.

라마누자에 의하면, 샹카라의 방법은 그를 헛된 공(空)으로 인도했
으며, 그는 무익한 개념들의 유희를 통하여 그것을 은폐하기 위하여
노력한다. 그의 무속성 브라흐만은, 우리에게 오를란도(Orlando)의 암
말—죽어 있다는 아주 작은 하나의 결함을 제외한 모든 완전함을 지
녔던—을 시사하는 완전한 공백이다. 그와 같은 브라흐만은 지각, 추
론, 혹은 경전의 증언에 의해서도 알려질 수 없다.[원주77] 만일 지식의 원
천들이 모두 상대적이라면, 그것들은 경험을 초월하는 어떤 것을 우리
에게 말해줄 수 없을 것이며, 만일 경전들이 비실재라면, 심지어 경전
들이 언급하고 있는 브라흐만도 비실재라고 해야 할 것이다. 신이라고
불리는 궁극적 실재에서 우리는 한정, 제한, 차이, 그리고 다른 존재—
그 일자(一者) 속에 녹아 있고, 담겨 있으며, 함께 있는—를 지닌다.
한정은 무한자 자체에 있다. 브라흐만은 내적인 차이(svagatabheda)
를 지니며, 영혼들과 물질을 자신의 계기 혹은 사건으로 지니는(cida-
cidviśiṣṭa) 종합적인 전체이다.[원주78]

존재(sat), 의식(cit), 환희(ānanda)의 속성들은 브라흐만에게 어떤
인격성을 부여한다. 브라흐만의 지식은 직각적이며, 감각 기관들에 의

[원주77] 『베단타 수트라』, i.1.2에 대한 라마누자의 주석.
[원주78] 『베단타 수트라』, i.1.2에 대한 라마누자의 주석 ; 『사르바다르샤나상그라하』, iv.

존하지 않는다.[원주79] 그는 모든 것을 알며, 모든 것에 대한 직관을 지닌다. 브라흐만은 지고한 인격이며, 이에 비하여 개별 영혼들은 불완전한 방식으로 인격적이다. 인격성은 자신의 목적을 계획하고 실현하는 힘을 의미한다. 신은 완전한 인격이다. 왜냐하면 그는 자신 속에 모든 경험을 담고 있으며, 다른 어떤 것에도 의존하지 않기 때문이다. 인격성에 필수적인 차이들은 그 자신 속에 들어 있다. 신의 가장 현저한 속성들은 지식, 힘, 그리고 사랑(karuṇa)이다. 사랑의 발로에서 신은 세계를 창조하고, 법칙들을 확립했으며, 완전을 추구하는 모든 사람들을 돕는다.[원주80] 각 속성은 다른 속성들과 구별되지만, 그럼에도 불구하고 이 속성들은 모두 하나의 본체에 속하며, 그것이 지니는 존재의 통일성을 손상시키지 않는다. 이 속성들과 주(主)의 관련은 본래적이며(svābhā-vika) 영원하다(sanātana).[원주81] 이러한 속성들은 물질 및 영혼들—이들 또한 신의 속성들로 불린다—과는 달리 추상적인 것으로 말해진다.

이슈와라는 그 자신에게 의존하는 대상들뿐만 아니라, 그 자신의 본질적 속성들에 대한 토대(ādhāra)이다.[원주82] 궁극자는 "프라크리티의 산물도 아니고 카르마에 기인하는 것도 아닌, 그 자체에 고유한 신성한 형태"[원주83]를 지닌다. 육체는 단순히 요소들의 결합 혹은 생기(prāṇa)에 의하여 유지되는 어떤 것이 아니다. 그것은 감관들이 머무르는 곳, 혹은 즐거움과 고통의 원인이다. 라마누자에 의하면, 그것은 "의식적인 영혼이 그 자신의 목적을 위하여 완전히 주관하고 유지하며, 영혼에 대하여 전적으로 종속적인 관계에 있는 어떤 실체"이다.[원주84] 고통의 원인은 체화(體化)가 아니라 카르마이기 때문에, 신은 비록 몸을 지닌다

[원주79] 『베단타 수트라』, i.2.19에 대한 라마누자의 주석.
[원주80] 『라하시야트라야사라』(*Rahasyatrayasāra*), xxiii.
[원주81] 『베단타 수트라』, ii.1.15에 대한 라마누자의 주석.
[원주82] 『라하시야트라야사라』, iii.
[원주83] 『베단타 수트라』, i.2.1에 대한 라마누자의 주석.
[원주84] 『베단타 수트라』, ii.1.9.에 대한 라마누자의 주석.

470

할지라도, 고통을 겪지 않는다.[원주85] 그는 카르마의 주관자이다. 왜냐하면 카르마는 단독으로 결과들을 생성시킬 수 없기 때문이다.

비의식적이고 일시적일 뿐인 행위는 미래와 관련된 어떤 결과를 생성할 수 없다.[원주86] 현세 혹은 천계에서 다양한 형태의 즐거움을 부여하는 것은 바로 지고한 주(主)이다. 우리는 또한 브라흐만이 비록 여러 형태들과 관련된다 할지라도, 그것은 형태를 지니지 않는다[원주87]고 말할 수도 있을 것이다. 왜냐하면 "개별적 영혼은 몸이 야기하는 즐거움과 고통에 참여하기 때문에 그것이 머무르는 몸의 형태와 관련되지만, 브라흐만은 이와 같은 고통과 즐거움을 공유하지 않으므로, 그것은 아무런 형태도 지니지 않는다고 볼 수 있기 때문이다."[원주88] 브라흐만은 개별 영혼들의 고통이나 물질의 변화에 아무런 영향도 받지 않는다. 모든 악(惡)은 과거의 잘못의 결과이며, 윤회 속에 있는 영혼의 삶의 산물이다. 신은 그것과 전혀 무관하다. 존재의 끝없는 순환을 초월하여 있는 그는 어떤 그림자도 그의 영광을 흐리게 할 수 없는 빛 속에 산다.[원주89] 그와 같은 삶은 해탈을 얻은 영혼에게도 가능한데, 신에게 이것이 가능하다는 것은 더 이상 말할 필요도 없을 것이다.[원주90]

영혼들과 물질은 통일적인 신의 본질 속에 포괄되며, 실체에 대한 속성, 전체에 대한 부분, 혹은 영혼에 대한 몸의 관계[원주91]로 신과 관련된다. 이들은 또한 양태(prakāra), 부속물(śeṣa), 피주관자(niyāmya)[원주92]라고 불리며, 이에 비하여 신은 양태를 지니는 자(prakāri), 주관자(ni-

---

[원주85] 『베단타 수트라』, i.1.21에 대한 라마누자의 주석.
[원주86] 『베단타 수트라』, iii.2.37에 대한 라마누자의 주석.
[원주87] Brahmarūparahitatulyam eva.
[원주88] 『베단타 수트라』, iii.2.14에 대한 라마누자의 주석.
[원주89] 『베단타 수트라』, i.1.21에 대한 라마누자의 주석.
[원주90] 『베단타 수트라』, iii.3.27에 대한 라마누자의 주석.
[원주91] Jagat sarvaṁ śarīram te. *Rāmāyaṇa*, Yuddhakāṇḍa, i.20.26 ;『티루바이모이』(*Tiruvāymoyi*), i.1.8 ;『브리하드아란야카 우파니샤드』, v.7.
[원주92] 피주관성(niyāmyatvam)은 베단타 데쉬카에 의하여 "tatsaṁkalpādhina. sattāsthitipravṛttikatvam"으로 정의된다.

yantā), 그리고 주된 것(śeṣi)이라고 불린다.[원주93] 영혼들과 물질은 비록 모든 변형과 진화에서 유일자 브라흐만의 지배를 받는다 할지라도, 이들은 실재이며 영원하다. 영혼에 대한 몸의 관계는 신에 대한 세계의 의존성을 함의하는 것으로 말해진다. 몸(śarīra)은 영혼이 떠날 때 사멸하며, 몸의 움직임들은 영혼의 의지에 지배된다.[원주94] 세계는 신에 대하여 이와 동일한 관계에 있다. 즉 세계는 그로부터 자체의 존재를 도출하며, 그의 의지에 지배된다.[원주95]

이슈와라는 자신의 내적인 몸으로 지바를, 그리고 외적인 몸으로 세계를 지니며 존재한다. 설사 영혼들과 물질이 신의 속성들이라 할지라도, 그것은 이들 자체가 스스로의 특징적인 양태, 에너지, 그리고 행위와 함께 속성들을 지니는 실체들이 아니라는 것을 의미하지 않는다. 영혼과 몸의 비유는 비록 몸이 영혼을 규정한다 할지라도, 그것은 자체의 속성들을 지닌다는 것을 시사한다. 이 가정은 라마누자가 우주의 조화, 실재들의 상호 작용 그리고 이를 통하여 이루어지는 하나의 세계에 대한 설명을 하는 것을 가능하게 한다. 궁극의 마음이 수많은 영적 실재들에게 유기적인 관련을 부여하고, 그들 각자에게 어떤 지위와 기능을 부여하기 때문에, 세계는 하나일 수 있다. 영혼들(bhoktā), 물질(bhogya), 그리고 신(preritā)[원주96]은 이들 상호간의 본래적인 차이(svarūpabheda) 때문에 셋이지만, 그럼에도 불구하고 양태들과 실체의 동일(aikyam) 때문에 하나라고 할 수 있다.[원주97] 동일은 다만 불가분적 존재(apṛthaksiddhi)를 의미할 뿐이다.

라마누자의 신은 단순히 실재적·반성적·자의식적인 개별 자아들의 연속선상에 있는 최상의 존재가 아니며, 단지 유한한 세계와 떨어져서 그 위에 존재하기만 하는 초월적 절대자도 아니다. 세계의 의식적·

[원주93] 『베단타 수트라』, ii.4.14에 대한 라마누자의 주석.
[원주94] Svarūpāśritam. Saṁkalpādhīnam.
[원주95] 이슈와라의 rūpāśritam 및 icchādhīnam.
[원주96] 『슈웨타슈와타라 우파니샤드』, i.
[원주97] 브라흐만은 양태들로 규정되는 실체(prakāraviśiṣṭaprakāri)이다.

비의식적 대상들은 신과 공존하지만, 그럼에도 불구하고 그들은 신으로부터 자신들의 존재를 도출하며, 그를 통하여 존재를 유지한다. 온갖 다양성을 지니는 세계는 신이 실재적이라는 의미와 정확히 동일한 의미에서 실재적이다. 그러나 세계는 그것의 원인이 아니라, 그것의 토대로서 신에게 의존한다. 신은 단순히 내재적인 토대로 간주되어서는 안 된다. 만일 그렇게 되면 신은 '다자'(多者) 속으로 완전히 분화되는 것으로 간주되어야 하거나, '다자'는 신의 분화되지 않은 단일 속으로 완전히 흡수되는 것으로 간주되어야 할 것이기 때문이다. 라마누자에게 신은 세계의 초월적인 토대인 동시에 내재적인 토대이다. 신은 하나의 인격이며, 다른 인격들의 단순한 총계가 아니다. 그러므로 신은 사고하는 개별적 영혼들이나 이들의 사유의 대상들과 혼동될 수 없다.

신은 우주의 궁극적 토대로서 그것을 유지하며, 그것의 파괴에 즈음하여 다시 그것을 거두어들인다.[원주98] 창조와 파괴는 시간 속의 사건들로 간주되는 것이 아니라, 유일한 궁극자에 대한 논리적 의존을 의미하는 것으로 해석된다. 유일하게 브라흐만만이 원인을 지니지 않으며, 다른 모든 것들은 원인을 지닌다.[원주99] 비록 브라흐만은 세계의 원인이라 할지라도, 그는 세계의 불완전함에 의하여 전혀 영향받지 않는다. 궁극적 영혼은 라마누자에 의하여 비슈누와 동일시되며, 최상의 속성들이 비슈누에게 귀속된다. 브라흐마와 쉬바 또한 비슈누이다.[원주100]

신은 여러 방식으로 상정될 수 있다. 영혼들과 물질이 브라흐만의 속성들로 간주될 때, 브라흐만은 중심적인 통일체(central unity)를 의미할 것이다. 혹은 실재가 브라흐만이라고 말해질 때, 브라흐만은 결합된 전체(combined whole)를 가리킬 것이다. 브라흐만은 세계가 그것

[원주98] i.1. 『티루바이모이』, x.5.3을 참조하라. 라마누자의 철학은 제한적 불이론(Viśiṣṭādvaitam)이라고 불린다. 왜냐하면 그것은 두 가지 다른 대상들의 불이(不二)를 주장하기 때문이다.
[원주99] 『베단타 수트라』, ii.3.9에 대한 라마누자의 주석.
[원주100] 『티루바이모이』, x.10.1.

의 몸 혹은 속성(viśeṣaṇa)인 궁극적 실재이다. 이 세계는 창조에서처럼 현시된 상태이거나, 파괴(pralaya)에서처럼 미현현상태일 것이다. 심지어 후자의 상태에서도 비록 미세하다 할지라도 영혼들과 물질이라는 속성들이 존재한다. 모두에 대한 완전한 해탈의 상태는 세계의 완전한 소멸이다. 그것은 우주의 과정에 의하여 도모되는 궁극적인 이상이다. 그것이 실현될 때, 영혼들은 그 본래의 청정무구한 상태를 회복하며, 신을 대면하는 천계에서 존재한다. 심지어 물질적인 자연도 그것의 삿트와(sattva) 형태를 나타낸다. 이와 같은 이상 세계는 신 속에 본래부터 내재해 있다. 그것은 이미 개별화된 상태이다. 이 상태는 우주의 대파괴 동안에 귀입되어 있는 영혼들과 물질의 상태와 동일시되어서는 안된다. 세계라는 몸과 별개로, 이슈와라는 관념적 물질성, 즉 형성력이 있는 질료의 일종을 지니며, 이를 통하여 그는 복잡하고 다양하게 나타나는 자신의 무한한 힘을 나타낸다. 그럼에도 불구하고 그의 본질은 이 영원한 현현(nityavibhūti)과 구별되어야 한다.

라마누자는 경전들로부터 실재에 대한 자신의 견해를 뒷받침한다. 베다는 브라흐만이 상서로운 속성들로 충만해 있다고 언명한다. "브라흐만은 진리요 지식이며 또한 무한이다"라고 우파니샤드는 말한다. 이와 같은 여러 술어들은 유일한 궁극적 실재를 가리키며, 절대적인 브라흐만은 불변의 완전이며 영원히 수축되지 않는 지성을 지닌다고 선언한다. 이에 비하여 해탈된 영혼들의 지성은 한동안 수축된 상태로 있었다. 그것은 무한하다. 왜냐하면 그것의 본질은 시공간의 모든 한계를 벗어나 있기 때문이다. 무한은 브라흐만의 본질을 특징지을 뿐만 아니라 속성들도 특징짓는다. 그러나 영원(nitya)이라 불리는 영혼들에 관해서는 이와 다르다.[원주101] 브라흐만은 제2의 것이 없는 최초이다. 왜냐하면 신 이외에 다른 어떤 신도 없기 때문이다.

라마누자는 브라흐만에 대한 모든 속성을 부정하는 것처럼 보이는

[원주101] Deśakālavastuparicchedarahitam……sakaletaravastuvijātīyam(『베단타 수트라』, i.1.2에 대한 라마누자의 주석).

474

경전 구절들이 있다는 것을 인정하지만, 사실 이 구절들은 브라흐만의 모든 속성을 부정하는 것이 아니라, 단지 유한하고 거짓된 속성들을 부정하고 있을 뿐이라고 주장한다. 우리는 브라흐만의 본질을 파악할 수 없다고 말할 때, 그것은 단지 브라흐만의 장려함이 너무 광대해서 유한한 마음의 파악을 벗어난다는 것을 의미할 뿐이다. 다수성을 부정하는 경전 구절들은, 모든 것과 동일한 궁극적 영혼과 별개로 이와 같은 것들이 실재한다는 것을 부정하기 위한 것이라고 해명된다. 궁극적 영혼은 모두의 영혼으로 모든 형태의 존재 속에 있다. 최고의 직관에서 우파니샤드는 말한다. "우리는 브라흐만 외에 아무것도 보지 않고, 그 외에 아무것도 듣지 않으며, 그 외에 아무것도 인식하지 않는다." 이에 대하여 라마누자는 다음과 같이 주석한다. "명상하는 박티 숭배자가 절대적인 환희로 충만해 있는 브라흐만에 대한 직관(anubhava)을 실현할 때, 그는 브라흐만과 별개의 어떤 것도 보지 않는다. 왜냐하면 모든 존재는 브라흐만의 본질(svarūpa) 및 외적인 현현(vibhūti) 속에 포함되어 있기 때문이다."[원주102]

　　라마누자는 자신의 지식론에 따라서 "당신이 바로 그것이다"(Tat tvam asi)라는 유명한 구절을 해석한다. 샹카라는 "당신이 바로 그것이다"라는 구절이 브라흐만과 개별 영혼의 형이상학적 동일을 나타내기 위한 것이라는 견해를 보인다. "이것은 그 데바닷타(Devadatta)이다"라는 판단에서 전달되는 개념은 오직 데바닷타에 관한 것뿐이다. S와 P의 동일을 이해하려면, 우리는 반드시 '이것임'(thisness)과 '저것임'(thatness)을 제거하지 않으면 안된다. 우리가 그렇게 하기 전까지는, S와 P는 결코 동일하지 않으며, 그 문장은 어떤 모순을 언명하고 있는 결과가 될 것이다. 그러므로 "당신이 바로 그것이다"라는 경전 구절은 브라흐만과 개별 영혼의 절대적인 동일을 의미하며, 이와 같은 동일은 우리가 무지에 의하여 생겨난 상상된 차이들을 완전히 탈각할 때

[원주102] 『베단타 수트라』, i.3.7에 대한 라마누자의 주석.

실현된다.

라마누자는 이 주장에 이의를 제기하며, 모든 판단은 차이들에 대한 종합이라고 주장한다. 브라흐만과 개별 영혼이 주어와 술어의 관계에 놓여 있을 때(sāmānādhikaraṇya),[원주103][역주13] 그것은 그 둘 사이에 차이가 있다는 결론이 된다. 주어와 술어는 '동일한' 실체를 가리키는 '다른' 의미들을 지닌다. 만일 그 두 의미들이 동일한 실체 속에 공동으로 포함되어 있지 않다면, 그 판단은 쓸모가 없다. 우리는 주어와 술어를 그 의미 혹은 내포에서 구별하지만, 그 적용 혹은 외연에서 그 둘을 결합한다. 그러므로 "당신이 바로 그것이다"라는 경전 구절은 궁극적 실재의 복합적 본질을 나타낸다. 즉 궁극적 실재는 그 속에 본래부터 내재하는 개별 영혼들을 지닌다.[원주104] 브라흐만과 개별 영혼은 실체와 속성, 혹은 영혼과 몸의 관계를 지닌다.[원주105] 만일 그 둘 사이에 어떤 차이가 없다면, 우리는 하나가 다른 하나라고 말할 수 없을 것이다.

신비적인 영혼이 자신을 궁극자와 동일시하고, 다른 사람들에게 자기를 숭배하라고 촉구하는 내용을 기록하고 있는 경전 구절들이 있다. "나에 대하여 명상하라"는 인드라의 언급, "나는 마누(Manu)이며, 나는 수리야(Sūrya)이다"라는 바마데바(Vāmadeva)의 선언은, 라마누자에 의하여 브라흐만은 모든 존재의 내적인 자아(sarvāntarātmatvam)라는 견해에 대한 주장으로 해석된다.[원주106] 무한자는 모든 존재 속에

[원주103] 하나의 실체(ekam)가 두 측면들(viśeṣaṇanām)을 지닐 수 있다는 것을 말하는 원리이다.

[역주13] 라마누자는 원래 문법적인 동등 관계를 나타내기 위하여 사용되던 이 원리를 자신의 중심 개념 중의 하나인 '불가분'(不可分, apṛthaksiddhi)을 설명하기 위하여 사용한다. 라마누자에 의하면, 언어상의 법칙은 실재의 문제에서도 그대로 적용될 수 있다. '푸른 연꽃'이라는 어구에서 '푸른'이라는 용어와 '연꽃'이라는 용어는 각기 다른 의미를 지니지만, 그럼에도 불구하고 동일한 실체를 가리킨다. 구별은 부정되지 않으며, 전체의 유기적인 통일이 주장된다.

[원주104] 또한 『베단타 수트라』, ii.1.23에 대한 라마누자의 주석을 보라.

[원주105] Jīvaparamātmanoḥ śarīrātmabhāvena tādātmyaṁ na viruddham. 『베다르타상그라하』, p.32, p.35, p.44 및 p.110을 보라.

476

살고 있으므로, 그는 어떤 하나의 개체 속에 살고 있다고 말해질 수 있을 것이며, 우리는 프라흐라다(Prahlāda)처럼, 브라흐만은 또한 "나의 자아(I)를 구성하기 때문에, 모든 것은 나로부터 나오며, 나는 모든 것이며, 내 속에 모든 것이 있다"[원주107]고 말할 수 있다. 모든 단어들은 직접 혹은 간접적으로 브라흐만을 언급한다.[원주108]

비슈누교 신학은 베다, 우파니샤드, 아가마, 푸라나, 그리고 프라반담(Prabandham) 등의 문헌들에 의거한다. 베다는 절대자 그 자체 및 내적 통제자를 말하고 있다. 판차라트라 종파의 아가마 문헌들은 절대자의 현현(顯現, vyūha)들에 대한 이론을 수용한다. 푸라나 문헌들은 라마(Rāma), 크리슈나 등과 같은 화신(avatāra)들에 대한 숭배를 거듭하여 강조한다. 드라비다(Drāviḍa)족의 프라반담은 남인도의 사원들에 있는 여러 성상(聖像)들에 바쳐지는 헌신적인 언급들로 가득 차 있다. 그러므로 비슈누와 동일시되는 유일한 절대자는 다섯 가지 다른 양태들, 즉 성상(arcā)들, 권화(vibhava)들, 상카르샤나(Saṁkarṣaṇa)·바수데바(Vāsudeva)·프라디윰나(Pradyumna)·아니룻다(Aniruddha) 등과 같은 현현들, 바수데바 혹은 궁극적 영혼의 미세한(sūkṣma) 형태, 그리고 모든 존재의 내적 통제자(antaryāmin)로 존재한다.

때로는 최상의 양태(para)는 바이쿤타(Vaikuṇṭha)[역주14]에서 살고 있는 나라야나(Nārāyaṇa) 혹은 브라흐만이라고 말해지기도 한다.[원주109] 바이쿤타에서 신은 순수 삿트와(sattva)로 이루어진 몸으로 존재한다. 무한한 완전의 상태에 있는 신은 그 자신의 현현들을 초월한다. 신의

[원주106] 『베단타 수트라』, i.1.31에 대한 라마누자의 주석.

[원주107] 『비슈누 푸라나』, i.19.85, 『베단타 수트라』, i.1.31에 대한 라마누자의 주석에 인용됨. Sarvagatvād anantasya sa evāham avasthitaḥ, Mattas sarvam ahaṁ sarvam mayi sarvaṁ sanātane.

[원주108] 『베다르타상그라하』, p.30.

[역주14] 인도 신화에서 메루(Meru) 산의 남쪽 기슭에 있다고 전해지는 비슈누의 천계이다. 천계의 갠지스 강이 이곳을 가로질러 흘러가고 있는, 비슈누교도들의 이상향이다.

[원주109] Parabrahmaparavāsudevādivācyo nārāyaṇaḥ(『야틴드라마타디피카』).

완전한 인격은 그것의 우주적 측면들 이상이다. 신은 자신과의 인격적인(personal) 관계들을 가능하게 하는 그 자신의 독자적인 삶을 지닌다. 바이쿤타에서 주(主)는 자신의 배우자인 락슈미(Lakṣmī)에 의하여 조력되며, 신하로 부리는 뱀 위에 앉아 있다. 신의 창조력에 대한 상상적인 상징인 락슈미는 후기 비슈누교에서 우주의 어머니 — 때로는 나약하고 잘못된 인류를 위하여 신에게 잘 말해주기도 하는 — 가 된다. 그녀는 주(主)와 영원히 결합되어 있는 힘이다. 이슈와라는 정의를 상징하는 반면에, 락슈미는 자비를 나타낸다. 비슈누의 창조력(śakti)인 락슈미는 두 가지 유형의 원리, 즉 조정과 통제의 원리(kriyā)와 생성의 원리(bhūti)를 지닌다. 힘과 물질에 상응하는 이 두 원리는 비슈누가 세계의 동력인 및 질료인이 될 수 있게 한다.

지고무상의 신은 지식, 에너지, 힘, 지배력, 활동력, 광휘 등의 여섯 가지 완전함을 지닌다.[원주110][역주15] 최상의 영혼인 바수데바는 이 여섯 가지 완전함을 모두 지니지만, 나머지 3종의 비유하들은 여섯 가지 중에 단지 두 가지만 지닌다. 라마누자에 의하면, 비유하들은 브라흐만이 자비심의 발로에서 자신의 숭배자들을 위하여 취하는 형태들이다. 바수데바 이외의 3종 비유하들은 개별 영혼들에 대한 통제자(Saṁkarṣaṇa), 마음들에 대한 통제자(Pradyumna), 그리고 이기심에 대한 통제자(Aniruddha)이다.[원주111] 비바바(vibhavarūpa)들은 비슈누의 권화들이다. 『기타바쉬야』의 서론에서 라마누자는 신이 스스로의 무한한 자비심에서 "자신의 신성을 손상시키지 않으면서 여러 형태를 취하며, 거듭하여 자신을 구체화하며……지상의 무거운 짐을 덜려는 목적뿐만 아니라 인간에게 다가갈 수 있게 하려는 의지에서 하강한다. 이것은 마치 우리가

[원주110] 또한 『비슈누 푸라나』, vi.5.79를 보라.

[역주15] 비슈누교 교의에 의하면, 그는 다섯 가지 형태, 즉 지고무상의 초월자(para), 현현(顯現, vyūha), 권화(勸化, vibhava), 내적 통제자(antaryāmin), 성상(聖像, arcā)으로 나타난다. 지고무상의 초월자로서, 그는 이 여섯 가지 신성을 지닌다.

[원주111] 『베단타 수트라』, ii.2.40에 대한 라마누자의 주석.

자신을 세상에 나타냄으로써 모든 사람이 볼 수 있게 하는 것과 마찬가지다. 신은 또한 높고 낮은 모든 존재의 마음과 눈을 황홀케 하기 위하여 그와 같은 다른 놀라운 일들을 한다." 라마누자의 신은 최고의 천계에서 우리를 내려다보는 냉담한 절대자가 아니라, 우리의 삶의 경험 속에서 우리와 함께하고, 세계의 건설을 위한 우리의 목적과 일에 동참한다.

아바타라(avatāra, 化身)는 문자적으로 초자연적(aprākṛta) 체계로부터 자연적(prākṛta) 체계로 하강하는 것을 의미한다. 그들은 주된(mukhya) 아바타라이거나 종속적인(gauṇa) 아바타라이다. 비슈누 자신이 자연계에 개입할 때 우리는 전자의 경우를 지니며, 고양된 영혼들[원주112]은 종속적인 화신들이다. 주된 아바타라들은 자유를 추구하는 사람들에 의하여 숭배되는 반면에, 종속적인 화신들은 부, 힘, 영향력을 구하는 사람들에 의하여 호소된다. 신은 적합하게 축성(祝聖)된 성상(pratimā 혹은 vigraha)들 속에 산다. 『아르타판차카』(*Arthapañcaka*)는 주(主)가 인간에 대한 사랑 때문에 성상 속에 구체화되는 것을 허용하는 데서 겪는 고통에 대하여 언급하고 있다.[원주113] 내적 통제자로서 신은 모든 존재 속에 살고 있으며, 천계와 지옥을 오가는 개별 영혼들의 모든 노정을 통하여 그와 함께한다. 인간 속에 있는 신은 먹구름 속 번갯불의 번쩍임과 같다.[원주114] 내적 통제자로서 신은 모든 존재 중의 최상으로 말해진다.[원주115]

[원주112] Āveśāvatāras.

[원주113] "비록 모든 것을 안다 할지라도, 그는 무지한 것처럼 나타나며, 비록 의식을 지닌 영혼이라 할지라도 의식 없는 존재처럼 나타나며, 비록 자기 자신의 주인이라 할지라도 사람들의 힘에 의하여 좌지우지되는 자처럼 나타나며, 비록 전능하다 할지라도 무력한 자처럼 나타나며, 비록 모든 결핍으로부터 완전히 자유롭다 할지라도 필요한 것이 있는 자처럼 나타나며, 비록 전혀 보호가 필요없다 할지라도 도움이 필요한 자처럼 나타나며, 비록 주인이라 할지라도 하인처럼 나타나며, 비록 보이지 않는다 할지라도 마치 볼 수 있는 자처럼 나타나며, 비록 파악될 수 없다 할지라도 마치 파악될 수 있는 자처럼 나타난다."

[원주114] Nīlatoyadamadhyasthā vidyullekheva bhāsvara(『베다르타상그라하』).

12. 개아

신의 절대성은 라마누자의 사상에서 상당할 정도로 제한되고 있으며, 이것은 신의 우주적 활동 영역 안에 자유로운 영혼들의 존재를 받아들이기 위한 것이다. 이 자유로운 영혼들은 비록 자신들의 존재에 관한 모든 것을 신에게 의존한다 할지라도, 그럼에도 불구하고 그와 같은 자유의지와 이들이 인간이라 불릴 만한 선택을 지닌다. 라마누자는 인간을 동일한 절대자의 하잘것없는 가현에 불과한 것으로 간주하는 사람들의 입장을 강하게 비판한다. 개별 영혼은 비록 궁극자의 양태라 할지라도, 유일무이하고 영원한 실재이며, 지성과 자의식을 지니며, 부분들이 없으며, 불변이며, 눈에 보이지 않으며, 원자적이다.[원주116] 그것은 육체, 감관들, 생기와 다르며, 심지어는 붓디와도 다르다. 그것은 인식자요 행위자(kartā)이며 향수자(bhoktā)이다.

개별 영혼은 인간의 단계에서 조대한 육체, 감각기관들과 마찬가지로 하나의 도구인 생기,[원주117] 5종의 행동기관, 그리고 마나스에 깃들인다. 마나스는 영혼에게 내적인 상태들을 알려주며, 감관들의 도움으로 외부의 상태들에 대한 지식이 전달된다. 마나스는 세 가지의 기능인 결정(adhyavasāya), 자애(自愛, abhimāna),[역주16] 그리고 반성(cintā)을 지닌다.[원주118] 원자의 크기를 지니는 개아는 연꽃 같은 심장(hṛtpadma) 속에 위치한다. 숙면상태에서 개아는 그것 속에 그리고 최고의 자아 속에 머문다.[원주119] 일의 연속, 기억의 사실, 경전의 언급들, 그리고

[원주115] 『판차라트라라하시야』(*Pañcarātrarahasya*)를 참조하라. Pūrvapūrvodito-pāsti viseṣakṣīṇakalmaṣaḥ. Uttarottaramūrtīnām upāstyadhikṛto bhavet. 『사르바다르샤나상그라하』, iv를 보라.

[원주116] 『베단타 수트라』, ii.2.19~32 ; ii.3.18에 대한 라마누자의 주석. 『야틴드라마타디피카』, viii.

[원주117] 『베단타 수트라』, ii.4.10에 대한 라마누자의 주석.

[역주16] 어떤 경험을 '나의 것'이라고 해석하는 마음의 기능을 의미한다.

[원주118] 이 세 가지 기능에 따라서 붓디, 아함카라, 칫타(citta)라고 불린다.

윤리적 의무들에 대한 가정의 적합성 등에서 명백해지는 것처럼, 수면은 자아의 연속성이 단절되는 것을 의미하지 않는다.[원주120] 개아의 원자적 크기에도 불구하고, 그것의 속성인 확장·수축하는 지식을 통하여 그것은 몸 전체의 즐거움과 고통을 느낄 수 있다. 이것은 마치 자체로는 작은 등불이 확장·수축할 수 있는 그것의 빛을 통하여 다른 많은 것들을 비추는 것과 같다.[원주121]

개아는 공간적으로 멀리 떨어져 있거나 시간적으로 먼 대상들을 파악할 수 있다. 신의 경우와 마찬가지로, 개별 영혼들의 인식은 성격상 영원 자존하며, 모든 것들에 두루 미친다. 그럼에도 불구하고 그것의 영역은 과거의 업 등과 같은 결함들 때문에 협소해진다.[원주122] 다수의 영혼들이 있다는 것은 각기 구별되는 온갖 즐거움과 고통이 있다는 사실로 보아 명백하다.[원주123] 해탈을 얻을 때까지 개별 영혼들은 탈것으로 기여하는 프라크리티에 속박되어 있다. 육체, "이 썩어 문드러질 불순한 외피"에 속박됨은 영원자를 보지 못하게 방해하고, 영혼이 신과 그 자신의 긴밀한 관계를 인식하지 못하게 막는다.

영혼은 생사의 모든 과정들을 통하여 그것의 본질적 속성에서 불변으로 남는다. 그것은 여러 번에 걸쳐 감각의 세계로 태어나고 또한 다시 그 세계를 떠나지만, 그럼에도 불구하고 시종일관 그것은 자기 동일성을 유지한다. 비록 개별 영혼 자체는 파괴될 수 있는 것이 아니라 할지라도, 세계의 대파괴(pralaya)가 일어날 때마다, 영혼들의 개별적이고 특수한 형태들은 파괴된다. 그들은 자신들의 지난 삶들의 결과들에서 벗어날 수 없으며, 새로운 세계 창조가 일어날 때, 적합한 자질과

[원주119] 『베단타 수트라』, iii.2.9에 대한 라마누자의 주석.
[원주120] 『베단타 수트라』, iii.2.7에 대한 라마누자의 주석.
[원주121] 『베단타 수트라』, ii.3.24~26에 대한 라마누자의 주석.
[원주122] Īśvarasyeva jīvānām api nityaṁ jñānaṁ svataś ca sarvaviṣayam pramātmakam ca, tattatkarmādidoṣavaśāt saṁkucitaviṣayam(베단타 데쉬카, 『세슈와라 미망사』).
[원주123] 『베단타 수트라』, ii.1.15에 대한 라마누자의 주석.

성품을 부여받아서 세계 속으로 다시 태어난다. 태어난다는 것은 개별 영혼과 육체의 결합을, 그리고 죽는다는 것은 육체로부터 개별 영혼의 분리를 의미하며, 이것은 결과적으로 지성의 수축 혹은 확장을 가져온다. 비록 우주의 대파괴 동안에는 개별 영혼들이 이름과 형태로 차별화되지 않은 미세한 물질과 관련되어 있다 할지라도, 해탈을 얻을 때까지 이들은 필연적으로 몸과 관련을 지닌다.[원주124] 기억은 현재의 체화를 넘어서 도달할 수 없으므로, 개별 영혼은 자신의 과거에 대한 증인이 될 수 없다.

　개별 영혼(jīva)의 특징적인 본질은 자아 의식(ahaṁbuddhi)이다. 그것은 자아의 본질적 속성에 아무런 영향도 주지 못한 채 그냥 소멸해버릴 수도 있는, 단지 자아의 속성에 불과한 것이 아니다. 자기 분별(self-distinction)은 자아의 존재 그 자체를 구성한다. 만일 그렇지 않다면, 해탈을 추구하는 데 아무런 의미도 찾을 수 없을 것이다.[역주17] 속박의 상태뿐만 아니라 해탈의 상태에서도 개별 영혼은 인식의 주체(jñāta)로서의 성격을 보존한다. 자아는 또한 활동적인 행위자이다. 행위들이 자아에 속해 있기 때문에, 자아는 행위의 결과들을 겪는다. 그러나 단지 자아가 행위하는 힘을 지닌다는 이유 때문에, 자아가 언제나 행위한다는 결론이 되는 것은 아니다. 카르마 때문에 개별 영혼들이 육체와 결합되어 있는 한, 그들의 행위는 크게 한정될 수밖에 없다. 그러나 육체로부터 자유로워질 때, 그들은 단지 의지만으로도(saṁkalpad eva) 원하는 것을 실현할 수 있다.

　개아(jīva)는 그 본질적 속성에서 신과 다르기 때문에, 신과 동일하다고 할 수 없다. 개아는 브라흐만의 부분(aṁśa)으로 말해진다. 브라흐만은 어떤 구분들도 지니지 않기 때문에, 개아는 전체에서 분리된 어떤

[원주124] 『베단타 수트라』, iii.2.5에 대한 라마누자의 주석.
[역주17] "고통 속에 있는 자가 이로부터 벗어나기 위한 노력을 시작할 때, 한편 그와　　같은 노력의 결과가 개별적 존재의 상실이라는 것을 알게 된다면, 아무도 해탈을　　추구하지 않을 것이다"(『베단타 수트라』, i.2.5에 대한 라마누자의 주석).

한 부분은 아니라 할지라도,[원주125] 그럼에도 불구하고 개아는 보편아 속에 포함된다. 라마누자는 개별 영혼들이 브라흐만의 제한된 형태들 혹은 양태들이라는 의미에서 부분들이라고 말한다.[원주126] 개별 영혼들은 브라흐만과 분리되어 존재할 수 없기 때문에, 브라흐만의 결과들로 말해지지만, 그럼에도 불구하고 그들은 생산된 결과들이 아니다. 개별 영혼의 본질적 속성은 변하지 않는다. 그것이 겪는 상태의 변화는 지성의 확장과 수축에 관련되며, 이에 비하여 산물에 일어나는 변화들은 본질적 속성의 변화들이다.[원주127] 개아에게 있는 속성, 예를 들어 고통을 겪기 쉬운 속성 등은 신에게는 없다. 신은 의식 없는 대상들을 특징짓는 본질적 속성의 변화나 개별 영혼들을 특징짓는 지성의 수축과 확장으로부터 벗어나 있다.

개아의 단순한 노력이 행위를 가능하게 하는 충분 조건은 아니라 할지라도, 개아 속에 최고아의 내재가 개아로부터 의지의 자율을 박탈하는 것은 아니다. 최고아의 협동 또한 필수적이다.[원주128] 미래를 결정하는 데 개아 자신의 자유의지가 강조된다 할지라도, 선한 사람이 세계의 단순한 자연법칙들을 초월할 수 있다는 것을 인정한다 할지라도, 라마누자는 오직 신만이 체화(體化)와 카르마로부터 자유로운, 궁극적인 윤리적 인격이라고 선언한다.[원주129] 신은 지고무상의 주인(śeṣi)으로 말해지며, 그와

[원주125] 『베단타 수트라』, ii.3.42에 대한 라마누자의 주석.

[원주126] "등불이나 태양과 같은 광원으로부터 흘러나오는 빛이 그것의 부분인 것처럼, 소나 말의 유적 특성들이 그것의 속성들이며 따라서 그것의 부분인 것처럼, 몸이 체화된 존재의 부분인 것처럼, 개아는 최고아의 부분(aṁśa)이다. 왜냐하면 부분은 어떤 것의 한 장소(ekadeśa)를 구성하는 것을 의미하기 때문이며, 규정하는 속성(viśeṣaṇa)은 그 속성에 의하여 규정되는 것(viśiṣṭavastu)의 부분이기 때문이다. 속성과 실체는 서로에 대하여 부분과 전체의 관계에 있다 할지라도, 그럼에도 불구하고 우리는 그 둘이 본질적 속성에서 다르다는 것을 발견한다"(『베단타 수트라』, ii.3.45에 대한 라마누자의 주석).

[원주127] Svarūpānyathābhāvalakṣaṇa(『베단타 수트라』, ii.3.18에 대한 라마누자의 주석).

[원주128] 『베단타 수트라』, ii.3.41에 대한 라마누자의 주석.

[원주129] 『베단타 수트라』, i.1.21에 대한 라마누자의 주석.

개별 영혼들은 주종관계(主從關係, śeṣaśeṣibhāva)이다.[원주130]

　　인간의 자율성과 신의 주권에 대한 문제는 라마누자의 철학에서 매우 중요한 의미를 지닌다. 왜냐하면 그는 이 두 가지 모두를 강조하기 위하여 고심하기 때문이다. 개별 영혼은 자신의 행위에서 전적으로 신에게 의존한다. 신은 선한 것과 악한 것을 선언하고, 개별 영혼들에게 몸을 부여하며, 그들에게 몸을 사용하는 능력을 주며, 또한 궁극적인 의미에서 개별 영혼들의 자유와 속박의 원인이다. 그럼에도 불구하고 만일 세계에 이토록 많은 고통과 불행이 있다면, 이에 대한 책임은 신에게 있는 것이 아니라, 선하게 혹은 악하게 행위할 수 있는 힘을 지닌 인간에게 있다. 인간의 자유의지는 신의 절대성에 대한 제한인 것처럼 보인다. 선택의 자유를 지니는 개별 영혼들은 신의 의지와 반대로 행위할 수도 있을 것이다. 만일 절대적인 신이 카르마의 법칙을 고려하고, 그것에 따라서 행위하지 않을 수 없다면, 그는 절대자라고 할 수 없을 것이다.

　　라마누자는 신이 궁극적으로 인간의 모든 행위에 대한 원인이라고 주장함으로써 이 난점에서 벗어난다. 그럼에도 불구하고 이것은 칼뱅주의(Calvinism)가 아니다. 왜냐하면 신은 자신의 본질의 표현인 어떤 법칙들에 따라서 행위하기 때문이다. 신은 영혼이 선한 행위 혹은 악한 행위를 하도록 만드는 것이 아니라, 단지 카르마의 법칙에 따라 행위함으로써, 자신의 본질적인 일관성을 보여줄 뿐이기 때문이다. 만일 카르마의 법칙이 신에 대하여 독립적이라면, 신의 절대성은 훼손될 것이다. 업설(業說)을 희생시키지 않고 신의 절대적인 독립을 보존할 수 없다는 비판은 힌두교의 신 개념에 대한 그릇된 이해의 결과이다. 카르마의 법칙은 신의 의지의 표현이다. 카르마의 질서는 카르마의 주관자(kar-

---

[원주130] Lotze의 이론과 비교하라. 그의 견해에 의하면, 영혼은 비록 신의 창조성 및 유지하는 본성으로부터 그 자체의 속성을 도출한다 할지라도, 영혼은 통일체로서의 자신을 의식하고 있으며, 신이나 다른 모든 영혼들과는 구별되는 실재적인 개체이다.

mādhyakṣaḥ)인 신에 의하여 확립된다.

카르마의 법칙은 신의 본질에 의거하기 때문에, 신은 의로운 자에게 상을 내리고 사악한 자를 벌하는 공평무사한 본체로 간주될 수 있을 것이다.[원주131] 카르마의 법칙이 신에 대하여 독립적이지 않다는 것을 보여주기 위하여, 때로는 비록 신이 카르마의 법칙을 멈출 수 있다 할지라도, 그럼에도 불구하고 그는 그렇게 의도하지 않는다고 말해지기도 한다.[원주132] 신은 자신의 정의로운 의지의 표현인 도덕률의 이행을 보증하기 위하여, 그는 만일 그렇지 않다면 억제할 수도 있는 악을 허용한다. 내적 주관자는 모든 경우에 인간의 행위를 촉진하는 의지적인 노력을 고려한다.[원주133] 그는 자신의 법칙들을 뒤엎고 세계 체계에 간섭하는 것을 원치 않는다. 비록 세계에 내재적이라 할지라도, 신은 강

[원주131] 『베단타 수트라』, ii.2.3 ; iii.2.4에 대한 라마누자의 주석.

[원주132] 로카차리야는 말한다. "신은 자신이 원하는 대로 할 수 있기 때문에, 비록 그는 영혼—자신의 본질과 영원성 등을 위하여 신에게 전적으로 의존하는—의 업을 제거함으로써 모든 영혼들을 동시에 자유롭게 만들 수 있다 할지라도, 그럼에도 불구하고 영혼들이 카르마의 법칙에 지배되도록 하는 그의 결정은 단지 유희의 즐거움에 대한 바람 때문이다"(Yatthecchaṁ kartuṁ śaktatvāt sakalātmano 'pi yugapad eva muktān kartuṁ samarthatve 'pi svādhīnasvarūpasthityādinātmanaḥ karma vyājīkṛtya dūrīkṛtya śāstramaryādayā tān aṅgīkuryām ittham sthiti līlārasecchayaiva, 『탓트와트라야』, p.108).

신은 제1원인이며, 이에 비하여 카르마는 종속적이고 부수적인 원인이다. "자신의 힘과 위대함에 어울리는 유희를 즐기고, 선악의 이중적인 본질(dvaividhyam)을 지니는 행위를 정확히 판단하며, 모든 영혼들이 이와 같은 행위를 할 수 있도록 몸과 감관들, 그리고 이와 같은 것들을 통제할 수 있는 힘(tanniyamanaśakti)을 부여하며, 개별 영혼들의 내적 통제자로서 그들 속에 몸소 들어간 지고한 신은 그들 속에 머문다.……신으로부터 부여받은 이 모든 힘들을 지니는 개별 영혼들은……그들 자신의 입장에서 이러한 것들을 사용하며, 그들 자신의 바람에 따라서 선행 혹은 악행을 한다(svayam eva svecchānuguṇyena puṇyāpuṇyarūpe karmaṇī upādadate). 그러면 신은 선행을 행한 자를 신 자신의 명령에 따른 자로 인정하고, 이에 상응한 부(富)와 행복과 해탈을 허용하지만, 자신의 명령에 따르지 않은 자는 앞의 결과에 반대되는 것들을 경험하게 만든다(『베단타 수트라』, ii.2.3에 대한 라마누자의 주석).

[원주133] 『베단타 수트라』, ii.8.41에 대한 라마누자의 주석.

제하는 자가 되지는 않는다.

개별 영혼들은 세 부류, 즉 바이쿤타의 천계에 살면서 지복을 누리며, 업과 물질(prakṛti)로부터 자유로운 영원한 영혼(nitya), 자신의 지혜와 공덕과 헌신을 통하여 해탈을 얻은 영혼(mukta), 그리고 무지와 이기심 때문에 윤회의 세계를 방황하는 속박된 영혼(baddha)이 있다.[원주134] 개별 영혼은 궁극의 차원까지 떠오를 수 있지만, 다른 한편으로 그것은 또한 최하의 상태, 즉 단지 감각과 욕망에 기인하는 동물적인 움직임 속에 지성의 활동이 완전히 상실될 때까지 점점 더 육체적인 차원으로 가라앉게 될 수도 있다.[원주135] 윤회에 속박되어 있는 영혼들은 다시 네 부류, 즉 초자연적 존재, 인간, 동물, 그리고 무생물(sthāvara)로 나누어진다. 모든 영혼들은 한 종류이지만, 그들의 구분은 각 영혼들과 관련되어 있는 몸들의 차이에 기인한다. 심지어 카스트에서의 차이 또한 각기 다른 종류의 몸과 관련되기 때문이라고 본다. 개별 영혼 그 자체는 초인간적 존재도 아니고 인간도 아니며, 바라문도 아니고 슈드라도 아니다.

윤회 속의 영혼들은 욕망을 좇는 부류와 영원한 해탈을 추구하는 부류로 나누어진다. 해탈을 얻을 때까지, 영혼은 카르마들의 결과를 향수하기 위하여 다시 태어날 수밖에 없다. 영혼이 다른 하나의 육체로 체화할 때, 그것은 재생의 토대로 기여하는[원주136] 요소들의 흔적들로 이루어진 미세신 속에 간직된다.[원주137] 이 미세신은 속박의 상태가 지속되는 동안 존속한다.[원주138] 해탈을 이룬 자는 신도(神道, devayāna)를

[원주134] 『라하시야트라야사라』(*Rahasyatrayasāra*), iv를 보라. 영원히 윤회의 순환 속에 갇혀 있는 영혼들(nityabaddhaḥ)이 있다는 것을 믿는 몇몇 한정불이론자(限定不二論者, Viśiṣṭādvaitin)들도 있다. 『탓트와무크타칼라파』(*Tattvamuktā-kalāpa*), ii.27~28을 보라.

[원주135] 『베단타 수트라』, i.1.4에 대한 라마누자의 주석.

[원주136] 『베단타 수트라』, iii.1.3에 대한 라마누자의 주석.

[원주137] 『베단타 수트라』, iii.1.1에 대한 라마누자의 주석.

[원주138] 『베단타 수트라』, iv.2.9 및 iii.3.30에 대한 라마누자의 주석.

통하여 윤회의 세계를 벗어나며, 선한 사람들은 조도(祖道, pitṛyāna)
를 통하여 월계(月界)로 간다. 한편 사악한 사람들은 월계로 가지 않고
곧장 지상으로 다시 돌아온다. 상승 노정에 있는 영혼을 인도하는 신의
대리자들이 있다.[원주139] 만일 영혼들이 아무튼 신의 본질을 공유하고
있다면, 그들은 틀림없이 한때 자유와 청정함을 지녔다고 보아야 할 것
이다. 어떻게 이들은 이와 같은 본질을 상실하고 카르마에 물들게 되었
는가? 라마누자는 세계 과정은 시작이 없기(anādi) 때문에 이성이든
경전이든 어떻게 카르마가 영혼들에게 영향력을 행사하게 되었는가를
우리에게 말해줄 수 없다고 주장한다.

13. 물질

원물질(prakṛti), 시간(kāla), 그리고 순수 물질(śuddhatattva)은 의
식 없는 세 가지 실체들이다. 이 셋은 경험의 대상들(bhogya)이며,
변하기 쉬우며, 인간의 목적에 무관심하다.[원주140] 원물질의 존재는
지각 혹은 추론의 대상이 아니다. 그것은 경전의 권위로 받아들여진
다.[원주141][역주18] 그것의 세 가지 속성, 즉 삿트와, 라자스, 타마스는 세계
창조의 순간에 그것 속에 전개되며, 대파괴(pralaya) 동안에는 이름과
형태의 구별 없이 지극히 미세한 상태로 존재하며, 타마스라고 불린
다. 비록 원물질의 형태들은 나타나고 사라진다 할지라도, 그 자체가
창조되는 것은 아니다.

창조에 즈음하여, 타마스로부터 마하트(mahat, 大)가 나오며, 마하트
로부터 아함카라(ahaṁkāra, 我慢)가 나온다. 삿트와 속성이 현저한 아

[원주139] 『베단타 수트라』, iv.3.4에 대한 라마누자의 주석.
[원주140] 『사르바다르샤나상그라하』, iv.
[원주141] 『탓트와무크타칼라파』, i.11.
[역주18] 상키야는 프라크리티가 그 산물들을 통하여 추론될 수 있다고 말한다.

함카라(sāttvika)로부터 11종의 기관들이 나오며, 타마스가 현저한 아함카라(tāmasa)로부터 5종의 미세한 요소(tanmātra)가 나온다. 라자스가 현저한 아함카라(rājasa)는 이러한 과정들을 돕는다.[원주142] 아함카라로부터 성(聲)의 미세한 요소가 나오며, 그런 다음에 공(空, ākāśa)이 나온다. 공으로부터 촉(觸)의 미세한 요소가 나오며, 그런 다음에 풍(風)이 나온다. 다른 요소들이 나오는 과정 또한 이와 같다. 성(聲), 촉(觸) 등의 속성(미세한 요소)들로부터, 우리는 이에 상응하는 실체(요소)들을 추론한다. 성(聲)은 모든 요소들에 있다. 촉감에는 따뜻한 촉감과 차가운 촉감 및 그 중간 촉감의 3종이 있다. 색(色)에는 5종이 있으며, 이들은 열의 작용 하에서 변한다. 한정불이론자들은 공(空)에 독립적인 어떤 실재적인 공간을 인정하지 않으며, 우리는 그것 속에 어떤 지점을 해가 뜨는 동쪽으로, 그리고 어떤 지점을 해가 지는 서쪽으로 정하고, 이러한 견지에서 원근(遠近)을 헤아린다.[원주143] 생기(生氣, prāṇa)는 감각들과 혼동되어서는 안되며, 그것은 단지 풍(風)의 특수한 상태(avasthāviśeṣa)일 뿐이다.[원주144] 상키야의 견해와는 다르게, 한정불이론 학파는 프라크리티의 전개가 이슈와라에 의하여 기인되고 통제된다고 주장한다.[원주145]

시간에는 독립적인 지위가 주어진다. 그것은 모든 존재의 형태이다.[원주146] 그것은 지각의 대상이다. 월(月), 일(日) 등의 구분은 시간의 관계들에 토대를 두고 있다.[원주147]

프라크리티는 삿트와, 라자스, 타마스의 세 가지 속성(guṇa)들을 지니지만, 슛다탓트와(śuddhatattva)는 오직 삿트와만을 지닌다. 그것은

[원주142] 『사르바르타싯디』, i.11.
[원주143] 『탓트와무크타칼라파』, i.48.
[원주144] 같은 책, i.53~54.
[원주145] 『사르바르타싯디』, i.16.
[원주146] 『탓트와트라야』에 의하면, 시간은 3구나(guṇa)를 지니지 않는 프라크리티(tattvaśūnyam)이다.
[원주147] Upādhibhedaḥ(『탓트와무크타칼라파』, i.69).

영원한 현현(nityavibhūti)의 상태에 있는 신의 몸을 형성한다. 그것은 그 자체 속에 들어 있는 본질을 은폐하지 않는다. 신은 프라크리티의 도움으로 자신의 우주적 유희(līlāvibhūti)[역주19]를 통하여 우주적인 힘으로 나타나며, 숫다탓트와의 도움으로 자신의 영원한 현현을 통하여 초월적인 존재로 나타난다.

이 모든 비의식적인 실체들은 신의 의지에 따라서 작용한다.[원주148] 이러한 실체들은 그 자체로 선도 아니고 악도 아니며, 개별 영혼들에 귀속되는 각자의 업에 따라서 그들에게 고통을 야기하기도 하고 즐거움의 원인이 되기도 한다. 이러한 실체들의 작용을 결정하는 것은 신이다. 왜냐하면 "만일 어떤 것의 결과가 단지 그 자체의 본질에만 의존한다면, 개개의 모든 것은 항상 모든 사람에게 오직 즐거움 혹은 고통만을 가져와야 할 것이기 때문이다. 그러나 이것은 우리의 경험에 부합하지 않는다." "자기 자신 이외의 다른 어떤 타자에 의해서도 지배되지 않는, 최고의 브라흐만에게, 다른 것들과의 동일한 관련은 그가 여러 방식으로 인도하고 통제하는 유희의 원천이다."[원주149] 카르마와 무지의 모든 속박에서 벗어난 자에게 세계는 본질적으로 행복한 것으로 나타날 것이다. 영혼들과 물질 모두가 신의 몸 혹은 속성을 구성하지만, 그럼에도 불구하고 그는 영혼들과 직접적으로 관련되어 있으며, 물질과는 단지 간접적으로 관련될 뿐이다. 물질은 영혼들에 의하여 주관된다. 물질은 영혼들의 경우보다 더욱 완전하게 브라흐만에 의존한다. 영혼들은 선택의 자유를 지닌다. 그들은 신의 삶에 참여할 수 있으며, 따라서 변화와 죽음을 초월한 차원으로 고양될 수 있다.

[역주19] 신에게 세계 창조는 단지 유희이다. 그것은 세계에 대한 신의 절대적인 독립을 의미할 뿐만 아니라, 어떤 환희, 자유, 초연함을 의미하기도 한다.
[원주148] 『베단타 수트라』, ii.2.2에 대한 라마누자의 주석.
[원주149] 『베단타 수트라』, iii.2.12에 대한 라마누자의 주석.

14. 창조

라마누자에 의하면, 모든 결과는 질료인을 포함하며, 세계라는 결과
는 자유롭게 존재하는 영혼들과 미전개된 원물질을 함축한다. 비록 영
혼들과 물질은 신의 양태들(prakāras)이라 할지라도, 그들은 개별적
존재로서의 지위를 향유한다.[역주20] 이러한 개별성은 영원으로부터 그들
자신의 것이며, 어떤 경우에도 완전히 브라흐만으로 융해될 수 있는 것
은 아니다. 영혼들과 물질은 일종의 종속적인 존재를 지니지만, 그것은
이들이 자기 자신의 계통에 따라 발현할 수 있기에 충분하다. 그들은
주기적으로 변경되는 두 가지 다른 상태로 존재한다. 그 중 하나는 미
세한 상태이다. 이 경우에는 그들이 보통 알려지는 속성들을 지니지 않
으며, 개별적인 이름과 형태에 대한 아무런 구별도 없으며, 물질은 현
현되지 않고(avyakta) 영혼의 지성은 수축되어 있다(saṁkucita). 그
것은 브라흐만이 원인 상태(kāraṇāvasthā)에 있다고 말해지는 대파괴
(pralaya)의 상태이다.

신의 의지로 인하여 창조가 일어날 때, 미세한 물질은 조대(粗大)하
게 되며, 영혼들은 이전의 존재 형태에서 그들에 의하여 얻어진 공덕
혹은 죄과의 정도에 상응하는 물질적인 몸들과 관련을 맺게 된다. 또한
개별 영혼의 지성은 다소간 확장된다. 이와 같이 현현된 물질과 영혼들
을 지니는 브라흐만은 결과 상태(kāryāvasthā)에 있는 것으로 말해진
다. 창조와 파괴는 단지 상대적일 뿐이며, 동일한 원인적 실체, 이른바
브라흐만의 다른 상태들을 의미한다.[원주150] 영혼들과 물질은 이중적인

[역주20] 라마누자의 사상에서 물질(acit) 및 개별 영혼(cit)과 신(Īśvara)의 관계는 흔
히 몸과 영혼의 관계(śarīra-śarīrī saṁbandha)로 말해진다. 여기서 몸은 "지각
력 있는 영혼이 자신의 목적을 위하여 완전히 주관하고 유지하는" 대상이며, "영
혼에 대하여 전적으로 종속적인 관계에 있는 어떤 물질이다"(『베단타 수트라』,
ii.1.9에 대한 라마누자의 주석). 그러나 개별 영혼은 해탈상태에서도 개별성을 유
지한다.
[원주150] 『바가바드기타』, xiii.2 ; ix.7에 대한 라마누자의 주석.

존재, 즉 원인적 존재와 결과적 존재를 지닌다. 원인적 존재 상태에서
영혼들은 육체적으로 나타나지 않으며, 물질은 평형 상태에 있다. 그러
나 창조의 때에 즈음하여, 영혼들은 카르마의 영향 때문에 3구나의 평
형을 교란하며, 프라크리티는 신의 감독 하에 그들의 카르마에 대한 결
과들을 전개시킨다. 창조는 개별 영혼들이 자신들의 지난 행위들에 기
인하는 경험들을 겪을 수 있도록 하기 위하여 일어난다. 신은 영혼들의
업에 적합하도록 세계를 창조한다. 이런 의미에서 신의 창조 행위는 독
립적 혹은 절대적이 아니다.[원주151]

　　판차라트라 종파의 설명에 의하면, 순수한 창조(śuddhasṛṣṭi)와 조
대한 창조가 구별된다. 전자는 창조라기보다는 신의 내적인 본질의 영
속적인 표현이다. 신의 속성들인 전지(全知, jñāna), 저지되지 않는 행
위를 중심으로 하는 지배력(aiśvarya), 세계를 생성하는 창조력(śakti),
모든 것을 지탱하는 강력함(bala), 불변(vīrya), 자족과 장려함(tejas) 등
이 나타난다. 이와 같은 속성들은 바수데바와 락슈미의 몸 혹은 락슈미
와 관련된 바수데바의 몸을 형성한다. 비유하(vyūha)들과 비바바(vi-
bhava)들 또한 순수한 창조에 속한다. 질료인으로 슛다삿트와(śuddha-
sattva)를 지니는 바이쿤타 또한 순수한 창조에 속한다.[원주152] 조대한 창
조는 3구나로 이루어진 프라크리티에 의하여 이미 언급된 순서에 따라
일어난다.[원주153] 신에게 세계의 창조는 단지 놀이(līlā)에 불과하다.[원주154]
놀이의 비유는 창조의 행위에 함축된 초연함, 자유, 그리고 환희를 나
타낸다. 그것은 라마누자가 신의 절대적인 자유와 독립을 주장할 수 있

[원주151] 『베단타 수트라』, ii.1.34~35에 대한 라마누자의 주석.
[원주152] 비슈누교의 벵골(Bengal) 종파는 이 체계를 받아들이지만, 비슈누와 락슈미
　　　대신에 크리슈나와 라다(Rādhā)를 숭배의 대상으로 삼는다.
[원주153] 판차라트라 종파의 경전들은 중간적 창조 또한 인정한다.
　[원주154] Krīḍā harer idam sarvam ; hare viharasi krīḍā kantukairiva jantubhiḥ ;
　　　lokavat tu līlā kaivalyam(『베단타 수트라』). 또한 『베단타 수트라』(ii.1.33)는
　　　"그러나 일상 생활에서 단순한 놀이처럼"(Lokavat tu līlā kaivalyam)이라고 말
　　　한다.

게 한다.[역주21] 자연과 영혼들은 신의 놀이의 도구들이며, 어떤 경우에도 신의 의지에 어떤 반대를 나타낼 수 없다. 전체의 드라마는 신 자신의 감미로운 의지로 신에 의하여 수행된다.[원주155]

샹카라의 어려움이었던 절대적 완전인 브라흐만으로부터 불완전인 세계가 일어난다는 것, 다시 말하여 아무튼 유한한 인간이 무한자로부터 유한자의 발생을 설명하는 것이 불가능하다는 난점은 라마누자를 성가시게 하지 않는다. 왜냐하면 그는 유한한 존재들이 무한자로부터 나온다고 언명하는 경전의 권위를 기꺼이 받아들이고 있기 때문이다. 경전에서 언급되는 것은 반드시 논리적으로 규정될 수 있어야 한다. 전개되지 않은 물질과 체화되지 않은 영혼들이 존재하는 것은 신의 의지에 달려 있는가 또는 그렇지 않은가? 마드와(Madhva)가 믿는 것처럼, 창조에서 신의 의지가 의존하는 이 주어진 요소들이 외부로부터 주어지는 것이 아니라, 신의 양태들로 신 속에 본래부터 내재한다는 것은 의심의 여지없이 분명하다. 아무튼 신의 의지는 이 요소들의 선재에 의존한다. 어떤 다른 종류의 물질이 사용되어 세계가 보다 나은 형태로 만들어질 수 있었다는 것은 이론적으로 가능하다. 신은 모든 가능한 세계들 가운데 최선의 것을 선택할 수 있었던 것이 아니라, 단지 주어진 세계들 가운데 최선의 것을 창조하지 않을 수 없었다. 브라흐만은 전적으로 조건지어지지 않은 존재이며,[원주156] 이에 비하여 비의식적인 물질의 경우는 그렇지 않다. 즉 비의식적인 물질은 변화가 일어나는 대상이며, 개별 영혼들은 물질에 연루된다.

[역주21] 신의 창조가 단지 '놀이'에 불과하다는 것은, 그것이 아무런 목적도 지니지 않는다는 것을 의미한다. 만일 신이 어떤 목적을 지닌다면, 그것은 신이 이루어야 할 어떤 것, 즉 결핍이 있다는 것이며, 결핍이 있는 신은 완전하다 할 수 없을 것이다.

[원주155] Svasaṁkalpakṛtam(『바가바드기타』, i.25에 대한 라마누자의 주석). "신은 무수한 방식으로 무한한 즐거움을 맛본다"(브라우닝, *Paracelsus*).

[원주156] nirupādhikasattā, 『베단타 수트라』, i.1.2에 대한 라마누자의 주석. 『슈루타프라카쉬카』(*Śrutaprakāśikā*)를 참조하라. Kenāpi pariṇāmaviśeṣeṇa tattadavasthasya sattā sopādhikasattā, ato nirupādhikasattā nirvikāratvam.

그러나 어떻게 브라흐만이 자신의 속성들, 즉 영혼들과 물질의 변화하는 상태들에도 불구하고 영원히 불변으로 남아 있는 것으로 간주될 수 있느냐 하는 것을 생각하는 것은 어렵다. 브라흐만의 이 양태들은 미세한 상태에서 조대한 상태로, 그리고 조대한 상태에서 미세한 상태로 변화하며, 라마누자는 이슈와라 또한 변화에 지배된다는 것을 인정하지 않을 수 없다.[원주157] 라마누자는 유한자를 무한자의 속성으로 간주한다. 이러한 입장에서 볼 때, 무한자는 그것의 속성 없이 존재할 수 없다는 결론이 되며, 따라서 속성은 무한자에게 필수적이다. 그럼에도 불구하고 라마누자는 이 결론에 반대되는 다수의 경전 구절이 있다는 사실 때문에 그것을 인정할 수 없다. "이 존재들은 내 안에 없다"[원주158]는 구절을 주석하면서, 라마누자는 말한다. "나의 의지를 통하여 나는 모든 존재를 지탱하는 자이지만, 그럼에도 불구하고 이 존재들로부터 나에게 아무런 도움도 없다." "어떤 종류의 도움도 이들에 의하여 나의 존재에 주어지지 않는다."[원주159] 세계의 존재는 신의 존재에 전혀 중요하지 않다. 이와 같은 견해는 라마누자의 전체적인 입장, 즉 세계는 신의 본질에 그 자체의 토대를 지닌다는 입장과 일치한다고 보기 어렵다. "설사 꽃잎 하나라도, 신애(信愛)로 바쳐지면 나는 그것을 즐긴다"라는 『바가바드기타』의 구절을 주석하면서, 라마누자는 말한다. "설사 나는 언제나 내 자신의 본래적이고 무한한 지복 속에 머물러 있다 할지라도, 나는 마치 내가 전혀 가질 수 없는, 저 먼 곳에 있던 것을 얻은 것처럼 즐거워한다."[원주160]

[원주157] "두 양태들에 의하여 규정되는 통제자 부분에, 여러 형태로 그 둘에 의하여 규정되는 형태로 변형이 있다(Ubhayaprakāraviśiṣṭe niyantramśe tadavastha-tadubhayaviśiṣṭatārūpavikāro bhavati, 『베단타 수트라』, ii.3.18에 대한 라마누자의 주석).

[원주158] 『바가바드기타』, ix.4.

[원주159] Matsthitau tair na kaścid upakāraḥ(『바가바드기타』, ix.4에 대한 라마누자의 주석).

[원주160] 『바가바드기타』, ix.26에 대한 라마누자의 주석.

신은 비록 타자들의 고통과 슬픔에 의하여 상처를 입을 준비가 되어 있는 것은 아니라 할지라도, 자신을 숭배하는 사람들의 자발적인 신애를 통하여 어떤 행복을 얻을 준비가 되어 있다. 만일 영혼들이 신의 부분이라면, 신은 영혼이 경험 속에서 겪는 고통에 의하여 괴로워하지 않을 수 없다고 보아야 할 것이다. 이것은 마치 어떤 사람이 자신의 손이나 발에 생긴 상처 때문에 아픔을 느끼는 것과 같다.[원주161] 그럼에도 불구하고 라마누자는 개별 영혼들의 고통이 신의 본질에 어떤 영향을 주는 것은 아니라고 주장한다. 만일 창조, 유지, 파괴의 행위들이 신에게 기쁨을 준다면, 우리는 신의 기쁨이 이러한 행위들에 의하여 증가한다고 생각해야 하지 않겠는가? 초월적인 영혼으로서 신의 본질은 기쁨의 본질이며, 그의 속성들의 변형들 또한 그의 즐거움을 부가한다. 영혼과 몸의 관계는 논리적으로 규정되지 않기 때문에, 완전하고 불변인 초월적인 기쁨과 자신의 몸의 변화로부터 도출되는 기쁨의 관계는 이해 가능하게 언급되지 않는다.

라마누자는 환영론(幻影論)과 세계의 현상성에 대한 주장을 강력하게 비판한다. 만일 세계의 온갖 차별이 단지 인간 정신의 불완전함에 기인한다면, 신에게는 그와 같은 차별이 없어야 할 것이다. 그러나 경전은 신이 세계를 창조하고 다양한 영혼들에게 상응하는 응보를 할당한다고 언명하고 있으며, 따라서 이것은 신이 온갖 차별로 가득한 세계를 고려에 넣고 있다는 것을 가리킨다. 마치 신기루가 그런 것처럼, 다수(多數)가 비실재라고 주장될 수 없다. 신기루가 비실재인 것은, 그것에 의하여 야기된 우리의 행위가 실패로 끝난다는 이유 때문이지만, 세계에 대한 지각에 의거한 행위는 그렇지 않기 때문이다. 또한 지각에 의하여 입증되는 세계의 실재성은 경전의 증언에 의하여 그렇지 않은 것으로 부정된다고 주장하는 것도 타당하지 않다. 왜냐하면 지각의 영역과 경전의 영역은 전혀 다르며, 따라서 그 둘 가운데 하나가 다른 하

[원주161] 『베단타 수트라』, ii.3.45에 대한 상카라의 주석.

494

나를 부정하는 것은 있을 수 없기 때문이다.[원주162]

모든 지식은 대상을 드러낸다.[원주163] 단지 어떤 대상이 지속하지 않는다는 이유만으로, 그것이 존재하지 않는다고 주장하는 것은 오히려 이상하다. 이 주장은 반대되는 것과 구별되는 것에 대한 어떤 혼동을 내포하고 있다. 구별(distinction)은 부정(denial)이 아니다. 두 인식이 상호 모순될 때, 그 둘 모두는 실재적일 수 없다. "그러나 항아리, 한 폭의 옷감 등은 서로 모순되지 않는다. 왜냐하면 이러한 대상들은 시간과 장소에서 떨어져 있기 때문이다. 만일 어떤 것의 부재가, 그것의 존재가 인식되는 동일한 장소와 시간에 인식된다면, 우리는 두 인식의 상호 모순을 지닌다. 그러나 어떤 장소와 시간과 관련하여 지각되는 어떤 것이 인식되고, 다른 어떤 시간과 장소와 관련하여 그것에 대한 비존재가 인식되는 경우에, 여기에는 아무런 모순도 일어나지 않는다."[원주164] 새끼줄을 뱀으로 착각하는 실례에서, 비존재에 대한 인식은 주어진 시간과 장소와 관련하여 일어난다. 그러므로 아무런 모순도 없다. 그러나 만일 지금 여기서 지각되는 어떤 대상이 다른 어떤 장소와 시간에 존재하지 않는다면, 우리는 그것이 비실재라고 성급히 결론지을 수 없다. 샹카라와 라마누자는 둘 다 동일의 논리에 강조점을 두고 있다.[원주165] 다만 라마누자는 참된 동일이란 구별과 한정——비록 모순과 부정은 아니라 할지라도——을 의미한다고 믿을 뿐이다.

라마누자는 무지(avidyā)에 대한 아드와이타의 입장을 여러 관점에서 비판한다. 무지의 본래적인 위치(āśraya)는 어디인가? 그것은 브라

[원주162] Ākāśavāyvādhibhūta……padārthagrāhi pratyakṣaṁ ; śāstraṁ tu pratyakṣādyaparicchedya sarvāntarātmatvasatyatvādyanantaviśeṣaṇaviśiṣṭa brahmasvarūpa……viṣayam, iti śāstrapratyakṣayor na virodhaḥ(『베다르타상그라하』, p.87).

[원주163] Arthaprakāśa.

[원주164] Deśāntarakālāntarasaṁbandhitayānubhūtasyānyadeśakālayor abhavāpratipattau na virodhaḥ(『베단타 수트라』, i.1.1에 대한 라마누자의 주석).

[원주165] 『베단타 수트라』, ii.2.33에 대한 샹카라의 주석 ; 『베단타 수트라』, ii.2.31에 대한 라마누자의 주석.

흐만일 수 없다. 왜냐하면 브라흐만은 완전으로 충만해 있기 때문이다. 또한 그것은 개아일 수 없다. 왜냐하면 개아는 무지의 산물이기 때문이다. 무지가 본질적으로 자명한 브라흐만을 가린다는 것은 있을 수 없다. 만일 대상도 없고 토대도 없는 자명한 의식이 그 자체 속에 있는 어떤 불완전함을 통하여 자기 자신을 온갖 대상들과 관련되어 있는 것으로 의식하게 된다면, 그 불완전함은 실재인가 비실재인가? 아드와이타에 의하면 그것은 실재가 아니다. 그러나 라마누자에 의하면 그것은 비실재일 수 없다. 왜냐하면 그것은 신 자신에 의하여 허용된 어떤 것이기 때문이다. 나타나지 않은 어떤 것이 나타나게 되는 인간의 지식에서, 우리는 그와 같은 나타남을 방해하는 어떤 실체의 존재를 가정할 수 있을 것이다. 그러나 그와 같은 결함을 브라흐만에게 귀속시켜야 할 아무런 필요도 없다. 또한 만일 무지가 브라흐만을 그 자체의 그물 속에 얽혀들게 한다면, 보편적 허위는 유일하게 실재일 것이며, 우리는 그것으로부터 벗어날 수 없을 것이다.

무지의 본질(svarūpa)은 논리적으로 규정될 수 없다. 그것은 실재도 아니고 비실재도 아니다. 어떤 것이 정의될 수 없다(anirvacanīya)고 말하는 것은 비논리적이며 불합리하다. 어떤 인식 수단(pramāṇa)도 무지의 존재를 검증할 수 없다. 지각도 그것을 확립할 수 없으며, 추론이나 계시도 그렇게 할 수 없다. 경전들에서 마야는 영원히 비실재인 무지와 전혀 무관한 신에 의하여 소유되는 놀라운 힘을 가리키기 위하여 사용된다. 아드와이타의 견해에 의하면, 심지어 경전들조차도 세계 오류(world-error)의 일부이며, 지식의 전체 토대는 괴멸된다. 만일 무지의 지멸(nivartana)이 무속성 브라흐만에 대한 지식에 의하여 일어난다면, 그것은 일어날 수 없다. 왜냐하면 그와 같은 지식은 불가능하기 때문이다. 구체적인 실재인 무지의 단멸(nivṛtti)은 추상적인 지식에 의하여 일어날 수 없다. 우리에게 세계는 너무 중대하고 의미심장하기 때문에, 그것은 단지 무지의 산물에 불과한 것으로 간단히 부정되어버릴 수 있는 성질의 것이 아니다. 우리가 사로잡히는 실재적인 무지는,

우리로 하여금 우리 자신과 세계가 브라흐만에 대하여 독립적이라고
믿게 만드는, 바로 그 미혹의 힘이다.

15. 윤리적·종교적 삶

몸에 깃들여 있는 영혼을 지니며 윤회하고 있는 개아는 마치 바다를
의식하지 않으며 살고 있는 섬과 같다. 그는 자신이 신의 양태라기보다
는 오히려 자연의 산물이라고 믿는다. 지난 행위들의 여력 때문에, 그
는 물질적인 육체에 한정되어 있는 자신을 발견하게 되며, 그의 내면적
인 빛은 외부의 어둠으로 가려진다. 그는 자연의 외관을 자신의 참된
본질로 착각하고, 육체의 속성들을 그 자신에게 귀속시키며, 인간 경험
의 무상한 쾌락들을 참된 지복으로 애착하며, 신을 외면한다. 영혼의
타락은 업과 무지 때문이며, 업과 무지는 영혼의 체화(體化)를 야기한
다. 순수 정신인 영혼과 물질의 결합은 영혼의 타락을 의미한다. 영혼
의 죄악은 그 자체의 상승에 대한 장애일 뿐만 아니라, 신에 대한 범죄
혹은 무례이기도 하다. 무지는 지혜, 즉 모든 존재의 근저에 놓인 자아
라는 직관으로 대체되어야 한다.
　라마누자는 개별 영혼들이 자신의 자유의지에 따라 행위할 수 있다
는 것을 인정한다. 책임의 소재라는 점에 관한 한, 각각의 개별 영혼은
신에 대한 타자(他者), 즉 하나의 다른 인격이다. 개별 영혼이 신에 대
한 자신의 의존을 인식하지 못할 때, 신은 카르마의 장치를 통하여 개
별 영혼이 참된 실상을 인식할 수 있도록 돕는다. 카르마의 장치는 응
보라는 의미에서 개별 영혼에게 벌을 가하며, 이를 통하여 개별 영혼이
자신의 그릇된 행위들을 깨달을 수 있게 만든다. 내재하는 신의 작용을
통하여, 개별 영혼은 자신의 죄를 인식하고, 신에게 도움을 간구한다.
라마누자의 철학에서는 죄에 대한 회오(悔悟)와 그것에 대한 인간의
책임이 크게 강조된다. 야무나차리야(Yāmunācārya)는 자신을 "수많

은 죄악을 신고 있는 배"로 묘사하며, 신의 은총을 간구한다. 비슈누교
의 신앙은 고행(tapas)을 권장하지 않는다.

유신론자로서 라마누자는 인간의 구원이 지식(jñāna)이나 행위(kar-
ma)를 통해서가 아니라, 신애(bhakti)와 신의 은총을 통하여 가능하다
고 믿는다. 경전들에서 언급되는 지식은 명상(dhyāna) 혹은 정신집중
(nididhyāsana)을 나타낸다.[원주166] 박티는 신이 우리의 가장 내적인 자
아이며, 우리는 단지 그의 양태들에 불과하다는 진리에 대한 정신집중
을 통하여 실현된다. 그러나 이와 같은 지식은 악업(惡業)이 소멸되지
않는다면 얻어질 수 없다. 사심 없이 행해지는 행위는 과거의 생을 통
하여 축적되어온 업의 제거에 도움이 된다. 경전들에서 명령된 행위가
이기적인 동기에서 수행되는 한, 그것의 참된 목적은 얻어질 수 없다.
제의적 의무 수행의 결과는 일시적이지만, 신에 대한 참된 지식의 결과
는 소멸하지 않는다(akṣaya). 그러나 만일 우리가 신에 대한 헌신이라
는 정신으로 어떤 행위를 한다면, 그것은 해탈을 추구하는 우리의 노력
에 도움이 된다.[원주167] 그와 같은 입장에서 행해지는 행위는 삿트와
(sattva) 본질을 증장시키며, 영혼이 모든 존재의 진실상을 깨달을 수
있도록 돕는다. 지식과 행위는 신애의 수단, 즉 이기심을 근절하고 의
지에 새로운 활력을 부여하는 힘이며, 우리의 이해에 새로운 시각을 부
여하고 영혼에게 새로운 평화를 가져다주는 힘이다.

박티는 저급한 형태의 숭배에서 궁극적인 진리 실현의 삶에 이르기
까지 온갖 다양한 종교 양식을 포괄하는, 매우 다의적인 용어이다. 또
한 그것은 『리그 베다』[원주168] 시대로부터 오늘날에 이르기까지 인도의
역사를 통하여 지속되어왔다. 라마누자에게 박티는 고요하게 그리고

[원주166] 『베단타 수트라』, iii.4.26에 대한 라마누자의 주석.
[원주167] Tadarpitākhilācāratā(나라다(Nārada), 『박티 수트라』(*Bhakti Sūtra*), p.19).
[원주168] x.43.1을 참조하라. "행복을 추구하는 나의 생각은 온통 인드라(Indra)를 앙모
  하며 찬양하도다. 그것은 마치 아내가 멋지고 젊은 신랑을 포옹하듯 그를 포옹하누
  나. 나의 마음은 그대, 인드라를 향해 있으며, 그대로부터 떠날 수 없도다. 나는 나
  의 모든 바람을 오직 그대에게 집중시켰으니, 오 내가 간구하는 자, 인드라여!"

498

명상을 통하여 신에 대한 완전한 지식을 추구해가는 인간의 노력이다. 그는 박티를 위한 정교한 준비 혹은 보조 수단을 언급하고 있으며, 그것은 음식에 대한 분별(viveka),[원주169] 다른 모든 것에 초연함과 신에 대한 열망(vimoka), 신에 대한 끊임없는 생각(abhyāsa), 다른 존재들에 대한 선행(kriyā),[원주170] 모두에 대한 덕행(kalyāṇa), 진실(satyam), 고결(ārjavam), 연민(dayā), 비폭력(ahiṁsā), 자비(dāna), 그리고 유쾌함과 소망(anavasāda) 등을 포함한다.[원주171] 그러므로 박티는 단순히 인간의 감정에만 호소하는 주정주의(主情主義)가 아니라,[원주172] 지력의 함양뿐만 아니라 의지의 단련을 포함한다.[원주173] 그것은 신의 의지에 대한 복종일 뿐만 아니라, 그에 대한 지식이기도 하다.[원주174] 박티는 진심으로 온 마음을 다하여 신을 믿고 사랑하는 것이다. 그것은 신에 대한 직관적인 실현에서 절정에 이른다.[원주175]

박티와 해탈은 유기적으로 관련되어 있으며, 따라서 박티의 모든 단계에서 우리는 자기 자신을 완성해가고 있다. 박티는 점차 완전한 형태로 나아가고 있는 중의 구원이며, 다른 방법들보다 탁월한 것으로

[원주169] 비베카(viveka, 분별)는 우리가 감각적인 것에 집착하지 말아야 한다는 것을 의미한다고 보는 샹카라의 해석이 보다 타당하다.

[원주170] 다섯 가지, 즉 학습, 신에 대한 숭배, 조상에 대한 의무, 인간 사회에 대한 의무, 동물에 대한 의무로 분류된다.

[원주171] 『사르바다르샤나상그라하』, iv.

[원주172] 스와프네슈와라(Svapneśvara)는 샨딜리야(Śāṇḍilya)에 의하여 사용된 'anurakti'라는 말에 대하여 설명하면서, 'anu'는 '이후'(after)를 의미하고 'rakti'는 '집착'을 의미하며, 따라서 'anurakti'는 신에 대한 지식 이후에 오는 집착이라고 말한다. 맹목적인 집착은 박티가 아니다.

[원주173] "지식과 행위의 도움으로 촉진되는 박티 요가"(Jñānakarmānugṛhītam bhaktiyogam, 『바가바드기타』에 대한 라마누자의 주석, 서론). Dhīprītirūpā bhaktiḥ (『탓트와무크타칼라파』).

[원주174] 『베다르타상그라하』에서 라마누자는 사다나 박티(sādhana-bhakti)와 파라 박티(parā-bhakti)를 구분한다. 전자는 몸과 마음 그리고 언행에 대한 제어, 자신에게 규정된 의무의 실천, 학습, 무집착 등을 포함한다.

[원주175] 『베단타 수트라』, i.1.1에 대한 라마누자의 주석.

간주된다. 왜냐하면 그것은 그 자체의 보상(phalarūpatvāt)이기 때문이다.[원주176] 개아는 박티를 통하여 점차 신과 자신의 관계에 대하여 보다 생생하게 의식하게 되며, 마침내 그는 자기 영혼의 영혼인 신에게 자복(自服)한다. 그러면 더 이상 자기에 대한 애착(自己愛)이나 이기심은 없다. 왜냐하면 신이 개아를 대신하며 전체의 삶이 거룩하게 변모되기 때문이다. 남말바르(Nammāḷvār)는 말한다. "당신의 위대하고 놀라운 선물——나의 영혼이 그대의 영혼과 혼합되는 것——에 대한 보답으로, 나는 온 마음을 당신에게 완전히 굴복시켰습니다."[원주177] 우리의 피 한 방울 한 방울이 모두 신에게 복종되며, 우리의 맥박 하나 하나가 모두 신에게 굴복되며, 우리의 생각 하나 하나가 모두 신에게 복종된다. 그것은 "'나'이지만, 그럼에도 불구하고 '나'가 아닌" 어떤 경우이다. 박티는 형식적인(vaidhī) 박티와 지고한(mukhyā) 박티로 구분된다. 전자는 낮은 차원의 단계이며, 여기서 우리는 기도와 제의식 및 성상 숭배에 전념한다. 이 모든 것들은 영혼이 보다 높은 차원으로 고양될 수 있도록 돕지만, 그럼에도 불구하고 그 자체만으로 영혼을 구제할 수는 없다. 우리는 반드시 궁극자를 숭배해야 한다. 왜냐하면 결국 그것 이외에는 아무것도 명상의 대상으로 소용될 수 없기 때문이다.[원주178]

프라팟티(prapatti)는 신에 대한 완전한 복종이며,[원주179] 바가바타 종

[원주176] 나라다, 『박티 수트라』, p.26.

[원주177] 『티루바이모이』, ii.3.4.

[원주178] 이와 같은 취지에서 라마누자는 어떤 스승의 언급을 인용하고 있다. "브라흐마(Brahmā)로부터 풀잎 하나에 이르기까지 세계에 살고 있는 모든 것은 업(karma) 때문에 윤회에 속박되어 있다. 그러므로 이 모든 것들은 명상의 대상으로 소용될 수 없다. 왜냐하면 이러한 것들은 모두 무지 가운데서 윤회에 지배되기 때문이다"(Ābrahmastabaparyantā jagadantarvyavasthitāḥ, Prāṇinaḥ karma-janitasaṁsāravaśavartinaḥ. Yatas tato na te dhyāne dhyāninām upakāra-kāḥ, Avidyāntargatās sarve te hi saṁsāragocaraḥ, 『베단타 수트라』, i.1.1에 대한 라마누자의 주석).

[원주179] 『바가바드기타』에 대한 주석의 서론에서 라마누자는 프라팟티의 여섯 요소들을 언급한다. 1) 자신을 신에 합당한 제물로 만드는 자질의 획득(ānu-kūlyasya saṁpattiḥ), 2) 신에게 합당하지 않은 행위를 삼감(prātikūlyasya varja-

파에 의하면 구원을 얻는 가장 효과적인 방법이다. 그것은 모든 사람들, 즉 학식있는 사람들뿐만 아니라 무지한 사람들, 높은 계급의 사람들뿐만 아니라 하층 천민들에게도 열려 있다. 이에 비하여 지식(jñāna)과 행위(karma)를 포함하는 박티의 길은 상위의 세 계급에만 국한된다. 그러나 누구든지 스승에게 가르침을 받은 후에, 신의 품안으로 뛰어들어 그 안에서 피난처를 구할 수도 있을 것이다.

알바르들의 전통을 보다 밀접하게 따르는 비슈누교의 남부 학파(Tengalais)[역주22]에 의하면, 프라팟티는 구원에 이르는 유일한 길이며, 헌신자 측에서 더 이상의 어떤 노력도 필요하지 않다. 신은 그에게 자기 자신을 완전히 복종한 영혼을 구원한다. 북부 학파(Vaḍagalais)[역주23]는 구원에 이르는 유일한 길이 아니라, 단지 여러 길 가운데 하나일 뿐이라고 주장한다. 행위, 지식, 신애, 그리고 프라팟티를 통하여 자격을 구비한 개아는 신의 은총을 얻을 수 있다. 이 학파는 '원숭이 교의'(markaṭanyāya)를 지지한다. 왜냐하면 어린 원숭이는 자신의 힘과 노력으로 어미에게 달라붙어 있어야 하기 때문이다.[역주24] 한편, 남부 학파는 '고양이 교의'(mārjāranyāya)를 주장한다. 왜냐하면 어린 고양이는 다만 어미의 입에 물려 다니기 때문이다. 이 학파는 인간의 노력에 달려 있는 것은 아무것도 없다고 주장한다. 왜냐하면 신의 은총은 사람들이 자유롭게 되도록 선택하기 때문이다.[역주25] 이 학파는 또한 개

---

nam), 3) 신이 자신을 보호해줄 것이라는 믿음(rakṣiṣyatīti viśvāsaḥ), 4) 보호에 대한 간구(goptṛtvavaraṇam), 5) 자신의 하잘것없고 나약함에 대한 느낌(kārpaṇyam), 6) 완전한 복종(ātmasamarpaṇam). 이 중에서 앞의 다섯 가지는 프라팟티에 이르는 수단이지만, 마지막의 완전한 복종은 프라팟티 자체와 동일시된다.

[역주22] 이 학파의 중심 인물은 필라이 로카차리야(Pillai Lokācārya, 1130~1210)이다.

[역주23] 라마누자의 후계자들 가운데 한 사람으로 꼽히는 베단타 데쉬카(약 1230년경)는 이 학파의 창시자로 알려진다.

[역주24] 신의 은총은 구원을 바라는 사람의 가장 중요한 소망이지만, 그는 이 은총을 얻기 위하여 스스로 노력하지 않으면 안된다는 것이다. 말하자면 신의 은총은 '이유 있는'(sahetu) 은총이다.

[역주25] 이 경우에 신의 은총은 '이유 없는'(nirhetu) 은총이다. 신의 은총은 박티 혹

별 영혼들이 신에 의하여 하나의 지고한 행위 속에 붙잡힌다고 믿는다. 이에 비하여 북부 학파는 신에 대한 개별 영혼의 끊임없는 봉헌을 주장한다.

『바가바타 푸라나』에서 박티는 그 성격에서 라마누자의 경우보다 덜 절제된 형태로 나타난다. 과도한 열정을 반영하는 어떤 경향은 인간의 마음속에 종교적인 감정의 출구를 마련한다. 영혼의 거듭남을 겪은 사람은 경외와 환희의 전율을 지닌다. 『바가바타 푸라나』에서 박티는 인간의 온 마음을 전율시키고, 말문이 막히게 하고, 마침내 무아지경으로 인도하는, 파도처럼 밀려오는 감정이다. 『바가바타 푸라나』는 제의적 의무의 수행에 무관심하며, 우리는 어떤 대가를 위해서가 아니라, 단지 신 자신을 위하여 신을 사랑해야 한다. 원하기만 한다면, 신과의 합일은 누구에게나 가능하다는 것이 받아들여진다. 박티를 통하여 그것을 얻을 수 있지만, 자신이 숭배하는 신과 영원히 구별된 채로 남아 있는 영혼이 신 속에 혼융되는 영혼보다 행복하다.[원주180] 우리는 『바가바타 푸라나』의 신에서 지극히 인간적인 느낌을 발견한다. 그는 자기에게 신애를 바치는 자들의 의지에 지배되기 쉬우므로(bhaktaparā-dhīna), 자유롭지 않다(asvatantra).[원주181] 만일 그의 성자들의 성전이 없다면, 신은 자신을 중히 여기지 않을 것이다.[원주182] 『바가바타 푸라나』의 현저한 측면은 크리슈나와 목우녀(牧牛女, gopi)들의 이야기에 대한 이상화(理想化)이다. 전설은 박티의 이상으로 변형되며, 우리가 앞으로 보게 되는 것처럼, 비슈누교의 후기 종파들은 그것에 의하여 상당할 정도로 영향받는다.

은 능동적인 헌신을 통하여 추구되어야 하는 것이 아니라, 단지 프라팟티, 즉 조건 없이 주어지는 신의 은총에 대한 수동적인 수용을 통하여 맞이할 뿐이다.

[원주180] 『바가바타 푸라나』, iii.25.33.

[원주181] ix.4.67.

[원주182] Nāham ātmānam āśāste madbhaktair sādhubhir vinā(ix.4.6). 『나라다판차라트라』(*Nāradapañcarātra*)를 참조하라. Bhaktaprāṇo hi kṛṣṇaś ca kṛṣṇaprāṇā hi vaiṣṇavāḥ(ii.36).

비슈누교도들의 헌신은 인간과 신의 관계에 대한 상징으로 가장 친근하고 인간적인 관계를 사용했다. 신은 스승, 친구, 아버지, 어머니, 아이, 그리고 심지어는 애인으로 간주되기도 한다. 애인으로서의 신은 알바르들, 『바가바타 푸라나』, 그리고 비슈누교의 벵골 학파에 의하여 강조된다. 박티의 경우처럼, 최고의 사랑에서, 사랑하는 애인과 더불어 사는 것은 최상의 행복이요 창조적인 생산이며, 그 혹은 그녀 없이 사는 것은 고통이요 절망이며, 아무런 결실도 있을 수 없다. 감각적인 이끌림이 사랑에서 전부라고 가정하기 때문에, 우리는 사랑의 상징을 사용하는 것이 옳지 않다고 생각한다. 그러나 참된 사랑에는 감각적인 이끌림의 요소가 거의 없다. 동물적 차원 이상의 사랑을 알고 있는 소수의 남성들뿐만 아니라 다수의 여성들은 사랑이 단지 새로운 감각적 자극을 추구하는 행위에 불과한 것은 아니라고 항의할 것이다.

참된 사랑에서 두 영혼은 그들이 전에 만났거나 알았던 다른 어떤 사람들보다 더 서로를 신뢰한다. 사랑에 빠진 사람은 자신이 사랑하는 사람을 위하여 어떤 손해나 상실도 기꺼이 감수할 각오가 되어 있으며, 가난이나 추방 혹은 박해 속에서도 행복을 느낀다. 심지어 그녀 혹은 그가 여러 가지 어려움 때문에 상대방으로부터 멀어지고, 그래서 재결합이 요원하고 불가능한 것처럼 보인다 할지라도, 그녀 혹은 그는 상대방을 잃는 것을 받아들일 수 없으며, 다른 모든 것을 잃는 위험을 무릅쓰고, 죽음도 갈라놓을 수 없는 서로의 사랑에 의하여 만들어진 영원한 고리를 생생하게 유지하려 한다. 시타(Sita)와 사비트리(Sāvitrī), 다마얀티(Damayanti)와 샤쿤탈라(Śakuntala)에 대한 이야기들은 이 가르침을 인도인들의 가슴에 아로새겼다.[역주26] 인도의 비슈누교도들이 신을 자신의 애인으로 간주하고,[원주183] 인간적인 사랑의 열정과 갈망과 황홀

[역주26] 『라마야나』에서 시타와 라마, 『마하바라타』에서 사비트리와 사티야반(Sa-tyavān) 및 다마얀티와 날라(Nala)의 열렬한 사랑, 그리고 푸루(Puru)에서 하강한 월족(月族) 두쉬얀타(Dushyanta) 왕과 샤쿤탈라의 사랑은 흔히 인도 사람들에게 이상적인 남녀의 사랑으로 간주된다.

을 신에게 돌리려 하는 것은 전혀 놀라운 일이 아니다.

신애자(信愛者, bhakta)들은 신과의 관계를 상실할 때, 무력감과 불안을 느낀다. 왜냐하면 그 외의 어떤 것도 그들을 만족시킬 수 없기 때문이다. 그들의 여러 찬가들에서 우리는 신에 대한 가슴저리는 외침, 그의 부재에서 느끼는 절망적인 고독감, 그와의 친교에서 기대되는 황홀함, 그리고 그의 사랑의 고귀함에 대한 열렬한 감정을 발견한다. 비슈누교 성자들의 열광적인 언급들에서, 우리는 영적인 의미에서 신과 합일을 바라는 신비가의 망아적인 환희를 느낀다. 남말바르는 외친다. "하늘의 장려한 빛으로 있는 그대, 나의 가슴속 깊은 곳에서 나의 영혼을 녹여 마셔버리는 그대, 언제쯤에나 그대와 하나가 될 수 있습니까?"[원주184] 신에 대한 깊은 애착은 다른 모든 것에 대한 무관심으로 귀결된다.[원주185]

힌두교의 신애자들은 욕망의 단멸을 추구하는 것이 아니라, 그것을 낮은 차원에서 높은 차원으로 고양시키고자 한다. 마나발라(Maṇa-vāḷa)는 말한다. "감각적 대상들로부터 무지한 자에게 일어나는 쾌락, 바로 이것이 신에게 향해질 때, 박티라고 불린다. 남말바르의 경우에 이와 같은 박티는 아름다운 주(主)에 대한 사랑이 되었다. 이로부터 알바르들에게 '사랑' 유형의 박티가 일어난다."[원주186] 신랑 신부의 상징성

[원주183] Sa eva vāsudevo 'sau sākṣāt puruṣa ucyate, Strīprāyam itarat sarvaṁ jagad brahmapurassaram. 지고한 주(主)는 유일한 남자이며, 다른 모든 것들, 즉 브라흐마로부터 그 이하의 모든 존재들은 그에게 의존하고 그와 결합되기를 갈망하는 여인들이다.

[원주184] 『티루바이모이』, v.10.1.

[원주185] Anurāgād virāgaḥ. 박티의 길은 네 단계로 나누어진다. 1) 신을 지향하는 영혼의 바람과 그에 대한 감정의 고조, 2) 실현되지 않은 사랑의 고통, 3) 소유된 사랑의 기쁨과 그 기쁨의 유희, 그리고 4) 신을 사랑하는 자의 영원한 환희, 이것은 거룩한 지복의 핵심이다.

[원주186] Yā prītir asti viṣayeṣv avivekabhājām, Saivācyute bhavati bhakti-padābhidheyā. Bahktis tu kāma iha tatkamanīyarūpe, Tasmān muner ajani kāmukavākyabhaṅgī(『드라미도파니샤드상가티』(Dramiḍopaniṣadsaṁgati)).

을 사용하는 대개의 신애자들이 에로티시즘의 모든 흔적에서 자유로우며, 도덕적으로 결함이 없지만, 그럼에도 불구하고 그것의 남용이 있었다는 것은 부정될 수 없다.[원주187] 그러나 그와 같은 남용은 정도(正道)로부터의 일탈일 뿐이다.

카스트의 구분은 영혼의 본질에 아무런 영향도 주지 못한다. 그것은 육체에 속하는 것에 지나지 않으며, 다양한 개인들이 사회에 대하여 마땅히 해야 하는 의무를 규정하는 것일 뿐이다. 브라흐민들에 의하여 숭배되었던 몇몇 알바르들은 슈드라들이었다. 라마누자는 신을 믿고 사랑하는 사람들 사이에 어떤 구분이나 차이도 있을 수 없다는 것을 분명히 한다.[원주188] 그는 인생의 네 단계(āśramas)에 따른 의무를 수행하지 못하는 사람들도 브라흐만에 대한 지식을 얻을 자격이 있다고 주장한다.[원주189] 엄격히 말하여 박티 종교와 프라팟티는 사제를 필요로 하지 않는다. 왜냐하면 사랑을 바치는 것은 경전의 재가(裁可)를 필요로 하지 않으며, 신의 은총은 어떤 사람의 소유물일 수 없기 때문이다. 깊고 청정한 신애를 바치는 자에게는 경전도 없고 계율도 없다.[원주190] 라마누자는 신앙에서의 평등을 가르치며, 박티는 카스트의 모든 차별을 초월한다고 선언한다.[역주27] 그는 남인도의 최하층 계급에 속하는 사람들(pariahs)에게도 멜코테(Melkoṭe)의 사원을 허용했다. 그러나 이것은 결코 그가 기존의 질서체계에 대한 전반적인 저항을 의도했다는 것은 아니다. 전통을 존중하는 입장에서 그는 자유가 오직 상위의 세 계

[원주187] 『인도철학사 II』, pp.323~324.

[원주188] Nāsti teṣu jātividyārūpakuladhanakriyādibhedaḥ(나라다, 『박티 수트라』, p.72). 또한 『바가바타 푸라나』를 참조하라. Śvapaco 'pi mahīpāla viṣṇubhakto dvijādhikaḥ, Viṣṇubhaktivihīnas tu yatiś ca śvapacādhamaḥ.

[원주189] 『베단타 수트라』, iii.4.36 ; i.3.32~39에 대한 라마누자의 주석.

[원주190] Atyantabhaktiyuktānāṁ naiva śāstram na ca kramaḥ.

[역주27] 라마누자, 발라바, 마드와, 차이탄야 등 중세의 박티 부흥운동을 주도했던 사람들의 사상이 사회개혁이라는 측면에서 이해되기도 하는 것은 바로 이런 점 때문이다. S. Pande, *Medieval Bhakti Movement*, Meerut, Kusumanjali ; Prakasan, 1982, pp.32~33을 보라.

급에만 허용되며, 그 외의 다른 사람들은 공덕을 쌓으며 다음 생을 기다려야 한다는 것을 인정한다. 그러므로 우리는 그가 자신의 가르침이 지니는 논리적인 함축들과 혼연일체가 되었다고 말할 수 없다.

13세기의 비슈누교 스승이었던 라마난다(Rāmānanda)는 카스트 제도에 대하여 강력하게 항거했다. 그는 말한다. "누구라도 어떤 사람의 카스트 혹은 종파를 묻지 말라. 신을 앙모하는 자는 모두 신의 소유이다." 약 12명에 이르는 그의 직제자 중에는 브라흐민, 이발사, 가죽제품을 만드는 사람, 무사(武士, Rajput), 그리고 여자도 포함되어 있었다. 차이탄야(Caitanya)는 카스트와 상관없이 모든 사람들에 대한 헌신과 사랑을 가르쳤다. 한편, 남인도에서는 베단타 데쉬카(Vedānta Deśika)가 제의 중심의 종교를 강조했다.[원주191] 인도문명사를 통하여 카스트 제도에 대한 저항이 거듭하여 전개되었지만, 이 모든 저항 운동들은 인도인들의 민족 정서에 대한 카스트의 지배력을 상당한 어떤 정도로 저지할 수는 없었다.

16. 해탈

라마누자에 의하면, 해탈은 자아의 사라짐이 아니라, 제한하는 장애들로부터 자아의 해방이다. 왜냐하면 자아의 사라짐은 진정한 자아의 소멸(satyātmanāśa)일 것이기 때문이다.[원주192] 하나의 실체는 다른 하나의 실체로 전이할 수 없다.[원주193] 어떤 사람이 아무리 높이 고양된다 할지라도, 여전히 거기에는 그가 받들고 숭배하는 어떤 전능한 힘, 영원한 사랑이 있을 것이다. 종교적인 체험을 우리에게 가능한 최고의 차

[원주191] Śrutismṛtir mamaivājñā yas tām ullaṅghya vartate, Ājñācchedī mama drohī madbhakto 'pi na vaiṣṇavaḥ.
[원주192] 『베단타 수트라』, i.1.1에 대한 라마누자의 주석.
[원주193] 『비슈누 푸라나』, ii.14.27.

원으로 간주하는 라마누자는, 그것이 어떤 '다른 것'(other)을 함축한다고 주장한다. 해탈된 영혼은 비록 신과 동일은 아니라 할지라도, 신의 본질을 얻는다.[원주194] 그는 모든 것을 알게 되며, 항상 신에 대한 직관을 지닌다.[원주195] 그는 그밖에 아무것도 바라지 않으며, 따라서 윤회의 세계로 다시 돌아오는 경우는 없다.[원주196] 해탈에 반(反)하는 것은 개별성이 아니라, 이기심이다. 본질적 속성은 비록 영원히 완성된 어떤 것이라 할지라도, 윤회의 상태에서 그것은 무지와 업에 의하여 가려진다.

　해탈의 상태는 지성과 환희의 본래적인 특성들이 아무런 장애 없이 나타나는 것을 의미한다. 해탈된 영혼은 더 이상 업의 법칙에 지배되지 않는다는 의미에서 자존자(svarāṭ)로 일컬어진다.[원주197] 라마누자는 생해탈(生解脫, jīvanmukti)을 인정하지 않는다. 우리는 모든 업을 없애고 육체를 벗은 이후에 신과의 친교를 실현한다. 해탈의 상태에서 영혼들은 모두가 동일한 유형이다. 거기에는 신들, 사람들, 동물들, 그리고 식물들에 대한 아무런 구별도 없다. 이와 같은 구분들은 단지 윤회의 세계에서만 의미를 지닌다. 영혼들에게 특징적인 속성을 부여하는 것은 바로 물질과의 결합이다. 그러나 영혼들은 본래적인 것이 아닌 이 관련을 제거할 수 있다.[원주198] 그것은 육체적인 관련을 통하여 결정되는 개별적 특성이 영원하지 않다는 결론이 된다. 이와 같은 개별적 특성들이 탈각될 때, 그 영혼은 브라흐만의 본질을 획득하고 그 자체의 참된 본질을 나타낸다고 말해진다. 그것은 더 이상 어떤 새로운 특성도 발현하지 않는다.[원주199]

[원주194] Brahmaṇo bhāvaḥ na tu svarūpaikyam(『베단타 수트라』, i.1.1에 대한 라마누자의 주석).
[원주195] Paripūrṇaparabrahmānubhavam. 『라하시야트라야사라』, xxii를 참조하라.
[원주196] 『베단타 수트라』, iv.4.22에 대한 라마누자의 주석.
[원주197] 『슈루타프라카쉬카』, i.1.1.
[원주198] Karmarūpajñānamūlaḥ, na svarūpakṛtaḥ(『베단타 수트라』, i.1.1에 대한 라마누자의 주석).
[원주199] 『베단타 수트라』, iv.4.1에 대한 라마누자의 주석.

해탈된 상태에서 영혼들은 두 가지 점을 제외하고 궁극자의 모든 완전함을 누린다. 그들은 원자적인 크기를 지니는 반면에, 궁극자는 편재적이다. 비록 원자적인 크기라 할지라도, 영혼은 여러 육체 속으로 들어갈 수 있으며, 신에 의하여 창조된 다양한 세계들을 경험한다.[원주200] 그러나 그것은 세계 창조에 대해서는 아무런 힘도 지니지 못하며, 이 힘은 오직 브라흐만에게만 속한다.[원주201]

신의 나라는 단순히 서로 중복되지 않는 수많은 영혼들로 구성된다. 그들이 취하는 형태들은 순수 물질(viśuddhasattva)에 기인한다. 해탈된 영혼들은 그것의 도움을 통하여 자신들의 생각과 바람에 형태를 부여한다. 놀이의 끝에 — 만일 이와 같은 것이 생각될 수 있다면 — 각각의 개별 영혼은 완전하게 되어 있을 것이지만, 그럼에도 불구하고 그것은 절대자에 대한 하나의 한정자로 간주된다. 하나의 자아인 절대자는 그 자체의 내재 원리에 의하여 자아들의 상호 유기적인 통일체가 된다. 그것은 자아들로 구성되는 이 통일체에 대하여 사회성을 지닌다. 자아들로 구성되는 사회의 각 구성 요소는 자기 중심적인 어떤 관심을 지니는 것이 아니라, 보편적 존재를 지향한다.

한정불이론(Viśiṣṭādvaita) 철학은 해탈자들을 두 부류로 구분한다. 첫번째 부류는 지상에서 그리고 천계에서 신에게 헌신하고자 하는 해탈자들이다. 두번째 부류는 나머지와 전적으로 분리되어 있는 해탈자들(kevalins)이다. 왜냐하면 이들은 자기 자신의 영혼의 참된 본질에 대한 끊임없는 명상을 통하여 스스로의 목적을 성취했기 때문이다.

해방된 영혼들이 살고 있는 천계의 모습은 이에 대한 일반적인 묘사와 크게 다르지 않다.[원주202] 그것은 단지 복장과 관습 및 전경에 대한 세부 묘사에서 일반적으로 생각되는 천국과 차이가 있을 뿐이다. 끊임없이 흐르는 강들과 달고 향기로운 과일이 열린 나무들이 있으며, 황금

[원주200] 『베단타 수트라』, iv.4.13~15에 대한 라마누자의 주석.
[원주201] 『베단타 수트라』, iv.4.17에 대한 라마누자의 주석.
[원주202] 『나라다판차라트라』(*Nāradapañcarātra*), vi.

빛 태양이 빛나고 있다. 이와 같이 환희로 충만한 환경에서 그들은 노래하며 향연을 즐긴다. 천계의 아름다운 선율을 들으며, 가끔 서로 철학적인 대화를 나눈다. 그러나 이와 같은 천계에 대한 광경은 신비가의 영혼을 만족시키지 않는다. 신비가는 어떤 특정한 속성 속에 갇힌 자신의 고독을 탈각하고자 애쓰며, 개성의 장애들을 허물고 보편자의 삶과 본질 속으로 혼융되고자 갈망한다.

해탈에 대한 가르침에서, 라마누자는 이와 같이 궁극자와 하나되고자 하는 신비가들을 정당하게 취급하지 않는다. 신비가들에게 세속적인 경험의 형태로 표현되는 천계는, 그것이 아무리 이상적인 것으로 묘사된다 할지라도, 본질적으로 그와 같은 경험 자체와 다르지 않다. 비록 영혼이 오직 신만을 알며, 그의 존재로 흘러 넘친다 할지라도, 그 영혼은 여전히 자체의 개별성을 보지하며, 그 자신이 보는 대상이 아니라 여전히 그 자신으로 남는다. 자기 자신의 개별성을 탈각하고 신 속으로 녹아들려 하는 경향은 우파니샤드의 몇몇 현자들과 고대 그리스의 오르페우스교의 신도들, 그리고 일부의 기독교 및 수피(Sufi) 신비가들의 핵심적인 동기였다. 그들은 스스로의 육체뿐만 아니라 개성을 탈각하고, 신 안에서 자신의 영혼을 녹여버리려고 애썼다. 그러나 어떤 신비가가 그와 같은 목적을 성취했다는 아무런 증거도 없다. 라마누자는 신과 영혼의 그와 같은 혼융에 대한 증거는 당연히 불가능하다고 주장한다. 신이 된 인간은 우리에게 돌아와서 자신의 경험을 이야기할 수 없으며, 자신의 이야기를 하는 자는 신이 되지 않았기 때문이다.

17. 라마누자의 유신론에 대한 평가

샹카라의 철학은 문제들에 대한 정서적인 해결을 선호하지 않고 의지의 단련— 주변 환경이 영향을 주게 되는 최악을 인내할 수 있게 하는——에서 내적인 만족을 느끼는 사람들에게 어떤 매력을 지닐 것이지만, 심지어 샹카라도 수많은 사람들이 어떤 정서적인 측면을 지니는 신을 갈망한다는 것을 인정한다. 비록 샹카라는 궁극적 실재란 우리가 생각할 수 있는 것보다 폭넓은, 그 이상의 어떤 것이라고 주장한다 할지라도, 라마누자의 견해는 진리에 대한 최상의 '표현'이다. 라마누자의 주장에 의하면, 우리는 종교를 통하여 도달하는 것이 궁극적 실재가 아니라고 생각할 필요가 없다.[원주203] 라마누자에 의하여 주장된 유신론은 샹카라도 삶과 종교에서 허용하는 것이다. 비슈누교 형태로 있든, 스마르타(Smārta) 형태로 있든,[역주28] 쉬바교 형태로 있든, 혹은 샤크티 종교 형태로 있든, 그것은 힌두교의 신앙이다. 서양의 사상가들과 비판가들이 이 엄연한 사실을 간과하고, 힌두교 전체를 추상적인 일원론의 이론으로 간주하려 하는 것은 이해하기 어렵다.[원주204] 라마누자의 이론은 결코 다른 어떤 유신론보다 못하지 않지만, 그럼에도 불구하고 그것은 유신론 자체가 지니는 어떤 어려움에서 자유로울 수 없다.

실체(viśeṣya)와 속성(viśeṣaṇa)의 관계에 대한 이론을 통하여, 라마누자는 유일한 실재를 나타내고,[원주205] 다른 것들을 그것에 동화시키려고 한다. 사트(sat), 치트(cit), 아난다(ānanda)의 속성들에 대한 브라흐만의 관계를 설명하면서, 라마누자는 이 속성들의 통일이 절대적

[원주203] 브래들리의 견해를 참조하라. "종교적인 의식에 대한 실재보다 더욱 구체적이고 완전한 실재를 요구하는 사람은 사실 그 자신이 추구하는 것을 모른다."
[역주28] 성전서(聖傳書, smṛti) 또는 법전 등에 의거한 숭배를 말한다. 스마르타 전통에 속하는 경전들로는 1) 가정에서의 제사와 출생, 결혼, 장례 등의 성례들에 대한 규정을 담고 있는『그리히야 수트라』(Gṛhya-sūtra,『家庭經』), 2) 관습적인 의무 규정들을 담고 있는『다르마 수트라』(Dharma-sūtra,『律法經』)를 들 수 있다.
[원주204] 헤겔은 말한다. "동양의 종교에서, 제1조건은 오직 하나의 실체만이 참이라는 것이며, 개아는 스스로가 존재 자체에 반(反)하는 것으로 지속되는 한, 자신 속에 어떤 참된 가치를 획득할 수도 없고 지닐 수도 없다. 그는 오직 자신이 주체로서의 위상을 탈각하고 무의식 속으로 사라지는 그 실체와 하나됨을 통하여 참된 가치를 지닐 수 있다."
[원주205] 『니야야싯단자나』(Nyāyasiddhāñjana), p.96.

인 동일이 아니라 내속의 관계, 즉 속성들 간에 구별이 존재할 뿐만 아니라 실체와 속성들 간에도 구별이 존재하는 관계라고 주장한다. 신은 수많은 속성들이 내속하는 근저에 놓인 토대이다. 라마누자가 궁극적 실재의 본질에 대한 단서를 제공하기 위하여 논리적인 판단을 수용하는 한, 그는 이와 같은 결론을 피할 수 없다. 모든 판단은 주사와 빈사 혹은 실체와 속성에 대한 종합이다. 그러나 모든 긍정적 판단은 유한한 대상들과 관련되며, 이와 같은 대상들의 통일은 내속의 관계 이상일 수 없다. 다시 말하여 유한한 경험에서 우리는 절대적인 통일을 발견할 수 없다. 우리는 주관과 객관이 절대적인 실재에 도달하기 위하여, 변화와 유한성으로 특징지어지는 세계를 초월하도록 재촉된다. 그와 같은 어떤 실재에 대한 가정은 모든 논리적 과정의 토대이다. 판단에서 우리는 일련의 빈사들을 통하여 실재의 완전한 본질을 나타내기 위하여 최선을 다한다. 그러나 만일 우리가 궁극적 실재는 사유 그 자체라고 가정하지 않는 한, 일련의 추상들은 실재의 내용을 있는 그대로 나타낼 수 없다. 처음부터 우리의 마음속에 함축적으로 내재하는 것은 바로 이 절대적인 판단, 즉 존재와 사유는 하나라는 것이다.

존재(sat), 의식(cit), 환희(ānanda)로 특징지어지는 절대자는 이와 같이 구별이 있는 속성들을 지니는 어떤 구체적인 실재라는 사실 이외에, 라마누자는 어떻게 이 속성들이 절대자 자체 속에 유기적으로 관련되어 나타나는가를 우리에게 말하지 않는다.

실체와 속성들,[원주206] 브라흐만과 세계의 관계는 상호 내속(coinherence)이 아니라 불이(不二)의 관계이다. 왜냐하면 상호 내속의 관계는 본래부터 내재하는 분리를 의미하기 때문이다.

[원주206] 실체와 속성의 관계에 대한 개념은 불만족스런 개념이다. 만일 그 둘이 동일하다면, 이에 대한 구분은 무의미할 것이다. 만일 그 둘이 다르다면, 그 둘의 관계는 순전히 외적인 관계일 것이다. 만일 그 둘이 내속(samavāya)에 의하여 내적으로 관련된다면, 이 관계 자체 또한 관계되는 두 가지와 관련되어 있다고 보지 않을 수 없으며, 이와 같은 소급은 무한히 계속될 수밖에 없다.

영혼들과 세계 또한 브라흐만과 하나인가? 만일 그렇다면, 어떤 의미에서 그런가? 실체에 대한 속성들(viśeṣanas)의 의존, 즉 브라흐만에 대한 영혼들과 세계의 의존은 영원하며, 후자들은 전자의 본질과 관련을 지닌다.[원주207] 세계는 단지 하나의 속성에 불과한 것이 아니라, 궁극자의 본질과 어떤 관련을 지닌다. 그것은 궁극적 실재의 내적 한정의 자기 현현이다. 브라흐만과 영원히 공존하는 실재로서 개별 영혼들에 대한 인정은 브라흐만에 대한 하나의 한정을 구성한다. 브라흐만의 무한성은 그것의 구성 요소들의 무조건적인 무한성에 의하여 손상된다. 만일 브라흐만과 영혼이 영원히 공존한다면, 그 둘의 관계는 무엇인가? 본질적이든 우유적이든, 그 둘 사이의 영원한 관계는 설명할 수 없는 신비로 남을 수밖에 없을 것이다. 브라흐만의 자아는 그것의 몸과 다르며, 우리는 그것을 무조건의 절대적인 자아라고 부를 수 있다.

라마누자의 철학에서, 경험의 주체인 유한 자아들은 신의 삶에서 운동들로 용해되어버리는 것처럼 보인다. 만일 절대자가 모든 개별적 자아들과 세계를 포함하는 완전한 인격이라면, 어떻게 각자의 개별적인 의식과 고유한 의미와 가치를 지니는 유한한 자아들이 존속될 수 있는가를 이해하기 어려울 것이다. 하나의 자아는 다른 자아의 일부일 수 없다. 라마누자의 브라흐만은 궁극적인 자아일 뿐만 아니라, 또한 영원한 자아들의 영원한 사회이다. 어떻게 신은 개별적 자아들을 똑같이 궁극적인 의미에서 배제하는 동시에 포함할 수 있는가? 우리는 보다 열등한 영혼들과 구별되는 신과 생각할 수 있는 모든 존재를 포괄하는 절대자를 구별할 수 있을 것이다. 신, 영혼들, 그리고 물질은 절대자이며, 오직 신만이 절대자인 것은 아니다.

그러나 라마누자는 신을 절대자와 동일시하며, 그밖에 아무것도 존재하지 않는다. 그가 자신의 철학이 지니는 일원론적인 특성을 강조할 때, 그는 궁극적 실재가 통일적인 자아 의식을 지니며, 물질과 영혼들

[원주207] Svarūpānubandhitvena niyatatvāt(『베단타 수트라』, ii.4.14에 대한 라마누자의 주석).

은 단지 그와 같은 궁극적 영혼의 존재 속에 있는 계기들에 지나지 않는다고 설명한다. 한편, 개별자들의 독립을 보존하고자 할 때, 그는 개별적 영혼들이 비록 스스로의 자아됨을 신으로부터 도출한다 할지라도, 이들은 모두 의식의 중심이며, 자아 의식을 지니는 인식의 주체라고 주장한다.

브라흐만은 영혼들과 물질로 이루어진 세계의 질료인이며, 또한 동력인이다. 변화들은 신의 몸과 관련되며, 영혼(dehi)은 불변으로 남는다.[원주208] "의식적이든 비의식적이든, 최고의 자아와 다른 것은 그것의 몸을 구성하며, 오직 자아만이 무조건의 체화된 자아이다."[원주209] 신의 몸은 질료인이며, 영혼은 동력인이다. 그러므로 우리는 신이 세계의 질료인이면서 또한 동력인이라고 말할 수 있다. 이 구분은 견지되어야 한다. 왜냐하면 라마누자는 마치 개아의 몸의 변화들이 개아 자체의 본질에 아무런 영향도 미치지 않는 것처럼, 몸의 변화들이 신의 영혼에 아무런 영향도 끼치지 않는다고 믿기 때문이다.

그러면 영원히 불변으로 남아 있는 신의 본질은 무엇인가? 대파괴에서처럼 미세한 상태로 있든, 창조에서처럼 조대한 상태로 있든, 혹은 해탈의 상태에서처럼 비록 불완전하지는 않다 할지라도 개별화된 상태로 있든, 이슈와라의 본질은 세계의 본질과 다르다. 그것은 또한 이슈와라의 영원한 현현(nityavibhūti)과 구별된다. 만일 우리가 존재, 의식, 환희의 속성들— 결국 단지 속성들에 불과한—을 부정한다면, 절대자의 본질을 생각하는 것은 불가능할 것이다. 그럼에도 불구하고 만일 속성들이 신의 핵심적인 본질을 구성한다면, 속성들에 일어나는 변화의 과정들은 신의 본질에 영향을 미친다고 해야 할 것이다. 이 모든 것은 신이 영원 불변의 절대적인 실재가 아니라, 형성 도상에 있다는 것을 의미하는가? 끝으로, 신의 영혼은 동력인이며 그의 몸은 질

[원주208] 『탓트와무크타칼라파』, iii.25.

[원주209] Svavyatiriktaṁ cetanācetanavastujātaṁ svaśarīram iti, sa eva niru-pādhikaś śarīra ātmā(『베단타 수트라』, i.1.13에 대한 라마누자의 주석).

료인이라는 구분은 지지하기 어렵다. 우리는 요리를 위하여 반 마리의 닭을 사용하고 나머지 반은 계란을 낳게 하기 위하여 남겨놓을 수 없다.[원주210]

모든 일원론의 가장 중요한 문제는 무한자에 대한 유한자의 관계이다. 유한한 실재들의 체계는 그 자체로 무한할 수 없다. 우리는 유한자 이상의, 그것을 초월하는 어떤 것을 지니지 않으면 안된다. 라마누자는 세계의 모든 측면들을 사유와 물질의 두 범주 하에 포함시키고, 그 두 영역이 서로 잘 조화된다는 것을 지적하고 있으며, 따라서 세계 과정을 주관하는 신이 있다고 결론짓는다. 논리는 그것을 시사하며, 종교적인 의식(意識)은 그것을 확증하며, 그러므로 우리 대부분은 그것을 받아들인다. 그러나 그것은 문제에 대한 어떤 해결이 아니다. 모든 설명은 실재 안에 있으며, 실재 그 자체에 대한 것은 아니라고 말할 수 있을 것이다. 우리는 결코 실재가 왜 실재인지 말할 수 없다. 심지어 실재 안에서도 그 관계들은 논리적으로 규정되지 않는다. 만일 유한한 세계가 사유 및 물질과 동일시된다면, 그와 같이 반대되는 요소들은 동일한 실재에 속할 수 없을 것이다. 전체의 통일 혹은 속성들에 대한 구별이 수정되어야 하는 논리적인 필연이 있다. 라마누자가 시도하는 것은 그 둘을 하나의 절대자로 결합하는 것이다. 이 절대자는 구체적·유기적인 전체이며, 그것의 모든 부분들과 요소들은 이들을 통하여 구체화되는 어떤 궁극적인 원리 속에 그리고 그것을 통하여 존재한다.

샹카라에 대한 비판은 그가 절대자를 그와 같이 높은 차원으로 고양하며, 그 결과로 절대자와 인간의 영역이 상통할 수 있는 길이 전혀 없다는 것이다. 라마누자는 우리에게 보다 만족스런 통일, 즉 절대적인 동일도 아니고 부분들의 단순한 집합도 아닌, 모든 차이들과 관계들을 포함하는 통일을 제공하고자 한다. 우리는 그와 같은 절대적인 경험이 검증 불가능한 자의적인 공상이 아닌가에 대하여 의문을 지니지 않을

[원주210] 『브라흐마 수트라』, i.2.8에 대한 아난다기리(Ānandagiri)의 주석.

514

수 없다. 우리가 단어들을 조합하여 있을 법한 어떤 것에 대한 언급을
하는 것은 가능하지만, 그럼에도 불구하고 이 언급에 상응하는 실재의
유무 여부는 확신할 수 없다. 만일 절대자가 초월적 불변의 실재라면,
어떻게 그와 같은 절대자, 즉 역사를 지니지 않는 실재가 시간 과정과
세계의 변화를 포함할 수 있는가 하는 것이 문제로 대두된다. 만일 라
마누자가 절대자의 불변적 완전을 버리고 그 대신에 영원히 변화하는
과정, 일종의 진행형 완전을 받아들이지 않는다면, 그는 우리에게 절대
자의 영혼과 그것의 몸의 관계에 대한 만족스런 설명을 줄 수 없을 것
이다.

또한 자연과 영혼들의 영역이 하나의 통일체로 결합되는 메커니즘은
어떻게 설명될 수 있는가? 개별자들의 차별상뿐만 아니라 세계의 통일
성을 보존하려는 시도는 매우 바람직한 일이라 할 것이다. 그러나 만일
우리의 슬픔과 고난, 죄악과 불완전이 절대자의 절대 필요한 부분들이
며, 신의 환희에 찬 의식의 구별되는 구성 요소들로 그의 마음에 영원
히 존재한다면, 영혼들은 단지 신의 마음속에 있는 어떤 영원한 요소들
이 아닌가? 한편, 만일 우리가 독립적인 개체들이라면, 신은 우리와 분
리되어 있다고 하지 않을 수 없을 것이다. 우리가 공통의 삶을 공유한
다는 단순한 사실은 우리의 개별성을 삭감하지 않는다.^[원주211]

라마누자는 몸이 그 자체 속에 체화된 영혼과 다르지 않다는 것을
나타내기 위하여 영혼과 몸의 비유를 사용한다. 영혼이 떠날 때, 몸은
소멸한다. 또한 몸은 단지 영혼에게 즐거움과 고통을 주기 위하여 존재
한다. 몸의 목적인(目的因)은 영혼이다. 만일 이 비유가 지니는 의미를
보다 엄격하게 추구한다면, 그것은 신은 전부이며, 개별 영혼들과 몸은
단지 신의 즐거움을 위한 도구에 지나지 않는다는 것을 의미할 것이다.
어떤 헤겔 사상가들의 구체적인 보편(concrete universal)은 문제를

[원주211] 브래들리는 말한다. 만일 우리가 "개별적인 사람들, 즉 너 자신과 나 자신이
실재적이라고 생각한다면, 종교적인 입장에서 실재성을 지니는 것으로 신을 말하
는 것은 무의미하다"(*Truth and Reality*, pp.434~435).

해결하는 것이 아니라, 단지 그것을 다시 말할 뿐인 하나의 용어이다. 그들에게 철학의 문제는 절대자의 영원한 완전과 세계의 끝없는 과정을 하나의 전체 속에 관련짓는 것이다.

라마누자는 개별적인 영혼들의 영속적이고 독립적인 실재성을 보존하고자 고심하며, 개별성을 미혹에 기인하는 가현으로 간주해버리는 견해를 강하게 반대한다. 이른바 절대자라는 하나의 실재 속에, 어떤 구분이 신과 개별 영혼들 및 비의식적 물질 사이에 만들어진다.[원주212] 궁극자는 개별적인 지바(jīva)의 영혼이다. 왜냐하면 모든 것은 신의 몸을 형성하기 때문이다.[원주213] 라마누자가 영혼이라고 생각하는 것은 경험적인 에고이다. 그것은 유한한 어떤 것이며, 시간적인 전후를 지닌다. 모든 지식은 주체와 대상의 구분을 포함한다고 주장하는 것은 그다지 적절하지 않다. 왜냐하면 이 구분은 상대적인 구분이기 때문이다. 시각의 경우에 우리는 시각의 대상으로서의 눈에 보이는 광경과 시각의 주체로서의 눈을 구분한다. 이와 마찬가지로, 의식적인 경험에서 우리는 의식의 내용과 그것의 형식을 구별하며, 엄격히 말하여 비록 이 둘 모두가 경험의 세계에 속한다 할지라도, 후자를 주체 그리고 전자를 대상이라고 부른다. 라마누자가 주체라고 부르는 것은 진정한 의미에서 주체로 간주되는 주체가 아니라, 대상화된 어떤 주체, 즉 경험에 포함된 다수의 유한한 대상들 가운데 하나가 된 주체이다.[원주214]

라마누자는 개별적 영혼이 그것의 몸에 의하여 아무런 영향도 받지 않는다고 말한다.[원주215] 그것은 본질적으로 청정하다. 물질성의 어두운

[원주212] 이 입장과 래시돌(Rashdall)의 견해(*Theory of Good and Evil*, vol.ii, pp.238 ff)를 비교하라.

[원주213] Sarvātmatvāt pratyagātmano 'py ātmā paramātmā.

[원주214] 젠타일(Gentile)의 견해를 참조하라. "만일 우리가 마음의 초월적 작용의 본질을 알게 된다면, 우리는 그것을 방관자와 광경(의 관계)으로 나타내지 말아야 한다. 의식이 의식의 어떤 대상인 한에서, 그것은 더 이상 의식이 아니다. 엄격히 말하여, 그것은 더 이상 주체가 아니라 대상이다"(*Theory of Mind as Pure Act*, E.T., p.6).

[원주215] Svaśarīragatabālatvayuvatvasthaviratvādayo dharmāḥ jīvaṁ na spṛ-

516

그림자들은 단지 개별적 영혼의 장려함을 가릴 뿐이며, 그것을 파괴하는 것은 아니다. 물질을 통하여 구체화되는 것은 다시 돌이킬 수 있는, 단지 우연한 사건일 뿐이다. 이와 같은 구체화는 죄의 산물이지만, 청정한 영혼은 죄를 범할 수 없다. 그러므로 죄는 구체화된 영혼 없이 있을 수 없으며, 죄가 없다면 또한 구체화된 영혼도 있을 수 없다. 다른 힌두교 사상가들과 마찬가지로, 라마누자는 무시(無始)의 윤회에 대한 개념을 통하여 이 난점을 해결하고자 한다. 그러나 이것은 영혼의 순수 정신성을 내포한다. 죄와 이에 대한 응보는 모두 대상적인 연쇄들에 속하며, 죄를 범할 수 없는 순수 주체와는 전혀 무관하다.

그러나 만일 영혼이 죄를 범할 수 있다면, 그것은 영혼이 이미 물질과 결합되어 있다는 것을 의미하며, 물질과 결합된 영혼은 순수 청정한 영혼이 아니라 경험적인 에고에 불과할 것이다. 대상적 연쇄들은 시작이 없다고 말해질 때, 우리는 한편으로 순수 정신과 다른 한편으로 대상을 지니며, 그 둘은 모두 절대적인 존재들이다. 왜냐하면 그 둘은 그들 자체 이외에서 어떤 설명도 구할 수 없기 때문이다. 영혼은 그 자체로 순수 청정하며, 몸은 그것에 달려 있다. 어떻게 이런 일이 일어날 수 있겠는가?

지식과 자아의 관계는 무엇인가? 그 둘은 다른 것인가 같은 것인가? 만일 그 둘이 다르다면, 몸의 어떤 부분에서 일어나는 즐거움이나 고통의 경험은 자아가 아니라 지식에 속할 것이며, 따라서 자아는 즐거움이나 고통을 느낄 수 없어야 할 것이다. 우리는 지식이 자아의 기능(vyā-pāra)이라고 말할 수 없다. 왜냐? 그렇게 되면, 그것은 반드시 원인을 지닌다고 해야 할 것이기 때문이다. 그러나 라마누자에게서 지식은 영원하고 독립적이며, 어떤 산물이 아니다. 만일 자아와 지식이 하나라면, 그러면 심지어 자아도 확장과 수축을 쉽게 겪을 수 있어야 할 것이다. 그러나 원자적인 자아는 확장될 수도 없고 수축될 수도 없다. 의식으

śanti(『베단타 수트라』, i.1.13에 대한 라마누자의 주석).

로 이루어진 자아[원주216]와 지식의 관계는 분명하게 설명되지 않는다. 자아는 의식으로 충만해 있으며, 또한 그것의 속성으로 의식을 지닌다.[원주217] "마치 흙의 속성으로 지각되는 냄새가 흙 자체와 구별되는 것과 마찬가지로, 지식은 인식하는 주체와 다르며, 전자는 후자의 속성이다."[원주218] 그러나 라마누자는 숙면상태에 의식—— 비록 대상들과 관련된 것은 아니라 할지라도—— 이 있다는 것을 인정한다.[원주219] 자아의 본질은 지식이라기보다는, 가끔 대상들과 관계를 지니는 순수 의식이다.

개아와 브라흐만의 관계에 대한 설명 또한 여러 난점을 안고 있다. 라마누자는 말한다. "궁극의 브라흐만은 다자(多者)가 되기로 결심했다. 이에 그것은 화(火), 수(水) 등으로 이루어진 전체 세계를 방출했다. 이와 같이 방출된 세계에서 개별 영혼들 전체를 각자의 운명에 따라서 신, 인간 등의 다양한 몸 속으로 집어넣었다. 그리고 마침내 스스로의 바람에 따라 이 영혼들 속으로 들어가서 이들의 내적인 자아가 되었으며, 체화된 각 영혼을 실체적인 어떤 것(vastu)으로 만들어서 어떤 단어에 의하여 지칭될 수 있게 했다."[원주220] 그러므로 개아는 전체 실재의 한 반영이다. 각 개아는 1) 모든 존재들을 비추는 빛인 내적 통제자(antaryāmin) 브라흐만, 2) 인식의 주체인 영혼, 그리고 3) 영혼이 활동하는 비의식적인 도구들을 지닌다. 궁극적 브라흐만이 그런 것처럼,[원주221] 각 개아는 셋으로 이루어진 하나의 통일체인 것처럼 보인다. 브라흐만은 원형(prototype)이며, 개아는 그것의 모형(ectype)이다. 왜

[원주216] "의식으로 이루어진 것은 실로 개아이며, 단순히 붓디(buddhi, 통각작용)가 아니다"(Vijñānamayo hi jīvo na buddhimātram(『베단타 수트라』, i.1.13에 대한 라마누자의 주석).
[원주217] 『베단타 수트라』, ii.3.29에 대한 라마누자의 주석.
[원주218] 『베단타 수트라』, ii.3.27에 대한 라마누자의 주석.
[원주219] Jñānasya viṣayagocaratvaṁ jāgaryādāv upalabhyate(『베단타 수트라』, ii.3.31에 대한 라마누자의 주석).
[원주220] 『베단타 수트라』, i.1.13에 대한 라마누자의 주석.
[원주221] "의식 없는 물질과 의식적인 개아로 제한되는 최고아"(Acijjīvaviśiṣṭaparamātmā, 『베단타 수트라』, i.1.13에 대한 라마누자의 주석).

냐하면 각 개아는 유한하고 물질적인 외형 속에 신의 궁극적인 완전을 담고 있기 때문이다. 또한 영혼이 몸을 떨쳐버리고 해탈의 상태로 돌입할 때, 그것은 단지 존재하기만 하는 텅 빈 점(point)이 되는 것처럼 보인다. 그것은 신으로부터 단절되지 않는다. 왜냐하면 신의 삶을 구성하는 흐름들은 그것을 통하여 흐르기 때문이다. 이러한 영혼들의 어떤 중복이 있지 않겠는가? 만일 아니라면, 이 영혼들을 서로 구별하는 것은 무엇인가? 그들은 자기 본래의 지위를 지니는 실체들인가, 혹은 단지 절대자 속에 들어 있는 속성들에 불과한가? 라마누자는 각 영혼들이 어떤 구심성을 지니며, 그 자체가 하나의 통일체로 조직하는 경험들을 지닌다고 믿는다. 그러나 이에 대한 논리는 모두 다소 근거가 약해 보인다.

라마누자의 개별적 자아 개념은 칸트가 『합리적 심리학에 대한 비판』(*Refutation of Rational Psychology*)에서, 그리고 샹카라가 『브라흐마 수트라』에 대한 자신의 주석에서 공격했던, 현학적인 스콜라 철학의 실체관을 연상시킨다. 라마누자는 어떤 연속적인 자기 동일적 실체 — 이것은 본질적으로 영원하다 — 를 믿는 반면에, 샹카라는 연속적인 자기 동일성이란 오직 아트만에 대해서만 타당하게 적용될 수 있다고 주장한다. 라마누자의 견해에서, 자아의 계속적인 발전과 그것의 동일적인 본질의 관계는 쉽게 이해되지 않는다. 마치 헤겔의 경우처럼, 여기서 우리는 과정의 동일, 즉 차이 속에서 그리고 그것을 통하여 지속되는 것으로 말해지는 어떤 동일을 지닌다. 만일 개별적 자아의 동일이 몸에서 몸으로의 전이(轉移), 혹은 의식의 주기적인 중지에 의하여 영향받지 않는다면, 그것은 육체적인 관계와 기억 및 의식이 자아의 본질에 중요하지 않다는 결론이 된다. 우리는 모든 알려진 경험들에 의해서는 설명될 수 없는, 자아의 영원 불변한 본질이 무엇인지 이해할 수 없다. 우리는 인간으로서의 자기 동일, 의식의 연속, 불멸, 그리고 선재(先在) 등의 용어들이 무의미한, 추상적인 단자론(monadism)에 떨어지는 것처럼 보인다. 추상적인 단자는 경험의 구체적이고 살아 있는 자아와 거의 무관하다. 자아라고 불리는 단순 무색의 단위가 각 개체에서 다르다고 주장하는 것은 하나의 가정이다. 우리는 각 개체―아무튼 유동적인 역사의 변천과 관련을 지니는―속에 근본적인 아트만이 있다는 것을 인정하지 않을 수 없다.

샹카라와 라마누자는 베단타의 위대한 두 사상가들이며, 이들 가운데 한 사람의 최대 장점은 다른 한 사람의 최대 약점이다. 샹카라의 외견상 무미건조한 논리는 그의 사상체계를 종교적으로 매력 없게 만들었으며, 피안의 세계에 대한 라마누자의 아름다운 이야기들―세계의 생성에 개별적으로 참여했던 자의 확신으로 그가 말하는―은 이성적인 사람들에게 큰 설득력을 지니지 못한다. 신과 인간 및 세계 모두를 하나의 궁극적인 의식에 기인하는 것으로 보는 샹카라의 넋을 잃게 하는 변증법은 라마누자의 추종자들에게 적지 않은 비난의 대상이 된다. 샹카라의 추종자들은 스승의 본래 입장에서 한 걸음 더 나아가서, 그의 교의를 위험하게도 무신론적 유심론으로 몰아간다. 라마누자의 추종자들은 신의 마음속에 마련된 방 안에서 올림포스의 신들이 지녔던 확신으로 행동한다. 그러나 라마누자는 종교적인 천재성을 지닌 위대한 인물이었다. 우파니샤드, 아가마 문헌들, 푸라나 문헌들, 그리고 프라반담 등의 다양한 원천들로부터 온갖 개념들이 그에게 흘러 들었으며, 그는 이 모든 개념들을 자신의 종교적인 성향의 어떤 측면에서 해석하고 받아들였다. 라마누자의 사상을 형성하는 이 모든 원천들의 다양한 요소들은 종교적인 경험의 정의하기 어려운 어떤 통일체로 결합된다.

라마누자의 철학적인 성향은 그의 사상 전반에 현저하게 나타나지만, 또한 그의 종교적인 욕구도 이와 마찬가지로 강렬했다. 그는 종교적인 감성의 욕구들을 논리적인 사유와 조화시키기 위하여 최선을 다했다. 설사 그가 체계적이고 자기 충족적인 종교철학을 확립하는 데 실패했다 할지라도, 그것은 우리를 놀라게 하지 말아야 한다. 보다 주목할 만한 것은, 종교와 철학의 명백하게 모순되는 주장들 사이에 깊고 넓게 벌어진 틈새를 잇기 위하여 노고를 아끼지 않은 그의 남다른 진

지함과 견실한 논리이다. 깊이 없는 경박한 지성의 영혼은 신의 길이
지닌 놀라움들을 알아보는 눈이 없을 것이며, 우리에게 외견상 간단 명
료한 해법을 제공했을 것이다. 라마누자는 그렇지 않다. 그는 우리에게
내재론(immanentism)의 색채가 가미된, 상상 가능한 최고 형태의 유
일신론을 제시했다.[원주222]

[원주222] 샹카라의 유속성 브라흐만과 브라흐마로카(Brahmaloka, 브라흐마의 천계)
는 라마누자의 비슈누와 바이쿤타(Vaikuṇṭha, 비슈누의 천계)에 해당한다. 샹카
라는 이러한 개념들이 비록 우리에게 열려 있는 최상의 경지라 할지라도, 최상의
경지 그 자체는 아니라고 주장한다. 그러나 우리의 삶에 관한 한, 이 유보 조건은
경험적인 우리에게 열려 있는 최상의 경지와 최상의 경지 그 자체 사이에 거의 아
무런 차이도 야기하지 않는다.

제10장

쉬바교, 샤크티교, 그리고 후기 비슈누교의 유신론

1. 샤이바 싯단타

처음부터 쉬바교는 비슈누교와 주요 라이벌 관계였으며,[원주1] 지금도 쉬바교는 남인도에서 매우 대중적인 신앙 가운데 하나다. 쉬바교는 심지어 서력 기원 이전에 이미 남인도에서 널리 성행했지만, 특히 그것은 불교와 자이나교에 대한 반대를 통하여 넓은 지지 기반을 얻었다. 쉬바교는 비슈누교와 함께 기원후 5~6세기경에 불교와 자이나교를 압도했다. 쉬바교는 11세기경에 샤이바 싯단타(Śaiva Siddhānta)라고 불리는 독특한 철학체계를 확립했다.[역주1] 샤이바 싯단타 철학에 몰두했

[원주1] 마다바(Mādhava)의 『사르바다르샤나상그라하』는 쉬바교의 네 학파인 나쿨리샤 파슈파타(Nakulīśa-pāśupata), 샤이바(Śaiva), 프라티야비갸(Pratyabhijñā), 그리고 라세슈와라(Raseśvara)를 언급한다. 이 중에서 라세슈와라 학파는 철학적인 성향과 관심이 부족하다. 나쿨리샤 파슈파타 학파의 주요 교의들에 대해서는 『인도철학사 II』, pp.314~315를 보라.

던 포프(Pope) 박사는 그것을 "인도의 모든 종교 가운데서 가장 정교하고 영향력 있으며, 의심의 여지없이 가장 본질적인 가치를 지니는 철학"으로 간주한다.[원주2]

샤이바 싯단타와 카슈미르 쉬바파(Śaivism of Kashmir) 사이에 현저한 유사성이 있지만, 우리는 전자가 그 자체의 일반적인 구조나 본질적인 교의에서 후자에 빚지고 있다고 말할 수 없다.『톨캅피얌』(Tol-kāppiam) 같은 초기의 타밀어 문헌들은 자유와 지복에 이르는 길을 확립했던, 아리바르(Arivar)라 불리는 현자들을 언급하고 있다. 이들은 베다의 루드라(Rudra) 개념, 브라흐마나 문헌의 루드라-쉬바 숭배, 그리고『마하바라타』및『슈웨타슈와타라 우파니샤드』의 영향을 받았다.[원주3] 이외에도 28종의 쉬바교 아가마 문헌들(Śaiva Āgamas), 특히 지식(jñāna)을 다루고 있는 부분(知識部), 쉬바교 성자들의 찬가들, 그리고 후기 신학자들의 저술들은 남인도 쉬바교의 주요 원천들을 형성한다.

2. 문헌

28종의 아가마 문헌들이 인정되며,[원주4][역주2] 이 중에서 가장 중요한 것은『므리겐드라 아가마』(Mṛgendra Āgama)라고 불리는 지식부(知

[역주1] 흔히 성전(聖典) 쉬바파라고 불린다.

[원주2]『티루바사감』(Tiruvāsagam), p.lxxiv.

[원주3]『인도철학사 Ⅰ』, p.131 ;『인도철학사 Ⅱ』, pp.314~315, pp.341~350을 보라.

[원주4] 콘지바람(Conjeevaram)의 카일라사나타(Kailāsānātha) 사원에서 우리는 팔라바(Pallava) 왕 라자싱하바르만(Rājasiṁhavarman)이 자신의 신앙을 언급하고 있는, 28종의 쉬바교 아가마 문헌들에 대한 최초의 명문(銘文) 기록을 볼 수 있으며, 그것은 5세기 말엽에 속하는 것으로 말해진다.

[역주2] 쉬바의 다섯 입에 의하여 계시된 것으로 말해지며, 쉬바적인 것 10종과 루드라적인 것 18종으로 구성되어 있다.

識部)를 포함하고 있는 『카미카 아가마』(*Kāmika Āgama*)이다. 마닉카바사가르(Māṇikkavāsagar, 7세기)와 순다라르(Sundarar) 등 타밀 지방의 성자들은 이 문헌들에 대하여 언급하고 있다. 쉬바교의 헌신적인 문헌들은[원주5] 5세기에서 9세기 사이에 속한다. 남비 안다르 남비(Nambi Āṇḍār Nambi, A.D. 1000)에 의하여 편찬된 쉬바교 찬가들은 집합적으로 티루무라이(Tirumurai)라고 불린다. 데바람(Devāram)으로 알려지는 제1부는 상반다르(Saṁbandar), 압파르(Appar), 그리고 순다라르(Sundarar)의 찬가들을 담고 있으며, 다른 것들 중에서 가장 중요한 것은 마닉카바사가르의 『티루바사감』(*Tiruvāsagam*)이다. 63명 쉬바교 성자들의 삶을 묘사하고 있는 섹키라르(Sekkirar)의 『페리아푸라남』(*Periapurāṇam*, 11세기)은 몇몇 가치있는 정보들을 담고 있다.

라우라바 아가마(Raurava Āgama)의 12구절들에 대한 확장으로 간주되는 메이칸다르(Meykaṇḍar)의 『쉬바갸나보담』(*Śivajñānabodham*, 13세기)은 샤이바 싯단타의 견해들에 대한 표준적인 설명이다. 메이칸다르의 49제자들 가운데 최초인 아룰난디 쉬바차리야(Arulnandi Śivā-cārya)는 『쉬바갸나싯디야르』(*Śivajñānasiddhiyar*)라는 중요한 저술의 저자이다. 우마파티(Umāpati)의 저술들(14세기) 중에서 『쉬바프라카샴』(*Śivaprakāśam*) 및 『티루 아룰 파얀』(*Tiru-aruḷ-payan*)은 유명하다. 샤이바 싯단타는 베다 문헌과 아가마 문헌이라는 두 전통과[원주6]

[원주5] "세계의 어떤 신앙도 이보다 풍부한 헌신적 문헌, 즉 탁월한 상상력과 넘치는 열정, 그리고 은총에 대한 표현으로 가득 찬 문헌을 남기지 못했다"(Barnett, *The Heart of India*, p.82).

[원주6] Tirumūlar, 『싯단타 디피카』(*Siddhānta Dīpikā*), November, 1911, p.205에 인용됨. 『쉬바갸나싯디야르』는 말한다. "오직 참된 문헌들은 베다와 쉬바 아가마들이다……. 이 중에서 베다는 일반적이며 모두에게 주어진다. 이에 비하여 아가마 문헌들은 특수하며, 축복된 자들의 이익을 위하여 주어진다. 아가마 문헌들은 베다와 베단타의 본질적인 진리들을 담고 있다. 베다와 아가마 문헌들 모두는 신에 의하여 주어지는 것으로 말해진다"(i.46). 닐라칸타의 견해를 참조하라. Vyaṁ tu vedaśaivāgamayoḥ bhedam na paśyāmaḥ(『브라흐마미망사』(*Brahmami-*

닐라칸타(Nīlakaṇṭha, 14세기)[원주7]에 의하여 수행된 그 둘에 대한 체계적인 종합에 의거했다. 닐라칸타는 쉬바교 철학의 견지에서『브라흐마 수트라』에 대한 주석을 저술했다. 그는 대체로 라마누자의 관점을 수용하고 있으며, 신과 영혼들 혹은 신과 세계의 절대적인 동일이나 절대적인 차이를 주장하는 견해들을 강하게 부정한다.[원주8] 궁극자는 쉬바이며, 그는 배우자로 암바(Ambā)를 지닌다. 그는 또한 자신의 몸으로 의식적인 실체들과 비의식적인 실체들을 지닌다.『쉬바르카마니디피카』(Śivārkamaṇidīpikā)라고 불리는 압파야 디크쉬타의 주석은 매우 중요한 가치를 지니는 문헌이다.

3. 주요 교의들

궁극적인 실재는 쉬바라고 불린다. 쉬바는 시작이 없고 원인도 없으며, 모든 결함에서 자유롭고 전지 전능자로 간주되며, 개별 영혼들을 속박의 상태로부터 자유롭게 한다. 궁극적 실재가 '존재, 의식, 환희'(saccidānanda)라는 교의는 자존, 본질적인 청정, 직관적인 지혜, 무한한 지성, 모든 속박으로부터 벗어남, 무한한 은총 혹은 사랑, 전능, 그리고 무한한 지복이라는 8가지 속성을 의미하는 것으로 해석된다. 신의 존재에 대한 몇몇 증명들이 언급된다. 세계는 변화를 겪고 있다. 세계의 질료인인 프라크리티는 찰흙처럼 비의식적이며, 그 자체를 유

---

mārṁsā), p.156).

[원주7]『베단타 수트라』, i.1.3에 대한 닐라칸타의 주석.

[원주8]『베단타 수트라』에 대한 닐라칸타의 주석 가운데 중요한 여러 구절들은 단지 라마누자의 주석을 그대로 반복하고 있다. 예를 들어 그가 "미세한 상태의 영혼들과 물질로 한정된 브라흐만은 원인이며, 조대한 상태의 영혼들과 물질로 한정된 브라흐만은 결과이다"(Sūkṣmacidacidviśiṣṭaṁ brahma kāraṇam, sthūlacidacidvi-śiṣṭaṁ tat kāryam bhavati(i.1.2)라고 한 것은 라마누자의 핵심 교의를 그대로 반영하고 있다. 그러나 압파야 디크쉬타의『아난다라하리』(Ānandalaharī)를 보라.

기적인 세계로 구체화할 수 없다. 세계 전개는 요소들에 기인하지 않는다. 요소들은 지성을 지니지 않기 때문이다. 카르마 또한 이와 마찬가지로 세계 전개의 원인이 될 수 없다. 메이칸다르에 의하면, 시간(kāla)은 비록 관찰자에게는 변화하는 것처럼 보인다 할지라도 사실상 불변이다.[원주9] 그것은 모든 행위와 작용의 조건이지만, 그럼에도 불구하고 그 자체로 활동적인 작인(作因)은 아니다.

　그러나 만일 신이 직접 세계 전개의 원인이라면, 그의 독립과 완전은 아마 손상될 수도 있을 것이다. 그러므로 신은 자신의 도구인(道具因)으로 샤크티(śakti, 창조력)를 통하여 작용한다고 말해진다. 카르마의 법칙은 인간의 정신적인 결과들에 따라서 작용한다. 그것은 결과들을 짜맞추지 않으며, 선과 악 사이에 구별을 짓지도 않는다. 이러한 것들은 하나의 무한한 영혼에 의하여 규정되며, 이 무한한 영혼은 또한 자신의 샤크티의 도움으로 개별 영혼들이 적합한 응보들을 받을 수 있도록 한다. 옹기는 그것의 제1원인으로 옹기장이를 지니고, 그것의 도구인으로 막대기와 도차(陶車)를 지니며, 그것의 질료인으로 찰흙을 지니는 것과 마찬가지로, 세계는 그것의 제1원인으로 쉬바를 지니고, 그것의 도구인으로 샤크티를 지니며, 질료인으로 마야를 지닌다. 마치 소리가 노래의 모든 음들에 차 있는 것처럼, 향기로운 냄새가 과일 전체에 퍼져 있는 것처럼, 신은 자신의 샤크티를 통하여 전체 세계에 너무 충만해 있기 때문에, 그는 세계와 다른 것처럼 보이지 않는다. 신은 자연과 인간으로 이루어진 세계를 몸으로 지니는 영혼이다. 비록 신은 자연과 인간의 세계 속에 살고 있고 자연과 인간 또한 신 속에 살고 있다 할지라도, 신은 세계와 동일시되지 않는다. 불이론(不二論)은 동일성(ekatva)이 아니라 불가분성을 의미한다.

　쉬바는 영원하다. 왜냐하면 그는 시간에 의하여 한정되지 않기 때문이다. 그는 샤크티를 통하여 작용하며, 샤크티는 비의식적인 것이 아니

[원주9] 『쉬바갸나보담』(*Śivajñānabodham*), i.4.

526

라 의식적인 에너지이며, 신의 몸이다. 이 몸은 다섯 만트라들(man-tras)[원주10]로 이루어져 있으며, 세계의 창조와 유지 및 파괴 그리고 영혼들의 체화(tirodhāna)와 해탈이라는 다섯 가지 기능에 기여한다. 그의 지식은 영원히 빛나며 직접적이다. 『파우슈카라 아가마』(*Pauṣkara Āgama*)에 의하면, 쿤달리니(Kuṇḍalinī) 혹은 슛다마야(śuddhamā-yā)라고 불리는 샤크티는 쉬바가 자신의 기능들을 도출하고 그의 존재가 토대를 두는 것이다. 샤크티는 순수 의식인 쉬바와 비의식적인 물질을 매개하는 연결 고리이다. 그것은 한정하는 것(upādhi), 즉 쉬바의 기능들이 차별화되는 원인이다.[원주11] 그것은 아난타(Ananta)── 이보다 높은 것은 오직 쉬바뿐이다── 로부터 그 이하의 모든 존재들의 속박의 원인이며, 또한 이들의 해탈의 원인이다. 종종 우마(Umā)라고 불리는 샤크티는 단지 쉬바의 반영일 뿐이며, 독립적인 존재가 아니다. 절대자 그 자체는 쉬바라고 불리며, 대상들과 관련되어 있는 절대자는 샤크티라고 불린다. 샤이바 싯단타에서 쉬바는 형이상학의 절대자일 뿐만 아니라, 또한 종교의 신이다. 그는 구세자요 영적인 스승(guru)이며, 인류에 대한 위대한 사랑 때문에 이와 같은 형상을 띠게 된다. 그는 사랑의 신이다.[원주12]

무수히 많은 영혼들(paśu, 문자적으로는 가축을 의미함)은 주(主, pati)에게 속한다. 영혼들은 영원하므로, 파티(主)는 그들의 창조자가 아니다. 영혼은 비의식적이며 경험의 대상인 몸과는 다르다. 그것의 존재는 기억과 인지의 사실들로부터 분명히 입증된다. 그것은 편재적, 항구적, 의식적인 행위자이다. 그것은 영원 편재적인 의식력(意識力, cit-śakti)의 토대이다.[원주13] 그것은 의식(caitanyam)을 지니며, 그것의 본

[원주10] 사디요자타(Sadyojāta), 바마데바(Vāmadeva), 아고라(Aghora), 타트푸루샤(Tatpuruṣa), 그리고 이샤나(Īśāna). 『타잇티리야 아란야카』, x.43.47을 참조하라.
[원주11] 『파우슈카라 아가마』, ii.1.
[원주12] 『쉬바프라카샴』, i.1 ; 날라스와미 필라이(Nallasvāmi Piḷḷai), 『샤이바 싯단타』(*Śaiva Siddhānta*), p.277.
[원주13] 『므리겐드라 아가마』, vii.5.

질은 앎(dṛkkriyārūpam)에 놓여 있다. 『쉬바갸나싯디야르』에 따르면, 영혼이 비록 조대신뿐만 아니라 미세신과 연합되어 있다 할지라도, 그것은 그 둘과 다르며, 그것은 의욕, 사유, 행위(icchājñānakriyā)의 기능들을 지닌다.[원주14] 그것은 일시적으로 그 자체가 머무르고 있는 것과 하나가 된다. 윤회의 세계에서 그것은 세속적인 일들에 집중하지만, 해탈의 상태에서 그것은 오직 신에게 그 자체의 모든 의식을 집중한다. 대파괴(pralaya) 동안에, 체화되지 않은 영혼들은 위대한 쉬바 속에서 힘과 에너지로 존재한다. 영혼들의 수는 증가하거나 감소하지도 않는다. 보다 많은 영혼들이 해탈을 얻음에 따라서, 체화된 영혼들의 수는 줄어든다. 의식은 해탈을 이룬 자들 속에 완전하게 현현하며, 해탈을 이루지 못한 자들 속에서는 은폐되고 흐려진다. 개별 영혼들은 이들이 셋, 둘 혹은 하나의 불순함에 지배되느냐에 따라서 세 유형으로 나누어진다.[원주15] 자연 그리고 여타의 것들도 신의 창조의 산물들이다. 이러한 것들은 비의식적이며, 영혼들의 목적에 소용된다.

속박의 그물(pāśajāla)은 무지(avidyā)와 카르마(karma) 및 마야(māyā)로 구분된다.[원주16] 첫번째 것은 영혼이 지니는 유한성(aṇutva)이라는 그릇된 개념에 기인하는 것으로, 아나바말라(āṇavamala)라고 불린다. 순수 의식인 자아는 자신이 육체에 제한된 유한한 존재이며, 한정된 지식과 힘을 지닌다고 생각한다. 자아는 순수 의식으로서 자신의 본질을 알지 못하며, 또한 육체를 그것의 실재로 착각한다. 이것은 영혼(paśu)의 속박(paśutva)이다. 이 무지는 모든 존재 속에 동일하며, 시작이 없으며, 짙고 현저하며, 다양한 형태를 지닌다. 창조와 파괴 등

[원주14] iii.1.

[원주15] 최상의 영혼들(vijñānakala)은 마야와 카르마에서 자유로우며, 단지 무지(āṇavam)의 불순함을 지닌다. 그 다음 단계의 영혼들(pralayakala)은 무지와 카르마의 불순함에 지배되며, 이 두 가지 불순함은 이들을 윤회에 연루되게 한다. 최하위의 영혼들(sakala)은 마야와 카르마 및 무지의 세 가지 불순함에 지배되는 모든 존재들을 포함한다.

[원주16] 『므리겐드라 아가마』, ii.3~7.

은 유한한 세계와 관련하여 일어나며, 따라서 이러한 것들은 무지의 전변(轉變, pariṇāma)으로 간주된다.[원주17]

카르마는 의식적인 영혼과 비의식적인 육체가 결합되는 원인이다. 그것은 무지의 보조물이다. 그것은 존재들의 온갖 행위에 의하여 생성되기 때문에 카르마라고 불린다. 그것은 지극히 미세하기 때문에 보이지 않는다. 그것은 창조된 세계에서 현저하게 나타나며, 대파괴 동안에는 마야 속으로 귀입된다. 그것은 반드시 그 결과를 나타내지 않고는 소멸하지 않는다.[원주18] 마야는 세계의 질료인이며, 본질적으로 의식이 없으며,[원주19] 세계의 씨앗이며, 여러 가지 힘을 지니며, 편재적이며, 불멸이다. "씨앗 속에 잠재해 있는 줄기, 잎, 열매가 그것으로부터 성장해 나오듯이, 칼라(kāla)로부터 지구(kṣiti)에 이르는 우주는 마야로부터 생겨난다."[원주20]

창조의 과정은 쉬바교 철학에서 지대한 관심의 대상이 된다. 쉬바는 순수 의식이요, 물질은 순수 비의식이며, 이에 비하여 샤크티는 그 둘의 중간으로 말해진다. 샤크티는 의식적인 본질을 지니므로, 세계의 질료인일 수 없다. 그녀(샤크티)는 조대한 것과 미세한 것, 물질적인 것과 정신적인 것, 단어와 개념 사이의 연결 고리이며,[원주21] 순수 마야(śuddhamāyā)이며, 우주의 어머니이며, 언어(Vāk) 혹은 소리(Nāda)이며, '침묵의 목소리'이다.

세계를 25요소로 분석하는 상키야와 달리, 샤이바 싯단타는 36요소(tattva)설을 주장한다. 우리는 푸루샤 위에 다섯 겹의 덮개(pañca-kañcuka)들, 즉 한정(niyati), 시간(kāla), 감홍(rāga), 지식(vidyā), 그리고 힘(kalā)을 지닌다.[역주3] 그 힘 위에 마야, 순수 지식(śuddhavi-

---

[원주17] 같은 책, vii.11.
[원주18] 같은 책, viii.1~5.
[원주19] 같은 책, ix.2~4.
[원주20] 『파우슈카라 아가마』, iii.4.
[원주21] 같은 책, ii.17.
[역주3] 푸루샤를 둘러싸고 있는 이 다섯 겹의 덮개는 푸루샤를 유한하게 만드는 불순

dyā), 이슈와라, 사다쉬바(Sadāśiva), 샤크티, 그리고 쉬바가 있다. 36요소 가운데 최상위인 쉬바(Śivatattva)는 절대 독립의 범주이며, 사다쉬바와 이슈와라 및 순수 지식은 지식 범주들(Vidyātattvas)을 구성한다. 마야 이하의 나머지 32요소들은 자아 범주들(Ātmatattvas)이다. 이 범주들은 전개의 다른 단계들이다. 마야는 먼저 미세한 원리들로 전개되고, 그런 다음에 조대한 것들로 전개된다. 마야로부터 전개된 최초의 원리인 힘(kalā)은 의식의 현현을 방해하는 불순함들을 극복하며, 의식이 카르마에 따라 나타날 수 있도록 돕는다. 그 다음 원리인 지식(vidyā)을 통하여 영혼은 즐거움과 고통의 경험을 얻는다. "활동적인 영혼이 붓디의 작용들을 지켜보는 도구가 곧 지식이다."[원주22] 마야는 모든 경험이 달려 있는 의욕이다.

시간(kāla)은 경험들을 과거, 현재, 그리고 미래로 규정한다. 시간은 영원하지 않다. 왜냐하면 영원은 시간과 별개이기 때문이다. 한정(niyati)은 다양한 영혼들에 대하여 몸들과 신체기관들 등을 규정하는 공간적인 한정이다. 푸루샤들은 이 다섯 가지에 의하여 덮여 있다. 샤이바 싯단타는 상키야의 원물질(原物質, mūlaprakṛti) 자체가 하나의 산물이라고 주장하며, 그것을 넘어서는 다섯 가지 미세한 원리들을 인정한다. 이 다섯 가지 중에서 앞의 세 가지는 지식의 힘, 행위의 힘, 그리고 감수력(感受力)이 나타날 수 있게 하는 원리들이며, 뒤의 두 가지는 대체로 시간과 공간에 해당한다. 프라크리티는 푸루샤가 경험하는 세계들이 만들어지는 재료이다. 그것은 조대한 전개의 첫번째 산물이다. 프라크리티로부터 구나(guṇa, 속성)들이 나오고, 구나들로부터 붓디가 나오며, 그 이후의 전개 과정은 상키야와 동일하다.

쉬바(Śivatattva)는 모든 의식과 행위의 무차별적(niṣkala) 토대이다. "쉬바의 샤크티인 순수 마야(śuddhamāyā)가 행위의 삶을 시작할 때, 쉬바는 경험하는(bhoga) 쉬바, 즉 사다쉬바(Sadāśiva)── 또한 사

한 요소들(tattvas)이다.

[원주22] 같은 책, v.9.

다키야(Sadākhya)라고 불리기도 한다──가 되며, 그는 사실 쉬바와 분리되어 존재하지 않는다. 순수 마야가 실제로 활동적일 때, 경험하는 쉬바는 지배하는(adhikāra) 쉬바가 된다. 이때 그는 이슈와라이며, 실로 사다쉬바로부터 분리되지 않는다."[원주23] 다섯 만트라들의 몸을 지니는 것은 쉬바 자신이 아니라 사다쉬바이다. 순수 지식(Śuddhavidyā)은 참된 인식의 원인이다. 각 세계 주기 사이에 침묵의 정지가 있다. 주(主)는 불순함들이 발현할 수 있도록 도우며, 그의 은총에 의존하는 영혼들의 지고선(至高善)을 위하여 이 불순함들의 전개의 전체 과정을 유지한다.[원주24] 그는 영혼들의 행위들을 고려하며, 그들이 추구하고자 하는 것을 돕는다. 신이 카르마의 법칙을 따른다는 것은 그의 독립에 대한 한정을 의미하지 않는다. 왜냐하면 카르마의 법칙은 그가 사용하는 방편이기 때문이다.[원주25]

샤이바 싯단타는 세계를 환영으로 보는 견해를 지지하지 않는다. 시작 없는 윤회 세계는 물질과 영혼들에 기인한다. 세계는 중대한 도덕적 목표를 지니며, 단지 오류 혹은 웃음거리에 지나지 않는 것으로 간주해 버릴 수 있는 것이 아니다. 신은 물질의 속박으로부터 영혼들을 구제하기 위하여 항상 노력하고 있다. 카르마의 법칙으로 규정되는 세계의 끊임없는 리듬은 사람들을 보다 차원 높은 삶으로 인도하고자 하는 하나의 목적을 위하여 지속된다. 메이칸다르는 말한다. "쉬바는 모두가 그를 알기를 원한다."[원주26] 신을 알고자 하는 것은 영혼들의 바람일 뿐만 아니라, 또한 주(主)의 바람이기도 하다.

죄는 우리가 벗어나야 하는 세 겹의 속박이다. 우선 우리는 무지(āṇavam 혹은 avidyā), 즉 영혼의 빛을 어둡게 하는 오염을 제거해야 하며, 재생의 원인이 되는 업(karma)을 중화하고 없애야 하며, 모든

[원주23] 『파우슈카라 아가마』, i.25~26.
[원주24] vii.11~12.
[원주25] 『사르바다르샤나상그라하』, vii ; 『쉬바갸나보담』, ii.5.
[원주26] 『쉬바갸나보담』, xii.3.

불순함의 토대인 마야를 떨쳐버려야 한다. 신은 우리의 노력을 돕는다. 개별 영혼의 즐거움과 고통에 전혀 영향받지 않는 형이상학적 절대자는 아무런 도움이 되지 않는다. 그러나 쉬바는 은총으로 충만해 있으며, 연속적인 세계 주기를 통하여 개별 영혼들의 인식과 그들의 열렬한 사랑을 받을 준비가 되어 있다. 어떤 인격적인 매듭이 인간을 신에게 잡아맨다. 신의 은총은 자유로 가는 길이다. 그것은 쉬바에 대한 어린아이같이 순진무구한 믿음을 필요로 한다. "가까이 다가가지 않는 자들에게 그는 아무런 은혜도 베풀지 않으며, 가까이 다가가는 자들에게 그는 모든 혜택을 내린다. 위대한 신은 싫어함을 모른다."[원주27] 쉬바교 성자들은 신을 보기를 갈망한다. 마닉카바사가르(Māṇikkavāsagar)는 노래한다.

> 이 죄많은 육체를 아주 벗어버리고, 쉬바의 집으로 들어가
> 그 놀라운 빛을 본다면, 이 두 눈은 기쁨을 얻으리라.
> 오 비길 데 없는 무한자여! 오래 전 당신을 따르던 성자들의 무리는 보았네.
> 오 주(主)여, 당신을 섬기는 종의 영혼은 당신을 보고자 갈망합니다.[원주28]

죄의식은 강렬하게 자각되며, 어떤 성자들은 자신들의 죄가 신과의 친교를 단절시켰다고 외치기도 한다.[원주29] 쉬바교도들의 헌신은 비슈누

[원주27] 『티루 아룰 파얀』(*Tiru-aruḷ-payan*), i.9.
[원주28] 『티루바사감』(Pope의 번역), xxv.9.
[원주29] 압파르(Appar)의 노래를 참조하라.
> "죄악, 모든 죄악은 나의 인생 행로요, 죄악은 나의 모든 속성들이며,
> 나는 죄악 안에서 위대할 뿐이며, 죄악은 심지어 나의 선(善)일세.
> 악은 나의 가장 내밀한 자아이며, 나는 청정함을 피해 달아나는 어리석은 영혼이며,
> 나는 분명 짐승이 아니지만, 그래도 나는 짐승의 방식들을 저버릴 수 없네.
>   *   *   *   *

교도들의 헌신보다 더욱 강렬하고 남성적인 특징을 지닌다.

『티루바사감』[원주30]은 무지와 욕정의 속박으로부터 빛과 사랑의 자유로 나아가는 영혼의 노정을 아름다운 노래로 묘사하고 있다. 우선 속박에 대한 자각과 이에 따른 기쁨 및 고양이 있으며, 그런 다음에 심적인 방황과 낙담, 이를 극복하려는 노력과 불안, 그리고 하나됨의 환희가 있다. 신에 대한 직관에서, 인식자, 인식, 인식의 대상에 대한 구분이 사라진다고 말해진다.[원주31] 아무튼 초기 형태의 쉬바교에는 관용의 정신이 있다. "당신이 어떤 신을 숭배하든, 쉬바는 마치 그 신인 것처럼 나타날 것이며, 이 모든 것을 초월하여 있는 자는 당신의 참다운 숭배를 알고, 당신에게 은총을 내릴 것이다."[원주32] 정신적인 스승 (guru)은 해탈의 체계에서 중요한 역할을 한다. 참된 스승은 자신의 마지막 삶을 영위하고 있는 자이다. 쉬바 자신은 스승으로 살며, 스승의 눈으로 제자들을 사랑스럽게 바라보고 있다고 말해진다.[원주33] 비록 쉬바는 헌신자들의 박티를 시험하기 위하여 혹은 그들을 진리로 인도하기 위하여 자주 나타난다 할지라도, 결코 그의 화신들은 없다. 그러나 쉬바는 태어나지 않으며, 또한 그는 인간적인 어떤 생애를 지니지도 않는다.

윤리적인 덕목들이 주장된다. 싯디야르(Siddhiyar)는 말한다. "인류에 대한 사랑을 지니지 않은 자들은 실로 신에 대한 사랑도 지니지 않는다."[원주34] 비록 카르마의 법칙은 침범할 수 없다 할지라도, 개별 영혼

아! 가련한 사람, 그가 바로 나로다.
무엇 때문에 나는 태어났는가."
(Kingsbury and Philips, *Hymns of the Tamil Śaivite Saints*, p.47.)

[원주30] 샤이바 싯단타의 문헌에 대하여 찰스 엘라엇(Charles Eliot) 경은 말한다. "내가 알고 있는 어떤 문헌에서도 개인의 종교적인 삶—그 피나는 노력과 좌절, 소망과 두려움, 확신과 승리 — 이 이보다 더 솔직하고 깊이 있게 묘사된 적이 없다"(*Hinduism and Buddhism*, vol.ii, p.217).
[원주31] 『티루 아룰 파얀』, v.
[원주32] 『쉬바갸나싯디야르』.
[원주33] 『티루 아룰 파얀』, v.

의 선택은 속박되지 않는다. 신은 항상 인간의 노력을 후원하고 지지할 준비가 되어 있다. 행위와 지식은 결합적으로 해탈을 일구어낸다.[원주35] 카스트의 구속들은 모든 형태의 참된 유신론에서 그 엄격함을 상실한다. 비록 마닉카바사가르 자신은 카스트 제도에 대한 반항적인 입장을 보이지 않았다 할지라도, 팟타나투 필라이(Paṭṭaṇathu Piḷḷai), 카필라르(Kapilar) 등의 후기 쉬바교도들이나, 텔루구(Telugu)의 시인인 베마나(Vemana)는 카스트 상의 구속들에 대하여 비판적이다. 티루물라르(Tirumūlar)는 마치 오직 하나의 신이 있는 것처럼, 오직 하나의 카스트가 있을 뿐이라고 말한다.[원주36] 바사바(Basava)의 개혁 운동(12세기 중엽)은, 비록 바사바 자신은 브라흐민이었다 할지라도, 브라흐민 우월주의에 대한 반발로 특징지어진다.[원주37] 이 종파는 재생에 대한 가정을 인정하지 않는다.

속박(pāśa)의 소멸 이후에, 개아는 쉬바가 된다고 말해진다.[원주38] 다시 말하여, 비록 창조 등의 다섯 가지 기능들은 오직 신에게만 귀속된다 할지라도,[원주39] 해탈한 영혼은 완전하게 쉬바를 닮는다. 영혼은 그 자체에 어떤 더러움이나 어둠을 지니지 않으므로, 신의 빛은 영혼을 통하여 빛난다. 구원은 신과 하나되는 것이 아니라, 신의 임재(臨在)를 향수하는 것이다. 메이칸다르는 말한다. "만일 개별 영혼이 신과 결합되는 순간에 소멸한다면, 신과 관련되는 영원한 존재는 결코 있을 수 없을 것이다. 만일 그것이 소멸하는 것이 아니라, 분리된 존재로 남는

[원주34] xii.2. 『싯단타 디피카』(November 1912, p.239)에 인용됨.

[원주35] 『베단타 수트라』, i.1.1에 대한 닐라칸타의 주석.

[원주36] Onre kulamum oruvane devanum(『티루만트람』(*Tirumantram*)).

[원주37] 비록 링가야타(Lingāyata) 종파의 개혁 운동은 카스트 제도에 대한 강한 반발로 시작되었다 할지라도, 오늘날의 링가야타교도들은 카스트의 구분들을 인정한다.

[원주38] 『므리겐드라 아가마』, vi.7. "Nirantaraṁ śivo 'ham iti bhāvanā pravāheṇa, śithilitapāśatayā'pagatapaśubhāva upāsakaḥ śiva eva bhavati"(『베단타 수트라』, iv.1.3에 대한 닐라칸타의 주석).

[원주39] 『베단타 수트라』, iv.4.7에 대한 닐라칸타의 주석.

다면, 신과의 합일은 결코 없을 것이다. 그러나 불순함들은 개별 영혼에게 더 이상 아무런 영향도 미치지 않을 것이며, 마치 물과 소금의 결합처럼, 영혼은 쉬바의 종으로 그와 결합될 것이며, 그와 한몸인 것처럼 그의 발 아래에 존재할 것이다."[원주40] "죄가 제거되는 순간에, 개별 영혼은 쉬바 자신의 지위에 도달한다."[원주41]

해탈을 얻은 영혼은 체화된 상태로 혹은 육체를 탈각한 상태로 존재할 수 있을 것이다.[원주42] 어떤 쉬바교도들은 해탈의 순간에 육체 자체가 쉬바의 빛으로 빛난다고 믿는다. 또 어떤 쉬바교도들은 영혼들이 초자연적인 힘을 얻는다고 생각한다. 개별 영혼들이 궁극자와의 합일을 획득하기 전에, 그들은 반드시 스스로가 행한 행위의 과실들을 남김없이 태워버려야 한다. 생해탈자는 비록 몸을 지니고 있다 할지라도, 느낌과 기능에서 궁극자와 동일하다. 그는 더 이상의 체화를 야기하는 어떤 행위도 하지 않는다. 그는 신의 임재로 충만된다.[원주43] 그는 자신의 과거의 업이 완전히 소멸될 때까지 체화된 상태로 지속되며, 그 사이의 행위들은 신의 은총에 의하여 소멸된다.[원주44] 해탈자에 의하여 행해진 모든 행위들은 그 속에 있는 신의 충동에 기인한다.[원주45]

[원주40] 『쉬바갸나보담』, xi.5. 또한 Pope의 각주 iii, 『티루바사감』, p.xlii를 보라.
[원주41] 『베단타 수트라』, iv.4.4에 대한 닐라칸타의 주석.
[원주42] 『베단타 수트라』, iv.4.5에 대한 닐라칸타의 주석.
[원주43] 『티루 아룰 파얀』, x.93.
[원주44] 같은 책, x.98.
[원주45] "그대에게 간구하는 나의 혁,— 소리쳐 당신에게 간구하는 내 전 존재의
　　　　다른 모든 역량들— 모두가 그대 자신이어라!
　　　　그대는 나의 강건함을 가능케 하는 길이어라! 내 온몸을 휘감아도는
　　　　전율은 바로 그대 자신이어라! 행·불행의 모든 것이 내 자신이며
　　　　그외에 아무것도 여기에 없도다!……"
　　　　(『티루바사감』, xxxiii.5, Pope의 번역.)

4. 프라티야비갸[역주4] 철학

비록 아가마 문헌들 또한 카슈미르 샤이비즘의 토대라 할지라도, 후기 저술들은 현저하게 불이론(不二論) 쪽으로 기우는 것을 볼 수 있다.

바수굽타(Vasugupta, 8세기)는 『쉬바 수트라』(*Śiva Sūtra*)를 저술하고, 그것을 칼라타(Kallaṭa)에게 가르쳤다고 말해진다. 바수굽타 혹은 칼라타에 의하여 저술된 『스판다 카리카』(*Spanda Kārikā*), 소마난다(Somānanda)의 『쉬바드리슈티』(*Śivadṛṣṭi*, A.D. 900), 우트팔라(Utpala)의 『프라티야비갸 수트라』(*Pratyabhijñā Sūtra*, A.D. 930), 아비나바굽타(Abhinavagupta)의 『파람아르타사라』(*Paramārthasāra*) 및 『프라티야비갸비마르쉬니』(*Pratyabhijñāvimarśini*), 『탄트라로카』(*Tantrāloka*), 크셰마라자(Kṣemarāja)의 『쉬바수트라비마르쉬니』(*Śivasūtravimarśini*) 및 『스판다산도하』(*Spandasandoha*)는 이 학파의 중요한 저술들이다. 그들은 쉬바교의 아가마 문헌들과 샤이바 싯단타의 저술들을 권위있는 것으로 받아들이지만, 이 문헌들을 샹카라의 불이론 쪽으로 수정한다.

견해의 다양함을 보여주며, 세 유형의 일원론적 관념론을 나타내는 것으로 말해지는 이 문헌들은 집합적으로 트리카(Trika)라고 불린다.[원주46] 『쉬바 수트라』 및 이에 대한 바스카라(Bhāskara)의 『바룻티카』(*Vārttika*), 그리고 크셰마라자의 『비마르쉬니』는 동일한 경향을 나타낸다. 바수굽타의 『스판다 카리카』와 이에 대한 칼라타의 『브릿티』(*Vṛtti*)는 앞의 것과 크게 다르지 않은 관념론을 표방한다. 소마난다의 『쉬바드리슈티』와 우트팔라의 『프라티야비갸 수트라』 및 아비나

[역주4] 프라티야비갸(pratyabhijñā)는 개아와 궁극적 실재의 동일에 대한 재인식(recognition)을 의미하며, 흔히 카슈미르 샤이비즘을 일컫는 말로 사용되기도 한다. 카슈미르 샤이비즘에서 재인식은 해탈의 수단이다. 즉 그것은 개아가 쉬바와 자신의 동일을 실현하는 방법이다.

[원주46] 이 문헌들은 궁극자들, 즉 신, 영혼, 물질을 다루고 있으므로 ‘트리카’라고 불린다.

바굽타의 저술들은 불이론을 지지한다.[원주47] 이들 세 부류 중에서 마지막의 것이 마다바(Madhava)에게 가장 중요한 것으로 간주되었던 것으로 보인다. 왜냐하면 그는 다른 두 가지를 그것에 귀속시키고 있으며,[원주48] 또한 이 교설의 지지자들은 다른 모든 철학체계들이란 단지 그것을 위한 준비 단계라고 주장한다.[원주49]

우주의 유일한 실재는 쉬바이다. 그는 무한한 의식이며, 완전한 독립이다. 비록 독립(svacchanda)은 그에게 독특하고 고유하다 할지라도, 그는 편재, 영원, 무형 등과 같은 다수의 다른 측면들을 지닌다. 쉬바는 주체일 뿐만 아니라 대상이며, 경험하는 자일 뿐만 아니라 경험되는 대상이다.[원주50] "의식——결과적인 이 모든 세계가 확립되는——은 본질적으로 자유롭기 때문에, 그것은 어떤 한곳에 제한될 수 없다. 그것은 각성, 수면 등의 차별화된 상태들과 그 자체를 동일화하며 움직이기 때문에, 그것은 결코 인식자로서 자신의 참된 본질에서 벗어나지 않는다."[원주51] 아드와이타 베단타 철학과 동일한 맥락에서, "즐거움도 없고 고통도 없으며, 알려지는 것도 없고 아는 자도 없으며, 또한 비의식도 없는 것, 오직 그것만이 존재한다"[원주52]고 말해진다. 궁극적인 주체의 실재는 증명을 필요로 하지 않는다. 왜냐하면 모든 증명은 그것을 전제로 하기 때문이다.[원주53]

쉬바에 대한 제2의 것은 아무것도 없다. 비록 세계는 궁극적 의식의 바깥에 존재하는 것처럼 보인다 할지라도, 그것은 궁극적 의식 안에 존재한다. "의욕의 영향 하에 있는, 의식(cit) 형태의 주(主)는 전체 대상들을 빛나게 만든다. 이의 결과로 전체 대상은 비록 아무런 토대도 없

[원주47] 『파람아르타사라』, p.34 및 p.36, pp.48~50, p.54를 보라.
[원주48] 『사르바다르샤나상그라하』, viii.
[원주49] Tad bhūmikāḥ sarvadarśanasthitayaḥ(『프라티야비갸흐리다야 수트라』(*Pra-tyabhijñāhṛdaya Sūtra*), p.8).
[원주50] 『스판다 카리카』, p.29.
[원주51] 같은 책, pp.2~4.
[원주52] 같은 책, p.5.
[원주53] 『쉬바수트라비마르쉬니』, p.5.

다 할지라도, 어떤 요가 수행자처럼 마치 바깥에 존재하는 듯이 보이게 된다."[원주54] 세계의 창조에서, 카르마 같은 어떤 보조인(補助因) 혹은 프라크리티 같은 질료인은 받아들여지지 않는다. 마야 또한 환영적 현상들을 창조하는 원리가 아니다. 신은 절대적인 독립자이며, 단지 그의 의지력에 의하여 존재하는 모든 것이 창조된다. 그는 세계가 사실 그렇지 않지만 마치 자신과 다른 것처럼 자신 속에 나타나게 만든다. 이것은 마치 대상들이 거울에 나타나는 것과 같다. 신이 자신의 피조물이라는 대상들에 의하여 영향받지 않는 것은, 마치 거울이 그 자체 안에 비친 상들에 의하여 영향받지 않는 것과 같다. 자신 속에 본래부터 내재하는 놀라운 힘(śakti)을 통하여, 신은 영혼들의 형태로 나타나며, 그들의 경험을 위하여 대상들을 구성한다.[원주55] 유일한 실재는 무한의 순수 자아이다. 자아는 우주의 유일무이한 토대이며, 그의 진동(spanda)은 모든 차별들의 원인이다.

쉬바는 전체 우주의 근저에 놓여 있는 불변의 실재임에 비하여, 그의 에너지(śakti)는 무수한 측면들을 지니며, 이들 중에서 중요한 것은 의식(cit), 환희(ānanda), 의지(icchā), 지식(jñāna), 그리고 창조력(kriyā)이다. 36종의 요소들 혹은 원리들이 인정된다. 샤크티가 의식으로 작용할 때, 절대자는 쉬바탓트와(Śivatattva)라고 불리는 순수 경험이 된다. 샤크티의 환희의 작용에 의하여 생명이 도입되는 순간, 우리는 샤크티탓트와(Śaktitattva)라는 두번째 단계를 지닌다. 자기 표현에 대한 의지는 존재의 세번째 단계를 야기한다. 존재의 의식적인 경험(jñāna)에 이어서, 우주를 창조하는 힘과 의지를 지닌 이슈와라탓트와(Īśvaratattva)가 있다. 다음 단계에서 행위(kriyā)가 시작될 때, 인식의 대상뿐만 아니라 인식자가 있다. 그것은 순수 지식(Śuddhavidyā)

[원주54] 『이슈와라프라티야비갸 수트라』(*Īśvarapratyabhijñā Sūtra*), v.6. 『파람아르타사라』는 의식과 지복으로 충만한 주가 샤크티, 마야, 프라크리티, 그리고 지(地)를 생성시킨다고 말한다(4를 보라). 주는 신들, 인간 등의 외형을 띤다(6).
[원주55] 『파람아르타사라』, pp.48~50.

의 단계이다. 이와 같이 다섯 가지 초월적 원리들은 다섯 가지 힘들을 지니는 쉬바의 샤크티의 표현이다.

현상 세계는 마야의 힘을 통하여 일어나며, 마야로부터 공간(niyati), 시간(kāla), 관심(rāga), 지식(vidyā), 그리고 힘(kalā)이라는 다섯 가지 한정들이 일어난다. 무한한 경험은 마야의 힘을 통하여 수많은 한정된 경험들, 즉 푸루샤들로 나타난다. 그러나 모든 한정은 한정하는 어떤 것을 함축한다. 푸루샤와 프라크리티의 구분이 일어난다. 그 다음의 전개 과정은 샹키야의 설명과 동일하다. 전개의 모든 단계들은 유일한 절대자인 쉬바에게 그 원인이 있다. 세계의 주기적인 나타남과 사라짐이 받아들여진다. 세계의 현현 과정은 절대적인 쉬바의 청정함을 오염시키지 않는다. 쉬바는 자기 자신의 모든 현현들을 초월한다.

영혼은 의식의 본질을 지니며, 개별 영혼은 보편적 영혼과 동일하므로, 영혼들의 궁극적인 다수성에 대한 교의는 부정된다. 비록 순수 의식은 비실재적인 한정들(upādhis)에 의하여 흐려진다 할지라도, 그것은 우리 각자 속에 머무르고 있다. 우리의 속박은 무지(ajñāna) 때문이다.[원주56] 크세마라자는 말한다. "비록 무한한 의식이라 할지라도, 영혼은 '나는 유한하다'고 생각하며, 독립적이지만, 그럼에도 불구하고 그는 '나는 육체이다'라고 생각한다.[원주57] 그는 세계가 쉬바와는 달리 완전히 비실재적이며, 영혼은 쉬바와 동일하다는 것을 망각한다."

궁극적 실재에 대한 재인식(pratyabhijñā)은 해탈을 위하여 요구되는 전부이다. 만일 개별 영혼이 보편적 영혼과 동일하다면, 왜 그 사실에 대한 재인식이 필수적인가에 대한 의문이 제기될 수 있을 것이다. 마다바(Mādhava)는 비유로써 이 물음에 답한다. 사랑에 번민하는 여인은 단지 애인의 존재만으로 위안이 되지 않으며, 그녀는 반드시 그가 존재한다는 것을 재인식하지 않으면 안된다. 무지의 속박은 이와 같은 재인식에 의하여 극복된다. 영혼이 그 자체를 신으로 재인식할 때, 그

[원주56] 『쉬바 수트라』, 2.
[원주57] 『쉬바 수트라』, i.2에 대한 주석.

것은 신과의 합일이라는 신비적인 환희 속에 머문다. 스판다(Spanda) 학파에 의하면, 영혼은 요가의 강렬한 명상을 통하여 지식을 얻고, 쉬바의 지고함을 실현하며, 평화와 적정(寂靜)의 신비적 망아상태에 몰입하게 된다.『쉬바 수트라』에 언급된, 해탈을 얻는 세 가지 방법은 쉬바교, 탄트라교, 그리고 요가에 속한다.

아비나바굽타에 의하면, 세 부류의 해탈된 영혼, 즉 궁극자와 동화된 영혼(paramukta), 현현된 상태의 궁극자와 결합된 영혼(aparamukta), 그리고 여전히 육체를 유지하고 있는 영혼(jīvanmukta)이 있다. 해탈된 영혼은 궁극자와 하나된다. 왜냐하면 "해탈된 자는 그가 찬양과 공물을 바쳐야 하는 자와 아무런 차이도 없다"는 것이 인정되기 때문이다.[원주58] "이원성에 대한 관념이 사라지고, 개아가 미혹적인 마야를 극복할 때, 그는 마치 물에 물이 섞이는 것처럼 혹은 우유에 우유가 섞이는 것처럼 브라흐만과 혼융된다."[원주59]

5. 샤크티 숭배

샤크티에 대한 숭배[원주60]는 이미『리그 베다』에서 그 단초를 발견할 수 있다.『리그 베다』의 한 찬가에서, 샤크티는 힘의 구체화, 즉 "천계에 머무르면서 세계를 지지하는 자"[원주61]이다. 그녀는 우주가 지탱되는 지고한 힘이다.[원주62] "헌신자들의 위대한 어머니"로 표현되며, 곧『케나 우파니샤드』에서 "황금빛 우마(Umā)"와 동일시된다.『마하바라타』에서 그녀(샤크티)는 크리슈나의 누이이며, 따라서 비슈누교와 관련된

[원주58] *Journal of the Royal Asiatic Society*, 1910.
[원주59]『파람아르타사라』, p.51.
[원주60]『인도철학사 II』, pp.312~314.
[원주61] i.136.3.
[원주62]『찬도기야 우파니샤드』, iii.12 ;『브리하드아란야카 우파니샤드』, v.14를 보라.

다. 쉬바교도들은 그녀를 쉬바의 아내로 간주했다. 푸라나 문헌들에서 그녀는 찬디(Caṇḍī)로 나타난다. 그녀는 곧 절대자 브라흐만과 하나인 데비(Devī)로 숭배된다. 브라흐만의 본질은 존재(sat), 의식(cit), 환희(ānanda)이며, 남성, 여성, 혹은 무속성으로 간주될 수 있을 것이다.[원주63] 우주의 어머니로서 샤크티에 대한 숭배는 차츰 베다의 제의식을 대체하게 된다. 힌두교의 이 단계와 관련되는 문헌은 탄트라(Tantra)라고 불린다. 그것은 여성에 대한 공경으로 특징지어지며, 여성은 거룩한 어머니가 구체화된 형상으로 간주된다.[원주64]

샤크티 종파에 속하는 77종의 아가마 문헌들은 지식과 해탈로 인도하는 5종의 수바가마(subhāgama 혹은 samaya), 초자연력의 증진을 위한 실천 수행을 가르치는 64종의 카우라가마(kaulāgama), 그리고 앞의 두 가지 목적 모두를 위한 가르침을 담고 있는 8종의 미슈라가마(miśrāgama)로 나누어진다. 바스카라라야(Bhāskararāya)는 『샤크티 수트라』로 불리는 어떤 문헌으로부터 자신의 『랄리타사하스라나마바쉬야』(Lalitasahasranāmabhāṣya)에 아홉 구절을 인용하고 있다. 『샤크티 수트라』는 우리에게 전해지지 않는다. 쉬바와 데비의 대화 형식으로 서술되고 있는 탄트라 문헌들 자체는 7세기 이후에 속한다. 존 우드로프(John Woodroffe) 경의 노고 덕분에, 이용 가능한 탄트라의 주요 문헌들이 출판되었다.

샤크티 종파의 철학에서 쉬바는 편재 및 순수 의식의 본질을 지니며, 비인격적이고 움직임이 없다. 그것은 어떤 상대성도 지니지 않는 순수 존재이다. 활동적이고 인격적인 존재로서 샤크티는 모든 개별 영혼들을 포함한다. 『사운다리야라하리』(Saundaryalaharī)의 첫머리 구절에는 "쉬바는 그가 샤크티와 결합될 때, 창조를 행할 수 있으며, 만일 그

[원주63] Puṅrūpāṁ vā smared devīṁ strīrūpāṁ vā vicintayet
　　　　Athavā niṣkalām dhyāyet saccidānandalakṣaṇām.
[원주64] Vidyāḥ samastās tava devi bhedāḥ.
　　　　Striyaḥ samastāḥ sakalā jagatsu(『사프타샤티』(Saptaśatī), xi.5).

렇지 않다면, 그는 심지어 움직일 수조차 없을 것이다"[원주65]라는 언급
이 있다. 쉬바와 샤크티는 프라카샤(prakāśa)와 비마르샤(vimarśa)로
관련된다. 바스카라라라야는 비마르샤를 궁극적 실재의 자발적인 진동으
로 정의한다.[원주66] 순수 절대자에 관계에 대한 최초의 징후가 곧 비마
르샤이며, 그것은 차별상의 세계를 낳는다. 비마르샤 혹은 샤크티는 절
대자 혹은 순수 의식 속에 잠재해 있는 힘이다. 그것은 인격화된 절대
자 혹은 주체가 된 의식이며, 그것은 비아 혹은 대상이 된다. 만일 쉬
바가 의식(cit)이라면, 샤크티는 의식의 형성 에너지(cidrūpiṇī)이다.

브라흐마, 비슈누, 쉬바는 샤크티에 따라 창조, 유지, 파괴의 기능을
수행한다.[원주67] 환희의 완전한 경험에서, 쉬바와 샤크티는 구별할 수
없다. 그 둘은 완전히 하나로 혼융되어 있다. 쉬바는 완전한 정지상태
에 있는 무한정의 브라흐만에 해당하며, 샤크티는 의지(icchā), 지식
(jñāna), 그리고 객관적인 전체 우주를 투사하는 행위(kriyā)를 지니는
한정적 브라흐만이다. 쉬바와 샤크티는 하나다. 왜냐하면 힘은 존재에
고유한 것이기 때문이다. 힘은 정지 혹은 활동적일 수 있을 것이다. 그
럼에도 불구하고 그것은 그 두 상태 모두에 존재한다. 전체 대상 세계
의 잠재태(潛在態)는 쉬바의 샤크티로 존재한다.

샤크티는 미세하게 혹은 조대하게 차별화된다. 그녀는 모든 존재의
어머니이다. 조명(ābhāsa), 채색(rakti), 검사(vimarśana), 파종(播種,
bījāvasthāna), 비탄(vilāpanatā)의 다섯 가지 기능이 그녀에게 귀속된
다. 또한 상키야 철학의 프라크리티에 상응하는 비의식적 물질이 있다.

프라크리티 혹은 마야는 데비의 실체로 간주된다.[원주68] 샤크티의 자
궁 속에 마야 혹은 프라크리티, 즉 우주의 주형(鑄型)이 있으며, 그것
은 대파괴 동안에는 잠재적이지만 창조의 순간에 실제적인 것으로 된

[원주65] Śivaḥ śaktyā yukto yadi bhavati śaktaḥ prabhavitam
　　　　Na ced evaṁ devo na khalu kuśalaḥ spanditum api.
[원주66] 『랄리타사하스라나마』에 대한 그의 주석, p.548을 보라.
[원주67] 『아난다라하리』, p.2 및 p.24.
[원주68] Sāmyāvasthā gunopādhikā brahmarūpiṇī devī.

다. 프라크리티로부터의 세계 전개에 대한 상키야의 설명이 받아들여
진다. 샤크티의 통제 아래 마야는 온갖 물질적인 요소들과 의식적 존재
들의 육체적인 부분들로 진화한다. 모든 생물 속에 의식(caitanya)이
존재하며, 여러 가지 물질적 한정들 때문에, 그것은 마치 다양한 존재
들 속으로 분화되는 것처럼 보인다.

상키야 철학의 25범주 대신에 우리는 1) 궁극자인 쉬바탓트와(Śi-
vatattva), 2) 샤크티의 미세한 현현들(Vidyātattva), 3) 마야로부터
지(地)에 이르는 물질적 우주(Ātmatattva)로 구성되는 36요소를 지닌
다. 이 세 부류는 프라카샤(prakāśa, 즉 쉬바), 비마르샤(vimarśa), 그
리고 비아(非我)에 해당한다. 비록 우리는 종종 세계의 동일에 대한 개
념— 이것은 샹카라의 보다 엄격한 불이론을 상기시킨다 — 을 접한다
할지라도, 샤크티 종파에서 가르치는 궁극의 정신은 내적인 차이들을
지닌다.[원주69] 우리는 처음에 절대적인 브라흐만을 지니며, 그 다음에
샤크티를 지니는 주체를 지닌다. 나다(nāda)가 즉각 생성되고, 나다로
부터 빈두(bindu)가 나오며,[원주70] 그런 다음에 순수 마야(Śuddhamā-
yā)가 생성된다. 이 다섯 가지 범주는 각각 쉬바교의 쉬바, 샤크티, 사
다키야(Sadākhya), 이슈와라, 그리고 순수 마야에 해당한다. 나머지
전개 과정은 쉬바교의 체계와 다르지 않다.

마야의 영향 아래 있는 개아(jīva)는 해탈을 얻을 때까지 자신을 독
립적인 행위자요 향수자라고 생각한다. 샤크티의 지식은 구원에 이르
는 길이며,[원주71] 그것은 궁극자의 지복의 광채 속에 융해되는 것이다.
"모든 것이 브라흐만이라는 것을 실현한 자에게는, 요가도 없고 숭배

[원주69] 샤크티 종파의 철학은 불이론으로 말해진다. 『쿨라르나바 탄트라』(Kulār-
    ṇava Tantra), i.108. 탄트라 학파의 철학을 깊이 연구했던 존 우드로프 경은 그
    것이 어떤 의미에서 상키야의 이원론과 샹카라의 극단적인 일원론의 중간 위치를
    차지한다고 믿는다(Indian Philosophical Review, vol.i. p.122).
[원주70] 『샤라다틸라카』(Śaradātilaka), i.
[원주71] Śaktijñānaṁ vinā devi nirvāṇaṁ naiva jāyate(『니룻타라 탄트라』(Ni-
    ruttara Tantra)).

도 없다"[원주72]고 말해진다. 생해탈이 인정된다.[원주73] 해탈은 영적인 통찰을 가능케 하는 자기 함양에 달려 있다. 그것은 "찬가의 낭송이나 희생제의 혹은 수많은 단식을 통하여 일어나는 것이 아니다. 인간은 자기 자신이 곧 브라흐만이라는 지식을 통하여 해탈을 이룬다."[원주74] "오직 브라흐만이 있다는 것을 깨닫는 마음의 상태(brahmasadbhāva)가 최상이며, 브라흐만에 대한 명상이 있는 마음의 상태(dhyānabhāva)는 중간이며, 찬양(stuti)과 찬가들을 낭송(japa)하고 찬양을 드리는 마음의 상태는 그 다음이며, 외적인 숭배가 최하이다."[원주75]

제의 종교에 대한 반발이 있다. 『쿨라르나바 탄트라』(*Kulārṇava Tantra*)는 말한다. "만일 단지 진흙과 재로 육체를 문지르는 것만으로 해탈이 실현된다면, 진흙이나 재에 뒹구는 동네의 개도 그것을 얻을 수 있을 것이다."[원주76] 카스트의 구분들은 경시되며, 탄트라 문헌들의 가르침은 모든 사람에게 열려 있다.[원주77] 박티는 해탈의 실현에 도움이 되는 것으로 허용된다. "모든 강물들이 바다로 흘러드는 것처럼, 어떤 신에게 드려지는 숭배든 모두가 브라흐만에 의하여 수용된다."[원주78] 그러나 하위의 신들은 카르마와 시간의 힘에 지배된다.[원주79]

요가체계의 신비적인 측면은 시종일관 중요한 역할을 한다. 만트라들은 신성시되며, 어떤 의미에서 영원한 소리(Śabda)인 샤크티와 동일한 창조물들로 간주된다. 인간 유기체 내에 잠재해 있는 힘들을 일깨우

[원주72] 『마하니르바나 탄트라』(*Mahānirvāṇa Tantra*), xiv.123. 또한 124~127을 보라.
[원주73] 같은 책, xiv.135.
[원주74] 같은 책, xiv.115, 116.
[원주75] 같은 책, xiv.122.
[원주76] i.
[원주77] Antyajā api ye bhaktā nāmajñānādhikāriṇaḥ
　　　　Strīśudrabrahmabandhūnāṁ tantrajñāne 'dhikāritā
　　　　『비요마상히타』(*Vyomasaṁhitā*).
[원주78] 『마하니르바나 탄트라』, ii.50.
[원주79] Ye samastā jagatsṛṣṭisthitisaṁhārakāriṇaḥ
　　　　Te'pi kāleṣu līyante kālo hi balavattaraḥ.

544

는 것이 크게 강조된다. 완전하게 된 인간은 쿤달리니(Kuṇḍalinī)를
일깨우고 여섯 차크라(cakra)들을 관통할 것이다.[원주80][역주5] 카르마, 환
생, 조대한 몸과 미세한 몸 등에 대한 이론들은 샤크티 종파의 사상가
들에 의하여 인정된다.

6. 마드와

  샹카라의 불이론에 대한 반발의 선도적인 한 형태는 마드와(Madh-
va)라는 이름과 관련된 이원론 철학이다. 그의 철학은 여러 점에서 실
재에 대한 라마누자의 견해와 공통된다.[원주81] 마드와는 엄격한 이원론

[원주80] Avalon의 *The Serpent Power*를 보라. 샤크티 숭배자들의 수행(sādhana)
  에 대한 부정적인 견해들이 있다. 비록 온갖 악평과 비방이 모두 합당한 것은 아
  니라 할지라도, 분명히 개선되어야 하는 어떤 것이 있다.
[역주5] 샤크티 종파의 인체생리학에 의하면, 우주의 생명력은 개체에 생명을 부여하는
  호흡이 되어 인간의 신체 안에서 순환한다. 그것은 나디(nāḍī, 脈管) 속을 흐르며,
  차크라(cakra, 輪)에 집약된다. 8만 8천 개의 차크라가 언급되기도 하지만, 중요한
  것으로는 ① 성기와 항문 사이에 위치한 물라다라(mūlādhāra), ② 성기의 뿌리에
  위치한 스와디슈타나(svādhiṣṭhana), ③ 상복부에 위치한 마니푸라(maṇipūra),
  ④ 심장부에 위치한 아나하타(anāhata), ⑤ 후두부에 위치한 비숫다(visuddha),
  ⑥ 두 눈썹 사이에 위치한 아갸(ājñā), 그리고 ⑦ 정수리 위에 위치한 사하스라라
  파드마(sahasrāra padma)를 들 수 있다.
  물라다라는 쉬바의 샤크티가 머무르는 곳으로 뱀의 모습을 취하며, 세 바퀴 반
  을 감은 채로 꼬리를 입에 물고 있다. 이를 쿤달리니라고 한다. 대개의 경우 쿤달
  리니는 우리의 일생 동안 잠든 상태로 누워 있으며, 심지어 우리는 그것의 존재를
  의식하지 못한다. 쿤달리니를 일깨우고 그것을 적절하게 제어하는 것은 샤크티 종
  파뿐 아니라 요가나 탄트라교에서도 널리 추구되는 가치이다. Benjamin Walker,
  Hindu World, vol.1, pp.219~220 참조.
[원주81] 중요한 차이점도 있다. 라마누자는 개별 영혼들을 본질적으로 서로 유사하다
  고 생각하는 반면에 마드와는 그들이 다른 것으로 간주한다. 마드와는 브라흐만이
  세계의 질료인이라는 것을 부정하지만, 라마누자는 그것을 받아들인다. 마드와에
  게 우주는 신의 몸이 아니다. 라마누자의 경우에는 구원받을 자격이 없는 영혼이

을 대변하며, 다섯 가지 중요한 차이, 즉 신과 개별 영혼, 신과 물질, 개별 영혼과 물질, 하나의 영혼과 다른 하나의 영혼, 그리고 한 부분의 물질과 다른 한 부분의 물질의 차이를 주장한다. 비슈누의 아들인 바유(Vāyu)를 통한 배타적인 중보자 개념이나 영원한 지옥에 대한 가르침, 또한 그의 신앙에서 나타나는 전도사적인 열정은 기독교의 영향을 강하게 시사하고 있다. 그러나 그가 기독교의 교의에 어떤 직접적인 영향을 받았다는 흔적은 전혀 찾아볼 수 없다. 『케나 우파니샤드』에 대한 마드와의 주석이 『브라흐마사라』(*Brahmasāra*)로부터 인용된 사실을 통해서 볼 때, 이미 마드와 이전에도 이원론적인 전통이 있었다고 생각하는 것은 합당하다. 앞으로 우리가 보게 되는 것처럼, 마드와는 상키야 및 니야야-바이셰쉬카의 이론들을 용의주도하게 사용하고 있다.

7. 생애와 저술

푸르나프라갸(Pūrṇaprajñā)와 아난다티르타(Ānandatīrtha)로도 알려진 마드와[원주82]는 1199년 남부 차나라(Canara) 지역의 우디피(Udipi) 근교의 한 마을에서 태어났다. 그는 아주 어린 시절에 이미 베다의 가르침에 능통했으며, 곧 산야신이 되었다. 그는 기도와 명상, 학습과 논쟁으로 수년을 보냈다. 그는 샹카라의 불이론을 열렬히 추종했던 자신의 스승 아치유타프레크샤(Acyutaprekṣa)와의 논쟁 속에서 자신의 이원론을 발전시켰다. 그는 비슈누의 지고한 신성을 선언하고, 숭배자가 비슈누의 품안에 안기는 것의 타당성을 인정했으며, 라마누자에 의

란 있을 수 없으며, 해탈된 영혼들의 지복에는 아무런 차이도 없다.

[원주82] 나라야나차리야(Nārāyaṇacārya)의 『마드와비자야』(*Madhvavijaya*)와 『마니만자리』(*Maṇimañjari*)는 마드와의 생애와 저술에 관한 정통적인 설명을 담고 있다. 만일 우리가 그의 추종자들이 열렬한 공경심에서 그에게 귀속시키는 기적이나 초자연적 사건들을 추려낸다면, 우리는 마드와의 삶과 신앙생활에 대한 역사적인 근거를 얻을 수 있을 것이다.

546

하여 받아들여졌던 실천 수행을 수용했다. 인도 전역을 통하여 그의 추종자들이 생겨났으며, 그가 세운 우디피의 크리슈나 사원은 그의 추종자들이 회합하는 중심 장소가 되었다. 희생제의와 관련하여 동물 살해를 금지한 것은 그가 행한 유익하고 건전한 개혁이다. 그는 79세에 죽었다.

이 학파의 주요 문헌들은 물론 마드와의 저술들이다. 그는 『브라흐마 수트라』에 대한 주석을 썼으며, 『아누비야키야나』(Anuvyākhyāna)라고 불리는 또 다른 하나의 저술에서 『브라흐마 수트라』에 대한 자신의 해석을 정당화하고 있다. 『바가바드기타』와 우파니샤드에 대한 그의 주석,[원주83] 『바라타타트파리야니르나야』(Bhāratatātparyanirṇaya)라고 불리는 『마하바라타』에 대한 그의 발췌, 그리고 『바가바타 푸라나』에 대한 어구 주석은 그의 철학을 이해하는 데 도움이 된다. 그는 또한 『리그 베다』의 첫부분에 나오는 40개의 찬가들에 대한 주석을 썼으며, 자신의 『프라카라나스』(Prakaraṇas)에서 다수의 철학적인 주제들과 그외의 주제들을 논의했다. 그의 저술들을 통하여 그는 베단타 학파의 세 가지 주요 경전(prasthānatraya)인 우파니샤드, 『바가바드기타』, 『브라흐마 수트라』보다는 푸라나 문헌들에 보다 크게 의존하고 있다는 인상을 준다. 마드와가 자신의 이원론 형이상학을 위하여 이 권위있는 문헌들을 해석하는 것은 결코 쉬운 일은 아니다.

마드와의 『수트라바쉬야』(Sūtrabhāṣya)에 대한 자야티르타(Jaya-tīrtha)의 주석 및 『니야야수다』(Nyāyasudhā)라고 불리는 마드와의 『아누비야키야나』에 대한 그의 주석은 매우 중요한 저술들이다. 비야사라야(Vyāsarāya)는 마드와의 『수트라바쉬야』에 대한 자야티르타의 주석에 대하여 『찬드리카』(Candrikā)라고 불리는 어구 주석을 썼다. 푸르나난다(Pūrṇānanda)의 『탓트와무크타발리』(Tattvamuktāvali)[원주84]

[원주83] Sacred Books of the Hindus, vols.i, iii, 그리고 xiv를 보라.
[원주84] 코웰(Cowell)에 의하여 번역됨. *Journal of the Royal Asiatic Society*, vol.xv, pt.ii를 보라.

는 불이론에 대한 신랄한 공격을 담고 있다.

8. 지식론

마드와는 지각, 추론, 그리고 경전의 증언이라는 세 가지 지식 수단을 인정한다. 비교(upamāna)는 추론의 변종으로 간주된다. 지각과 추론은 그 자체로 우리로 하여금 우주에 대한 수수께끼를 풀 수 있게 하는 수단이 될 수 없다. 지각은 감각에 열려진 사실들에 국한된다. 추론은 비록 다른 수단들에 의하여 얻어진 사실들을 검증하고 체계화하는 데 도움이 된다 할지라도, 그것은 우리에게 어떤 새로운 사실들을 제공할 수는 없다. 마드와는 베다 전체의 권위를 인정하고 있으며, 베다를 구성하는 여러 부분들에 대하여 어떤 차별을 두지 않는다. 베다 본집의 찬가들과 브라흐마나 문헌들은 우파니샤드와 마찬가지로 유익하고 타당하다. 마드와는 인간적 권위(pauruṣeya)에 기인하는 증언과 인간의 저작이 아닌(apauruṣeya) 증언을 구별하며, 이 중에서 전자는 오류를 포함할 수도 있지만, 이에 비하여 후자는 절대적인 타당성과 무오성(無誤性)을 지닌다. 마드와의 철학이 바른 해석이라고 하는 베다는 마드와에 의하여 인간의 저작이 아닌 것으로 간주되며, 따라서 본질적으로 권위있는 것으로 말해진다.

어떤 지식 수단을 통하든, 파악은 파악되는 것에 대한 직접적인 증거이다. 파악을 매개하는 도구들은 파악 자체에는 존재하지 않는다. 인식자와 인식되는 대상의 관계는 직접적이고 즉각적이다. 지각, 추론, 그리고 경전의 증언이 지식 수단이라고 불리는 것은, 이 세 가지가 지식을 생성하는 데 도구적이기 때문이며, 이러한 사실은 우리가 지식을 외적으로 탐구할 때 나타난다. 우리가 지니는 사실에 대한 모든 파악은 타당하며, 설사 사실이 단지 파악의 순간에만 존재한다 할지라도, 모든 파악은 파악되는 사실의 존재를 의미한다. 만일 우리가 그것을 타당하지 않은 지식으로 부정한다면, 그것은 다른 어떤 파악—우리가 그것의 타당성을 인정하는— 때문이다. 우리가 해는 뜨지도 않고 지지도 않는다는 더 이상의 어떤 지식을 지닐 때까지, 일출과 일몰은 여전히 타당한 사건들이다.

마드와는 파악 자체의 본래적인 타당성을 받아들이며, 우리의 지식을 단지 가현으로 보는 모든 이론들을 논박한다. 만일 우리의 지식이 실재의 구조를 드러내고 객관적인 존재를 가리키는 것이 아니라, 단지 우리에게 그릇된 정보를 제공할 뿐이라면, 그와 같이 비실재적인 것은 심지어 나타날 수도 없고, 그릇된 파악의 대상이 될 수도 없으며, 결과에 대한 원인으로 지식에 관련될 수도 없을 것이다. 만일 모든 지식이 잘못된 것이라면, 참된 개념과 거짓된 개념에 대한 구분은 무의미할 것이다. 환영에 대한 분석은 우리에게 의식에 나타나는 어떤 대상이 있다는 것을 말해준다. 단지 우리는 감각기관 혹은 다른 지식 수단의 어떤 결함 때문에 그것의 본질을 오해할 뿐이다. 그릇된 지각의 요소들은 거짓이 아니다. 그 요소들은 경험의 사실들이다. 어떤 결함 때문에, 우리는 대상에 대한 완전한 견해를 지니는 것이 아니라, 우리가 보는 것이 본질적으로 그것과 흡사한 어떤 것을 상기시키고, 우리는 그 둘을 혼동하게 된다. 모든 경우의 환영은 두 가지 적극적인 실체들, 즉 주어진 것과 시사되는 대상을 포함한다. 세계의 비실재에 대한 개념은 우리가 다른 어떤 것으로 착각하는 실재적인 어떤 것이 있다는 것을 의미한다.

마드와는 경험 혹은 지식의 입장에서, 아는 자와 알려지는 대상이 없는 지식은 결코 없다고 주장한다. 아는 주체 혹은 알려지는 대상과 분리된 지식에 대하여 말하는 것은 무의미하다. 아는 주체들과 알려지는 대상들은 틀림없이 존재한다. 세계는 비실재가 아니다. 만일 우리가 사물들 사이의 구분들을 인정하지 않는다면, 우리는 개념들에서의 구분들을 설명할 수 없을 것이다. 우리의 지식은 구분들이 존재한다는 것을 말해준다. 우리는 이와 같은 구분들을 단지 관습적인 것으로 간주할 수 없다. 왜냐하면 관습은 구분들을 만들어내지 않기 때문이다.

차이라는 사실은 일반적으로 공간과 시간의 힘에 그 원인이 있는 것으로 여겨지며, 공간과 시간은 단지 인식의 주체에게 귀속되는 지성의 형태들에 불과한 것으로 간주된다. 만일 공간과 시간이 인식하는 자아와 동일하다면, 공간과 시간이 인식의 주체와 동일하다는 개념이 어떻게 일어날 수 있는가를 이해하는 것은 어려울 것이다. 만일 지식으로서 자아가 편재적이라면, 우리는 공간과 시간에 대한 구분들을 지닐 수 없을 것이다. 시간과 공간에 대한 구분들을 무지에 귀속시키는 것은 우리에게 도움이 되지 않는다. 왜냐하면 무지의 위상과 자아에 대한 그것의 관계가 만족스럽게 설명될 수 없기 때문이다. 무지에 대한 모든 설명은 공간과 시간의 전제들을 포함하고 있으며, 따라서 후자는 무지의 산물로 설명될 수 없다.

공간과 시간은 부분들을 지니는 실재적인 전체들로 간주된다. 만일 시간과 공간이 아무런 부분들을 지니지 않는다면, 우리는 여기와 저기, 지금과 그때에 대한 구분을 지닐 수 없을 것이다. 공간의 부분들이 우리에게 주어질 뿐이다. 왜냐하면 우리에게 주어지는 모든 것이 무한 불가분의 모든 공간을 차지한다고 주장하는 것은 불합리하기 때문이다. 우리는 단지 부분적인 공간을 점유하며 서로에 대하여 반응하는 제한된 육체를 의식할 뿐이다. 우리는 공간과 시간의 부분들을 지각하며, 따라서 이러한 부분들은 존재하는 것으로 간주되어야 한다. 마드와에 의하면, 이러한 부분들은 자아 자신의 감관(sākṣin)에 지각의 대상들이다.

마드와의 견해에 의하면, 실재(padārtha)는 독립적인 것(svatantra)과 의존적인 것(paratantra)의 두 부류로 나누어진다. 지고한 인격인 신은 유일하게 독립적인 실재이다. 의존적인 실재들에는 또한 적극적인 것(bhāva)과 소극적인 것(abhāva)의 두 가지가 있다. 적극적인 것은 의식적인(cetana) 영혼들과 물질이나 시간과 같은 비의식적인(acetana) 실체들로 나누어진다. 비의식적인 존재에는 베다처럼 영원한 것이 있는가 하면, 프라크리티나 시간 및 공간과 같이 영원하지 않은 것, 혹은

프라크리티의 산물들처럼 영원하지 않은 것들이 있다.[원주85]

9. 신

영원 무궁토록 존재하는, 근본적으로 서로 다른 세 실체들이 있다. 이들은 신, 영혼, 그리고 세계이다. 비록 이 셋은 실재적이고 영원하다 할지라도, 뒤의 둘은 신에게 종속되며, 그에게 의존한다. 독립적인 (svatantra) 실재는 브라흐만, 즉 우주의 절대적인 창조자이다. 우리는 베다의 학습을 통하여 그의 본질을 알 수 있으며,[원주86] 따라서 그의 본질은 정의 불가능한 것이 아니다. 궁극자가 정의 불가능한 것으로 말해질 때, 그것은 단지 그에 대한 완전한 지식을 얻기가 어렵다는 것을 의미할 뿐이다.[원주87] 궁극자는 모든 지각을 초월한다.[원주88] 명상 중에 보이는 형태는 브라흐만이 아니다. 마드와는 경전의 여러 부분들이 여러 유형의 브라흐만과 관련을 지닌다는 견해에 전혀 공감하지 않는다. 비록 궁극자의 존재와 그의 속성들은 동일하다 할지라도, 그 둘은 다른 용어들로 말해질 수 있다.[원주89] 브라흐만은 유일하며 제2의 것을 지니지 않는다(ekam evādvitīyam brahma)는 유명한 구절은, 브라흐만이 모든 곳에 두루 편재하므로 수승함에서 비길 데가 없다는 것을 의미할 뿐이다. 신의 속성들은 성격상 절대적이며, 따라서 그를 제한하지 않는다.

[원주85] 『마드와싯단타사라』(*Madhvasiddhantāsāra*, 2)에 의하면 10종의 실재(pa-dārtha)들이 있다. Dravyaguṇakarmasāmānyaviśeṣaviśiṣṭāṁśiśaktisādrśya-bhāvā daśa padārthāḥ.

[원주86] 『마하바라타』, iii.3.1.

[원주87] 『마하바라타』, i.1.5.

[원주88] 『마하바라타』, iii.2.23.

[원주89] 『니야야수다』(*Nyāyasudhā*), i.1.2 ; i.1.6을 보라. 또한 『마드와싯단타사라』를 참조하라. Bhedābhāve 'pi bhedavyavahāranirvāhakā anantā eva viśeṣāḥ(21).

브라흐만은 모든 종류의 완전함을 지닌다. 그는 비슈누와 동일시되며, 절대적인 통제자로서 자신의 의지를 통하여 세계와 그 속에 있는 모든 것을 주관한다고 말해진다. 그는 거듭하여 세계를 창조하고 파괴한다. 그는 초자연적인 몸을 지니며, 영혼들의 내적인 통제자이므로 세계에 내재할 뿐만 아니라, 또한 그것을 초월하는 것으로 간주된다.[원주90] 그는 여러 형태들(vyūhas)로 스스로를 나타내며, 주기적으로 화신들(avatāras)의 모습으로 나타나며, 성상(聖像)들 속에 불가사의하게 존재하는 것으로 말해진다. 그는 우주를 창조, 유지, 파괴하며, 지식을 부여하며, 여러 방식으로 자신을 나타내며, 어떤 사람들을 책망하고 고통을 겪게 하는가 하면, 또한 어떤 사람들에게 구원의 손길을 뻗치기도 한다.

그의 옆에는 여신 락슈미(Lakṣmī)가 있다. 락슈미는 온갖 형태를 띨 수 있지만, 몸을 지니지는 않으며, 그와 영원히 공존하며, 편재적이다. 그녀는 영원 무궁토록 신의 영광을 목격한다. 다겁생래(多劫生來)를 통하여 구원을 얻는 다른 신들이나 여신들과는 달리 락슈미는 영원히 구원의 상태에 있다(nityamuktā). 락슈미는 신의 창조력이 인격화된 여신이다. 비록 신은 속성들의 미세함이나 범위에서 락슈미보다 위대하다 할지라도, 그녀는 의식과 지성을 구비한 프라크리티이다.[원주91] 비록 신은 무(無)로부터 영혼들과 물질을 창조하거나 혹은 그들을 파괴하여 비존재로 만드는 것은 아니라 할지라도, 그는 영혼들과 물질을 주관한다. 그는 세계의 동력인이지만 질료인은 아니다. 의식 없는 세계는 궁극적 지성에 의하여 생성될 수 없다. 신의 행위는 그의 넘치는 완전의 결과이다. 단지 신이 개별 영혼들의 카르마를 고려한다는 이유만으로, 그가 카르마에 의존한다고 말할 수는 없다. 왜냐하면 마드와가 주장하는 것처럼 "카르마 및 다른 모든 것들의 존재는 주(主)에게 의존하기 때문이다."[원주92]

[원주90] i.2.13.
[원주91] iv.2.9.

10. 개별 영혼

마드와에 의하면, 지상의 모든 존재는 하나의 살아 있는 유기체이다. 우주는 지바(jīva)들로 가득 차 있는 공간의 모든 원자들을 지니는 살아 있는 자연의 광대한 공간이다. 자신의 『탓트와니르나야』에서 그는 말한다. "공간의 한 원자 속에 살고 있는 개별 영혼들은 무한하다."[원주93] 마드와는 브라흐만과 지바 사이의 구분을 실재적인 것으로 간주하며,[원주94] 지바와 브라흐만이 해탈상태에서는 다르지 않지만 윤회 세계에서는 다르다고 생각하는 것은 잘못이라고 주장한다. 왜냐하면 서로 다른 두 실체들이 어느 시점에서 서로 다르지 않게 되는 것은 불가능하다고 보기 때문이다. 비록 브라흐만에 절대적으로 의존한다 할지라도, 지바들은 본질적으로 활동적인 행위자들이며, 자신의 행위에 대한 결과를 스스로 감내해야 하는 책임을 지닌다.[원주95]

개별 영혼은 절대적인 행위자가 아니다. 왜냐하면 그것은 말하자면 주(主)의 통제에 의존하는 한정된 힘을 지닐 뿐이기 때문이다.[원주96] 편재적인 브라흐만과는 다르게, 지바는 원자의 크기를 지니는 것으로 말해진다.[원주97] 비록 한정된 크기를 지닌다 할지라도, 지바는 그 자체의 의식적인 속성 때문에 몸 전체에 퍼져 있다. 자아 자신의 인식 기관은 사크쉰(sākṣin)이라 불리며, 물질적인 마나스(manas, 意根)는 이와 같은 자아의 감관에 인상들을 나타낸다. 그것은 자아 의식——개별성의 토대가 된다——에 기인하는, 인식하는 원리이다. 개별 영혼은 원래 지복의 본질을 지니지만, 단지 그것은 과거의 카르마에 기인하는 물질적인 육체와의 결합 때문에 고통에 지배될 뿐이다. 그 자체의 부정함들에

[원주92] ii.1.37 ; iii.2.39~42.
[원주93] paramāṇupradeśeṣv anantāḥ prāṇirāwiayaḥ.
[원주94] i.2.12.
[원주95] ii.3.33~42.
[원주96] ii.3.38 ; ii.3.28.
[원주97] ii.3.23.

서 벗어나지 않는 한, 그것은 존재의 여러 형태들로 방황할 수밖에 없다. 지복 등의 속성들은 해탈의 순간에 나타나게 된다.[원주98] 비록 영혼들은 영원하다 할지라도, 그들은 육체와 결합되는 것과 관련하여 태어난다고 말해진다.[원주99] 속성에서 서로 같은 두 지바는 있을 수 없다. 각각의 지바는 존재의 체계에서 자체의 고유한 가치 위상을 지닌다. 지바들은 신에게 의존적이지만, 신은 그들의 과거의 업에 따라 그들이 행위하도록 고무한다.[원주100]

의식적인 영혼들은 세 부류로 나누어진다. 1) 락슈미처럼 영원히 자유로운 영혼들(nitya), 2) 윤회로부터 자유롭게 된 영혼들(mukta), 3) 그리고 속박상태에 있는 영혼들(baddha)이 있다. 세번째 부류의 영혼들은 해탈을 얻을 수 있는 자격이 있는 영혼들(muktiyogya)과 해탈을 얻을 수 있는 자격이 없는 영혼 모두를 포함한다. 이 중에서 후자는 지옥이나 암흑의 어둠에 떨어지도록 의도된 자들(tamoyogya)이거나 영원히 윤회의 순환에 묶여 있도록 예정되어 있는 자들(nityasaṁsā-riṇaḥ)이다. 어떤 영혼들은 자기 본래의 성향에 의하여 구원되도록 예정되어 있지만, 어떤 영혼들은 지옥에 떨어지도록 운명지어져 있다. 세번째 부류의 어떤 영혼은 행복과 불행을 겪으면서 영원히 윤회의 수레바퀴를 순환한다. 이 세 부류는 3구나(guṇa, 속성)에 의거한다. 삿트와(sattva, 純質)가 현저한 영혼은 천계로 가고, 라자스(rajas, 激質)가 현저한 영혼은 윤회하며, 타마스(tamas, 暗質)가 현저한 영혼은 지옥에 떨어진다. 살아 있는 존재들은 신들(devas), 인간, 동물, 식물 등으로 다양하게 분류된다.

영혼들의 특질과 차이에 따른 확고한 등급화는 정교한 척도에 의거하여 이루어진다. 심지어는 해탈할 자격이 있는 영혼들 중에서도 동일

[원주98] ii.3.31.
[원주99] 『브라흐마 수트라』, ii.3.19에 대한 마드와의 주석.
[원주100] ii.3.41~42. 심지어 개아에게 꿈이 일어나는 것도 신의 의지에 기인하는 것으로 간주된다(iii.2.3 및 5).

한 정도로 해탈할 자격이 있는 두 영혼은 없으며, 모든 영혼은 각기 다른 정도의 자격을 지닌다. 천계의 계급 구조에서는 브라흐마(Brahmā)와 바유(Vāyu)가 가장 탁월한 지위를 차지한다. 비슈누의 명령에 따라 브라흐마는 세계를 창조한다. 브라흐마는 또한 가장 위대한 스승이며, 마드와의 철학에 대한 최초의 해석자이기도 하다. 마드와의 철학이 또한 브라흐마의 전통(Brahmasaṁpradāya)이라고 불리는 것은 바로 이런 이유 때문이다. 바유는 신과 영혼들 사이의 중보자이다. 그는 영혼들이 구원의 지식을 얻어 해탈을 이룰 수 있도록 돕는다. 그는 또한 가장 친애하는 상(像, pratimā preyasī) 혹은 신의 아들(hareḥ sutaḥ)이라고 불리기도 한다.[원주101] 영혼들이 바로 브라흐만이라고 주장하는 것은 옳지 않다. 완전한 영혼과 불완전한 영혼은 함께 융합될 수 없다.

11. 자연계

물질적인 산물들은 생명이 없는 세계의 대상들이며, 모든 존재들의 육체와 이에 속하는 기관들을 형성한다. 이 모든 것들은 근본 물질인 프라크리티로부터 생겨나며, 때가 이르면 다시 그것으로 귀입한다. 비록 프라크리티는 동질적인 것처럼 보인다 할지라도, 그것은 실로 미세한 상태의 다양한 원리들로 이루어져 있다. 그것은 신과 영혼들에 의하여 불러일으켜질 때, 지각 가능한 세계로 전개된다. 신은 프라크리티에 형태들을 부여한다. 프라크리티는 질료인이며, 신은 프라크리티를 통하여 다양한 형태로 존재한다.[원주102] 프라크리티로부터 매우 발달된 형태의 산물들을 얻기 전에, 우리는 24종의 전변적 산물들인 마하트(ma-hat, 大), 아함카라(ahaṁkāra, 我慢 혹은 자아의식), 붓디(buddhi, 통

[원주101] 마드와는 그의 추종자들에 의하여 바유의 화신으로 간주된다. 바유는 이전의 삶에서 하누만(Hanumān)과 비마(Bhīma)로 나타난 적이 있다.
[원주102] i.4.25.

각기능), 마나스(manas, 의근), 10종의 감각기관들, 5종의 감각대상들, 그리고 5종의 위대한 요소들을 지닌다. 전개되기 전에 이 요소들은 미세한 형태로 근본 프라크리티 속에 존재한다.

프라크리티의 세 측면들은 락슈미의 세 형상들인 슈리(Śrī), 부(Bhū), 그리고 두르가(Durgā)에 의하여 통제된다. 무지는 프라크리티의 한 형태이며, 지바의 영적인 힘을 흐리게 하는 것(jīvācchādika)과 지바의 시야에서 궁극자를 차단하는 것(paramācchādika)의 두 유형으로 구분된다. 이 두 유형의 무지는 프라크리티의 실체로부터 형성되는 적극적인 원리들이다.

12. 신과 세계

마드와는 영혼들과 물질의 세계를 단지 환영 혹은 신의 유출에 불과한 것으로 간주하려는 모든 시도들을 거부하며, 절대적인 이원론을 표방한다. 개별 영혼은 신에게 의존한다. 왜냐하면 그것은 보편적 정신의 활력을 부여하는 뒷받침 없이 존재할 수 없기 때문이다. 이것은 마치 나무가 수액 없이 생장할 수 없는 것과 같다. 심지어 비슈누의 배우자인 락슈미조차도 비록 지고하고 영원하다 할지라도 신에게 의존한다. 그녀는 세계의 질료인인 프라크리티를 주관하는 신격이다. 이슈와라는 아무튼 프라크리티에 활력을 부여하지만, 프라크리티는 결코 그의 존재의 일부를 형성하지 않는다. 프라크리티는 아무튼 이슈와라의 통제하에 있다.

마드와의 견해는 여러 경전 구절들과 상충하며, 그는 이 구절들이 자신의 이원론에 부합될 수 있도록 해석하기 위하여 고심한다. "너가 바로 그것이다"(Tat tvam asi)라는 의미심장한 구절을 해석하면서, 마드와는 이 구절이 신과 영혼의 어떤 동일을 선언하는 것이 아니라고 주장한다. 그것은 단지 개별 영혼이 그 자체의 본질로 신의 속성들과

유사한 속성들을 지닌다는 것을 언급하고 있을 뿐이다.[원주103] 이것은
또한 개별 영혼들이 신의 부분들이라고 선언하는 구절들[원주104]의 의미
이기도 하다. 그는 가끔 그 구절을 다른 방식으로 읽기도 한다. "그 아
트만, 그것이 바로 너 자신이다"(Sā ātmā tat tvam asi)는 "그 아트
만, 너는 그것이 아니다"(Sā ātmā atat tvam asi)로 읽힌다.[원주105] "이
아트만이 바로 브라흐만이다"(ayam ātmā brahma)라는 구절에 관하
여, 마드와는 그것은 개아(jīvātman)에 대한 단순한 찬사이거나, 명상
을 위한 주제라고 말한다. 또한 그것은 극복되어야 하는 반대자의 견해
(pūrvapakṣa)라고 주장되기도 한다. 마드와는 개별 영혼과 보편적 영
혼을 동일시하는 구절들을 해명하기 위하여, 아트만과 브라흐만에 대
한 어원적인 의미들을 사용한다. 아트만은 성장하므로(vardhanaśīlaḥ),
혹은 그것은 모든 곳에 스며 있으므로(atanaśīlaḥ), 아트만은 브라흐만
이다.

궁극적인 차이들에도 불구하고, 신의 지고함은 우주 내에 질서와 통
일이 유지될 수 있게 한다. 실체로부터 속성을 구분하고 전체로부터 부
분을 구분하는, 특수(viśeṣa)의 범주를 통하여 일자(一者)와 다자(多
者)가 관련을 맺는다.[원주106] 특수의 범주는 영원한 것들과 무상한 것들
모두에 있으며, 적극적 존재와 부정적 존재 모두에 속하기 때문에, 그
것은 무수히 많다. 한 종류의 부정적 존재는 특수의 범주에 의하여 다
른 하나의 부정적 존재와 구별된다. 그러나 어떻게 하나의 특수가 다른
하나의 특수와 구별될 수 있는가? 만일 그것이 또 다른 하나의 특수를

[원주103] ii.3.29.
[원주104] 『바가바드기타』, xv.7.
[원주105] Sacred Books of the Hindus, 『브리하드아란야카 우파니샤드』, p.114. 또
　　한 『찬도기야 우파니샤드』, vi.8.7을 보라. 이 구절은 또한 "너는 그에게 속한
　　다"(tvam tadīyo 'si) 혹은 "너는 그의 것이다"(tvam tasyāsi)와 동일한 의미를
　　지니는 것으로 간주되기도 한다. 또한 『탓트와무크타발리』, *Journal of the Royal
　　Asiatic Society*, N.S., xv를 보라.
[원주106] 『니야야므리타』(*Nyāyāmṛta*), vol.iii, p.137.

통하여 구별된다면, 우리는 무한 소급의 난점에 직면하지 않을 수 없다. 그러므로 특수의 범주는 자기 결정적인(self-determined) 것으로 말해진다. 특수의 범주를 통하여, 우리가 차별들의 세계를 궁극적인 것으로 간주하지 않고 그것을 설명하는 것이 가능할 것이다. 우리가 차이(bheda)를 지니는 것은 바로 특수의 기능을 통해서이다. 만일 특수가 궁극자와 다르다면, 그것은 궁극자의 완전을 파괴할 것이며, 만일 그것이 궁극자와 다르지 않다면, 우리는 그것을 특수라고 부를 수 없을 것이다.

13. 윤리 및 종교

신에 대한 절대 의존에 대한 느낌과 그에 대한 사랑을 낳는 것은 지식이다.[원주107] 물질적·정신적인 모든 것들에 대한 바른 지식은 신에 대한 지식으로 귀결되며, 그것은 신에 대한 사랑을 불러일으킨다. 『탓트와비베카』(*Tattvaviveka*)의 말미에서 마드와는 말한다. "이 모든 유한한 존재가 항상 하리(Hari)의 주관 하에 있다는 것을 아는 자, 실로 그는 윤회로부터 해탈을 얻게 된다."

건전한 윤리적인 삶은 해탈을 위한 하나의 전제 조건이다. 윤리 규범들은 반드시 준수되어야 하며, 베다의 명령들은 사심없이 수행되어야 한다. 고결한 삶은 우리가 진리에 대한 통찰을 얻는 데 도움이 된다. 우리는 베다의 학습을 통하여 참된 지식을 얻을 수 있으며, 베다의 학습은 반드시 합당한 스승의 지도와 안내에 따라서 이루어져야 한다. 각 개인은 자신 속에 브라흐만의 어떤 특정한 측면을 지각할 수 있는 역량을 지니고 있다. 지혜로운 스승은 이러한 차이들을 염두에 두어야 할 것이다. 왜냐하면 "자신에게 적합한 지각을 통하여 궁극적인 해탈이 얻어지며, 다른 어떤 수단에 의하여 얻어지는 것은 아니다"[원주108]라

[원주107] iii.3.49.
[원주108] 『마하바라타』, iii.3.53.

고 말해지기 때문이다. 오직 신들 및 상위의 세 계급에 속하는 사람들만이 베다에 대한 학습이 허용되지만, 이에 비하여 여자와 슈드라 계급은 푸라나 문헌들과 그 밖의 성전서(聖傳書, smṛti)들을 통하여 예비 지식을 얻을 수 있을 것이다. 마드와는 베단타를 이해할 수 있는 모든 사람들에게 그것을 공부할 수 있는 자격을 허용했다.[원주109] 명상 혹은 가능한 한 자주 그리고 강렬하게 신의 영광과 광휘에 정신을 집중하는 것이 권장된다. 명상을 통하여 개별 영혼은 신의 은총에 의하여 신에 대한 직관적인 깨달음(aparokṣajñāna)을 얻을 수 있다. 개별 영혼이 번갯불처럼 눈 깜짝할 사이의 순간이 아니라 태양처럼 확고부동하게 이와 같은 통찰을 얻을 때, 그의 속박들은 모두 끊어지며, 그는 해탈을 얻는다고 말해진다.

신은 직접 접근될 수 없다. 바유는 중보자이다. 마드와에 의하여 채택된 은총의 교의는 우리에게 성 아우구스티누스의 견해를 연상시킨다. 어떤 사람은 결코 구원받을 만한 가치가 없다. 그가 구원될 수 있는 것은 오직 신의 은총을 통해서이다. 신은 공덕에 대한 어떤 고려에 의하여 강요되지 않는다. 그는 단지 어떤 사람들을 선택하여 구원하고, 또 어떤 사람들은 그 반대 상태에 떨어지게 한다. 신의 의지는 인간을 속박에서 자유롭게 하는가 하면 또한 그들을 속박에 갇히게 한다. 그러나 힌두교 전통은 마드와가 신의 선택은 자의적이고 무조건적이며 근거없이 이루어지는 것이라고 주장할 수 있게 내버려두지 않는다. 어떤 의미에서 개별 영혼의 상태들은 브라흐만에 의하여 야기된다 할지라도,[원주110] 또한 신의 은총은 우리가 바치는 신애(信愛)의 강도에 비례한다는 것이 인정된다.[원주111]

우리의 행위는 결코 그 자체만으로 우리를 해탈에 이르게 할 수 없으며, 반드시 신의 협력이 필요하다. 우리에게 나타나지 않는 궁극자를

[원주109] i.1.1.
[원주110] iii.2.9.
[원주111] iii.2.20~21.

우리의 노력으로 우리 앞에 나타나게 할 수는 없다. 우리의 신애로 만족스러워졌을 때, 그는 자신을 드러낸다.[원주112] 신의 은총은 숭배자의 신앙에 응답한다. 마드와를 따르는 여러 종파들이 다양한 정도로 신의 예정과 인간의 자유를 강조한다. 통찰, 신애, 제사와 예배의 수행이 주장된다. 궁극자에 대한 헌신은 몸에 비슈누의 상징들을 새기는 것, 주(主)의 이름들을 아들들이나 다른 사람들에게 부여하는 것, 말과 행동과 생각에서 그를 숭배하는 것에 놓여 있다. 신에 대한 숭배는 신의 은총을 얻기 위한 필수적인 전제 조건이다. 바른 지식을 토대로 행해지는 행위는 우리의 정신적인 진전에 도움이 된다. 일상적인 제사와 희생제의뿐만 아니라 성지 순례 또한 권장된다. 동물 희생제의는 금지되며, 희생제의를 지내야 하는 사람들은 살아 있는 동물 대신에 밀가루로 만든 모형을 제물로 바쳐야 한다.

해탈에 이르는 지식을 얻은 이후라도, 업의 여력이 작용하고 있는 한, 개별 영혼은 육체적인 존재를 지속할 것이다. 그러나 그것이 육체를 떠날 때, 완전히 자유롭게 된다. 절대적인 자유와 체화된 삶은 양립할 수 없다. 『니야야므리타』(*Nyāyāmṛta*)의 저자에 의하면, 진리에 대한 통찰을 얻었으나 해탈의 실현에 필수적인 신의 은총을 얻지 못한 자는 육체적인 삶을 계속한다. 이것이 생해탈(生解脫, jīvanmukti)이다. 완전한 자유는 오직 신의 은총을 통하여 성취된다.

『바가바타』(*Bhāgavata*)에 의하면, 해탈은 물질적인 형태들(anyathārūpam)을 탈각한 후에 본래의 순수 정신적인 존재로 다시 돌아가는 것에 있다.[원주113] 그것은 신과의 친교이며, 그와 동일하게 되는 것은 아니다. 숙면상태나 세계의 대파괴상태처럼, 만일 개별 영혼과 신의 구별이 지각되지 않는다면, 그것은 해탈의 상태가 아니다.[원주114] 해탈자는

[원주112] iii.2.23~27.

[원주113] i.1.17. 마드와에 따르면, 해탈은 개아에게 본래부터 고유한 본질적인 환희를 현현하는 것(svasvayogyasvasvarūpānandābhivyakti)이다.

[원주114] Sacred Books of the Hindus, 『브리하드아란야카 우파니샤드』, p.118.

대파괴나 창조상태 모두에서 자신의 개별성을 보존한다. 해탈의 상태에서 우리는 고통의 부재뿐만 아니라 적극적인 기쁨을 누린다. 그러나 개별 영혼은 결코 신과 동일하게 될 수 없다. 개별 영혼은 단지 신을 섬길 수 있는 자격을 지닐 뿐이다. 만일 해탈이 브라흐만과 하나되는 것으로 말해진다면, 그것은 단지 개별 영혼이 브라흐만에 대한 통찰을 지닌다는 한정적인 의미에서 그렇게 언급될 뿐이다. "브라흐만을 보는 자는 브라흐만이 된다"[원주115]고 선언하는 구절들이 의도하는 것은 개별 영혼과 브라흐만의 완전한 동일이 아니다. 해탈자들은 모두 동일한 의지와 목적을 지닌다.[원주116] 의심의 여지없이 그들은 실재적인 욕망들을 지니지만, 그들의 욕망들은 궁극적인 주(主)의 욕망들과 동일하다. 그들은 임의로 명상을 한다.[원주117] 그들은 어떤 노력도 없이 자신의 욕망을 실현한다.[원주118] 그들은 자율적으로 순수 물질(śuddhasattva)로 된 몸을 지니지만, 이 몸은 카르마의 산물이 아닐 뿐만 아니라, 그들은 자신이 지니는 몸에 대한 어떤 집착도 보이지 않는다. 설사 그들이 그와 같은 몸을 지니지 않는다 할지라도, 그들은 경험할 수 있다. 이것은 마치 우리가 꿈속에서 몸 없이도 온갖 경험을 하는 것과 같다.[원주119]

해탈을 얻은 자들은 윤회의 세계에서 벗어나지만, 그렇지 못한 사람들은 죽음의 순간에 다른 어떤 존재로 나아간다. 이것은 카르마의 법칙에 의하여 결정된다. 죽음의 순간에 물질적인 몸은 그것의 구성 요소들로 해체되어 없어지지만, 감관들과 함께 지각 불가능한 미세한 물질로 이루어진 몸에 둘러싸인 영혼은 천계나 연옥으로 가거나 혹은 월계(月界)의 빛나는 영역으로 들어가며, 여기서 그는 자신이 쌓은 공덕에 따라서 당분간 머무르게 된다. 그런 다음에 그는 어머니의 자궁 속으로 들어가며, 여기서 영혼의 새로운 육체가 만들어진다.[원주120] 이와 같이

[원주115] 『탓트와무크타발리』, pp.55~56.
[원주116] iv.2.16.
[원주117] iii.3.27.
[원주118] iv.4.8.
[원주119] iv.4.10~16.

재생은 영혼이 신에 대한 사랑 혹은 증오를 최대 한도로 발전시켜 해탈에 이르거나 지옥에 떨어질 때까지 계속된다.

14. 마드와의 철학에 대한 평가

지식의 사실은 우리를 유기적인 세계관으로 인도하지만, 그것은 세계가 신, 영혼들, 그리고 서로 외적으로 관련되어 있는 대상들로 나누어져 있다는 것을 정당화하는 것은 아니다. 뿐만 아니라 우리는 이른바 실재 혹은 개별 영혼과 그것 속에 작용하고 있는 보편적 원리들의 관계를 이해할 수 없다. 만일 신이 창조를 행한다면, 만일 세계 과정의 시작이 신의 욕망의 결과라면, 우리는 틀림없이 창조를 설명할 수 있을 것이다. 그러나 욕망을 지니는 것 혹은 결핍을 느끼는 것은 무엇이든 불완전하고 제한된다는 어려움이 남는다. 이와 같은 시각에서 본다면, 창조를 행하는 신은 궁극적 완전으로 간주될 수 없다. 신에 대한 세계의 절대적인 의존성은 명쾌하게 설명되지 않는다. 만일 신이 실로 독립적이라면, 외부로부터 그를 제한하는 것은 아무것도 없다 해야 할 것이다. 이원론은 신의 절대적인 독립을 불가능하게 만든다.

마드와는 무한자를 추상적으로 생각하고 있으며, 따라서 그는 무한자와 유한자의 어떤 조화나 통일도 발견할 수 없다. 만일 브라흐만이 세계와 함께 영원히 공존한다면, 그 둘의 관계는 무엇인가? 만일 그것 또한 영원히 공존하는 관계라면, 그러면 궁극적 실재는 그 자체 이외의 다른 대상들에 묶여 있는가? 우리는 개별 영혼들과 관련되어 있는 것이 궁극적 실재의 본질이라고 말할 수 없다. 왜냐하면 후자는 전자의 존재에 대한 이유를 지니고 있지 않기 때문이다. 신의 본질이 대상들과의 관계를 포함한다는 것은 믿기 어렵다. 신의 본질은 대상들의 존재를

[원주120] iii.1.29.

필요로 하지 않기 때문이다. 그러나 또한 그 둘의 관계가 비본질적 혹은 우유적인 것이라고 주장하기도 어렵다. 왜냐하면 영원히 우연한 관계—태어나지 않은 영혼들로 하여금 이 관계 자체를 겪게 하고 또한 궁극자도 속박하는—는 단지 우연한 관계일 수 없기 때문이다.

만일 영혼들과 물질이 궁극적인 브라흐만에 의존한다면, 그들은 실체들로 간주될 수 없을 것이다. 궁극적인 의미에서 '실체'라는 말은 단지 *res completa*, 즉 그 자체로 완전하고 그 자체에 의하여 결정되며, 그 자체로부터 완전히 설명될 수 있는 어떤 것에 적용될 수 있을 뿐이다. 마드와는 그와 같은 실재는 오직 궁극적 영혼에 의하여 소유될 수 있다는 것을 인정한다. 그 외의 모든 것은 비슈누, 즉 궁극적 영혼으로부터 직·간접적으로 생산된다. 심지어 그의 배우자인 락슈미와 그의 아들 바유도 전적으로 그에게 의존한다. 그러나 세계의 궁극적 실재로서 비슈누의 인정은 다른 대상들의 파생적·의존적인 존재에 대한 부정을 포함하지 않는다.

또한 선택의 이론은 윤리적인 삶에 중대한 위협을 초래할 수 있을 것이다. 예정론적인 사고방식은 마드와 신학의 다른 부분들에 큰 부담을 부과한다. 신의 윤리성은 상당할 정도로 훼손될 수밖에 없으며, 신의 정의와 신의 사랑은 의미와 가치를 상실한다. 개인의 노력은 큰 의미를 지니지 못한다. 왜냐하면 스스로를 선택된 자라고 믿든 선택되지 않은 자라고 믿든, 우리가 자신의 삶에 대하여 냉담과 무관심한 입장이 되기는 마찬가지기 때문이다. 만일 우리가 자신의 운명에 대하여 알지 못한다면, 우리는 자신을 정화하기 위하여 노력할 것이다. 자신의 운명에 대한 지식의 부재로 우리는 적어도 희망을 지닐 수 있을 것이다. 그러나 이 이론은 우리를 절망하게 하며, 신의 뜻에 대한 어떤 의문을 품게 만든다. 신이 우리의 내면에 천국에 대한 욕망을 심어놓는 동시에, 우리를 그것에 부적합하게 만들어놓을 때, 그는 사실상 우리를 놀리고 있는 게 아닌가? 만일 우리가 인간의 형상을 띠고 있는 모든 사람의 정신적인 가능성들을 믿을 수 있는 입장에 있지 않다면, 우리는 실로 유익하고 의미있는 윤리를 지닐 수 없을 것이다.

어떤 구절들에서 마드와는 개별 영혼이 지식과 지복의 본질을 지닌다고 말한다. 다만 개별 영혼은 이러한 본질을 의식하지 못하고 있는 반면에, 신은 자신이 지식과 지복의 본질로 있다는 것을 영원히 의식하고 있다. 그러므로 신과 인간의 차이는 그것이 아무리 크다 할지라도 종류의 차이는 아니다. 각 영혼의 본질은 아마 각기 다른 정도로 흐려진 어느 차원에 있을 것이다. 그러나 개별 영혼들이 해탈을 이룰 때조차도, 그들 속에 지속하는 영원한 본질들이 있다는 것을 입증하기 어렵다. 이 모든 논의에서 우리는 단순히 경험의 차이들을 신의 왕국에 옮겨놓고 있을 뿐이다.

15. 님바르카

텔루구(Telugu) 출신의 브라흐민으로 비슈누교를 신봉했던 님바르카(Nimbārka)는 라마누자 이후 마드와 이전의 어느 시기에 살았으며, 11세기경의 인물로 볼 수 있다. 그는 『베단타파리자타사우라바』(*Vedāntapārijātasaurabha*)라고 불리는, 『브라흐마 수트라』에 대한 간결한 주석을 썼으며, 또한 개아와 이슈와라 및 물질의 특성에 관한 자신의 견해를 밝히고 있는 『다샤슐로키』(*Daśaślokī*)를 남겼다. 그의 가르침은 불일불이론(不一不二論, dvaitādvaita)이라고 불린다. 님바르카의 일반적인 견해를 옹호하는 입장에서, 케샤바카슈미린(Keśavakāśmīrin)은 『탓트와프라카쉬카』(*Tattvaprakāśikā*)라고 불리는, 『바가바드기타』에 대한 주석을 썼다. 『브라흐마 수트라』에 대한 님바르카의 주석은 브라흐만의 전변(pariṇāma)에 대한 이론을 발전시켰다. 푸루숏타마(Puruṣottama, 至高人格)의 독립적인 실재와 지바 및 프라크리티의 의존적인 실재들이 구분된다. 지바와 이슈와라 모두가 자의식적이라는 점에서 동일하지만, 그럼에도 불구하고 전자는 제한적인 반면에 후자는 그렇지 않다는 점에서 차이가 있다. 지바는 향수자(bhoktṛ)인 반면에 세계는 향수의 대상(bhogya)이며, 이슈와라는 궁극의 통제자(niyantṛ)이다.

님바르카의 가르침에 의하면, 비록 샹카라의 의미는 아니라 할지라도, 지바는 지식의 본질(jñānasvarūpa)을 지닌다. 지바는 지식일 뿐만 아니라 지식을 지니는 자이다. 이것은 마치 태양은 빛인 동시에 광원인 것과 같다. 개별 영혼과 그 속성의 관계는 한정되는 것(dharmin)과 한정하는 것(dharma)의 관계이다. 그것은 차이의 일종인 동시에 동일이다. 한정자와 피한정자 사이에는 절대적인 동일이 아니라 단지 차이의 비(非)지각이 있을 뿐이다. 비록 지바는 원자적인 크기를 지닌다 할지라도, 그것은 지식의 편재성을 지니기 때문에 온몸을 통하여 즐거움과 고통을 경험할 수 있다.[원주121] 지바는 행위자(kartṛ)이다. 행위를 부정하는 경전 구절들은 단지 지바의 행위가 지니는 의존성을 나타내기 위한 것일 뿐이다. 지바는 어떤 독립적인(svatantra) 지식이나 행위도 지니지 않는다. 환희(ānanda)는 모든 상태의 지바에게 속한다. 지바는 숙면상태나 해탈의 상태에서도 계속 존재한다. 이슈와라는 주관자인 반면에, 지바는 모든 상태에서 피주관성(niyāmyatva)을 지닌다. 지바의 수는 무한하지만, 이들은 모두 궁극적 영혼에 의하여 지탱된다.

비의식적인 세계는 세 가지 중요한 범주들을 지닌다. 첫번째 유형은 신의 몸을 형성하는 재료처럼, 근본 프라크리티로부터 나오지 않은 것(aprākṛta)으로, 라마누자의 순수 물질(śuddhasattva)과 비슷하며, 이슈와라의 영원한 현현(nityavibhūti)의 토대가 된다. 두번째 유형은 3구나를 지니는 프라크리티로부터 나온 것(prakṛti)이며, 그리고 세번째 유형은 시간(kāla)이다. 프라크리티와 시간은 삼차원적 존재의 근본 원리들이다. 이 세 가지 범주들 또한 개별 영혼들과 마찬가지로 영원하다.

[원주121] ii.3.25.

이슈와라의 영원한 본질은 주관성(主管性, niyantṛtva)이다. 님바르카와 케샤바(Keśava)는 브라흐만의 무속성을 반박하며, 브라흐만에게 훌륭하고 상서로운 속성들을 귀속시킨다.[원주122] 궁극적 영혼은 님바르카에 의하여 크리슈나와 동일시되며, 모든 상서로운 속성들을 지니지만, 이기심, 무지, 욕정, 집착 등의 결함에서 자유로운 자로 간주된다. 궁극적 영혼은 네 가지 형상들(vyūhas)을 지니며, 또한 화신들(avatāras)로 나타나기도 한다. 그는 세계의 질료인인 동시에 동력인이다. 창조는 미세한 상태에 있는 그의 의식(cit)과 비의식(acit)의 힘(śakti)의 현현을 의미하므로, 그는 세계의 질료인이다. 그는 또한 세계의 동력인이다. 왜냐하면 그는 개별 영혼들이 그들 각자의 카르마 및 그 결과와 결합되게 하고, 또한 그들이 카르마의 결과를 향수하기에 적합한 기관들을 지닐 수 있게 하기 때문이다.

세계는 단지 환영에 불과한 것으로 간주될 수 없다. 왜냐하면 그것은 신의 본질 속에 미세하게 담겨 있는 것의 전변(pariṇāma)이기 때문이다. 님바르카는 세계에 대한 가현설(vivartavāda)을 비판하며, 만일 세계가 실재적인 것이 아니라면, 그것은 다른 어떤 것에 가탁될 수 없을 것이라고 주장한다.

궁극적인 세 가지 원리, 즉 지바, 세계, 그리고 신의 관계는 절대적인 동일 혹은 불이의 관계가 아니다. 왜냐하면 그와 같은 견해는 이들 세 가지 원리들의 차이를 주장하는 우파니샤드의 수많은 구절들에 모순되며, 서로 다른 원리들의 본질들과 속성들 사이에 혼동을 내포하기 때문이다. 또한 이들 세 가지 원리들은 전적으로 다른 것이라고 말할 수도 없다. 왜냐하면 이것은 우파니샤드의 일원론적인 증언들에 정면으로

[원주122] 케샤바는 말한다. "브라흐만은 실로 무속성이 아니며, 그가 지식, 행위 등의 속성을 지니며, 그 본래의 창조력으로 있다는 것은 경전에 의하여 확립된다"(Nāpi nirdharmakam brahma tasya jñānakriyādīnāṁ svābhāvikaśaktīnāṁ śāstrasiddhatvāt, i.1.5). 또한 "지복으로 이루어져 있다고 말해지는 것, 그것이 아트만이며 또한 브라흐만이다"(Ānandamayaśabdanirdista ātmā brahmaiva, i.1.13).

대립되기 때문이다. 만일 궁극적 영혼이 개아 및 세계와 완전히 다르다면, 그것은 편재적일 수 없을 것이다. 그것은 개별 영혼이나 세계와 마찬가지로 제한적일 것이며, 따라서 그들의 통제자로 간주될 수 없을 것이다. 불이(不二)는 실재임에 비하여 차이는 비본질적인 한정들(upā-dhis) 때문이라는 주장은 허용될 수 없다. 왜냐하면 그것은 브라흐만을 조건짓고 유한화하는 결과가 될 것이기 때문이다. 그와 같은 견해에서는 브라흐만은 청정함을 잃고 온갖 결함에 물들 것이며, 즐거움과 고통 등을 경험하게 될 것이며, 이 모든 것은 브라흐만에 대한 통념과 모순될 것이다. 그러므로 님바르카는 동일과 차이 둘 다 실재적이라고 결론짓는다.

개별 영혼들과 세계는 브라흐만과 다르다. 왜냐하면 그들은 브라흐만의 본질 및 속성과는 다른 본질과 속성을 지니기 때문이다. 그럼에도 불구하고 그들은 브라흐만과 다르지 않다. 왜냐하면 그들은 독립적으로 존재할 수 없으며, 브라흐만에 전적으로 의존하기 때문이다. 차이는 별개의 의존적인 존재(paratantrasattābhāvaḥ)를 의미하며, 동일은 독립적인 존재의 불가능함(svatantrasattā'bhāvaḥ)을 의미한다. 이와 같은 불일불이론의 입장에서 "그대가 바로 그것이다"(Tat tvam asi)라는 유명한 구절이 해석된다. '탓트'(Tat, 그것)는 영원하고 편재적인 브라흐만을 의미하며, '트왐'(tvam, 그대)은 브라흐만에 자신의 존재를 의존하고 있는 개별 영혼을 가리키며, '아시'(asi, ～이다)는 그 둘의 관계, 즉 불이(不二)와 양립 가능한 불일(不一)의 관계를 나타낸다. 그와 같은 관계는 태양과 그 빛 혹은 불과 그 불꽃 사이에 존재한다. 비록 개별 영혼들 및 물질은 신과 구별된다 할지라도, 신에 대한 그들의 관계는 마치 파도와 바다 혹은 밧줄의 사리와 밧줄 자체의 관계처럼 긴밀하다. 그들은 브라흐만과 다른 동시에 또한 그와 동일하다. 우리는 그들의 차이를 상호 배타적이고 완전히 서로 분리되어 있는 것으로 간주할 필요는 없다. 차이와 동일은 모두 똑같이 실재적이며, 다른 것이 또한 동일하다.

그럼에도 불구하고 개별 영혼들과 세계는 자존적인 실재가 아니며, 이슈와라에 의하여 통제된다.[원주123] 대파괴 동안에 개별 영혼들과 세계는 이슈와라의 본질 속으로 귀입되며, 이슈와라는 지바와 물질의 미세한 형태들을 담고 있다. 대파괴가 일어나고 다시 새로운 창조가 일어나기 전까지, 모든 의식적인 존재와 비의식적인 존재는 미세한 상태로 이슈와라 속에 머문다. 브라흐만의 에너지(śakti)를 통하여, 개별 영혼들이 각기 자신에게 적합한 몸을 지니는 세계가 만들어진다.

님바르카는 미현현상태에 있는 의식적인 세계와 비의식적인 세계가 브라흐만과 함께 하나의 복합적인 인격— 세계의 질료인이 되는—을 형성한다는 이론을 받아들이지 않는다. 그의 견해에 의하면, 브라흐만의 샤크티가 세계의 질료인이며, 샤크티의 변화들은 브라흐만의 완전과 고결함에 아무런 영향도 미치지 않는다. 라마누자가 브라흐만의 '몸'이라고 부르는 것은 님바르카의 샤크티에 해당한다. 신은 세계를 구성하기 위하여 질료들을 필요로 하는 입장에 있지 않다. 그는 전능하며, 단지 자신의 의지만으로 세계를 창조할 수 있다.[원주124] 이와 같이 브라흐만은 세계의 동력인인 동시에 질료인이다. 세계는 브라흐만과 동일하며, 그 자체의 생성과 작용력을 위하여 신에게 의존한다. 그럼에도 불구하고 세계는 어떤 점에서 브라흐만과 다르다. 물질 세계가 프라크리티의 3구나로부터 전개된다는 일반적인 이론이 받아들여진다.[원주125]

궁극적 영혼은 모든 결함들에서 자유롭고, 훌륭하고 유익한 모든 속성들의 창고이며, 거룩한 몸을 지니며, 아름다움과 애정, 감미로움과 매력으로 충만해 있는 실재로 간주된다.[원주126] 개별 영혼들의 수는 무수히 많으며, 그것은 원자적인 크기를 지닌다. 각 영혼은 개별화된 브라흐만의 빛이다.[원주127] 이 입장은 속성들이 혼동되고 차이들이 무시되

[원주123] 『다샤슐로키』(*Daśaślokī*), 7.
[원주124] i.1.19.
[원주125] 『다샤슐로키』, 3.
[원주126] 『다샤슐로키』, 4.
[원주127] 『브라흐마 수트라』, ii.3.42에 대한 님바르카의 주석.

568

는 절대적 동일에 대한 긍정을 피하는 동시에, 브라흐만의 편재성을 손상시키고 그의 본질과 존엄을 제한하는 순수 다원론 또한 피하고자 하는 시도를 반영한다.

개별 영혼의 청정한 본질은 업 때문에 흐려진다. 업은 시작 없는 무지의 결과이지만, 그럼에도 불구하고 신의 은총을 통하여 단멸될 수 있다. 신에게 전적으로 복종하는 프라팟티(prapatti)는 구원에 이르는 방법이다. 이와 같이 신에게 자신을 완전히 복종하는 자세를 지닌 사람들은 신의 호의를 받으며, 신은 그들의 내면에 박티(信愛)가 일어나게 하며, 박티는 결국 신 실현(brahmasākṣātkāra)을 가져온다. 박티는 궁극적 실재에 대한 지식, 개별 영혼의 본질, 신의 은총의 과실(果實)인 해탈(mokṣa)을 포함한다. 해탈은 브라흐만의 본질과 속성들에 대한 중단없는 실현이며, 모든 형태의 이기심과 무지의 완전한 단멸이며, 신 실현에 장애가 되는 요소들, 예를 들어 영혼을 육체나 감관 혹은 마음(manas)과 동일시하는 오류, 신 이외의 다른 어떤 것에 대한 의존, 신의 명령을 무시하거나 거스르는 행위, 신을 일상적인 것들과 혼동하는 잘못에서 벗어나는 것이며, 참된 박티에서 일어나는 자유와 환희이다. 님바르카에게 크리슈나와 라다(Rādhā)는 나라야나(Nārāyaṇa)와 그의 배우자를 대신한다.[원주128] 박티는 염상(念想, upāsana)이 아니라 사랑과 헌신이다. 신의 은총은 무력하고 의지할 데 없는 자들에게 힘을 주고, 그들이 진리의 실체를 실현할 수 있게 만든다. 다른 신들에 대한 숭배는 금지된다. 경전들에 규정된 윤리 규범들은 견지된다. 신애를 수반하는[원주129] 행위(karma)는 브라흐만에 대한 지식의 획득 수단이 되는 것으로 말해진다.[원주130]

라마누자와 님바르카는 차이와 동일을 필수적인 것으로 보며, 의식 있는 존재와 의식 없는 존재를 브라흐만의 속성으로 간주하지만, 그럼

[원주128] 『다샤슐로키』, 5 및 8.
[원주129] i.1.7.
[원주130] i.1.4.

에도 불구하고 라마누자는 동일의 원리를 보다 강조한다. 님바르카에게 그 둘은 똑같이 실재적이며, 동일한 중요성을 지닌다. 라마누자는 개별 영혼들(cit)과 세계(acit)를 브라흐만의 속성들(viśeṣaṇas 혹은 prakāras)로 간주하며, 그의 견해는 개별 영혼들과 세계에 의하여 한정되는 지고한 신의 불이(不二)[원주131]를 강조한다. 님바르카는 이 견해를 논박한다. 그의 견해에 의하면, 몸의 존재가 반드시 속성들의 소유를 의미할 필요는 없다. 왜냐하면 어떤 속성은 그것을 지니는 것과 그것을 지니지 않는 것의 구별을 그 대상으로 지니기 때문이다. 만일 개별 영혼들과 세계가 브라흐만의 속성들이라면, 그러면 브라흐만이 이러한 속성들의 소유에 의하여 구별되는 그 실재는 무엇인가?

16. 발라바

발라바(Vallabha, A.D. 1401)는 남인도 텔루구 출신의 브라흐민이며, 나중에 북인도로 이주하여 비슈누스와민(Viṣṇusvāmin, 13세기)의 견해를 발전시켰다. 그는 우파니샤드, 『바가바드기타』, 그리고 『브라흐마 수트라』의 권위를 인정했을 뿐만 아니라, 『바가바타 푸라나』의 권위도 받아들였다. 『아누바시야』(*Anubhāsya*), 『싯단타라하시야』(*Siddhāntara-hasya*), 『바가바타티카수보디니』(*Bhāgavataṭīkāsubodhini*) 등의 저술을 통하여[원주132] 그는 베단타에 대한 유신론적인 해석을 시도했으며, 그의 해석은 샹카라의 견해뿐만 아니라 라마누자의 견해와도 달랐다. 그의 견해는 순수불이론(純粹不二論, Śuddhādvaita)이라고 불리며,[원주133]

[원주131] Cidacidviśiṣṭaparameśvarādvaita.
[원주132] 기리다라(Giridhara)의 『숫다드와이타마르탄다』(*Śuddhādvaitamārtāṇḍa*), 발라크리슈나(Bālakṛṣṇa)의 『프라메야라트나르나바』(*Prameyaratnārṇava*)는 이 종파에 속한다.
[원주133] 샹카라의 절대적 불이일원론(Kevalādvaita)과는 구별된다.

570

전체 세계는 실재적이며 미묘하게 브라흐만이라고 선언한다.

개별 영혼들과 의식 없는 세계는 본질적으로 브라흐만과 동일하다. 발라바는 개별 영혼(jīva), 시간(kāla), 프라크리티 혹은 마야가 영원한 실재들이라는 것을 인정한다. 이 실재들은 브라흐만의 존재를 가리키며, 결코 어떤 독자적인 존재를 지니는 것은 아니다. 세계에 대한 설명으로 마야의 힘을 인정하는 사람들은 진정한 불이론자가 아니다. 왜냐하면 그들은 브라흐만 외에 제2의 것을 인정하기 때문이다.[원주134] 샹카라는 마야의 힘을 통하여 세계의 기원을 브라흐만에서 추적하고 있음에 비하여, 발라바는 브라흐만이 마야와 같은 원리와 어떤 관련을 지니지 않고도 세계를 창조할 수 있다고 주장한다. 그의 견해에 의하면 경전이 궁극적인 권위를 지니며, 우리의 이성은 그것이 규정하는 것을 거부할 수 없다.[원주135] 신은 존재, 의식, 환희(saccidānanda)이며, 속성들을 지닌다. 신이 속성을 지니지 않는다고 선언하는 경전 구절들은 단지 그가 보통의 속성들을 지니지 않는다는 것을 의미할 뿐이다.[원주136]

신이 지혜(jñāna)와 행위(kriyā)의 속성들을 지닐 때, 그는 크리슈나로 인격화된다. 그는 세계의 창조자이며, 우리는 지상의 행위자들이 행위를 위하여 몸을 지니는 것처럼 신 또한 어떤 물리적인 몸을 지닌다고 생각할 필요는 없다. 왜냐하면 우리에게 적용되는 것이 초월적인 신에게도 적용될 필요는 없기 때문이다. 신은 단지 자신의 의지만으로 세계를 창조한다. 그는 행위자일 뿐만 아니라, 또한 향수자이기도 하다.[원주137] 비록 그는 몸을 지녀야 할 필요가 없다 할지라도, 그는 자신의 헌신자들을 위하여 여러 가지 형상으로 나타난다.[원주138] 궁극자는 오직 행위와 관련될 때, 제의식의 형상(yajñarūpa)이며, 브라흐마나 문헌들에 언급된 것처럼 행위들을 통하여 접근될 수 있다. 단지 지혜와

[원주134] i.1.6.
[원주135] i.1.20.
[원주136] 『브라흐마 수트라』, iii.2.22에 대한 발라바의 주석을 보라.
[원주137] i.1.1.
[원주138] i.1.20~21.

관련될 때, 그것은 브라흐만이며, 우파니샤드에 언급된 것처럼 지식을 통하여 접근될 수 있다. 궁극자 크리슈나는 『바가바드기타』와 『바가바타』의 원리들에 따라 숭배되어야 한다.

인간과 동물의 영혼에서 환희의 속성은 제한되며, 물질에서는 심지어 의식도 억제된다. 브라흐만은 자신의 속성들의 전개(āvirbhāva)와 귀입(tirobhāva)을 통하여 자신의 의지대로 모든 것이 될 수 있다. 개별 영혼은 원자적인 크기를 지니며,[원주139] 브라흐만과 동일하며, 브라흐만의 부분을 구성한다.[원주140] 브라흐만의 환희가 흐려질 때, 우리는 개별 영혼을 지닌다. 그것의 생성은 단지 하나의 현현에 불과하다 할지라도, 그것은 브라흐만과 똑같이 실재적이며 영원하다. 세 종류의 개별 영혼들이 구분된다. 순수한(śuddha) 영혼들은 자신의 신적인 속성들(aiśvarya)이 무지의 힘에 의하여 흐려지지 않은 영혼들이다. 윤회하는(saṁsārin) 영혼들은 무지의 그물에 잡힌 영혼들이며, 이들은 조대하고 미세한 몸과의 관련 때문에 생사(生死)를 경험한다. 해탈된(mukta) 영혼들은 진리에 대한 통찰을 통하여 윤회의 속박에서 벗어난 영혼들이다. 개별 영혼이 해탈을 얻을 때, 그것은 자신의 억제되었던 속성들을 회복하고 신과 하나가 된다.

의식 없는 세계 또한 브라흐만으로 충만해 있다. 그것 속에서 브라흐만의 두 가지 속성, 즉 지식과 환희는 가려져 보이지 않으며, 남아 있는 것은 순수 존재(sattva)이다. 세계의 형태로 나타나는 것은 바로 브라흐만이므로, 세계는 브라흐만의 결과(brahmakārya)로 간주된다. 세계의 창조와 파괴는 단지 이러한 형태들을 띠는 궁극자의 나타남과 사라짐에 불과하다. 창조의 상태에서 브라흐만은 산물이 되고 파악의 대상이 되지만, 이에 비하여 파괴에서 세계는 그 본래의 형태로 돌아가며, 지각의 대상이기를 멈춘다. 그러므로 세계는 브라흐만 자신과 마찬가지로 영원하며, 세계의 창조와 파괴는 브라흐만의 창조력(śakti)에

[원주139] ii.3.19.
[원주140] ii.3.43.

기인한다. 세계는 단순한 가현으로 간주될 수 없으며, 또한 본질적으로 브라흐만과 다르지도 않다. 원인과 결과의 관계는 절대적인 동일의 관계이다.[원주141] 우주는 실로 브라흐만이다. 브라흐만은 자신의 본질에 어떤 변화도 겪지 않으면서, 자신의 의지대로 개별 영혼들과 세계로 스스로를 현시한다. 그는 세계의 동력인인 동시에 질료인이다.[원주142] 개별 영혼들과 브라흐만의 차이가 발라바에 의하여 인정되므로, 불공평하고 자비가 없다는 비난은 브라흐만에게 적용될 수 없다. 그는 마야의 속박에서 자유로운 개별 영혼이 브라흐만과 동일하다고 주장한다.

발라바는 신을 전체 그리고 개별 영혼을 부분으로 간주한다. 그러나 개별 영혼은 신과 동일한 본질을 지니므로 그 둘 사이에 진정한 차이는 없다. 이것은 또한 불과 불꽃의 관계에 대한 비유로 설명된다. 개별 영혼은 무지의 힘에 의하여 흐려진 브라흐만이 아니라, 지각 불가능하게 된 동일한 속성을 지닌 브라흐만이다. 개별 영혼은 행위자인 동시에 향수자이다. 그것은 원자의 크기를 지니지만, 그 자체의 의식성을 통하여 몸 전체에 편재한다. 이것은 마치 전단향 나무가 그 자체의 향기 때문에 그것이 없는 곳에서도 그것의 존재를 감지할 수 있게 하는 것과 같다. 하나의 궁극적·독립적인 실재를 받아들이는 라마누자에게 신과 개별 영혼의 차이는 결코 사라질 수 없다. 라마누자는 신과 세계를 전체와 부분으로 관련지으며, 여기서 부분들은 전체의 실로 다른 사건들이다. 라마누자의 유기적 통일 혹은 한정자와 한정되는 것의 관계에 대한 견해들은 동일한 전체 속에 다수의 부분들의 공동 내재를 나타낸다. 발라바는 우리에게 셸링(Schelling)의 *neutrum*— 모든 차이들이 부정되는— 같은 것을 제시하는 반면에, 라마누자의 견해는 헤겔의 것과 비슷하다.

마야의 세계는 비실재적인 것으로 간주되지 않는다.[원주143] 왜냐하면

[원주141] 이전(以前)의 무(無, prāgabhāva)는 원인 상태이며, 파괴무(破壞無, pradh-
　　vaṃsābhāva)는 단지 결과의 사라짐이다.
[원주142] i.1.4.

마야는 이슈와라가 자유로이 생성하는 힘에 지나지 않기 때문이다. "브라흐만은 우주의 동력인이며 질료인이다. 그는 우주의 창조자일 뿐만 아니라 우주 자체이다."[원주144] 발라바는 브라흐만이 다자(多者)가 되기를 원하여 그 자신이 개별 영혼들과 세계가 되었다는 『브리하드아란야카 우파니샤드』의 설명[원주145]을 받아들인다. 자기 현현에 대한 욕구가 브라흐만 속에 본유적으로 있다. 발라바에 의하면, 마야는 이슈와라의 힘이며, 이슈와라는 마야를 통하여 세계의 전개와 파괴를 일으킨다. 마야는 아비디야(무지)와 다르다. 후자는 존재의 통일성을 가리고 차별에 대한 의식을 야기하는 원인이 된다.[원주146] 발라바는 브라흐만에 의하여 활력을 부여받는, 자동력(自動力)이 없는 프라크리티를 인정하지 않는다. 비록 브라흐만 그 자체는 알려지지 않는다 할지라도, 그는 자신이 세계를 통하여 스스로를 현시할 때 알려진다.

그러나 윤회는 비실재적이다. 세계를 실재적인 것으로 간주하는 것은 타당하지만, 세계에 다수성을 귀속시키는 것은 잘못이다. 비록 세계에 대한 우리의 경험(pratīti)은 그릇된 것이라 할지라도, 세계는 참이다. 우리는 세계가 단지 브라흐만의 한 형태에 불과하다는 것을 모른다. 그래서 개별 영혼은 세계의 본질에 대한 그릇된 견해로 물들어 있다. 진리를 실현한 자들에게 세계는 브라흐만으로 나타난다. 경전으로부터 진리를 배운 자들에게 그것은 브라흐만과 마야, 즉 브라흐만과 다른 어떤 것으로 나타난다. 그러나 이들은 전자가 실재인 반면에 후자는 그렇지 않다는 것을 안다. 이에 비하여 무지한 자들은 브라흐만의 실재와 다양한 가현들의 비실재를 구분하지 못하며, 이러한 가현들을 객관적이고 독립적인 실재로 착각한다. 무지는 인간의 마음속에 존재한다. 이와 같이 발라바는 세계의 비실재성에 대한 견해 자체를 받아들이지

[원주143] 『아누바쉬야』(*Aṇubhāṣya*), i.1.4.
[원주144] 『아누바쉬야』, i.1.4.
[원주145] i.4.3.
[원주146] 『슛다드와이타마르탄다』를 보라.

않는다. 만일 세계가 비실재라면 우리는 심지어 그것이 브라흐만과 하나라고 말할 수도 없을 것이다. 왜냐하면 동일의 관계는 실재적인 실체와 비실재적인 현상 사이에 존재할 수 없기 때문이다.

마야에 속박된 개별 영혼은 신의 은총을 통하지 않고는 구원을 얻을 수 없다. 비록 지식 또한 유용한 것이라 할지라도, 박티는 구원의 주요 수단으로 간주된다. 만일 우리가 신에 대한 참된 신앙을 지닌다면, 모든 죄는 소멸될 것이다. 발라바는 모든 유형의 육체적인 고행을 비난했다. 몸은 신의 성전이며, 그것을 학대하고 손상시키려고 하는 행위는 아무런 의미도 지닐 수 없다. 행위들은 궁극자에 대한 지식에 선행하며, 이 지식이 얻어질 때도 존재한다. 해탈을 얻은 자는 모든 행위들을 한다.[원주147] 궁극의 목표는 해탈이라기보다는 오히려 크리슈나에 대한 영원한 봉사와 천계의 브린다바나(Bṛndāvana)에서 그의 유희에 참여하는 것이다. 발라바는 브라흐만의 초월적인 의식과 푸루숏타마(지고 인격)를 구별한다.[원주148] 삶의 속박에서 벗어난 영혼들은 여러 부류로 나누어진다. 사나카(Sanaka)처럼, 이전의 속박에서 자유롭게 된 영혼들과 신의 도성에 살고 있는 영혼들—— 여기서 그들은 신의 은총을 통하여 자유를 얻는다——이 있다. 또한 박티에 호소하고 완전한 사랑을 함양하며 신의 친구들이 되는 영혼들이 있다.

브라흐만과 개별 영혼들의 관계, 그리고 브라흐만과 의식 없는 물질(jaḍa)의 관계는 마치 전체와 부분의 관계처럼, 순수 동일의 관계이다. 차이는 발라바에 의하여 무시되는 반면에, 오직 불이(不二)만이 실재라고 말해진다. 그는 "그대가 바로 그것이다"(Tat tvam asi)를 문자적인 의미 그대로 진실이라고 해석하지만, 이에 비하여 라마누자와 님바르카는 그것을 비유적인 의미로 해석한다. 개별 영혼이 지복을 얻고, 비의식적인 세계가 의식과 지복을 얻을 때, 브라흐만과 이들의 차이는 사라질 것이다. 이것은 라마누자가 인정하지 않는 입장이다.

[원주147] 『아누바쉬야』, i.1.1.
[원주148] 같은 책, iv.3.27.

17. 차이탄야의 비슈누교 부흥운동

비록 일부의 알바르(Āḷvār)들이 고피(gopi, 牧牛女)들과 크리슈나의 유희에 대하여 언급하고 있다 할지라도, 남인도의 비슈누교는 브린다바나의 유희(līlā)에 대한 찬미에 큰 관심을 보이지 않는다. 그러나 북인도에서는 사정이 달랐다. 님바르카에게 라다(Rādhā)는 단순히 목우녀들 중의 우두머리가 아니라, 크리슈나의 영원한 반려이다. 『기타고빈다』(Gītāgovinda)의 저자인 자야데바(Jayadeva), 비디야파티(Vidyā-pati), 우마파티(Umāpati), 그리고 찬디 다스(Caṇḍi Dās, 14세기)의 저술들은 샤크티 종파의 사상과 실천체계의 영향 때문에 벵골(Bengal)과 비하르(Bihar) 지방에서 라다-크리슈나 숭배의 점증하는 영향을 보여주고 있다.

이와 같은 분위기 속에서 훈육된, 위대한 비슈누교의 스승 차이탄야(Caitanya, 15세기)는 『비슈누 푸라나』, 『하리방샤』(Harivaṁśa), 『바가바타』, 그리고 『브라흐마바이바르타 푸라나』(Brahmavaivarta Pu-rāṇa)에서 크리슈나에 대한 이야기에 큰 관심을 가지게 되었으며, 자신의 개성과 성향을 토대로 새로운 형태의 비슈누교 신앙을 제시했다. 그의 포괄적인 관점과 박애 정신은 많은 사람들로 하여금 그를 따르게 했다. 다수의 이슬람교도들이 개종하여 그의 가르침을 따랐다. 그의 초기 제자들 가운데 한 사람은 이슬람교 출신의 고행자(fakir)였으며, 이 고행자는 하리다스(Haridās)라는 이름으로 차이탄야 종파에서 큰 명성을 얻었다. 원래 힌두교 사회에서 불가촉천민이었으나 이슬람교로 개종했던 루파(Rūpa)와 사나타나(Sanātana) 같은 배교자들도 차이탄야의 제자가 될 수 있었다.

지바 고스와미(Jīva Gosvāmi, 16세기)와 그 이후의 발라데바(Bala-deva)는 차이탄야 종파의 철학적인 토대를 확립했다. 지바의 『사트산다르바』(Satsandarbha) 및 이에 대한 그 자신의 주석,[역주6] 그리고 『브라흐마 수트라』에 대한 발라데바의 『고빈다바쉬야』(Govindabhāṣya)는 이 종파의 철학적인 고전들로 평가된다. 발라데바의 『프라메야라트나발리』(*Prameyaratnāvali*) 또한 널리 알려진 저술이다. 이 저자들은 라마누자와 마드와의 견해에 상당한 영향을 받는다.[원주149] 그들은 다섯 가지 원리, 즉 신, 영혼들, 마야 혹은 프라크리티, 지식(jñāna)과 순수 물질(śuddhatattva)의 두 요소를 지니는 자기력(自己力, svarū-paśakti),[역주7] 그리고 시간(kāla)을 받아들인다.

지식론에서는 이 학파에 고유한 것은 그다지 많지 않다. 베다의 증언을 포함하는, 지식의 원천에 대한 전통적인 설명이 그대로 수용된다. 지바 고스와미는 단순 파악(simple apprehension)과 같은 의식의 상태가 있으며, 이것은 나중에 결정적 지식(determinate knowledge)으로 발전한다고 주장한다. 비(非)관계적이고 직접적인 경험은 결정적 인식에 선행한다. 전자는 비결정적(nirvikalpa) 인식이다. 결정적 인식은 비결정적 인식 속에 잠재적으로 내재해 있다. 결정적 인식에서 분석되고 이해되는 것은 비결정적 지각에서 주어진 사실이다. 그것은 비결정적 인식이란 의식의 사실(fact of consciousness)이라는 결론이 되며, 어떤 형태의 관계도 존재하지 않는 것처럼 보이는 직관은 바로 이런 유형에 해당한다. 지바 고스와미는 모든 차이들을 포함하는 보편의 존재를 믿지 않는다.[원주150] 우리는 먼저 보편 자체에 대한 지식을 지니고, 그런 다음에 한정된 것으로서의 보편에 대한 지식을 지닌다. 지바 고스와미에게, 순수 단일의 브라흐만에 대한 직관은 틀림없는 의식의 사실——비록 초월되어야 할 필요가 있다 할지라도——이다.

궁극적 실재는 비슈누이다. 그는 사랑과 은총의 인격신이며, 존재, 의식, 환희의 통상적인 속성들을 지닌다. 프라크리티의 속성들로부터

[역주6] 이 주석은 『사르바상바디니』(*Sarvasaṁvādinī*)라고 불린다.
[원주149] 『프라메야라트나발리』, p.8.
[역주7] 신에게 본래부터 영원히 있는 의식력(意識力, cit-śakti)을 말하며, 그의 모든 유희(līlā)는 이 힘에 기인한다.
[원주150] 『바가바트산다르바』(*Bhāgavatsandarbha*), p.55.

자유롭다는 의미에서 그는 무속성(nirguṇa)이며, 또한 그는 전지, 전능 등의 속성들을 지니므로 유속성(saguṇa)이다. 이 속성들은 자기 관계(svarūpasaṁbandha)에 의하여 그에게 속해 있다. 이 속성들은 브라흐만의 본질을 나타내며, 그 속에 본래부터 내재한다.[원주151] 그는 세계의 원천이요 지주이며, 세계의 궁극적인 목적이며, 우주의 질료인이자 동력인이다.[원주152] 그는 자신의 고차적 에너지(parā śakti)[원주153]를 통하여 동력인이 되며, 저급한 에너지(aparā śakti) 및 투사(投射) 에너지(avidyā śakti)라고 불리는 다른 에너지들을 통하여 질료인이 된다. 앞에 언급된 그의 본질은 불변임에 비하여, 뒤에 언급된 본질은 변화를 겪는다.

신의 가장 중요한 특성은 사랑[원주154]과 환희의 힘이다. 화신들은 궁극자와 동일하며, 개별 영혼들이 그런 것처럼 궁극자의 부분들이 아니다.[원주155] 신은 수많은 형상들을 띠며, 이 중에서 가장 중요한 것은 크리슈나이다. 궁극자와 동일시될 때, 크리슈나는 세 가지 중요한 힘, 즉 의식력(cit-śakti), 환력(幻力, māyā-śakti), 그리고 개아력(個我力, jīva-śakti)을 지닌다. 이 중에서 첫번째 힘을 통하여 그는 지성과 의지로서 자신의 본질을 유지하며, 두번째 힘을 통하여 피조 세계 전체가 생성되며, 세번째 힘을 통하여 개별 영혼들이 생겨난다. 크리슈나의 의식력의 최고 현현은 환희력(歡喜力, hlādinī)이다. 라다는 바로 환희를 주는 이 힘의 정수(精髓)이다.[원주156]

[원주151] 마드와를 본따서, 발라데바는 '특수'(viśeṣa)의 교의를 받아들인다. 그러나 전자와는 달리 후자는 이 교의를 신의 스와루파샤크티(svarūpaśakti, 自己力) 및 그것의 변형에 국한시킨다. 왜냐하면 세계의 구별들은 확립된 사실들이며, 그들을 구별하기 위하여 어떤 '특수'를 필요로 하지 않기 때문이다.

[원주152] 같은 책, i.4.24.

[원주153] 슈리(Śrī)와 동일시된다. 발라데바, iii.3.40 및 42를 보라.

[원주154] Prītyātmā, iv.1.1.

[원주155] 본체와 동일한 현현(svāṁśa)과 본체와 구별되는 부분(vibhinnāṁśa)이 구분된다. 발라데바, ii.3.47을 보라.

[원주156] "크리슈나는 본질적 속성으로 최상의 환희를 지닌다"(Kṛṣṇasvarūpiṇī pa-

지바 고스와미에 의하면, 신은 유일하며 제2의 것을 지니지 않는다. 그는 세계의 창조자로 간주될 때, 바가반(Bhagavān)이며, 그 자체로 볼 때는 브라흐만이다. 후자는 추상적이며, 전자는 구체적이다. 지바 고스와미는 전자가 보다 더 실재적이라고 주장한다. 발라데바에 의하면, 궁극자는 하리(Hari)라고 불리며, 그의 존엄과 광휘는 나라야나(Nārāyaṇa)로 인격화되며, 그의 아름다움과 황홀함은 크리슈나로 인격화된다.

세계와 그 안의 모든 존재들은 신의 힘들을 통하여 생겨났다. 비록 신과 별개이며 다르다 할지라도, 그들은 신에게 의존한다. 그들은 신과 동일하지도 않고 다르지도 않다. 불가사의한 불일불이(不一不二)가 진리이다.[원주157] 세계는 실재이며 환영이 아니다. 그것은 그 자체의 본질, 즉 사람들을 그 자체로 끌어들이고 신에게서 멀어지게 하는 특성 때문에 마야라고 불린다. 신의 하인은 마야의 힘을 통하여 세상의 종이 된다.

개별 영혼은 신과 다르다. 후자는 전자의 통치자이다. 신은 편재적인 데 비하여 개별 영혼은 원자적인 크기를 지닌다.[원주158] 지바 고스와미에 의하면, 신의 의식력은 영혼들이 창조되는 자신의 개아력(個我力)을 지탱하며, 개아력은 환력(幻力)을 지탱한다. 이 중에서 어떤 것도 신과 별개로 존재할 수 없다. 창조에 즈음하여 궁극자는 대파괴 직전의 세계의 구성을 기억해내고, 다자(多者)가 되기를 원한다. 즉 궁극자 자신 속에 귀입되어 있는 향수하는 영혼들과 향수의 대상들에게 개별적인 존재를 부여한다. 그는 마하트(mahat, 大)로부터 우주란(宇宙卵) 및 브라흐마(Brahmā)에 이르기까지의 전체 세계를 창조한다. 그런 다음에 그는 이전에 있었던 것과 동일한 순서와 배열로 베다를 현시하며,

---

ramānandarūpiṇī, 『브라흐마바이바르타 푸라나』, v.4.17).
[원주157] 이런 점에서 차이탄야의 이론은 불가사의한 불일불이론(Acintyabhedābheda)이라고 불린다.
[원주158] 발라데바, ii.2.41.

그것을 정신적으로 브라흐마에게 전한다. 창조의 다른 단계들은 브라흐마의 주관 하에 이루어진다. 베다의 도움을 통하여 브라흐마는 본래적인 원형들을 기억하며, 이전과 마찬가지로 대상들을 창조한다. 그것은 베다가 인드라(Indra) 등을 언급할 때, 실은 소멸하지 않는 전형(典型)들을 가리킨다는 결론이 된다. 소멸하는 것은 이 전형들에 따라 각 세계 주기마다 창조되는 개체들이다.[원주159]

라마누자는 영혼들과 물질을 신에 대한 한정자들(viśeṣaṇas)로 간주하지만, 지바 고스와미와 발라데바는 그들을 신의 에너지의 현현들로 간주한다. 후자의 두 사람은 비의식적인 프라크리티를 신의 속성으로 간주하기 싫어한다. 왜냐하면 만일 그렇게 되면 신의 본질에 부조화의 요소를 초래할 수 있다고 보기 때문이다. 그러므로 지바 고스와미는 프라크리티를 신의 외적인 에너지(śakti)—— 그의 통제 하에 있지만, 그럼에도 불구하고 그와 직접적으로 관련되어 있지는 않다—— 로 간주한다. 발라데바는 마야를 프라크리티와 동일시하며, 프라크리티는 단지 신이 바라보기만 하는 것(īkṣaṇa)으로 작용을 시작한다.

개별 영혼들은 마야의 힘을 통하여 세계의 속박들에 구속된다. 마야는 그들이 자신의 참된 본질을 망각하게 만든다. 만일 우리가 박티를 지닌다면, 카르마의 세력이 극복될 수 있을 것이다.[원주160] 크리슈나에 대한 사랑(ruci)의 진전을 통하여, 우리는 신에 대한 직관을 지닐 수 있다. 자신의 창조물들에 대한 신의 사랑은 라다에 대한 사랑에서 나타난다고 말해진다. 자신의 창조물들이 구원에 대한 희망으로 오직 자신에게 매달려야 한다는 것이 창조자의 바람이다. 육체적인 사랑(kāma)

[원주159] 발라데바, i.3.30.

[원주160] 차이탄야는 박티의 통상적인 단계들을 인정한다. 1) 신에 대한 고요한 명상(śānta), 2) 신에 대한 활동적인 헌신 혹은 주인에 대한 종의 입장(dāsya), 3) 친구에 대한 친구의 입장(sakhya), 4) 자녀에 대한 부모의 입장(vātsalya), 5) 부부간의 사랑을 나타내는 감미로움(mādhurya). 각 단계는 이전 단계를 포함하며, 따라서 마지막 단계가 가장 완전하다. 벵골(Bengal) 지방의 박티 문헌들은 느낌과 감정에 대한 예리한 분석으로 가득 차 있다. 루파(Rūpa)의 *Ujjvalanīlamaṇi*를 보라.

은 정신적인 사랑(prema)과 구별된다. 박티는 구원에 이르는 길이다. 베다와 『바가바타 푸라나』 등에 대한 학습이 권장된다. 정신적인 스승(guru)에 대한 공경은 중요한 측면이다. 종교적인 문제에서는 인간의 이성에 의존하지 말아야 한다고 주장되며, 카스트의 구분들은 무시된다. 남자든 여자든, 신의 은총을 받기에 너무 미천한 사람이란 있을 수 없다. 모든 존재에 대한 자비, 겸손, 침착, 세속적인 욕망에서 벗어남, 그리고 마음의 정화 등과 같은 윤리적인 덕목들이 강조된다.

구원은 사랑(prīti)의 영원한 체험에 놓여 있다.[원주161] 천국에 있는 영혼들은 신의 종으로서 자신들의 신분을 알며, 그에게 전적인 헌신을 바친다. 사랑은 해방이다. 박티는 진정한 해탈이다. 그것을 통하여 윤회의 속박이 끊어지며, 영혼은 신과 동등한 지위를 얻게 된다. 그러나 그것은 결코 신에게 혼융되지는 않는다.[원주162] 지바 고스와미에 의하면, 모든 존재에 대한 추상적인 보편, 즉 브라흐만에 대한 직관은 바가반에 대한 직관의 서곡이다. 바가반은 모든 존재와 삶의 구체적인 실재이다. 브라흐만에 대한 직관은 지식에 기인하며, 궁극적이 아니다. 이에 비하여 바가반에 대한 직관은 박티에 기인하며, 오직 육체를 벗을 때 얻어질 수 있다. 비록 생해탈이 브라흐만에 대한 직관에 관해서는 가능하다 할지라도, 그것은 바가반에 대한 사랑에서는 아무런 소용도 없다.

지바 고스와미는 라마누자에 의하여 주장된 속성들(viśeṣaṇas)에 대한 이론을 자신의 에너지(śakti) 이론으로 대체한다. 그러나 만일 신이 자기의 존재에 본질적으로 반대되는 속성을 지닐 수 없다면, 어떻게 그는 자기의 존재에 마찬가지로 모순되는 힘 혹은 에너지를 지닐 수 있는가? 비록 이 학파에 속하는 일부의 논사들은 자신들을 마드와의 추종자들이라고 부른다 할지라도, 사상적인 면에서 그들은 사실상 라마누자에 보다 가깝다. 왜냐하면 그들은 설사 차이를 인정한다 할지라도

[원주161] Saccidānandaikarase bhaktiyoge tiṣṭhati(『고팔라타파니』(Gopālatāpanī)). 또한 발라데바, iii.3.12를 보라.
[원주162] 발라데바, i.1.17.

동일을 더욱 강조하고 있기 때문이다. 차이들은 불가사의한(acintya) 방식으로 신에게 속해 있는 에너지들에서 발견된다. 지바 고스와미는 자신의 『사르바상바디니』에서, 우리는 신과 그의 힘들을 동일한 것으로 혹은 다른 것으로 간주할 수 없다는 것을 인정한다.

제11장

결론

1. 철학적 발전

인도사상사를 통하여, 인간의 온갖 노고와 분투가 교차하는 일상의 세계 너머에 있는, 보다 실재적이고 불가해한 어떤 세계에 대한 이상이 항상 인도인들의 생각에서 떠나지 않았다. 이것은 곧 인간 영혼의 참된 본향에 대한 그리움이었다. 스핑크스의 수수께끼를 풀고, 동물적인 차원에서 윤리적인 차원 그리고 영적인 차원으로 떠오르려는 인간의 끊임없는 노력은, 인도에서 전형적인 실례를 본다. 우리는 4천 년이라는 장구한 역사에 걸치는 인간의 노력을 볼 수 있다. 만일 신드(Sind)와 펀자브(Punjab) 지역에 대한 고고학적인 발굴에서 얻어진 최근의 성과가 고려될 수 있다면, 이보다 더 오랜 역사일 수도 있을 것이다.

세계는 높은 곳에서 인간의 행위를 감시하는 태양과 창공의 신들에 의하여 통치된다는 소박하고 순진무구한 신앙이 있었으며, 신들은 기도에 의하여 설득될 수 있을 뿐만 아니라 제사에 의하여 우리의 요구를 들어주도록 강요될 수 있으며, 그들은 단지 궁극적인 유일자의 여러 형태들일 뿐이라는 믿음이 있었다. 청정 무구한 최고아(最高我)——그를 아는 것이 영원한 삶이다——가 곧 인간의 가장 내밀한 영혼과 하나라는 확신이 있었으며, 유물론, 회의론, 숙명론이 일어났다가 불교와 자이나교 등의 윤리적인 철학체계들에 의하여 억제되는 과정이 있었다. 우리가 생각과 말과 행위에서 죄를 짓지 않으면, 모든 고통에서 벗어날 수 있다는 가르침이 불교와 자이나교의 핵심적인 교의였다. 『바가바드기타』의 틀에 얽매이지 않는 유신론은 보편적 영혼에다가 형이상학적인 완전에 더하여 윤리적인 완전을 부여했다.

니야야 학파의 논리학 체계는 오늘날에도 통용되는 지식의 영역에 대한 주요 범주들을 우리에게 제공했다. 또한 자연에 대한 바이세쉬카 학파의 다원론적인 해석, 과학 및 심리학의 영역에서 놀라운 성과를 남긴 상키야의 사색, 그리고 완전에 이르는 길을 상세하게 전하는 요가의 철학체계가 있었다. 미망사 학파의 윤리적·사회적인 규범들, 샹카라, 라마누자, 마드와, 님바르카, 발라바, 그리고 지바 고스와미 등에 의하여 주창된 궁극적 실재에 대한 종교적인 해석들은 인류 역사에서 철학적 발전의 괄목할 만한 기록들임에 틀림없다. 인도인의 삶은 그 자체의 고유한 양식을 형성하며, 이따금 물리적·사회적·문화적인 상황과 관련하여 변화를 겪으면서 끊임없이 진행되어왔다. 초기 단계에서 고대 인도인들은 모든 일을 처음으로 경험하고 있었다. 그들에게는 의지할 만한 과거의 지혜가 전무하였다. 더욱이 그들은 전쟁을 해야 하는 엄청난 부담을 안고 있었다. 이 모든 사실에도 불구하고, 사상과 실천의 영역에서 그들의 성취는 적지 않았다. 그러나 이 시대는 그 자체로 완성되지 않으며, 가능한 형태들의 범위는 완전히 소진되지 않는다. 왜냐하면 스핑크스는 여전히 미소짓고 있기 때문이다. 철학은 아직 유아기에 머물러 있다.

인도사상에 대한 고찰은 우리에게 존재의 신비와 광막함, 그리고 그것을 이해하려는 인간의 노력의 아름다움과 끈덕짐에 대한 깊은 인상을 준다. 사상가들의 오랜 노정은 인간 지혜의 전당에 어떤 작은 한 조각의 지식을 보태기 위하여, 영원히 불완전한 인간 지식의 총계에 새로운 어떤 편린을 부가하기 위하여 힘겨운 싸움을 계속했다. 그러나 인간의 사색은 이상(理想)에 미치지 못한다. 우리는 자신을 둘러싸고 있는 어둠의 깊이를 분명하게 의식하고 있으며, 그것은 우리가 위대한 과거의 상속자로서 특권으로 지니는 명멸하는 등불의 빛을 압도하고 있음을 안다. 사상가들의 힘겨운 노력에도 불구하고, 우리는 궁극적인 문제들과 관련하여 과거 우리의 위치에서 크게 벗어나지 못한 곳에 서 있으며, 아마도 우리가 인간인 한, 우리는 자신의 유한한 마음이라는 견고한 쇠사슬에 의하여 마치 프로메테우스처럼 신비의 바위에 영원히 묶여 있어야 하는 운명인지도 모른다.[원주1]

그러나 철학의 추구는 결코 헛된 노력이 아니다. 그것은 우리가 쇠사슬의 속박을 느낄 수 있게 한다. 그것은 인간의 불완전에 대한 의식을 예민하게 하며, 이로써 우리 속에 완전에 대한 의식을 깊게 한다. 세계는 우리가 바랄 수 있는 것만큼 투명하지 않다는 것은 이상하게 여겨질 이유가 없는지도 모른다. 왜냐하면 철학자는 지혜를 사랑하는 자일 뿐이며, 그것을 소유하는 자는 아니기 때문이다. 중요한 것은 항해의 끝이 아니라, 항해 그 자체이다. 여행하는 것은 목적지에 도달하는 것 이상이다.

우리의 노정의 끝에, 우리는 역사를 통하여 알려진 사실들이 발전의 흔적들인가 또는 그렇지 않은가에 대하여 물을지도 모른다. 인간 사유의 행진은 진보인가, 혹은 퇴보인가? 그 과정은 결코 제멋대로 진행되

[원주1] 크세노파네스(Xenophanes)는 말한다. "신들에 관하여, 그리고 내가 보편적 본질이라고 부르는 것에 관하여 완전한 확신을 얻었던 자는 지금까지 아무도 없었으며, 앞으로도 없을 것이다. 아니, 설사 어떤 사람이 우연히 진리에 불을 밝혔다 할지라도, 그는 자신이 그렇게 했다는 것을 알지 못할 것이다. 왜냐하면 가현은 모든 것들에 두루 퍼져 있기 때문이다(곰페르츠(Gomperz), *Greek Thinkers*, vol.i, p.164).

어온 것이 아니며, 무의미하지도 않다. 인도는 진보를 믿는다. 왜냐하면 우리가 이미 언급한 것처럼, 순환의 주기들은 함께 유기적으로 관련되어 있기 때문이다. 내적인 연속의 실은 결코 단절되지 않는다. 심지어 과거와의 연속을 위협하는 대변혁들도 그것의 교정과 재건에 도움이 된다. 복고적인 소용돌이들은 현재의 흐름을 저지한다기보다는 오히려 강화한다. 이 나라의 근세 역사가 보여주는 것과 같은, 쇠퇴의 시대들도 사실은 구시대적인 삶으로부터 새로운 삶으로 이행하는 과정들이다. 진보와 쇠퇴의 두 흐름이 뒤섞인다. 어떤 한 단계에서 진보의 추세가 강하게 나타나는가 하면, 또 다른 어떤 단계에서는 이러한 추세가 흔들리기도 하며, 때로는 퇴보의 추세가 진보의 추세를 압도해버리는 것처럼 보이기도 하지만, 그럼에도 불구하고 전체적인 입장에서 보면 인류 사상사는 진보의 노정임에 틀림없다. 물론 많은 것들이 역사의 노정에서 사멸했다는 것을 부정하는 것은 안일한 자세일 것이다. 그러나 극소수이기는 하지만 어떤 경우들은 역사적인 과거가 취하거나 버렸던 과정을 비난하는 것보다 더욱 무익하다. 아무튼 어떤 유형의 역사적인 변천은 진보라는 측면에서 오히려 부정적이었을 수도 있을 것이다. 보다 중요한 것은 미래이다. 우리는 우리의 선조들보다 더 멀리 볼 수 있을 것이다. 왜냐하면 우리는 그들의 어깨 위에 올라앉아 있기 때문이다. 과거의 선조들에 의하여 잘 마련된 토대만으로 만족할 것이 아니라, 우리는 고대의 노력과 오늘날의 조망을 조화시켜 보다 훌륭한 지적인 구성물을 건축해야 한다.

2. 모든 철학체계들의 통일성

인도 사상가들의 모든 노력을 통하여 이런 저런 형태로 관통해온 두 요소는 전통에 대한 충실과 진리에 대한 헌신이다. 모든 사상가는 선배들이 남긴 원리들이 영적인 구조로 만들어진 반석들이며, 만일 이러한 반석들이 비방된다면 우리 자신의 정신 문명도 훼손된다는 것을 인정한다. 비록 전통이 교훈적이지 않은 어떤 요소들을 담고 있다 할지라도, 풍부한 전통을 지닌 진보적인 사람은 그것을 무시하거나 소홀하게 다루지 않을 것이다. 사상가들은 전통적인 지식을 설명하고 비유로써 말하며, 타당하지 않다고 생각되는 부분을 변경 혹은 삭제하려고 온갖 노력을 기울인다. 왜냐하면 인간의 정서는 그것을 중심으로 집중되어 있기 때문이다. 후기의 인도 사상가들은 초기의 사상가들에 의하여 전개된 우주에 대한 다양한 철학적 해석들을 진리 전체에 대한 다양한 접근들로 인정한다. 다양한 견해들은 미지의 세계에 대한 인간 정신의 무관한 모험들, 혹은 단순한 철학적 호기심의 집합으로 간주되지 않는다. 개개의 견해들은 위대한 지적 전당—수많은 벽과 현관, 통로와 기둥을 지니는—을 마련해온 인간 정신의 한 단면을 나타내는 것으로 간주된다.

논리학과 과학, 철학과 종교는 유기적으로 관련되어 있다. 사상의 발전에서 새로운 신기원은 우선 논리학에서의 어떤 수정을 통하여 시작되었다. 인간 사유의 본질에 대한 통찰을 포함하는, 방법의 문제는 매우 중요하다. 니야야 학파는 철학이 확고부동하게 확립되기 위해서는 무엇보다도 정교한 논리적 토대를 갖추어야 한다는 것을 지적한다. 바이세쉬카 학파는 모든 의미있는 철학은 반드시 물질 세계의 구성을 고려에 넣어야 한다고 우리에게 경고한다. 우리는 구름 속에 집을 지을 수는 없다. 비록 물리학과 형이상학은 분명하게 구별되며, 혼합될 수 없다 할지라도, 그럼에도 불구하고 철학의 내용과 체계는 반드시 자연 과학의 결과들과 조화되어야 한다.

그러나 충분히 우주로 범위를 넓혀본다면, 물질 세계에서 진실인 것이 과학적인 형이상학의 오류를 범할 수도 있을 것이며, 상키야 학파는 우리에게 이러한 위험에 대한 경계를 촉구한다. 물질은 의식을 생성시킬 수 없다. 우리는 과학적이고 심리학적인 형이상학이 시도하는 것처럼, 물질을 의식으로 혹은 의식을 물질로 치환할 수 없다. 실재는 과학과 인간의 삶뿐만 아니라, 종교적인 경험에도 나타나며, 이것은 요가 학파의 주제이다. 푸르바 미망사와 베단타는 윤리와 종교에 강조점을 둔다. 물질과 정신의 관계는 베단타 학파가 해명하고자 하는 철학의 중요한 문제이다. 깨달은 자들은 서로 불일치하지 않는다는 말은 철학에서도 또한 타당하다. 니야야 바이셰쉬카의 실재론, 상키야 요가의 이원론, 그리고 베단타의 불이론(不二論)은 참과 거짓으로 다른 것이 아니라, 모두가 진리의 한 측면을 나타내는 다른 사상들일 뿐이다.[원주2] 이 세 부류의 사상 학파들은 각각 우둔한 사람들(mandādhikāri), 보통의 지력을 지닌 사람들(madhyamādhikāri), 그리고 마음이 굳센 사람들(uttamādhikāri)의 지적인 욕구에 부합한다.

다양한 견해들은 하나의 원석(原石)에서 갈라져 나온 것이며, 하나의 완전한 전체에 속한다. 만일 어떤 철학체계가 논리학과 물리학, 심리학과 윤리, 형이상학과 종교라는 여러 측면들을 지니지 않는다면, 그것은 결코 완전한 것으로 간주될 수 없다. 인도에서 발현한 모든 사상체계들은 지식론, 자연과 인간 정신에 대한 해석, 그리고 윤리와 종교에 대한 그 자체의 견해를 표방했다. 세계에 대한 우리의 지식은 자연과학의 인도 하에 엄청난 성장을 거듭하였으며, 우리는 삶에 대한 어떤 제한된 조망으로 만족하는 것을 용납할 수 없다. 철학의 영역에서 장차의 시도들은 반드시 과학과 심리학의 최근 성과들과 관련을 지니면서 추구되어야 할 것이다.

[원주2] 마다바(Mādhava)의 『사르바다르샤나상그라하』(*Sarvadarśanasaṁgraha*) ; 마두수다나 사라스와티(Madhusūdana Sarasvatī)의 『프라스타나베다』(*Prasthā-nabheda*) ; 『상키야프라바차나 바쉬야』(*Sāṁkhyapravacana Bhāṣya*)에 대한 비갸나비크슈(Vijñānabhikṣu)의 서론. 칸트의 견해를 참조하라. "우리가 예리한 사상가들 중의 다른 사람들 속에 있는 이성과 우리 자신의 이성을 조화시키고, 이런 과정을 통하여 진리를 발견할 때, 우리는 어떤 점에서 인간 이성의 자존심을 지키고 있다"(J. Ward, *A Study of Kant*, p.11, n.1에 인용됨).

3. 철학과 삶

철학은 삶에 대하여 적절한 처방을 내리고 우리의 행위에 대한 지침을 마련한다. 그것은 조종석에 앉아 있으며, 세계의 변화와 우연을 관통하는 우리의 노정을 지휘 감독한다. 철학이 살아 있을 때, 그것은 사람들의 삶과 동떨어져 있을 수 없다. 사상가들의 개념들은 그들의 인생 노정에서 전개된다. 우리는 그들의 업적을 높이 평가해야 할 뿐 아니라, 그들의 정신을 계승할 수 있어야 한다. 바쉬슈타(Vaśiṣṭha)와 비슈와미트라(Viśvāmitra), 야갸발키야(Yajñavalkya)와 가르기(Gārgī), 붓다와 마하비라(Mahāvīra), 가우타마(Gautama)와 카나다(Kaṇāda), 카필라(Kapila)와 파탄잘리(Patañjali), 바다라야나(Bādarāyaṇa)와 자이미니(Jaimini), 샹카라(Śaṁkara)와 라마누자(Rāmānuja)라는 이름들은 단지 역사가들을 위한 주제들이 아니라, 진리를 추구해온 다양한 인격의 유형들이다. 그들과 더불어 철학은 반성과 경험에 토대를 둔 하나의 세계관이다. 사상은 그것이 끝까지 추구될 때, 삶이라는 고차적인 시험을 통하여 영위되고 검증되는 종교가 된다. 철학의 훈련은 동시에 종교적인 사명의 완수이다.

4. 근세에서 철학의 쇠퇴

이 책에서 논의한 인도의 여러 사상 학파들은 인도 사람들이 논리적인 사상에 대한 어떤 거부감을 지니고 있다는 일반적인 비판이 사실 무근이라는 것을 입증한다. 우리는 동양 정신에 대한 슬기로운 언급을 담고 있는 인도사상의 완전한 발전을 간과할 수 없다. 그것은 기괴한 상상과 미숙한 신화 위로 떠오를 수 없을 정도로 빈약한 것이 아니다. 그럼에도 불구하고 지난 3~4세기 동안의 사상사에는 이와 같은 비판을 수긍하게 하는 여러 측면들이 있다. 인도는 이제 더 이상 아시아에서 고차적인 지식의 선도자로 역할하지 않는다.[원주3] 수세기 동안 그토록 세차고 풍부하게 흘렀던 강물이 이제 어떤 점에서 흐르지 않는 하수구로 끝날 것처럼 보인다. 이 쇠퇴의 시대를 살았던 철학자들, 혹은 차라리 철학에 관한 저술가들은 진리에 대한 열렬한 신봉자들이라고 공언한다. 그러나 이들의 작업은 단지 이런 저런 교리들에 대한 경건한 궤변 혹은 극히 사소한 일을 야단스럽게 분석하고 따지는 것에 지나지 않는 것이었다. 이 직업적인 변증가들은 사막에 떨어지는 물방울처럼 사라지는 혹은 안개 속에 소산되는 물방울처럼 미미한 자신들의 사색이 인도철학의 큰 강줄기라고 생각한다.

여러 요인들이 이와 같은 결과에 기여했다. 이슬람 왕조의 성립에 따른 정치적인 변화는 사람들의 마음을 보수적인 성향으로 돌아서게 했다. 개인의 자기 확신과 개인적인 판단이 총체적인 무정부상태로 빠져들고, 구시대의 사회질서와 견고한 신념이 위협받는 시대에, 권위 있는 통제에 대한 필요가 절실하게 느껴졌다. 선교 사업을 수반하는 이슬람 왕조의 정복과 후기의 기독교 선교 운동은 인도 사회의 안정을 뒤흔들어놓았으며, 모든 방면에서 불안감이 팽배해 있던 시대에, 전통의 권위는 자연히 사회 안정과 윤리질서가 확립될 수 있을 것처럼 보이는

[원주3] 중국에 대한 인도의 영향에 대하여 Liang Chi Cho 교수는 말한다. "인도는 우리로 하여금 절대적인 자유, 즉 마음의 근본적인 자유의 개념을 받아들이게 했다. 그것은 우리가 어떤 특정한 시대의 관습뿐만 아니라 과거의 전통과 습관에서 비롯되는 모든 족쇄들을 떨쳐버릴 수 있게 하며, 물질적 존재의 속박하는 힘을 완전히 탈각하는 영적인 자유이다……. 인도는 또한 우리에게 절대적인 사랑의 개념을 전해주었다. 그것은 시기, 분노, 혐오, 경쟁의 모든 속박이 사라진, 모든 생류(生類)에 대한 순수한 사랑이며, 우리가 어리석은 자, 사악한 자, 그리고 죄악에 빠진 자에 대하여 깊은 연민과 자비를 나타낼 수 있게 하며, 모든 존재의 상호 유기적인 관련과 불가분성에 대한 인식을 가능하게 하는 절대적인 사랑이다." 그는 계속하여 중국의 문학과 예술, 음악과 건축, 회화와 조각, 드라마, 시와 소설, 천문학과 약학, 교육의 방법과 사회기구 등에 대한 인도의 공헌을 설명하고 있다. *Viśvabhārati Quarterly*, October 1924를 보라. 미얀마와 실론, 일본과 한국에 대한 인도의 영향은 주지의 사실이다.

유일한 반석이 되었다. 문명의 충돌에 직면한 인도인들은 전통적인 관습들로 자신을 강화하고, 밀어닥치는 개념들의 모든 출구를 봉쇄했다. 인간의 이성을 신용하지 않으며, 논쟁에 싫증이 난 인도 사회는, 모든 자유로운 질문을 죄악으로 낙인찍는, 관습과 권위의 품안으로 뛰어들었다.

그 이후로 인도 사회는 그 본래의 사명에 충실할 수 없었다. 더 이상 어떤 사상가도 없었으며, 단지 새로운 견해를 말하기를 거부하고, 구시대의 개념들을 앵무새처럼 반복하는 것으로 만족하는 학자들이 있을 뿐이었다. 수세기 동안 그들은 '생각건대 궁극적인 어떤 이론'으로 그들 자신을 기만하는 데 성공했다. 창조적인 정신이 철학을 떠났을 때, 철학은 철학사와 혼동되었다. 철학은 그 자체의 본래적인 기능을 포기하고 미혹에 싸인 채로 남아 있었다. 철학이 보편적인 이성의 안내자 혹은 수호자이기를 그만둘 때, 그것은 그 자체의 본분에서 크게 벗어났다. 많은 사람들은 자신들의 경주가 마침내 도달해야 하는 어떤 목표를 향하여 멀리 나아갔다고 믿었다. 그들은 다소 피로를 느꼈으며, 쉬고 싶은 생각이 일어났다. 심지어 아직 목표에 도달하지 못했다는 것을 알고 있었던 사람들조차도 미지의 세계와 그 시련을 두려워했다. 침묵과 영원은 심약한 사람들에 의한 모험 없이 탐구될 수 없다. 무한자에 대한 탐구의 현기증은 심지어 강건한 정신의 소유자들도 만일 할 수만 있다면 피하고 싶어하는 어지러움이다. 사람들의 강한 정신력이 무기력의 휴지기(休止期)에 접어들고, 철학적인 탐구열은 이 3~4세기 동안 혼수상태에 빠져 있었다.

5. 현재 상황

오늘날에 들어 세계의 위대한 종교들과 다양한 사상 조류들이 인도 땅에 유입되었다. 서양 사상과의 접촉은 근세의 평온하기만 하던 만족상태를 교란했다. 어떤 다른 문화의 흡수 혹은 동화는 사람들로 하여금 궁극적인 문제들에 대한 어떤 공식적인 대답도 있을 수 없다는 생각을 지니게 만들었다. 그것은 전통적인 해법들에 대한 믿음을 흔들어놓기에 충분했으며, 어느 정도에서 사유의 보다 폭넓은 자유와 유연성의 증장에 일조했다. 굳어 있었던 전통은 다시 유동체가 되었다. 어떤 사람들은 고대의 토대들 위에 지식의 전당을 재건하기에 바쁜 반면에, 어떤 사람들은 전통적인 토대들을 완전히 말살하려는 시도를 보이기도 한다. 변화의 현 시대는 불안으로 가득 차 있는 만큼 또한 관심과 흥미로 충만해 있다.

지난 3～4세기 동안, 인도는 현대사상의 주류 바깥에서 편안하게 정박되어 있었다. 그러나 이제 인도는 더 이상 세계의 다른 나라들과 격리되어 있지 않다. 그러므로 지난 3～4세기 동안에 있었던 인도와 유럽의 상호 접촉의 문제에 대하여 역사가는 할 말이 많을 것이다. 그러나 현재로서는 아직 그것은 우리의 시야에 분명하게 드러나지 않고 있다. 인도에 관한 한, 우리는 인간의 경험 범위의 확장, 비판 정신의 성장, 그리고 단지 사색을 위한 사색에 대한 일종의 염증을 지적할 수 있을 것이다.

그러나 현재 상황의 또 다른 한 측면이 있다. 행위의 영역에서뿐만 아니라, 사상의 영역에서도, 인간의 정신은 속박상태에서와 마찬가지로 무정부상태에서도 부패하도록 운명지어져 있다. 문화와 문명에 관한 한, 그 둘 사이에 선택의 여지가 많지 않다. 무정부상태는 육체적인 불편과 경제적인 황폐 그리고 사회적인 불안상태를 의미하며, 속박은 육체적인 편안함과 경제적인 안정 그리고 사회적인 평온을 의미할 것이다. 그러나 문명의 기준을 경제적인 복지 및 사회질서의 유지와 혼동하는 것은 옳지 않을 것이다. 19세기 초엽 인도인들의 정서를 이해하는 것은 어렵지 않다. 대중적인 투쟁과 개인적인 고통의 세대들이 지나고, 그들은 황금기의 여명으로 영국의 통치를 환영했다. 오늘날 인도인들의 정서에 공감하는 것 또한 마찬가지로 쉽다. 사람들은 평안이 아니라 행복을, 평화와 질서보다는 삶과 자유를, 경제적인 안정 혹은 공평무사한 행정이 아니라 엄청난 노고와 시련을 무릅쓰고라도 자기 자신의 구원을 추구할 수 있는 권리를 원한다. 정치적인 자율의 부재 상황에서는 심지어 비정치적인 미덕마저도 번성할 수 없다.

영국의 통치는 인도에 평화와 안정을 부여했다. 그러나 이러한 것들은 그 자체가 목적일 수 없다. 만일 우리가 중요한 것의 순서를 따진다면, 경제적인 풍요와 정치적인 안정은, 아무리 중요하고 필수적이라 할지라도, 단지 영적인 자유에 대한 수단에 지나지 않는다는 것을 인정해야 할 것이다. 영적인 목적을 망각하는 관료적인 전제정치는, 그 자체의 고결과 계몽에도 불구하고, 그 지배 하에 있는 사람들을 고무할 수 없으며, 따라서 그들 가운데 어떤 살아 있는 호응을 불러일으킬 수 없다. 삶의 원천들이 고갈될 때, 민족이 수천 년을 통하여 견지해온 이상(理想)들, 개인적인 역량의 자유로운 실행, 삶의 환희, 마음의 즐거움, 그리고 충만한 평화가 쇠퇴할 때, 인도 사람들이 단지 압사시키는 무거운 짐을 느낄 수밖에 없는 것은 전혀 이상한 일이 아니다. 그들에게 외적인 삶에 대한 영국의 중대한 공헌을 말하는 것은 아무런 쓸모도 없다. 왜냐하면 역사의 판단은 성취의 정신적인 질에 대하여 내려지기 때문이다.

만일 최근 세대들의 지도자들이 독자적인 목소리를 내는 것이 아니라, 단지 과거에 대한 반복과 모방으로 만족했다면, 만일 그들이 독창적인 사상가들이 아니라, 단지 지적인 중개인에 불과했다면, 이와 같은 불모는 상당한 정도에서 서양 정신에 대한 충격과 종속에 대한 수치심에 기인한다. 영국인들은 현재 인도인들의 태도—이것을 불안, 반감, 도전, 혹은 다른 무엇이라 부르든—에 대한 뿌리 깊은 원인들을 알고 있다. 그들은 인도인들을 계몽하기 위하여 당연히 보다 고매하다고 생각하는 자신들의 문명을 인도인들에게 이식하고자 했으며, 이러한 작업은 교화와 교육이라는 이름 하에 아무 거리낌없이 자행되었다. 그러나 인도는 이와 같은 문화 제국주의 정책에 전혀 공감하지 않는다. 인

594

도는 감정의 기복과 기분의 맹목을 제어하고 욕망의 충동을 억제하는 스스로의 전통을 끈기있게 고수한다. 인도의 지난 역사를 잘 아는 사람은 자기 자신의 영적인 전당에서 살고자 하는 인도인들의 열망에 공감할 것이다. 왜냐하면 "개개의 인간은 자기 자신의 전당의 주인이기 때문이다."[원주4] 이와 같은 내적인 자유를 방해하는 정치적인 종속은 심한 굴욕으로 느껴진다. 독립(swarāj)을 위한 외침은 영혼의 영역과 직분을 보존하고자 하는 열망의 외적인 표현이다.

아직 미래는 유망하다. 만일 인도가 내부에서 자유를 얻는다면, 서양의 정신은 인도인의 마음에 큰 도움이 될 것이다. 인도사상은 결코 문화의 문제들에서 먼로주의(Monroe doctrine)를 고집하지 않았다. 심지어는 인도가 자체의 정신적인 성과로 충분히 만족하던 고대에도, 다른 나라 사람들의 생각의 산물들이 지니는 장점들을 받아들이지 않으려 했던 시대는 없었다. 전성기 시대에 인도는 다른 나라 사람들의 사상과 문화를 배척하기보다는 오히려 아테네 사람들의 지혜를 따랐다. 아테네의 장군이었던 페리클레스(Pericles)는 말한다. "우리는 다른 사람들의 견해를 기꺼이 경청하며, 우리와 의견이 일치하지 않는 사람들에게 불쾌한 얼굴을 하지 않는다." 외부의 영향에 대한 우리의 두려움은 우리 자신의 나약함과 우리 자신에 대한 확신의 결여에 비례한다. 사실 오늘날 우리의 모습은 얼굴에 슬픔의 주름살이 가득하고, 나이가 들어 머리카락은 백발이다. 우리 가운데 사려깊은 사람들은 수심에 잠겨 있고, 심지어 어떤 사람들은 허무주의에 빠져들고 있다. 서양 문명과의 비협력은 부자연스러운 상황에 기인하는 일시적인 에피소드이다. 이러한 것에도 불구하고, 서양 문명을 이해하고 그것이 지닌 장점들을 인정하려는 시도들이 있다. 만일 인도가 서양 문명이 지닌 가치 있는 요소들을 흡수한다면, 그것은 단지 인도사상사를 통하여 수없이 일어났던 과정들의 반복에 지나지 않을 것이다.

[원주4] 모든 사람은 자기 자신의 집에 주인이다(Sarvas sve sve gṛhe rājā).

서양의 영향을 받지 않은 사람들은 대체로 지적이고 도덕적인 상류 계층이다. 이들은 정치적인 이슈들에 무관심하며, 자신만만한 희망의 복음이 아니라 포기와 무집착의 복음을 선택한다. 그들은 자신들이 배워야 할 것 혹은 버려야 할 것은 거의 없다고 생각하며, 그들은 과거부터 전해오는 영원한 다르마(dharma, 진리)에 온 마음을 집중하며 자신들의 의무를 이행한다. 그들은 자신들이 거역하거나 제어할 수 없는 어떤 다른 힘들이 작용하고 있다는 것을 의식하고 있으며, 우리로 하여금 흔들리지 않는 고요함으로 삶의 폭풍과 환멸에 맞서야 한다고 촉구한다. 인도의 내적인 상황이 정상적이던 시기에, 이들은 보다 탄력적이었으며, 합리적인 철학과 계시 종교를 조화시키고자 끊임없이 시도해 오던 계층들이다. 이들은 언제나 이교도들이나 불신자들에 대항하여 믿음을 옹호했으며, 신학적 해석의 도구로 우화적인 방법을 사용했다. 이들에게 종교는 인간 본질의 모든 분야, 즉 실천적·정서적인 열망뿐만 아니라 지성도 포함하는 체계로 이해된다. 만일 오늘날에 고대의 가르침들을 대변하는 사람들이 과거에 대한 영감을 지닌다면, 그들은 다른 문명권과의 비협력 대신에, 독창성과 자유로운 의지에 따라 고대의 지혜가 남긴 유산으로 새로운 체계를 구축할 것이다. 그러나 이들은 사상과 행위에서, 그리고 영적인 문제와 세속적인 문제에서 전통의 권위에 지나치게 의존하고 있으며, 그 결과로 이들은 스스로 정신적인 노예 상태와 계몽 반대주의라는 비난을 자초했다.

이슬람 왕조 이전 시대에 전통에 대한 호소는 인간의 지적인 독립에 전혀 장애가 아니었으며, 사람들은 스스로가 선택한 전통의 권위들—그것이 베다든 아가마 문헌들이든—에 대한 합리적인 근거를 제공할 수 있었으며, 전통적인 권위들은 비판적인 선택과 철학적인 해석에 의하여 이성의 목소리로 표현될 수 있었지만, 오늘날에 권위에 대한 존중은 인간 영혼의 구속이 되고 말았다. 경전들의 믿음에 의문을 제기하는 것은 위대한 고인(故人)들의 권위를 의문시하는 것이다. 그들을 받아들이는 것은 곧 충성의 표시이다. 탐구와 물음은 고대의 문헌들에 대한 인용으로 압도되어 잠잠해졌으며, 만일 기존의 믿음에 부합될 수 없다면, 과학적인 진리들도 하찮은 것으로 격하되었다. 수동성과 유순함 그리고 묵인은 제1의 지적 미덕이 된다. 근래의 철학 저술들이 지난 시대의 걸작들의 수준에 전혀 미치지 못하는 것은 전혀 놀라운 일이 아니다. 만일 사유가 덜 억제되었더라면, 그것은 훨씬 자유롭고 폭넓은 양상으로 나타날 수 있었을 것이다.

인도의 사상가들은 이성에 대한 믿음을 존중하는 위대한 전통의 상속자들이다. 고대의 현자들은 단순한 모방이 아니라 창조를 희구했다. 그들은 진리에 대한 새로운 영역들을 얻고자 열망했으며, 끊임없이 변화하고 따라서 항상 새로운 경험의 수수께끼에 대한 답을 구하고자 했다. 지적 유산의 풍요는 결코 그들의 마음을 구속하는 데 기여하지 않았다. 우리는 단순히 과거의 해답들을 되풀이하는 것으로 멈출 수 없다. 왜냐하면 역사는 결코 똑같이 되풀이되지 않기 때문이다. 그들이 자신들의 세대에서 했던 것은 거듭하여 행해질 필요는 없다. 우리는 자신의 열린 눈으로 세상을 바라보고 문제를 발견하며, 우리의 문제들을 해결함에 있어서 과거의 영감을 추구해야 한다. 진리의 정신은 결코 그 자체의 형태들에 집착하지 않으며, 오히려 그 형태들을 끊임없이 새롭게 한다. 심지어 아주 오래된 경전 구절들도 새로운 방식으로 사용된다. 현재의 철학은 과거가 아니라 오늘의 상황에 적합해야 한다. 그것은 그 자체가 해석하는 삶과 마찬가지로 그 형태와 내용에서 독창적인 것이어야 한다. 그러나 현재는 과거의 연속이므로, 과거와의 단절은 결코 있을 수 없을 것이다.

보수적인 사람들의 주장 가운데 하나는 진리란 시간에 영향받지 않는다는 것이다. 그것이 상황에 따라 좌우되지 않는 것은, 마치 일몰의 아름다움 혹은 어린 아기에 대한 어머니의 사랑이 그렇지 않은 것과 같다. 진리는 불변일 수 있지만, 그럼에도 불구하고 그것이 구체화되는 형태는 변화를 받아들이는 요소들로 구성된다. 우리는 과거로부터 우리의 정신을 취할 수 있을 것이다. 왜냐하면 본원적인 개념들은 여전히 생명력을 지니고 있기 때문이다. 그러나 육체와 가슴의 박동은 현재로부터 취하지 않을 수 없다. 오늘날, 종교는 변화의 시대들을 통하여 발생하고 성장해온 산물이라는 사실이 잊혀지고 있으며, 우리의 정신이 요청하는 한, 종교의 외적인 형태들이 새로운 형태들로 변하지 말아야 할 아무런 이유도 없다는 사실이 간과되고 있다. 문자적인 의미에 충실하는 것은 가능하겠지만, 그럼에도 불구하고 전체적인 정신을 왜곡하는 것은 있을 수 없다. 만일 2천 년 전의 힌두교 지도자들이 아무튼 이 시대에 다시 지상으로 올 수 있다면, 그들은 자신들의 견해에 대한 가장 문자적인 해석들에서 결코 벗어나지 않은 사람들 중에서, 자신들의 진정한 추종자들을 발견하는 것은 거의 불가능할 것이다.[원주5]

오늘날에 들어 고대의 진리 자체에 대한 수많은 부정적인 부가물들이 축적되었으며, 이러한 것들은 오히려 정신의 자유로운 삶을 가로막고 있다. 생명력 있는 어떤 진리도 지니지 않는 죽은 형식들은 너무 오래되고 고색창연하기 때문에 수정되어야 한다고 말하는 것은, 단지 과거의 부패한 쓰레기에 의하여 생성된 극독 때문에 괴로워하는 환자의 고통을 연장하는 것에 지나지 않는다. 보수적인 마음은 변화의 필연성을 받아들이는 열린 자세로 전환될 필요가 있다. 그것은 이러한 요청에 대하여 충분히 깨닫지 못하고 있기 때문에, 우리는 철학의 영역에서 통찰력 있는 현명함과 비철학적인 혼미의 이상한 뒤섞임을 발견한다. 사고력 있는 인도인들의 주요 에너지는 어떻게 고대의 믿음들을 이에 대한 현대의 부가물들로부터 해방시킬 것인가 하는 문제, 어떻게 종교를 과학의 정신과 조화시킬 것인가의 문제, 어떻게 개인의 기질과 특성에

[원주5] 오로빈도 고슈(Aurobindo Ghosh)의 견해를 참조하라. "만일 우파니샤드의 시대 혹은 붓다의 시대, 혹은 그 이후의 고전적인 시대(classical age)의 어떤 고대 인도인이 현대 인도에 하강한다면……그는 과거의 양식과 껍데기와 누더기에 집착한 나머지 그것의 보다 고귀한 의미를 십중팔구 잃어버리고 사는 자기의 종족들을 발견할 것이다……. 그는 정신적인 빈곤의 만연, 정체(停滯), 융통성 없는 반복, 과학의 소멸, 예술의 무미건조함, 창조적인 직관의 상대적인 나약함에 대하여 깜짝 놀랄 것이다"(*Ārya*, v, p.424).

따른 주장들을 해석하고 대처할 것인가의 문제, 그리고 어떻게 고대의 믿음의 토대들에 대한 다양한 영향들을 정리하고 체계화할 것인가의 문제에 집중될 필요가 있다.

그러나 불행하게도 몇몇 단체들은 이러한 문제들이 아니라, 골동품 수집가들의 사회에 적합한 문제들에 관심을 기울이고 있다. 나라의 종교 교육은 폭넓은 관점에서 행해지지 않는다. 정신적인 유산은 더 이상 재능 있는 어떤 사람들의 전유물일 수 없다는 것은 보이지 않는다. 정신적인 유산은 곧 힘이며, 만일 죽음으로 치닫고 있는 현재 세대가 죽음을 비껴가려 한다면, 그것은 대중 가운데 널리 확산되어야 한다. 만일 우파니샤드와 『바가바드기타』의 정신이나 붓다의 설법들—— 인간의 마음이 그와 같이 미세한 문제들에까지 닿게 할 수 있었던—— 이 오늘날 사람들에게 그 영향력을 상실해야 한다면, 그것은 실로 이해하기 어려운 일이 아닐 수 없다. 만일 너무 늦기 전에 인도인들의 삶에 대한 재확립이 이루어진다면, 인도사상에 대한 밝은 미래가 있을 것이며, 우리는 강건한 고목들에 어느 때에 꽃들이 피어나지 않으리라고 장담할 수 없으며, 어느 때에 열매들을 맺지 않으리라고 장담할 수 없다.

아직 서양 문명의 영향을 받지 않은 사람들은 사상과 실천의 모든 문제들에서 보수적이다. 그런데 서양적인 사고방식으로 교육받은 사람들 가운데 일부는 자연주의적인 합리론의 절망적인 철학을 채택하며, 우리에게 과거의 무게를 떨쳐버려야 한다고 촉구한다. 이들은 전통에 대한 편협한 자세로 일관하며, 그 당시의 모든 재사 현인들의 지혜를 불신한다. 이른바 진보주의자들의 이와 같은 태도는 쉽게 이해된다. 인도 민족의 정신적인 유산은 침략자와 약탈자들로부터 보호되지 않았다. 어떤 점에서 인도 자체의 위선과 매국이 인도가 현재의 종속상태로 떨어지게 만드는 데 중요한 역할을 했던 것으로 보인다. 이들 애국자들은 서양 국가들의 물질적인 성취를 흉내내는 가운데 고대의 전통적인 문명의 뿌리를 근절하고 있으며, 그 결과로 서양으로부터 수입된 신고 안품들이 판을 치게 만들었다. 인도사상이 인도의 대학들에서 교과목

이 아니었던 얼마 전까지, 심지어는 지금도 대학들의 철학 교과목에서 인도사상의 위상은 보잘것없다. 인도 문화에 대한 열등의식이 교육의 영역 전반에 만연해 있다.

매콜리(Thomas B. Macaulay)에 의하여 시작된 정책은, 그 자체가 지니는 문화적인 가치에도 불구하고, 일방적으로 한쪽에만 치우치는 결과로 나타난다. 그것은 우리가 서양 문명의 힘과 활기를 잊지 않도록 용의주도한 배려를 하고 있지만, 그럼에도 불구하고 그것은 우리가 자신의 문화를 사랑하고 필요한 곳에서 그것을 정제(精製)하게 하는 데 기여하지 못했다. 몇몇 경우들에서 매콜리의 바람은 성취되며, 그의 유명한 어구를 인용한다면, 우리는 "영국인 자신들보다 더 영국적인" 인도인들을 양성했다. 자연히 이들 가운데 일부는 인도 문명사에 대한 평가에서 외국의 악의적인 비판가 못지않은 입장을 보인다. 그들은 인도의 문화적인 발전을 불화와 어리석음 및 미신으로 점철된 음울한 한 장면으로 간주한다. 최근에 이들 중의 한 사람은 만일 인도가 번성한다면, 영국은 "인도의 정신적인 어머니이며" 그리스는 "인도의 정신적인 할머니"임에 틀림없다고 단언했다. 그러나 다행스럽게도 그는 종교에 대한 믿음을 지니지 않기 때문에, 힌두교를 기독교로 대체하자는 제안은 하지 않는다. 미망과 패배로 특징지어지는 이 시대의 희생물인 이들은, 인도사상을 사랑하는 것은 만일 지식인의 마음가짐이 아니라면, 민족주의자의 단점이라고 말한다.

인도가 서양 사람들의 눈에 기괴한 나라로 비치지 않게 되는 바로 그때에, 몇몇 인도 사람들의 눈에 인도가 그렇게 보이기 시작한다는 것은 매우 당혹스러운 현상이다. 서양은 인도 사람들에게 인도의 사상은 터무니없으며, 그 예술은 무미건조하고, 그 시가(詩歌)는 영감도 없고 감동도 없으며, 그 종교는 기괴하며, 그 윤리는 야만적이라는 것을 납득시키기 위하여 전력을 다했다. 이제 서양은 인도에 대한 그 자체의 판단이 아주 정확하지는 않다는 것을 느끼기 시작하니까, 오히려 우리 가운데 몇몇 사람들이 그것은 완전히 옳았다고 주장하고 있다. 반성과 내적 성찰의 시대에, 사람들을 문명의 초기 단계로 돌아가도록 강제하고, 의혹의 위험과 변증법의 불온한 힘으로부터 그들을 구하는 것이 어렵다는 것은 사실이다. 하지만 우리는 완전히 새로운 어떤 도덕체계와 삶 및 윤리를 대체하려는 시도에 의해서보다는, 이미 확립된 기존의 토대 위에 보다 훌륭하게 이러한 체계들을 세울 수 있다는 사실을 간과하지 말아야 한다. 우리는 자신의 삶의 원천들로부터 완전히 단절될 수 없다. 기하학적인 건조물들과는 달리, 철학적 체계들은 삶의 산물들이다. 역사의 유산은 만일 우리가 섭취하지 않으면 영양 실조에 걸리고 마는, 우리가 반드시 섭취해야 하는 자양분이다.

보수주의자들은 고대의 유산이 지니는 영화(榮華)와 현대 문명의 불경을 확신하며, 또한 급진주의자들은 고대 유산의 쓸모없음과 자연주의적 합리론의 가치에 대한 확고한 신념을 지닌다. 이 두 견해에 대하여 언급되어야 할 많은 것들이 있지만, 바르게 이해될 때, 인도사상의 역사는 이 두 견해가 똑같이 어떤 결함을 내포하고 있다는 것을 우리에게 보여줄 것이다. 인도의 문화를 쓸모없는 것으로 비난하는 사람들은 그것에 대하여 바로 알지 못한다는 것을 의미하며, 한편 그것을 완전한 것이라고 찬미하는 사람들은 다른 어떤 것에 대하여 바로 알지 못한다는 것을 의미한다. 새로운 희망과 고대의 가르침을 대변하는 급진주의자들과 보수주의자들은 서로를 이해하고 보다 가까이 다가가야 한다. 비행기와 증기선, 철도와 전신이 모든 사람들을 하나의 살아 있는 전체로 연결하고 있는 세계에서, 우리는 홀로 살아갈 수 없다. 우리의 사상체계는 세계의 진보에 작용하고 반응해야 한다. 마치 웅덩이처럼, 정체된 사상체계들은 유해한 종기(腫氣)를 야기하게 마련이지만, 이에 비하여 흐르는 강물은 새로운 영감의 원천들로부터 그 자체의 물을 항상 새롭게 한다.

다른 사람들의 문화를 받아들이는 데 잘못된 것은 아무것도 없다. 다만 우리는 반드시 우리 자신이 물려받은 문화의 질을 높이고 정제하며, 우리 자신의 것 속에 외래적인 요소들을 최상의 형태로 녹여 넣을 필요가 있다. 다른 나라로부터 인도에 전해진 이질적인 요소들의 상호 융합에 관하여 올바른 과정은 간디와 타고르, 오로빈도 고슈와 바가반 다스(Bhagavan Das)의 저술들에서 시사된다. 이 저술들에서 우리는 수준높은 문명의 발견물에 대한 반응뿐만 아니라, 위대한 미래에 대한 희미한 약속과 전통적 교의를 고집하는 것에 대한 승리의 어떤 표징들을 본다. 인도의 과거에서 인문주의적 관념론의 원천들을 끌어올리는 동시에, 그들은 서양 사상에 대한 예리한 이해를 보여준다. 그들은 고대의 원천을 재발견하고, 그 물줄기들이 청정하고 오염되지 않은 도랑들을 통하여 배고픔과 갈증으로 고통받는 인도 전역으로 흘러갈 수 있도록 하기 위하여 고심한다. 그러나 우리가 보고자 하는 미래는 사실상 존재하지 않는다. 인도의 가장 우수한 일부 사람들의 정력을 고갈시키는 정치적인 흥분의 완화, 그리고 새로운 대학들에서 인도사상에 대한 학습——오래된 대학들에서는 대체로 주저하는——의 증가와 더불어 새벽은 올 것이다. 미래의 삶보다 지나간 과거의 삶에 더욱 집착하는 보수주의 세력들이 다가올 미래의 시대에 어떤 큰 힘을 얻을 것 같지는 않다.

오늘날 인도철학이 직면하고 있는 문제는, 그것이 국한된 영역 안에서 현재의 사실들에 대한 아무런 적용도 시도하지 않는 하나의 개인 숭배(cult)로 전락하느냐, 아니면 그것이 새롭고 실재적인 것으로 환골탈태하여, 엄청나게 증가된 현대 과학의 지식을 고대 인도 사상가들의 이상과 관련지음으로써 인류의 발전에 위대한 핵심 요소들 가운데 하나가 되느냐 하는 것이다. 모든 징후들은 우리의 미래가 후자의 대안과 밀접한 관련을 지니고 있다는 것을 가리키고 있다. 철학의 전파뿐만 아니라, 이전의 사상체계들이 지니는 정신에 대하여 충실하기 위해서 우리는 항상 넓어지는 시야를 지닐 필요가 있다. 오직 인도사상이 삶을 향상시키고 고결하게 하는 한에서만, 그것은 현재에 대하여 어떤 의미와 정당성을 얻을 수 있다. 지난 역사의 과정을 통하여 보여주었던 인도사상의 발전은 우리의 희망을 고무한다. 야갸발키야와 가르기, 붓다와 마하비라, 가우타마와 카필라, 샹카라와 라마누자, 마드와와 발라바 등의 위대한 사상가들은 인도의 가장 웅장한 칭호이며, 위대한 정신의 나라로서 인도의 존엄에 대한 분명한 증언이며, 인도가 언제 다시 일어나지 않으리라고 장담할 수 없는 증거이며, 이 지고한 가능성에 대한 보증이다.

● 참고문헌

제6장

Gaṅgānāth Jhā, *Ślokavārttika*.
Gaṅgānāth Jhā, *Prabhākara School of Pūrva Mīmāṃsā*.
Keith, *Karma Mīmāṃsā*.
P. Śāstri, *Introduction to Pūrva Mīmāṃsā*.
Sirkar, *The Mīmāṃsā Rules of Interpretation*.

제8장

Carpenter, *Theism in Mediaeval India*, Lect. vi.
S. Das Gupta, *History of Indian Philosophy*, ch. x.
P. Deussen, *The System of the Vedānta*.
Dvivedi, *Māṇḍūkyopaniṣad with Gauḍapāda's Kārikā*.
Mahādeva Śāstri, *Bhagavadgītā with Śaṁkara's Commentary*.
Max Müller, *Six Systems of Indian Philosophy*, ch. iv.
P. Narasimham, "The Vedāntic Absolute and the Vedāntic God," *Mind*,
     N.S., 82 and 93.
Thibaut, *The Vedānta Sūtras with Śaṁkara's Commentary* (S.B.E.).
Vidyāraṇya, *Pañcadaśī*, Ed. by Srinivasa Rao and Krishnasami Iyer.

제9장

Rāmānuja's Commentary on the *Brahma Sūtra*, Thibaut's E.T., S.B.E., xlviii.
Rāmānuja's Commentary on the *Brahma Sūtra*, Rangācārya's E.T.
Rāmānuja's Commentary on the *Bhagavadgītā*, Govindācārya's E.T.

Yatīndramatadīpikā, Govindācārya's E.T.
Mādhava, *Sarvadarśanasaṁgraha*, ch. iv.

제10장

Avalon, *Mahānirvāṇa Tantra*.
Avalon, *Śakti and Śakta*.
Barnett, *The Heart of India*.
Carpenter, *Mediaeval Theism in India*.
Chatterji, *Kashmir Saivism*.
Mādhava, *Sarvadarśanasaṁgraha*, V, IX.
Madhva, Commentaries on the *Bhagavadgītā, Brahma Sūtra*, Subha Rao's
E.T.
Nallasvāmi Piḷḷai, *Studies in Śaiva Siddhānta*.
Padmanābhācārya, *Life and Teachings of Śrī Madhva*.
Pope, *Tiruvāśagam*.
Srinivasa Iyengar, *Outlines of Indian Philosophy*, Chs. II and III.

● 라다크리슈난 연보

1888년 9월 5일   사르베팔리 라다크리슈난은 남인도의 동부 타밀나두 주에
　　　　　있는 유서깊은 도시 티루타니(Tirutani)에서 태어나 1896년(8세)까지
　　　　　어린 시절을 이곳에서 보냈다. 그의 부모는 전통적인 힌두교도였다.
1896년(8세)   티루파티 루터 선교 고등학교(~1900년), 벨로르 부르히즈 칼
　　　　　리지(~1904년), 마드라스 크리스천 칼리지(~1908년) 등 12년 동안
　　　　　기독교 계통의 학교에서 교육을 받았다.
1908년(20세)   『베단타의 윤리와 그 형이상학적 전제들』(*The Ethics of
　　　　　the Vedānta and Its Metaphysical Presuppositions,* 마드라스대
　　　　　학교 석사학위 논문)을 출판했다.
1909년(21세)   4월부터 7년 동안 마드라스 프레저던시 칼리지에서 철학을 가
　　　　　르쳤으며, 이 기간 동안 우파니샤드, 『바가바드기타』, 『브라흐마 수트
　　　　　라』에 대한 여러 스승들의 주석 등 힌두교 고전들뿐만 아니라, 불교
　　　　　와 자이나교의 주요 문헌들도 두루 섭렵했다.
1912년(24세)   『심리학의 정수』(*The Essentials of Psychology*)를 출판했다.
1916년(28세)   마드라스 프레저던시 칼리지의 정교수가 되어 이때부터 1952
　　　　　년(64세)까지 일관되게 철학교수로서의 삶을 영위한다.
1918년(30세)   마이소르 대학교로 옮겨 1921년(33세)까지 재직했다. 『라빈
　　　　　드라나트 타고르의 철학』(*The Philosophy of Rabindranath Tagore*)을
　　　　　출판했다. 이 책에서 그는 생애를 통하여 천착하게 되는 대부분의 주
　　　　　제들, 예를 들어 인도의 영성, 종교의 윤리적인 의미, 철학적 직관 등
　　　　　에 대한 스스로의 입장을 시사하고 있다.
1920년(32세)   『현대철학에서 종교의 권능』(*The Reign of Religion in
　　　　　Contemporary of Philosophy*)을 출판했다. 여기에서 그는 철학에

대한 종교의 영향을 비판적으로 검토하고 있다.

1921년(33세) 마이소르 대학교에서 캘커타 대학교로 옮겨 1931년(43세)까지 재직했다.

1923년(35세) 『인도철학사』(*Indian Philosophy*) 제1권을 출판했다. 그의 주요 저술 가운데 하나로 평가되며, 베다와 우파니샤드, 불교와 자이나교, 유물론, 그리고 『바가바드기타』의 사상을 담고 있다.

1924년(36세) 라빈드라나트 타고르의 서문이 붙은 『우파니샤드의 철학』(*The Philosophy of the Upaniṣads*)을 출판했다.

1926년(38세) 『인도인의 인생관』(*The Hindu View of Life*)을 출판했다. 맨체스터 칼리지에서 했던 강의(1926년)를 정리하여 출간한 것으로, 인도 고유의 전통이 현대인의 삶 속에 부활될 수 있는 길을 모색하고 있으며, 또한 서양문명과의 대화를 시도하고 있다.

1927년(39세) 『인도철학사』(*Indian Philosophy*) 제2권을 출판했다. 상키야와 요가, 니야야와 바이셰쉬카, 미망사와 베단타의 철학이 논의된다.

1928년(40세) 『우리가 필요로 하는 종교』(*The Religion We Need*)라는 소책자를 출판했다. 현대인의 종교성과 참된 종교인의 삶, 보편적 인류애의 이상을 인도사상의 입장에서 소개한다. 또한 샹카라의 불이론과 라마누자의 한정불이론을 비교하는 『샹카라와 라마누자에 의한 베단타』(*The Vedānta According to Śaṁkara and Rāmānuja*)를 출판했다.

1929년(41세) 『칼키 혹은 문명의 미래』(*Kalki-or the Future of Civilisation*)를 출판했다. 또한 그의 주요 저술 가운데 하나로 꼽히는 『관념론자의 인생관』(*An Idealist View of Life*)을 출판했다. 관념론철학과 보편종교 혹은 영성종교의 긴밀한 관계를 논의한다.

1931년(43세) 캘커타 대학교 교수직을 그만두고 안드라 대학교 부총장이 되어 1936년까지 재임한다.

1933년(45세) 『종교에서 동양과 서양』(*East and West in Religion*)을 출판했다.

1936년(48세) 동양인으로는 처음으로 옥스퍼드 대학교의 교수가 되었다. 여기서 그는 훗날 인도의 수상이 되는 인디라 간디 여사를 제자로 만나게 된다. 『자유와 문화』(*Free and Culture*) 및 『현대인도철학』(*Contemporary Indian Philosophy*)을 출판했다.

1938년(50세)　안드라 대학교 부총장직을 사임하고 베나레스 힌두 대학교 부
　　　　　총장이 되어 1948년(60세)까지 재임한다.『가우타마 붓다』(*Gautama-*
　　　　　The Buddha)를 출판했다.

1939년(51세)　베나레스 힌두 대학교 부총장에 취임했다. 그의 주요 저술 가
　　　　　운데 하나로 꼽히는『동양종교와 서양사상』(*Eastern Religion and*
　　　　　Western Thought)을 출판했다. 이 책은 그의 사상 전반에 흐르는
　　　　　동양사상과 서양사상의 균형, 그리고 비교철학의 대가다운 역량이 돋
　　　　　보이는, 사실상 그의 대표작이다.

1944년(56세)　중국에서 행한 강의를 정리한『인도와 중국』(*India and*
　　　　　China),『교육, 정치 그리고 전쟁』(*Education, Politics and War*)을
　　　　　출판했다.

1945년(57세)　『이것은 평화인가?』(*Is This Peace?*)를 출판했다.

1946년(58세)　유네스코 인도대사가 되어 1952년(64세)까지 재임한다.

1947년(59세)　베나레스 힌두 대학교와 캘커타 대학교에서 1942년 겨울에 행
　　　　　한 강의를 정리한『종교와 사회』(*Religion and Society*)를 출판했다.

1948년(60세)　『바가바드기타』를 영어로 번역하고 주석하여 출판했다. 70여
　　　　　쪽에 달하는 서론에서 '바가바드기타의 사상'을 논의하고 있다.

1949년(61세)　초대 주소련 인도대사로 임명되어 1952년까지 재임했다. 마
　　　　　하트마 간디, 바가완 슈리 라마나, 슈리 라마크리슈나, 라빈드라나트
　　　　　타고르의 생애와 사상을 소개하는『위대한 인도인들』(*Great In-*
　　　　　dians)을 출판했다.

1950년(62세)　『담마파다』(*Dhammapada*, 법구경)를 영어로 번역하여 출
　　　　　판했다.

1952년(64세)　인도 부통령에 취임하여 1962년(74세)까지 재임한다.

1953년(65세)　델리 대학교 총장에 취임했다(~1962년).

1962년(74세)　인도 대통령을 지냈다(~1967년). 전문 철학자가 대통령이
　　　　　된 보기드문 예로 평가된다.

1975년(87세)　마드라스의 아름다운 저택 '기리자'(Girija)에서 생을 마감했다.

● 『인도철학사』 전4권의 번역을 끝내며

　한 권이 끝났을 때는 '시작이 반'이라 생각했다. 두 권이 끝났을 때는 이제 돌아서기에는 너무 멀리 와버렸다는 생각으로 배수진을 치고 마음을 다잡았다. 이제 마지막 두 권이 한꺼번에 끝나고 옮긴이의 변(辯)을 적는다. 시위를 떠난 화살이라 생각할 것이다. 부메랑처럼, 다시 돌아와 내게 꽂힐 화살이라 생각할 것이다. 독자 여러분의 엄한 질정을 기다릴 뿐이다.
　매사가 그렇듯, 끝은 언제나 시원섭섭함을 달고 온다. 지난 대여섯 해 동안 업보처럼 늘 내 곁에 머물며 시시각각으로 나를 내리누르던 길고 힘든 작업이 끝났으니, 홀가분하다는 생각이 없는 것은 아니지만, 그래도 마음 한구석에는 섭섭함이 남아 있다. 너무 서둘러 끝내버린 게 아닌가 하는 후회도 있다. 부실한 번역이 무책임하게 활자화되는 건 아닌가 하는 두려움도 있다. 좀더 여유를 가지고 역주라도 꼼꼼하게 챙길 걸 하는 공연한 생각도 든다.
　이 책을 번역하는 동안 이사를 두 번이나 했고, 둘째 아이(俊憲)가 태어나 벌써 네 살이다. 어서 번역이 끝나고 내가 쓰는 386 고물 컴퓨터가 제 것으로 돌아오길 기대하는 큰 아이(다솔)도 오래 기다렸다. 내색은 안 해도, '아빠는 맨날 곧 끝난다는 말 뿐'이라고 속으로는 원망도 했을 것이다. 밑빠진 독에 물붓듯, 눈에 보이는 결과도 없는 일에 온종일 매달리는 부족한 남편이지만, 그래도 늘 웃음을 잃지 않고 삶을 인내하는 아내(幸枝)에게는 고맙다는 말보다는 차라리 미안하다는 말을 해야 한다.

　인연이라 이름되는 것치고 귀하지 않은 것이 있을까마는, 첫인연은 더욱 그렇다. 최초는 최고와 통하기 때문이다. 나에게 한길사는 여러모로 처음이다. 책을 내는 것도 처음이었고, 학교가 아닌 다른 곳에서 강의를 시작한 것도 한길사가 처음이었다. 어려운 출판상황에도 불구하고 이 방대한 책의 출판에 선뜻 마음을 내주신 김언호 사장님께 이 자리를 빌려 거듭 감사드린다. 한길사와의 인연이 아니었다면, 이 책이 우리말로 옮겨져 독자들에게 다가갈 기회는 아마 없었을 것이다. 거친 원고를 꼼꼼하게 따지며 검토해준 김경애 씨에게 고마운 마음을 전한다. 전산부의 채황 씨에게도 감사드린다.

1999년 10월
옮긴이 이거룡

HANGIL GREAT BOOKS 6

인도철학사 IV

지은이 라다크리슈난
옮긴이 이거룡
펴낸이 김언호

펴낸곳 (주)도서출판 한길사
등록 1976년 12월 24일
주소 10881 경기도 파주시 광인사길 37
홈페이지 www.hangilsa.co.kr
전자우편 hangilsa@hangilsa.co.kr
전화 031-955-2000~3 **팩스** 031-955-2005

CTP출력 블루엔 **인쇄** 오색프린팅 **제본** 경일제책사

제1판 제1쇄 1999년 11월 25일
제1판 제6쇄 2019년 6월 10일

값 30,000원

ISBN 978-89-356-3086-8 94150
ISBN 978-89-356-3087-5 (전4권)

• 잘못 만들어진 책은 구입하신 서점에서 바꿔드립니다.

●한길그레이트북스는 계속 간행됩니다.